DICIONÁRIO DOS INTRADUZÍVEIS
Um vocabulário das filosofias

VOLUME DOIS – DIREITO, ÉTICA E POLÍTICA

ORGANIZAÇÃO
Barbara Cassin
Fernando Santoro
Luisa Buarque

COORDENAÇÃO DE ÁREAS
Carla Rodrigues
Monique Guedes

autêntica

Copyright © 2004 Editions du Seuil
Copyright desta edição © 2024 Autêntica Editora

Título original: *Vocabulaire européen des philosophies: Dictionnaire des intraduisibles*

Todos os direitos reservados pela Autêntica Editora Ltda. Nenhuma parte desta publicação poderá ser reproduzida, seja por meios mecânicos, eletrônicos, seja via cópia xerográfica, sem a autorização prévia da Editora.

EDITORES RESPONSÁVEIS
Rejane Dias
Cecília Martins
Gilson Iannini

PROJETO GRÁFICO
Diogo Droschi

DIAGRAMAÇÃO
Guilherme Fagundes

REVISÃO TÉCNICA DO GREGO
Júlia Novaes

REVISÃO
Lívia Martins

Dados Internacionais de Catalogação na Publicação (CIP)
(Câmara Brasileira do Livro)

Dicionário dos intraduzíveis : um vocabulário das filosofias : volume dois : direito, ética e política / organização Barbara Cassin, Fernando Santoro, Luisa Buarque ; coordenação de áreas Carla Rodrigues, Monique Guedes. -- 1. ed. -- Belo Horizonte, MG : Autêntica Editora, 2024. -- (Dicionário dos Intraduzíveis)

Título original: *Vocabulaire européen des philosophies: Dictionnaire des intraduisibles*
Vários autores.
ISBN 978-65-5928-163-3

1. Filosofia - Dicionários I. Cassin, Barbara. II. Santoro, Fernando. III. Buarque, Luisa. IV. Rodrigues, Carla. V. Guedes, Monique. VI. Série.

24-226936   CDD-103

Índices para catálogo sistemático:
1. Filosofia : Dicionários 103
Cibele Maria Dias - Bibliotecária - CRB-8/9427

Belo Horizonte
Rua Carlos Turner, 420
Silveira . 31140-520
Belo Horizonte . MG
Tel.: (55 31) 3465 4500

São Paulo
Av. Paulista, 2.073 . Conjunto Nacional
Horsa I . Salas 404-406 . Bela Vista
01311-940 . São Paulo . SP
Tel.: (55 11) 3034 4468

www.grupoautentica.com.br
SAC: atendimentoleitor@grupoautentica.com.br

SUMÁRIO

5 *Prefácio*
9 *Manual de instruções*

11 **Línguas**

*Dicionário dos intraduzíveis:
Um vocabulário das filosofias
Volume dois – direito, ética e política*

21 **Animal**
28 **Behaviour**
38 **Berīṯ**
40 **Beruf**
49 **Bildung**
71 **Bogočelovečestvo**
78 **Civil rights**
80 **Civiltà**
87 **Claim**
95 **Corso**
99 **Dever/Dívida**
108 **Economia**
114 **Eleútheria**
134 **Estado de direito**
142 **Fair**
148 **Gender**
161 **Geschlecht**
166 **Glück**
178 **Gut**

182	**Herrschaft**
192	**História universal**
199	**Judicial review**
204	**Kontinuitet**
207	**Law/Right**
225	**Liberal/Liberalism**
238	**Menschheit**
246	**Mir**
258	**Moral sense**
260	**People**
263	**Perdoar**
271	**Perfectibilidade**
279	**Pólis**
285	**Política**
290	**Práxis**
323	**Prudencial**
326	**Sexo**
335	**Sollen**
342	**State**
344	**Stradanie**
348	**Svoboda**
355	**Torah/Šarī'a**
359	**Trabalho**
363	**Ubuntu**
368	**Utility**
372	**Willkür**
383	**Xaria/Šarī'a**
395	*Autores, tradutores e revisores*

PREFÁCIO

Fernando Santoro e Luisa Buarque

> O Dicionário dos intraduzíveis [...]
> é bem mais um gesto do que uma obra acabada.
> Barbara Cassin[*]

O *Dicionário dos intraduzíveis*, edição brasileira em língua portuguesa, é um projeto de publicação em cinco tomos, resultante do desenvolvimento e da adaptação do *Vocabulaire Européen des Philosophies*,[**] integrado ao projeto editorial em curso dos diversos dicionários dos intraduzíveis, em vários idiomas. O primeiro volume da versão brasileira foi publicado em 2018 e teve por subtítulo: *Línguas*. O segundo volume do *Dicionário dos intraduzíveis* conta com verbetes que pertencem às áreas da filosofia do direito, da ética e da política. Foram selecionados do volume original francês aqueles cujos títulos remetem aos referidos campos de conhecimento. Além disso, como o projeto está em expansão e cada adaptação local deve servir aos contextos para os quais se dirige, bem como ampliar a base original de vários modos, foram preparadas especialmente para este volume intervenções de quatro ordens.

Em primeiro lugar, buscou-se um entrecruzamento com as traduções e adaptações estrangeiras que trouxeram inovações desde a edição francesa de 2004. Algumas dessas inovações também foram introduzidas como apêndice na nova edição francesa ampliada de 2019.

Na versão norte-americana do *VEP*,[***] que é, aliás, a primeira publicação de uma versão integral do original francês, os desenvolvimentos mais significativos estiveram ligados aos estudos filosóficos de gênero (*gender studies*). Considerando a importância da intervenção da filósofa Judith Butler – que consistiu em um quadro intitulado "Gender and gender trouble" dentro do verbete original "Gender" –, optamos por traduzi-lo do inglês e integrá-lo à seção final do verbete, sem o enquadramento. Depois de redigir e publicar esse texto na edição estadunidense do dicionário, Judith Butler ampliou suas considerações acerca da

---

[*] Cassin, Barbara (Ed.). *Vocabulaire Européen des Philosophies: Dictionnaire des intraduisibles*. Édition augmentee. Paris: Seuil; Le Robert, 2019, p. 1535.

[**] Cassin, Barbara (Ed.). *Vocabulaire Européen des Philosophies: Dictionnaire des intraduisibles*. Paris: Seuil; Le Robert, 2004.

[***] Cassin, Barbara *et al.* (Ed.). *Dictionary of Untranslatables: a philosophical lexicon*. Princeton: Princeton University Press, 2014.

assunção de gênero como tradução.* A relevância da sua abordagem levou o artigo a ser traduzido e publicado no Brasil, sob o título "Gênero em tradução: além do monolinguismo", por Fernanda Miguens e Carla Rodrigues (2021). A nossa escolha de realçar a contribuição de Butler, acrescentando um novo quadro, corresponde, portanto, a uma atualização do *Dicionário dos intraduzíveis* sob a forma da incorporação de temas contemporâneos. Além disso, dá continuidade a uma longa "conversa em tradução", que deriva do interesse do público brasileiro pela filósofa. Ainda nessa linha, traduzimos do inglês o quadro "'Sex' and 'sexual difference'", que está no interior do verbete "Sex, gender, difference of the sexes, sexual difference" da versão norte-americana do *VEP*. Esse texto foi elaborado por Stella Sandford para dar conta da questão da naturalização da diferença entre sexos e a crítica a essa naturalização desenvolvida pelas filosofias feministas. Por outro lado, o quadro escrito por Étienne Balibar para o mesmo verbete no original francês já havia sido publicado em nosso primeiro volume, sob a forma de uma entrada independente intitulada "Gênero das palavras".

A versão árabe, editada em Marrocos,** acrescentou um novo verbete, intitulado Xaria, que foi inserido no apêndice da edição francesa de 2019 ("*Charia*") e traduzido para o dicionário brasileiro ("Xaria"), desde o original escrito em francês por Ali Benmakhlouf. Na edição de 2004, o termo aparece tratado de modo superficial dentro do verbete "Torah/Šarīʿa". Traduzimos ambas as entradas neste segundo volume.

Sobressaem nesses diferentes arranjos as opções editoriais e as singularidades de cada publicação, bem como a rica troca entre as edições traduzidas e adaptadas do projeto francês para outras línguas e outros contextos linguísticos e filosóficos. A variedade dos arranjos sinaliza igualmente uma diversidade cultural e evidencia, pelo itinerário das palavras, traços da geopolítica contemporânea.

A segunda forma de intervenção deste volume consistiu na produção de um material inédito, seja sob a forma de verbetes, seja sob a forma de quadros no interior destes. O verbete "Ubuntu", escrito por Victor Galdino, vem dar continuidade a uma ampliação do vocabulário original especificamente europeu, abrindo-se para o mundo sociopolítico da África Meridional e sua diáspora. Dentre os quadros preparados para esta publicação, temos: "Cordialidade e processo civilizatório", no verbete "Civiltà", por Felipe Castelo Branco, que traz a discussão para a "civilidade" em contextos do cânone sociológico brasileiro; "Traduzindo *proaíresis* e *boúleusis* nos tratados aristotélicos" e "A liberdade como direito: *exousía* e *exesti* no direito grego antigo" no verbete "Eleúthería", por Daniel Nascimento, tratando ambos das dificuldades de tradução dos termos aristotélicos nos âmbitos da filosofia política e da filosofia do direito; "Etimologia e ideologia do liberalismo no Brasil" e "Radicalismo e dominação", no verbete "Liberal", por Thomaz Kawauche, que investigam as ideologias ligadas ao liberalismo no contexto do pensamento econômico e político do Brasil; "Os imperdoáveis da história" em "Perdoar", por Felipe Amâncio, que expande a questão da "*Shoah*" presente

---

* Butler, Judith. Gender in Translation: Beyond Monolingualism. *philoSOPHIA*, v. 9, n. 1, p. 1-25, 2019.
** Benmakhlouf, Ali; Jantar, Mohamed Sghir (Dir.). *Le Vocabulaire politique du vocabulaire européen des philosophies*. Beyrouth/Casablanca: Le centre culturel arabe, 2012.

no verbete original, explorando o imperdoável da escravidão no Brasil; "Práxis dialógica em Paulo Freire", por Rafael Zacca, no verbete "Práxis", tratando desse conceito na filosofia da educação do pensador brasileiro; "A singularidade do sofrimento e da paixão em russo", de Verônica Filíppovna, comentando um poema de M. Lermontov no verbete "Stradanie"; e "Gender", já referido, ganhou o quadro "Translation trouble", sobre a influência da tradução no debate internacional acerca das questões de gênero, de autoria de Carla Rodrigues.

O terceiro modo de intervenção está exemplificado pelo comentário crítico escrito por Rafael Haddock-Lobo especialmente para este volume, incluído ao fim do verbete "Animal". O comentário crítico contempla a abordagem restritiva de um verbete em particular, para o qual, portanto, escreve um complemento. Trata-se da constatação de que a tripartição homem/animal/planta, que é evidente em uma perspectiva ocidentalizante, torna-se problemática segundo outras cosmopercepções. Nesse sentido, o autor procura fazer um contraste entre o ponto de vista contemporâneo ocidental e as perspectivas afrodiaspórica e indígena, desembocando em considerações a respeito dos animais que ampliam o contexto da filosofia no Brasil, ao mesmo tempo que trazem os problemas de tradução levantados pelas discussões atuais sobre a ontologia e a ética dos seres vivos.

Em quarto lugar, procurou-se estabelecer um diálogo com a versão do *VEP* confeccionada na América Latina por uma equipe mista, argentina e mexicana, tendo o espanhol como língua de chegada.[*] Esse diálogo, entretanto, não se caracterizou pela incorporação de verbetes preparados para a adaptação latino-americana em língua espanhola (o que será feito no terceiro volume do *Dicionário dos intraduzíveis*). Ele se materializou por meio da adição de um verbete, intitulado "Línguas", que traz uma visada crítica em relação ao projeto original francês. O ponto que o verbete procura submeter ao debate está em certa tendência a tomar as línguas como sujeitos da tradução, segundo a argumentação do autor, Mariano Sverdloff. "Línguas" representa no volume a inclusão de uma discussão a respeito da filosofia da tradução subjacente ao *VEP*, feita a partir da experiência latino-americana e com base nas práticas concretas de tradução no sul global – com suas várias mediações editoriais e modos de circulação a partir de vetores que não são neutros nem homogêneos. Estabelece-se assim uma inédita parceria Sul-Sul, que prescinde da passagem pelo *VEP* europeu e que pode em certa medida demarcar uma percepção diferenciada em relação a ele. Com essa discussão, pretende-se refletir de modo autocrítico também sobre o próprio projeto editorial brasileiro, o qual, ao publicar um primeiro volume dedicado às línguas, aprofundou um problema oriundo de imaginários linguísticos profundamente arraigados, e que a própria Barbara Cassin denuncia no prefácio à primeira edição do *VEP*. Pretende-se ainda consolidar uma vocação do projeto original, que consiste em dar independência editorial e filosófica às várias versões locais do *Vocabulaire*, que continuam, contudo, em permanente diálogo tanto com a heurística original quanto com os cursos do seu desenvolvimento internacional.

---

[*] Cassin, Barbara (Ed.); Labastida, Jaime *et all*. (Coord.). *Vocabulario de las Filosofías Occidentales: Diccionario de los Intraducibles*. Cidade do México: Siglo XXI Editores, 2018.

As diferentes traduções e adaptações que este volume apresenta engendraram a rede de conexões que o *Vocabulaire Européen des Philosophies* de 2004 almejava, mas que não podia realizar efetivamente sozinho. Esta rede somente entraria em ato à medida que a língua francesa deixava de ser a única metalíngua de um único dicionário e também o polo aglutinador dos sintomas de equivocidade nas traduções de filosofia. As consequências enriquecedoras foram muito mais do que a soma de novos verbetes. A mais importante delas talvez tenha sido certa consciência crítica do eurocentrismo filosófico de partida, visível já nos títulos que ou elegiam o termo "intraduzíveis" para definir o objeto dos dicionários, ou, pelo menos, reconfiguravam a geografia do recorte, como fez o dicionário em espanhol, intitulado *Vocabulário de las Filosofias Occidentales*.[*]

Os desdobramentos do projeto em curso, que mapeia os sintomas dos intraduzíveis em filosofia, ganham novos desafios na sua diaspórica trajetória. Estes desafios muitas vezes surgem dos interesses filosóficos de cada comunidade intelectual – não apenas acadêmica – que, ao ser tocada por determinadas questões mais do que por outras, nelas percebe e produz mais reflexões sobre os limites e alcances dos conceitos e, portanto, dos sintomas do intraduzível. O mapeamento transnacional e transcontinental de novos verbetes para os dicionários dos intraduzíveis, mais do que revelar o estado múltiplo e transiente das discussões filosóficas internacionais, quase que delineia também um retrato geopolítico da atualidade. Sem dúvidas, um dos rebentos filosóficos que se abre à tarefa dos historiadores da filosofia que compõem as diversas equipes de elaboração dos dicionários dos intraduzíveis é perceber a experiência da tradução em filosofia como um motor que percorreu caminhos e deixou marcados os itinerários das ideias.

Por fim, vale dizer que as/os tradutoras/es e as/os organizadoras/es que contribuíram para este volume foram também adaptadoras/es e criadoras/es, uma vez que quase nenhum verbete pôde ser simplesmente vertido para o português. No mínimo foi preciso acrescentar observações a respeito do contexto brasileiro ou acerca da nova língua de chegada, o português, em comparação não apenas com a língua do termo que batiza o verbete, mas também com o francês da edição original (quando não pertence à língua francesa). Isso significa que muitos dos verbetes são marcados por uma triangulação em que os problemas de tradução se multiplicam e se complexificam, de modo que as circunstâncias jurídicas, legislativas, sociais ou históricas, específicas a cada situação descrita, precisam ser acionadas. Além disso, foi feito um grande esforço no sentido de levantar as traduções já publicadas em língua portuguesa dos títulos que fazem parte da bibliografia citada. Escolheu-se sempre uma edição de referência para as citações, mas procurou-se acrescentar as outras edições publicadas à lista bibliográfica que se encontra no final de cada verbete.

Esperamos que este imenso trabalho coletivo possa ser desfrutado por todas as pessoas interessadas em tradução, mas também nas questões de língua em geral, bem como nas filosofias do direito, da ética, da política – ou simplesmente nas filosofias e no seu amor pelo saber das palavras.

---

[*] Cassin, Labastida, 2018.

MANUAL DE INSTRUÇÕES

Os verbetes do *Dicionário dos intraduzíveis* não são unidades isoladas, mas compõem uma rede de palavras que se conectam de diversas maneiras, seja pela proximidade temática, seja pela equivocidade dos encontros ou desencontros dos sentidos e significados. Essa rede recebe indicações sobre a direção das conexões no caput do verbete, logo abaixo do seu lema ou título, com uma pequena lista de outras sugestões possíveis, escritas sempre em letras maiúsculas. Há remissões a outros verbetes também ao longo dos textos, sempre com o termo escrito todo em maiúsculas. A maioria dos verbetes aos quais as traduções remetem está neste segundo volume, por conta da afinidade temática; mas há também indicações para verbetes do volume um, já publicado em 2018, e indicações para verbetes dos próximos volumes, que ainda serão publicados. O projeto editorial do *Dicionário dos intraduzíveis* comportará ao todo cinco volumes.

No início de cada verbete também temos a indicação da língua, caso o lema ou título seja de uma palavra no seu idioma original. Não há indicação quando a entrada aponta para uma questão que engloba uma nuvem de palavras em diversas línguas. Neste caso, o lema ou título vem em português, que é a metalíngua do presente dicionário. No *caput* indicam-se ainda algumas possíveis e principais traduções em português do termo tratado. Abaixo do lema, apontam-se possíveis versões em outras línguas.

Assinam os textos tanto os primeiros autores quanto os tradutores e adaptadores, quando o verbete tem sua origem no *Vocabulaire Européen des Philosophies* ou em algum dos demais dicionários, como o norte-americano em inglês, o mexicano em espanhol, o marroquino em árabe. Alguns verbetes e quadros são originais em português, portanto não recebem indicação de tradutor e adaptador, somente do autor. As traduções e adaptações nos *Dicionário dos intraduzíveis* equivalem a produções autorais, que eventualmente chamamos de "intraduções".[*]

---

[*] Cf. Santoro, Fernando. Intradução. In: Cassin, Barbara (Coord.). *Dicionário dos intraduzíveis: um vocabulário das filosofias*. Belo Horizonte: Autêntica, 2018. p. 154-160.

LÍNGUAS
Mariano Sverdloff
Tradução: Júlia Novaes

➤ FRANCÊS, INGLÊS, RUSSO, PORTUGUÊS, ALEMÃO, GREGO, TRADUZIR, INTRADUÇÃO

A edição do primeiro volume do Dicionário dos intraduzíveis, "Línguas", *editado no Brasil, assim como as edições mexicana e norte-americana, suscitaram uma reflexão sobre o próprio projeto dos* Dicionários *no contexto das filosofias e traduções de filosofia no continente americano. O ontologismo linguístico, o gênio das línguas e outros fantasmas que o projeto visa a desconstruir pelo exercício da tradução retornam no recalque das identidades das línguas, ali mesmo onde equivocidades são reveladas nas relações com as diversas formas como os tradutores as enfrentam.*

O projeto original do *Vocabulaire européen des philosophies* (*VEP*) [Vocabulário europeu das filosofias], traduzido em espanhol e editado na Cidade do México como *Vocabulario de las filosofías occidentales*, traduzido em inglês e editado em Princeton como *Dictionary of Untranslatables*, traduzido em português e editado em Belo Horizonte como *Dicionário dos intraduzíveis – Volume um: Línguas*, suscita uma reflexão no horizonte das línguas europeias deslocadas para o contexto de suas encarnações e traduções em território americano colonizado, e particularmente, sul-americano. As línguas de origem europeia podem ser vistas pela forma da filosofia desconstrutivista que anima o projeto, inspirada no lema "*plus d'une langue*" do texto seminal *Monolinguisme de l'autre* de Jacques Derrida, em que a língua francesa foi confrontada com a perspectiva de si mesma desde a alteridade pós-colonial. Torna-se inevitável um retorno crítico reflexivo sobre os próprios produtos dessas operações de tradução. É exatamente neste retorno reflexivo onde opera o dispositivo de pensamento filosófico *em tradução*.

O relativismo resultante da comparação de traduções filosóficas que anima o projeto de Barbara Cassin supõe que cada língua está dotada de uma infinita multiplicidade produtiva (*enérgeia*), que se desdobra através da *performance*; ao mesmo tempo, esse relativismo tem raízes etnolinguísticas que postulam uma espécie de vínculo orgânico que uniria a visão de mundo da língua com a filosofia que cada filósofo articula nela. Segundo essa teorização, que recorre a Humboldt e a certa leitura de Heidegger e de Sapir-Whorf, a filosofia expressa a língua, ao mesmo tempo que a modifica, e vice-versa. A partir dessa perspectiva, em virtude da qual se poderiam distinguir grandes áreas culturais e/ou linguísticas, expostas sintomaticamente nas equivocidades das traduções, Barbara Cassin postula a noção de "intraduzível" e analisa o modo pelo qual o discurso filosófico se inscreve na materialidade de línguas distintas.

Essa argumentação estabelece um vínculo orgânico entre língua e filosofia e supõe buscar o caráter próprio de cada língua nas equivocidades deste ou daquele recorte do *corpus* filosófico, o que pode ser sumamente problemático. Não parece haver, por exemplo, uma afinidade particular entre a língua espanhola e esta ou aquela filosofia e, de fato, grande quantidade de filosofias europeias (e muitas orientais) foram traduzidas para o espanhol, dando lugar a desenvolvimentos filosóficos locais. Diferente do que sugere Jaime Labastida, coordenador-geral do *Vocabulario de las filosofías occidentales* (*VFO*), edição em castelhano do *VEP*, o espanhol não tem um "caráter próprio" (*VFO* 1, "Presentación de la edición en español", p. XXXIV) que o leva a produzir este ou aquele texto, ou gênero, ou ideia; e o mesmo se poderia dizer de qualquer outra língua. No entanto, com o fim de captar a singularidade que produz o encontro do conceito com a rede significante de cada língua, a teoria de Cassin suscita a existência de um tipo de ajuste ou continuidade entre língua e discurso filosófico. Estamos diante de uma espécie de extensão da etnolinguística sapir-whorfista no âmbito da análise cultural, que opera traçando paralelismos ou analogias entre diversas séries: "língua", "cultura", "visão de mundo", "filosofia", "literatura". O efeito desses paralelismos ou analogias é, mesmo a contrapelo, a demarcação de uma certa identidade, que torna possível opor um contínuo "língua"/"visão de mundo" a outro. E essa demarcação, por mais que demarque fatos de língua e tradução, acaba por repousar sobre imaginários linguísticos, isto é, sobre descrições que atribuem certas características às línguas. Por sua vez, tal demarcação parece abarcar grandes áreas culturais ou linguísticas, e organiza uma certa cartografia da filosofia mundial. É evidente a afinidade entre este procedimento e os comparativismos de cunho historicista que tendiam a estabelecer séries língua/literatura/nação. O fato de que agora, em chave deleuziana, aposte-se na "desterritorialização" e se exclua a "nação" da equação não muda muito as coisas: determinadas ideias seguem estando "em seu lugar", pelo que parece, em determinadas línguas (para uma crítica da noção de "ideias em seu lugar" e seu oposto, as "ideias fora de lugar", cf. PALTI, 2021).

Estabelecer paralelismos ou conexões entre "língua", "visão de mundo", "pensamento", "cultura" e "discurso filosófico" recorrendo à etnolinguística, à antropologia ou à linguística histórica é uma tarefa bastante difícil. Daí a necessidade de recorrer a imaginários linguísticos. O lugar no qual se fazem mais evidentes e explícitos esses imaginários não poderia ser outro senão nas entradas sobre as línguas: "inglês", "francês", "português", entre outras. A retórica dessas descrições metalinguísticas, que operam por generalização e recorte, é aditiva: funciona por acumulação, estabelecendo supostos laços entre aspectos morfológicos, sintáticos, gramaticais e/ou estilísticos de uma determinada "língua", e esta ou aquela característica da "visão de mundo": a "cultura", a "filosofia", a "literatura", e em algum e outro caso também, a "geografia". A essa lógica responde a caracterização do francês filosófico como uma língua ao mesmo tempo "democrática" e "da comunicação universal", que se dirigiria sobretudo "às mulheres e ao proletariado", cuja universalidade repousaria na precisão de sua sintaxe clássica, que lhe dá "pouco espaço para o equívoco semântico" ([*VFO* 1, p. 544, s.v. "Francés"] [*Dicionário dos intraduzíveis*, v. 1, p. 103 e 105]); a do inglês como "língua da filosofia ordinária" (gramatical e morfologicamente inclinada ao antissubstancialismo por causa de suas terminações verbais em –ing, que seriam "operadores" de "propriedades e consequências antimetafísicas" [*VFO* 1, p. 720-731, s.v. "Inglés"] [*Dicionário dos intraduzíveis*, v. 1, p. 140]); a do "pensamento russo", que mostraria uma "propensão irresistível […] para formular suas noções em termos religiosos ou, mais precisamente, em dualidades hierarquizadas", propensão que se apoiaria na "diglossia que caracteriza a história do idioma russo" ([*VFO* 2, p. 1372, s.v. "Ruso"] [*Dicionário dos intraduzíveis*, v. 1, p. 285]); a do português "sensual" (alternativamente "vitalista" e "melancólico"), que, tal como outras línguas de "populações meridionais", como o italiano e o espanhol, sofreria a "influência hedonista do mar, ou do sol" ([*VFO* 2, p. 1186, s.v. "Portugués"] [*Dicionário dos intraduzíveis*, v. 1, p. 266]).

Além disso, o caráter puramente arbitrário e convencional dos imaginários linguísticos se faz ainda mais evidente quando se compara uma descrição metalinguística com outra: para Badiou, a sintaxe clássica faria o francês propenso ao "esvaziamento de toda substancialidade" ([*VFO* 1, 544, s.v. "Francés"] [*Dicionário dos intraduzíveis*, v. 1, p. 106]); para Cléro e Laugier, a morfologia e a sintaxe fariam o inglês mais que o francês antissubstancialista – excessivamente afetado, segundo esta descrição, pela "substancialidade do 'eu penso', afirmada por Descartes" ([*VFO* 1, p. 725, s.v. "Inglés"] [*Dicionário dos intraduzíveis*, v. 1, p. 143]). Para Santoro, o português, por causa de seu caráter "concreto" (relacionado com o fato de que o "espírito da língua" se mantém "enfeitiçado pela melancolia e pela volúpia dos tempos" [*VFO* 2, p. 1193, s.v. "Portugués"] [*Dicionário dos intraduzíveis*, v. 1, p. 275]), captaria melhor "a passagem do tempo" e a "nostalgia" que o resto das línguas europeias, por demais inclinadas à "abstração filosófica" [*Dicionário dos intraduzíveis*, v. 1, p. 275]. Por distintos caminhos argumentativos, cada uma dessas entradas chega sintomaticamente à mesma conclusão: a língua que se descreve é sempre mais antissubstancialista que as outras – certamente por contraste ao alemão romântico, ao latim escolástico e ao grego clássico, as línguas de tantos dos conceitos que se assentaram como tradicionais na filosofia acadêmica ocidental.

As narrativas sobre o caráter das línguas servem, igualmente, para traçar uma cartografia mundial ao mesmo tempo linguística e cultural, na qual, apesar da declarada intenção de se escapar do nacionalismo ontológico de cunho heideggeriano ([CASSIN em *VFO* 1, p. XXXI, "Presentación"] [*Dicionário dos intraduzíveis*, v. 1, p. 18, "Apresentação"]), ainda assim se nota uma hierarquia de línguas (ENGEL, 2017). Se o francês, o inglês e, sobretudo, o alemão são definidos por sua relação com a filosofia, outras línguas se inscrevem em zonas que configuram algum tipo de alteridade frente à razão: a religião (o russo), a melancolia (o português), o "pensar espontâneo" ou "mítico" que, segundo o mencionado Labastida, definiria o espanhol americano. Se faz notar o caráter organicista desses estereótipos, que tendem a obscurecer tanto as mediações que articulam umas com as outras cada uma das séries (a série da "língua", da "cultura", do "discurso filosófico", etc.) como a aplainar as distintas configurações, puramente contingentes, que constituem a história interna de cada uma dessas séries. É evidente que, por exemplo, a literatura (seja definida como instituição ou como um certo uso de língua) não pode ser derivada de uma certa "visão de mundo" que estaria expressa por uma "língua" e que a própria literatura não é um homogêneo (ademais, qual seria essa "visão de mundo", e definida por quem, e com base em que "obras"?). Se isso ocorre com a literatura, tal como já o demonstraram os formalistas russos, o mesmo se poderia considerar em relação a outras produções discursivas. Considerações similares poderiam ser feitas sobre as ciências sociais e as humanidades em geral: elas tampouco podem ser reduzidas a uma "língua" ou "visão de mundo". Por que haveria de ser diferente, então, no caso da filosofia? Ou teria a filosofia algum laço mais essencial com a "língua" e a "visão de mundo" de uma determinada "cultura"? Essa parece ser a suposição que anima a descrição dos "caráteres próprios" de cada língua, ou seja, esses imaginários linguísticos que estabelecem conexões, correspondências, afinidades ou analogias entre as "línguas", os "conceitos" e as "obras filosóficas".

O caráter essencialista dessa aproximação ao "árduo problema do gênio das línguas" (CASSIN, 2022, p. 139-154) não escapou à própria Cassin, e tampouco a Emily Apter (*DoU*, "Preface", p. xiii), coeditora da tradução para o inglês, o *Dictionary of Untranslatables* (*DoU*). Contudo, Cassin considera o problema do "gênio das línguas" uma espécie de efeito colateral do "filosofar em línguas", que, em todo caso, é tolerável, dado que o seu seria um "rivarolismo do múltiplo" (CASSIN, 2022, p. 154), que, diferente do "rivarolismo de Rivarol", não colocaria hierarquicamente o gênio do francês acima dos gênios das outras línguas. O "gênio", segundo este novo rivarolismo, seria algo como a definição das propriedades historicamente variáveis de cada língua, entendida ao mesmo tempo como atmosfera cultural e como sistema de diferenças em termos saussurianos. A partir dessa perspectiva, a operação de tradução se explicaria a partir da não sobreponibilidade das diferenças das línguas, e, portanto, da impossibilidade de chegar a uma equivalência exata. A tradução se entende, pois, sobretudo como a passagem de uma rede de diferenças a outra, de uma "visão de mundo" a outra, que dá lugar ao intraduzível e, por sua vez, exige o exercício constante de novas tentativas de tradução.

O risco dessa teoria é a tendência a omitir todas aquelas mediações que fazem parte do processo de tradução e que, de fato, o tornam possível. De fato, são justamente tais mediações do processo de tradução aquilo que deve ser buscado como o mais relevante na seleção dos *intraduzíveis* em filosofia. A tradução não é um mecanismo de pôr em contato duas línguas, mas o resultado de uma prática que se dá no contexto de uma série de agentes e mediações, cada um dos quais supondo uma nova e decisiva espessura interpretativa. Entre esses agentes, sobressai-se, precisamente, o produtor do texto traduzido, isto é, o tradutor, cuja práxis não pode se explicar a partir da língua-meta enquanto "sistema de diferenças" ou "visão de mundo". A focalização sobre a língua enquanto sujeito fantasmático que trama a tradução tende a bloquear a análise de todas aquelas mediações das quais se vêm dando conta os estudos sobre tradução desde o meio do século passado: os polissistemas de Itamar Even-Zohar; as normas de Gideon Toury e os Descriptive Translation Studies; as assimetrias reveladas pelos enfoques pós-coloniais como os de Susan Bassnett; a "manipulação literária" à qual se refere Theo Hermans; a práxis e a figura do tradutor sobre as quais fala Venuti; o projeto e o horizonte tradutórios que descreve Antoine Berman no prefácio a *Pour une critique des traductions: John Donne*; a narração e o conflito que estuda Mona Baker; para mencionar alguns enfoques e para não falar de propostas mais nitidamente sociológicas, como as de Pierre Bourdieu, Pascale Casanova ou Gisèle Sapiro sobre a circulação internacional de ideias mediante vetores que nunca são neutros. A diferença de sentido que produz a tradução não pode ser explicada, portanto, nos termos de um mítico encontro entre línguas. A tradução é um artefato textual, um enunciado situado em uma cultura-meta cuja enunciação responde dialogicamente a outros enunciados situados nesta mesma cultura-meta. E, como ocorre com todo enunciado, a produção da tradução responde a distintas restrições, entre elas o projeto tradutório do tradutor, que supõe, entre outros elementos, um certo modo de entender a equivalência entre a língua de origem e a língua-meta, e imaginários linguísticos sobre as línguas de saída e a língua-meta. O tradutor, seja de um conceito ou de uma obra, não é um instrumento ou representante imparcial da língua-meta enquanto "rede de diferenças" ou "visão de mundo", mas um produtor de textos que, como tal, faz diversas escolhas retóricas, que obedecem a múltiplos condicionantes. Além disso, o tradutor é somente um elo da cadeia de mediações que vai desde a decisão de fazer ingressar um texto estrangeiro até que este seja posto em circulação, muitas vezes a partir da mediação editorial. Seria redutor e improcedente interpretar, por exemplo, a sinuosa história de leituras e traduções de Marx ou de Gramsci na América Latina a partir do contato do hipotético gênio do espanhol com os também hipotéticos gênios do alemão e do italiano.

A restituição das mediações deixa pouco espaço para os imaginários linguísticos. Os "gênios das línguas" devem ser analisados enquanto representação nativa que orienta as práticas dos agentes, e que incidem, portanto, no horizonte de tradução e na definição do seu espaço de possíveis. Essas narrativas metalinguísticas têm condições de surgimento específicas que deveriam ser explicitadas pela crítica. Por exemplo, os construtos do "português melancólico" ou do espanhol de "pensar espontâneo" supõem uma certa negociação entre o centro francês e as contrapartes locais. A pergunta acerca de como negociam identidades os agentes locais que participam da construção de cartografias globais é, como se sabe, um tópico recorrente nas recentes discussões sobre estudos de tradução e literaturas comparadas. Ademais, as narrativas sobre o "caráter das línguas" são uma mediação entre outras e não definem univocamente as distintas formas de entender e praticar uma tradução, assim como tampouco os distintos modos, sumamente heterogêneos, de historiar as migrações e as transformações dos conceitos que encontramos em cada entrada. Como assinalou Venuti, a propósito do *Dictionary of Untranslatables*, não há nas distintas edições do dicionário uma metodologia ou ideia única de tradução. As narrativas sobre o caráter das línguas são também mediações que devem ser contextualizadas.

As línguas, então, traduzem? Imersos em contextos constituídos por múltiplas variáveis contingentes, quem traduz são os tradutores. Cada tradutor (na realidade, cada ato singular de tradução), oferece um determinado trabalho com a língua, um modo de entender as línguas de saída e de chegada e uma certa elaboração retórica que de nenhum modo pode ser reduzida à língua enquanto visão de mundo. Nesse sentido, os estudos de tradução permitem ir mais além de certas leituras hermenêuticas que pensam a língua de origem e a língua-meta como abstrações, ou seja, como "visões de mundo". A pergunta não é portanto "como são as línguas? Qual é sua visão de mundo?", e sim "como tal representação singular sobre a língua se articula com tal prática de tradução (também singular)?". Deve-se evitar, pois, toda redução do ato de tradução a qualquer tipo de afinidade eletiva entre língua e conceito. Antes, o que há é o encontro entre duas séries heterogêneas, a do discurso filosófico e a de uma materialidade linguística, que há de variar na interpretação (ou seja, no discurso) de cada tradutor.

Essas observações são particularmente pertinentes para a América Latina, onde, como vêm demonstrando os estudos de tradução, faz-se notar uma pluralidade de modos de tradução de filosofia, ou melhor, das filosofias. Não existe uma única maneira de traduzir, assim como tampouco existe uma única maneira de fazer filosofia. Não há, portanto, um ser da tradução filosófica latino-americana. Antes, fazem-se notar situações concretas de tradução, ou seja, distintas formas de articulação entre instituição filosófica, conceitos e percepções sobre o que seria a língua de chegada; uma língua que é considerada de formas muito diversas pelos atores dos processos de tradução: "nacional", "neutra", "universal", "ocidental", "regional", "*nuestroamericana*", "latino-americana", "hispano-americana", "decolonial", "antropófaga", "barroca", etc. A filosofia no continente americano não se deixa reduzir a um denominador comum, tampouco parece estar organicamente inscrita em alguma "visão de mundo" ou ser dotada de um certo "caráter próprio" das línguas americanas. Antes, se poderia pensar que depende de contingências: as condições de institucionalização (por exemplo, se há ou não cátedras universitárias de filosofia); o papel que atribuem os atores do campo filosófico à autonomia da filosofia em relação à sociedade; como estes mesmos atores imaginam a relação entre filosofia e política; as formas como em cada momento se pensa o diálogo entre filosofia acadêmica e outros discursos e práticas classificadas como não-filosóficos. Desse modo, o fato de que haja ou não "filosofia acadêmica" em um determinado momento nada tem a ver com uma suposta propensão do espanhol americano ao "pensar espontâneo" ou "mítico" (LABASTIDA, *VFO*); antes, parece se dever à existência ou não das condições institucionais que permitem o surgimento das distintas formas do discurso filosófico. A esse respeito, ver Pinnachio (2022), que analisa as distintas definições de "filosofia argentina" e sua relação com os processos de institucionalização e profissionalização da filosofia universitária. Considerações similares poderiam ser feitas sobre a filosofia em língua portuguesa no continente americano, que pode entender-se como uma dilatada "zona de tradução" que abarca múltiplos registros e formas de fazer filosofia, tal como mostra, entre outros, Paim em sua *História das idéias filosóficas no Brasil* (2007).

Talvez haja, contudo, uma peculiaridade latino-americana, que nada tem a ver com uma suposta relação essencial entre língua e filosofia, senão antes com uma coordenada histórica, a saber, a velocidade em que se dão na região certos processos de modernização e legitimação, que, aliás, sempre supõem processos de tradução: "o momento latino-americano ilumina intensamente as perguntas sobre a legitimidade porque os processos de emancipação e de modernização do continente implicaram acelerações que justamente mostravam de modo mais descarnado as operações, as polêmicas e as representações de legitimação" (CÁMPORA; LEDESMA; SILVA, 2023, tradução nossa). Dada sua aceleração, a modernização latino-americana é um mirante privilegiado para pensar a relação descontínua que sempre se dá entre (qualquer) língua e o conceito filosófico, relação descontínua que é frequentemente obstruída pelas retóricas ontologizantes e nacionalistas, que focam na busca de um misterioso "enraizamento" do conceito na língua (e, além disso, como se sabe, todas essas retóricas do "enraizamento" filosófico são também retóricas das fronteiras, que acabam sugerindo que certas formas de filosofia e/ou de tradução também presentes no espaço latino-americano são, de modo suspeito, "desenraizadas", ou seja, "estrangeiras", "inautênticas"...). Desse modo, se a história da filosofia latino-americana (que é também a história da tradução filosófica na América Latina) parece oferecer algo, é a constatação da heterogeneidade: não existe um "caráter próprio" do espanhol ou do português que se poderia fazer notar em um "pensamento" ou em uma "filosofia" latino-americanos, senão uma multiplicidade de pontos de articulação entre distintos saberes, discursos, línguas, linguagens e disciplinas. Há diversidade de atores e perspectivas: os leitores do século XIX do romantismo europeu; os filósofos militantes que discutem e adaptam Marx à realidade local, como Paulo Freire; os tradutores de Gramsci que leem o italiano à luz de Mariátegui; os especialistas em filosofia antiga que traduzem Platão e Aristóteles, como Eudoro de Sousa; os tradutores e comentadores de Walter Benjamin; um filósofo como Enrique Dussel, que reinterpreta a história da Igreja a partir da teologia da libertação; os filósofos imbuídos da tradição analítica anglo-saxã; os tradutores de Heidegger, como Emmanuel Carneiro Leão e Marcia Schuback, e suas poéticas da linguagem; os intelectuais que leem e traduzem Sartre dentro e fora da universidade, como Gerd Bornheim; um ensaísta como Horácio González, que escreveu sobre a relação entre o pensamento latino-americano e a tradução; uma filósofa como Silvia Rivera Cusicanqui, que reflete sobre as implicações de filosofar a partir das múltiplas heranças da América Latina; uma filósofa como Lélia Gonzalez, que expõe os aportes das línguas e pensamentos da diáspora africana; os filósofos como Diego Tatián ou Marilena Chaui, que se inscrevem na alçada de Espinoza; os diversos leitores de Freud, Lacan, Hegel ou Althusser, todos eles têm percepções distintas sobre sua própria língua e sobre o que é (ou deveria ser) a língua filosófica americana. Cada um desses discursos supõe distintas formas de articulação linguística e conceitual, ou seja, um encontro singular de resultados inesperados. Reduzir tal multiplicidade a um certo "gênio da língua" (espanhol, português) definido em termos gerais – mesmo que seja este o de uma heterogeneidade invariavelmente "antropófaga" ou "híbrida" – é recair na mesma lógica essencialista pela qual o francês é considerado "preciso" ou o inglês, "empirista". Em todo caso, se algo permite apreciar a reflexão sobre os processos de legitimação disciplinares (entre eles, os da filosofia), é que não se pode invocar em nenhum caso uma correspondência ou afinidade eletiva que uniria propriedades da língua, formas culturais e conceito filosófico; em todo caso, tal como vem assinalando a história intelectual (Altamirano, Pali), deve-se prestar atenção à contingência e à descontinuidade que supõe cada contexto de enunciação. A filosofia faz um uso intensivo da materialidade da língua (e nisto se parece com a literatura), muitas vezes para tratar de problemas específicos da historicidade latino-americana, mas este uso não admite uma redução a uma "visão de mundo" que estaria codificada na "cultura" ou em um certo "gênio da língua", fantasmagoria esta que se aproxima por demasiado a uma redução essencialista.

BIBLIOGRAFIA

ALTAMIRANO, Carlos. *La invención de Nuestra América*. Buenos Aires: Siglo XXI, 2021.

CÁMPORA, Magdalena; LEDESMA, Jerónimo; SILVA, Guadalupe. Introducción. *In*: *Literatura y legitimación en América Latina: polémicas, operaciones, representaciones*. Corregidor: Buenos Aires, 2023.

CASANOVA, Pascale. *La lengua mundial: traducción y dominación*. Tradução de Laura Fólica. Prólogo de Roberto Bein. Buenos Aires: EThos, 2021.

CASSIN, Barbara. *Éloge de la traduction: compliquer l'universel*. Paris: Fayard, 2016.

CASSIN, Barbara. *Elogio da tradução: complicar o universal*. Tradução de Daniel Falkemback e Simone Petry. São Paulo: Martins Fontes, 2022.

CATELLI, Nora; GARGATAGLI, Marieta. *El tabaco que fumaba Plinio – Escenas de la traducción en España y América: relatos, leyes y reflexiones sobre los otros*. Barcelona: Ediciones del Serbal, 1998.

CORTÉS, Martín. José Aricó: traducir el marxismo en América Latina. *Nuso*, v. 262, mar./abr. 2016. Disponível em: https://nuso.org/articulo/jose-arico-traducir-el-marxismo-en-america-latina/. Acesso em: 04 abr. 2024.

DUSSEL, Enrique. *Caminos de liberación latinoamericana*. Buenos Aires: Latinoamérica Libros, 1973. v. I.

ENGEL, Pascal. Le mythe de l'intraduisible. *En attendant Nadeau*, 18 jul. 2017. Disponível em: https://www.en-attendant-nadeau.fr/preprod/2017/07/18/mythe-intraduisible-cassin/. Acesso em: 04 abr. 2024.

FREIJOMIL, Andrés. Reseña del VFO. *Prismas*, n. 24, p. 277-280, 2020.

GONZÁLEZ, Horácio. *Traducciones malditas: la experiencia de la imagen en Marx, Merleau-Ponty y Foucault*. Buenos Aires: Colihue, 2017.

PAIM, António. *História das idéias filosóficas no Brasil*. 6. ed. Londrina: Humanidades, 2007.

PALTI, Elías. *El tiempo de la política: el siglo XIX reconsiderado*. Buenos Aires: Siglo XXI, 2007.

PALTI, Elías. Ideas fuera de lugar. *In*: COLOMBI, Beatriz (Coord.). *Diccionario de términos críticos de la literatura y la cultura en América Latina*. Buenos Aires: Clacso, 2021. p. 245-256.

PINACCHIO, Ezequiel. ¿Filosofía argentina? Una aproximación a su(s) historia(s). *In*: SEMANA VIRTUAL UNIPE, 2022, Buenos Aires. *Anais*… Buenos Aires: Universidad Pedagógica Nacional, 2022.

RIVERA CUSICANQUI, Silvia. *Un mundo ch'ixi es posible: ensayos desde un presente en crisis*. Buenos Aires: Tinta Limón, 2018.

VENUTI, Lawrence. *Contra Instrumentalism: A Translation Polemic*. Lincoln: University of Nebraska Press, 2019.

WESTPHAL, Bertrand. *The Plausible World: A Geocritical Approach to Space, Place, and Maps*. Translated by Amy D. Wells. New York: Palgrave Macmillan, 2013.

WILLSON, Patricia. *Página impar: textos sobre la traducción en Argentina*. Buenos Aires: EThos, 2019.

TRADUÇÕES DO *VEP* CITADAS

AA.VV. *Dictionary of Untranslatables: A Philosophical Lexicon*. Edited by Emily Apter, Jacques Lezra and Michael Wood. Princeton: Princeton University Press, 2015.

AA.VV. *Vocabulario de las filosofías occidentales: Diccionario de los intraducibles*. Dirección de Barbara Cassin. Coordinación general de Jaime Labastida. Coordinación del equipo de trad. de María Natalia Prunes. Coordinación de la adaptación al español de María Natalia Prunes y Guido Herzovich. Siglo XXI: México, 2018. 2 v.

AA.VV. *Dicionário dos intraduzíveis: um vocabulário das filosofias*. Coordenação de Barbara Cassin. Organização de Fernando Santoro e Luisa Buarque. Belo Horizonte: Autêntica, 2018. Volume um: línguas.

Dicionário dos intraduzíveis | *Um vocabulário das filosofias*

VOLUME DOIS –
DIREITO, ÉTICA E POLÍTICA

ANIMAL
Natalie Depraz e Rafael Haddock-Lobo
Tradução: Rafael Haddock-Lobo

gr.	*tò zóon* [τὸ ζῷον], *tò theríon* [τὸ θηρίον]
lat.	*animal*
al.	*Animal, Bestie, Tier, animalisches Wesen*

➢ AFFORDANCE, ALMA, LEIB, LOGOS, NATUREZA, PHANTASIA, SUJEITO, VIDA

A tripartição homem/animal/planta pode parecer evidente quando pensada a partir de uma perspectiva europeia: o uso das línguas latinas tende a reservar animal *aos animais desprovidos de razão mas dotados de movimento. Entretanto, como em sua raiz etimológica ressoa "alma", no sentido de sopro vital (anima),* animal *apresenta um sentido que, por extensão, faz com que ele também designe todo "ser vivo". Ora, a língua grega nos oferece uma configuração de sentido ainda mais ampla: a palavra* zóon [τὸ ζῷον] *(*zóo [ζώω]*, "viver"; zoé* [ζωή]*, "vida"), que se traduz normalmente por* animal, *inclui, em um bom número de textos, não apenas os homens, mas também os astros e os deuses, e, às vezes, as plantas. Para além disso, a tradução habitual do termo em alemão,* das Tier, *remete ainda a uma outra constelação de sentidos. Próximo do grego* thér [θήρ] *(com sua derivação* theríon [τὸ θηρίον]*) que designa a "besta selvagem", animal de rapina ou presa de caça, a etimologia de* Tier *revela uma proximidade, não com a alma nem mesmo com a vida, mas com a brutalidade, a selvageria, a violência bestial, ou seja, com a morte. Uma tal inflexão, que tende a se transformar em seu oposto semântico, leva assim a traduzir* das Tier *mais por "besta" do que por "animal".*

Além disso, o animal *pode ser entendido de forma muito mais próxima do humano, a partir de compreensões vindas tanto de uma cosmovisão originária do continente africano, que se mantém viva nas diásporas brasileiras, como nas mitologias indígenas, ambas constituindo o que se tem chamado de* filosofia *popular brasileira.*

Muito estreito ou muito amplo, nosso animal *é ainda uma projeção sobre outras taxinomias.*

I. A AUSÊNCIA DO ANIMAL NOS GREGOS: O "ZÓON"

História dos animais, Das partes dos animais, Da geração dos animais, etc., os tratados biológicos de Aristóteles reforçam a ideia de que, tanto para os gregos como para nós, o conceito de animal funciona de modo idêntico. Porém, o termo que traduzimos, por meio do latim, por *animal*, tem uma acepção bem mais ampla: *tò zóon* [τὸ ζῷον], substantivo neutro formado a partir de *zóo* [ζώω], "viver", designa "tudo o que participa da vida" ("Tudo o que participa da vida, a justo título, merece a denominação de animal ou ser vivo", PLATÃO, *Timeu*, 77b). Logo, nesse caso, até mesmo as plantas, mas antes de tudo o próprio mundo (30b), os deuses, tanto os astros do céu como os deuses do Olimpo (39 e *sq.*) e, é claro, os homens, não menos que os nossos "animais".

No entanto, nessa hierarquia continuísta da diversidade das espécies, Aristóteles distingue frequentemente os *zóa* [ζῷα] propriamente ditos (substantivo, com iota subscrito), os *zóntes* [ζῶντες] (particípio presente do verbo) e os *zoói* [ζωόι] (adjetivo substantivado), a saber, os simples "viventes" situados no degrau mais baixo da escala, aqueles cuja alma não possui senão a faculdade de se nutrir e de se reproduzir (as plantas), mas não a de sentir, de se mover (nossos "animais"), de pensar e de falar (os homens): "A natureza progride, sem interrupção, dos seres inanimados [των ἀψύχων] até aos *zóa*, através de seres que, apesar de vivos [των ζωντες], não são propriamente *zóa*" (*Das partes dos animais*, 681a 12s.; ver também *De anima*, II, 413b 1-4). A dificuldade de traduzir *zóon* está, nesse caso, em seu auge. A sugestão de F. Wolff de traduzi-lo por "animado" ("L'animal et le dieu...", p. 163) certamente evita a confusão com nosso sentido restritivo de *animal*, mas esbarra em um novo problema: há, em Aristóteles, os "animados" (muito literalmente: os *émpsykha* [ἔμψυχα], em oposição aos *apsykha*, "inanimados", como as pedras, cf. *De anima* II, 413a 22) que não são *zôia*, os "animais" (as plantas justamente, *tá phýta*), ou aqueles dos quais nos perguntamos se o são, dada sua natureza intermediária (as esponjas, por exemplo, *Das partes dos animais*, 681a, p. 10-17). De qualquer forma, uma tradução por "animado", como por "animal", deixa escapar a grande cadeia que conduz do simples "vivente" às entidades singulares bem definidas por suas atividades cada vez mais diferenciadas que são os *zóa*, os "seres vivos".

Também não será bem-sucedida a tentativa de projetar adequadamente nosso conceito de animal sobre o grego *thér* [θήρ] ou seu derivado *theríon* [θηρίον]. Mesmo que aconteça de o *theríon* ser dito "pacífico" (*hémeron*, PLATÃO, *República*, 588c) tanto quanto "feroz" (*agríon*), a palavra designa normalmente o "animal de rapina", a "besta selvagem", hostil ao homem (o leão, o javali, que caçam e que caçamos, na maioria das vezes mais os terrestres do que os peixes ou as aves), por oposição aos animais domésticos ou domesticados. Se o homem é por natureza um *zóon* – precisamente, segundo as definições vinculadas por Aristóteles, um *zóon lógon ékhon* [ζῷον λόγον ἔχον], *animal rationale* ou vivente dotado de linguagem, e um *zóon politikón* [πολιτικὸν ζῷον], um animal político vivendo na cidade (ARISTÓTELES, *Política*, I, 1253a p. 1-10) –, é desnaturando-se que ele se torna um *theríon*. Assim, como aquele que não precisa viver em comunidade é *théos*, "deus", aquele que é incapaz disso é *theríon*, "besta", "monstro", não mais homem (*ibid.*, p. 27-29). Do mesmo modo, a *theriótes* [θηριότης], a "bestialidade", é muito diferente do vício; é a monstruosidade, por exemplo bárbara, de um embrutecimento da espécie (ARISTÓTELES, *Ética a Nicômaco*, VII, cap. 1; cf. BODÉÜS, "Les considérations aristotéliciennes sur la bestialité").

Essa tripartição que enquadra o homem entre a besta, *theríon*, e o deus, constitutiva do ético e do político, vem organizar a ontologia continuísta do vivente, *zóos* e *zóon*, determinante na biologia e na cosmologia. Mas nenhum dos termos gregos delimita a mesma porção de mundo que a nossa palavra *animal*.

II. A INVENÇÃO DO ANIMAL NA ERA CRISTÃ: "ANIMAL", "ANIMUS", "ANIMA"

No momento de emergência do cristianismo, na filiação de um judaísmo sacrificial, os animais se veem ao mesmo tempo dotados do *status* de criatura, assim como o homem, e desvalorizados devido à ausência de alma imputada a eles. No contexto de uma ontologia descontinuísta que repousa sobre a tripartição metafísica matéria/vida/espiritualidade, o animal se encontra situado do lado do vivente desprovido de alma/espírito. A respeito disso, é Santo Agostinho quem sistematiza pela primeira vez uma tal posição filosófica: negando-lhes qualquer princípio espiritual, ele lhes concede o princípio vital (a *anima*, a *psykhé* [ψυχή] grega), a saber, a motricidade. No entanto, ele reserva o *animus* (a alma que conhece), bem como o *pneúma* [πνεῦμα] (sopro no sentido de espírito) apenas aos seres humanos.

A série animal/vida/vivente é constituída, e os cartesianos desempenharão um grande papel no século XVII, a partir dessa série – quer sejam "a favor" (Gassendi, La Fontaine, Leibniz) ou "contra" o animal (o próprio Descartes, La Mettrie, etc.) –, no sentido de defini-la em relação ao polo do espírito e da racionalidade. O debate mecanismo/vitalismo (os animais têm alma?) tem assim sua fonte no agostinianismo, que vincula animal e *anima*, e desvincula animal e *animus*, endossando por muito tempo uma cisão entre o vivente e o espiritual.

III. PENSAR A BESTA EM RELAÇÃO AO ANIMAL

A oposição humanista que surge com a era cristã cria a cisão que citamos entre o vivente animal e o homem possuidor de espírito, e faz nascer a ideia de que o animal corresponde a um gênero unificado, que abrange a categoria de vivente. Ora, a presença, na língua alemã, além de *Bestie*, de outros dois termos (*Tier/Animal*), ambos podendo ser traduzidos por "animal", levanta novamente, como antes a língua grega já havia feito, a questão de se saber se o animal se refere verdadeiramente a uma categoria unificada, ou seja, a um "gênero homogêneo".

Com efeito, "animal" é a tradução mais corrente de *Tier*, quer se trate do *Haustier* (animal doméstico), do animal de pele (*Pelztier*), do animal de tração (*Zugtier*) ou de sela (*Reittier*). Fala-se também de reino animal (*Tierreich*), de filhotinhos (*Tierchen*), e até mesmo de animalidade (*Tiernatur, tierisches Wesen*). Mas a raiz latina também é mobilizada para traduzir tanto a animalidade (*Animalität*) como o adjetivo (*animalisch*). Ora, só se dispõe no francês de duas palavras, *animal* e *bête*, ambas muito próximas ao português "animal" e "besta", sendo que em nossa língua adiciona-se o termo "fera", sinônimo de "besta". Por que *Tier* é então mais frequentemente traduzido por "animal" do que por "besta"? Não reforçamos, assim, através da filiação lexical latina, um preconceito humanista?

Com efeito, *Tier* indica uma polaridade semântica que remete etimologicamente ao *theríon* grego (a besta selvagem) e, mais longe, ao *dheu* sânscrito (Dastur), que ocultaria em um termo único o embaralhamento originário da vida e da morte. Ora, em certos textos contemporâneos de fenomenologia, sempre se traduziu, de maneira não problematizada, este termo por "animal" e não por "besta", ainda que se encontre igualmente, nestes mesmos textos, *Animal* e *animalisches Wesen* (Husserl). Tal dificuldade de tradução obviamente envolve a relação do homem com o animal, ou seja, o problema da humanização do animal (se *Tier* é traduzido por "animal", onde se indica a alma) tanto quanto aquele da animalização, ou melhor, da bestialização do homem (quando *Tier* é traduzido por "besta", onde se anuncia a natureza bruta).

IV. OS ANIMAIS EM PERSPECTIVA CONTEMPORÂNEA OCIDENTAL

A dificuldade de tradução que se dá em decorrência da humanização do animal e da animalização do homem pode ser facilmente pensada sob duas perspectivas diferentes, ambas muito correntes na filosofia ocidental contemporânea.

A primeira, humanista, presente nas filosofias que estendem os direitos dos homens aos animais ou que pensam o homem como modelo para se pensar os animais (racionalidade, arbítrio, luto, etc.). Mesmo com suas maiores divergências, estariam nessa perspectiva filósofos como Tom Reagan e Peter Singer.

Na segunda, mais ligada às filosofias ditas continentais, estariam os pensamentos de Friedrich Nietzsche, que sempre buscou denunciar o privilégio da racionalidade como característica fundamental do homem a partir de seu caráter animal, e Gilles Deleuze e Félix Guattari, sobretudo quando trazem à cena filosófica a noção de "devir-animal", cunhada pelos dois em *Mil Platôs*.

É possível dizer ainda que há, sobretudo a partir de uma herança da segunda perspectiva e de um enfrentamento com a primeira, uma terceira perspectiva: a que se propõe a pensar as fronteiras, as margens, as diferenças entre os seres vivos, não para manter tais fronteiras, mas para mostrar ao mesmo tempo sua arbitrariedade e a pluralidade de diferenças que existem entre os homens e os animais, bem como entre os homens e entre os animais. Nessa perspectiva, encontraremos obras de Jacques Derrida, Vinciane Despret e Donna Haraway, por exemplo.

Essa terceira perspectiva (pensada como uma releitura da segunda) será fundamental para se pensar em um possível encontro da filosofia ocidental com outras formas de filosofia, sobretudo porque ela propõe o abandono do uso do vocábulo "animal" e nos sugere, por razões estritamente de rigor conceitual, o uso de "animais" (devido às inúmeras diferenças que existem entre os entes vivos que não são humanos nem vegetais).

V. OS ANIMAIS EM PERSPECTIVA AFRODIASPÓRICA E INDÍGENA

Devemos à antropologia, muito mais do que à filosofia, a atenção a como a relação entre humanos e animais é constitutiva de outras filosofias não ocidentais (como as africanas, afro-brasileiras e ameríndias). Em ambas as perspectivas, as vindas de África com a escravização dos negros e as que sobreviveram nas Américas à invasão colonial e ao epistemicídio ameríndio, não haveria nenhuma grande diferença substancial ou essencial entre homens e animais.

Bem diversas das mitologias monoteístas que, com todas as suas diferenças, apresentam sempre os animais como inferiores e, portanto, assujeitados aos homens, as filosofias dessas perspectivas apresentam deuses, homens e animais, bem como vivos e mortos, como participantes de uma coletividade maior e cujas fronteiras, por serem muito tênues, podem ser ultrapassadas.

Em diversos itãs e orikis presentes nos candomblés, por exemplo, encontra-se o relato tanto de animais sagrados, como a transformação de orixás (divindades do panteão iorubano) em animais e mesmo a presença de traços animais na personalidade e na constituição física dos humanos (como se vê, por exemplo, na coletânea de mitos feita por Reginaldo Prandi ou nos contos de Mãe Beata de Yemonjá).

No que concerne às cosmopercepções indígenas, também se nota essa possibilidade de ultrapassamento das fronteiras entre os humanos e animais e, portanto, uma diferença que não seria estrutural nem constitutiva desses modos de ser. A figura dos xamãs passa a ser fundamental para se compreender tal diferença, em uma visão de mundo em que tudo é "gente" e as diferentes perspectivas são do lugar que cada corpo ocupa. O xamã, portanto, é aquele que, através das sabedorias ritualísticas, é capaz de realizar essa transição extracorpórea e compreender os diferentes modos de ser das "gentes".

Essa visão de mundo indígena, notadamente presente nas mitologias tupis mas não apenas, descreve as relações entre as gentes (humanos, animais e plantas, portanto) a partir da perspectiva do corpo, da caça e da alimentação: a partir desse corpo que tenho, quem eu caçarei e quem me caçará; quem me come e quem eu como. O que representa uma epistemologia, uma ética e uma política absolutamente outra com relação às filosofias europeias (como se vê, por exemplo, em *A queda do céu*, de Davi Kopenawa e Bruce Albert).

A presença e a importância dos entes chamados pelos europeus de "animais", seja nas perspectivas afrodiaspóricas como as citadas acima, seja na forma da antropofagia dos diferentes tipos de "gentes" nas perspectivas ameríndias, apresenta uma constituição filosófica ao mesmo tempo de respeito e de embate com relação à alteridade: o matar ou morrer, o comer ou ser comido não diz respeito a uma superioridade humana com relação aos animais, mas sim a uma posição em que nos encontramos naquele momento de encontro, como, por exemplo, quando um jovem goitacá precisava se lançar ao mar e retornar à aldeia com um tubarão morto em um embate sem armas.

VI. OS ANIMAIS E A FILOSOFIA POPULAR BRASILEIRA

Estudos como os de Eduardo Viveiros de Castro, Alberto Mussa, Nei Lopes, Muniz Sodré e Luiz Antonio Simas abrem formas de pensar a partir do complexo cultural de saberes populares no qual a presença dos animais tem um papel de destaque, tal como ocorre, agora não apenas nas mitologias de matriz africana ou indígena, mas também nas músicas e nas danças, como nas cirandas, nos sambas, nos jongos, na culinária e daí por diante.

Aliás, a relação entre humanos e animais é de tal modo presente e fundamental nessas perspectivas filosóficas populares que a questão do "animal" ou dos "animais" nem chega a configurar um tema privilegiado, estando sempre presente nas cosmovisões e cosmopercepções que pensam os deuses, o mundo e seus habitantes.

A relação entre humanos e animais, entre deuses, homens e animais, entre gentes, vista a partir dessas perspectivas, abre então uma forma de pensar, que envolve o corpo, os gostos, os movimentos, as ruas, as matas e os mares. Resulta em um pensamento histórico, político e filosófico que ultrapassa as fronteiras não apenas dos gêneros de viventes com também de ciências e saberes instituídos.

Seja Dom Sebastião, que aparece como o touro encantado nas praias dos lençóis maranhenses, ou Cabocla Mariana, que se encanta como a ararinha nos relatos de Simas, seja o conceito de *diferOnça* de Viveiros de Castro ou a restauração tupinambá de Mussa, seja Iansã aparecendo como búfala ou o menino lagarto nos aforismos de Mãe Beata, seja nos pontos de umbanda ou nos sambas enredo, podemos afirmar que há muito o que refletir sobre a relação entre todas as formas de gentes que habitam o mundo.

BIBLIOGRAFIA

AGAMBEN, Giorgio. *Homo Sacer, le pouvoir souverain et la vie nue.* Paris: Seuil, 1997. [Ed. br.: *Homo Sacer: o poder soberano e a vida nua.* Tradução de Henrique Burigo. 2. ed. Belo Horizonte: Ed. da UFMG, 2002].
ARISTÓTELES. *Partes dos animais.* Lisboa: Imprensa Nacional Casa da Moeda, 2010. Tradução de Maria de Fátima Souza e Silva. Consultoria científica por Lucas Angioni.
ARISTÓTELES. *Da Alma.* Lisboa: Ed. 70, 2001. Tradução de C.H. Gomes.
ARISTÓTELES. *De Anima.* Oxford: Oxford Classical Texts, 1961. Edição crítica de David Ross.
ARISTÓTELES. *A Política.* São Paulo: Martins Fontes, 1991. Tradução de R. L. Ferreira.
ARISTÓTELES. *Ethica Nicomachea.* Oxford: Oxford Classical Texts, 1970. Edição crítica de Bywater.
ARISTÓTELES. *Ética a Nicômacos.* Brasília: Ed. UNB, 1999. Tradução de Mário da Gama Kury.
BODÉÜS, Richard. Les considérations aristotéliciennes sur la bestialité. *In*: CASSIN, B.; LABARRIÈRE, J.-L. (Éd.). *L'Animal dans l'Antiquité.* Paris: Vrin, 1997. p. 247-258. [Não disponível em português].
CABESTAN, Philippe. La constitution de l'animal dans les Ideen. *Alter*, n. 3, p. 39-81, 1995. [Não disponível em português].
DASTUR, Françoise. Pour une zoologie privative. *Alter*, n. 3, p. 281-319, 1995. [Não disponível em português].
DELEUZE, Gilles; GUATTARI, Félix. *Mil platôs. Capitalismo e esquizofrenia.* Tradução de Suely Rolnik. Revisão técnica de Luiz B. L. Orlandi. São Paulo: 1997. v. 4.
DEPRAZ, Natalie. Y a-t-il une animalité transcendantale? *Alter*, n. 3, p. 81-115, 1995. [Não disponível em português].
DERRIDA, Jacques. *O animal que logo sou.* Tradução de Fábio Landa. São Paulo: Ed. da UNESP, 2002.
FONTENAY, Elisabeth de. *Le Silence des bêtes. La Philosophie à l'épreuve de l'animalité.* Paris: Fayard, 1998. [Não disponível em português].
HARAWAY, Donna. O manifesto das espécies companheiras – cães, pessoas e alteridade significante [fragmento]. Tradução de Ildney Cavalcanti e Amanda Prado. *In*: BRANDÃO, I.; CAVALCANTI, I.;

COSTA, C. L.; LIMA, A. C. *Traduções da cultura: perspectivas críticas feministas – 1970-2010*. Florianópolis: Mulheres, 2017.

HARAWAY, Donna; AZERÊDO, Sandra. Companhias multiespécies nas naturezaculturas: uma conversa entre Donna Haraway e Sandra Azerêdo. *In*: MACIEL, Maria Esther (Org.). *Pensar/escrever o animal: ensaios de zoopoética e biopolítica*. Florianópolis: Ed. da UFSC, 2011 p. 389-417.

HEIDEGGER Martin, *Les Concepts fondamentaux de la métaphysique, Monde-finitude-solitude*, trad. fr. P. David, Gallimard, 1992 (Edição brasileira: HEIDEGGER, Martin. *Os conceitos fundamentais da metafísica. Mundo, finitude, solidão*. Tradução Marco Antonio Casanova, Rio de Janeiro: Forense Universitária, 2003).

HUSSERL, Edmund. *Idées directrices pour une phénoménologie et une philosophie phénoménologique pures, II, deuxième section*. Paris: PUF, 1982 (Ed. br.: *Ideias para uma fenomenologia pura e para uma filosofia fenomenológica*. Prefácio de Carlos Alberto Ribeiro de Moura. São Paulo: Ideias e Letras, 2012).

HUSSERL, Edmund. *La Crise de l'humanité européenne et la Philosophie*. Alterno 3, "L'animal". Paris, 1995. Textes de Husserl (appendice XII des Idées directrices, et appendice XII et texte n. 35 du Husserliana XV), p. 167-219. (Ed. br.: *A crise da humanidade europeia e a filosofia*. Introdução e tradução de Urbano Zilles. Porto Alegre: EdiPUCRS, 2002).

KOPENAWA, Davi; ALBERT, Bruce. *A queda do céu: palavras de um xamã yanomami*. São Paulo: Companhia das Letras, 2016.

LOPES, Nei. *Enciclopédia brasileira da diáspora africana*. São Paulo: Selo Negro, 2004.

LOPES, Nei. *Novo dicionário banto do Brasil*. Rio de Janeiro: Pallas, 2012.

MÃE BEATA DE YEMONJÁ. *Caroço de dendê: a sabedoria dos terreiros*. Rio de Janeiro: Pallas, 2002.

MUNIZ SODRÉ. *Pensar nagô*. Rio de Janeiro: Vozes, 2017.

MUSSA, Alberto. *Meu destino é ser onça*. Rio de Janeiro: Record, 2009.

PAIXÃO, Rita Leal; SCHRAMM, Fermin Roland. *Experimentação animal: razões e emoções para uma ética*. Niterói: Eduff, 2008.

PLATÃO. *Timeu*. Belém: Ed. da UFPA, 2001. [1. ed. de 1973, tradução de Carlos Alberto Nunes].

PLATÃO. *A República*. São Paulo: Martins Fontes, 2006. Tradução de Ana Lia de Almeida Prado.

PRANDI, Reginaldo. *Mitologia dos orixás*. São Paulo: Companhia das Letras, 2005.

SAINT AUGUSTIN. Le Libre arbitre. *In*: *Dialogues philosophiques II*: *De magistro, De libero arbitrio*. Intr., trad. et notes G. Madec. Études augustiniennes, "Bibliothèque augustinienne 6", 1976. [Ed. br.: *O livre-arbítrio*. Tradução de Ricardo Taurisano. São Paulo: Filocalia, 2019].

SIMAS, Luiz Antonio; RUFINO, Luiz; HADDOCK-LOBO, Rafael. *Arruaças*. Rio de Janeiro: Bazar do Tempo, 2020.

SIMAS, Luiz Antonio. *Almanaque de brasilidades: um inventário do Brasil popular*. Rio de Janeiro: Bazar do Tempo, 2018.

VIVEIROS DE CASTRO, Eduardo. *A inconstância da alma selvagem e outros ensaios de antropologia*. São Paulo: Cosac Naify, 2002.

VIVEIROS DE CASTRO, Eduardo. *Encontros*. Organização de Renato Sztutman. Rio de Janeiro: Beco do Azougue, 2008.

WOLFF, Francis. L'animal et le dieu: deux modèles pour l'homme. Remarques pouvant servir à comprendre l'invention de l'animal. *In*: CASSIN, B.; LABARRIÈRE, J.-L. (Éd.). *L'Animal dans l'Antiquité*. Paris: Vrin, 1997. p. 157-180. [Não disponível em português].

BEHAVIOUR
[inglês] *(pt. conduta, comportamento, behaviorismo, comportamentalismo)*

Sandra Laugier
Tradução: Isabela Pinho

fr.	*conduite, comportement, béhaviorisme, béhaviourisme, comportementalisme*
al.	*Verhalten, Behaviorismus*
it.	*comportamento, comportamentismo*
ingl. britânico	*behaviourism*
ingl. americano	*behaviour, behaviourism*
	behavior, behaviorism

➢ ATO DE FALA, AGENCY, ALMA, INGLÊS, EPISTEMOLOGIA, GEISTESWISSENSCHAFTEN, INCONSCIENTE, INTENÇÃO, LEIB, MANEIRA, PRÁXIS, SENSO/SENTIDO

O caráter intraduzível do termo inglês behaviour *(ou* behavior, *em inglês americano) aparece: (1) na hesitação entre duas traduções do termo em francês,* conduite *e* comportement, *sendo que a passagem (em 1908, com a reintrodução do termo na psicologia por Henri Piéron) da primeira à segunda manifesta uma vontade de objetivação e de cientificidade da noção "observável" de comportamento; em português, entretanto, predomina a tradução por "comportamento"; (2) na escolha contemporânea do termo "behaviorismo" (ou na versão inglesa "behaviourismo") no lugar de "comportamentalismo" (mais raro) para traduzir* behaviorism. *O mesmo se dá no alemão, que utiliza* Behaviourism *("ein verkappter Behaviorist [um behaviorista mascarado]", WITTGENSTEIN,* Philosophische Untersuchungen, *§307).*

Behaviorismo, simples decalque do inglês, visa a uma dada concepção filosófica (historicamente datada do início do século XX americano e das teorias de Watson, elaboradas simultaneamente às de Pavlov na Rússia), segundo a qual somente a observação do comportamento dito "exterior" pode fundar a descrição dos estados mentais. O termo, introduzido de maneira positiva, tornou-se em seguida pejorativo, ou pelo menos, negativo: em francês e em português, tem-se a tendência de opor o behaviorismo, simplificador e cientificista, a uma eventual verdadeira teoria do comportamento (cf. MERLEAU-PONTY, La structure du comportement*).*

No entanto, vê-se que a dificuldade também concerne ao termo "comportamento". Comportement, *que desde o século XV designa em francês a maneira de agir, não parece responder às problematizações do* behavior *que aparecem sucessivamente em filosofia de língua inglesa, notadamente à dimensão social, ou mesmo moral, do termo inglês, que sua tradução francesa clássica por* conduite *[conduta, maneiras] atesta. É somente a redefinição behaviorista do "comportamento", no início do século XX, que une de vez o par problemático comportamento/*behavior. *A reticência em francês e português em realmente traduzir* behaviorismo *talvez marque, por sua vez, essa defasagem em relação às concepções e descrições do comportamento/*behavior *em língua inglesa.*

I. "EMPIRISMO", "NATURALISMO", "BEHAVIORISMO"

O termo *behavior* aparece na língua inglesa no século XV e logo de início possui a dimensão moral da "conduta", como atesta o uso intransitivo de *to behave*, "comportar-se bem em sociedade", "ter boas maneiras". Assim, em Hobbes:

> *By manners, I mean not here, decency of behavior; as how one man should salute another, or how a man should wash his mouth, or pick his teeth before company, and such other points of the small morals.*

> [Não entendo aqui por *costumes* a decência da conduta, por exemplo, a maneira como um homem deve saudar a outro, ou como deve lavar a boca, ou limpar os dentes diante dos outros, e outros aspectos da *pequena moral*.] (HOBBES, *Leviathan*, Part. I, chap. 11, p. 85; trad. bras., p. 60).

Essa dimensão normativa e social do *behaviour* (associada às boas maneiras, aos bons costumes, à fineza, *decency*, *manners* e *morals*) se transforma nos empiristas, notadamente em Hume, em que apresenta uma nova dificuldade de dimensão descritiva. Hume define o comportamento humano, enquanto manifestação física observável, como um fenômeno empírico e experimentável. É esse dado comportamental que vai fundar a ciência moral e que vai "naturalizá-la", atribuindo-lhe uma certeza comparável à das ciências da natureza.

> *We must therefore glean up our experiments in this science from a cautious observation of human life, and take them as they appear in the common course of the world, by men's behavior in company, in affairs, and in their pleasures.*

> [Portanto, nessa ciência, devemos reunir nossos experimentos mediante a observação cuidadosa da vida humana, tomando-os tais como aparecem no curso habitual do mundo, no comportamento dos homens em sociedade, em suas ocupações e em seus prazeres.] (HUME, *A Treatise of Human Nature*, I, Intr.; trad. bras., p. 24).

Aqui, *behaviour* é traduzido por "comportamento", ficando "conduta" reservado para o termo *conduct*, que também é bastante frequente em Hume, assim como o par *behaviour and conduct* ("*their whole conduct and behaviour*", *Treatise*, II, cap. 3). O acoplamento (análogo àquele de *belief and assent*, ver BELIEF) indica, entretanto, a proximidade do comportamento e do costume social ao hábito – ambos objetos de observação e de experimentação. O *behaviour* mostra-se, assim, como o ponto de partida para uma naturalização do social, que não é uma redução a dados físicos, mas que pode produzir um conhecimento de uma outra ordem, tão certo quanto o destes últimos.

II. "CONDUTA"/"COMPORTAMENTO": O PRAGMATISMO E O BEHAVIORISMO

Sob *behaviour*, torna-se difícil diferenciar o comportamento enquanto tal de uma problemática da conduta como boa conduta, feixe de hábitos sociais, produto do caráter, das virtudes, etc. A problemática do *behavior* (o *u* desaparece na passagem ao inglês americano) é bem rica nos pragmatistas americanos do século XIX, sobretudo em William James. Em suas *Talks to Teachers* (1899), ele define a criança como "*behaving organism*" – traduzido em francês por: "*L'enfant comme organisme tourné vers le pratique*" [a criança como organismo voltado para o prático] (trad. fr., p. 57). James tenta produzir um conceito não moral, funcionalista e cognitivo, do *behavior*, distinguindo-o, assim, da "conduta" (emblemática em Emerson e sua *Conduct of life*). Separa-se, então, o par humeano *behaviour/conduct*, aproximando o primeiro de um verdadeiro conhecimento científico, e o segundo de uma moral mais socializada.

Mas é evidentemente nos textos fundadores do behaviorismo como teoria da psicologia que irá se operar a redefinição mais explícita de *behavior*, notadamente no célebre artigo de John B. Watson, "Psychology as the Behaviorist Views it" (1913, p. 158, na trad. fr.). Trata-se de uma profissão de fé naturalista, que quer fazer da psicologia uma ciência natural que tem por objeto e fundamento o comportamento humano e (indissoluvelmente) animal.

> *Psychology as the behaviorist views it is a purely objective experimental branch of natural science. [...] The behaviorist, in his efforts to get a unitary scheme of animal response, recognizes no dividing line between man and brute. The behavior of man, with all of its refinement and complexity, forms only a part of the behaviorist's total scheme of investigation.*
>
> [A psicologia, tal como a concebe o behaviorista, é um ramo puramente objetivo e experimental da ciência natural. [...] O behaviorista, em seus esforços para obter um esquema unitário de resposta animal, não reconhece fronteira dividindo o homem e o animal. O comportamento do homem, com todo seu refinamento e complexidade, forma somente uma parte do esquema total de investigação do behaviorista.]

Influenciado pela "psicologia funcional" de Dewey, Watson deseja, diferentemente do pragmatismo, separar o conceito de comportamento do conceito de consciência (*consciousness*, ver CONSCIÊNCIA) e associá-lo aos conceitos de arco reflexo, de estímulo, de hábito e de disposição, todos termos que vão progressivamente invadir a psicologia científica e levá-la a rejeitar os dados provindos da introspecção, do senso comum ou da chamada "psicologia popular". Uma dimensão importante do comportamento neste quadro é o comportamento linguístico (*Verbal Behavior* é o título de uma obra de B. F. Skinner que teve muita influência), que remete à linguagem do ponto de vista de suas produções observáveis (ver ATO DE FALA).

> *The Behaviorist asks: Why don't we make what we can observe the real field of psychology? Let us limit ourselves to things that can be observed, and formulate laws concerning only the observed things. Now, what can we observe? Well, we can observe behavior – what the organism does or says. And let me make this fundamental point*

at once: that saying is doing – that is, behaving. Speaking overtly or silently is just as objective a type of behavior as baseball (WATSON, "Behaviorism, the Modern Note in Psychology", p. 18).

[O behaviorista pergunta: por que não fazer do que podemos observar o verdadeiro campo da psicologia? Limitemo-nos às coisas que podem ser observadas e formulemos leis concernentes apenas ao observado. Ora, o que podemos observar? Bem, nós podemos observar o *comportamento – o que o organismo faz ou diz*. E que me permitam, de uma vez por todas, essa observação fundamental: *dizer é fazer, isto é, se comportar*. Falar abertamente ou silenciosamente é um tipo de comportamento tão objetivo quanto o baseball.]

O behaviorismo se mostra indissociável de uma certa concepção do comportamento como observável e corpóreo, ou orgânico, negando a dimensão da conduta e só conservando do hábito a ideia de condicionamento. Assim, o esquema estímulo-resposta torna-se central na definição de *behavior*. É essa concepção aparentemente caricata e restritiva do comportamento que leva a entender por "behaviorismo" uma teoria do comportamento observado em laboratório, cuja ilustração mais célebre será encontrada nas experimentações sobre o reflexo condicionado conduzidas em torno de Ivan Pavlov entre 1900 e 1917.

No entanto, entre alguns pragmatistas, notadamente Dewey e Mead, há uma crítica ao behaviorismo compreendido dessa forma e uma vontade de redefinir o termo *behavior* de maneira fiel à definição humeana: a experimentação e a observação do comportamento põem em causa o ambiente tanto quanto o organismo. Ora, o ambiente também implica outros seres humanos e mediações sociais complexas.

Only by analysis and selective abstraction can we differentiate the actual occurrence into two factors, one called organism and the other, environment. This fact militates strongly against any form of behaviorism that defines behavior in terms of the nervous system or body alone (DEWEY, "Conduct and Experience", p. 220).

[Somente por análise e abstração seletiva podemos diferenciar dois fatores no fenômeno real; um chamado organismo e outro ambiente. Esse fato milita fortemente contra toda forma de behaviorismo que defina comportamento somente em termos de sistema nervoso ou de corpo.]

É ainda em Dewey que se encontra um interessante esclarecimento sobre a necessária "serialidade" do comportamento, em que aparecem os termos ingleses *com-portment/de-portment* e reaparece... a conduta:

Although the word "behavior" implies com-portment, as well as de-portment, the word "conduct" brings out the aspect of seriality better than does "behavior", for it clearly involves the facts both of direction (or a vector property) and of conveying or conducing (DEWEY, "Conduct and Experience", p. 222).

[Ainda que a palavra *comportamento* implique ao mesmo tempo o com-portamento [*com-portment*] e a postura [*de-portment*], a palavra *conduta* põe em evidência o aspecto da serialidade melhor do que "comportamento [*behavior*]" o faz, pois envolve claramente tanto a noção de direção (ou uma propriedade de vetor) quanto a de transportar ou conduzir.]

Também em Mead se opera um deslocamento da noção de *behavior* em direção a *conduct*:

> *The behaviorism which we shall make use of is more adequate than that of which Watson makes use. Behaviorism in this wider sense is simply an approach to the study of the experience of the individual from the point of view of his* conduct, *particularly, but not exclusively, the* conduct *as it is observable by others* (MEAD, *Mind, Self and Society*, p. 2).

[O behaviorismo do qual havemos de fazer uso é mais adequado do que aquele do qual Watson faz uso. Behaviorismo nesse sentido mais abrangente é simplesmente uma abordagem do estudo da experiência do indivíduo do ponto de vista de sua *conduta*, particularmente, mas não exclusivamente, a *conduta* enquanto é observável por outros.]

O comportamento linguístico não é mais um caso particular, mas *o* domínio em que aparece o caráter social do *behavior*, devido à necessidade de sua integração ao grupo de colocutores:

> *We want to approach language not from the standpoint of inner meanings to be expressed, but in its larger context of cooperation in the group. Meaning appears within that process. Our behaviorism is a social behaviorism. [...] Social psychology studies the activity or behavior of the individual as it lies within the social process; the behavior of an individual can be understood only in terms of the behavior of the whole social group of which he is a member* (MEAD, *Mind, Self and Society*, p. 6-7).

[Nós queremos abordar a linguagem não do ponto de vista dos significados internos que devem ser expressos, mas em seu contexto mais amplo de cooperação no grupo. O significado aparece dentro desse processo. Nosso behaviorismo é um behaviorismo social. [...] A psicologia social estuda a atividade ou o comportamento do indivíduo na medida em que se encontram dentro de um processo social; o comportamento de um indivíduo só pode ser compreendido em termos do comportamento da totalidade do grupo social do qual ele é um membro.]

Assim, o behaviorismo social parece revalorizar o conceito de conduta. Em francês, o termo *conduite* [conduta] foi por muito tempo privilegiado para descrever o comportamento tal como é integrado nas relações sociais:

> *Aussi voyons-nous que les observations les plus utiles sur la nature intellectuelle et morale de l'homme, recueillies, non par des philosophes enclins aux théories et aux systèmes, mais par des hommes vraiment doués de l'esprit d'observation et portés*

à saisir le côté pratique des choses, par des moralistes, des historiens, des hommes d'État, des législateurs, des instituteurs de la jeunesse, n'ont pas été en général le fruit d'une contemplation solitaire et d'une étude intérieure des faits de conscience, mais bien plutôt le résultat d'une étude attentive de la conduite des hommes placés dans des situations variées, soumis à des passions et à des influences de toutes sortes, dont l'observateur a grand soin de s'affranchir autant que possible (COURNOT, *Essai sur les fondements de nos connaissances*, p. 548-549).

[Também percebemos que as observações mais úteis sobre a natureza intelectual e moral do homem, recolhidas, não por filósofos inclinados às teorias e aos sistemas, mas por homens verdadeiramente dotados do espírito de observação e inclinados a compreender o lado prático das coisas, por moralistas, historiadores, homens de Estado, legisladores, professores da juventude, não foram em geral o fruto de uma contemplação solitária e de um estudo interior dos fatos da consciência, mas muito mais o resultado de um estudo atento da *conduta* dos homens em situações variadas, submetidos a paixões e a influências de toda sorte, das quais o observador toma um grande cuidado em se libertar na medida do possível.]

O *comportement* será, então, associado a uma concepção específica (não social) da psicologia. A introdução em francês de *comportement* [comportamento] em um sentido técnico é exatamente contemporânea do desenvolvimento da psicologia behaviorista, sem ser inteiramente dependente dela. A psicologia empirista – antes mesmo que os trabalhos de Pavlov fossem conhecidos e em um momento em que o behaviorismo americano estava ainda em processo de elaboração teórica – foi representada de maneira notável na França pelo sucessor de Binet, Henri Piéron, que introduziu o termo *comportement* com um estatuto explícito de tradução, a fim de definir o objeto próprio da psicologia científica:

L'activité des êtres et leurs rapports sensori-moteurs avec le milieu, ce que les Américains appellent "the behavior", les Allemands "das Verhalten", les Italiens "il comportamento" et ce que nous sommes en droit d'appeler "le comportement des organismes" (PIÉRON, "Leçon inaugurale à l'École pratique des hautes études", 1908).

[A atividade dos seres e suas relações sensório-motoras com o meio, aquilo que os americanos chamam "the behavior", os alemães "das Verhalten", os italianos "il comportamento", e que nós temos o direito de chamar "o comportamento dos organismos".]

Prefigurando certas concepções cognitivistas, Piéron também corrige o behaviorismo de Watson, recusando, por sua vez, o par estímulo-resposta, e insistindo sobre os mecanismos fisiológicos. O que ocorre de todo modo é que *comportement* fica a partir de então associado a uma abordagem empirista e remete exatamente ao behaviorismo, assim como o adjetivo *comportemental* [comportamental], introduzido em francês um pouco mais tarde (1949), traduz o americano *behavioral*, do qual ele adotou o sufixo final.

III. BEHAVIORISMO E FILOSOFIA DA MENTE: AS CRÍTICAS DO BEHAVIORISMO E O BEHAVIORISMO COMO CRÍTICA

A resistência ao behaviorismo, perceptível na recusa a realmente traduzir o termo, seria o sinal de que se reluta a estender o método objetivista – de uma pura "descrição exterior" – à psicologia e ao que V. Descombes chama de "fenômenos do mental". Com efeito, o behaviorismo parece ter se tornado uma cortina de fumaça desde o último quarto do século XX. O termo é claramente pejorativo e passa a coexistir com o menos teórico *comportementalisme*; o mesmo ocorre no correlato em português *comportamentalismo*. Hoje, o "comportamentalismo" remete a métodos bastante específicos e ultraempíricos, da ordem do condicionamento rígido (fala-se em comportamentalismo para os adestradores de cães, para os analistas de recursos humanos de empresas, para os tratamentos de choque e "terapias comportamentais" do "cognitivo-comportamentalismo"). Quanto ao termo *comportamento*, seu uso se estende para além do comportamento humano: evoca-se o "comportamento das moléculas" na física, o comportamento de tal verbo em linguística.

A conotação negativa do behaviorismo é hoje não menos presente em inglês: o behaviorismo é o primeiro alvo da filosofia da mente (ver Quadro 6 em ALMA), a qual se desenvolveu, desde o fim do século XX, em grande parte utilizando-o como contraste e coadjuvante. O problema é que esse *backlash*, "contragolpe", mentalista é igualmente um recalcamento da dimensão crítica do behaviorismo, que contestava no princípio um certo discurso sobre o mental e o "mito da interioridade". Assim, quando Wittgenstein faz alusão ao behaviorismo e nota o aspecto behaviorista de sua proposta, ele o faz para pôr em evidência uma "verdade" do behaviorismo, repetida obsessivamente nos *Philosophische Untersuchungen*: não temos nada além do que o outro faz e diz (seu exterior) para acessar o seu interior. Aquilo que o behaviorismo tem de verdadeiro é o fato de que ele leva em conta a limitação do nosso discurso sobre o mental. No entanto, o que ele tem de errado é o fato de que quer tomar o comportamento como critério e fundamento de um conhecimento da natureza humana, fora de toda relação com o outro ou com a sociedade. Mas as críticas mentalistas contemporâneas do behaviorismo parecem por vezes só conservar do behaviorismo seu cientificismo e seu naturalismo estreito e recalcar a radicalidade filosófica de sua posição empirista.

Duas críticas ao behaviorismo, exatamente opostas, coexistem hoje e podem desenhar o campo da "filosofia da mente". A primeira, que prolonga Dewey e Wittgenstein, remete ao comportamento como institucional e social (cf. V. Descombes): toda aquisição de hábitos ou de disposições é social e o conceito de comportamento não pode ser reduzido ao *behavior* individual. A segunda funda o neomentalismo: o mental é irredutível ao comportamento empírico, a mente está certamente em alguma parte "do interior", ainda que esse interior seja físico (ou neurofisiológico).

Em um primeiro momento, o behaviorismo coabitou com a filosofia analítica provinda da emigração austríaca, cujo empirismo lógico podia se aliar ao empirismo radical do behaviorismo, ao custo de alguns mal-entendidos. Clark Hull especialmente propôs, em seu *System of Behavior* (1952), uma reconstrução dos fundamentos teóricos do behaviorismo em colaboração com Otto Neurath. O fracasso dessa tentativa de sistematização prefigura a crise do behaviorismo, suplantado pelo surgimento da psicologia cognitiva, o ponto de virada tendo sido a resenha fatal da obra de Skinner, *Verbal Behavior*, feita por Chomsky em 1959. Pode-se lamentar que as críticas justificadas a certos aspectos do programa behaviorista tenham conduzido à rejeição da crítica behaviorista do mentalismo, que era precisamente o que interessava a Wittgenstein. Skinner, em um texto apaixonante, "Whatever Happened to Psychology as the Science of Behavior?", interpretou com justeza o abandono do behaviorismo como um retorno do mentalismo. Retornando, pouco antes de sua morte, à história do behaviorismo e à maneira pela qual a psicologia como ciência do comportamento foi eclipsada pelas ciências cognitivas, ele observa: "*Everyone could relax. Mind was back.* [Todo mundo podia relaxar. A mente estava de volta.]" (p. 66).

A rejeição filosófica do behaviorismo conduziu por vezes a uma aceitação não crítica de uma psicologia igualmente cientificista, com o mentalismo a mais. Quine, figura central da filosofia analítica e último behaviorista, reivindicava um behaviorismo mínimo atribuído a P. Ziff: "O behaviorismo filosófico não é uma teoria metafísica: ele é a negação de uma teoria metafísica. Consequentemente, ele não afirma nada" (*Palavra e objeto* [*Le Mot et la Chose*], p. 165). O behaviorismo coloca um problema particularmente interessante para a filosofia da linguagem: o que temos à nossa disposição, em termos de linguagem, senão o comportamento verbal, tanto o nosso como o dos outros? A saber: *aquilo que nós dizemos*? "Em psicologia, pode-se escolher ser ou não ser behaviorista, mas em linguística não se tem escolha", notava Quine em uma conferência inédita, "The Behavioral Limits of Meaning". O behaviorismo é o reconhecimento do caráter imanente de toda pesquisa linguística e do caráter obrigatório de nosso ponto de partida: a linguagem comum, "arte social" por excelência. O behaviorismo de Quine ou Wittgenstein se mostra como uma reflexão sobre a natureza do dado linguístico.

Concluiremos que esse behaviorismo mínimo deve levar em conta o caráter social do comportamento, o que é finalmente coerente com a concepção humeana de *behaviour* ("*in the common course of the world* [...] *men's behaviour in company*"). Constatar-se-á também que, apesar das tentativas americanas, é difícil purificar o próprio termo *behavior* de qualquer dimensão moral, como comprova o uso sempre presente do verbo *to behave* no sentido de "se comportar bem". A gramática sutil desse uso aparece em uma célebre conversa do filme *The Philadelphia Story* [*Núpcias de um escândalo*] (G. Cukor, 1940). Tracy Lord (personagem de Katharine Hepburn) pontua: "*A woman has to behave, naturally* [uma mulher deve ser comportar, naturalmente]", e C. K. Dexter Haven (personagem de Cary Grant) responde: "*A woman has to behave naturally* [uma mulher deve se comportar naturalmente]". A definição de *behavior* depende, então, de uma vírgula.

BIBLIOGRAFIA

BOUVERESSE, Jacques. *Le Mythe de l'intériorité*. Paris: Minuit, 1976.

CHOMSKY, Noam. A Review of Skinner's Verbal Behavior. *Language*, n. 35, p. 26-58, 1959.

COURNOT, Antoine-Augustin. *Essai sur les fondements de nos connaissances*. Paris: Hachette, 1851. t. 2.

DESCOMBES, Vincent. *La Denrée mentale*. Paris: Minuit, 1995.

DESCOMBES, Vincent. *Les Institutions du sens*. Paris: Minuit, 1996.

DEWEY, John. Conduct and Experience. *In*: *Later Works*. Edited by J. A. Boydston, Carbondale. Illinois: Southern Illinois University Press, 1981. t. 5.

HOBBES, Thomas. *Leviathan*. Edited by W. Molesworth. London: J. Bohn, 1839-1845; London: Routledge, 1992. v. 11. [Ed. fr.: *Léviathan*. Traduit par G. Mairet. Gallimard: Folio, 2000. / Ed. br.: *Leviatã*. Tradução de João Paulo Monteiro, Maria Beatriz Nizza da Silva. São Paulo: Abril Cultural, 1979.]

HUME, David. *A Treatise of Human Nature*. Text revised and notes by P. H. Nidditch. Oxford: Oxford University Press, 1978 [Ed. fr.: *L'Entendement: Traité de la nature humaine, livre I et appendice*. Traduit par P. Baranger e P. Saltel. Paris: Flammarion (GF), 1995.]

HUME, David. *Tratado da natureza humana*. Tradução de Déborah Danowski. São Paulo: Ed. Unesp, 2009.

JAMES, William. Talks to Teachers (1899). Cap. 3: The Child as a Behaving Organism. *In*: BUCKHARDT, F. (Ed.). *The Works of William James*. Cambridge (Mass.): Harvard University Press, 1983. t. 10, Talks to teachers on Psychology. [Ed. fr.: *Aux étudiants, aux enseignants*. Traduit par L. S. Pidoux. Paris: Payot, 2000].

MEAD, George Herbert. *Mind, Self and Society*. Chicago: Chicago University Press, 1934.

MERLEAU-PONTY, Maurice. *La structure du comportement*. Paris: PUF, 1942.

QUINE, Willard Van Orman. *Word and Object*. Cambridge (Mass.): MIT Press, 1960. [Ed. fr.: *Le Mot et La chose*. Traduit par J. Dopp, P. Gochet. Paris: Flammarion, Champs, 1999. / Ed. br.: *Palavra e objeto*. Tradução de Desidério Murcho e Sofia Inez Albornoz Stein. Petrópolis: Vozes, 2010].

SKINNER, Burrhus Frederic. *Science and Human Behavior*. New York: MacMillan, 1953. [Ed. br.: *Ciência e comportamento humano*. Tradução de João Carlos Todorov e Rodolfo Azzi. São Paulo: Martins Fontes, 2003].

SKINNER, Burrhus Frederic. *Verbal Behavior*. New York: Appleton – Century-Crofts, 1957. [Ed. br.: *O comportamento verbal*. Tradução de Maria da Penha Villalobos. São Paulo: Cultrix; Edusp, 1978].

SKINNER, Burrhus Frederic. Whatever Happened to Psychology as the Science of Behavior? [1987]. *In*: *Recent Issues in the Analysis of Behavior*. Colombus (Ohio): Merrill, 1989. [Ed. br.: O que terá acontecido com a psicologia como ciência do comportamento?. *In*: *Questões recentes na análise comportamental*. Tradução de A. L. Néri. Campinas: Papirus, 1991].

WATSON, John Broadus. Psychology as the Behaviorist views it [1913]. *Psychological Review*, n. 20, p. 158-177. [Ed. br.: A psicologia como o behavorista a vê. Tradução de Flavio Karpinscki Gerab, Luiz Eduardo de Vasconcelos Moreira, Mariana Zago Castelli, Pedro Eduardo Silva Ambra, Tauane Paula Gelim e Marcus Bentes de Carvalho Neto. *Temas em psicologia*, Ribeirão Preto, v. 16, n. 2, p. 289-301, 2008].

WATSON, John Broadus. Behaviorism, the Modern Note in Psychology. *In*: WATSON, J. B.; MCDOUGALL, W. *The Battle of Behaviorism*. London: Kegan Paul, Trench, Trübner & Co., 1928.

WITTGENSTEIN, Ludwig. *Philosophische Untersuchungen*. Ed. G. E. M Anscombe, G. H. von Wright, R. Rhees. [Ed. ingl.: *Philosophical Investigations*. Translated by G. E. M Anscombe. Oxford: Blackwell, 1953. / Ed. br.: *Investigações filosóficas*. Tradução de José Carlos Bruni. São Paulo: Nova Cultural, 1999].

WITTGENSTEIN, Ludwig. *Bemerkungen über dir Philosophie der Psychologie*. Ed. G. E. M Anscombe, G. H. von Wright. [Ed. ingl.: *Remarks on the Philosophy of Psychology*. Translated by G. E. M. Anscombe. Orford: Blackwell, 1980. / Ed. fr.: *Remarques sur la philosophie de la psychologie*. Traduit par G. Granel. Mauvezin: T.E.R., 1994. t. 2. / Ed. br.: *Observações sobre a filosofia da psicologia*. Tradução de Ricardo Hermann Ploch Machado. Aparecida: Ideias & Letras, 2008].

ZIFF, Paul. About Behaviorism. *Analysis*, n. 18, p. 132-136, 1958.

BERĪṮ

[בְּרִית] – hebraico] (pt. *aliança*)

Rémi Brague
Tradução: Guilherme Ivo | Revisão: Juliana de Moraes Monteiro

gr.	*diathêkê* [διαθήκη]
lat.	*testamentum, fœdus, pactum*
al.	*Bund*
ing.	*covenant*
it.	*patto*

➤ BOGOČELOVEČESTVO, BERUF, DEUS, LÍNGUAS E TRADIÇÕES, LEI, POVO, SOBORNOST'

A palavra pela qual a Bíblia designa a aliança, berīṯ [בְּרִית], *é sem dúvida parente do acadiano* birītu, *"liame". Dessa forma, a ideia subjacente seria a mesma para o alemão* Bund, *de* binden, *"ligar". Em contrapartida, a expressão habitual para "concluir",* karaṯ berīṯ [בְּרִית תָּרַכְ], *significa literalmente "cortar" (cf. o grego* hórkia témnein [ὅρκια τέμνειν]), *donde deriva um paradoxo semântico: liga-se dividindo. A expressão vem, sem dúvida, do sacrifício consagrador da aliança, como o equivalente grego* spondé [σπονδή] *vem da libação que a selava, ou o inglês "to strike a bargain" [aceitar um negócio ou aposta, literalmente, golpear uma barganha] do gesto de topar um negócio ou desafio. Passava-se entre as duas metades de um animal, chamando o mesmo destino para si em caso de traição (Jeremias 34:18; Gênesis 15:9-17).*

A aliança é um juramento ligado a uma maldição (*Gênesis* 26:28; *Deuteronômio* 29:11, etc.). A ideia concerne, primeiramente, ao contrato entre humanos, como o engajamento do soldado para servir seu chefe (*2 Reis* 11:4). Ela é primeiramente desigual: um superior que impõe deveres (*Juízes* 2:20; *Salmos* 111:9). Ela se torna, em seguida, um contrato entre iguais (*Gênesis* 14:13, etc.), irmãos (*Amós* 1:9), amigos (*1 Samuel* 23:18) ou esposos (*Malaquias* 2:14). A ideia de aliança pode englobar, como no francês e no português atuais, os tratados internacionais. Estes últimos, desde o mais antigo, entre egípcios e hititas (1.280 a.C.), clamam aos deuses como fiadores, de sorte que cada povo que contrata reconhece o poder dos deuses do outro e faz, assim, como que uma aliança também com eles (*Êxodo* 23:32). A novidade de Israel é a ideia de uma aliança entre um povo e o seu deus, aquele que escolheu para si um povo (*Êxodo* 19:5 sq.). O divino era fiador; ele vira parceiro.

No grego da Septuaginta, a palavra não é traduzida pela habitual, *spondé* [σπονδή], mas por *diathéke* [διαθήκη], que designa as últimas disposições tomadas por um moribundo, portanto o testamento. Por sua vez, ela é traduzida em latim por *testamentum* – que permaneceu no português "Antigo/Novo Testamento". A Vulgata, em contrapartida, prefere *fœdus* ou *pactum* – it. *patto*. O inglês *covenant* vem do francês *convenir*, cujo campo semântico é diferente.

A aliança bíblica é histórica; em compensação, não há nada do tipo no islã, e por isso se evitará chamar de "aliança" o pacto (*mīṯāq* [ميثاق]) pelo qual os homens, milagrosamente tirados do dorso de Adão, reconhecem a senhoria de Alá (*Corão*, VII, 172). Tal pacto se situa na pré-eternidade. Alá não se engaja nele: o homem, em troca, encontra-se engajado antes de poder ratificá-lo em sua vida temporal.

BERUF
[alemão] (pt. *ofício, profissão, vocação*)
Philippe Büttgen
Tradução: Marcia Sá Cavalcante Schuback | Revisão: Juliana de Moraes Monteiro

gr.	*érgon* [ἔργον], *pónos* [πόνος], *klésis* [κλῆσις]
hebr.	*tafqid* [דיקפת]
lat.	*officium, professio, vocatio*
ingl.	*profession, vocation, calling*

➢ CLAIM, DEUS, GLAUBE, LIBERAL, OIKONOMIA, SECULARIZAÇÃO, SOLLEN, STAND, STRADANIE, TRABALHO

Beruf é um intraduzível recente: está associado a Max Weber e ao seu estudo de 1904-1905, A ética protestante e o espírito do capitalismo. O problema reside inicialmente no duplo sentido da palavra, que oscila entre o secular (ofício, profissão) e o religioso (vocação). Onde o alemão hesita, as traduções em português e francês são obrigadas a escolher. Beruf apresenta ainda uma outra particularidade surpreendente: a sua parte intraduzível não se deve ao gênio particular de uma língua, mas à decisão de um tradutor, Lutero, e a uma evolução histórica, a do capitalismo moderno que, segundo Weber, concentra toda a novidade.

I. A EVOLUÇÃO SEMÂNTICA DE "BERUF"

Consagrando toda uma seção de *A ética protestante e o espírito do capitalismo* ao "conceito de *Beruf* de Lutero" ("o conceito de vocação em Lutero", p. 71-83; na edição de 1920, porém, Weber substitui "o conceito" por "a concepção" de vocação), Weber enriqueceu o vocabulário filosófico e sociológico com um termo novo, e ao mesmo tempo descobriu um intraduzível: em francês, por exemplo, pode-se manter o alemão *Beruf*, ainda mais quando se considera que, em Weber, o termo é emblemático para todo o processo de surgimento do capitalismo moderno. Na tradução brasileira de José Marcos M. de Macedo, com revisão técnica, edição de texto, apresentação, glossário, correspondência vocabular e índice remissivo elaborados por Antônio Flávio Pierucci – na qual cada termo foi, sempre que possível, traduzido por um mesmo vocábulo em português (2008, p. 17) –, no caso específico de *Beruf* foi preciso oscilar, como salienta o revisor técnico: "dependendo da ênfase contextual, será traduzido ou por vocação ou por profissão; quando for o caso de dar destaque à imbricação dos dois registros, usaremos: vocação profissional, ou então: profissão como vocação" (2008, p. 18-19). Em alguns casos, no entanto, notadamente nos momentos em que Weber explica os empregos e significados de *Beruf* na língua alemã e em Lutero, mantém-se o termo alemão, como é frequentemente feito em francês.

Beruf define-se como uma certa "disposição de executar o trabalho como se fosse um fim absoluto em si mesmo – como 'vocação'" (2008, p. 54). Para Weber, o espírito do capitalismo concentra-se no *Beruf*, como mostra a sua definição (ou, ao menos, o seu "*delineamento* provisório" – p. 42) de "disposição que *nas raias de uma profissão*" (*Beruf*) de forma sistemática ambiciona o ganho legítimo e racional (p. 57). Essa busca de lucro foi acompanhada, na época moderna, por uma "ética social" sustentada na "ideia singular, hoje tão comum e corrente e na verdade tão pouco autoevidente, da *profissão como dever* (ou dever vocacional *Berufsplicht*), de uma obrigação que o indivíduo deve sentir, e sente, com respeito ao conteúdo de sua atividade 'profissional'" (p. 47), e que haveria de conferir um valor moral ao trabalho e à profissão onde ele se exerce.

Nas citações precedentes, traduziu-se *Beruf* por "vocação" e "profissão"; aí se encontra a dificuldade do termo. Em francês e português, nem toda profissão é uma vocação. *Beruf* designa, no entanto, ambas ao mesmo tempo: tanto uma ocupação regular e remunerada como o chamado (palavra que traduz *rufen*, "chamar", "fazer apelo"), a eleição que conduz a essa ocupação para conferir à existência seu significado derradeiro. Três soluções se propõem aos tradutores de Weber. A primeira ratifica a necessidade de escolher, como explica uma nota acrescentada no final da primeira tradução francesa por um de seus revisores, Éric de Dampierre:

> A tradução de *Beruf*, "ofício-e-vocação", palavra-chave para Weber em muitos aspectos, (cf. *Politik als Beruf*, Política como vocação em Ensaios de Sociologia), exigia que se preservasse sobretudo a tensão semântica entre seus dois polos. A fim de salientar essa tensão que fundamenta a tese da obra, escolhemos "profissão", quando usado num contexto religioso, e "vocação" quando aparece num contexto profissional. Seria contudo inexato pressupor em todos os contextos o uso dessas duas acepções complementares, particularmente em um contexto bíblico, pois significaria introduzir um anacronismo: em tal caso, contentamo-nos com "obra [*besogne*]", antiga palavra das Escrituras que nos pareceu reproduzir melhor a noção em seu estado indiferenciado (Trad. da tradução francesa de J. Chavy, p. 269).

O princípio da tradução é, portanto, o de uma constante contracorrente: para manter a estranheza de *Beruf*, a tradução francesa inverte as significações francesas da palavra (ofício, vocação) e os contextos (secular, religioso) onde ela é utilizada. Essa solução é necessariamente afortunada: a inter-versão não é e não pode ser operada sistematicamente, uma vez que deve tomar como adquirido aquilo mesmo que está em questão, a saber, a partilha do temporal e do espiritual, do profissional e do confessional. A particularidade do *Beruf* alemão está, com efeito, em atenuar o rigor dessa partilha e dizer de uma só vez o que o francês e o português devem distinguir e até mesmo opor. É portanto arriscado partir da distinção entre o sagrado e o profano para traduzir o termo que questiona essa distinção.

Uma segunda solução consiste em forjar uma palavra amálgama, na tentativa de assinalar a dificuldade: foi o que fez Jean-Pierre Grossein ao propor *profissão-vocação* na última tradução francesa da *Ética protestante*, datada de 2003. Na sua seleção de textos de

Weber sobre a *Sociologie des religions* [*Sociologia das religiões*] (1996), o tradutor justifica essa solução pela necessidade de preferir o "peso" à "insipidez", no caso em que *Beruf* designa claramente o "imbricamento" dos dois registros ("Glossaire raisonné", p. 123). Para Isabelle Kalinowski, o valor desse neologismo consiste "em explicar mais do que traduzir" (trad., 2000, p. 353). A escolha de realmente traduzir, ou seja, de instalar a palavra nos usos da língua-alvo, a conduziu para uma terceira solução, a de traduzir uniformemente por *métier* (profissão), que possui "a vantagem de melhor se aplicar à acepção ampla que Weber confere a *Beruf*" (*ibid.*) – evidentemente, quando a tradutora não se vê obrigada a deixar *Beruf* em alemão. Com *métier*, desaparece todavia uma das nuances de *Beruf*: tanto essa palavra francesa como as portuguesas "profissão" e "trabalho" se ressentem de sua particular ressonância religiosa (talvez possível de ser resguardada na palavra "ofício"). A tradutora francesa aceita o risco, vendo nele, inclusive, uma confirmação do ponto de partida da análise weberiana, qual seja, "a ausência de um termo possuidor da conotação de 'vocação' nas *línguas latinas* na época de Lutero" –, e, deve-se ainda acrescentar, em épocas posteriores (*ibid.*, grifo do original). O mesmo ocorre na tradução brasileira supramencionada, na qual a oscilação entre "vocação" e "profissão" também confirma o ponto de Weber, e na qual, conforme citado anteriormente, apenas expressões compostas vêm eventualmente unificar a disparidade dos dois sentidos: vocação profissional ou profissão como vocação. A tradução mais fiel a Weber seria então aquela que fracassa em propiciar a pluralidade de sentidos de *Beruf*, pelo fato mesmo de ser uma tradução em língua latina.

A polêmica entre os tradutores opôs assim duas filosofias da tradução sem dúvida irreconciliáveis. Quanto à própria palavra, seria falso dizer que *Beruf* opera espontaneamente a reunião dos contrários, o sagrado e o profano, e que pertence à sua natureza dizer algo inteiramente diferente do que está contido nas outras línguas. Weber nitidamente se recusa a levar em consideração algum tipo de "peculiaridade etnicamente condicionada das respectivas línguas estudadas" (2008, p. 71) e ver na palavra "a expressão de um 'espírito do povo germânico'" (p. 71). O primeiro fato de que parte Weber é linguístico, mas as suas razões se encontram fora da língua:

> E, a acompanharmos a palavra ao longo da história e através das línguas de diferentes culturas, constata-se em primeiro lugar que os povos predominantemente católicos ignoram uma expressão de colorido análogo para aquilo que {em alemão} chamamos *Beruf* (no sentido de uma posição na vida [*Lebensstellung*], de um ramo de trabalho definido), tal como a ignorou a Antiguidade clássica, ao passo que ela está presente em todos os povos predominantemente protestantes (2008, p. 71).

Beruf não separa as línguas enquanto línguas; a palavra revela uma outra partilha, que separa os povos protestantes dos outros, em particular, dos católicos. Nesse sentido, *Beruf* é um intraduzível de tipo particular: uma "ideia [...] nova", um "produto da Reforma" (p. 72), numa palavra, um intraduzível confessional.

Não se devendo a um caráter específico da língua, falta porém compreender como é possível que *Beruf* tenha se mantido sem equivalente. A primeira coisa a se observar é que

Beruf não é inicialmente um intraduzível, mas que se tornou: deve-se supor então uma mudança na história. Essa mudança assume a forma característica de uma decisão, aquela de um autor, Martinho Lutero, que, segundo Weber, escolheu entender a palavra em um sentido novo. O terceiro aspecto surpreendente de *Beruf* deve-se a essa decisão de autor ser, mais precisamente, uma decisão de tradutor: é traduzindo a Bíblia que Lutero, de acordo com Weber, criou o conceito moderno de *Beruf*, modificando o uso antigo da palavra.

O raciocínio de Weber está exposto particularmente em duas longas notas, verdadeiras notícias textuais e linguísticas, que analisam o hebraico, o grego, o latim, o alemão, o inglês e as línguas neolatinas (2008, p. 188-193). O uso antigo de *Beruf* é definido como religioso, equivalente a "chamado" (*Berufung*) ou "vocação" (*Vokation*): e corresponde em particular à vocação eclesiástica. O sentido atual é, portanto, para Weber, um sentido "puramente mundano" (2008, p. 189): Lutero teria, de maneira surpreendente, secularizado o termo. O texto central que marcaria a passagem para o seu uso moderno encontra-se, segundo Weber, na tradução feita por Lutero de um texto de *Eclesiastes* 11:20-21, que recomenda:

> 20 Fica firme em teu compromisso e nele concentra-te;
> envelhece em teu trabalho
> 21 Não te admires da obra de um pecador
> mas confia no Senhor e persevere em tua fadiga
> Pois é fácil, aos olhos do Senhor,
> enriquecer um pobre de repente e rapidamente.
> (BÍBLIA SAGRADA. Petrópolis: Vozes, 1995, p. 845 – tradução católica da Vulgata.*)

As questões em jogo na tradução parecem se multiplicar ao infinito quando se observa que o *Eclesiastes* traduzido por Lutero foi composto em hebraico, mas transmitido em grego (o livro, ademais, não figura no cânon judaico). O texto original só foi parcialmente redescoberto em 1896, antes de ser completado em Qumrân, e depois em 1964: Weber ecoa a primeira reconstituição (2008, p. 189). O grego traduz a primeira ocorrência do hebraico *tafqid* [דיקפת], na versão da Bíblia aqui citada, traduzido como *compromisso* e que designa um trabalho fixo, uma ocupação determinada, por *diathéke* [διαθήκη]; trabalho (v. 20) traduz *érgon* [ἔργον], e fadiga (v. 21) *pónos* [πόνος]. São essas duas últimas palavras que Lutero (que só conhecia o texto grego) traduziu por *Beruf*: "*en tó érgo sou palaiótheti*" [ἐν τῷ ἔργῳ σου παλαιώθητι] tornam-se "*beharre in deinem Beruf*", e "*émmene to póno soú*" [ἔμμενε τῷ πόνῳ σοῦ], "*bleibe in deinem Beruf*" (em contrapartida, no v. 20, *diathéke* foi curiosamente traduzido por "a Palavra de Deus", "*Gottes Wort*" (*Deustche Bibel*, WA, t. 7, p. 346). As traduções alemãs anteriores jamais recorreram a *Beruf*, tendo traduzido *érgon* literalmente por *Werk*, "obra" (a Vulgata traduz por *opus*). Outra novidade, Lutero escolhe confundir a obra com o esforço e a fadiga que a produzem, *érgon* e *pónos*, valendo-se de

---

* Para manter o distanciamento confessional entre católicos e protestantes, não recorremos às traduções diretas do hebraico. Ver: BÍBLIA DE JERUSALÉM, 1980 e CAMPOS, 1990.

um só termo: o versículo gira em torno desse *Beruf*, repetido duas vezes e promovido por esse efeito de tradução à dignidade de um conceito bíblico.

No entanto, essa nova tradução do *Eclesiastes*, sozinha, não faz de *Beruf* um intraduzível. É preciso acrescentar que o termo foi ainda usado por Lutero para traduzir uma outra palavra, também grega, só que dessa vez sem mediação, por ser um termo extraído das epístolas de São Paulo. Trata-se de *klésis* [κλῆσις], que algumas Bíblias, traduzem por *chamado* (*1 Coríntios* 1:26; *Efésios* 1:18; 4:1-4) ou por vocação (*Hebreus*, 3:1), e a *Vulgata* recorre sistematicamente à *vocatio*. Lutero opera assim uma nova assimilação em *Beruf*, não apenas de *érgon* e *pónos*, mas também de *klésis*: daí nascerá, segundo Weber, o sentido duplo da palavra, "profissão" e "vocação".

A decisão de tradução tomada por Lutero parece ainda mais surpreendente quando descrita não mais seguindo-se a ordem dos livros da Bíblia mas a cronologia da tradução. Lutero começou em 1522 com a tradução do Novo Testamento; sua versão integral da *Bíblia* data de 1534. Logo, no momento de abordar o *Eclesiastes*, ele já havia utilizado *Beruf* em sentido tradicional (as Bíblias alemãs anteriores também recorriam a um composto de *rufen, ruffunge*). A escolha de *Beruf* para *pónos/érgon* aparece, assim, como um desvio de sentido que é lícito supor deliberado quando se sabe do investimento teológico e doutrinal de toda essa tradução.

Deve-se não obstante procurar saber se a aproximação entre profissão e chamado divino está fundada no texto bíblico. Weber (2008, p. 76) assinala um verso de São Paulo (*1 Coríntios* 7:20) que parece orientar-se nesse sentido. Esse texto exorta cada cristão a permanecer "cada qual no estado em que o Senhor o chamou (*en té klései é ekléthe*) [ἐν τῇ κλήσει ᾗ ἐκλήθη]". Na reduplicação característica *klésis/ekléte*, parece ser possível reencontrar os dois sentidos de *Beruf* ou, ao menos, *klésis* parece susceptível de possuir um sentido não religioso. Weber observa, no entanto, que aqui a palavra não é estritamente sinônimo de *érgon* nos *Eclesiastes* (2008, p. 186), compreendendo-a, em vez de como um *Beruf* (no sentido, como ele precisa, de um "âmbito delimitado de atividade"), sobretudo como um estado (*Stand*).

Ainda assim, a tese de Weber apresenta um certo número de dificuldades. A primeira é intrínseca: para um alemão moderno, o *Beruf* luterano é quase tão intraduzível quanto para qualquer outro locutor. Os dois sentidos da palavra parecem ter-se separado novamente depois de Lutero: as edições alemãs da Bíblia "revistas segundo a tradução de Martinho Lutero" traduzem hoje a *klésis* paulina por *Berufung* (vocação), a fim de evitar qualquer ambiguidade. O próprio Weber mostra várias hesitações em relação ao sentido de *Beruf* no alemão moderno. Em várias passagens, ele remete ao "sentido atual" da palavra (2008, p. 189-192), tomando como evidente que esse sentido é "mundano" (p. 189). *Beruf* não significaria assim mais do que a profissão em sentido "neutro" (p. 187). É todavia impressionante que, algumas linhas depois, para descrever a evolução do latim *opificium*, Weber explique que a palavra era "sem conotação ética" (p. 187), mencionando, por contraste, um texto de Sêneca (*De beneficiis*, IV, 18) em que "se torna o equivalente de *Beruf*" (p. 187).

Essas hesitações de Weber mostram que as nuances da palavra são ainda difíceis de serem manejadas mesmo por um *native speaker*, tão logo ele pare diante dela e se pergunte o que ela significa em realidade. Elas também confirmam que a evolução semântica de *Beruf* ainda não encontrou um fim – o que mostra como Weber apreendeu corretamente o problema.

Aqui aparece, sem dúvida, uma segunda dificuldade: é possível perguntar-se ainda se o uso do termo deve tanto assim a Lutero como Weber supõe. De início, é digno de nota que o *Eclesiastes*, onde Lutero supostamente inventou a acepção moderna de *Beruf*, não faz parte do cânone da Bíblia protestante. Isso teria dado poucas chances de difusão para essa acepção, a menos que ela tenha encontrado uma outra via de disseminação além das traduções de Lutero, que seria a das obras de sua própria autoria. Sobre esse ponto, as apreciações podem variar: há sem dúvida uma doutrina do *Beruf* na obra política do reformador, mas há que se perguntar, tomando-a em suas reais proporções, se a importância que a ela se atribui não resultaria de uma ilusão retrospectiva devida à leitura de Weber.

II. A DOUTRINA DO "BERUF": UMA ILUSÃO RETROSPECTIVA?

O tratado de 1523 sobre a autoridade política, *Von weltlicher Obrigkeit*, formula de fato a ideia segundo a qual "cada um deve realizar o seu *Beruf* e a sua obra [*Denn eyn iglicher muss seins beruffens und wercks warten*]" (WA, t. 11, p. 258, 1.30). Mas Lutero não desenvolve muito essa ideia. Seus outros escritos políticos elaboram sobretudo uma doutrina dos estados (*Stände*). O seu conteúdo corresponde bem ao que Weber diz a respeito do *Beruf* e da sacralização luterana da atividade temporal, notadamente através da recusa em conferir um valor superior às formas de vida monástica: para Lutero, Deus também está presente, e até mesmo mais presente, na cozinha do que no convento (ver, por exemplo, *Predigten des Jahres* 1534, n. 46, WA. t. 37, p. 480, I, 2-8). A palavra *Beruf* não é porém objeto de um tratamento privilegiado: é de observar que ela nunca aparece sozinha, mas sempre em associação com *Stand* (estado) (ver o comentário a *Salmos* 118, *Das schöne Confitemini* [1530] vv 1-4, WA, t. 31/1, p. 68-92, que mostra que dentre os *Stände* (estados, estamentos) devem-se contar não apenas as profissões mas também o matrimônio, estado civil). A ideia de uma "doutrina luterana do *Beruf*" (Gustaf Wingren) é então retirada de textos nos quais na verdade ela não está desenvolvida: não que a interpretação daí resultante seja falsa, mas seria necessária uma longa investigação no campo da história das ideias a fim de se determinar como a noção de *Beruf* acabou por se impor, aos olhos dos exegetas, como uma categoria central do pensamento de Lutero. Nessa investigação, Weber seria evidentemente um ponto de partida, até que se possa definir como ele mesmo se deixou persuadir da importância, para Lutero, da palavra e da ideia de *Beruf*.

A suspeita de uma leitura retrospectiva de Lutero a partir de Weber é nitidamente ilustrada por uma passagem da *História da filosofia política*, dirigida por Leo Strauss e Joseph Cropsey, no capítulo consagrado a Lutero e Calvino. A passagem traz o título "A política como vocação" (em inglês *vocation*), mas parece tratar na verdade da doutrina dos estados. Uma nota adicionada pelo tradutor francês lembra, no entanto, a principal preocupação do autor, ao mesmo tempo que retorna ao problema da tradução:

> A palavra inglesa *vocation* traduz mal, como o francês *vocation* [e o português vocação] o alemão *Beruf*, que significa [*sic*] a profissão enquanto aquilo a que se está chamado, a atividade que se exerce (o texto fala aqui da *vocation* de pai ou de marido). O autor remete implicitamente ao texto de Max Weber sobre "A profissão de político" (Trad. da tradução francesa de Sedeyn).

Muitas coisas aqui foram de fato deixadas implícitas (a não ser talvez o próprio título "Politics as Vocation", tradução literal do livro de Weber *Politik als Beruf*, *Política como vocação*). As ciências americanas do *government* são talvez as únicas a terem concedido ao pensamento político de Lutero o seu merecido lugar. Para isso, os seus representantes emigrados, de Hannah Arendt a Leo Strauss, desempenharam sem dúvida um papel significativo, mas, considerando-se o debate por eles continuamente travado com Weber, pode-se inferir que só conheceram Lutero através das categorias de *A ética protestante e o espírito do capitalismo*.

A esse movimento retrógrado, acrescenta-se aquele efetuado pelo próprio Weber, que antecipou em Lutero as suas próprias questões, da ciência e da política como *Beruf*, as quais, como observou Catherine Colliot-Thélène em sua tradução de *Wissenschaft als Beruf* e *Politik als Beruf* ([*Le Savant et le Politique*..., 2003, p. 13-14), tratam da "missão" do sábio e do político, discutindo tópicos que ultrapassam a sublimação protestante da profissão cotidiana. Isso não significa, todavia, que estamos lidando com um falso problema, como atestam as dificuldades que Weber experimenta ao fazer uso da palavra. O problema de *Beruf* sem dúvida só poderia aparecer na questão colocada pelo próprio Weber: aquela de saber até que ponto e por que vias ainda somos protestantes. Tratando-se de Lutero, *A ética protestante* propõe um balanço cheio de contrastes. Por um lado, aquele da *tradução*, a posteridade de Lutero é fortemente salientada: os puritanos ingleses utilizam *calling*, calcado no *rufen*, "chamar", de *Beruf*, para designar uma simples ocupação profissional – mesmo considerando-se que a palavra não tenha conseguido se impor nas Bíblias inglesas para traduzir *klésis* (2008, p. 192). Por outro lado, aquele da *doutrina*, Weber reconhece o "tradicionalismo econômico" de Lutero (2008, p. 77), e situa – como o faz Troeltsch a seguir – a modernidade nas seitas puritanas, que são as primeiras a impor o "ascetismo secular", característico, segundo ele, da ética protestante e do espírito do capitalismo (ver p. 77, onde esse ascetismo é contrastado com a "aceitação" luterana do "lote que Deus fixou irremediavelmente para cada um").

Sem dúvida, é preciso levar também em conta a contribuição específica dos discípulos de Lutero, que podem ter conferido ao novo uso de *Beruf* na tradução a via doutrinal da qual ele necessitava. Weber, porém, mantém-se prudente ao examinar os textos das *Confissões* de Santo Agostinho (2008, p. 93 e nota 16, p. 205). Toca-se aqui no fundo do problema, que se relaciona com a própria partilha do temporal e do espiritual. A decisão luterana de importar o *Beruf* na sua tradução do *Eclesiastes* é suscetível a interpretações perfeitamente contraditórias segundo a tomada de posição frente ao problema da secularização: terá Lutero secularizado a palavra, ao usá-la para traduzir *érgon* e *pónos*, ou terá feito com que uma espécie de "trabalho temporal cotidiano" se tenha revestido de uma "conotação religiosa" (2008, p. 34), bem longe de todo "desencantamento do mundo"? As hesitações de Weber sobre o sentido moderno de *Beruf* (neutro ou ético?) mostram que a dificuldade não foi resolvida – se é que seria possível jamais resolvê-la: tudo leva antes a pensar que a tese da secularização dependa do postulado hermenêutico.

Poder-se-ia da mesma forma muito bem assumir que a tradução de *pónos/érgon* por *Beruf* é a mais religiosa que possa existir. Na história das traduções alemãs da Bíblia, *Beruf* substitui *Werk*. Essa substituição de termos possui uma motivação teológica que Weber, espantosamente, não menciona: mesmo em um texto do Antigo Testamento, Lutero fez questão de evitar *Werk*, por remeter imediatamente à doutrina infame da salvação pelas obras. A doutrina *sola fides* da justificação [só a fé justifica], cuja ligação com o conceito de *Beruf* só mais tarde, e muito discretamente, Weber assinala (2008, p. 73), intervém na tradução de uma maneira desproporcional, considerando-se as fracas alusões doutrinais do versículo. *Beruf* é uma tradução teologicamente sobredeterminada e é sem dúvida essa sobredeterminação que explica a outra violência da tradução (também ignorada por Weber), essa que levou Lutero a traduzir com um mesmo termo duas palavras gregas bem distintas, *érgon* e *pónos*: extraído de seu uso tradicional, *Beruf* tinha a vantagem de fazer esquecer tanto as obras como o esforço (*pónos*) que as suscita, ou seja, tanto a teologia adversa como a psicologia sobre a qual ela repousava.

Weber é no entanto o primeiro a ressaltar a "envergadura" bem "problemática" de sua análise do *Beruf* luterano. Desse modo, ele renuncia a estabelecer qualquer elo direto entre a atitude de Lutero relativamente à atividade temporal e o surgimento do capitalismo (2008, p. 74). Essa impossibilidade remete a uma outra, aquela que sentimos ao explicar um intraduzível como *Beruf* pela decisão pontual de um tradutor, quando essa decisão não parece ter recebido um eco particular, ao menos antes de Weber. Seria sem dúvida mais justo dizer que Weber é o único inventor do *Beruf*, ou que este é um intraduzível weberiano e não luterano. O *Beruf* apresenta assim um ensinamento sobre a pluralidade das línguas, sobre o intraduzível em filosofia e os modos de sua explicação. Mostra que não se está condenado a recorrer ao "gênio" ou "espírito" das línguas para explicar o que um termo possui de intraduzível. De certo, remeter o intraduzível a uma decisão individual, mesmo que seja de tradução, não o torna menos enigmático: é o caso quando nos contentamos com explicar *Beruf* pela iniciativa única de Lutero. Mas a solução não é mais inacessível quando se substitui o estudo das iniciativas de tradução pelos de sua recepção: *Beruf* surgiu provavelmente de uma questão própria a Weber, que transformou um fato de tradução em um verdadeiro conceito, fazendo aparecer a sua dificuldade real. Os intraduzíveis nem sempre nascem onde os esperamos, aqui no cruzamento da filosofia, do religioso, da política e do social.

BIBLIOGRAFIA

GROSSEIN, Jean-Pierre. À propos d'une nouvelle traduction de L'Éthique protestante et l'esprit du capitalisme. *Revue française de sociologie*, n. 43, p. 653-671, 2003.

GROSSEIN, Jean-Pierre. Peut-on lire en français L'Éthique protestante et l'esprit du capitalisme? *Archives européennes de sociologie*, n. XL, p. 125-157, 1999.

LUTHER, Martin. Ecclésiastique. *In*: *Die deutsche Bibel*. Werke, kritische Gesamtausgabe. Weimar: Böhlaus Nachf, 1906-1961. [Abrev. WA].

LUTHER, Martin. *Das schöne Confitemini an der Zahl des 118. Psalms*. WA, t. 31/I, p. 68-182.

LUTHER, Martin. *Vom ehelichen Leben*. WA, t. 10/II, p. 275-305.

LUTHER, Martin. *Von weltlicher Obrigkeit, wie weit man ihr Gehorsam schuldig sei*. WA, t. 11, p. 229-281.

STRAUSS, Leo; CROPSEY Joseph (Ed.). *History of Political Philosophy*. Chicago: Rand McNally, 1963. [Ed. fr.: *Histoire de la philosophie politique*. Traduit par O. Sedeyn. Paris: PUF, 1994].

WEBER, Max. *Gesammelte Aufsätze zur Religionssoziologie*. Tübingen: Mohr, 1988. v. 1. p. 1-236.

WEBER, Max. *Die protestantische Ethik und der "Geist" des Kapitalismus*. Ed. K. Lichtblau et J. Weiss. Bodenheim: Athenäum Hain Hanstein, 1993.

WEBER, Max. *L'Éthique protestante et l'esprit du capitalisme*. Trad. fr. J. Chavy. Paris: Plon, 1964. [Rééd. 1990].

WEBER, Max. *L'Éthique protestante et l'esprit du capitalisme*. Trad. fr. I. Kalinowski. Paris: Flammarion, 2000. [Trad. fr. K.].

WEBER, Max. *L'Éthique protestante et l'esprit du capitalisme*. Trad. fr. J.-P. Grossein. Paris: Gallimard, 2003.

WEBER, Max. *Le Savant et le Politique. Une nouvelle traduction. La profession et la vocation de savant. La profession et la vocation de politique*. Trad. fr. C. Colliot-Thélène. Paris: La Découverte, 2003.

WEBER, Max. *Sociologie des religions*. Textes réunis et traduits par J.-P. Grossein. Introduction de J.-C. Passeron. Paris: Gallimard, 1996.

WEBER, Max. *Wissenschaft als Beruf (1917-1919). Politik als Beruf (1919-1922)*. Max Weber Gesamtausgabe. Ed. M. Rainer Lepsius, W. J. Mommsen, W. Schluchter et J. Winckelmann. Tübingen: Mohr (Siebeck), 1992. v. I/17.

WEBER, Max. *A ética protestante e o "espírito" do capitalismo*. Edição de Antônio Flávio Pierucci. Tradução de José Marcos Mariani de Macedo. São Paulo: Companhia das Letras, 2008.

WEBER, Max. *A ética protestante e o espírito do capitalismo*, UFSC. Disponível em: https://repositorio.ufsc.br/handle/praxis/78. Acesso em: 21 ago. 2024.

WEBER, Max. A ciência como vocação. Disponível em: https://www.marxists.org/portugues/weber/1917/mes/ciencia.pdf. Acesso em: 21 ago. 2024.

WEBER, Max. *Ensaios de sociologia*. Rio de Janeiro: LTC; Forense, 2002.

WINGREN, Gustaf. *Luthers Lehre vom Beruf*. Munich: Kaiser, 1952.

INSTRUMENTOS

BÍBLIA DE JERUSALÉM. São Paulo: Paulinas, 1980.

BÍBLIA SAGRADA. Petrópolis: Vozes, 1995.

CAMPOS, Haroldo de. *Eclesiastes*. São Paulo: Perspectiva, 1990.

DIE BIBEL nach der Übersetzung Martin Luthers. Stuttgart: Deutsche Bibelgesellschaft, 1985.

LA BIBLE. Traduction oecuménique. 9. éd. Villiers-le-Bel (Paris): Cerf; Société biblique française, 2000.

BILDUNG

[*Kultur, Zivilisation* – alemão] (pt. *cultura, posição, educação, formação, liberação de preconceitos, refinamento dos costumes, civilização, processo civilizatório*)

Michel Espagne
Tradução: Isabela Pinho | Revisão: Juliana de Moraes Monteiro

fr.	*culture, position, éducation, formation, libération des préjugés, raffinement des moeurs, civilisation*
lat.	*cultura*
gr.	*paideía* [παιδεία]

➤ AUFHEBEN, BEHAVIOR, BILD, CIVILTÀ, CONCEPTUS, LUZ, MORAL SENSE, POVO, PLASTICIDADE, PRÁXIS

Designando, ao mesmo tempo, a beleza física, a formação intelectual, a impregnação da alma humana pelo divino, a integração do indivíduo em sociedade, o paralelismo incessantemente ressaltado entre a cultura grega e a cultura alemã, o termo Bildung é certamente um desses termos cuja tradução parece ser a mais aleatória. A dificuldade também se deve à persistência de sentidos secundários, que não são eliminados pela escolha de um sentido principal, mas são sempre veiculados em um plano de fundo. Além do mais, existe uma tensão entre o termo Bildung e o termo Kultur, o qual se desenvolve a partir do iluminismo para designar o progresso dos costumes decorrentes da civilização, e em seguida remete progressivamente à coerência orgânica de um grupo social. Assim, os termos Bildung, Kultur e Zivilisation vão definir-se uns pelos outros em uma relação variável, sendo Bildung a palavra mais difícil de transpor. Entre a universalidade da nação ou do saber e a singularidade imediata, a Bildung de fato representa, no contexto germânico, o momento da particularidade, o que explica sua ancoragem em dois domínios privilegiados, que são a língua e a arte. Ora, essa particularidade da Bildung só pode ter uma dimensão identitária ao postular sua diferença. A noção alemã de Bildung envolve precisamente um momento de incomunicabilidade programada diante de qualquer um que tente abordar o termo do exterior.

I. A QUESTÃO DO HOLISMO

Por "cultura" pode-se entender, segundo os contextos ou as épocas, uma certa quantidade de conhecimentos históricos, literários, artísticos, musicais, linguísticos, os quais distinguem aquele que os possuiu daquele que os ignora, e serve como um sinal de reconhecimento entre os membros de um grupo. Em contrapartida, a definição alemã da *Bildung* implica uma atualização da perfectibilidade humana. Nesse sentido, ela não se reduz a algum conteúdo determinado. Se Humboldt reivindica para si os gregos e postula sua imitação, é sobretudo para ter como paradigma um princípio de autodeterminação e de autorregulação, que ele percebe como central na cultura grega. Em muitos sentidos, a referência grega é intercambiável. Longe de ser uma acumulação de conhecimentos objetivos, a teoria da *Bildung*, tal como a define Humboldt, constrói-se a partir da constatação de uma cesura entre a multiplicação dos campos de saber parciais e o progresso moral da humanidade. Trata-se de reinvestir nas ciências positivas para submetê-las a esse imperativo rousseauniano do progresso moral. Reduzindo a realidade exterior a representações imaginárias (*Einbildungskraft*), a arte constitui um modo de extensão da *Bildung* concorrente dessa autodeterminação, a qual coloca o sujeito da *Bildung* no centro do mundo percebido. Ela reduz a multiplicidade indefinida de fenômenos a uma pequena quantidade de elementos simbólicos que remetem ao infinito. Entretanto, essa autopoiética da individualidade autônoma só é totalmente realizável pela mediação da linguagem que, melhor que a arte, assegura uma relação simbólica com o mundo e permite sua apropriação pelo sujeito. Mas, através da linguagem, passamos da individualidade do homem à singularidade do grupo, na qual se pode expressar uma relação com o mundo. Ao mesmo tempo que expressa uma aspiração do indivíduo ao universal, a *Bildung* marca uma diferença, pois os modos de apropriação e de extensão do mundo pela língua não são idênticos. Muito frequentemente, causaram surpresa as dimensões teológicas de uma teoria que faz do homem implicado no dinamismo da *Bildung* uma verdadeira mônada. Sob essa perspectiva, não poderia deixar de ser aprovada a ideia segundo a qual a *Bildung* seria a expressão de uma dimensão holística da cultura alemã: se Max Weber fala, em sua *Sociologia das religiões*, de "*Einheitskultur*" [cultura homogênea], Ernst Troeltsch, em seu trabalho sobre *Der Historismus und seine Probleme* [O historicismo e seus problemas], aspira a uma "*Kultursynthese*" [síntese cultural]. Desenvolver uma teoria da *Bildung* significa postular uma coincidência entre o singular e o universal em uma dinâmica que seria a história concebida de um ponto de vista alemão. O grau de generalização alcançado por um termo que pode desde então ser associado à totalidade dos momentos de uma tradição intelectual inspira desconfiança. A *Bildung* seria tendencialmente menos um ideologema pernicioso do que um lugar vazio do discurso, uma *coincidentia oppositorum* cuja existência pressuposta permite que os discursos sobre a singularidade do sujeito e a coerência do grupo coexistam. É certamente como função de pedra de toque ou de cimento intersticial entre os blocos conceituais que o termo *Bildung* é o mais intraduzível.

De fato, haveria algo de absurdo em pretender que uma palavra que designa a aquisição de saberes teóricos ou práticos não pudesse ser traduzida se o termo não se revestisse precisamente uma função identificatória. Pois a ideia de uma coextensão entre a linguagem e o entendimento humano, de uma mediação necessária da linguagem na apropriação simbólica do mundo, não está ausente do pensamento linguístico do século XVIII francês, quer pensemos em Condillac ou em sua posteridade nos ideólogos, frequentados por Humboldt quando de sua estadia em Paris e de sua virada em direção à linguística. Em certa medida, o termo *Bildung* é, portanto, investido de uma vontade arbitrária de intraduzibilidade. Definir o termo *Bildung* como índice de um holismo próprio à cultura alemã é, portanto, aceitar sem crítica uma forma de autopercepção intelectual e os percursos balizados que ela implica para quem quer que deseje explorá-lo apenas do interior. Em última instância, a questão de saber se a noção de *Bildung* pode ou não ser traduzida só pode resultar da escolha arbitrária de um posicionamento intelectual no interior ou no exterior do discurso que ela estrutura.

II. DA IMAGEM DE DEUS AO DEVIR HUMANO

A. Marcadores lexicais

O dicionário etimológico de Friedrich Kluge precisa que o termo *Bildung* (*bildunga* em alto alemão antigo), provindo de *Bild*, "imagem", significa de início a criação, a fabricação, o fato de dar uma forma. A passagem à ideia de formação intelectual, depois de educação, teria vindo da língua mística, em que *înbilden* designa a aquisição de uma representação imagética, instaurando de fato um parentesco entre *Bildung* e *Einbildung* (imaginação). A mística da Idade Média tardia, como o pietismo, considera que Deus imprime sua imagem (*sich einbildet*) no homem. Em seu dicionário de 1786, Johann Christoph Adelung atribui ao termo *Bild*, "imagem", três sentidos principais: de forma de uma coisa, de representação de uma coisa, e enfim, de pessoa ou coisa considerada do ponto de vista de sua forma aparente (pode-se designar um homem pelo termo *Mannsbild*). O verbo *bilden* significaria, por sua vez, dar uma forma a uma coisa, mas também reproduzir a forma de uma coisa (um sentido que subsiste residualmente no conceito de *bildende Künste*, "artes plásticas", "artes da reprodução", ver Quadro 2 em ARTE). A substantivação *Bildung* designaria então simultaneamente a ação de dar uma forma e a própria forma, principalmente a forma da face humana. O dicionário de Theodor Heinsius (1818), retomando esses dois sentidos, adiciona o de estado em que se encontra um homem culto e também a capacidade da alma de recompor as representações singulares transmitidas pela imaginação (*Einbildungskraft*) em um conjunto que não existia anteriormente. Em seu dicionário (1852), os irmãos Grimm observam que o termo *Bildung* é característico da língua alemã e que não o encontramos nas outras línguas germânicas, a não ser como um derivado do alemão. O termo teria designado por muito tempo uma imagem, *imago*, depois, com maior abrangência, uma forma (*Gestalt*). É ainda nesse sentido que o próprio Winckelmann conhece o termo *Bildung* quando escreve que, com o tempo, os progressos da ciência ensinaram os artistas etruscos e gregos a se liberarem das formas primitivas fixas e rígidas. E, falando de Laocoonte, Lessing explica que "sua posição [*Bildung*] inspirava piedade porque ela mostrava ao mesmo tempo a beleza e a dor" (*Werke*, p. 23). Os irmãos Grimm também notam o sentido de *cultus animi*, *humanitas*, que atribuem principalmente a Goethe (ver MENSCHHEIT). As numerosas composições nas quais a palavra *Bildung* entra podem esclarecer seus sentidos. Assim, o "estabelecimento de formação" (*Bildungsanstalt*) remete ao sentido mais intelectual do termo, enquanto o conceito de "pulsão formadora" (*Bildungstrieb*, ver PULSÃO), emprestado do antropólogo e anatomista Blumenbach, designa uma aptidão da natureza em fazer emergir as formas.

Enquanto os dicionários clássicos da língua alemã revelam uma riqueza infinita de sentidos atribuídos ao termo *Bildung*, eles são muito mais circunspectos a respeito de *Kultur* e *Zivilisation*. Adelung define a cultura (*Cultur*) – cujas raízes ele reconhece tanto na língua francesa quanto no vocabulário agrícola – como uma purificação das forças morais e físicas de um homem ou de um povo, ainda que *Cultur* possa significar tanto liberação de preconceitos (iluminismo, *Aufklärung*, ver LUZ) quanto refinamento dos costumes. O termo *Zivilisation* é desconhecido por ele, que define *civil*, em contrapartida, como *bürgerlich*, próprio ao cidadão, e observa que *civilisieren*, emprestado do francês *civiliser*, significa "dar bons costumes". Hensius retoma essas definições e ressalta o termo *civilisation*, provindo do latim *civilitas*, *civilis*, como docilização dos costumes. O termo *civilisation*, em seu estrato mais antigo, remete à organização política da cidade. Desse sobrevoo, reteremos sobretudo o fato de que as grandes pesquisas lexicográficas cronologicamente próximas ao idealismo alemão não atribuem sentido histórico ou etnológico aos termos *Kultur* ou *Zivilisation*, mas simplesmente designam, com eles, um processo de purificação dos costumes na perspectiva do iluminismo. É nesse sentido que esses dois termos aparecem no léxico hegeliano, e ainda assim raramente, com um valor processual.

B. "Aufklärung" e cultura

Moses Mendelssohn, em seu escrito *Über die Frage: Was heißt Aufklärung?*, lastima que as palavras *Aufklärung*, *Kultur*, *Bildung* sejam recém-chegadas na língua alemã. Elas pertencem somente à língua dos livros e as pessoas comuns não as compreendem. Esse lamento de Mendelssohn permite constatar uma equivalência ou uma extrema proximidade semântica entre três termos que, ademais, remetem sobretudo à língua culta.

Na perspectiva de Kant, o termo determinante não é *Bildung*, mas *Kultur*. Tendo partido do estado de brutalidade, o homem chega – graças ao desenvolvimento de suas disposições em relação à cultura (*aus der Rohigkeit zur Kultur*) – à organização de sua existência segundo seus fins e ao desenvolvimento de suas próprias forças. O homem elabora a cultura na sociedade (*Ideia de uma história universal de um ponto de vista cosmopolita* [1784], cap. 4). Sob esse ponto de vista, a cultura é também um dever em relação a si mesmo e em relação aos outros. Na verdade, a passagem à cultura não é o resultado de uma evolução contínua, mas muito mais o fruto de uma tensão – sendo o homem, segundo Kant, ao mesmo tempo social e contrário à sociabilidade, levado a fechar-se em comportamentos individuais. A cultura, mais um processo do que um resultado, nasce do esforço para disciplinar as tendências que vão na contramão da sociabilidade. Os dissensos não são, entretanto, por princípio contrários à cultura e podem até mesmo lhe servir como motor. A cultura violenta a natureza, mas simultaneamente desenvolve suas virtualidades, suas sementes. Kant joga com a origem agrícola do termo "cultura". Trata-se para o homem de cultivar suas forças naturais, "*der Anbau – cultura – seiner Naturkräfte*" (*Metafísica dos costumes* [*Metaphysik der Sitten*]); e essas forças naturais não se limitam às forças intelectuais e espirituais, mas compreendem igualmente as forças físicas.

O devir da cultura chega a termo em uma constituição definida segundo os conceitos do direito do homem, em um refinamento global dos costumes e das qualidades intelectuais não do indivíduo, mas da cidade. Portanto, a cultura tem como vocação encontrar a sua realização final na política. Os termos *kultivieren, zivilisieren, moralisieren* são empregados por Kant quase como sinônimos em sua *Antropologia do ponto de vista pragmático* [*Anthropologie in pragmatischer Hinsicht*, 1798]. A cultura engloba o ensinamento propriamente dito e a educação; ela tem como resultado proporcionar uma certa aptidão. O termo *Zivilisierung* acentuava sobretudo a cultura, na medida em que ela dispõe o homem à inserção no todo social (*Pädagogik* [*Sobre a pedagogia*], 1803, Introdução, p. 450). Segundo as distinções estabelecidas nos escritos póstumos, a moralidade representaria um terceiro estágio no progresso da humanidade em direção à perfeição, depois da cultura e da civilização. A relativa ausência do termo *Bildung* em Kant revela uma abordagem globalizante, coletiva, política, sem nenhuma dimensão mística ou organicista.

C. A "Bildung" e a humanidade

A noção de *Bildung* volta a ser central na língua de Herder, que novamente ressalta o movimento, o devir, em detrimento de qualquer situação fixa. Com ele, o termo *Bildung* adquire um estatuto que permite englobar ao mesmo tempo a referência ao devir biológico e orgânico das formas e a educação intelectual, o refinamento dos costumes. A tensão entre Kant e Herder se projeta na oposição semântica que leva um a falar mais prontamente de *Kultur* e o outro de *Bildung*. Além do mais, a *Bildung* se aplica menos ao indivíduo do que ao conjunto da humanidade. Por isso, ela tende a se confundir pura e simplesmente com a história, uma história que não seria somente das ideias, mas também dos comportamentos, dos sentimentos e das impressões sensíveis, o que já sugere o título *Auch eine Philosophie zur Bildung der Menschheit* [*Também uma filosofia da história para a formação da humanidade*] (1774). A *Bildung* é, primeiramente, determinada por condições exteriores e por tendências, por apetites que repousam sobre a imitação de um modelo.

> Quais eram essas tendências? O que elas poderiam ser? As mais naturais, as mais fortes, as mais simples! Para todos os séculos, o fundamento eterno da formação dos homens [*Menschenbildung*]: a sabedoria mais que a ciência, o temor a Deus mais que a sabedoria, o amor entre as crianças e entre os esposos no lugar da elegância e dos transbordamentos, a ordem da vida, a dominação sobre uma casa conforme a ordem de Deus, a imagem primitiva [*das Urbild*] de toda ordem e de toda organização civil – em tudo isso, o gozo mais simples e mais profundo da humanidade, como isso pode ter sido, não quero dizer concebido [*erbildet*], mas somente desenvolvido [*angebildet*], aperfeiçoado [*fortgebildet*], senão por meio dessa potência eterna do modelo [*Vorbild*] e de uma série de modelos [*Vorbilde*] em torno de nós (HERDER, *Werke*, p. 593).

Esse modelo eterno, fonte de toda *Bildung*, tem uma dimensão teológica pronunciada. Pois se a *Bildung* é uma forma de educação, de modo algum ela se deixa limitar a uma educação intelectual transmitida pelos livros ou pelas bibliotecas:

> A formação [*Bildung*] e o aperfeiçoamento [*Fortbildung*] de uma nação não são nada mais do que a obra do destino: o resultado de milhares de causas que contribuem, por assim dizer, para todo o elemento no qual elas vivem (HERDER, *Werke*, p. 643).

De modo algum o puro raciocínio e o entendimento podem ser os únicos veículos dessa formação da humanidade pela qual Herder clama no contexto do iluminismo. O coração, o sangue, o calor, a vida são também elementos que contribuem para a formação da humanidade e que não poderiam ser reduzidos a um mecanismo racional. Em Herder, a cultura (*Kultur*), em sua dupla significação de processo de aquisição e de estado final, permanece como o traço distintivo de um povo e convida até mesmo a esboçar hierarquias entre os povos.

Aplicado à humanidade e à nação, o termo *Bildung*, em Herder, aplica-se igualmente à linguagem, veículo da cultura. Se Herder fala de bom grado de formação da língua (*Bildung eines Sprache*), ele o faz, naturalmente, no sentido trivial do termo. Para que uma língua tome forma, é preciso que ela atravesse um certo número de fases que os historiadores da língua possam reconstruir e percorrer. Mas *Bildung* também significa aqui que a língua se enriquece, que ela realiza um processo de aperfeiçoamento, que ela se enobrece:

> Nossa língua está em uma fase de formação [*Bildung*] – e o termo formação [*Bildung*] da língua é, hoje, quase uma palavra de ordem que cada um tem nos lábios: escritores, críticos de arte, tradutores, sábios. Cada um pretende formá-la [*bilden*] à sua maneira: e com frequência um se opõe ao outro. O que fazer se é permitido a cada um formá-la [*bilden*]: que me autorizem, então, a perguntar o que significa formar [*bilden*]? O que é uma língua sem formação [*ungebildete Sprache*]? E quais revoluções outras línguas sofreram antes de aparecerem formadas [*ausgebildet*]? (HERDER, *Werke*, p. 143).

Essa interrogação é seguida de uma série de considerações históricas sobre a melhor maneira de enriquecer a língua, entre as quais a tradução – notadamente a tradução de autores antigos, distantes em seu modo de expressão do alemão – tem um papel central.

III. FORMAÇÃO OU AUTOPOIESE

A. A autopoiese

A dimensão essencial que o termo *Bildung* adquire em torno de 1800 é a da reflexividade. O devir que *Bildung* implica não é mais somente a aquisição de competências tendo em vista uma melhoria, mas corresponde a um processo de autocriação do indivíduo, que se torna aquilo que ele era de início, que se reconcilia com sua essência. Esse emprego se encontra principalmente em Hegel, que consagra longos desenvolvimentos à *Bildung* na sexta parte da *Fenomenologia do espírito* [*Phänomenologie des Geistes*], intitulada "O espírito":

> É portanto mediante a *cultura* [*Bildung*] que o indivíduo tem aqui vigência e efetividade. A verdadeira natureza originária do indivíduo, e [sua] substância, é o espírito da alienação [*Entfremdung*] do ser natural. [...] Essa individualidade se forma [*bildet sich*] para [ser] o que é em si, e só desse modo é em si e tem um ser-aí efetivo; tanto tem de cultura [*Bildung*], quanto tem de efetividade e poder (HEGEL, *Fenomenologia do Espírito*, trad. Meneses, p. 340).

Mede-se a dificuldade em expressar de outra forma que não pela convenção a integralidade do campo semântico recoberto pelo termo *Bildung* em sua acepção hegeliana. Com efeito, a autopoiese individual é ao mesmo tempo a passagem da substância a uma efetividade que a torna estranha à consciência.

> O movimento da individualidade que se cultiva [*der sich bildenden Individualität*] é, pois, imediatamente, o vir-a-ser dessa individualidade como essência objetiva universal, quer dizer, como o vir-a-ser do mundo efetivo. Esse, embora tenha vindo-a-ser por meio da individualidade, é para a consciência-de-si algo imediatamente alienado e tem para ela a forma de uma efetividade inabalável (HEGEL, *Fenomenologia do Espírito*, trad. Meneses, p. 341).

Em outros termos, a *Bildung* é ao mesmo tempo um processo de produção e de alienação da individualidade. Para aceder à *Bildung*, a individualidade se desfaz de seu Si. Produz-se um dilaceramento; a linguagem do dilaceramento é a linguagem perfeita do mundo da cultura (*ibid.*, p. 351). A inversão e a alienação recíproca da efetividade (*Wirklichkeit*) e do pensamento definem a "pura cultura (*reine Bildung*)". "O espírito da alienação de si mesmo [*Entfremdung seiner selbst*] tem seu ser-aí no mundo da cultura" (*ibid.*, p. 364). No jogo da formação da individualidade em um processo autopoiético e da alienação, do estranhamento dessa mesma individualidade, o pensamento ganha um conteúdo e a *Bildung* deixa de ser uma pura virtualidade.

A noção de *Bildung* é um conceito importante dos escritos políticos de Fichte, principalmente nos *Discursos à nação alemã*, em que a educação – que modifica não somente o patrimônio do indivíduo, mas também sua própria natureza – tem quanto ao povo um papel de um cimento unificador. A *Bildung* não é mais, então, uma formação específica: ela é "*allgemeine Bildung*" [cultura geral].

Schelling compartilha com Hegel uma concepção globalizante da *Bildung* e explica nos *Vorlesungen über die Methode des akademischen Studiums* [Cursos sobre o método dos estudos acadêmicos] que "para alcançar a forma absoluta, o espírito deve se exercitar em todos os domínios; é a lei universal de toda formação (*Bildung*) livre" (*Schellings Werke*, t. 2, p. 592). Entretanto, o termo tem um sentido bem mais pesado em um texto extraído do tratado sobre a essência da liberdade humana (*A essência da liberdade humana* [*Über das Wesen der menschlichen Freiheit*]), que esclarece a passagem do *Grund*, ou da obscuridade inicial, à divisão. Segundo ele, essa passagem só pode se operar por meio de uma "verdadeira in-formação (*Ein-Bildung*), as coisas em devir sendo informadas (*hineingebildet*) na natureza, ou mais precisamente ainda por meio de um despertar, o entendimento pondo em evidência a unidade ou *Idea* dissimulada na separação do *Grund*" (*Schellings Werke*, t. 3, p. 457- 456). Mais ou menos na mesma época da redação da *Fenomenologia do espírito*, a *Bildung* continua a veicular um sentido místico, herdado da representação de uma forma insuflada na matéria. Mas esse processo é doravante situado estritamente no âmbito de uma subjetividade que se autoconstitui.

B. O indefinido

A *Bildung*, nos diversos contextos em que se encontra empregada, compreende um momento de indeterminação que a torna imprópria para designar somente um processo de formação, quer se trate de uma formação intelectual ou moral. A forma mais elevada na hierarquia das formas – aquela que melhor representaria a *Bildung*, esse pôr em forma de raiz teológica – seria precisamente, em uma inversão sempre latente, a ausência de forma. Reencontramos esse sentido do termo *Bildung* de maneira exemplar na obra de Friedrich Schlegel, particularmente no romance *Lucinde*, de 1799. Arrebatado por um amor sem objeto no caos de sua vida interior, o herói, Julius, sentindo uma vocação artística, descobre quão baixo nível ele alcançou em sua *Bildung* até o momento ("[...] *dass er noch so weit zurück sei in der Bildung*", [*Friedrich Schlegel Ausgabe*, p. 49]). Mas a decisão de se formar (*bildete sich*) o conduz a esquecer seu século e a tomar como modelo os heróis do passado, ou a se projetar no futuro; em resumo, a se emancipar das determinações temporais. A *Bildung* é quase tão indeterminada quanto o estado do qual ela permite sair. Schlegel desenvolve até mesmo uma teoria da *Bildung*, cujo grau mais alto seria a passividade, o abandono das formas, a aceitação da ociosidade. As mulheres alcançariam espontaneamente esse estado de abertura para o indefinido. Em contrapartida, os homens deveriam esforçar-se para atingi-lo. "É por isso que não há, no amor feminino, degraus e etapas da *Bildung*" (*ibid.*, p. 22). A dimensão indefinida da *Bildung*, sua abertura para um infinito vago e sua inversão vitoriosa sobre a tirania das formas, não é própria do romantismo. Em 1918, Paul Natorp, em uma obra bastante nacionalista intitulada *Die Seele des Deutschen* [A alma alemã], insiste no fato de que Goethe, para além de suas qualidades filosóficas, estéticas ou literárias, age como "*Lebensbildner*" [formador de vida]. Depois dele, "o termo *Bildung* não deveria jamais ser compreendido em um sentido superficial; pois significava para ele [Goethe], e para quem quer que permaneça fiel ao seu espírito, nada menos do que a organização da vida inteira como uma obra-prima vivente" (NATORP, *Die Seele des Deutschen*, p. 145). A *Bildung* seria o ato de dar vida através do qual se ultrapassam as formas. Natorp reivindica o modelo do Prometeu goethiano: "eu estou aqui e dou forma aos homens segundo minha imagem, a uma raça que se me assemelha". Tomada dessa forma, a *Bildung* se torna uma espécie de dever orgânico de expressar uma ideia alemã que não se poderia limitar ao indivíduo, mas que engloba a coletividade.

C. A "Bildung" e a filologia

A despeito de suas numerosas extensões, a *Bildung* corresponde a uma formação precisa. Essa formação consiste mais particularmente no estudo das ciências da antiguidade e notadamente da filologia grega. Há, para tanto, uma razão bem clara. Os gregos dispunham de um sistema cultural totalizante, a *paideía* [παιδεία], cujo valor paradigmático permitiu, por sua vez, a construção de sistemas culturais nacionais na Europa: "A criação original grega da cultura (*Kultur*) como sistema de *paideía* e de formas puras que lhes servem como instrumento teve o efeito de uma iluminação para os povos do mundo" (JAEGER, *Humanistische Reden und Vorträge*, p. 47).

* Ver Quadro 1.

Transpor o paradigma grego para a realidade alemã exige uma familiaridade particular com a língua grega e com os textos que a transmitem. A *Bildung* se torna, em primeiro lugar, uma atividade filológica. Antes mesmo que Friedrich August Wolf, em seus *Prolegomena ad Homerum* [Prolegômenos a Homero], de 1795, evidenciasse que a compreensão da *Ilíada* e da *Odisseia* passavam pela compreensão de sua transmissão no decorrer da história intelectual grega, Wilhelm von Humboldt lhe confia que, em sua opinião, ao lado das formas particulares de aprendizagem intelectual, existe uma forma de aprendizagem específica, que federa os diversos modos de expressão do homem e lhe confere a sua unidade.

> Essa formação (*Ausbildung*) perde cada vez mais sua importância, tendo atingido seu grau mais elevado com os gregos. Ao que me parece, ela não pode ser mais favorecida do que pelo estudo dos homens grandes e notáveis sob essa perspectiva, ou, para dizer em uma só palavra, pelo estudo dos gregos (Carta de Humboldt a Wolf da primeira década de 1792; cf. HUMBOLDT, 1990).

De sua parte, em sua *Darstellung der Altertumswissenschaft* [Apresentação das ciências da antiguidade] (1807), Wolf vê uma diferença radical entre os povos antigos do oriente e os gregos ou os romanos:

> Uma das mais importantes diferenças é [...] que os primeiros mal superam, ou somente em alguns níveis, essa espécie de cultura (*Bildung*) que chamamos de educação (*Policirung*) ou de civilização (*Civilisation*), por oposição à cultura intelectual (*Geisteskultur*) superior propriamente dita (p. 11).

O esboço inicial de uma dicotomia entre *Kultur* e *Zivilisation* já está presente. Por meio de um paradoxo evidente, é frequentemente o termo *Kultur* que designa, em Wolf, a formação do espírito, enquanto que *Bildung* designa o estado social alcançado. As articulações conceituais não recobrem exatamente as articulações semânticas.

Para criar uma nova cultura alemã, para juntar o que estava disperso, restaurar uma unidade comparável à do modelo da *paideía*, é preciso que os alemães se dediquem ao estudo do grego. A *Bildung* se torna uma forma de sucedâneo do Estado centralizado ao mesmo tempo que um aperfeiçoamento humanista do indivíduo. Essa função a um só tempo educativa e política da *Bildung* é na verdade de natureza bem diferente, ou bem quando o paradigma grego é invocado para construir uma cultura alemã, em torno de 1800, ou bem quando é invocado para exaltar o império alemão e o conformismo de seus súditos no período Guilhermino.

É antes de tudo Humboldt que pode ser considerado como o teórico da *Bildung* que transfere o paradigma grego para a Alemanha. É possível observar, em Humboldt, um emprego concorrente dos termos *Bildung*, *Ausbildung* e *Kultur*, que põe novamente em questão a oposição frequentemente alegada entre *Bildung*, formação intelectual, e *Ausbildung*, formação prática. Pode-se estabelecer, escreve Humboldt em *Über das Studium des Altertums* [Tratado sobre o estudo da antiguidade], que a atenção voltada à cultura (*Bildung*) física e intelectual era muito grande na Grécia, e que era principalmente guiada pelas ideias de beleza, e que "uma forte tendência dos gregos a formar [*auszubilden*] o homem ao mesmo tempo em sua maior diversidade e em sua maior unidade possível é inegável" (*Über das Studium des Altertums*, t. 2, p. 14). Como o paralelo entre a fragmentação da Grécia e a fragmentação da Alemanha está evidente na escrita de Humboldt, a *Bildung* aparece como uma forma de tensão construtiva entre a identidade e a pluralidade (p. 17). A *Bildung* dos filólogos helenistas na Alemanha, de Wolf a Wilamowitz, passando por Philipp August Boeckh, Gottfried Hermann, Otfried Müller, Hermann Usener, entre outros, também é um modo de participação do indivíduo no coletivo.

D. O indivíduo e o coletivo

O termo *Bildungsroman*, em geral traduzido por romance de formação, foi introduzido na terminologia crítica por Wilhelm Dilthey, que o utiliza em sua *Leben Schleiermachers* [Vida de Schleiermacher] (1870) para caracterizar a produção romanesca da época clássica. Um romance que caracteriza a tomada de consciência de um jovem homem que ao mesmo tempo encontra seu lugar de inserção no mundo social, o *Bildungsroman*, com frequência chamado também de *Entwicklungsroman*, romance de evolução, ou *Erziehungsroman*, romance de educação, combina raízes rousseaunianas (a recepção alemã de *Emílio* ou *Da educação*, 1762) e pietistas (*Anton Reiser*, de Karl-Philipp Moritz, 1785). Essa dupla origem corresponde à ambiguidade estrutural da noção de *Bildung*, que significa ao mesmo tempo formação do indivíduo social e formação interior, independentemente de qualquer contexto. Um subconjunto do gênero *Bildungsroman* é o *Künstlerroman* (romance de artista), em que o herói é bem-sucedido em sua dupla exploração de um espaço interior e da vida social, graças à descoberta do mundo da arte.

O principal exemplo de *Bildungsroman* é fornecido pelo romance *Wilhelm Meister*, de Goethe, e mais particularmente por *Os anos de aprendizagem de Wilhelm Meister* [1795-1796]. Para Goethe e seu herói, a noção de *Bildung* implica a formação da existência singular por meio da aceitação de influências exteriores: as relações no meio familiar, a arte, e em especial o teatro, correntes religiosas pietistas, alguns círculos sociais, e principalmente a nobreza. O próprio herói explica o que ele entende por *Bildung*: "Para dizer-te em uma palavra: instruir-me a mim mesmo, tal como sou, tem sido obscuramente meu desejo e minha intenção, desde a infância" (GOETHE, Wilhelm Meister, t. 7, p. 290, [trad. br. 1994, p. 212]). Os burgueses tinham na Alemanha a possibilidade de adquirir uma formação prática, de desenvolver algumas de suas capacidades tendo em vista uma utilidade social. Entretanto, essa formação seria inferior àquela que Goethe julga até então reservada à nobreza, e que é uma formação da pessoa tomada em sua globalidade, sem nenhuma amputação. O desenvolvimento de uma personalidade completa e não amputada poderá ser obtida graças a uma nova forma de aristocracia, cuja aquisição passa, principalmente, pela educação artística. Pode-se mostrar facilmente que as diversas fases de aquisição da *Bildung* no romance *Wilhelm Meister* correspondem às fases atravessadas pela cultura alemã no decorrer do século XVIII, o que faz do desenvolvimento singular da personalidade de Wilhelm uma alegoria da educação do próprio povo alemão. Outra característica notável da *Bildung* goethiana remete ao lugar reservado à ação. Se a formação completa da personalidade, análoga à formação do povo em seu conjunto, ultrapassa a aquisição de capacidades fragmentadas, ela deve, quando adquirida, reconciliar-se com a atividade prática. Os anos de viagem de Wilhelm Meister farão uma apologia desse retorno à prática, como se a noção de *Bildung*, no próprio contexto da obra de Goethe, já fosse evolutiva e já envolvesse em si mesma a necessidade de uma reformulação teórica. "De qualquer maneira, o mundo agora nos impõe uma formação geral; não precisamos, portanto, nos preocupar mais com isso, é do particular que devemos nos apropriar" (*ibid.*, t. 8. p. 484). Notemos que Goethe, em seu poema *Hermann und Dorothea*, emprega o termo *Bildung* com um sentido arcaico de constituição física harmoniosa nos mesmos anos em que desenvolve, no *Wilhelm Meister*, a teoria da *Bildung* como formação intelectual.

IV. RESISTIR AO ORGANICISMO

A. "Bildungsbürgertum"

A época da ocupação francesa na Alemanha durante as guerras revolucionárias e, sobretudo, as guerras napoleônicas, foi uma espécie de período de incubação durante o qual o conceito de *Bildung* adquiriu sua posição central na autopercepção filosófica da Alemanha. Esse período francês da história alemã se caracteriza por uma redução radical da fragmentação do espaço e pelo surgimento da ideia de um Estado alemão, herdeiro do iluminismo, ou seja, de um Estado pedagogo. Enquanto que, na antiga Alemanha, a formação intelectual dependia dos deveres de certos grupos sociais e era quase que o apanágio de corporações, depois de 1800 – mais precisamente depois da fundação da Universidade de Berlim (1810) por Humboldt –, ela se torna o signo distintivo dos servidores do Estado, um Estado que, nas suas fases iniciais, é virtual ou parcial, mas que a partir de 1871 passa a englobar a maior parte do mundo germânico. A *Bildung* – uma referência claramente menos importante para a Suíça germânica ou para a Áustria do que para a Alemanha propriamente dita – é a condição de pertencimento tanto à universalidade do Estado quanto à propriedade. A propriedade fundiária ou os cargos militares que não são acompanhados de um capital cultural, que não são legitimados pela *Bildung*, tornam-se até mesmo suspeitos. Formando um novo tipo de cidadão ou de súdito, o *Bildungsbürger* – um termo cujo equivalente francês "*bourgeoisie des talents*" [burguesia dos talentos] mal traz suas múltiplas dimensões – tende a esvaziar a *Bildung* de sua dimensão subjetiva, individual, reflexiva, e a fazer dela uma forma de propriedade, um capital simbólico. Na segunda metade do século, impõe-se também a ideia de uma formação técnica, profissionalizada, socialmente pertinente, que resulta em uma oposição, até então pouco perceptível, entre a formação geral, a cultura, a *Bildung*, e a formação especializada, até mesmo técnica especializada, *Ausbildung*, *Fachausbildung*. O Estado alemão, extraindo sua legitimidade de suas funções pedagógicas – um novo tipo de legitimidade que evidentemente inspirou a Terceira República [Francesa], traumatizada pela batalha de Sedan [em que Napoleão III é capturado pelas tropas prussianas, levando a capitulação do II Império] –, procura incluir no sistema integrativo da *Bildung* grupos cada vez mais abrangentes. Os movimentos social-democratas se inscrevem perfeitamente nessa dinâmica que desemboca na noção de *Volksbildung* [educação popular] e na multiplicação de *Volksbildungsvereine* [associações de educação popular].

Ao se institucionalizar, transformando-se em cimento social, a *Bildung* perde a sua dimensão individualista para se associar a estratégias sociais. Ela não mais assegura a unidade de uma cultura. Na segunda das *Unzeitgemäßen Betrachtungen* [Considerações extemporâneas], Nietzsche lamenta que o historicismo tenha substituído a *Bildung* pela *Gebildetheit* (*Obras incompletas*, tradução br. de Torres Filho, 2014), a cultura erudita, apanágio do filisteu (*Bildungsphilister*, termo que aparece por volta de 1860). O homem alemão, presa da ciência histórica, perdeu sua dimensão humana para se tornar "formações culturais históricas [*historische Bildungsgebilde*], unicamente cultura [*Bildung*], formação, imagem [*Bild*], forma sem conteúdo demonstrável, infelizmente apenas má forma e, além disso, uniforme" (*ibid.*, p. 80). Aqui, o tradutor brasileiro adiciona ao termo "cultura" – usado regularmente ao longo do texto em português para traduzir *Bildung* – o termo "formação", dispondo de dois vocábulos onde no original só há um, e já associando *Bildung* e *Gebilde*. Com essa operação, ele consegue, por um lado, dar conta de dois aspectos complementares da *Bildung* alemã, e por outro lado introduzir na sentença a ideia de "forma". Conforme ele mesmo esclarece na nota 4: "No texto (*Sondern historische Bildungsgebilde, ganz und gar Bildung, Bild, Form ohne nachweischaren Inhalt, leider nur schlechte Form, und Überdies*

Uniform), a dificuldade consiste em ressaltar a presença do radical *bild* – do verbo *bilden* (formar, moldar e, em sentido figurado, educar) e do substantivo *Bild* (imagem, cópia) – nos termos *Bildung* (cultura), *Gebilde* (formação, estrutura) e *Bild*. Impossível reconstituir o jogo semântico do texto (por exemplo, o parentesco entre cultura e imagem). Em todo caso, a tradução de *Gebilde* por 'formação' antecipa o jogo que o texto faz em seguida com a palavra *Form* (propriamente 'forma')" (p. 81).

De todo modo, o que do texto sobressai é a ideia de que não há mais, para Nietzsche, uma verdadeira *Bildung*, mas somente um conhecimento histórico de seus componentes. "Nossa cultura (*Bildung*) moderna [...] não é, de modo algum, uma cultura (*Bildung*) efetiva, mas apenas uma espécie de saber em torno da cultura (*Bildung*); fica no pensamento de cultura (*Bildungsgedanken*), no sentimento de cultura (*Bildungsgefühl*), [mas] dela não resulta nenhuma decisão de cultura (*Bildungsentschluss*)" (p. 79). Logo, longe de reconhecer a cultura na Alemanha contemporânea, Nietzsche, que assim como Humboldt faz dos gregos o critério nessa matéria, está persuadido de que os mesmos tratariam os alemães como enciclopédias ambulantes (p. 79-80). Para designar a *Bildung* autêntica, aquela que desapareceu, e em particular a Grécia, Nietzsche emprega de bom grado o termo *Kultur*, insistindo em uma unidade viva, em uma "unidade do estilo artístico em todas as manifestações da vida do povo" (p. 80).

B. A cultura e o organicismo

A partir da metade do século XIX, o termo cultura deixa de designar um devir para exprimir um ser, um estado das comunidades nacionais. Por *Kultur*, Jacob Burckhardt entende "a soma das evoluções do espírito que se operam espontaneamente e sem aspiração à universalidade ou ao monopólio" (*Die Kultur der Renaissance in Italien*, p. 86). A processualidade não está completamente ausente, mas é um processo que tem lugar na unidade de um organismo. Em relação às tendências simplesmente totalizantes do holismo, o organicismo implica então uma funcionalidade quase biológica. A cultura é, portanto, "o processo de milhões de pessoas através das quais a ação ingênua determinada pela raça se transforma em uma aptidão refletida" (*ibid.*, p. 86). As culturas têm um nascimento, um florescimento e uma morte, e essa vida orgânica das culturas obedece a "leis superiores e inacessíveis da vida" (p. 86). Para Burckhardt, a cultura representa a instância crítica da sociedade civil face ao Estado e à religião. Ela certamente envolve as belas-artes, mas também a pecuária, a agricultura, a navegação, o comércio, o artesanato; todos esses elementos combinam-se de maneiras variadas na noção de cultura. A diversidade das combinações e das programações internas da cultura permite distinguir grandes períodos históricos, permite falar de culturas, no plural. O sentido do termo em Burckhardt se aproxima fortemente do sentido dos etnólogos. Se Burckhardt considera que na origem da cultura, como laço agregador, há "o milagre da língua", é preciso recordar que a língua também é aquilo que Franz Boas – que teve sua formação na Alemanha antes de partir para os Estados Unidos – posicionará no centro das investigações e métodos etnológicos.

Em *Der Untergang des Abendlandes* [*A decadência do Ocidente*] (1923), de Oswald Spengler, o conceito de cultura se torna um conceito operatório para o historiador. Para compreender a cultura ocidental, escreve Spengler, "deveremos antes determinar o que seja cultura, em que relação ela se ache para com a história visível, a vida, a alma, a natureza, o espírito, sob que formas se manifesta, e até que ponto representem essas formas – povos, idiomas e épocas, batalhas e ideias, Estados e deuses, artes e obras, ciências, direitos, organismos econômicos e concepções do mundo, grandes homens e grandes acontecimentos – símbolos que, como tais, possam ser interpretados." (*A decadência do Ocidente*, p. 24). A cultura corresponde a uma rede de formas simbólicas, à sua concentração ao redor de um povo e até mesmo de uma raça, termo o qual, na terminologia de Spengler, não está muito distante do próprio termo "cultura". Os povos são entidades espirituais (*Seelische Einheiten*) apoiadas sobre símbolos, mas Spengler estabelece uma diferença entre os povos primitivos, como os povos do mar à época micênica, que não tinham uma forte coerência, e os povos de cultura (*Kulturvölker*), que correspondem a determinações bem mais precisas (*ibid.*, p. 290). Após o momento da cultura, os povos submergem na era dos felás, estado do Egito na época romana. Ademais, às culturas primitivas, Spengler opõe as grandes culturas, em uma hierarquia de valores que se aplica igualmente às línguas. Já que se trata somente da *Bildung* no singular, as culturas são plurais e hierarquizadas.

O simbolismo que assegura a unidade orgânica da cultura pode ser de ordem religiosa. No interior de uma comunidade cultural (*Kulturgemeinschaft*) como o judaísmo, a cultura tem uma função de regulação moral (*sittliche Kultur*). Alicerce de um povo, a cultura, observa Hermann Cohen em sua *Religion der Vernunft* [Religião da razão], repousa sobre uma lei religiosa não escrita, sobre "esse eterno, esse não escrito que precede, que deve preceder toda escrita e, por assim dizer, toda cultura, porque ele cria o fundamento de toda e qualquer cultura" (*Religion der Vernunft*, p. 97). Na *Philosophie der symbolischen Formen* [*A filosofia das formas simbólicas*], Ernst Cassirer fala em "mitos culturais" [*Kulturmythen*] que, diferentemente dos mitos naturais, têm por função não mais explicitar a origem do mundo e legitimar uma cosmologia, mas explicar a gênese dos "bens culturais" [*Kulturgüter*] (*Philosophie der symbolischen Formen*, t. 2, p. 244). Por meio dos mitos, principalmente dos mitos de salvação, opera-se uma "tomada de consciência de si da cultura" (*ibid.*, p. 244).

C. Cultura ou civilização

Freud escreveu sobre o "mal-estar na civilização" ou sobre o "mal-estar na cultura" [*Unbehagen in der Kultur*]? A questão que divide os tradutores revela uma dicotomia semântica em que o francês privilegia o termo "civilização" antes de importar progressivamente as questões da dicotomia alemã. Já em língua portuguesa, tendeu-se a optar por "civilização" nas traduções mais antigas do texto (por exemplo, a edição da Imago, 1972, trad. da trad. ingl.), mas nas traduções mais recentes verifica-se uma notável oscilação:

optam por "civilização" a tradução portuguesa de Isabel Castro Silva, de 2008, e a brasileira de Paulo César de Souza, de 2010, enquanto optam por "cultura" as traduções brasileiras de Renato Zwick, também de 2010, e a de Maria Rita Salzano Moraes, de 2020.

O debate em torno do título começa já em 1930 com a tradução inglesa do ensaio freudiano, e foi o próprio Freud quem sugeriu traduzir *Kultur* por *civilization* – talvez em consonância com a observação feita em *O futuro de uma ilusão*, em que se recusa a fazer qualquer distinção entre *Kultur* e *Zivilisation* (2020, p. 234-235). Como notam os intérpretes, essa recusa tem um alvo bem preciso: a forte tendência, na Alemanha da época, a associar ao termo *Zivilisation* o mundo franco-inglês, considerado superficial e utilitarista, enquanto que o termo *Kultur* estava vinculado à profundidade e aos valores do mundo germânico. Nesse sentido, como notam Iannini e Santiago, no prefácio à tradução de Maria Rita Salzano Moraes, a escolha freudiana por não distinguir *Kultur* de *Zivilisation* corresponde a uma posição política: "ele [Freud] faz o leitor entender que não se trata apenas de um desconhecimento ou indiferença quanto à distinção entre os termos. [...] De que se trata a recusa freudiana? Que 'outros' são esses que preferem 'civilização', estes aos quais Freud se opõe de maneira tão ruidosa, por causa da veemência da afirmação, e tão silenciosa ao não nomear seus adversários? Nesse contexto, o que significaria a posição contrária, ou seja, o que significaria *insistir* na oposição cultura *versus* civilização?" (2020, p. 17). Nota-se, assim, que a oposição que ressoa no alemão da época está muito distante da que predomina no português atual, em que a cultura tende a ser generalizadamente humana e as civilizações tendem a designar culturas com alto grau de desenvolvimento tecnológico. As oposições dicotômicas dos termos, sempre problemáticas, designam outras diferenças ideológicas.

Nesse sentido, cabe aos tradutores considerar tanto as opções freudianas quanto as circunstâncias e contextos de suas próprias línguas e traduções, bem como os pesos dados a cada um desses elementos. Como nota Isabel Castro e Silva na tradução portuguesa, o fato de Freud ter proposto *civilization* é um dado que compele à opção por "civilização", porém "este termo surge também em contextos que mais prontamente associaríamos a 'cultura'" (2008, p. 163). Na mesma linha, Paulo César de Souza afirma: "Neste texto, *Kultur* é empregado muitas vezes para designar o que chamamos de 'civilização', ou seja, uma cultura onde há enorme desenvolvimento das instituições, técnicas e artes, e algumas vezes para designar 'cultura' num sentido mais antropológico, digamos; sendo que em várias ocasiões os termos são intercambiáveis. Portanto, o leitor também encontrará 'cultura' no texto" (2010a, p. 48). Já Márcio Seligmann-Silva, em introdução à tradução de Renato Zwick, especula que Freud talvez tenha sugerido *civilization* para a tradução inglesa a fim de obter maior aceitação e divulgação de sua obra, mas considera-o "mais restrito e fraco do que o termo cultura" (2010b, p. 23), uma vez que Freud não compartilharia de uma crítica da civilização de linhagem rousseauniana (*idem*, p. 24). Por sua vez, Iannini e Tavares sugerem que optar por "civilização" "poderia dar uma falsa impressão de que sabemos de antemão o que Freud designa com a *Kultur*. [...] Nesse sentido, como de costume, o leitor deve evitar sobrepor ao texto sua concepção prévia acerca do sentido de palavras como 'cultura' ou 'civilização'.

Freud constrói a própria rede semântica que seu texto precisa" (2020, p. 14-15) (cf. Quadro "Cordialidade e processo civilizatório" em CIVILTÀ).

Em todo caso, é certo que, para Freud, a *Kultur* corresponde a uma renúncia pulsional: "Essa substituição do poder do indivíduo pelo da comunidade é o passo cultural decisivo [*der entscheidende kulturelle Schritt*] [...]. A liberdade individual não é nenhum bem cultural [*Kulturgut*]" (2020, p. 344-345). Cosmopolita, universalista, marcada pelo espírito do iluminismo, democrática em sua essência, a *Zivilisation* implica, em contrapartida, uma ameaça de decomposição para os conjuntos nacionais que ela transcende ou confedera. A noção de *Kulturkampf* [luta pela civilização], que designa a política do protestante prussiano Bismarck em relação aos meios católicos, exprime bem a ameaça que pesa sobre a civilização e que obriga a defendê-la. Essa defesa não recua diante dos meios radicais e na linguagem belicista empregada em torno da guerra de 1914; o próprio Thomas Mann não hesita em se colocar como campeão de uma defesa da ideia de civilização, inclusive nas formas brutais que a sua afirmação poderia tomar. A Alemanha, melhor enraizada na natureza, seria de qualquer modo refratária à civilização assimilada ao espírito. Em sua forma exacerbada, a oposição entre a cultura e a civilização traduz a antiga desconfiança alemã em relação a uma universalidade herdada do iluminismo que dissimularia uma vontade hegemônica da França. Compreende-se que o vocabulário político francês do início do século reivindicará a noção de civilização em reação à instrumentalização alemã da dicotomia. Por outro lado, essa oposição semântica, oriunda de uma desconfiança franco-alemã, se tornará estruturante nos estudos etnológicos, que só podem se tornar científicos se estudarem sociedades concretas, enraizadas em sua particularidade, logo, se estudarem culturas – mas não sem procurar saber em que medida essas culturas provêm do reservatório universal dos comportamentos humanos possíveis e, portanto, de uma civilização humana. Quando Freud emprega o termo *Kultur*, não é para reivindicar sua dimensão radicalmente organicista e nacionalista, mas antes para pôr em questão mais uma vez a pertinência da oposição.

Norbert Elias, por sua vez, pretende delinear a sociogênese dessa oposição. Se ele emprega o termo "civilização" sem hesitar é, por um lado, para dar conta de uma pesquisa internacional ou que ao menos se estenda ao conjunto do Ocidente – trata-se mesmo de um sentimento nacional do Ocidente. Por outro lado, a civilização, que ele relaciona com as "civilidades" da sociedade da corte, engloba as formas de vida concretas, das quais a história das mentalidades fez seu objeto privilegiado:

> O conceito francês e inglês de civilização pode se referir a fatos políticos ou econômicos, religiosos ou técnicos, morais ou sociais. O conceito alemão de *Kultur* alude basicamente a fatos intelectuais, artísticos, religiosos e apresenta a tendência de traçar uma nítida linha divisória entre fatos deste tipo, por um lado, e fatos políticos, econômicos e sociais, por outro. O conceito francês e inglês de civilização pode se referir a realizações, mas também a atitudes ou "comportamento" [*behaviour*] de pessoas, pouco importando se realizaram ou não alguma coisa. No

conceito alemão de *Kultur*, em contraste, a referência a "comportamento", o valor que a pessoa tem em virtude de sua mera existência e conduta, sem absolutamente qualquer realização, é muito secundário (ELIAS, *O processo civilizador* [*Über den Prozeß der Zivilisation*], p. 24).

Essas definições mostram bem a espiral das sobredeterminações das quais os termos são objeto. O termo "cultura", há muito tempo investido pelas ciências sociais, pode ter em alemão o sentido que Elias atribui ao termo "civilização". Mas, em 1936, o encarceramento nacional da cultura torna a palavra inutilizável em alemão para um propósito que se quer transnacional. O termo "civilização", que Thomas Mann no momento da guerra de 1914 vilipendiava, será investido do núcleo semântico mais positivo do termo "cultura"; a cultura tornando-se por sua vez o refúgio do *Geist* que o sociólogo não sabe bem como abordar. *Kultur* e *Zivilisation* são, de fato, variáveis semânticas suscetíveis de se assentar, em função das conjunturas intelectuais, sobre uma tradição interpretativa calcada sobre o postulado de uma cesura franco-alemã.

* Ver Quadro 2.

1 "Paideía", "cultura", "Bildung": natureza e cultura
Barbara Cassin

▶ LOGOS, RELIGIO, VIRTÚ

Um fragmento de Demócrito, citado, via Aristóteles, por Estobeu, resume a importância da *paideía* e sua aura: "a *paideía* é o mundo (*kósmos* [κόσμος]"; Diels-Kranz propõem *Schmuck* [joia, adorno, ornamento], retomado por J.-P. Dumont, "l'ornement", p. 892 [o ornamento]) daqueles para os quais as coisas vão bem (*tois eutukhousin* [τοῖς εὐτυχοῦσιν]), e o refúgio daqueles para os quais as coisas vão mal (*atukhousin dé kataphúgion* [ἀτυχοῦσιν δὲ καταφύγιον])" (68 B 180 DK). A palavra *paideía*, que designa ao mesmo tempo "a juventude" como idade e "a formação da juventude, a educação, a cultura", deriva de *país* [παῖς], "criança". Mas não a criança tal como uma mãe a engendra, *téknon* [τέκνον] (de *tíkto* [τίκτω], "engendrar") e que se cria (*trépho* [τρέφω], "alimentar, fazer crescer"), como é caso de qualquer animal, e sim o filhote de homem de quem se deve modelar ao mesmo tempo o corpo e a alma, donde o sintagma corrente, principalmente em Platão, *paideía kai trophé* [παιδεία καὶ τροφή] (*Fédon*, 107d, por exemplo, traduzido por L. Robin como "formação moral e regime de vida" [Les Belles Lettres, CUF, 1926], por M. Dixsaut como "cultura e gostos" [Flammarion, GF, 1991]) e por Carlos Alberto Nunes como "instrução e educação" [Editora da Universidade Federal do Pará, 2002]. *Paideía* pode ser entendida por sua proximidade com *paidiá* [παιδιά], "jogo": é assim que as *Leis* consideram necessária uma legislação sobre "a *paideía* e a *paidiá* relativas às Musas" (II, 656c); a *paideía* se opõe à *apaideusía* [ἀπαιδευσία], a ignorância dos mal-educados, como testemunha por exemplo o mito da caverna, que se inicia assim: "compara nossa natureza, no que se refere à *paideía* ou à *apaideusía*, com uma experiência como esta" (*A República*, VII, 514a 1-2). "Dou o nome de educação (*paideía*) à virtude que se encontra inicialmente na criança" (*tén paragignoménen próton paisín aretén* [τὴν παραγιγνομένην πρῶτον παισὶν ἀρετήν]) (*Leis*, II, 653b 1-2): da dialética socrática aos rigores das leis, toda a obra de Platão é protréptica e pedagógica, orientada pelo critério da virtude que o rei filósofo ensinaria e que as instituições transmitiriam.

Toda a obra de Platão, mas também de Aristóteles, para quem a *paideía* é o meio de cumprir a definição do homem como animal dotado de *lógos* [λόγος]. Sem *paideía*, nenhum homem se torna dotado de *lógos*, nem certamente a criança, nem a mulher e nem mesmo o escravo: cada um à sua maneira não é somente um vivente, como um boi, mas um vivente dotado de *lógos* suficiente para adquiri-lo ainda mais ("Eis porque pensam mal os que recusam dar justificações [*lógos*], sugerindo que apenas deveriam receber ordens. O certo é que deveríamos dar-lhes razões do seu agir ainda mais do que propriamente às crianças", *Política*, 1260b 5-7, trad. de António Campelo Amaral e Carlos de Carvalho Gomes, cf. CASSIN, *Aristote et le logos*, p. 68 [*Aristóteles e o logos*, trad. de Luiz Paulo Rouanet, p. 100]). Ninguém possui o *lógos* desde o início, totalmente e de uma vez por todas, pois o *lógos* constitui para nós a finalidade da natureza (*Política*, VII, 13, 1334b 15): "A educação política: conduzir ao lógos pelo lógos" (B. Cassin. *Aristote et le logos*, p. 34-37 [*Aristóteles e o logos*, trad. de Luiz Paulo Rouanet, p. 57-58]). Dito de outra maneira, a natureza do homem é sua cultura. Assim, a amplitude da *paideía* vai do político – é o *lógos* que faz do homem um animal "mais político" do que os outros (*Política*, I, 1253a 7-10) – à ontologia – é *apaideusía* demandar uma demonstração para tudo (*Metafísica*, IV, 4, 1006a 6, cf.3, 1005b 3-4), e, no caso do princípio da não contradição, somos então "semelhantes a uma planta [*hómoios phutói* (ὅμοιος φυτῷ)]" (1006a 14-15).

Como ressalta Hannah Arendt, cultura é "o modo de relacionamento do homem com as coisas do mundo" (A crise na cultura: sua importância social e política in *Entre o passado e o futuro*, p. 267). Para caracterizar a cultura grega em sua relação com a arte, muitas vezes confundida com a cultura, Arendt evoca a frase que, em sua *Oração fúnebre*, Tucídides atribui a Péricles: "Somos amantes da beleza sem extravagância e amantes da filosofia sem indolência [φιλοκαλοῦμέν τε γὰρ μετ' εὐτελείας καὶ φιλοσοφοῦμεν ἄνευ μαλακίας·]" (TUCÍDIDES, II, 40, tradução de Mário da Gama Kury; ARENDT, *op. cit.*, p. 267, cf. CASSIN, *L'effet sophistique*, p. 263-269 [*Ensaios sofísticos*, trad. Ana Lúcia de Oliveira e Lúcia Cláudia Leão, p. 202-206]). Contra o excesso de refinamento dos bárbaros, a medida política e prática da *paideía* define a relação dos gregos com a beleza e com a sabedoria. Em comparação com os bárbaros, e depois com os romanos, pode-se compreender que o *lógos* por excelência que é a língua grega tenha se tornado o depositário da *paideía* (ver GREGO, Quadro 1) e que, nas escolas helenísticas, a cultura se apresente sob a forma de *mímesis rhetoriké* [μίμησις ῥητορική], "cultura literária" no sentido de apropriação dos grandes autores, imitação criadora, mas da cultura e não mais da natureza (CASSIN, *ibid.*, p. 470-473).

Compreende-se também por que é o modelo da *paideía* grega, e não o da *cultura* romana, que funciona no seio da *Bildung* alemã.

Cultura, em latim, vem de *colere*, "habitar, cultivar, praticar, manter" (Gaffiot), forjado a partir do radical *kwel-*, como *pélomai* [πέλομαι], "circular em torno de", que se encontra em "círculo"; o verbo designa tanto a relação dos homens com respeito aos deuses – os homens cultivam e cultuam os deuses – como a relação dos deuses com respeito aos homens – os deuses habitam com os homens, protegem-nos e prezam por eles (A. Ernout e A. Meillet). Em um sentido primeiro e próprio, a *cultura* é *agricultura*, "cultura da terra": o espírito é como um campo que não pode produzir sem ser convenientemente cultivado, e "a filosofia é a cultura da alma [*cultura autem animi filosofia est*]" (CÍCERO, *Tusculanae*, II, 13). É o que Arendt ressalta com veemência: "foi em meio a um povo basicamente agricultor que o conceito de cultura surgiu pela primeira vez, e as conotações artísticas que poderiam ter tido conexão com essa cultura diziam respeito ao relacionamento incomparavelmente íntimo do povo latino com a natureza, à criação da famosa paisagem italiana (ARENDT, *op. cit.*, p. 265). É precisamente aí que reside uma das diferenças fundamentais entre os gregos, que concebem o trabalho como um ato prometeico, quase como uma violação, e os romanos, que transformam a natureza em lugar habitável: "o motivo por que não há nenhum equivalente grego para o conceito romano de cultura repousa na prevalência das artes de fabricação na civilização grega. Ao passo que os romanos tendiam a enxergar mesmo na arte uma espécie de agricultura, de cultivo da natureza, os gregos tendiam a considerar mesmo a agricultura como parte integrante da fabricação, incluída entre os artifícios 'técnicos' ardilosos e hábeis com que o homem, mais imponente do que tudo que existe, doma e regra a natureza" (*ibid.*, p. 266).

Ora, a *Bildung* se situa ao lado da *tékhne* [τέχνη], da arte, do artifício e da fabricação, e não ao lado da *natura*. Werner Jaeger não cansa de insistir em sua relação com a atividade plástica, o *plássein* [πλάσσειν] por meio do qual o escultor modela sua criatura: "Só a este tipo de educação (*Art der Erziehung*) se pode aplicar com propriedade a palavra formação (*Bildung*), tal como a usou Platão pela primeira vez em sentido metafórico, aplicando-a à ação educadora (*als bildlicher Ausdruck für das erziherische Tun*). A palavra alemã *Bildung* (formação, configuração) é a que designa do modo mais intuitivo a essência da educação no sentido grego e platônico. Contém ao mesmo tempo a configuração artística e plástica (*das künstlerisch Formende, Plastische*), e a imagem, 'ideia', ou 'tipo' normativo que se descobre na intimidade do artista (*dem Bildner innerlich vorschwebende normative Bild*)." (*Paideía*, Introdução, trad. de Artur Parreira, p. 13, all. p. 12-13; ver Quadros em ARTE e PLASTICIDADE). E o que é modelado assim pelo legislador é "o Homem vivo" (*ibid.*, p. 18): "todos os povos criaram os seus códigos de leis; mas os gregos buscaram a 'lei' que age nas próprias coisas, e procuraram reger por ela a vida e o pensamento do homem" (*ibid.*, p. 12); podemos aproximar dessa frase uma outra, que não tentaremos traduzir: "*Ausbildung, Durchbildung, Vorbildung, Fortbildung, nicht Bildung*". *Humanistische Reden und Vorträge*, t. 1. p. 105, citada p.VI, n. 3 da Apresentação à tradução francesa de *Paideía*).

É desse modo, via humanismo e não via cultura, que a *Bildung*, que vê o homem como uma obra de arte, herda o próprio gesto da *paideía*.

BIBLIOGRAFIA
ARENDT, Hannah. "La crise de la culture, as portée sociale et politique" (1963) [Trad. fr.: CASSIN, B. *in* LÉVY, P. *La Crise de la culture, huit exercices de pensée*

politique [Between Past and Future]. Paris: Gallimard, 1972. p. 253-288.

ARENDT, Hannah. *Entre o passado e o futuro*. Tradução de Mauro W. Barbosa. São Paulo: Editora Perspectiva, 2022.

CASSIN, Barbara. *Aristote et le logos: contes de la phénoménologie ordinaire*. Paris: PUF, 1997.

CASSIN, Barbara. *Aristóteles e o lógos: contos da fenomenologia comum*. Tradução de Luiz Paulo Rouanet. São Paulo: Loyola, 1999.

CASSIN, Barbara. *L'Effet sofistique*. Paris: Gallimard, 1995. [Ed. br.: *Ensaios sofísticos*. Tradução de Ana Lúcia de Oliveira e Lúcia Cláudia Leão. São Paulo: Siciliano, 1990].

DUMONT, Jean-Paul. *Les Présocratiques*. Paris: Gallimard, "La Pléiade", 1988.

JAEGER, Werner. *Humanistische Reden und Vorträge*. Berlin: De Gruyter, 1960.

JAEGER, Werner. *Paideía. Die Formung des Griechschen Menschen*. Berlin; Leipzig, De Gruyter, 1934. t. 1; [Ed. Br.: *Paideía: a formação do homem grego*. Tradução de Artur M. Parreira. São Paulo: Martins Fontes, 1995].

INSTRUMENTOS

DK: DIELS, Hermann; KRANZ, Walther. *Die Fragmente der Vorsokratiker*. 5. ed. Berlin: Weidemann, 1934-1937. v. 3.

ERNOUT, Alfred; MEILLET, Antoine. *Dictionnaire étymologique de la langue latine. Histoire des mots (1932)*. 4. ed. augm. par J. André: Klincksieck, 1994.

GAFFIOT, Félix. *Dictionnaire latin-français*. Nouv. éd. rev. et augm. par P. Flobert. Paris: Hachette, 2000.

2 "Kulturgeschichte"
Michel Espagne

Em 1909, o historiador Karl Lamprecht funda em Leipzig um *Institut für Kultur und Universalgeschichte* [Instituto de história cultural e universal]. Em oposição à historiografia dominante, que é então política, trata-se de inserir no campo dos estudos históricos fenômenos como a economia, as produções artísticas, a história da impressão e todos os fenômenos da vida suscetíveis de participar da definição de uma época histórica. Se a noção de *Kultur* designa um esforço para apreender a vida concreta em todos os seus aspectos – um esforço facilitado pela orientação regionalista dos primeiros trabalhos de Lamprecht –, o epíteto "*universal*" retifica imediatamente essa limitação. A história cultural se quer universal, e o Instituto de mesmo nome é caracterizado pela preocupação de ensinar, em suas línguas, as histórias culturais das diversas nações. Todo o método das ciências históricas é perturbado pela definição que se dá da história cultural, provocando, nos últimos anos do século XIX, a querela dos métodos (*Methodenstreit*), mas fazendo eco a uma tradição presente nos historiadores de Göttingen no fim do século XVIII. Ainda que a filiação direta seja controversa, a história cultural precede e em certa medida anuncia o tipo de investigação praticada por Marc Bloch e Lucien Febvre sob a denominação de história das mentalidades.

O fundamento teórico da tentativa de Lamprecht de escrever uma história cultural se situa na origem de uma tendência da psicologia alemã de estender seu domínio de aplicação da psicologia experimental à psicologia dos povos. O termo *Völkerpsychologie* [psicologia dos povos], que é o antecedente senão lexical ao menos conceitual de *Kulturgeschichte* [história cultural], não designa as características psicológicas que uma ciência empírica teria atribuído aos diferentes povos. Para Wilhelm Wundt, trata-se de buscar uma história universal do psiquismo em consequência da constatação de que a psicologia experimental, na medida em que ignora a dimensão do social, conduz a um impasse. Essa história geral do psiquismo inclui as práticas sociais, a economia ou ainda a arte. Um elemento particularmente importante da psicologia coletiva explorado por Heymann Steinthal e Wilhelm Wundt, abrindo assim a via para o conceito de história cultural, é fornecido pela linguagem. Ainda que a psicologia de Wundt, assim como a historiografia de Lamprecht, recuse o hegelianismo, não se pode deixar de ver uma continuidade entre a história cultural e os esforços dos discípulos ou leitores de Hegel em efetivar os momentos concretos de um sistema enciclopédico somente esboçado. É particularmente a história da arte que contribui para essa desconstrução-efetivação do hegelianismo.

Não se pode negar que a dimensão universalista da *Kulturgeschichte* tenha podido, em alguns aspectos, servir como caução para as tendências imperialistas do Império Guilhermino, não podendo a referência à *Kultur* no contexto de 1900 eliminar toda ambiguidade. É somente através de uma série de deslizamentos linguísticos previsíveis que o termo "história cultural" passou a designar recentemente a história da vida intelectual sob suas diversas formas, reduzindo a *Kulturgeschichte* inicial a apenas uma de suas dimensões.

BIBLIOGRAFIA

ASSMANN, Aleida. *Construction de la mémoire nationale. Une brève histoire de l'idée allemande de Bildung*. Paris: Maison des sciences de l'homme, 1994.

BENVENISTE, Émile. Civilisation: contribution à l'histoire d'un mot. *In*: BRAUDEL, F. (Ed.). *Éventail de l'histoire vivante. Mélanges Lucien Febvre*. Paris: Armand Colin, 1953. t.1 [Reed.: *Problèmes de linguistique générale*. Paris: Gallimard, 1966].

BERG, Christa (Ed.). *Handbuch der deutschen Bildungsgeschichte, 1870-1918. Von der Reichsgründung bis zum Ende des Ersten Weltkrieges*. München: Beck, 1991. t. 4.

BRUNNER, Otto; CONZE, Werner; KOSELLECK, Reinhart (Ed.). *Geschichtliche Grundbegriffe*. Stuttgart: Klett [art. "Bildung" par Rudolf Vierhaus, t. 1, 1972, et art. "Zivilisation, Kultur", par Jörg Fisch, t. 7, 1992].

BURCKHARDT, Jakob. *Die Kultur der Renaissance in Italien*. Stuttgart: Kröner, 1976.

CASSIRER, Ernst. *Philosophie der symbolischen Formen*, Darmstadt, 1964. [Ed. br.: *A filosofia das formas simbólicas*. Tradução de Marion Fleisher. São Paulo: Martins Fontes, 2001].

COHEN, Hermann. *Religion der Vernunft*. Wiesbaden: Fourier, 1988.

EISLER, Rudolf. *Kant-Lexikon*. Éd. augm. par A.-D. Balmès et P. Osmo. Paris: Gallimard, 1991.

ELIAS, Nobert. *O processo civilizador*. Tradução de Ruy Jungmann. Rio de Janeiro: Zahar, 1994.

FREUD, Sigmund. *O mal-estar na civilização*. Tradução de Isabel Castro Silva. Lisboa: Relógio d'Água, 2008.

FREUD, Sigmund. *O mal-estar na civilização*. Tradução de Paulo César de Souza. São Paulo: Companhia das Letras, 2010a.

FREUD, Sigmund. *O mal-estar na cultura*. Tradução de Renato Zwick. Porto Alegre: L&PM, 2010b.

FREUD, Sigmund. *O mal-estar na cultura*. Tradução de Maria Rita Salzano Moraes. Prefácio de Gilson Iannini e Jesus Santiago. Posfácio de Vladimir Safatle. Belo Horizonte: Autêntica, 2020.

GOETHE, Johann Wolfgang von. Wilhelm Meister. *In*: GOETHE, Johann Wolfgang von. Wilhelm Meister. *Werke*. Ed. E. Trunz. München: Beck, 1973. t. 7. [Eds. br.: *Os anos de aprendizado de Wilhelm Meister*. Tradução de Nicolino Simone Neto. São Paulo: Ensaio, 1994; Editora 34, 2006].
HEGEL, Georg Wilhelm Friedrich. *Fenomenologia do espírito*. Tradução de Paulo Gaspar de Meneses. Petrópolis: Vozes, 1992, 2002.
HEGEL, Georg Wilhelm Friedrich. *Fenomenologia do espírito*. Tradução de José Barata-Moura. Lisboa: Página a página, 2022.
HEGEL, Georg Wilhelm Friedrich. *Phénoménologie de l'esprit*. Traduit par J. P. Lefebvre. Paris: Aubier, 1991.
HERDER, J. G. *Werke*. Ed. W. Pross. Darmstadt: WBG, 1984. t. 1.
HUMBOLDT, W. von. *Briefe an Fr. A. Wolf, 1792-1823*. Berlin: De Gruyter, 1990.
HUMBOLDT, W. von. Über das Studium des Altertums. *In*: *Werke*. Darmstadt: WBG, 1986. t. 2
JEISMANN, Karl-Ernst; LUNDGREEN, Peter (Ed.). *Handbuch der deutschen Bildungsgeschichte*. München: Beck, 1987. t. 3: Von der Neuordnung Deutschlands bis zur Gründung des deutschen Reiches 1800-1870.
KANT, Immanuel. Pädagogik [Sobre a pedagogia], 1803. *In*: *Gesammelte Schriften*. Berlin-Leipzig: De Gruyter, 1923. t. 9.
LE RIDER, Jacques. Cultiver le malaise ou civiliser la culture?. *In*: LE RIDER, Jacques *et al*. *Autour du Malaise dans la culture de Freud*. Paris: PUF, 1988. p. 79-118.
MENZE, Clemens. *Die Bildungsreform Wilhelm von Humboldts*. Hanovre: Schroedel, 1975.
LESSING, G. E. *Werke*. Ed. G. Göpfert. München: Hanser, 1974. t. 6.
MENDELSSOHN, Moses. *Über die Frage: Was Heißt Aufklärung?* [1784]. [Ed. fr.: *Qu'est-ce que les Lumières?*. Trad. et ed. par J. Mondot. Saint-Étienne: Publications de l'université de Saint-Étienne,1991.
NATORP, Paul. *Die Seele des Deutschen*. Iena: Diedrichs, 1918.
NIETZSCHE, Friedrich. *Obras incompletas*. Seleção de Gérard Lebrun. Tradução e notas de Rubens Rodrigues Torres Filho. São Paulo: Editora 34, 2014.
SCHLEGEL, Friedrich. *Friedrich Schlegel Ausgabe*. Ed. E. Behler. München: Schöningh, 1962. t. 5.
Schellings Werke. Ed. O. Weiss. Leipzig: Eckhardt, 1907. t. 2.
SPENGLER, Oswald. *Der Untergang des Abendlandes*. München: DTV, 1974 [Ed. br.: *A decadência do Ocidente*. Trad. da trad. ingl. de H. Caro, condensada por H. Werner. Rio de Janeiro: Zahar, 1973].
TROELTSCH, Ernst. *Der Historismus und seine Probleme*. Tübingen: Mohr, 1922.
WEBER, Max. *Sociologie des religions*. Ed. et trad. par J.-P. Grossein. Choix de textes, trad. et extr. de *Gesammelte Aufsätze zur Religionssoziologie* et de *Wirtschaft und Gesellschaft*. Paris: Gallimard, 1996.

INSTRUMENTOS

ADELUNG, Johann Christoph. *Versuch eines vollständigen grammatisch-kritischen Wörterbuches der hochdeutschen Mundart* [Ensaio de dicionário gramático-crítico completo do alto alemão]. Leipzig: Breitkopf, 1774-1786. v. 5.
GRIMM, Jacob; GRIMM, Wilhelm. *Deutsches Wörterbuch*. Leipzig: Hirzel, 1852 [repr. München: Deutscher Taschenbuch, 1984].
HEINSIUS, Theodor. *Volksthümliches Wörterbuch der deutschen Sprache, mit Bezeichnung der Aussprache und Betonung für dir Geschäfts-und Lesewelt*. Hanovre: Hahn, 1818-1822. t. 4. v. 5.
KLUGE, Friedrich. *Etymologisches Wörterbuch der deutschen Sprache* [Dicionário etimológico da língua alemã] [1883]. 22. ed. Berlin: De Gruyter, 1989.

BOGOČELOVEČESTVO

[боvочеловечество – russo] (pt. *divino-humano, teantropia, deus-humanidade, deus-humano*)

Tatyana Golitchenko
Tradução: Verônica Filíppovna

gr.	*to theandrikós* [τὸ θεανδρικός]
lat.	*Deus-Homo*
fr.	*divino-humanité, théanthropie, déi-humanité, théandrie*

➤ DEUS, AIÔN, HISTÓRIA UNIVERSAL, MENSCHHEIT, MOMENTO, NAROD, RUSSO, SOBORNOST', SVET

Bogočelovečestvo [Богочеловечество] *(divino-humanidade), termo russo que se refere ao conceito grego patrístico* tò theandrikós [τὸ θεανδριός], *"o deus-homem", ocupa um lugar central na filosofia russa dos séculos XIX e XX. E designa dois movimentos dirigidos um ao outro: o do divino em direção ao homem e o da humanidade que se encaminha na direção do divino. Ele apresenta tanto Cristo na união hipostática de suas duas naturezas, divina e humana, quanto a humanidade dos homens tomada no sentido de realização da sua verdadeira natureza divino-humana. Em ambos os casos ocorre um encontro ontológico. O termo Bogočelovečestvo é marcado pela influência de diversas tradições filosóficas, místicas por excelência, tanto ocidentais quanto orientais. Dois aspectos são essenciais para sua compreensão. Uma primeira leitura nos permite observar uma "teantropia" que leva em consideração toda uma herança patrística anterior e apela unicamente para debates sobre a natureza de Cristo, sua Encarnação, sobre o sentido da salvação e do pecado original. Uma outra leitura (que corresponde mais perfeitamente à tradução portuguesa por "divino-humanidade") é genuinamente eslavófila e russocêntrica e se refere a questões relativas ao destino da humanidade, ao povo russo, à unidade eslava, à ortodoxia e à igreja universal (Vselenskaja Tserkov')* [Вселенскаяv церков]).

I. A HISTÓRIA DA PALAVRA

Na forma *obožitisja* [обожитися], "tornar-se Deus", que se refere à *théosis* [θέωσις], "divinização", a ideia do encontro ontológico entre o humano e o divino já está presente em 1076 no *Izbornik* [Compilação] (conjunto de textos escritos em papiro, utilizados como materiais para o dicionário da língua russa antiga) (SREZNEVSKIJ, 1958, p. 532). Os autores gregos que enfatizaram a ideia da divinização do homem (tais como João Clímaco, Simão o Novo Teólogo, Gregório do Sinai, Gregório Palamas) foram sucessivamente traduzidos para línguas eslavas. Há uma tradição ininterrupta, literária e prática, de ascetismo ortodoxo, que se estende desde os hesicastas gregos (Gregório Palamas, Gregório do Sinai, Nicolas Cabásilas, Nicéforo) passando pelos hesicastas russos (Nil

Sorsky, século XV) até os *startsy* [старцы] (padres eremitas) de Optina Pustyn', um mosteiro na Rússia Central que Vladimir Soloviov e Fiódor Dostoiévski visitaram no decorrer de 1878, ano em que Soloviov escreve suas *Lições sobre a divino-humanidade* (*Bessedy* o *bogočelovečestvo*).

Nessas *Lições* encontramos pela primeira vez a palavra *Bogočelovečestvo* [бовочеловечество] com uma acepção filosófica, no contexto da história universal. Sergei Bulgakov, por sua vez, enriquece consideravelmente esta noção ao atribuir-lhe significações estritamente teológicas, particularmente cristológicas e trinitárias, em sua obra sobre a sabedoria divina e a teantropia (1933-1936). A noção foi desenvolvida na direção do existencialismo religioso e do universalismo russófilo por Nicolai Berdiaev em *Espírito e realidade* [1932], *A ideia russa* [1946] e *Dialética existencial do divino e do humano* [1952]; mais tarde foram atribuídas inflexões cósmicas e salvíficas por Georgy Fedorov, adaptadas por Leon Chestov e S. Frank, e "matematizadas" por Pavel Florensky.

Bogočelovečestvo é o estranho produto de influências intelectuais díspares, sob a forma de uma síntese da cabala judaica, da antropologia dos padres da igreja grega, do misticismo de Jakob Böhme e Mestre Eckhart e, finalmente, de Spinoza e da filosofia alemã da identidade, em particular no sistema de Schelling. A influência deste último na obra de Soloviov é notável. Assim *vseedinstvo* [всеединство], em português "uni-totalidade", uma noção central na filosofia universalista russa, nada mais é que uma versão do alemão *Alleinheit*; similarmente, *vseobščee znanie* [всеобщее знание] de Soloviov ecoa na *Anschauung* de Schelling. Berdiaev, por sua vez, escreveu dois estudos importantes sobre Jakob Böhme e sua influência no pensamento religioso russo (BERDIAEV, 1945b, p. 5-28, 29-45). As influências da filosofia alemã foram exercidas sobre essa noção em paralelo (STEPOUN, 1923) com intenções puramente russófilas, criando uma concepção de mundo fundada na consciência eclesiástica da ortodoxia russa (Aleksei Khomiakov, Ivan Kiriévski, Yori Samarina, Sergei Aksakov).

II. A SEMÂNTICA: DEUS-HUMANO OU DIVINO-HUMANIDADE

Bogočelovečestvo é traduzido em português de diferentes maneiras: por "teantropia" ou "deus-humano", ou novamente por "divino-humano" ou "deus-humano". Do ponto de vista linguístico, o termo é composto de duas partes: Deus (*Bog* [Бог]) e Humanidade (*čelovečstvo* [человечество]). Tanto Berdiaev quanto Soloviov definem a Divindade (*božestvennoe* [божественное]) fundamentando-se na *Gottheit* de Eckhart e no *Ungrund* de Böhme, mas também no mistério da Trindade, tão caro aos padres gregos. Para Berdiaev, "a divindade [...] é mais profunda que o Deus Pai, o filho e o Espírito. É a liberdade absoluta, a saída de tudo, incluindo Deus, a liberdade na qual a diferença entre o bem e o mal não está definida. Essa divindade indizível e transcendente veio ao mundo sob a forma da Trindade, em três hipóstases" (BERDIAEV, 1955, p. 405), para completar sua criação com a humanidade, cujo propósito é tornar-se divino-humana. Essa diferença entre Divindade e Deus, implícita em *Bogočelovečestvo*, refere-se ao processo de uma teogonia que se prolonga na revelação do divino através da história da humanidade.

Berdiaev se apoia no "vazio divino" (*božestvennoe ničto* [божественное ничто], em grego *tò méon* [τὸ μέον]), que é a base de toda a criação e encontra seu lugar no interior da natureza humana (particularmente no indivíduo, *ličnost'* [личность]). Soloviov enfatiza mais o universalismo primordial da consciência humana, que, uma vez restaurada em Cristo, devolverá a universalidade a todas as existências particulares, restituirá a unitotalidade (*vseedinstvo*) perdida pela humanidade decaída:

> Uma vez que o princípio divino é o objeto real da consciência religiosa, isto é, um objeto que age sobre a consciência e revela seu conteúdo, o desenvolvimento religioso é um processo positivo e objetivo, é uma interação real entre Deus e o homem, e, portanto, um processo divino-humano (SOLOVIOV, 1991, p. 47).

Semion Frank vai ainda mais longe ao afirmar uma criação incompleta do mundo. Ele considera o saber (*znanie* [знание]) como o verdadeiro florescimento de ser, o crescimento da vida: graças a essa forma de antropogonia, a teogonia e a cosmogonia alcançam seu verdadeiro objetivo (cf. BERDIAEV, 1989, p. 646).

A segunda parte do termo *Bogočelovečestvo*, *čelovečestvo*, "humanidade", apresenta menos problemas de tradução. Sem deixar de significar a humanidade de Cristo, *čelovečestvo* possui, no pensamento religioso russo, um segundo sentido bastante específico: o de uma humanidade unida na comunidade do Espírito (*sobornoe čelovečestvo*) [соборное человечество]). Vladimir Soloviov escreve: "Reunida em seu princípio divino através da intermediação de Cristo, a humanidade é a igreja" (SOLOVIOV, 1991, p. 149); ela é, assim, de acordo com uma ideia cara a Gregório de Nissa e retomada por G. Fedorov, a unidade constituída pelos viventes, pelos mortos e por aqueles que ainda irão nascer.

III. A ATUALIZAÇÃO DA HERANÇA PATRÍSTICA

Tudo faz eco à fórmula capital de santo Irineu ("O Verbo de Deus se fez homem e aquele que é o Filho de Deus foi feito filho do homem, unido ao Verbo de Deus, para que o homem pudesse ser adotado e se tornasse filho de Deus", *Adversus haeresis* [Refutação da falsa gnose], III, 19, 1, 939b), e foi abundantemente retomada por santo Atanásio, Gregório o Teólogo e Gregório de Nissa, a própria noção, cujo sentido de *Bogočelovečestvo* remonta a Pseudo-Dionísio, o Areopagita. A criação da palavra *Bogočelovečestvo* nada mais é que a substantivação do adjetivo "teândrico" [θεανδρικός] utilizado por Pseudo-Dionísio em sua carta IV para expressar a ideia da humanidade de Cristo (PG, t. 3, carta IV, col. 1072 C). O adjetivo "teândrico" designa um modo de atividade peculiar ao Deus-feito-homem (*androthéntos theoû* [ἀνδρωθέντος θεοῦ]) e que ele realizou em nosso favor (*kainén tina tèn theandrikèn hemîn pepoliteuménos* [χαινέν τινα τὴν θεανδρικὴν ἡμῖν πεπολιτευμένος]; *ibid.*).

A antropologia paulina abriu caminho à ideia do reencontro ontológico entre o Divino e o Humano na pessoa de Cristo, que é o segundo Adão, cujo sacrifício abriu caminho para o renascimento da humanidade (*Romanos* 5:12; *1 Coríntios* 15:22-45; *Gênesis* 1:26). Toda a antropologia posterior dos padres da igreja grega desenvolveu essa ideia. A patrística ortodoxa propôs uma visão mística do mundo, em que a obra divina nunca é conclusa e permanece na criação da humanidade pela própria humanidade. Em certas passagens, os autores russos fizeram literalmente eco às expressões patrísticas. "É para o homem que tende e gravita a natureza e é para o Deus-homem (*bogočelovek* [богочеловек]) que se encaminha toda a história da humanidade", escreve Soloviov em suas *Lições sobre a divino-humanidade* (p. 166).

No registro teológico, *Bogočelovečestvo* é a noção sintática que expressa em um único conceito dois eventos simétricos da história cristã: a Encarnação do Verbo, sua *kenósis* [κένωσις], isto é, em grego *enanthropésis* [ἐνανθρωπήσις] (em russo *bogovoploščenie* [боговоплощение]), de onde *voploščenie* [воплощение], "encarnação", tira sua origem de *ploť* [пдогъ] (carne); e a divinização do homem, *theósis*, isto é, *anakephalaíosis* [ἀνακεφαλαίωσις] (em russo *oboženie čeloveka* [обожение человека]). O termo *kenósis* foi criado pelos padres gregos a partir do verbo *kenóo* [κενόω], "esvaziar" (na forma reflexiva, "esvaziar-se de si mesmo"). Ele tem sua origem em uma expressão da epístola de *Filipenses* 2:7. A nomeação de Jesus como Senhor (*ibid.*, 2:9) é precedida por uma sequência que descreve a humilhação daquele que estava "em condição divina" (*ibid.*, 2:6). Sua ascensão ocorre ao final de uma descida (em russo *sošestvie* [сошествие]) e de uma aniquilação (*heautòn ekénosen* [ἑαυτὸν ἐκένωσεν]), até que ele alcance a obediência que o faz aceitar a morte na cruz. Essa teoria da *kenósis* penetrou também na ortodoxia russa. V. Tareev (1866-1934) desenvolve a ideia de que a criação é, em si, um ato kenótico. Mas suas ideias mais originais dizem respeito às tentações sobre as quais Cristo triunfa ao aceitar seu estado kenótico. Bulgákov reforça essa ideia de Tareev. Para ele, há *kenós* [κενός] na Encarnação somente porque existe uma *kenósis* em toda a Trindade e uma *kenósis* divina na criação. A *kenósis* na Trindade consiste no amor mútuo das pessoas divinas, que ultrapassa qualquer estado individual. A criação insere Deus nos tempos e abarca um certo risco. A *kenósis* da Encarnação está acima de tudo em Deus, na vontade de amor do Verbo (SOLOVIOV, 1991, p. 161), e faz apelo à personalização da Trindade que se revela tão importante para a teologia ortodoxa.

Na patrística grega, *kenósis* e *theósis* são simétricas. A noção de *Theòs Ántropos* [Θεὸς Ἄνθρωπος] era a pedra angular da soteriologia grega, cujo significado encontra-se literalmente na ideia da verdadeira união entre o homem e Deus. A Encarnação representa os dois lados de um mesmo mistério:

> Dizem, com efeito, que Deus e o Homem se servem mutuamente como modelo, e que Deus se humaniza pelo homem em seu amor ao homem na medida em que o próprio homem fortalecido pela caridade se transpõe para Deus em Deus (Máximo o Confessor, *Ambigua*, PG, t. 90, 10,113).

Na teosofia cristã, o ponto de encontro entre esses dois movimentos de *kenósis* e de divinização é o homem; entretanto, o modo de conceber a relação deste último com Deus difere nas antropologias católica e ortodoxa.

* Ver Quadro 1.

IV. "BOGOČELOVEČESTVO" E "A IDEIA RUSSA"

Os filósofos russos dos séculos XIX e XX insistiam frequentemente na elaboração de um novo tipo de filosofia oposta ao positivismo e ao empirismo, predominantes no Ocidente. Eles se consideravam os inventores de uma legítima antropologia religiosa e da sua verdadeira linguagem, da qual *Bogočelovečestvo* representa um termo central. A originalidade dessa noção consiste em uma tentativa intensa de fazer com que operem conjuntamente as sutilezas do dogma da humanidade de Cristo, a ideia de divinização do homem e o conceito histórico intrínseco aos eslavófilos russos da época, em cujo núcleo estava a ideia russa (*russkaja ideja* [русская идея]). Sua origem histórica reside na construção quase nacionalista e estatista elaborada pelo monge Filoteos (final do século XV) que fez de Moscou a "terceira Roma". A ideia russa do século XIX consiste em uma visão crítica e messiânica da humanidade europeia, dividida em dois mundos opostos: o Ocidente católico e o Oriente ortodoxo. Soloviov, e posteriormente Berdiaev, seguindo os traços dos eslavófilos, condenaram "o Ocidente decadente" e afirmam o papel particular da Rússia, que não é nem Oriente nem Ocidente, mas um "grande Oriente-Ocidente integrados" que, sozinho na terra, "preserva a verdade divina e representa a vontade de Deus" (SOLOVIOV, 1991. p. 168).

A oposição entre Oriente e Ocidente tem suas raízes na história da igreja cristã, a saber: na ruptura entre o Ocidente católico (parte material) e o Oriente ortodoxo (parte espiritual):

> Antes da união perfeita há, portanto, uma cisão [...] do cristianismo em duas partes: o Oriente preso com todas as suas forças ao princípio divino e preservando-o, mantém em si o espírito conservador e ascético necessário, e o Ocidente gasta toda a sua energia no desenvolvimento do princípio humano, em detrimento da verdade divina, que primeiro é distorcida e, em seguida, completamente rejeitada (SOLOVIOV, 1991. p. 173).

1 As soteriologias ortodoxa e católica

Além das sutilezas históricas e teológicas da época dos concílios ecumênicos, encontra-se aqui a chave para as divergências entre a antropologia dos padres gregos e a dos padres latinos. Partindo da ideia de que o pecado original introduziu a morte na existência humana e fez com que o homem perdesse a graça de ser "à imagem de Deus", a antropologia ortodoxa permanece bastante ligada à ideia de aperfeiçoamento espiritual do homem em sua história, à realização da contemplação deificante no final dos tempos (*apokatástasis* [ἀποκατάστασις], e à restituição da humanidade e das coisas com o Juízo Final, adotado por Orígenes e Gregório de Nissa. O Verbo, segundo os gregos, se fez carne a fim de restituir ao homem a semelhança com Deus que ele havia perdido por culpa de Adão, e para divinizá-lo. Essa semelhança garantiu a imortalidade do homem, que o pecado original o fizera perder.

Por isso a Encarnação do Verbo é definida pelos padres gregos como a condição necessária para cumprir a promessa da vida eterna. É através do amor ao homem que Deus buscou, através do sacrifício de Cristo, salvar a humanidade decaída (Athanase [295-373], *De incarnatione*, 6, 5) (MÉHAT, 1966, p. 82-86). O homem "teria se perdido se o Filho de Deus, Senhor do Universo e Salvador, não tivesse vindo para ajudá-lo e pôr fim à morte" (Athanase, *De incarnatione*, 9, 2). A metáfora importante para toda a terminologia ortodoxa, e que permanece presente na filosofia russa, é a da "sede divina", da "falta" manifestada por Deus em relação à humanidade à qual ele testemunha seu amor criando-a pura e desejando salvá-la.

Diante dessa soteriologia ortodoxa, Anselmo de Cantuária [1033-1109] desenvolve uma soteriologia latina em termos de "*dominium* divino", de ordem e justiça cósmicas alteradas pelo pecado humano. É, particularmente, de acordo com o registro de propriedade ou posse legítima (*possessio, dominium, dominus*) que Anselmo estabelece as relações entre a criatura e o seu Criador. O último é o senhor (*dominus*), e as criaturas dotadas de inteligência (anjos e homens) são os escravos, os servos ou servidores (*servi,* *conservi*) deste senhor. O homem ofendera ao Autor da justiça e da ordem em sua vontade e em sua honra (*Dei honoris*): o pecado original foi originado devido à desobediência ao *Dominus*. As ideias de *rectitudo*, de *rectus ordo*, que se identificam àquelas de *justitia* ou de *debitum*, são essenciais na doutrina de santo Anselmo (ROQUES, 1954, p. 264). Tendo caído, o homem não é capaz de dar a Deus o que lhe é devido. Cristo, por outro lado, não deve nada ao Pai, senão pagá-lo pela dívida humana. Finalmente, a humanidade torna-se endividada duplamente: pelo pecado de Adão e pela morte de Cristo.

As antropologias grega (ortodoxa) e latina (católica) se opõem como sendo, respectivamente, a da divinização e a da Redenção, a da Graça e a da Dívida, a da restauração (recriação) e a da reparação (restituição), a do amor divino e a da honra divina, a da participação e a da ordem, a do renascimento e a do resgate, a da perda e a da dívida, a da economia e a da dominação, a da revelação e a da especulação, a da contemplação e a do cálculo, a da santificação e a da satisfação. Essa diferença entre as antropologias grega e latina é retomada por Dostoiévski na lenda de "O Grande Inquisidor" (*Os irmãos Karamázov*).

De acordo com Soloviov, se a história moderna tivesse se limitado ao desenvolvimento do Ocidente, ela "teria terminado na desintegração e no caos" (1991, p. 173). No entanto, "se a história tivesse se detido ao cristianismo bizantino, a verdade de Cristo [a divino-humanidade, *bogočelovečestvo*] teria permanecido imperfeita devido à ausência do princípio humano livre e ativo indispensável para a sua realização" (1991, p. 173). A vocação messiânica da Rússia consiste em reunir "o elemento divino do cristianismo" conservado pelo Oriente e o princípio humano da liberdade desenvolvido no Ocidente (1991, p. 173). Essa vocação é possível graças ao "caráter católico" do povo *narod* [народ]) russo, isto é, à sua "capacidade de conciliação" (ver SOBORNOST'). Soloviov retoma aqui a ideia do eslavófilo Aleksei Khomiakov, segundo a qual é dentro da igreja ideal enquanto uma unidade divino-humana, teantrópica, que a *sobornost'* [соборность] (a comunhão do Espírito) é desenvolvida.

Ora, como o homem só pode receber a Divindade na sua integralidade absoluta, isto é, em união com todas as coisas, o homem-Deus é necessariamente um ser coletivo e universal: é a pan-humanidade ou a igreja universal [*Vselensaja Tserkov*] (SOLOVIOV, 1991, p. 175).

A igreja universal de Soloviev é a própria analogia viva do Absoluto. Assim, segundo a ideia russa, a humanidade é *bogočelovečestvo*: uma comunidade humana na história da qual o divino se manifesta e se revela progressivamente. Ao triunfar sobre a separação, ela deve passar do estágio da história para o estágio da meta-história. Este último nada mais é do que a intrusão da eternidade no tempo histórico, um tipo de realização do tempo, o *kairós* [καιρός] que se manifesta unicamente perante a *sobornost'* da humanidade reunida.

BIBLIOGRAFIA

BERDIAEV, Nicolas. La Personne et l'esprit communautaire dans la conscience russe. *Cahiers de la Nouvelle Époque*, n. 1, p. 7-24, 1945.

BERDIAEV, Nicolas. *Tipy religioznoj mysli v Rossii* [A multiplicidade do pensamento religioso russo]. [*S.l.*]: YMKA-Press, 1989.

BERDIAEV, Nicolas. *Christianisme-Marxisme. Conception chrétienne et conception marxiste de l'histoire* [1935]. Traduction L. Gagnebin. Paris: Le Centurion, 1975.

BERDIAEV, Nicolas. *Essai de métaphysique eschatologique. Acte créateur et objectivation*. Traduction M. Herman. Paris: Aubier-Montaigne, 1946.

BERDIAEV, Nicolas. *Le Sens de la création. Un essai de justification de l'homme*. Traduction L. Julien Cain. Paris: Desclée de Brouwer, 1955.

BERDIAEV, Nicolas. *Mysterium Magnum*. Paris: Aubier-Montaigne, 1945. t. 1. "L'Ungrund et la liberté", p. 5-28; "La doctrine de la sophia et de l'androgyne. Jakob Böhme et les courants sophiologiques russes", p. 29-45.

BOULGAKOV, Serge. *La Sagesse de Dieu. Résumé de sophiologie*, Traduction C. Andronikof, Lausanne. Paris: L'Âge d'Homme, 1983.

CANTORBÉRY, Anselme de. *Pourquoi Dieu s'est fait homme*. Traduction R. Roques. Paris: Cerf, 1963.

EPIFANOVIC, S. *Prepodobnyj Maksim Ispovednik i vizantijskoe bogoslovie* [Máximo o Confessor e a teologia bizantina]. Kiev: [*s.n.*], 1915.

KOYRÉ, Alexandre. *La Philosophie et le Problème national en Russie au début du XIXe siècle*. Paris: Gallimard, 1929.

MÉHAT, André. "Θεὸς Ἀγάπη. Une hypothèse sur l'objet de la gnose orthodoxe". *Studia Patristica*, IX, TU 94, p. 82-86, 1966.

PG: MIGNE, Jacques-Paul (Éd.). *Patrologiae cursus completus, series graeca* [Patrologie grecque]. [*S.l.*]: [*s.n.*], 1857-.

ROQUES, René. *L'Univers dionysien. Structure hiérarchique du monde selon le Pseudo-Denys*. Paris: Aubier-Montaigne, 1954.

SOLOVIOV, Vladimir. *Leçons sur la divino-humanité*. Traduction B. Marchadier. Paris: Cerf, 1991.

SREZNEVSKIJ, Ismaïl I. *Materialy dlja slovarja drevnerusskogo jazyka* [Materiais para um dicionário de russo antigo]. Saint- Pétersbourg, 1893, repr. 3 vol., Moscou, 1958.

STEPUN, F. *Основные проблемы театра*. Берлин: Слово, 1923.

CIVIL RIGHTS
[inglês] (pt. *direitos políticos, direitos civis, direitos sociais, direitos cívicos*)
Philippe Raynaud
Tradução: Jeferson da Costa Valadares

| fr. | *droits civils, droits civiques* |

➤ CIVILTÀ, ESTADO DE DIREITO, JUDICIAL REVIEW, LAW, MENSCHHEIT, POLÍTICA

A expressão civil rights *pode ser traduzida ao mesmo tempo por "direitos civis" e por "direitos cívicos". No primeiro caso, refere-se com efeito às classificações usuais dos direitos que distinguem os direitos civis (como a propriedade) dos direitos políticos ou dos direitos sociais. No segundo caso, refere-se antes ao sentido adquirido pelos Direitos Civis* [Civil Rights] *no curso dos grandes movimentos americanos dos anos 1950 e 1960 cujo principal objetivo era acabar com a segregação racial e, de modo geral, com as discriminações das quais eram vítimas as minorias.*

Se quisermos compreender por que a língua inglesa fala de direitos civis quando esses incluem o direito de voto, ou ainda de direitos cívicos (isto é, direitos do cidadão), quando poderíamos esperar que os direitos humanos [*Human Rights*] estivessem em jogo, é necessário nos referirmos à história constitucional americana. Após a Guerra de Secessão, os Estados Unidos haviam adotado três emendas à Constituição que deveriam ter posto fim à escravidão e às suas sequelas. A 13ª Emenda abolia a escravidão; a 14ª fundava a cidadania no direito do solo e proibia os estados de "restringir os privilégios e imunidades dos cidadãos dos Estados Unidos", de privar "qualquer pessoa da vida, da liberdade ou da propriedade sem o benefício das proteções devidas pelo direito [*without due process of Law*]" ou de "recusar a qualquer pessoa [*to any person*] sob sua jurisdição a igual proteção das leis"; a 15ª, enfim, protegia o direito dos cidadãos dos Estados Unidos a votar, contra qualquer restrição fundada em razões "de raça, de cor ou de condição anterior de servidão". Ora, a evolução jurídica e política dos Estados Unidos havia levado ao esvaziamento de suas emendas de grande parte de sua substância, pela segregação racial e por diversos artifícios destinados a privar os negros de seus direitos de voto sob vários pretextos (testes de alfabetização [*literacy tests*], etc.) – o *Civil Rights Act* de 1875, que visava a proibir a discriminação racial sobre os direitos públicos, havia ademais sido declarado inconstitucional em um decreto *Civil Rights Case* de 1883. Na medida em que o combate contra as discriminações visava a restaurar esses direitos dos cidadãos americanos e não simplesmente garantir os direitos das pessoas, apoiando-se sobre a nova orientação liberal da Suprema Corte, foi natural que ele se apresentasse como um movimento pelos direitos cívicos e políticos:

não se tratava apenas de garantir os direitos humanos, mas também de esforçar-se para que os negros americanos fossem reconhecidos como cidadãos em sua plenitude, em igualdade de direitos.

BIBLIOGRAFIA

ROBEL, Lauren; ZOLLER, Elizabeth. *Les États des Noirs*. Paris: PUF, "Béhémoth", 2000.

CIVILTÀ

[italiano] (pt. *civilidade, civilização, processo civilizatório*)

Alain Pons
Tradução: Felipe Castelo Branco

fr.	*civilité, civilization*
lat.	*civilitas, urbanitas*
gr.	*asteiosýne* [ἀστειοσύνη]; *paideía* [παιδεία]; *politeía* [πολιτεία]
ingl.	*civility, civilization*
it.	*cortesia, urbanità, gentilezza, buona creanza*

➤ BILDUNG, INGENIUM, PÓLIS, SPREZZATURA

Duas palavras diferentes em português e em francês, "civilidade" e "civilização" (civilité e civilisation), correspondem respectivamente a duas noções distintas, enquanto em italiano, uma única palavra, civiltà, cobre um largo campo semântico que integra o que em português e francês se distingue. Trata-se aqui, senão de apresentar as razões dessa divergência a partir de uma origem comum (o latim civis *e seus derivados), ao menos de tentar mostrar como a reflexão sobre essa proximidade abre perspectivas sobre o modo como as sociedades ocidentais conceberam seu destino histórico. Civilidade, além do mais, ganha um contorno particular, em contraposição à cordialidade, na obra de Sérgio Buarque de Holanda.*

I. ARTICULAÇÃO DO POLÍTICO E DO ÉTICO

As palavras *civiltà*, em italiano, e *civilité* e *civilisation*, em francês, possuem uma etimologia comum: o latim *civis* ("membro livre de uma cidade, cidadão"); seu derivado abstrato *civitas* ("condição de cidadão, conjunto de cidadãos, cidade"); o adjetivo *civilis* ("de cidadão, civil; que diz respeito ao conjunto de cidadãos, político; adequado aos cidadãos; popular, afável, benevolente, gentil"); *civilitas* ("qualidade de cidadão, sociabilidade, cortesia"); e o advérbio *civiliter* ("como cidadão, como bom cidadão; nas formas legais; com moderação, com gentileza"). Em língua portuguesa, as palavras "civilidade" e "civilização" são oriundas do francês *civilité e civilisation*, ambas igualmente descendendo indiretamente da origem latina.

Em todos esses empregos, é preciso dar destaque à dupla conotação; uma delas política, que remete a este tipo especial de organização da vida comum que é a cidade antiga; e a outra, moral e psicológica, que remete à suavização dos costumes que a vida em uma cidade supõe produzir. O segundo sentido é igualmente expresso pelo termo "urbanidade", do latim *urbanitas*, que faz alusão à *urbs*, a cidade ou urbe em sua realidade concreta, entendida como lugar de contato permanente entre os indivíduos, graças ao qual os modos e a linguagem perdem sua "rusticidade" (que vem de *rus*, o campo), sendo Roma a Cidade por excelência. Aliás, pode-se constatar no campo semântico do grego a mesma constelação de sentido. *Civitas* corresponde à *pólis* [πόλις], *civis* ao *polites* [πολίτης], *civilis* ao *politikós* [πολιτικός] (esta última palavra significando "que diz respeito aos cidadãos", "que diz respeito ao Estado", e igualmente "capaz de viver em sociedade", "sociável"). Além disso, *ásty* [ἄστυ], como *urbs,* designa ora o centro da pólis, ora a cidade oposta ao campo, a urbe, frequentemente Atenas, empregada sem artigo. O adjetivo *asteîos* [ἀστεῖος], "citadino", qualifica "aquilo que é de bom gosto, cultivado, elegante", e, falando da linguagem e do estilo, "fino, espiritual" (as *asteía* são as "palavras corretas"). Vale a pena destacar que, ao contrário do que se crê, a palavra francesa *politesse* não deriva do grego *pólis*, mas do italiano *politus* ("liso, limpo"), que por sua vez vem do latim *politus* ("tornado liso, limpo, por efeito de polimento"). Em língua portuguesa, encontramos uma relação semelhante, embora a derivação do latim seja mais direta. O primeiro registro etimológico da palavra *polidez* data de 1539, no *Roteiro de Goa a Diu*, de Dom João de Castro. Sua origem deriva do latim *polire*, ("aplainar, alisar, polir").

Segundo as definições dos dicionários, por exemplo do *Grande dizionario della lingua italiana* (Milão, UTET), no italiano atual, *civiltà* (antigamente *civilità*) designa, por um lado, "condição de um povo que atinge certo grau de progresso técnico e espiritual"; "conjunto de conquistas realizadas pelo homem no domínio político, social e cultural"; "conjunto de manifestações da vida material, social, moral de um povo em um dado momento de sua história". As duas primeiras definições (a última já é moderna) já estão presentes no sentido do termo, tal como empregado pelo poeta renascentista Torquato Tasso. Vico fala de "leis próprias para domesticar um povo bárbaro para conduzi-lo *ad un'umana civiltà*" (*La Scienza nuova*, 1744, § 100); mas, de maneira geral, ele usa mais frequentemente a palavra *umanità*, que para ele não designa "espécie humana", mas o processo a partir do qual as nações, os "bárbaros" que eles eram, tornam-se plenamente humanos; e simultaneamente o resultado final desse processo. E, por outro lado, *civiltà* designa um comportamento que caracteriza a vida social, o comportamento de "uma pessoa cultivada, educada, de sentimentos elevados". Portanto, a palavra é sinônimo de *cortesia*, de *urbanità*, de *gentileza*, de *buona creanza*.

A comparação com o francês é instrutiva. *Civilité* foi atestada pela primeira vez com Nicolas Oresme, no século XIV, em sua tradução das *Éticas* de Aristóteles, em que ela é definida como "a maneira, ordenamento e governo de uma cidade ou comunidade" (I. II, Cap. 1, glosa 9). Aqui, a palavra conserva sua significação primeira em latim, que é política. Mas muito rapidamente, no século seguinte, através de um deslizamento que, como vimos, já era encontrado em latim, o sentido se torna moral e psicológico, e designa certa qualidade das relações entre os membros de uma comunidade. Furetière, em seu *Dictionnaire universel* (reeditado no *Le Robert*, 1978), define a civilidade como "uma maneira honesta, gentil e polida de agir, de conversar em conjunto"; e, um século mais tarde, Diderot e d'Alembert, para a *Encyclopédie*, definem: "a civilidade e a polidez consistem numa certa conveniência nas maneiras e na fala, tendendo a agradar e a indicar a consideração que temos uns em relação aos outros" (2015, p. 42). A palavra conservou este sentido em seguida, sendo ao mesmo tempo cada vez menos utilizada. *Civilité*, palavra "envelhecida", dizem os dicionários (por exemplo, o *Le petit Robert*). No entanto, atualmente pode-se constatar um novo interesse pelo termo, que expressa melhor o alcance "cidadão" (a palavra "cidadão", ao contrário do uso clássico, passou a ser suscetível de um emprego adjetivado que visa a suplantar "cívico") da necessidade que se sente de um retorno à polidez mínima.

II. QUANDO "CIVILIZAÇÃO" SE SEPARA DE "CIVILIDADE"

A questão é saber quando e como, e até mesmo por que, apareceu na língua francesa a palavra *civilisation*; tão próxima de *civilité* pela forma e pela etimologia, mas com um sentido diferente, enquanto em italiano a mesma palavra *civiltà* continua expressando um conteúdo semântico que desde então os termos *civilisation*, e seu descendente em língua portuguesa "civilização", separam.

A história da palavra francesa *civilisation* é bastante conhecida. Se admitimos que esse substantivo aparece pela primeira vez em um texto do Marquês de Mirabeau, *L'Ami des hommes ou Traité de la population* (1757), é interessante notar que na escrita desse autor o neologismo ainda tem um sentido muito próximo de *civilité*, já que Mirabeau escreve em outro tratado que "a civilização é o abrandamento dos costumes, a urbanidade, a polidez, e os conhecimentos disseminados de maneira que o decoro seja observado e substituam as leis do detalhe" (*L'ami des femmes ou Traité de la civilisation*, projeto de livro). Apenas um pouco mais tarde *civilisation* vai ganhar o sentido que a palavra conservou em língua francesa, cuja definição pode-se atribuir a Guizot. Para o autor de *Histoire de la civilisation en Europe* (1828), a civilização é um "fato", "um fato como os outros, suscetível de ser estudado, descrito, narrado", mas também um fato que não é como os outros, uma vez que é "um fato de progresso, de desenvolvimento", ainda que, acrescenta Guizot, "a ideia do progresso, do desenvolvimento, me parece ser a ideia fundamental contida na palavra *civilisation*".

Émile Benveniste mostrou muito bem como *civilité*, por sua desinência, é um termo estático que, por essa razão, não bastava mais para expressar a concepção que começava a se impor, na segunda metade do século XVII, de um processo temporal que a sociedade humana seguia, orientado no sentido de um progresso geral; e como, por sua própria forma, por sua desinência em *-isation*, *civilisation* correspondia muito melhor ao aspecto dinâmico desse processo. Explica-se assim a facilidade com que os homens do final do Século das Luzes adotaram o neologismo do Marquês de Mirabeau. É preciso destacar, na Inglaterra, a resistência significativa de Samuel Johnson que, como relata seu biógrafo Boswell, em 1772, não queria admitir em seu célebre *Dictionnaire* a palavra *civilization* porque *civility* bastaria (*The life of Samuel Johnson* [1791], R. W. Chapman [ed.], 1970, p. 466).

Poderíamos dizer que o italiano concorda com Johnson. De fato, ele conservou *civiltà* no sentido de "civilidade" e de "civilização", como vimos. De uso menos frequente, a palavra *incivilimento* exprime o movimento dinâmico do qual a *civiltà* é o resultado. Calcada no francês *civilisation*, a palavra *civilizzazione* foi introduzida na língua italiana no início do século XIX, e podemos encontra-la em Manzoni e Leopardi, mas ela nunca se impôs verdadeiramente, por razões reveladoras. Por exemplo, por volta de 1860, Ugolini escreve: "*Civilizzazione*: deixemos essa palavra aos franceses, contentemo-nos com nosso *incivilimento*, com *costume* ou *vivere civile*, com a *civiltà*. Nós possuímos essas palavras desde um tempo em que os franceses não possuíam nem a palavra *civilisation* nem a situação que corresponde a essa palavra" (*Vocabolario di parole e modi errati*, p. 86). Essa observação, claramente polêmica, é inspirada pelo nacionalismo exacerbado dos italianos da época, mas ela se vincula igualmente a uma corrente de pensamento mais antiga, da qual encontramos um equivalente na Alemanha. É a França pátria do Iluminismo e mais tarde mãe da Revolução que está em questão. Critica-se seu expansionismo político, ideológico, linguístico e, mais profundamente, seu racionalismo seco, sua concepção de progresso fundada exclusivamente em valores científicos, técnicos, econômicos, sua perda do senso dos valores históricos, da tradição, das raízes populares. A *civiltà* italiana, por sua vez, remete, senão à Roma antiga, pelo menos ao Renascimento, período no qual a Itália foi um modelo para toda a Europa. Ela é carregada de valores humanistas e se manifesta em todos os domínios: da política e da moral até a estética. Menos voltada para um futuro do que para certo passado considerado como modelo, isento de *hýbris*, essa palavra ressalta o aperfeiçoamento do homem como indivíduo e ainda mais como ser social (daí a dimensão tão importante da "civilidade" na noção de *civiltà*, dimensão que a palavra francesa *civilisation* e seus derivados, como civilização, perderam), do que o controle da natureza.

1 Cordialidade e processo civilizatório
Felipe Castelo Branco

A introdução do termo "civilidade" ganhou um espaço bastante particular em *Raízes do Brasil*, de Sérgio Buarque de Holanda. A obra acentua o que Antonio Candido considerava como uma marca fundamental do pensamento latino-americano, a saber: a inter-relação entre os contrastes conceituais. E será em *Raízes do Brasil* que esse "senso dos contrários" vai produzir uma franca inversão em relação a uma oposição tradicional à literatura romântica, em que "o homem da natureza e do instinto parecia mais autêntico e representativo" (CANDIDO, 2006, p. 239). O *homem da civilidade* e o *homem da cordialidade* antagonizam neste texto fundador dos estudos sobre a formação social brasileira, para tecer uma trama dialética complexa em que, ainda segundo Antonio Candido, "o que haveria de esquemático na proposição de pares mutuamente exclusivos se tempera, desta forma, por uma visão mais compreensiva, tomada em parte a posições de tipo hegeliano" (CANDIDO, 2006,

p. 240). Se o romantismo compreendia que a civilidade se opõe ao homem autêntico e de instinto (o "não civilizado"), Sérgio Buarque de Holanda concorda com essa oposição precisamente para afirmar que, no caso brasileiro, esse homem "autêntico", o *homem cordial*, é o resultado de um processo de construção de uma ordem pública que jamais se concluiu efetivamente, tornando-se incapaz de superar as relações sociais particularistas, fundadas em afetos e laços familiares. Ainda em oposição à tradição do romantismo, Sérgio Buarque recusa a tese de que o Estado seria uma ampliação do círculo familiar, entendendo que sua construção deve representar, não uma ampliação, mas uma *transgressão* em relação às relações afetivas familiares e de compadrio: "não existe, entre o círculo familiar e o Estado, uma gradação, mas antes uma descontinuidade e até uma oposição [...] Só pela transgressão da ordem doméstica e familiar é que nasce o Estado e que o simples indivíduo se faz cidadão, contribuinte, eleitor, elegível, recrutável e responsável, ante as leis da Cidade" (HOLANDA, 2006, p. 153).

Produto da superposição entre laços familiares intimistas e relações sociais de civilidade, o homem cordial brasileiro coloca a supremacia dos "contatos primários" – laços afetivos diretos e apego a valores da personalidade – acima do ritualismo impessoal, ligado ao trato da coisa pública e à civilidade. É nesse sentido que *Raízes do Brasil* reserva o termo "civilidade" para definir algo de progressista e "legalista", mas igualmente algo de *coercitivo* e superficial, que se exprime através de mandamentos em relação ao trato com o outro, e que permanece intimamente ligado à *polidez*: "a polidez é, de algum modo, organização de defesa ante a sociedade. Detém-se na parte exterior, epidérmica do indivíduo, podendo mesmo servir, quando necessário, de peça de resistência. Equivale a um disfarce que permitirá a cada qual preservar inatas sua sensibilidade e suas emoções" (HOLANDA, 2006, p. 161). A forma de socialização dos brasileiros, baseada nas emoções interpessoais, permanece em franca oposição à ritualística da civilidade: "nenhum povo está mais distante dessa noção ritualista da vida do que o brasileiro. Nossa forma ordinária de convívio social é, no fundo, justamente o contrário da polidez" (HOLANDA, 2006, p. 160). O homem cordial é visceralmente inadequado às relações impessoais.

Enquanto o termo "civilidade" aparece em *Raízes do Brasil* em oposição aos laços afetivos e de parentesco que constituem a forma de socialização do homem cordial, o termo "civilização" permanece secundário no texto de Sérgio Buarque de Holanda. O termo francês *civilité*, tal como apresentado por Benveniste, sofreu uma mutação que resultou no termo *civilisation*, apontando para um processo histórico mais dinâmico, que o termo original, mais estático, tornou-se incapaz de abarcar. Curiosamente, essa noção de um *continuum* histórico-evolutivo das culturas humanas recebe aceitação no pensamento social brasileiro, entre outros, na obra de Darcy Ribeiro. No entanto, ao conceitualizar esse processo, Darcy Ribeiro privilegia a expressão "processo civilizatório" ao conceito de "civilização", uma vez que o autor compreende que o primeiro se tornou mais eficiente em expressar a ideia de que forças dinâmicas estariam na raiz evolutiva humana, que se baseia em três imperativos fundamentais: um imperativo tecnológico, ligado a um progressivo domínio técnico; um imperativo social, que atua sobre a natureza na produção de bens; e um imperativo ideológico, que interage com os esforços de controle da natureza e ordenação das relações humanas, de modo a transmitir às gerações um patrimônio simbólico ligado às crenças, valores e às experiências de vivência social entre os grupos culturais. Sendo assim, Darcy busca teorizar um processo que recuse tanto o puro difusionismo cultural das doutrinas relativistas, quanto o evolucionismo radical, ao mesmo tempo que colhe elementos das duas correntes: "o conceito de processo civilizatório permite essa abordagem conjunta porque ressalta, na sua acepção global, a apreciação dos fenômenos de desenvolvimento progressivo da cultura humana tendentes a homogeneizar configurações culturais. E valoriza, na sua acepção limitada, os fatores de diferenciação das culturas singulares, só explicáveis como esforços de adaptação a condições ecológicas e históricas específicas e como produto da criatividade própria, capaz de apresentar respostas alternativas aos mesmos incitamentos básicos" (RIBEIRO, 1978, p. 41).

Em consonância com o surgimento do termo "civilidade" e da expressão "processo civilizatório" na formação do pensamento social brasileiro, o uso do termo "civilização" na tradução de um dos mais celebrados ensaios de Sigmund Freud, *Das Unbehagen in der Kultur*, permanece ainda sendo alvo de acalorados debates na tradição intelectual brasileira. Note-se que, embora a língua alemã disponha dos termos *Zivilisation* ou *Bildung*, Freud recusa o uso destes vocábulos em nome do termo *Kultur*, que permite apelar para a descrição de um processo histórico que inclui o domínio da natureza através do progresso técnico e o desenvolvimento das instituições humanas, ao mesmo tempo que permite uma compreensão mais "antropológica" ou "psicológica" deste processo, em que as condições de busca individual e coletiva da felicidade, proporcionada pelo progresso técnico, tende a desaguar em um antagonismo insuperável. Para Freud, *Kultur* diz respeito igualmente a uma organização da sociedade que tende a restringir a vida sexual, erguendo os mais poderosos tabus contra a satisfação pulsional. Embora muitas traduções do ensaio para o italiano conservem o termo *civiltà*, a terminologia freudiana carrega um forte pessimismo em relação à compreensão de *Kultur* como o desenvolvimento de um nível superior de costumes ou de cortesia entre os homens. As versões para o português do texto de Freud oscilam entre a distinção entre os termos "civilização" e "cultura", alguns tradutores reservando o segundo para a tradução do termo freudiano *Kultur*, enquanto outros preservam o termo "civilização", sem fazer distinção entre os vocábulos *Zivilisation* e *Kultur*. É o caso do tradutor Paulo César de Souza, que em sua tradução em língua portuguesa de Freud opta pelo uso do termo "civilização", sob a alegação de que "seria um simplismo verter automaticamente os dois termos [*Kultur* e *Zivilisation*] por 'cultura' e 'civilização' em português, pois o campo semântico – ou o conjunto de sentidos – de cada um deles não é idêntico nas duas línguas, e pode variar até mesmo no interior de uma delas, de acordo com a época. Assim, em determinado período considerava-se *Kultur* como algo interior, profundo, germânico (numa concepção devedora do romantismo alemão), diferentemente de *Zivilisation*, que seria algo externo, superficial, francês. Talvez seja essa a oposição a que Freud se refere, ao afirmar, em *O futuro de uma ilusão*, que se recusa a distinguir entre *Kultur* e *Zivilisation*" (SOUZA *in* FREUD, 2010, p. 48) (cf. BILDUNG: IV, C, Cultura ou Civilização).

> BIBLIOGRAFIA
> CANDIDO, Antonio. O significado de Raízes do Brasil. *In*: HOLANDA, Sérgio Buarque de. *Raízes do Brasil*. São Paulo: Cia. das Letras, 2006. p. 235-250.
> HOLANDA, Sérgio Buarque de. *Raízes do Brasil*. São Paulo: Cia. das Letras, 2006.
> RIBEIRO, Darcy. *O processo civilizatório: estudos de antropologia da civilização*. São Paulo: Círculo do Livro, 1978.

BIBLIOGRAFIA

BENVENISTE, Émile. Civilisation: contribution à l'histoire du mot. *In*: *Problèmes de linguistique générale*. Paris: Gallimard, 1966. t. I.

BOSWELL, James. *The Life of Samuel Johnson* [1791]. R. W. Chapman (Éd.). London-Oxford-New York, Oxford University Press, 1970.

FEBVRE, Lucien. Civilisation. Evolution d'un mot et d'un groupe d'idées. *Civilisation. Le mot et l'idée*, Première Semaine internationale de synthèse, Paris, 2e fascicule, 1930.

FREUD, Sigmund. *O mal-estar na civilização*. São Paulo: Cia. das Letras, 2010. Obras completas, v. 18.

GUIZOT, François. *Histoire de la civilisation en Europe* [1828]. Paris: Hachette, "Pluriel", 1985.

GUIZOT, François. *História da civilização na Europa*. Tradução portuguesa de Souza Holstein. Lisboa: Livraria A. M. Pereira, 1875.

MIRABEAU, Victor Riqueti, marquis de. *L'Ami des hommes ou Traité de la population*. [S.l.]: [s.n.], [1757].

ORESME, Nicolas. *Le Livre des Éthiques d'Aristote*. A. D. Menut (Éd.). New York: G. E. Stechert, 1940.

STAROBINSKI, Jean. Le mot civilisation. *In*: *Le Temps de la réflexion*. Paris: Gallimard, 1983. t. IV.

UGOLINI, Filippo. *Vocabolario di parole e modi errati*. Nápoles: G. De Stefano, 1860.

VICO, Giambattista. *La Scienza nuova* [1744]. *In*: *Opere*. A. Battistini (Ed.). Milão: Mondadori, 1990. [Ed. port.: *Ciência Nova*. Lisboa: Fundação Calouste Gulbenkian, 2005].

INSTRUMENTOS

BATTAGLIA, Salvatore. *Grande dizionario della lingua italiana*. Milão: UTET, 1961-.

D'ALEMBERT, Jean Le Rond; DIDEROT, Denis. *Encyclopédie ou Dictionnaire raisonné des sciences, des arts et des métiers*. Paris: Briasson, 1751-1780 [nouv. éd. en fac-similé, Stuttgart-Bad Cannstatt: Frommann, 1966-1988].

D'ALEMBERT, Jean Le Rond; DIDEROT, Denis. *Enciclopédia ou Dicionário razoado das ciências das artes e dos ofícios*. Pedro Pimenta; Maria das Graças de Souza (Org.). São Paulo: Unesp, 2015. v. 5: Sociedade e artes.

FURETIÈRE, Antoine. *Dictionnaire universel, contenant généralement tous les mots françois tant vieux que modernes, & les termes de toutes les sciences et des arts*. La Haye: Arnout & Renier Leers, 1690 [rééd. 1694, 1737, repr. 3 v., Genève: Slatkine, 1970].

CLAIM
[inglês] (pt. *clamor, demanda, reivindicação*)
Sandra Laugier
Tradução: Flavia Trocoli

| fr. | *exigence, revendication* |
| al. | *Anspruch* |

➢ INGLÊS, DEVER, LAW

Derivado do francês antigo clamer *(em latim,* clamare, *do mesmo campo semântico que* clarus, *"claro", "forte"),* to claim *quer dizer, inicialmente, em seus primeiros usos literários historicamente atestados, "chamar, gritar, clamar" (calling loudly). No entanto,* to claim *e o substantivo* claim *não têm equivalentes no francês ou no português do Brasil hoje. As traduções correntes de* claim, *"reivindicação, reclamação, demanda, pretensão", têm frequentemente uma conotação, senão pejorativa, pelo menos negativa, como se a demanda expressa em* claim *tivesse necessidade de um suplemento que a justificasse (exemplo disso é a expressão "reivindicação legítima"). Ora,* claim, *em seus primeiros usos, jurídicos ou políticos, aponta, ao contrário, uma demanda fundamentada, quer na natureza quer no direito, e poderia ser traduzida adequadamente por "título": logo, é preciso explorar a relação complexa entre* claim *e* right *(direito), noção que, como observou MacIntyre, emerge tardiamente e da qual* claim *(a reclamação fundada sobre uma necessidade) talvez constitua uma primeira forma, colocando assim o próprio problema do direito. Esse uso jurídico se perpetuou até as discussões anglo-saxãs contemporâneas na filosofia do direito, entre cujas especificidades ele se encontra.*

Nos séculos XIX e XX, claim *passou dos campos político e jurídico ao da teoria do conhecimento, e depois mais geralmente ao da filosofia da linguagem.* Claim *é, assim, uma "reivindicação de conhecimento", depois uma "tese". O uso do termo coloca inicialmente o problema, derivado do empirismo inglês e depois retomado por Kant, da legitimidade do conhecimento, das minhas alegações ou pretensões de conhecer (*claims to know*) e dizer. Tem-se um equivalente em alemão (*Anspruch*), mas não em francês ou em português. Enfim,* claim, *como em Cavell (*The claim of reason*), torna-se uma "afirmação" ou "declaração" a ser sustentada e reivindicada (*my claim is*).*

I. "CLAIM", DEMANDA JURÍDICA E POLÍTICA

A. "Claim about", "claim to": reivindicação de um dever, reivindicação de um direito

Claim, e o verbo *to claim* a ele associado, designa a demanda de alguma coisa na medida em que ela é devida: "*Not to beg and accept as a favor, but to exact as due*". Traduz-se então *claim* por "exigência" ou por "título". Mas isso põe a questão da *legitimidade* da demanda, já que *claim* não ganha sentido jurídico (e filosófico) senão com a emergência, aparentemente mais tardia, do termo *right* (direito). Seu sentido torna-se, a partir daí, mais específico: "*assertion of a right to something*" (*Oxford Dictionary*). Desenvolve-se, assim, todo um vocabulário jurídico em torno de *claim*. Prova disso é a multiplicidade de expressões: *lay a claim*, *make a claim*, *enter a claim*.

Nota-se que a evolução dos usos de *claim* aponta problemas essenciais ligados à natureza do direito. Originalmente, *claim* designa uma demanda fundamental, a satisfação de uma necessidade física ou a recuperação de um bem vital que foi arrancado (é o uso que se encontra em Shakespeare: em *King John*, alguém *claim* sua mulher quando ela lhe foi tomada por um outro). Mas isso põe a questão da naturalidade e da posse do direito.

> *One reason why claims about goods necessary for rational agency are so different from claims to the possession of rights is that the latter in fact presuppose, as the former do not, the existence of a socially established set of rules. [...] the existence of particular types of social institution or practice is a necessary condition for the notion of a claim to the possession of a right being an intelligible type of human performance. [...] Lacking any such social form, the making of a claim to a right would be like presenting a check for payment in a social order that lacked the institution of money* (MACINTYRE, *After Virtue*, p. 67).

[Um motivo por que as declarações acerca [*claims about*] de bens necessários para a ação racional são tão diferentes das declarações acerca [*claims to*] da posse de direitos é que esta, de fato, pressupõe, e aquela não, a existência de um conjunto de normas socialmente definidas. [...] a existência de determinados tipos de instituição ou costume social é condição necessária para a ideia da reivindicação de posse de um direito [*claim to the possession of a right*] ser um tipo inteligível de comportamento humano. [...] Quando falta tal forma social, a reivindicação de um direito [the *making of a claim to a right*] seria como apresentar um cheque para pagamento numa ordem social em que não existisse a instituição do dinheiro (MACINTYRE, *Depois da virtude*, trad. bras. p. 123-124).]

A versão brasileira do texto é exemplo da equivocidade do termo. Ao contrário da versão francesa, que opta por manter *revendication* e *revendiquer* ao longo da passagem, variando apenas as preposições (*sur*, *à* e *de*), a brasileira ignora as distinções entre *claim about* e *claim to* e também opta pela flutuação das traduções, ficando entre "declaração" e "reivindicação".

Desse modo, está posto o problema do estatuto das reivindicações (ou títulos?) de propriedade que se tornou central na reflexão jurídica e política anglo-saxã: *claim* é reivindicação e título de propriedade sobre um objeto que legitimamente já me pertence. Aliás, é notável que o uso do termo tenha conhecido uma extensão concreta justamente durante a conquista de novas terras pelos ditos pioneiros. Nos Estados Unidos e na Austrália, *claim* designa assim uma parcela adquirida por ocupação (e não concedida ou herdada), por exemplo, pelos exploradores de minas. Esse sentido estadunidense, "local", de *claim*, do solo adquirido na conquista, subjaz certa concepção da reivindicação dos direitos de propriedade como fundamentais, e talvez também dos direitos em geral como (re)tomada de posse de um território para si (um território reivindicado em seguida pelos indígenas como primeiros ocupantes será chamado de *Indian claim*). Desse modo, se precisa um sentido de *claim to a right*: eu demando o que é meu, e sempre foi.

Está claro que uma certa concepção da reivindicação se apoia sobre esses sentidos primitivos de *claim*, e que o termo, longe de ter sido apagado ou integrado ao sentido de *right*, permanece de certa maneira em concorrência com ele. É possível ver os resultados desse processo nas numerosas e recentes discussões das teses expressas por W. N. Hohfeld em *Fundamental Legal Conceptions* (1919), em que *claim* torna-se o direito por excelência, definido como privilégio ou imunidade, "perímetro de proteção" (cf. J. Y. Goffi, *Le Philosophe et ses animaux*). Um "direito-*claim*" é mais que um direito simples, pois ele não é uma simples permissão de executar um ato (tolerância), nem mesmo interdição de impedir alguém de executá-lo (direito), mas ele acarreta a obrigação para a sociedade de fazer respeitar o que se apresenta como *claim*; de tornar o ato possível. O teórico da norma Von Wright mostra, igualmente, em *Norm and Action* (p. 86 *et seq.*), que a lógica deôntica não pode operar segundo dois termos contraditórios A/não-A, por exemplo, proibido/autorizado, mas que é preciso estabelecer um terceiro termo, um nível suplementar de autorização, ou do direito, que é a reivindicação, isto é, *claim*. *Claim*, longe de estar absorvido na ideia de direito, seria uma radicalização do direito; o que explica a forma protestatória e territorial que tomam (muito?) frequentemente as questões de direito(s) quando estas têm estatuto de *claim*.

B. "Claim on": Locke, ou da possível ilegitimidade do "claim" político

Reencontra-se essa dimensão radical, possessiva, em outro uso de *claim*, no sentido da reivindicação de um "poder sobre" (*claim on*) alguém. O sentido político de *claim* não existe nem em Hume, nem em Hobbes, enquanto está amplamente presente em Locke. Em Hume, o *right* (aquele de propriedade, por exemplo, ou do soberano sobre os sujeitos) está ligado a um acordo convencional que não precisa ser fundamentado, a não ser sobre o uso e o costume (*custom*). Locke, ao contrário, chama de *claim* a autoridade reivindicada do poder político sobre o súdito, e a diferencia da autoridade paterna. "*Governments claim no power over the son because of that they had over the father*" [os governos não reivindicam poder sobre o filho por causa daquele que eles tinham sobre o pai] ("Segundo Tratado", §118).

Descobre-se aqui a ideia de *claim on*, que aplica à pessoa o conceito originário de *claim*, mas – esta é a especificidade de Locke e de seus herdeiros – redefinindo-a. A reivindicação do poder sobre o súdito deve sempre ser explicitada e justificada em termos de direito natural: é por causa dessa justificativa que ela é necessariamente *claim*, e não autoridade natural. Assim, em Locke um *claim* pode ser *ilegítimo*, reivindicado sem o consentimento do povo e contra o seu interesse, e é de fato com esse sentido que Locke emprega o termo na maior parte das vezes.

> *If anyone shall* claim a power *to lay and levy taxes on the people by its own authority, and without consent of the people, he thereby invades the* fundamental law *of property, and subverts the end of government* (Grifos nossos).
>
> Se alguém *reivindicar o poder* de estabelecer e cobrar impostos do povo por sua própria autoridade, e sem o consentimento do povo, viola desta forma a *lei fundamental* da propriedade e subverte a finalidade do governo ("Segundo Tratado", §140, grifos nossos).

O detentor do poder não é legislador, mas simples representante da lei (*executor*), e só tem o direito à obediência nesses termos; ele não pode reivindicá-la por ele mesmo:

> [...] *allegiance being nothing but an obedience according to law, which, when he violates, he has no right to obedience, nor can claim it otherwise than as the public person vested with the power of law.*
>
> [[...] a lealdade não sendo nada mais que uma obediência segundo a lei, que, quando ele a viola, ele não tem nenhum direito à obediência, nem pode reivindicá-la senão como a pessoa pública investida do poder da lei ("Segundo Tratado", §150).]

Desse modo, a teoria de Locke pode ser interpretada como uma tentativa de integrar *claim* ao campo do direito, e de subordinar a reivindicação do poder à lei natural. É o que determina, para ele, a possibilidade de que o povo recuse a autoridade. Um mau príncipe, que reivindicaria o poder sem seguir o direito, como uma prerrogativa pertencente a ele de direito por sua função ("*claims that power without the direction of the law, as a prerogative belonging to him by right of his office*", §164), dá assim ao povo a ocasião para "*claim their right and limit that power*" [reivindicar seu direito (um direito independente da autoridade) e limitar esse poder (do príncipe)]. *Claim*, então, precisa de um *right*, e torna-se assim, não mais fundamento ou origem, mas uma reivindicação, a ser ela mesma fundamentada.

É assim que se encontra em Locke pela primeira vez o curioso verbo *disclaim* (§191): posso des-reivindicar, por em questão meu pertencimento à comunidade regida pela lei e me retirar dela (estarei, então, fora de sua jurisdição, perdendo os direitos inerentes a esse pertencimento). Daí a aparição posterior da expressão *to issue a disclaimer* como simétrica a *to enter a claim*, que significa "recusar uma responsabilidade", ou também "renunciar a um direito", logo, a um pertencimento. Põe-se, então, com e em *claim*, um duplo problema, o do fundamento da autoridade, do título, e o do reconhecimento dessa autoridade pelos seus súditos: passa-se assim da questão política para a mais geral da comunidade.

II. "CLAIM", DEMANDA DE CONHECIMENTO

O problema da autoridade, da reivindicação de poder, passa do campo político ao do conhecimento e da argumentação, mas ao problema epistemológico está sempre subjacente a questão política. Cavell, em *The Claim of Reason* [O clamor da razão], explorou essa transferência semântica e desenvolveu de modo notável essa relação entre o jurídico e o cognitivo, e depois o linguístico.

O conceito cognitivo, como seu ancestral político, emerge das discussões do empirismo. Qual é *a* questão do empirismo e, correlativamente, do ceticismo? É a da legitimidade, do *direito* do conhecimento. O que nos permite dizer que conhecemos? Hume examina nossa pretensão de conhecer por raciocínio a partir da experiência (notemos que, quando na *Investigação* ele pergunta: "qual é o fundamento de todas as conclusões a partir da experiência?", ele não utiliza *claim*, mas sim *pretension*). Nós "pretendemos" conhecer, mas com que direito? A interrogação é retomada por Kant, em quem é possível detectar a emergência de um equivalente de *claim*: *Anspruch*, que designa a pretensão da razão por questões que estão fora de seu poder, mas que são legítimas e naturais. O sentido jurídico de *claim* se revela, assim, no *quid juris* kantiano. O problema da razão é o do *claim*: uma reivindicação ao mesmo tempo inevitável e impossível de satisfazer, logo destinada a permanecer sempre no estado de *claim*.

Essa tensão entre a arrogância e a legitimidade da pretensão filosófica, que diz *claim*, está desenvolvida em Cavell. *The Claim of Reason* [O clamor da razão] define *claim* de partida como acordo da comunidade. O que subjaz a questão do fundamento do conhecimento é a questão, política e não somente epistemológica, do fundamento do *nosso* uso comum da linguagem. Para Cavell, a reivindicação de conhecimento é a máscara de uma reivindicação (*claim*) primeira: a pretensão de falar pelos outros, e de aceitar que os outros falem em meu nome.

> *The philosophical appeal to what we say, and the search for our criteria on the basis of which we say what we say, are claims to community. And the claim to community is always a search for the basis upon which it can or has been established* (CAVELL, *The Claim of Reason*, p. 20).

> [O apelo filosófico para o que dizemos, e a busca para nossos critérios, em cujas bases nós dizemos o que dizemos, são reivindicações pela / pretensões à (*claims to*) comunidade. E a reivindicação pela / pretensão à comunidade é sempre uma busca da base sobre a qual ela pode ser ou foi estabelecida.]

Os problemas jurídico e gnoseológico levantados por *claim* se transformam na questão de nossos critérios comuns, de nossos acordos *na* linguagem.

> *When I remarked that the philosophical search for our criteria is a search for community, I was in effect answering the second question I uncovered in the face of the claim to speak for "the group" – the question, namely, about how I could have been party to the establishing of criteria if I do not recognize that I have and do not know what they are* (CAVELL, *The Claim of Reason*, p. 22).

> [Quando eu observei que a busca filosófica por nossos critérios é uma busca pela comunidade, eu estava, com efeito, respondendo à segunda questão que desencobri

em face da pretensão de falar "pelo grupo" – a saber, a questão sobre como eu poderia ter feito parte do estabelecimento de critérios, se eu não reconheço que fiz e não sei o que eles são.]

A questão é a do meu pertencimento à comunidade da linguagem, mas também a da minha representatividade: de onde me vem esse direito ou essa pretensão (*claim*) de falar pelo outro? Essa questão, segundo Cavell, é a mesma que os filósofos da linguagem ordinária, Austin e Wittgenstein, colocam-se. O sentido de *claim* é inseparável da possibilidade de perder minha representatividade, ou meu pertencimento, de ser reduzido ao silêncio.

> *For all Wittgenstein's claims about what we say, he is always at the same time aware that others might not agree, that a given person or a group (a "tribe") might not share our criteria* (CAVELL, *The Claim of Reason*, p. 18).

[Para todas as teses/pretensões/reivindicações [*claims*] de Wittgenstein sobre aquilo que dizemos, ele está sempre ao mesmo tempo consciente de que os outros podem não concordar, de que uma dada pessoa ou um grupo ("tribo") poderiam *não* compartilhar de nossos critérios.]

Desse modo, Cavell produz uma análise de Rousseau em termos de *claim*:

> *What he [Rousseau] claims to know is his relation to society, and to take as a philosophical datum the fact that men (that he) can speak for society and that society can speak for him, that they reveal one another's most private thoughts* (CAVELL, *The Claim of Reason*, p. 25).

[O que ele [Rousseau] pretende/reivindica/clama conhecer é a sua relação com a sociedade, e tomar como um *datum* filosófico o fato de que os humanos (de que ele) possa(m) falar pela sociedade e de que a sociedade possa falar por ele, de que eles revelem mutuamente seus mais privados pensamentos.]

Minha sociedade deve ser minha expressão. É o que os teóricos da democracia sempre esperam, e é a ilusão que Cavell denunciou, por exemplo, a propósito de Rawls: se os outros sufocam minha voz, pretendem falar por mim, em que eu consenti?

> *To speak for yourself then means risking the rebuff – on some occasion, perhaps once for all – of those for whom you claimed to be speaking; and it means risking having to rebuff – on some occasion, perhaps once for all – those who claimed to be speaking for you* (CAVELL, *The Claim of Reason*, p. 27).

[Falar por si mesmo significa então arriscar-se ao repúdio – em alguma ocasião, talvez de uma vez por todas – daqueles por quem você pretendia [*claimed*] falar; e significa arriscar-se a repudiar – em alguma ocasião, talvez de uma vez por todas – aqueles que pretendiam estar falando por você.]

O contrato social implica a possibilidade sempre aberta do retirar-se da comunidade (*disclaim*, dizia Locke). O acordo entre os homens, linguístico ou político, justamente porque *claim* é sempre, na mesma medida, frágil e profundo. Essa fragilidade essencial do acordo político, sempre ameaçado pelo ceticismo, constitui o sentido linguístico de *claim*.

III. "CLAIM", A VOZ DA LINGUAGEM ORDINÁRIA

O acordo político é da mesma natureza que o acordo linguístico, ao qual Wittgenstein dá o nome de *übereinstimmung* (*Philosophische Untersuchungen* [Investigações filosóficas], §241), que é traduzido quer por "concórdia", quer por "acordo" [em francês "acordo" e "acorde" é a mesma palavra "*accord*"], para melhor marcar a presença da voz, *Stimme* (ver STIMMUNG – afinação). Esse acordo só existe na medida em que é reivindicado, reclamado, *invocado*. Assim, define-se com *claim* um acordo que não é psicológico ou intersubjetivo, que não é fundado sobre nada além de uma voz (*Stim*): minha voz individual pretende ser, é "voz universal".

Reencontra-se aqui, com este apelo à voz, o sentido primeiro de *claim* (*clamare*, gritar, clamar, *[to] call*, chamar). Assim, o conceito de voz se revela constantemente subjacente ao conceito técnico de *claim*. *Claim* é o que faz uma voz quando ela só se funda sobre si mesma para estabelecer um assentimento universal – pretensão que, por mais exorbitante que seja, Cavell pede para formular de maneira ainda mais escandalosa, ou seja, sem que ela seja fundada, como em Kant, sobre qualquer coisa transcendental, ou sobre qualquer condição da razão. A razão, ela mesma, reivindica-se (eis o sentido do genitivo em Cavell: *claim of reason*).

Para mostrar em que medida o conceito de *claim*, assim repensado, constitui uma resposta ao ceticismo, pode-se evocar a universalidade própria ao julgamento estético em Kant. Cavell mostra, desde *Must we Mean what we Say?*, a proximidade entre os procedimentos dos teóricos da linguagem ordinária, Wittgenstein e Austin, e Kant: trata-se, sempre, de se fundamentar no *eu* para dizer o que *nós* dizemos, passagem que só se pode traduzir por *claim* ou por *Anspruch*. Para compreender esse ponto, é preciso ver em que consiste o procedimento dos filósofos da linguagem ordinária, partir "disso que dizemos quando":

> [...] the aesthetic judgment models the sort of claim entered by these philosophers, and that the familiar lack of conclusiveness in aesthetic argument, rather than showing up an irrationality, shows the kind of rationality it has, and needs (CAVELL, *Must we Mean what we Say?*, p. 86).

> [[...] o julgamento estético serve de modelo para o gênero de afirmação [*claim*] proposto por esses filósofos, e a falta de conclusões definitivas que nos é familiar no debate estético, em vez de por em evidência uma irracionalidade, mostra o gênero de racionalidade que ele possui, e necessita.]

É Kant que se mostra então o pensador mais profundo de *claim*. A ideia de um acordo universal fundado sobre a minha voz singular aparece no célebre §8 da terceira *Crítica*. Com o julgamento estético, Kant nos faz "descobrir uma propriedade de nossa faculdade de conhecer"; "a pretensão (*Anspruch*) à universalidade (*Allgemeingültigkeit*)" própria ao julgamento de gosto, que nos faz "atribuir a todos a satisfação trazida por um objeto". Sabe-se como Kant distingue o agradável do belo (que *pretende* o assentimento universal) em termos de julgamento privado contra julgamento público. Como um julgamento que carrega todas as características do privado pode pretender ser público? É o problema posto por *claim*. O julgamento de gosto exige e reclama o assentimento universal, "e de fato cada um supõe este assentimento, sem que os sujeitos que julgam se oponham a respeito da possibilidade de uma tal pretensão (*Anspruch*)". O que sustenta uma tal pretensão, "tudo o que é *postulado* no julgamento de gosto", é aquilo que Kant chama de "voz universal" (*allgemeine Stimme*). É a voz que se escuta em *übereinstimmen*, o verbo empregado por Wittgenstein a propósito de nosso acordo ("na linguagem", cf. *Philosophische Untersuchungen* [Investigações filosóficas], § 241).

A proximidade entre a voz universal kantiana e as teses da filosofia da linguagem ordinária aparece com esse sentido último de *claim*, de uma só vez *Anspruch* e *Stimme*: uma pretensão, empiricamente não fundamentada, logo ameaçada e exposta pelo ceticismo, de falar em nome de todos. A "voz universal" de Kant é o que escutamos nas afirmações [*claims*] do filósofo sobre "isso que dizemos" (CAVELL, *Must we Mean what we Say* ?, p. 94).

Ao redefinir *claim* dessa forma, Cavell reuniu as suas diversas tradições semânticas. Nossas afirmações ou teses (*claims*) são sempre fundamentadas sobre um acordo de linguagem, sobre uma reivindicação (*claim*) de minha representatividade, ela mesma de natureza política e jurídica – logo de minha voz como singular *e* universal. Reconhecer a ligação íntima entre todos os sentidos de *claim* é reconhecer que a linguagem, a expressão – tanto no cognitivo quanto no político – é sempre também uma *voz*, que se quer fazer escutar, e clama.

BIBLIOGRAFIA

CAVELL, Stanley. *The Claim of Reason: Wittgenstein, skepticism, morality, and tragedy.* Oxford: Oxford University Press, 1982. [Ed. fr.: *Les Voix de la raison: Wittgenstein, le scepticisme, la moralité et la tragédie*. Traduit par N. Balso et S. Laugier. Paris: Seuil, 1996].
CAVELL, Stanley. *A Pitch of Philosophy.* Cambridge (MA): Harvard University Press, 1994.
CAVELL, Stanley. *Must we Mean what we Say?*. Cambridge: Cambridge University Press, 1969.
GOFFI, Jean-Yves. *Le Philosophe et ses animaux.* Nîmes: Jeanine Chambon, 1994.
LARRÈRE, Catherine. De l'illicite au licite, prescription et permission. *CREDIMI*, n. 16, p. 59-78, 1996.
LOCKE, John. *Second Treatise of Civil Government* [1690]. Ed. J. W. Gough. Oxford: B. Blackwell, 1946.
LOCKE, John. *Dois tratados sobre o governo*. Tradução de Julio Fischer. São Paulo: Martins Fontes, 1998.
MACINTYRE, Alasdair. *After Virtue: A Study in Moral Theory.* Notre Dame (IN): University of Notre Dame Press, 1981. [Ed. br.: *Depois da virtude*. Bauru: EDUSC, 2001].
WITTGENSTEIN, Ludwig. *Philosophische Untersuchungen.* G. E. M. Anscombe, G. H. von Wright, R. Rhees (Eds.). Oxford: Blackwell, 1953. [2. ed. 1958; *in Werkausgabe*. Francfort: Suhrkamp, 1989. t. 1].
WITTGENSTEIN, Ludwig. *Tractatus Logico-Philosophicus.* Tradução, apresentação e estudo introdutório de Luiz Henrique Lopes dos Santos. 3. ed. São Paulo: Edusp, 2001.
WRIGHT, Georg Henrik von. *Norm and Action: A Logical Enquiry.* London; New York: MacMillan, 1963.

CORSO

[*ricorso* – italiano] (pt. *curso, recurso, retorno, recorrência*)
Alain Pons
Tradução: Felipe Castelo Branco

| fr. | *cours, retour, récurrence* |

➤ AIÔN, AUFHEBEN, CIVILTÀ, HISTÓRIA, HISTÓRIA UNIVERSAL, MENSCHHEIT, MUTAZIONE, PERFECTIBILIDADE, POVO

Duas palavras do italiano corrente, corso e ricorso, ganharam uma dignidade filosófica especial graças ao uso que Vico fez delas em sua Scienza Nuova [Ciência nova] (1744). Essas palavras estão associadas à ideia de uma concepção cíclica da história que o filósofo napolitano teria defendido num momento em que a concepção linear de um progresso indefinido da humanidade começava a se impor. Durante muito tempo, a obra de Vico só era em geral conhecida sob esse aspecto; ora, o estudo atento de seus textos mostra que é bastante discutível afirmar que, na Ciência nova, Vico apenas retoma o antigo tema da ciclicidade do tempo histórico. Essa interpretação superficial e mesmo equivocada do que ele chama de corso e ricorso das nações impede de compreender a profundidade e a originalidade de seu pensamento.

I. NEM CICLO, NEM ESPIRAL

Em italiano, a palavra *corso* deriva do latim *cursus* (de *curere*), que designa a ação de correr, a corrida ou percurso, e, no sentido figurado, o curso, a marcha seguida por alguma coisa (*cursus rerum, cursus vitae*). Vico emprega essa palavra na expressão "*corso che fanno le nazioni*" [curso que fazem as nações], que serve de título ao Livro IV da *Ciência nova*, para designar a marcha no tempo das nações (ele fala apenas de "nações", que são realidades concretas, e não da "humanidade", termo abstrato que designa a espécie). Essa marcha, que é uma evolução e um desenvolvimento cujo estudo "científico" é o principal objeto da *Ciência nova*, possui um caráter universal e necessário: "tiveram, têm e terão de caminhar as coisas das nações tal como são reflectidas por esta Ciência, ainda que da eternidade nascessem, de tempos a tempos, mundos infinitos" (§348, trad. Jorge Vaz de Carvalho, 2005a). É o que Vico chama de "história ideal eterna" (*storia ideal' eterna*). Assim, a história efetiva das nações é regulada por uma lei de sucessão e se decompõe em três "idades", a idade dos "deuses", a idade dos "heróis" e a idade dos "homens", durante a qual, a partir de um estado quase animal, os seres humanos desenvolvem os germens de "humanidade" que existem neles. O último estado é o da "razão inteiramente desenvolvida" (*ragion tutta spiegata*), com a aparição e o desenvolvimento do pensamento abstrato, da filosofia e da ciência. No plano político, ele coincide com a república popular e democrática.

Poderíamos considerar que, assim definido, o *corso* é aquele de um progresso constante culminando, segundo um termo utilizado por Vico, em uma *akmé*. Mas a história – com os exemplos da Grécia e sobretudo de Roma, que são os exemplos sobre os quais Vico concentrou quase que exclusivamente suas análises – mostra que é difícil e até mesmo impossível que as nações se mantenham nesse estado de realização perfeita de sua humanidade e que, como testemunha o destino paradigmático de Roma, o princípio da liberdade, que é o princípio da democracia, degenera em anarquia e corrupção.

É nesse ponto que o texto de Vico deve ser observado de perto. No estado de desordem em que se encontram as cidades naquele momento, a providência divina, segundo ele, pode oferecer três remédios. O primeiro é que apareça um monarca que, como Augusto, tome em suas mãos as instituições e as leis, faça reinar a equidade e a ordem, e torne os povos contentes com seu destino. O segundo é que os povos ilegitimados caiam nas mãos de povos melhores e sejam reduzidos ao estado de províncias (tal foi o destino da Grécia conquistada pelos romanos). O terceiro, o mais radical, intervém quando os dois primeiros não puderam se exercer. Então a decomposição social provocada pela "barbárie da reflexão" (*barbárie della riflessione*) atinge seu ponto extremo e os povos retornam ao estado primitivo da "barbárie da sensação" (*barbárie del senso*), do qual eles haviam saído há muito tempo. Um novo *corso* começa, que Vico chama de *ricorso*, e que vai repetir, não apenas em seu conteúdo de acontecimento, mas na estrutura temporal, os três momentos do *corso* definidos na ocasião do estudo da história da Grécia e de Roma. O quinto e último livro da *Ciência nova*, dedicado ao "*ricorso* das coisas humanas", oferece um panorama da história das nações ocidentais tomadas em seu conjunto e consideradas como uma única e mesma nação, após a queda do Império Romano. O Ocidente passa por uma "idade dos deuses", depois por uma "idade dos heróis", que coincide com o que chamamos de Idade Média e que Vico chama "os tempos bárbaros regressados" (*tempi barbari ritornati*), até uma "idade dos homens" (*età degli uomini*) que é o mundo moderno.

Nota-se que a palavra *ricorso* não significa um momento de retorno, de regressão, um processo de involução que faria as nações percorrerem o sentido inverso ao caminho que elas tinham percorrido e assim as levaria a seu ponto de partida, como frequentemente se acredita (assim compreendido, o *ricorso* seria o inverso do *corso*). O retorno ao ponto de partida se situa no final de um *corso*, e permite que um outro *corso* (*ri-corso*), idêntico em sua estrutura geral, ocupe o ponto de partida.

Antes de interrogar a visão de história das nações que se extrai dessas análises, é preciso observar dois pontos importantes. Por um lado, Vico não fala do "*ricorso* das coisas humanas" na primeira edição de sua *Ciência nova* (1725), em que os princípios de sua "ciência" já são expostos, o que mostra que a questão não tem um interesse essencial para ele, e que se trata mais de uma confirmação da validade geral desses princípios. Por outro lado, em sua obra definitiva, ele jamais usa as palavras *corso* e *ricorso* no plural, o que desqualifica a interpretação corrente segundo a qual, para Vico, a história forneceria o espetáculo de uma sequência de *corsi* e de *ricorsi* sucedendo-se indefinidamente, a menos que, para dar a essa sucessão, a qualquer custo, um aspecto de progresso, se ofereça a esses ciclos o aspecto de uma espiral, ao passo que não se encontra em Vico nem essa imagem nem a ideia que ela induz.

A tradução em português do termo *corso* por "curso" se impõe, mas a tradução de *ricorso* é mais delicada. "Recurso" pertence ao vocabulário jurídico, e, se podemos admitir que o *ricorso* tem exatamente a significação de um "apelo" que as nações interporiam diante do tribunal da história, ele não se refere, ou não se refere mais, à repetição de um percurso, de um curso. Michelet traduz *ricorso* por *retour* [retorno], mas também é possível propor "recorrência".

II. O "RICORSO" É INEVITÁVEL?

Se não é defensável a interpretação corrente da noção de *ricorso* em Vico como apenas uma simples (e lamentável, como pensam alguns) recuperação do velho tema cíclico, de origem naturalista, da sucessão da vida e da morte, aplicada aqui às nações, ainda assim o texto da *Ciência nova* coloca questões que são difíceis de responder. Contudo, uma leitura atenta permite chegar a certas conclusões razoáveis. Para Vico, o *corso* seguido pelas nações é uma "ideia" se realizando no tempo, uma ideia induzida a partir da observação instruída da história das diferentes nações, cujo valor propriamente "científico" vem do fato de que ela pode ser deduzida, de maneira axiomática, do estudo da natureza humana decaída após o pecado original. Essa ideia permite compreender o destino temporal de todas as nações e tem, ao mesmo tempo, um valor heurístico: assim, Vico "descobre" a verdadeira identidade de Homero (o Livro 3 da *Ciência nova* tem como título "Da descoberta do verdadeiro Homero"); ele "descobre", entre a primeira e a última edição de sua obra, que a Idade Média não é nada além da repetição dos tempos "divinos" e "heroicos" da Antiguidade grega e romana. Uma ideia não poderia ter um plural, ela é única, o que supõe, como vimos, que todas as nações que já existiram, existem e vão existir, tiveram, têm e terão uma história compatível, em seu movimento geral, com o *corso* concebido por Vico. Este último, em última instância e de modo mais concreto, apenas afirma que, em sua aparição e seu desenvolvimento, todas as sociedades humanas repousam sobre valores religiosos, morais, jurídicos e políticos encarnando-se em instituições cuja forma muda, segundo uma ordem temporal imutável, à medida que a natureza do homem decaído muda e se transforma, se "humaniza", sem que jamais, no entanto, desapareçam definitivamente os efeitos da decadência original.

Isso então quer dizer que, ao cabo do *corso* seguido por cada nação, há necessariamente uma decadência e uma dissolução finais, e que a providência, para salvar os homens, deve sempre empregar seu fundamento último, que é o de reconduzir violentamente as nações a seus princípios, que são igualmente seus começos, para permiti-lhes recomeçar com novo frescor? Não se pode ter certeza. Vico quase não dá explicações sobre esse ponto, mas, seja como for, em sua obra não se encontra em lugar algum a ideia de uma necessidade mecânica ou orgânica que condenaria as nações a uma morte inelutável, com outras nações as sucedendo para seguir o mesmo processo. No exemplo romano, a dissolução final é a consequência do fracasso causado pelos próprios homens do primeiro remédio que a providência lhes ofereceu, a saber, a instauração de uma monarquia racional. Esse fracasso era inevitável? Os tempos "humanos", da razão "inteiramente desenvolvida", estão sempre condenados à corrupção e à morte? A questão permanece em aberto e o próprio Vico não oferece uma resposta categórica. Ao final da *Ciência nova*, quando ele fala da situação da Europa moderna, ele parece acreditar que "uma completa humanidade (*umanità*) [no sentido de "civilização"] parece ter-se espalhado por todas as nações, uma vez que poucos grandes monarcas regem este mundo de povos" (§1089). Mas esse otimismo declarado é contrabalançado por um julgamento severo formulado sobre a cultura moderna, em especial sobre a filosofia de sua época, cujas correntes dominantes pareciam a seus olhos retomar as posições daqueles que, na Antiguidade, participaram da corrupção geral pregando um individualismo solvente (céticos, epicuristas, estoicos). Mas, mesmo que a tema, ele jamais anuncia a catástrofe final. Como ele repete, o mundo das nações não está entregue nem ao *casus* nem ao *fatum*. Como ele diz em uma passagem da edição de 1725, a "ciência nova" que ele quis fundar permite apenas elaborar um "diagnóstico" sobre o estado das nações, convocá-las à ordem da liberdade e da justiça, no respeito dos princípios fundadores de toda sociedade, a religião e a família. Quanto ao resto, as nações têm seu destino em suas mãos, sob o olhar da providência que deseja "conservar a geração humana nesta terra" (§1108).

BIBLIOGRAFIA

VICO, Giambattista. *Principi di Scienza nuova d'intorno alla comune natura della nazioni*. Napoli, [1744]; *Opere*, 2 v. A. Battistini (Ed.). Milan: Mondadori, 1990.

VICO, Giambattista. *La Science nouvelle par Vico*. Traduite par l'auteur de l'Essai sur la formation du dogme catholique (princesse Christina Belgiojoso). Paris: Charpentier, 1844; pref. P. Raynaud, reed. Gallimard, 1993.

VICO, Giambattista. *Principes de la philosophie de l'histoire*. Traduits de la Scienza nuova et précédés d'un discours sur le système et la vie de l'auteur par Jules Michelet. Paris: J. Renouard, 1827; republicado *in* J. MICHELET. *Oeuvres complètes*. Paris: Flammarion, 1971. t. I.

VICO, Giambattista. *Ciência nova*. Tradução de A. L. de A. Prado. São Paulo: Abril Cultural, 1974.

VICO, Giambattista. *Ciência nova*. Tradução de Marco Lucchesi. Rio de Janeiro: Record, 1999.

VICO, Giambattista. *Ciência nova*. Tradução de Jorge Vaz de Carvalho. Lisboa: Fundação Calouste Gulbenkian, 2005a.

VICO, Giambattista. *Ciência nova*. Tradução de Vilma de Katinsly. São Paulo: Hucitec, 2005b.

VICO, Giambattista. *Ciência nova*. Tradução de Sebastião José Roque. São Paulo: Ícone, 2008. Contém trechos selecionados.

DEVER/DÍVIDA
Charles Baladier
Tradução: Fernando Santoro

lat.	*debitum, debere, fallere*
al.	*Schuld, schuldig sein, fallen, müssen, sollen*
ingl.	*duty, debt, to owe, ought, must*
esp.	*deuda, deber*
it.	*debito, dovere*
fr.	*dette, devoir*

➤ ENTSTELLUNG, PERDOAR, SOLLEN, VERDADE, WILLKÜR

Em português como em várias outras línguas europeias modernas, tanto germânicas quanto românicas, os verbos ou substantivos evocando a ideia de dever (por exemplo, dovere e debito em italiano, deber e deuda em espanhol, devoir e dette em francês, debt em inglês [det e dette no inglês médio]) dão lugar, a partir do verbo latino debere *e do substantivo* debitum, *a uma ambiguidade que permite unir três sentidos diferentes: a dívida, quer dizer o fato de estar "em dívida" para com alguém; a obrigação ("Devo [legal ou conscientemente]"); e finalmente suposição, presunção ou eventualidade ("Devo [errar]"). Em certas línguas essa polissemia se complica um pouco. Dessa forma, em alemão, enquanto* müssen *é um auxiliar (relacionado ao inglês* must*) que designa o fato de estar sujeito a uma necessidade ou a uma obrigação incontornável, já é um outro verbo,* sollen, *que exprime, de um lado, a obrigação moral e, de outro lado, a eventualidade, a probabilidade ou a aproximação; mas não transmite diretamente o significado de "estar em dívida", todavia literalmente presente na locução* ein Soll haben, *que quer dizer "ter um devido, um passivo".*

Além disso, em alemão, a ideia de dívida é combinada com a ideia de culpa, de tal maneira que essas duas noções são apresentadas pelo mesmo substantivo Schuld, *assim como o adjetivo* schuldig, *que quer dizer tanto "culpado" quanto "devedor" (mesmo se entre os derivados de* Schuld, *uns relacionam-se de maneira quase exclusiva à dívida [tais como* schulden: *"estar endividado",* Entschuldung: *"perdão de dívidas"] outros à culpa [*Entschuldigung, *"pedido de desculpa, pedido de perdão";* Schuldhaftigkeit: *"culpabilidade";* entschuldbar: *"desculpável, perdoável"], outras ainda, como* Schuldigkeit, *relacionam-se à ideia de obrigação ou de dever no sentido próprio.*

I. AS NOÇÕES COMBINADAS DE OBRIGAÇÃO, DE PROBABILIDADE E DE DÍVIDA

Nas línguas em que "dever" tem o sentido tanto da obrigação e simples possibilidade quanto da noção de dívida, pode-se facilmente, ao passar de uma língua para outra, traduzir os trocadilhos em torno desses significados. O exemplo pelo qual Charles

Malamoud abre um dos seus notáveis estudos sobre a dívida é uma breve troca, no *Dom Quixote*, entre Sancho e Tosillos. Este diz ao primeiro: "*Sin duda, este tu amo, Sancho amigo, debe de ser un loco*" [sem dúvida, esse teu amo, amigo Sancho, deve ser louco]. E Sancho lhe responde: "*Como debe? No debe nada a nadie…*" [Como deve? Não deve nada a ninguém…]. E Malamoud nota que essa ambiguidade se encontra operante tanto para as línguas românicas como para a língua inglesa (jogando, todavia, com as duas formas verbais vizinhas *ought* e *owe*), para o alemão e até mesmo para o russo. Na maior parte das línguas europeias, ela se explica pela evolução semântica do verbo latim *debeo* que vem de *de-habeo* e que significa "ter [algo] tendo-o de alguém". De onde *debitum* [devido], em seguida *debitor*, que se opõe a *creditor*. Ou, como assinala o dicionário etimológico da língua latina de Ernout e Meillet "no período do latim tardio, o valor de obrigação tendeu a se enfraquecer de maneira a formar apenas um tipo de futuro perifrástico [...] ou a introduzir uma hipótese". Dessa forma, esses diferentes significados do verbo latino *debere* seriam encontrados nas línguas neolatinas, mas segundo um processo de aparição, de certo modo invertido. Em francês, no *Dictionnaire Historique de la Langue Française* (Alain Rey [dir.]) tais etapas estão ordenadas assim: "A ideia de obrigação, necessidade (842), seus enfraquecimentos no tempo futuro (cerca de 1050) marcando a probabilidade, o desejo ou a intenção (1080), assim como a ideia de ficar a dever alguma coisa a alguém (antes de 1188)".

No entanto, deve-se notar que existem aqui e ali expressões estranhas ao étimo *debere* para dar a ideia de dever com sentido de probabilidade. Assim procede o italiano em que o tempo futuro é então usado, por exemplo, na locução: "*Sarà felice*" [Ele *deve* ser feliz]. Mas é em alemão que o vocabulário relativo à noção de "dever" é particularmente interessante. O fato de que diferentes sentidos da noção de dever (necessidade, obrigação e suposição) são expressos sobretudo por dois verbos distintos, *sollen* e *müssen*, pode levar a dificuldades de tradução. Perguntemo-nos então, por exemplo, como traduzir o título que Arnold Schönberg deu a um de seus *Coros à capela opus 27* (1926): *Du sollst nicht, du musst…* o qual, ilustrando o retorno do compositor à fé judaica, define esta última como a condensação de toda representação figurativa, o que corresponde a isso: "não deves [*Du sollst nicht*] fazer imagens da Divindade; precisas [*du musst*] aderir ao Espírito". Na realidade, "*ich soll*", que vem de *sollen* ("dever", com o sentido de "dever ser"), situa-se sobre o registro de uma ordem a instaurar ou a defender e significa: "Eu tenho a obrigação de…", esta obrigação podendo ela mesma proceder de uma *Schuld* entendida no sentido seja de uma dívida a pagar, seja de uma culpa a expiar. Em contrapartida, "*ich muss*" vem de *müssen*, que também quer dizer "dever", mas um dever entendido como uma necessidade coercitiva no âmbito da ideia de "precisar". No francês, equivale à força da expressão "*il faut*" [é preciso], a qual, para permanecer na mesma linha etimológica do alemão, denota um "de-feito a restaurar" ou uma falta a preencher (ver WILLKÜR). Assim, quando Kant enuncia a segunda pergunta de seu programa filosófico ("Que devo fazer?"), ele recorre ao verbo *sollen*: "*Was* soll *ich tun?*". Do mesmo modo, quando ele coloca para si um imperativo moral que foge à "patologia" dos interesses humanos para restringir-se apenas ao âmbito da lei do "respeito" (e no qual Nietzsche verá, assim como Sade, um "imperativo de crueldade"), ele tem o cuidado de o formular sobre a modalidade do *sollen*: *Du sollst*, e não *Du musst* (o que o levaria a referir-se a uma coerção pertencente à ordem da necessidade ou da carência).

Ademais, a ideia de dívida combinada à de obrigação apresenta em alemão, como assinala Malamoud, uma particularidade interessante: ao verbo *sollen* "dever" (expressão, aqui, da modalidade do provável), ecoa, ao significar "estar em dívida", não uma outra construção ou outra forma desse mesmo verbo, mas a locução *ein Soll haben*, "ter um débito, um passivo"; na contabilidade, efetivamente, *soll* é o "deve", em oposição ao "ter" (art. "Dette [Anthropologie]", *Encyclopædia universalis*, v. 7, p. 294-300). Além disso, pode-se notar, retomando Kant, que a ideia de obrigação pode ser vertida em alemão pelo substantivo abstrato *Schuldigkeit* correspondente a *Schuld*, termo que significa ao mesmo tempo "culpa" e "dívida". De fato, enquanto se traduz geralmente a *Verbindlichkeit* (de *binden*, ligar) kantiana por "obrigação" (*ob-ligare*, a respeito de *ligare* lat., "ligar", ver RELIGIO), alguns germanistas propõem verter por "obrigação" *Schuldigkeit*, que guarda literalmente a ideia de uma culpabilidade fundamental, a qual torna-se ela mesma fonte de obrigação (*Critique de la raison Pratique*, p. 118) [sobre a relação entre as formulações da dívida, da culpa e do vínculo/ligação, ver ONIANS, *Les Origines de la pensée européenne*, p. 515-524].

A mesma combinação de três significados que acabamos de evocar encontra-se em inglês, em que a ideia de obrigação e a de possibilidade são vertidas por *ought*, que não é senão o pretérito de *to owe*, verbo significando "estar em dívida" ou "ter uma obrigação para com alguém". Como é o caso em *O mercador de Veneza* com Antônio e o *bound* (ou *bond*) que o "liga" a Shylock. Nietzsche provavelmente pensou nesse exemplo de pacto e de "conscientização" da dívida quando ele escreve:

> O devedor (*Der Schuldner*), para infundir confiança em sua promessa de restituição (*um Vertrauen für sein Verspreche der Zurückbezahlung einzuflössen*), para garantir a seriedade e a santidade de sua promessa, para reforçar na consciência a restituição como dever e obrigação (*um bei sich die Zurückbezahlung als Pflicht, Verpflichtung seinem Gewissen einzuschärfen*), por meio de um contrato empenha ao credor, para o caso de não pagar, algo que ainda "possua", sobre o qual ainda tenha poder, como seu corpo, sua mulher, sua liberdade ou mesmo sua vida [...] (*Genealogia da moral*, trad. Paulo César de Souza, p. 53-54).

Sua alusão à "libra de carne" que deveria ser tirada por Shylock do corpo de seu devedor Antônio parece ainda mais plausível quando Nietzsche, embora mencionando então apenas os egípcios, prossegue nestes termos:

> Sobretudo, o credor (*Der Gläubiger*) podia infligir ao corpo do devedor toda sorte de humilhações e torturas, por exemplo, cortar tanto quanto parecesse proporcional ao tamanho da dívida - e com base nisso, bem cedo e em toda parte houve avaliações

precisas, terríveis em suas minúcias, avaliações legais de membros e partes do corpo (*Genealogia da moral*, trad. Paulo César de Souza, p. 54).

II. *FAUTE* FR. [CULPA/ERRO] E *FAUX* FR. [FALSO]; *FAILLIR* FR. [FALHAR] E *FALLOIR* FR. [CARECER DE/TER DE/PRECISAR]

Existem, pois, na maioria das línguas europeias modernas, um estreito parentesco entre, de um lado, os dois sentidos do verbo "dever" – "eu devo lhe perdoar" e "isso deve ocorrer" – e, de outro lado, a ideia de estar em dívida com alguém. Mas, na noção de dívida, a de dever também se combina com o conceito da culpa, como se constata em alemão, em que a mesma palavra *Schuld* significa ao mesmo tempo "dívida" e "culpa".

> Ora *Schuld* deriva de uma forma gótica *Skuld,* a qual deriva de um verbo, *skulan,* "ter a obrigação" ou "estar em dívida" (este traduz, no Evangelho, o verbo grego *opheîlo*, que tem as duas acepções) e também "estar em falta/estar em estado de culpa [*être en faute*]". Por outro lado, do mesmo radical germânico **skal*, mas com outro tratamento da inicial, derivam o verbo alemão *sollen*, "dever (fazer)" e o inglês *shall* que, especializado hoje na expressão do futuro, significava, em um estágio mais antigo da língua, "dever" no sentido pleno (MALAMOUD, *Encyclopædia universalis*, p. 295).

Nesse contexto, referindo-se à *Deutsche Mythologie* de Jakob Grimm, Freud aponta que o nome, *Skuld*, da terceira das Nornas do folclore escandinavo "faz eco às palavras inglesas *shall*, *should*, alemãs *soll*, *Schuld*, que conotam a ideia de dever e onde algumas são utilizadas para exprimir o futuro". Ele acrescenta que podemos considerar que os três nomes [das Nornas] remetem respectivamente ao passado, ao presente e ao porvir (FREUD, "O tema dos três escrínios", trad. José Octavio de Aguiar Abreu, p. 374, nota 2). O fato de que *Schuld* tenha em alemão o duplo significado de "dívida" e de "culpa" obriga a contar com o contexto para saber com qual dos dois estamos a lidar em uma ocorrência precisa. Observaremos, no entanto, que se atendo à ignorância dos "genealogistas da moral" em matéria de filologia, Nietzsche distingue os dois significados explicando que "o conceito de *Schuld* (culpa) por exemplo, conceito fundamental da moral, remonta ao conceito bem material de *Schulden* (dívidas), esse plural tendo então o valor de uma concretização" (*op. cit.*, p. 52).

Mas essa ligação da ideia de dívida com a ideia de culpa nos leva a uma outra configuração terminológica que, em francês por exemplo, vai dos verbos *faillir* [falhar] e *falloir* [precisar/ter de/carecer de] à locução "*il faut*" [é preciso] e aos substantivos *faute* [culpa/erro/falta] ou *défaut* [defeito]. O conjunto desses conceitos forma o labirinto por vezes intrincado pelos estados sucessivos da língua – a tal ponto que o *Dicionário* de Ernout e Meillet julga "a etimologia embaraçante". O francês *faute* provém do latim popular *fallire*, que é uma alteração do verbo clássico *fallere* (oriundo do grego *sphallein* [σφάλλειν] e significando "enganar", "desfalcar", "fazer tropeçar") e que resultará em *faillir* [falhar, estar à beira de] e *falloir* [ter de/ser necessário]. Dentro desse campo derivacional, destacamos a partir do francês antigo *faille* [erro, mentira], *faillement* [queda, declínio, aniquilação, defeito], *faillance* [erro, falha, fraqueza], *faut* [falta, a partir do século XVI], *faute* [no sentido de "em falta de"; falta, pecado], *defaillir* [dar defeito, desligar, apagar-se], *mesfaillir* [século XVI, cometer um erro]. O impessoal *il faut* [é preciso] (que os alemães traduzem por *es muss*, por *es ist nötig* ou por *ich soll, du sollst*, etc., com infinitivo) comporta então a ideia seja de obrigação, seja de necessidade.

A mesma etimologia deu em alemão: os verbos *fehlen* [falhar/fracassar/pecar] e *fallen* [intransitivo que quer dizer cair, decair, decrescer]; os substantivos *der Fehler* e *das Fehlen* [falha, erro, falta]; os adjetivos *fehlerfrei* e *fehlerloss* [perfeito, sem erro]. O verbo *fallen* tem por derivado o substantivo *Einfall*, que podemos traduzir por "queda", mas também por "intuição" e mesmo por "irrupção"; e é assim que, como aponta Georges-Arthur Goldschmidt, toda a obra de Freud podia ser vista talvez como uma constante modulação em torno do verbo *fallen*. Os atos falhos, os famosos *Fehlleistungen* que ocupam tanto espaço na obra de Freud são aquilo que se faz notar, que surge de repente no discurso, são as coisas que "*fällt auf*", "*es fällt auf*": "saltam", "aparecem", mesmo que seja por acaso, por *Zufall*, "o que cai na tua frente" (*Quand Freud voit la mer* [Quando Freud vê o mar], p. 27).

Em inglês, enquanto *duty* (no inglês médio *dewe*) e *due* parecem derivar do latim *debere*, a configuração proveniente de *fallere* compreende especialmente: os verbos *to fall* [cair, decair, decepcionar] e *to fail* [fracassar, falhar]; os substantivos *fault* [defeito, erro] e *failure* [erro, falha]. Nas línguas românicas, anglo-saxônicas e germânicas, à ideia de falta e de culpa se acrescentam as de falso, falsificação, falacioso, etc.: *false* em inglês, ou *falsch* em alemão, vêm de *falsus*, particípio passado de *fallere*, verbo cujos dois sentidos principais de "enganar" e "escapar" derivariam de uma significação única que significa "esconder, estar escondido" ou "se esquivar" (cf. *Dictionnaire étymologique de la langue latine*, s. v. "*fallo*").

III. A DÍVIDA VÉDICA: UMA DÍVIDA SEM PECADO ORIGINAL E PREEXISTENTE AO DEVER

Podemos então avaliar o que se perdeu da ideia de dívida nessa rede centrada sobre a noção de culpa e abrangida pela base *faill-*. De fato, tal como mostra C. Malamoud, que leva em consideração, nesse assunto, a instituição do empréstimo a juros, analisada por Benveniste, se a dívida está próxima do dever é porque:

> [...] o dever é dívida quando se tem a obrigação não de fazer, mas de devolver. Há dívida quando a tarefa ou o custo ou o sacrifício que o dever exige é apresentado, pensado como uma restituição, uma devolução, uma compensação. "Dever pagar cem francos" não é mesma coisa que "dever cem francos". Mais precisamente, "dever cem francos" é um caso particular de "dever pagar cem francos". [...] Modelo do

dever, o ter de devolver é com frequência a identidade atribuída aos outros deveres […]. Nós nos afastamos mais nitidamente do dever puro e simples quando a dívida se torna uma relação que coloca em presença não mais o devedor e o credor, mas quem empresta e quem toma emprestado, quando a dívida se torna uma instituição regulamentada, quando incide sobre bens materiais e mensuráveis e principalmente quando, para quitá-la, é preciso acertar os juros [...] (*Encyclopædia universalis*, v. 7, art. "Dette [Anthropologie]").

Se o encontramos em várias línguas indo-europeias, mas também em outras como o hebraico, o elo entre dever, dívida e culpa não existe em todas as línguas. É dessa forma que o termo sânscrito *ṛṇa*, que corresponde a "dívida", "não tem qualquer tipo de ligação etimológica com uma raiz verbal que signifique *dever*, nem com os substantivos que designam as diferentes formas de obrigação". Na realidade, o que caracteriza o pensamento indiano é a ideia de que todo homem, em virtude de seu próprio nascimento, acha-se de antemão carregado de dívidas a ponto de se definir como *sendo* pessoalmente "dívida" de maneira originária e constitutiva. "De um lado, dívida com a morte: sua própria existência é um depósito que o Deus da morte, Yama, lhe cobrará inevitavelmente; e, de outro lado, dívida com um grupo quádruplo de credores: os deuses, os ancestrais, os "videntes" que transmitiram aos homens o texto sagrado do Veda [...], finalmente, os outros homens" (MALAMOUD, *ibid.*, p. 297-298). Dessa forma, estará livre dessa dívida vital aquele que tiver um filho, que cumpre os ritos sacrificiais prescritos, que levou a vida de estudante brâmane... Mas a teologia védica não responde à questão de saber por qual razão o homem está endividado assim nem por que tipo de empréstimo teria ficado endividado. Isso força o exegeta a retomar as questões de vocabulário:

[...] o termo *ṛṇa* (dívida) tem um sentido técnico preciso; ele pertence ao léxico da economia, e designa a obrigação de restituir um bem emprestado, ou seu equivalente, e não poderia passar por um sinônimo de "dever" ou de "obrigação" em geral. Estamos então diante deste paradoxo: uma dívida sem empréstimo prévio, ou ao menos sem consciência da ocorrência do empréstimo, uma consequência sem causa; um presente sem passado. A obrigação atual não poderia ser percebida como resultado de uma falta cometida; se a dívida congênita é uma carência (a preencher pela execução do programa de ritos), ela não é um defeito, muito menos um sinal de um pecado, o ponto derradeiro de uma queda; e as obrigações-restituições que se impõem ao homem não são uma expiação, não são ditadas por uma condenação, e o sentimento de culpa não tem razão de ser. Não que a religião do Veda ignore a culpa e a mácula; pelo contrário [...] (MALAMOUD, "Psychanalyse et sciences des religions", p. 592).

Todavia, se a teologia védica não se pronuncia sobre a origem da dívida congênita que afeta todo homem, ela permanece aberta a conotações do termo *ṛṇa* nas quais "as noções de 'culpa' e de 'dívida' (os dois sentidos da palavra alemã *Schuld*) se evocam reciprocamente". Isso explica o fato de que o sujeito individual venha a se interrogar na ansiedade sobre seus eventuais erros passados como se eles pudessem permitir-lhe compreender seus infortúnios atuais e a "dívida aberta que existe aqui embaixo", em relação a Yama, o deus da morte e o padroeiro de todas as dívidas.

* Ver Quadro 1.

1 A "dívida simbólica" segundo Lacan

SIGNO

Podemos nos perguntar se não se encontraria um eco dessa teologia brâmane do homem devedor no que Lacan chama de "o jogo implacável da dívida" quando ele se refere à metáfora cósmica (*Écrits*, p. 278) que Rabelais, no *Tiers Livre*, coloca em tais termos na boca de Panurge:

> Você me pergunta quando terei acabado com essas dívidas? Há coisas piores; eu me rendo a São Longuinho se, a vida inteira, eu não considerei que as dívidas constituíam uma espécie de elo e união dos céus e da terra, um meio único de conservação da raça humana, ou seja, sem o qual todos os humanos pereceriam rapidamente, e se eu não estimei que elas eram essa grande alma do universo que segundo os Acadêmicos vivifica tudo (*Œuvres complètes. Le Tiers Livre*, G. Demerson (Ed.), p. 383).

Em muitos pontos de seu *Seminário*, de fato, Lacan faz da ideia dessa dívida fundamental uma chave privilegiada para a sua teorização do simbólico:

> O mandamento da morte está lá [na tragédia antiga]. E, para lá estar de forma velada, pode ser formulado e recebido como parte dessa dívida que se acumula sem culpado e se abate sobre uma vítima sem que esta tenha merecido a punição... (*Le Transfert*, p. 122)

O Verbo [do Evangelho] não é para nós somente a lei onde nos inserimos para levar cada um o fardo da dívida que constitui nosso destino. Ele abre para nós a possibilidade, a tentação de onde é possível amaldiçoar-nos, não apenas como destinação particular, como vida, mas como a própria via em que o Verbo nos compromete e como encontro com a verdade, como a hora da verdade. Já não estamos apenas ao alcance de sermos culpados pela dívida simbólica. É por termos a dívida vertida a nosso encargo que podemos ser advertidos, no sentido mais próprio que esta palavra indica. Em suma, é a própria dívida em que nos assentamos que nos pode ser retirada, e é aí que nós podemos nos sentir totalmente alienados de nós mesmos (*Ibid*, p. 354).

Na realidade, antes de considerar este tema do ponto de vista da morte e do ponto de vista da lei imposta pelo Verbo, Lacan faz da dívida o pilar de uma ordem que, inspirando-se em Lévi-Strauss, ele define como sendo a "corrente simbólica" por oposição à "corrente da experiência", em que nada se articula nem se fundamenta. A vivência, de fato, não é ordenada, não ganha sentido e não pode ser analisada "a não ser a partir do momento em que o sujeito entra numa ordem que é ordem de símbolos, ordem legal, ordem simbólica, corrente simbólica, ordem da dívida simbólica [...]" (*La Relation d'objet*, p. 102), uma tal ordem preexistindo a tudo que, na experiência, acontece para o sujeito, seus acontecimentos, suas satisfações, suas decepções...

BIBLIOGRAFIA
LACAN, Jacques. *Écrits*. Paris: Seuil, 1966.
LACAN, Jacques. *Le Séminaire, livre IV, La Relation d'objet*. Paris: Seuil 1994; *Livre VII, L'Éthique de la psychanalyse*, ibid., 1986; *Livre VIII, Le Transfert*, ibid., 1991.

Pelo menos nas línguas em que "dever" pertence à genealogia do latim *debere*, e talvez também na Índia védica, a "dívida simbólica" parece determinar um campo lexical no qual a obrigação assume um sentido mais profundo do que o que se observa no campo jurídico e financeiro, em que se tem de devolver uma coisa ou soma emprestada. O primeiro desses dois registros, de fato, "diz respeito à obrigação no sentido da reciprocidade (estaríamos então no domínio do dom/contra-dom)", em uma esfera onde reina a troca entre doações, uma doação chamando outra de volta (cf. HÉNAFF, *Le Prix de la vérité*, p. 274). Em contrapartida, na relação de caráter pecuniário estabelecida entre um credor e seu devedor, a obrigação a que este último está sujeito está contratualmente exposta a uma sanção que, se a dívida não for paga, pode ser impiedosa. E é sobre esse modelo que Nietzsche parece fundar toda a sua concepção de uma dívida que só pode criar no devedor um estado de dependência e de humilhação com seu cortejo de angústia, de má consciência, de sentimentos de culpa ou de desvalorização característicos da vergonha (cf. TRICAUD, *L'Accusation*).

BIBLIOGRAFIA

BENVENISTE, Émile. Prêt, emprunt et dette. *In*: *Vocabulaire des institutions indo-européennes*. Paris: Minuit, 1969. t. 1, cap. 16, p. 181-197.

FREUD, Sigmund. O tema dos três escrínios. *In*: *Obras psicológicas completas*. Tradução de José Octavio de Aguiar Abreu. Rio de Janeiro: Imago, 1969. v. XII.

GOLDSCHMIDT, Georges-Arthur. *Quand Freud voit la mer. Freud et la langue allemande*. Paris: Buchet-Chastel, 1988.

HÉNAFF, Marcel. Cap. 6, La Logique de la dette. *In*: *Le Prix de la vérité. Le don, l'argent, la philosophie*. Paris: Seuil, 2002. p. 269-317.

KANT, Immanuel. *Critique de la raison Pratique*. Traduit par L. Ferry et H. Wismann. Paris: Gallimard, "Folio-Essais", 1985.

MALAMOUD, Charles. Présentation et Théologie de la dette dans les Brahmana. *Purusartha*, n. 4, La Dette, École des hautes études en sciences sociales, 1980.

MALAMOUD, Charles. Présentation et Dette et devoir dans le vocabulaire sanscrit et dans la pensée brahmanique. *In*: MALAMOUD, C. (Dir.). *Lien de vie, nœud mortel. Les représentations de la dette en Chine, au Japon et dans le monde indien*. Paris: l'École des hautes études en sciences sociales, 1988 [republicado em *Cuire le monde, Rite et pensée dans l'Inde ancienne*. Cap. 5, La théologie de la dette dans le brahmanisme. Paris: La Découverte, 1989, p. 115-136; e no art. "Dette (Anthropologie)". *In*: *Encyclopædia universalis*, 1990. v. 7].

MALAMOUD, Charles. Psychanalyse et sciences des religions. *In*: KAUFMANN, P. (Dir.). *L'Apport freudien*. Paris: Bordas, 1993. p. 587-596.

NIETZSCHE, Friedrich. *Zur Genealogie der Moral*. Kritische Studienausgabe, t. 5, G. Colli & M. Montinari (Ed.). München: Deutschen Taschenbuch Verlag de Gruyter, nova ed., 1999.

NIETZSCHE, Friedrich. *La Généalogie de la morale*. Traduit par I. Hildenbrand et J. Gratien. Paris: Gallimard, "Folio-Essais", 1971.

NIETZSCHE, Friedrich. *Genealogia da moral*. Tradução de Paulo César de Souza. São Paulo: Cia. das Letras, 1998.

ONIANS, Richard Broxton. *Les Origines de la pensée européenne*. Traduit par B. Cassin, A. Debru et M. Narcy. Paris: Seuil, 1999.

RABELAIS, François. *OEuvres complètes*. *Le Tiers Livre*, G. Demerson (Éd.). Paris: Seuil, 1973.

SARTHOU-LAJUS, Nathalie. *L'Éthique de la dette*. Paris: PUF, 1997.

TRICAUD, François. *L'Accusation. Recherche sur les figures de l'agression éthique*. [S.l.]: Dalloz, 1977. Cap. 5, La Dette, et Cap. 6, L'Expérience de la honte, p. 107-146.

INSTRUMENTOS

MALAMOUD, Charles. *Encyclopædia Universalis*. Paris: [s.n.], 1990. v. 7.

ERNOUT, Alfred; MEILLET, Antoine. *Dictionnaire étymologique de la langue latine*. 4. ed. Paris: Klincksieck, 1967.

ECONOMIA
Frédéric Langer
Tradução: Ulysses Ferraz

fr.	*économie*
ingl.	*economy*
al.	*Wirtschaft*

➤ OIKONOMIA, BERUF, PÓLIS, POVO, POLÍTICA, PROPRIEDADE, SOCIEDADE CIVIL

A palavra "economia" é uma importação direta do grego, com utilização em diversas línguas europeias, ainda que na Alemanha prefira-se o termo Wirtschaft a Ökonomie. Ela conservou um conjunto de sentidos derivados de sua origem (as "regras", nómoi, de boa gestão de uma "casa", oíkos), que é muito semelhante entre os idiomas. Entretanto, por trás dessa aparência de unanimidade, escondem-se diferenças que nos remetem a problemas de fundo. Aqui tomamos como ponto de partida a extensão atual do sentido da palavra em inglês, em que economy é sinônimo de "país". O francês resiste a essa extensão, que se intromete em um domínio reservado à política, e o português, nesse quesito, aproxima-se do inglês (quando se afirma, por exemplo, que "X é a primeira economia do mundo"). Sendo assim, o inglês e o português, de um lado, e o francês, de outro, divergem no recorte entre o econômico/político, que é decisivo para a definição de "economia". O termo alemão Wirtschaft parece escapar desse dilema, uma vez que repousa sobre a metáfora do hospedeiro [der Wirt], que permite incluir em um todo orgânico os agentes da economia e da sociedade política; contudo, a pretensão da economia de encarnar a racionalidade coletiva deve então recorrer à palavra povo [Volk] para se afirmar [Volkswirtschaft].

O domínio senhorial homérico não pode mais servir para descrever a economia moderna. Mas sua ligação com o oíkos faz com que a palavra "economia", embora chamada a exprimir uma realidade social de altíssimo nível, continue a possuir a marca de suas origens, confinada às tarefas materiais, à subsistência cotidiana.

I. ECONOMIA, "ÉCONOMIE" E "ECONOMY"

A palavra "economia" vem do grego *oikonomía*, que significa a direção e a administração de uma "casa", o que quer dizer, à época homérica, um domínio senhorial. Em português, "economia", como o adjetivo "econômico", designa uma virtude ou qualidade, uma forma de prudência; o exercício dessa virtude ("economizar"); uma ciência social e suas espécies ("economia aplicada", "economia monetária"); o objeto dessa ciência ("a economia dos países desenvolvidos"); e finalmente, a harmonia ou organização das partes de um todo ("economia libidinal", ver OIKONOMÍA). Salvo nesta última acepção, em que se pode aplicar tanto a uma obra literária quanto à criação divina ou ao corpo humano, o emprego dessa palavra identifica um campo: as atividades materiais de produção, distribuição e consumo de bens. Esse campo possui um caráter técnico: um texto sobre a economia incluirá geralmente números, símbolos de grandezas físicas. Além disso, é um termo limitado pela distinção econômico/político. É assim que a transformação da Comunidade Econômica Europeia em União Europeia, ou seja, o desaparecimento da palavra "economia" no título, representa para esse grupo de países uma evolução considerada muito importante. A fronteira que separa o econômico do político é um ponto sensível na sociedade contemporânea: é odioso, nos dizem, que empresas multinacionais derrubem um governo; ou que o Estado intervenha de maneira minuciosa na economia.

A palavra inglesa *economy* engloba todos os sentidos do francês e do português, exceto a ciência, que é designada por *economics*. Em contrapartida, um dos sentidos da palavra é tão amplo que ultrapassa o sentido francês – mas foi tranquilamente importado pelo português. Trata-se do sentido que designa uma parte da vida social, talvez uma parte autônoma, talvez um todo que, por uma metonímia cada vez menos perceptível, seria em inglês a sociedade inteira. Nesse caso, é traduzido em francês por "país". Assim, Paul Samuelson e William Nordhaus escrevem, naquele que é o manual de economia mais lido no mundo: "*How can we explain that a country like Japan [...] has become the world's most productive economy?* [Como podemos explicar que um país como o Japão tenha se transformado na economia mais produtiva do mundo?]" (*Economics*, p. 700). O Japão é uma *economy*, uma economia. Uma *economy* é um ser dotado de personalidade, que existe de modo plural: "*market economies are many times wealthier than they were at the age of Adam Smith* [as economias de mercado são infinitamente mais ricas do que eram no tempo de Adam Smith]" (*ibid*., p. 724). A sinonímia aparece ainda mais claramente em outros casos: "*At the end of the 1980s, the walls of the centrally planned economies of Eastern Europe were knocked down and these countries began the swift transition to market economies* [No fim dos anos 1980, o muro das economias centralmente planificadas da Europa oriental desabou e esses países começaram uma rápida transição para a economia de mercado]" (*ibid*., p. 375).

Se a língua francesa resiste a esse emprego, na língua portuguesa, ao contrário, o uso da palavra *economia* para designar país ou região é muito frequentemente encontrado na literatura econômica, aproximando-se com isso da íngua inglesa. Como exemplo, o economista Paulo Gala, em seu livro *Complexidade econômica,* afirma que "entre os principais itens que três importantes economias latino-americanas – Brasil, Chile e México – exportam para os Estados Unidos estão *commodities* tradicionais e produtos que foram muito beneficiados por políticas industriais" (*Complexidade econômica*, p. 122).

O uso da palavra *economy* para designar países conhece um desenvolvimento notável na Ásia. Dois dos "tigres asiáticos", Hong Kong e Taiwan, não são países em sentido diplomático. Sua presença no fórum de Cooperação Econômica Ásia-Pacífico (*Asia-Pacific Economic Cooperation – APEC*) obriga os países-membros, incluindo os Estados Unidos, a se designarem eles próprios como *economies* nesse quadro. Esse sentido existe no português, porém não no francês, onde encontramos, por outro lado (*Le Petit*

Robert, 1993), o de "Atividade, vida econômica; conjunto de fatos relativos à produção, à distribuição e ao consumo de riquezas em uma coletividade humana. *Ministério da Economia Nacional*". A economia, assim designada, é uma parte da coletividade, como salienta oportunamente o exemplo escolhido.

A Organização para a Cooperação e Desenvolvimento Econômico é uma organização em que as duas línguas oficiais são o inglês e o francês. Como trata sobretudo de economia, ela foi obrigada a enfrentar esse problema. O *Glossaire* da OCDE, elaborado para resolver esse tipo de dificuldade, propõe então traduzir "*economy*" por "*pays*". Por exemplo, *advanced market economy* [economia de mercado avançada] é traduzido por *pays développé à économie de marché* [país desenvolvido com economia de mercado].

II. ECONOMIA E POLÍTICA

Tudo se passa, portanto, como se a língua francesa estivesse impregnada da prerrogativa do político. Não podemos, no momento, dizer "a França é uma economia", ao passo que "*the US is an economy*" é aceitável em inglês e "o Brasil é uma economia" também o é em português. Compreendemos que, reciprocamente, *policy* também traz um problema de tradução: quanto mais o sentido de *economy* se estende até o ponto de se revestir de uma dimensão política, mais o sentido de *policy* diminui. Assim, o sentido de *policy* é mais restrito que o de política, pois designa somente os aspectos não políticos da ação do Estado – as questões propriamente políticas são designadas por *politcs*; mas por outro lado seu emprego é vasto, e veicula a ideia de que a ação do Estado talvez não seja necessariamente política.

O problema pode ser resolvido quando *policy* é substantivo: dizemos "política governamental", ou falamos, no plural, "políticas". É mais difícil de resolver quando *policy* é adjetivo. Assim, *policy action* será traduzido por "ação governamental, ação pública, medidas governamentais"; *policy area* por "campo/setor de ação (dos poderes públicos)"; *policy debate* por "debate sobre as medidas a tomar/as políticas a seguir"; *policy context* por "quadro de ação" (*Glossarie*, OCDE, 1982). Nenhuma dessas traduções contém a palavra "política" no singular. Há um obstáculo a contornar. Esse obstáculo é que a palavra *política* tem uma espécie de valor sagrado em francês. Ela prolonga amplamente sua sombra em torno de si. Traduzir *policy debate* por "debate político" seria um grave contrassenso, uma vez que o inverso não é verdadeiro. Para sabermos se um *debate político* é um *political debate* ou um *policy debate*, é preciso determinar se ele diz respeito a objetivos ou, alternativamente, a medidas de aplicação, o que pode ser árduo de distinguir.

Assim, a dificuldade de se traduzir *économie* por *economy* está ligada à relação entre economia e política. O problema é saber se há um dono da casa (*oîkos*) e quais são suas prerrogativas. O mote do liberalismo sobre o qual se sustentam a maioria das sociedades ocidentais é o de deixar o máximo possível a produção e a distribuição das riquezas (as atividades "econômicas") a cargo da iniciativa privada. Se esse fosse o caso e, em particular, se a iniciativa privada fosse aquela de todos os cidadãos, o domínio de intervenção do

Estado, do político, poderia se reduzir ao mínimo, possivelmente próximo de zero: um sistema de preços e mercados seria capaz de coordenar os homens e as empresas sem nenhuma intervenção central.

Em francês, a economia é uma parte do todo social. Ela permanece subordinada a um dono, o Estado-nação, que sozinho representa esse todo. Assim, o inglês e o francês teriam recebido cada um uma das duas metades da herança do liberalismo. Essas línguas permanecem marcadas por essa experiência histórica e formulam cada um dos polos da separação econômico/político.

Na língua portuguesa, a dimensão política da economia é capturada pela expressão *economia política* – que, segundo o *Novo Dicionário Aurélio* significa: "Estudo dos fenômenos econômicos com ênfase em suas condicionantes históricas, políticas e sociais" (p. 716) –, à qual é sintomaticamente adicionada a dimensão social, marcada pelas desigualdades produzidas por uma história colonial.

III. "WIRTSCHAFT"

O alemão aparentemente ignora esse dilema, pois se utiliza, sobretudo, de *Wirtschaft*, cujo primeiro sentido é "conjunto de ações metódicas que contribuem para a satisfação das necessidades" (*Der Neue Brockhaus*, v. 5, art. "Wirtschaft"). Essa palavra deriva de *der Wirt*, que significa "albergueiro, hospedeiro, anfitrião" e também "chefe de família". Há, portanto, claramente um dono dessa casa. Não pode haver albergue sem albergueiro. A existência do político não é ameaçada pelo sentido mais amplo da palavra *Wirtschaft*, pois ela não se situa nem acima nem abaixo dele: ela lhe é consubstancial. Ao transpor o domínio senhorial grego para a metáfora do albergue, o alemão conserva a ligação entre economia e política: o albergue é um lugar privado, que é público na medida em que é aberto ao público. A metáfora do hóspede/hospedeiro é forte em alemão. Por exemplo, os trabalhadores estrangeiros/imigrantes são qualificados como *Gastarbeiter* (trabalhadores-hóspedes). Apesar disso, a metáfora não basta para representar uma realidade nacional.

O problema da extensão do sentido de *Wirtschaft* na designação de uma realidade social autônoma capaz de existir sobre o modo plural (internacional) se resolve em alemão pela palavra *Volkswirtschaft*:

> *Die Moderne Wirtschaft ist eine gesellschaftlicharbeitsteilig Tauschwirtschaft, die ihrer regionalen Ausdehnung nach über die nationalen Grenzen der einzelnen Volkswirtschaften hinaus sich zu einer die Erde umspannenden Weltwirtschaft entwickelt hat* (*Der Neue Brockhaus*, v. 5, art. "Volkswirtschaft").
>
> [A economia moderna é uma economia de troca fundada sobre a forma societária e a divisão do trabalho, que ultrapassou a repartição regional das diferentes economias nacionais ao se tornar uma economia mundial que engloba todo o planeta para além das fronteiras nacionais.]

Mas mesmo nessa acepção doméstica, *Wirtschaft* não é adequada como expressão da racionalidade econômica. Max Weber sentiu a necessidade de definir a palavra com precisão. Esta, diz ele, muitas vezes é objeto de um "uso inapropriado", que consiste em falar de *Wirtschaft* para designar "toda ação racionalmente planejada com vista a um fim", ou para designar, seguindo o modelo do "princípio da economia" leibniziano, a "máxima técnica universal do *optimum* – obter o resultado relativamente máximo com gasto mínimo", o que para Weber não passa de uma técnica. Segundo Weber, só devemos falar de *Wirtschaft* "quando temos, por um lado, uma necessidade ou um complexo de necessidades e, por outro, uma reserva de meios e ações possíveis para satisfazê-las, considerada *escassa* pelos agentes, tornando-se esta situação a causa de um comportamento específico que a tem em conta" (*Economia e sociedade*, p. 230). A economia é a atividade específica dos agentes que se encarregam da satisfação das necessidades, na medida em que essa satisfação seja, por sua vez, específica em relação ao restante da vida social; é, de certa forma, o ofício (*Beruf*) dos agentes econômicos.

Weber especifica que essa ação toma duas formas:

> *Man kann unter zwei verschiedenen Gesichtpunkten wirtschaften. Einmal zu Deckung der Alltagsbedürfnisse [...]. Gegenüber der Wirtschaft zur Deckung des eigenes Bedarfs ist die zweite Art des Wirtschaftens Wirtschaft zum Erwerb: die Ausnutzung des spezifisch ökonomischen Sachverhalts: Knappheit begehrter Güter, zur Erziehung eigenen Gewinn an Verfügung über diese Güter.*
>
> [A gestão econômica pode realizar-se sob dois aspectos. O primeiro é o da satisfação de uma dada necessidade própria [...]. Em oposição à economia dirigida à satisfação de necessidades próprias, o segundo tipo de gestão econômica está voltado à aquisição: aproveita-se da situação especificamente econômica de escassez de bens desejados a fim de obter lucro pela disposição sobre esses bens (*Economia e sociedade*, p. 230).]

A legitimação do lucro pessoal nas sociedades ocidentais (ética protestante) é uma modalidade dessa ação.

Uma vez mais, a simples ação racional do ser humano buscando satisfazer suas necessidades materiais não pode servir para legitimar um sistema social – quando ela não se exprime por uma palavra grega.

Wirtschaft parece ser mais próximo de *economy* que de *économie*, pois permite englobar todos os atores que agem economicamente. Se cada cidadão se torna um agente econômico, a classe social considerada por Weber se generaliza por toda a sociedade. Mas, ao mesmo tempo, o verbo *wirtschaften* é tão afastado do francês quanto do português e do inglês, que nesse caso se encontram no mesmo barco; de fato, o verbo *économiser*, o verbo "economizar" e o verbo *to economise*, que veiculam o sentido de "poupar", impedem uma dinamização da noção e, por conseguinte, o aparecimento desses agentes econômicos, e dos aspectos da gestão econômica que nada têm a ver com o ato de "economizar" (por exemplo, o investimento). Essas noções permanecem escondidas no inglês, no português e no francês por trás da palavra de ordem da prudência que enfeita a economia com as plumas da virtude.

BIBLIOGRAFIA

GALA, Paulo. *Complexidade econômica: uma nova perspectiva para entender a antiga questão das riquezas das nações.* Rio de Janeiro: Contraponto, 2017.
SAMUELSON, Paul A.; NORDHAUS, William D. *Economics.* 11. ed. New York: McGraw-Hill, 1989. [Obs.: as citações contidas neste verbete, cujo original é de 2004, são da 11ª edição. Atualmente em sua 19ª edição, completamente reformulada, estas passagens foram todas excluídas)
WEBER Max. *Wirtschaft und Gesellschaft.* 5. ed., rev. Tübingen: Mohr (Siebeck), 1976. [Ed. fr.: *Économie et Société.* Traduit par J. Freund, P. Kamnitzer, P. Bertrand *et al.* J. Chavy et E. de Dampierre (Dir.). Paris: Pocket, 1995]. [Ed. br.: *Economia e sociedade: fundamentos da sociologia compreensiva.* 4. ed. Brasília: Ed. Universidade de Brasília, 2000].

INSTRUMENTOS

BROCKHAUS, Friedrich Arnold (Org.). *Der Neue Brockhaus.* 7. ed. Mannheim: Brockhaus, 1991. 5 v.
FERREIRA, Aurélio Buarque de Holanda. *Novo Dicionário Aurélio.* 2. ed., rev. e ampl. Rio de Janeiro: Nova Fronteira, 1986.
VAN HOEK, Jacqueline; BROUILLAUD, Pierre; SCORNAUX Jacques. *Glossaire de l'économie, anglais--français.* [*S.l.*]: OCDE, 1992.
LE PETIT ROBERT. Dictionnaire Alphabétique et Analogique de la Langue Française. Nouvelle Édition du Petit Robert de Paul Robert. Texte remanié et amplifié sous la direction de Josette Rey-Debove et Alain Rey. Paris: Dicionnaires Le Robert, 1993.

ELEÚTHERIA

[ἐλευθερία – grego] (pt. *liberdade, livre-arbítrio*)

Claude Romano
Tradução: Daniel Nascimento

fr.	*liberté, libre arbitre*
lat.	*libertas, liberum arbitrium*
al.	*Freiheit, Willkür*
ingl.	*liberty, freedom*

➢ SVOBODA, AMAR, DEVER, LIBERAL, MORAL, NATUREZA, POVO, PHRONESIS, PÓLIS, PRÁXIS, VONTADE, WILLKÜR

O léxico da liberdade se organiza de acordo com uma dupla etimologia: enquanto certas línguas favorecem a ideia de um crescimento que se desdobra até o seu pleno desenvolvimento – eleúthería [ἐλευθερία], libertas, liberté, *liberdade –, outras determinam a liberdade a partir do "pertencimento ao grupo fechado daqueles que se dizem amigos mutuamente" (Benveniste) –* freedom, Freiheit; *sendo que o inglês tem os dois vocábulos:* liberty *e* freedom. *No entanto, para a história da filosofia, a principal divisão fica entre o significado grego da palavra* eleúthería *– que, pelo menos em Platão, refere-se ao desenvolvimento bem regulado do filósofo natural –, e o significado medieval e moderno de* libertas, *ligado ao livre-arbítrio e à invenção da vontade.*

I. A ETIMOLOGIA COMO FORMA DE ACESSO AO SENTIDO FILOSÓFICO GREGO DA LIBERDADE

O que nos impressiona no léxico grego da liberdade é, antes de tudo, sua extrema riqueza. À noção fundamental de *eleúthería* se juntam, de fato, os adjetivos *hekón* [ἑκών], *hekoúsios* [ἑκούσιος] (oposto: *ákon* [ἄκων]), "de bom grado" ou "voluntário" (oposto: involuntário), o primeiro, *hekón*, remetendo antes a uma disposição do agente, e o segundo, *hekoúsios*, ao ato realizado. Trata-se, aliás, de um termo fundamental, tanto na tragédia de Eurípides, onde designa o consentimento do herói à morte, que se opõe à morte imposta de fora (cf. NESTLE, *Eleutheria*, p. 63-64), quanto na problemática platônica do erro "involuntário", segundo a qual "não há um homem que erre voluntariamente" (*Protágoras*, 345e); mas também no livro III da *Ética a Nicômaco*, na teoria da decisão (*proaíresis* [προαίρεσις]) e da imputabilidade. Mais tardia, a noção de *tà eph'hemín* [τὰ ἐφ' ἡμῖν] designa, em um contexto estoico, o que depende de nós por oposição àquilo que diz respeito ao destino; ela é acompanhada por uma nova palavra, *to autexoúsion* [τὸ αὐτεχούσιον], que aparece ao lado da *exousía* [ἐξουσία] (autoridade, mestria, domínio, mas também liberdade em um certo sentido jurídico) para designar o domínio de si mesmo. Por fim, é todo o vocabulário da intenção, do desejo, da aspiração (*boúlesis* [βούλησις], *boúlesthai* [βούλεσθαι], *thélesis* [θέλησις], (*e*)*thélein* [(ἐ)θέλειν]), da deliberação (*boúleusis* [βούλευσις], *bouleúesthai* [βουλεύεσθαι]) e da decisão (*haíresis* [αἵρεσις], *proaíresis* [προαίρεσις]), que intervém nas passagens que tenderíamos, de uma perspectiva moderna, a interpretar uniformemente em termos de "liberdade". Ora, uma tal tradução não tende apenas a homogeneizar significados diversos e nivelar a riqueza do grego; além disso, ela projeta sobre termos diferentes um esquema interpretativo que deriva inteiramente de uma evolução histórica: arriscamos então entender Platão ou Aristóteles a partir de uma problemática medieval ou moderna da *libertas*, que é inteiramente estrangeira ao seu horizonte filosófico.

Quando falamos de liberdade em português, nós estamos transpondo, mais do que traduzindo, uma palavra latina, carregada de um passado filosófico pesado. A *libertas*, no sentido escolástico e depois moderno, inclui, ao mesmo tempo: 1) a ideia de ausência de coerção ou constrangimento (*libertas a coactione*), a ideia de pura espontaneidade; 2) a noção de uma vontade que não é determinada de forma alguma a escolher um ou outro de dois opostos (*libertas a determinationis, ad utrumlibet*) e que pode, portanto: a) agir ou não agir (*libertas quoad exercitium actus*, liberdade de exercício), b) escolher um ato ou o ato contrário (*libertas quoad speciem actus*, liberdade de especificação). A segunda dessas determinações corresponde ao conceito de livre-arbítrio, conforme formulado por Molina (*De concordia...*, 14, 13, 2): "*Illud agens liberum dicitur, quod positis omnibus requisitis ad agendum, potest agere et non agere, aut ita agere unum ut contrarium etiam agere possit* [Chamamos livre o agente que, estando postas todas as condições necessárias para sua ação, pode agir e não agir, ou agir de tal maneira que, se ele cumprir uma das duas ações contrárias, ele poderia ter igualmente cumprido a outra]" e parcialmente retomado por Descartes (cf. *Meditações, in* "Os pensadores", v. 15). A "liberdade", tal como a entendemos, articula as noções de ausência de coerção, de espontaneidade, indiferença e autodeterminação. Não se trata de negar que alguns desses sentidos possam já estar presentes no grego; mas nenhum deles parece suficiente, nem mesmo determinante, para compreender o que está em jogo no conceito de *eleútheria*.

Durante muito tempo, tentou-se entender o significado primário da palavra a partir da etimologia que os próprios gregos lhe deram: a *eleútheria* estaria ligada a uma raiz *eluth-* [ἐλυθ-] *eleuth-* [ἐλευθ-], que expressava a ideia de "ir aonde se quer", *tò elthheín hópou erai* [τὸ ἐλθεῖν ὅπου ἐρᾷ], "ir aonde quiseres". Essa explicação "etimológica" costuma andar de mãos dadas com uma interpretação filosófica do termo, que privilegia sua significação política: a pessoa livre era alguém que, ao contrário do escravo, podia se mover como queria e não era impedido em seus movimentos (cf. HEGEL, *Enciclopédia*, §486; ARENDT, *A vida do espírito*, 2009, p. 280; FESTUGIÈRE, Liberté et Civilisation chez les Grecs, p. 21; POHLENZ, *Griechische Freiheit*, p. 11). O significado negativo do termo – o livre por oposição ao escravo (onde "livre" é quase sinônimo de "cidadão", pois o homem livre é quem participa do poder na cidade, determinada por Aristóteles como "comunidade dos [homens] livres (κοινωνία τῶν ἐλευθέρων)" (*Política*, III, 6, 1279a 21, ver PÓLIS) – poderia ser considerado, nessa perspectiva, como o único significado autenticamente grego da palavra. Hannah Arendt resume bem esta tese – em sua forma mais radical – quando escreve: "Não há preocupação com a liberdade [*freedom*] em toda a história da grande filosofia desde os pré-socráticos até Plotino, o último filósofo da Antiguidade" (Trad. M. Barbosa [2016] de *Between Past and Future: Eight Exercises in Political Thought*, p. 145).

Mas essa explicação "etimológica" está ultrapassada. As pesquisas contemporâneas de H. Frisk (*Griechisches etymologisches Wörterbuch*, p. 490-491) e Benveniste (*Le vocabulaire des institutions indo-européennes*, 1969 [*O vocabulário das instituições indo-europeias*, Trad. de D. Bottmann, 1995]; cf. também CHANTRAINE, *Dictionnaire étymologique de la langue grecque*) colocaram em evidência a maior riqueza semântica do termo. O significado primeiro da *eleútheria* não seria um significado negativo ("não ser impedido de ir aonde se deseja"), vinculado a uma restrição e uma limitação, mas um significado positivo. Como mostrou Benveniste, o radical do qual *eleútheros* [ἐλεύθερος] é derivado, a saber **leudh-*, significa "crescer, se desenvolver", que em eslavo e alemão desembocou em termos que significam "povo", "gente" (*Leute*). A palavra *eleútheria* articula, portanto, dois significados principais, cuja relação deve ser compreendida: o pertencimento a um tronco étnico (o povo, a gente) e a ideia de um crescimento que resulta em uma forma acabada, que atinge seu termo quando desabrocha plenamente. Deve-se concluir, portanto, que "o sentido primeiro, ao contrário do que seríamos tentados a imaginar, não é 'solto de alguma coisa'; é o de pertença a um tronco étnico designado por uma metáfora de crescimento vegetal. Essa pertença confere um privilégio que o estrangeiro e o escravo jamais conhecerão" (*O vocabulário das instituições indo-europeias*, v. 1, p. 320). Ser "livre" é, portanto, pertencer a um "'grupo de crescimento', para designar uma fração étnica, o corpo daqueles que nasceram e se desenvolveram juntos" (p. 319). O significado primeiro de *eleútheros* poderia então ser: "pertencente ao povo", "em casa", em oposição aos bárbaros. É assim que M. Van Straaten interpreta a primeira ocorrência conhecida desse termo em uma passagem controversa da *Ilíada* (VI, 455): trata-se de Andrômaca que, levada de Troia, perde seu *eleútheron êmmar* [ἐλεύθερον ἦμαρ] "dia da liberdade". Esta tradução por "liberdade", de acordo com Van Straaten, não traduz o significado principal da palavra em grego: "o primeiro significado de *eleútheros* seria: pertencer ao povo, estar em casa, *chez soi*, *at home*" ("What did the Greeks mean by Liberty?", p. 108). Perder a *eleútheria* é, antes de tudo, perder o dia que nasce no país natal onde Andrômaca está em casa: "Parece muito possível que, nesses tempos antigos, os gregos experimentassem esse 'em casa' como o primeiro elemento na frase, e 'livre' apenas como consequência" (*ibid.*, p. 109; cf. também R. Muller, "Remarques sur la liberté grecque").

Eleútheria, portanto não teria primariamente uma significação política mas sim biológica ("tronco, linhagem, povo") ou física ("crescimento", e, mais precisamente, um crescimento consumado, que chegou ao fim no pleno desenvolvimento da forma – donde "forma, figura, estatura"). Seria o caso, como pensa Benveniste, de uma simples "metáfora"? Esta é, de certa forma, toda a questão.

1. Os dois paradigmas: "freedom"/"liberty"
B. Cassin e P. Raynaud

O inglês possui duas palavras, *freedom* e *liberty*, que são ambas opostas a *serfdom* [servidão] ou a *slavery* [escravidão], mas cujas conotações são muito diferentes. *Freedom* é o termo mais geral, que designa o poder que um ser tem para agir de acordo com sua vontade, sem restrições ou, pelo menos, sem restrições legítimas; portanto, é usado indiferentemente na filosofia geral para falar de "liberdade de vontade", "livre-arbítrio", etc., e na filosofia política para designar o estado de que os cidadãos de uma comunidade "livre" gozam. *Liberty* tem um significado mais precisamente político e jurídico: designa a ausência de todas as restrições à liberdade além daquelas que são legitimamente (*justly*) impostas pelo direito ou pela lei; e também tem conotações elogiosas, que explicam o uso que fazem dela pensadores liberais ou republicanos apegados à liberdade política, ou seja, ao fato de viver livre sob leis.

Assim, o inglês funciona como o testemunho que modula os dois paradigmas, trazidos à luz por Benveniste (*O vocabulário das instituições indo-europeias*, v. 1, Livro 3, cap. 3), que operam nos idiomas indo-europeus para construir a ideia de liberdade. *Liberty*, como "liberdade", refere-se ao latim *liber* e *liberas*, assim como aos gregos *eleútheros* [ἐλεύθερος], *eleuthería* [ἐλευθερία]: o latim e o grego são de fato linguisticamente sobrepostos e dependem (via o vêneto *(e)leudheros*), da mesma raiz *leudh-, "crescer, desenvolver-se", donde provêm termos que, à primeira vista, são tão heterogêneos quanto *Liber* (lat.), o antigo deus da vinha, *liberi* (lat.), "os filhos" (bem-nascidos, legítimos) e *Leute* (al.), "o povo". Daí a insistência no tronco étnico e no crescimento.

Mas há uma outra genealogia da liberdade, que coloca primeiramente em jogo noções relacionadas ao indivíduo: o inglês *free* como o alemão *frei* dependem de um adjetivo indo-europeu, *priyos*, que diz a pertença pessoal, o relacionamento consigo mesmo e com os seus ("querido"). Desta vez, é determinante o pertencimento ao grupo fechado daqueles que se chamam de "amigos" – *friend* (angl.), *Freund* (al.): não é mais nascimento, mas reciprocidade de classe, afetiva e institucional, que constitui liberdade. Agora, todo um conjunto de palavras são suscetíveis de serem mobilizadas, e elas também indicam como não se é "si mesmo" a não ser no "entre-si": assim, reencontra-se o indo-europeu *swe para indicar o si, o refletido, o próprio (*ídios* [ἴδιος] gr., ver PROPRIEDADE) como que para significar o aliado, os pais (*étes* [ἔτης] gr.), o companheiro, o colega (*hetaîros* [ἑταῖρος] gr., *sodalis* lat.) (ver SVOBODA).

Esse duplo paradigma linguístico, que revela duas maneiras de promover a liberdade e de identificar a pessoa, pode esclarecer certas distorções na história da filosofia, incluindo sem dúvida distorções de termos que dependem do mesmo paradigma.

II. LIBERDADE, CRESCIMENTO, NATUREZA: "ELEÚTHERIA" E "PHÝSIS"

O crescimento que eclode no espaço aberto da presença, enquanto movimento a partir de si mesmo e na direção de si mesmo, é, de fato, o que designa o termo grego *phýsis* [φύσις]. A *phýsis*, como Heidegger apontou, não é apenas um ser entre outros, mas a determinação originária do ser para os gregos: "O ser é *physis*, a saber, isso que é manifesto por si mesmo [*Sein ist* φύσις, *das von sich her Offenkundige*]" (*Der Satz vom Grund* [O princípio de razão], p. 120). A *physis* é o tipo de mobilidade que pertence ao ser móvel *enquanto modo de seu ser*, ou seja, da entrada na presença: "É somente quando essa compreensão se torna possível que a *physis* pode ser entendida em sua essência como o poder originário sobre a mobilidade do ente móvel a partir de si mesmo e na direção de si mesmo [*Erst dann, wenn dies gelingt, wird die* φύσις *in ihrem Wesen als die ausgängliche Verfügung über die Bewegtheit des von ihm selbst her und auf sich zu Bewegten fassbar*]" (*Vom Wesen und Begriff der* Φύσις [*Sobre a essência e o conceito da* physis], GA-9, p. 261). Ela designa o modo de irrupção do ente na presença, como crescimento, desdobramento, floração e eclosão. Não seria ela quem prescreve, portanto, o sentido filosófico primordial à noção grega de *eleútheria*? É isso que podemos sustentar tendo em vista um certo número de textos. Aqui, nos limitamos a dois exemplos.

Que o "livre" seja, de início, aquele que desabrochou enquanto homem, isto é, que chegou à plena realização de sua forma e de sua figura humana, uma passagem do *Teeteto* (173a-b) estabelece-o claramente (cf. MULLER, "Remarques sur la liberté grecque", p. 429). Lá, Sócrates compara os sofistas hábeis na argumentação jurídica que, desde a juventude, passaram o tempo nos tribunais, aos filósofos; os primeiros, quando comparados aos segundos, são como pessoas criadas para servir em comparação com homens livres (*eleuthérois* [ἐλευθέροις]). Os litigantes nunca têm folga: o tempo de seus discursos é sempre contado. Assim, a educação que eles recebem os torna hábeis, mas também "os torna almas atrofiadas e distorcidas (*smikroì dè kaì oúk ortoì tàs psykhás* [σμικροὶ δὲ καὶ οὐκ ὀρθοὶ τὰς ψυχάς])". E Sócrates acrescenta:

> Pois a escravidão privou-os de crescimento, verticalidade e liberdade [τὴν γὰρ αὔξην καὶ τὸ εὐθύ τε καὶ τὸ ἐλευθέριον], desde a juventude, obrigando-os [ἀναγκάζουσα] a agir de modo torcido, atirando-os para grandes perigos e medos, quando as almas ainda são tenras. E como não conseguem suportá-los com aquilo que é justo e verdadeiro, virados imediatamente para a mentira e para as injúrias de uns contra os outros, ficam muito deformados e constrangidos [κάμπτονται καὶ συγκλῶνται] (PLATÃO, *Teeteto*, 173a-b).

Assim, Sócrates pode concluir que somente o filósofo dispõe de liberdade (*eleútheria*) em sua maneira de conduzir o discurso (*lógos* [λόγος]) e em sua passagem de um discurso a outro (173b). Esse texto associa de maneira extremamente clara a liberdade e o crescimento (*aúxe* [αὔξη]) que conduzem à estatura reta, à retidão na manutenção (*tò euthú* [τὸ εὐθύ]), enquanto a escravidão dos litigantes e retóricos não filósofos é o fato de uma restrição (*anagkázousa* [ἀναγκάζουσα]) pela qual esse crescimento é bloqueado, não podendo florescer livremente, e gerando assim seres distorcidos, atrofiados e desonestos (cf. MULLER, "Remarques sur la liberté grecque", *loc. cit.*). Ser livre, pelo contrário, nada mais é do que alcançar seu pleno desenvolvimento de homem (cf. *Leis*, I, 635d: trata-se de formar, pela educação, homens corajosos e livres, isto é, homens realizados), assim como a planta alcança seu auge na flor.

Nessa medida, a *eleútheria* não se opõe à *phýsis*, como a liberdade moderna se opõe ao determinismo natural, mas reconduz a ela. Se, de fato, como afirma Aristóteles, "sempre que o processo de gênese de uma coisa se encontre completo, é a isso que chamamos a sua natureza" (*Política*, I, 2, 1252b 32-33), então a *eleútheria* completa a *phýsis*. É o que emerge, por exemplo, das passagens que Aristóteles dedica à escravidão por natureza, nas quais o mesmo paradigma "físico" ou "vegetal" aparece. Se há escravos naturais, lemos na *Política*, é porque existem homens cuja estatura e figura se distinguem das do homem livre, devido a um crescimento incompleto: se o escravo, por natureza, não é um homem, é porque ele "partilha da razão (*lógos*) apenas na medida em que ele pode apreendê-la, mas sem possuí-la totalmente" (*Política*, I, 5, 1254b 22); o escravo por natureza fica arqueado, ao contrário do homem livre que tem a postura ereta (1254b27), essa postura que, com a razão, confere ao homem seu caráter divino (*De partibus animalium*, IV, 10, 686a 28), porque, acrescenta Aristóteles, a *phýsis* nem sempre produz o que queria (*Política*, I, 5, 1255b 3-4). Essas descrições do escravo por natureza permaneceriam estritamente ininteligíveis para nós se não entendêssemos que, segundo Aristóteles, a liberdade, entendida no horizonte da *phýsis*, significa a plena realização ou o florescimento do homem como tal – isto é, como tal ente, tendo tal e tal "natureza". Aristóteles não fala aqui de escravizados reais, como os que encontramos em Atenas no século V, já que ele se apressa em acrescentar que, de fato, "o oposto também ocorre com frequência: há escravos com corpos de homem livre, e homens livres com alma de escravo" (*ibid.*, 1254b 31).

Nesse retrato ideal do que "deveria ser" um escravo – no qual os escravizados de fato existentes em Atenas não se enquadram! –, o escravo é, portanto, tomado "por oposição" ao homem livre (e não o contrário) como um homem incompleto, "o livre sendo o homem completo, realizado, porque não teve seu desenvolvimento impedido e, portanto, tornou-se conforme à sua verdadeira natureza" (MULLER, "La logique de la liberté dans La Politique", p. 193). Assim, "uma vez que" o homem acabado tem a capacidade de deliberar (*tò bouleutikón* [τὸ βουλευτικόν]), a prudência (*phrónesis* [φρόνησις], ver PHRONÊSIS) e age por escolha (*proairoúmenos* [προαιρούμενος]), o escravo deve ser desprovido desses três traços (*Política*, III, 9, 1280a 34): é por isso que ele não pode comandar nem participar da finalidade da cidade, que é o bem-viver ou, o que é o mesmo, a felicidade (1280a31). *A fortiori*, o escravo "por natureza" não pode participar da atividade mais alta do homem, aquela na qual ele desabrocha plenamente e consuma a sua própria natureza, completando-a ao coincidir com seu *télos* [τέλος]: a contemplação. Se Aristóteles designa aqui expressamente o homem entregue à contemplação como *eleútheros* (*Política*, VII, 23, 1325a 19), não é apenas porque ele está livre de tarefas políticas, mas porque ele cumpre plenamente sua essência de ser humano, ao mesmo tempo que alcança o que há no homem de mais "divino", mimetizando a autarquia divina.

III. UM LIVRE-ARBÍTRIO GREGO?

Nesse sentido, tanto para Aristóteles quanto para Platão, a *eleútheria* não implica necessariamente a noção moderna de indeterminação da escolha. Se devêssemos buscar a todo custo um ancestral do conceito moderno de liberdade, seria entre os sofistas que teríamos maior chance de encontrá-lo, em virtude de sua diferente compreensão da relação *phýsis/nómos*. No *Górgias*, Platão fez encarnar num discípulo dos sofistas, Cálicles, defensor radical do princípio do prazer, uma concepção de liberdade como licença irrestrita na busca de seu próprio bem, ausência de qualquer restrição externa e, portanto, pura arbitrariedade subjetiva (491e-492c). Essa concepção baseia-se em uma relação completamente diferente entre lei e natureza: a "liberdade" (*eleútheria*) não designa mais o desabrochar desimpedido "conforme à" *phýsis*, sendo *phýsis* o que governa o desabrochar e lhe confere lei própria, o florescimento que designa precisamente esse acordo ou conformidade do indivíduo com a lei de sua essência; pelo contrário, é a ideia de um desenvolvimento que é para si mesmo a sua própria lei, na medida em que não encontra diante de si nenhum obstáculo; de uma força que vai até o fim de si mesma e não é mais limitada, exceto por uma outra força, que intervém na compreensão sofística da liberdade. A "liberdade" não é compreendida por Cálicles como o desenvolvimento perfeito de um ser de acordo com a lei de sua essência, mas como um crescimento ilimitado, um desenvolvimento que não é governado por nenhuma lei ou essência, por nenhuma *phýsis* no sentido platônico (que sempre supõe uma norma e um *télos*), e que é para si mesma sua própria medida; a única *phýsis* do homem, consequentemente, é não ter *phýsis*, ser capaz de realizar suas possibilidades extremas sem nenhum vínculo ou obstáculo que se oponha.

Ora, uma tal licença absoluta, objetará Platão, é apenas uma falsa liberdade. E isso, primeiro, porque se baseia em uma ideia puramente negativa de liberdade: a independência de todos os laços e de todas as obrigações não confere à *eleútheria* nenhum conteúdo positivo; ela torna-se o poder de fazer qualquer coisa, tanto má quanto boa. Isso pode ser resumido na fórmula "fazer o que se quer" (*poieî hà boúletai* [ποιεῖ ἃ βούλεται]) (*República*, IX, 577d). Segundo, porque essa potência desenfreada pode ser uma ilusão. Não somos prisioneiros da opinião agindo como bem entendermos? E esse elo da opinião não é o mais forte, o mais implacável dos elos? Devemos opor à fórmula "aja como bem entender" o conhecimento real do bem que, sozinho, liberta. Assim, a *eleútheria* dos sofistas é posta na conta de uma natureza tirânica, na qual o homem é "levado para toda a espécie de desregramento (*pâsan paranomían* [πᾶσαν παρανομίαν]) intitulada de completa liberdade (*eleutherían hápasan* [ἐλευθερίαν ἅπασαν]) por aqueles que o arrastam [os maus educadores]" (*República*, IX, 572e). Ora, "a alma tiranizada não fará de modo algum aquilo que gostaria" (577e). Platão, assim, reverte contra os sofistas sua própria fórmula da liberdade: fazer o que se deseja em perfeita ignorância, esta é a própria fórmula da escravidão: "o tirano autêntico é um autêntico escravo" (*ho tôi ónti týrannos tôi ónti doûlos* [ὁ τῷ ὄντι τύραννος τῷ ὄντι δοῦλος]) (579d).

Ao contrário do caráter tirânico natural, o filósofo, o homem soberano, não exerce primeiro sua realeza sobre os outros, pois ele só pode exercê-la sobre os outros se a exercitar antes de tudo sobre si mesmo, isto é, na medida em que ele é livre: "esse homem é o mais adepto da soberania e rei de si mesmo" (*basileúonta hautoû* [βασιλεύοντα αὑτοῦ])(580b-c). Essa soberania perfeita reside ela mesma na primazia do *noûs*, do intelecto, sobre as outras duas partes da alma que a *República* distingue, a *epithymía* (os apetites) e o *thymós* (ímpeto). De fato, apenas o *noûs* é livre por si mesmo, como especifica um texto capital das *Leis*: "pois é contrário à ordem divina ficar o *noûs* escravo ou na dependência do que quer que seja, visto haver sido criado para mandar, no caso de ser, por natureza, verdadeiramente livre" (*Leis*, IX, 875c-d). *Eleútheria* pode, portanto, ser definida por Platão como "o acorde da alma (*tês en têi psukhêi* [...] *symphonías* [τῆς ἐν τῇ ψυχῇ... συμφωνίας])" (*República*, 591d), que é indissociável da justiça que reina entre suas faculdades, ou ainda, para o homem livre, da boa "constituição que há em si (*tèn en hautôi politeían* [τὴν ἐν αὑτῷ πολιτείαν])" (591e). Se existe aqui harmonia ou "sinfonia" em sua cidade interior – "liberdade" –, é que o *noûs* não comanda por coerção e violência, mas por uma persuasão suave (cf. *Timeu*, 47e-48a); sob sua autoridade, todas as partes da alma concordam, trabalham juntas para o bem comum, se acordam e soam em conjunto. A harmonia que aqui se estabelece, como toda harmonia, pressupõe o acordo das partes em vista do todo, ou seja, em vista do fim, o bem da alma inteira, que apenas o intelecto conhece. A liberdade assim entendida está longe de ser a capacidade de fazer uma coisa e seu oposto, como aparece em um texto fundamental das *Leis* (I, 645a), em que o homem livre é comparado a um fantoche feito pelos deuses, que não se deixa guiar pelo fio de ferro das paixões (prazer, dor, esperança e medo), mas apenas pelo "fio de ouro" do *noûs* e da lei. Compreender esse texto a partir da noção moderna de liberdade seria conceder ao ser humano apenas uma "liberdade" muito pobre, uma vez que, ainda pior do que a "liberdade da churrasqueira", provocação de Kant a respeito de Leibniz, esta seria uma liberdade de marionetes! Ora, o significado dessa passagem é completamente diferente: como "o deus é a medida de todas as coisas" (*Leis*, IV, 716c), estar sujeito aos deuses é ser livre, pois isso é conhecer o bem que fornece a medida do humano e, portanto, é ser humano na plenitude do termo. A liberdade significa para o humano, portanto, o desenvolvimento de seu ser, não como crescimento desregulado e anárquico, mas como florescimento de acordo com a *phýsis* – florescimento que se opera graças à harmonia e justiça que reina entre suas faculdades, a mais nobre comandando as outras duas. Enquanto submissão interior ao *lógos*, a liberdade é ao mesmo tempo conhecimento do bem pelo qual a alma se faz, por assim dizer, semelhante a ele, ou seja, boa, e submissão aos deuses pela qual o *noûs* revela seu caráter "divino", de modo que a liberdade como conhecimento do bem é justiça: somente o homem justo é livre, porque a justiça como *areté* [ἀρετή] (excelência, cf. VIRTÙ) constitui, do crescimento humano, a figura mais completa.

IV. ESCOLHA, DECISÃO LIBERDADE

Não encontraríamos, pelo menos em Aristóteles, com sua teoria da *proaíresis*, um prenúncio do conceito moderno de "liberdade"? Isso é duvidoso, e por várias razões. Primeiro, a *proaíresis*, muitas vezes traduzida em latim por *electio*, nem sempre designa uma "escolha" que implicaria uma alternativa. Basta repetir aqui um dos exemplos que a *Ética a Nicômaco* fornece: a deliberação se assemelha a um "cálculo", diz Aristóteles, e a *proaíresis* a um silogismo: seja o fim desejado a saúde; a saúde é produzida pelo equilíbrio de humor, este último pelo calor, o calor pela fricção; e está ao nosso alcance friccionar; portanto, é necessário friccionar (VI, 2, 1139a 11). Não há "escolha" aqui, porque não há alternativa, mas sim uma "decisão" relativa à implementação dos meios com vista a um fim já determinado. Em segundo lugar – e esse ponto é essencial – a *proaíresis*, diferentemente da *electio*, não é de modo algum o ato de uma "vontade", na medida em que esta última está totalmente ausente no horizonte conceitual de Aristóteles. O mal-entendido é total quando Tomás de Aquino aceita a tradução de *proaíresis* por *electio* e *boúlesis* por *voluntas* (cf. *Suma teológica*, I, q. 82, art. 1, obj. 2, onde compreende a passagem de *De anima*, 432b 5, "*en te tôi logistikôi gàr he boúlesis gínetai*" [ἔν τε τῷ λογιστικῷ γὰρ ἡ βούλησις γίνεται], traduzindo-a por: "a vontade está na razão"), ou mesmo por *liberum arbitrium*: "*boúlesis*, porém, parece ser o livre-arbítrio, porque *boúlesis*, segundo diz [Damasceno], é a vontade que quer alguma coisa, comparando uma coisa com outra" (*Suma teológica*, I, q. 83, art. 4, obj. 1). De fato, enquanto a *proaíresis* designa para Aristóteles um ato do intelecto ("*noûs haireîtai*" [νοῦς αἱρεῖται], *Ética a Nicômaco*, IX, 8, 1169a 17) e, mais precisamente, o julgamento do intelecto prático que encerra a deliberação e a coloca em ação, Tomás de Aquino compreende a *electio* como um ato da vontade que visa ao fim, previamente informado pela razão que delibera sobre os meios. Aqui, novamente, Tomás de Aquino pensa que pode confiar em um texto da *Ética a Nicômaco* (VI, 1139b4-5), no qual Aristóteles define a *proaíresis* como "intelecto desejante" (*orektikòs noûs* [ὀρεκτικὸς νοῦς]) ou desejo raciocinante (*órexis dianoetiké* [ὄρεξις διανοητική]) para atribuir o ato de escolha à faculdade que combina desejo e razão, ao *appetitus rationalis*, ou seja, à *voluntas* (*Suma teológica*, I, q. 82, art. 2, obj. 3). Obviamente, é um contrassenso. Nada na teoria aristotélica da *proaíresis* permite torná-la o sítio de um livre-arbítrio, como sublinha Pierre Aubenque: "Abordar a noção de *proaíresis* da perspectiva do problema da 'liberdade de vontade' é condenar-se a esperar dos textos aristotélicos o que lá não se encontra e negligenciar o que lá está" (*A prudência em Aristóteles*, p. 202). Convém, portanto, traduzir esta palavra que Aristóteles introduz no vocabulário filosófico não por "escolha" (J. Tricot: *choix*) ou "livre escolha" (*libre choix*), mas por "decisão" (R.-A. Gauthier e J.-Y. Jolif: *décision*): literalmente, isso que, antecipadamente (*pró*-), permite direcionar os meios para um bom fim (*tò hairetón* [τὸ αἱρετόν]: o bem).

A estranheza da problemática aristotélica da *eleútheria* em relação a qualquer concepção moderna de liberdade depreende-se, além do mais, a partir de um texto decisivo da *Metafísica*. Aristóteles se pergunta, nesta passagem, sobre a maneira como o bem está presente, em relação ao todo: como algo separado, ou como a ordem que reina nesse mesmo todo? Ele responderá que o bem não é imanente ao mundo, mas que é transcendente, como o Primeiro Motor. Para estabelecer isso, ele enfatiza a cota de arbitrariedade e contingência que encontramos na ordem do mundo e que faz com que este não seja inteiramente em conformidade com o bem:

> [...] tudo está coordenado em volta de uma única coisa, como em uma casa os homens livres têm muito pouca permissão para fazer qualquer coisa ao acaso (pois, ao contrário, todas as coisas, ou a maioria delas, estão ordenadas), mas aos escravos e animais cabe muito pouco do que é relacionado ao comum, e o que predomina é fazer qualquer coisa ao acaso [ἔτυχε ποιεῖν] – de fato, a natureza de cada um deles é um princípio desse tipo (*Metafísica*, Λ, 10, 1075a 19-23, trad. Lucas Angioni).

A *eleútheria*, portanto, não consiste na arbitrariedade do capricho, na possibilidade de agir de qualquer maneira (*étykhe poieîn* [ἔτυχε ποιεῖν]), mas, pelo contrário, na ação que está em conformidade com a regra, ou seja, assujeitada ao bem. Apenas os escravos e os animais, que justamente não são livres no verdadeiro sentido, são suscetíveis de agir arbitrariamente; homens livres, pelo contrário, estão em uma casa cujo comportamento é mais constante e, assim, aproximam-se mais da regularidade imperturbável das estrelas e da imutabilidade do Primeiro Motor. A arbitrariedade de uma conduta que pode escolher isso ou aquilo "indiferentemente" é, portanto, o antípoda da *eleútheria*.

Poderíamos, contudo, objetar a essas afirmações o fato de que encontramos, em outros textos de Aristóteles, e em particular, no capítulo 9 do tratado *Da interpretação*, uma "liberdade de escolha" que se aproxima da noção moderna de livre-arbítrio. Aristóteles afirma ali que, com o necessitarismo de Diodoro, "não haveria mais a deliberar nem a se preocupar, na crença de que, se realizarmos tal ação, tal resultado ocorrerá e que, se não o realizarmos, esse resultado não ocorrerá" (18b 31 sq.). Não existe aqui uma afirmação de uma certa indeterminação de escolha? Na verdade, o que Aristóteles se esforça para salvar nessa passagem é a existência de um quinhão de acaso "objetivo", de uma contingência no mundo, de uma margem de indeterminação nos eventos em virtude da qual seria possível deliberar e decidir de uma maneira ou de outra; não afirma tanto a indeterminação da própria escolha quanto das circunstâncias em que é necessário escolher.

É por isso que parece necessário distinguir claramente a posição de Aristóteles da posição de um comentador tardio como Alexandre de Afrodísia, cujo arcabouço conceitual já está amplamente impregnado de estoicismo e que reinterpretará a liberdade aristotélica como uma espécie de "acaso interno" (cf. *De anima, liber alter*, 169, 33-172, 16-175, 32): existe um não-ser, afirma ele, que, quando se encontra em causas que estão fora de nós, dá origem à fortuna ou ao acaso (*týkhe* [τύχη], *autómaton* [αὐτόματον]), e que, quando se encontra em causas que estão em nós mesmos, faz com que existam coisas que dependem de nós (*tà eph' hemîn* [τὰ ἐφ' ἡμῖν]) e cujos opostos são igualmente possíveis (cf. HAMELIN, *Le Système d'Aristote*, p. 391). Essa é a origem da nossa liberdade. Mas a afirmação de uma liberdade como "acaso interior e liberdade de escolha" (*exousía tês hairéseos* [ἐξουσία τῆς αἱρέσεως], *Du destin...*, 11, 179, 10) não é de maneira alguma aristotélica. Alexandre de Afrodísia lê Aristóteles aqui através da lupa de Epicteto, de Cícero e do estoicismo.

2 Traduzindo *proaíresis* [προαίρεσις] e *boúleusis* [βούλευσις] nos tratados aristotélicos

Daniel Nascimento

Segundo Gauthier e Jolif (2002, p. 189-190), o termo *proaíresis* pode ser encontrado uma vez em Platão (*Parm.*, 143c), quatro vezes em Isócrates, três vezes em Ésquines, duas vezes em Licurgo, três vezes em Hipérides e mais de vinte vezes em Demóstenes. Em seu significado mais frequente, o termo designa o que alguém escolheu, preferiu ou decidiu, mas ele também aparece designando o ato pelo qual alguém escolhe, prefere ou decide algo, significado esse que é particularmente marcado na expressão *ek proairéseos* [ἐκ προαιρέσεως], que por vezes substitui a expressão técnica consagrada na linguagem do direito, *ek pronoías*, [ἐκ προνοίας], para designar crimes premeditados. Também notam que "o papel de Aristóteles na história da palavra *proaíresis*" reside no fato de que "de um termo ainda raro e em um sentido incerto, ele fará um termo técnico, expressando um conceito novo" (*idem*). Por isso, para traduzir esse termo no interior do *corpus*, é importante compreender o sentido técnico que lhe é conferido por Aristóteles, e notar o vínculo estabelecido pelo filósofo entre os conceitos de *proaíresis* e de *boúleusis*.

Importa ressaltar que Aristóteles usa não apenas *proaíresis*, mas também *aíresis* [αἵρεσις] (p. ex. 1104b30). Tal como já ressaltou Charles (2012, p. 3), *aíresis* é o termo mais geral do qual a *proaíresis* é uma espécie. É justamente quando se trata de determinar que espécie de *aíresis* é a *proaíresis* que a relação entre *proaíresis* e *boúleusis* deve ser alçada ao primeiro plano. Ora, a mesma relação entre *proaíresis* e *boúleusis* é postulada tanto na Ética a Eudemo (EE) quanto na Ética a Nicômaco (EN). Na EE é dito que ninguém faz uma *proaíresis* (o verbo é *proaireîtai* [προαιρεῖται]) sem deliberar (*bouleusámenos* [βουλευσάμενος]) se é pior ou melhor (EE, II 10, 1226b15). Na EN é dito que o objeto da *proaíresis* é o resultado de uma deliberação (EN, III 3, 1113a3-6). Além disso, em ambos os tratados a deliberação aparece primeiro na definição de *proaíresis*, e só então é introduzida como um tópico de investigação. De fato, tanto na EE quanto na EN a *proaíresis* é definida como desejo deliberativo de coisas que estão em nosso poder (*órexis tôn eph'autô bouleutiké* [ὄρεξις τῶν ἐφ'αὑτῷ βουλευτική], EE 10, 1226b14-21; βουλευτικὴ ὄρεξις, 11 12). Na EE, Aristóteles justifica sua definição, afirmando que *boúleusis* é a causa e o princípio da *proaíresis*, no sentido de que uma *proaíresis* é um desejo cujo princípio e causa é uma *boúleusis* (*légo de bouleutikén, ês arkhè kaì aitía bouleusís esti, kaì orégetai dià tò bouleúsasthai* [λέγω δὲ βουλευτικήν, ἧς ἀρχὴ καὶ αἰτία βούλευσίς ἐστι, καὶ ὀρέγεται διὰ τὸ βουλεύσασθαι], EE, II 10, 1226b19-21), e na EN ele esclarece esse pensamento um pouco mais quando diz que, quando chegamos a um julgamento como resultado de uma *boúleusis*, desejamos de acordo com esta *boúleusis* (*ek tou bouleúsasthai gàr krínantes oregómetha katà tèn boúeusin* [ἐκ τοῦ βουλεύσασθαι γὰρ κρίναντες ὀρεγόμεθα κατὰ τὴν βούλευσιν], NE, III 3, 1113a8-12).

A tradução dominante do termo grego *boúleusis* nos tratados aristotélicos é "deliberação". A palavra *aíresis*, por sua vez, é no mais das vezes traduzida como escolha. Por isso, muitos autores optam por traduzir *proaíresis* por "escolha deliberada" ou "escolha preferencial" (p. ex., ZINGANO, 2008, p. 64). Essa opção mantém uma tradução natural para os termos *aíresis* e *proaíresis* de forma a esclarecer o seu vínculo com a deliberação no pensamento de

Aristóteles e, por consequência, estabelecer que tipo de *aíresis*, afinal, é a *proaíresis*.

BIBLIOGRAFIA
ARISTOTE. *Ethique a Nicomaque*. Introduction, traduction et commentaire par R.-A. Gauthier et J.-Y Jolif [1970]. Louvain la Neuve: Peeters, 2002.

CHARLES, D. The Eudemian Ethics on the Voluntary. In: LEIGH, F. (Ed.). *The Eudemian Ethics on the voluntary, friendship, and luck: the sixth S.V. Keeling Colloquium in ancient philosophy*. Leiden; Boston: Brill, 2012.
ZINGANO, M. *Ethica nicomachea I 13 - III 8: tratado da virtude moral*. São Paulo: Odysseus, 2008.

V. "ELEÚTHERIA"/"TO AUTEXOÚSION"

Antes de chegar às traduções latinas de *eleútheria* (*libertas, liberum arbitrium*), convém tratar de um termo que apareceu como um substantivo no segundo século d.C. em um contexto não filosófico (Philon de Alexandria, Flávio Josepho, Clemente de Alexandria, Orígenes) e como um termo técnico no estoicismo imperial (Epicteto): é o adjetivo substantivado *tò autexoúsion*. O primeiro significado do adjetivo *autexoúsios* é "senhor de si". É este termo, presente principalmente no pensamento cristão (de Clemente de Alexandria a Nemésio de Emesa e João Damasceno), que será traduzido em latim por *liberum arbitrium*. No entanto, a noção estoica de *autexoúsios* não significa uma liberdade de escolha ou arbítrio, mas sim uma certa independência em relação às paixões. *Autexoúsion* é praticamente sinônimo de *eph' hêmin*, "o que depende de nós". Isso é evidenciado por esta passagem das *Diatribes* de Epicteto:

> O que [Deus] me deu, que seja meu e independente (*emoì kaì autexoúsion* [ἐμοὶ καὶ αὐτεξούσιον])? O que ele reservou para si mesmo? Ele me deu as coisas que podem ser escolhidas (*ta proairetiká* [τὰ προαιρετικά]), que ele fez depender de mim (*ep' emoi* [ἐπ'ἐμοί]) sem que eu encontre nenhum obstáculo ou empecilho (*Diatribes*, IV, 1, 100).

A autoridade sobre si mesmo (*autexoúsion*) tem aqui o sentido de autonomia (*autónomon* [αὐτόνομον]) ante qualquer constrangimento passional, e é nessa apatia que reside, para o sábio, a liberdade (*eleútheria*: cf. *Diatribe* IV, 1, 56). Diferentemente do significado que gradualmente se impõe através da tradução de *autexoúsion* por *liberum arbitrium*, o significado estoico do termo não inclui, portanto, a ideia de uma indiferença da vontade em relação aos contrários, precisamente na medida em que o conceito de "vontade" no sentido moderno, como um apetite essencialmente racional, é aqui sem pertinência. A liberdade para Epicteto, e antes também para Crisipo, não se refere ao ato "voluntário", mas determina o assentimento (*synkatáthesis* [συγκατάθεσις]) dado a uma representação (*phantasía* [φαντασία]). Ora, o assentimento é uma função da razão (*lógos*). A liberdade reside, portanto, no uso adequado das representações, isto é, no assentimento dado com discernimento e de acordo com a razão, em oposição aos julgamentos falsos dos quais nascem as paixões.

Como, então, passamos de *tò autexoúsion* para sua tradução em latim, *liberum arbitrium*? Esta questão envolve toda a história da invenção do conceito unificado de vontade (ver VONTADE). Ainda assim, a seguinte hipótese será avançada: para poder pensar em algo como um "livre-arbítrio", seria preciso em primeiro lugar que o sítio da liberdade se deslocasse do julgamento do intelecto conforme ao *lógos* para a escolha ou opção (*arbitrium*) entre dois contrários. É possível que o estoicismo tardio tenha desempenhado um papel importante nessa evolução (cf. GAUTHIER, *Introduction à l'Éthique à Nicomaque*, t. 1, 1, p. 252 *et seq.*). Em Antípatro de Tarso, a noção técnica de *eklogé* [ἐκλογή], que os latinos traduzirão por *electio* ou *selectio*, "escolha", aplica-se exclusivamente à seleção de coisas "indiferentes" à sabedoria: saúde ou doença, riqueza ou pobreza, honra ou desonra, etc. A escolha da saúde, por exemplo, não é uma questão de ação correta (*katórthôma* [κατόρθωμα]), sendo apenas uma função simples (*kathêkon* [καθῆκον], *officium*), uma vez que essas coisas indiferentes por elas mesmas recebem sua coloração moral apenas da escolha, conforme ela seja realizada de acordo com a natureza ou não. Se a ação correta consiste, portanto, em aderir (*hairésthai* [αἱρέσθαι]) ao bem ou fugir (*pheúgein* [φεύγειν]) do mal, a função (*kathêkon*) consiste apenas em escolher (*eklegésthai* [ἐκλεγέσθαι]), entre os indiferentes, coisas conformes à natureza: o conceito de *eklogé* designa aqui um elo muito mais fraco do que adesão ou fuga (cf. POHLENZ, *Die Stoa*, t. 1, p. 186-188; t. 2, p. 95). Ora, no estoicismo imperial, por exemplo em Cícero, o declínio do ideal do sábio e a ênfase colocada na função (*officium*) levam a dar à noção de escolha (*electio*) uma extensão e escopo de longo alcance. Assim, mesmo o conceito fundamental de *phrónesis*, *prudentia*, sabedoria, será reinterpretado como uma escolha (*electio*) entre bens e males (enquanto só havia *eklogé*, para Antípatro, entre os indiferentes): "*Prudentia est enim locata in dilectu bonorum et malorum*" (De officiis, III, 17, 71). É a essa interpretação errônea de Cícero que Santo Agostinho deve, sem dúvida, sua definição de sabedoria: "a prudência é um amor que sabe escolher" (*De moribus ecclesiae catholicae*, I, 15, 25 [ed. JB Bauer, 1992, CSEL 90]). Ora, se a prudência consiste em saber escolher, a liberdade acabará por consistir nessa própria escolha. Da noção originalmente estoica da escolha de coisas indiferentes, deslizaremos ao longo dos séculos até a noção moderna de indiferença da escolha.

3. A liberdade como direito: *exousía* [ἐξουσία] e *exesti* [ἔξεστι] no direito grego antigo
Daniel Nascimento

Tal como já ressaltou Fred Miller Jr. (2009, p. 304), o substantivo *exousía* [ἐξουσία] e o verbo *éxeimi* [ἔξειμι]) são empregados pelos gregos antigos em contextos jurídicos para designar certos direitos dos cidadãos de uma *pólis*, a saber, os direitos que nós hoje chamaríamos de liberdades ou privilégios. A controvérsia entre os historiadores da filosofia e das ideias políticas acerca de quando "o conceito de direito" surgiu, isto é, de quando uma palavra (ou frase) apareceu com um significado próximo ao significado de nossa palavra moderna, ainda permanece. Aqueles que tentam encontrar um veredicto sobre o assunto esbarram em numerosas dificuldades, sendo uma das mais desafiadoras o uso impreciso que é muito comumente feito do vocabulário jurídico, seja nas fontes primárias ou na reflexão filosófica.

Wenar apontou a existência de duas grandes tendências interpretativas cada vez mais pervasivas nessas discussões (2020, p. 22-23). A primeira tendência consiste em buscar a origem do conceito de direito em autores tais como Locke, Hobbes, Grotius, Gerson, Ockham, Graciano ou até mesmo nos juristas romanos do primeiro século a.C. A segunda consiste em defender que os termos referentes aos direitos ativos (que chamaremos aqui de privilégios e poderes) são anteriores aos termos referentes aos direitos passivos (que chamaremos aqui de demandas e imunidades).

Seja como for, hoje em dia muitos estudiosos – talvez até a maioria – concordam que mesmo a ordem social mais primitiva deve incluir regras que especifiquem que certas ações são permitidas ou proibidas, seja para todos ou apenas certos indivíduos ou grupos de indivíduos; que alguns indivíduos têm o direito de dar ordens a outros indivíduos e que estes outros têm o dever de obedecê-los, etc. Para um grupo considerável, podemos dizer que essas regras atribuem direitos mesmo que nessas sociedades não exista uma palavra (ou frase) com um significado próximo ao significado ao que atribuímos à palavra "direito" quando ela se refere aos diferentes direitos que reconhecemos. Para tais autores, o conceito surgiu da crescente conscientização reflexiva sobre as relações normativas criadas por essas normas, e é por isso que hoje se pode falar de "locuções de direitos" não apenas em autores como Aristóteles, mas também no pensamento político antigo em geral (MILLER JR., 1997; 2007; 2009), desde que, é claro, não se entenda por "locuções de direito" uma palavra (ou frase) com um significado próximo ao significado ao que atribuímos à palavra "direito" quando ela se refere aos diferentes direitos que reconhecemos, mas sim palavras ou frases que afirmem, reconheçam ou criem relações normativas que nós chamamos de direitos.

No caso da palavra *exousía*, podemos dizer que ela designa isso que nós chamamos de liberdades, ou privilégios, porque as relações jurídicas por ela designadas são equivalentes às relações jurídicas que comumente chamamos de liberdade, mas que, desde os trabalhos seminais de Wesley Newcomb Hohfeld (1913, 1917), muitos dos especialistas em teoria dos direitos individuais passaram a chamar de privilégios. Para nossos propósitos, podemos definir essas relações da seguinte maneira: X tem a liberdade (ou privilégio) de fazer F se, e somente se, X não tem o dever de não fazer F.

BIBLIOGRAFIA

MILLER JR., F. Origins of Rights in Ancient Political Thought. *In*: SALKEVER, S. (Ed.). *The Cambridge Companion to Ancient Greek Political Thought*. New York: Cambridge University Press, 2009.

MILLER JR., F. Freedom, Reason, and the Polis: Essays in Ancient Greek Political Philosophy, co-edited with David Keyt, Cambridge University Press, 2007.

MILLER JR., F. "Classical Political Thought". In: The Encyclopedia of Classical Philosophy, Greenwood Press, 1997, 439-45.

WENAR, L. Rights. *The Stanford Encyclopedia of Philosophy Archive* (edited by Edward N. Zalta), 24

> Febr. 2020. Disponível em: http://plato.stanford.edu/archives/fall2015/entries/rights/. Acesso em: 19 abr. 2024.
> HOHFELD, Wesley Newcomb. *Fundamental Legal Conceptions as Applied in Judicial Reasoning*, Yale University Press (1946). Publicado originalmente em *Yale Law Journal*, v. 26, n. 710, 1917.
> HOHFELD, Wesley Newcomb. Some Fundamental Legal Conceptions as Applied in Legal Reasoning. *Yale Law Journal*, v. 23, n. 16, 1913.

VI. "TO AUTEXOÚSION"/"LIBERUM ARBITRIUM"

É, portanto, seguindo essa acentuação do conceito de *electio*, que em breve traduzirá e ofuscará a *proaíresis* de Aristóteles, que pode se impor, dentro do clima cristão, a tradução de *to autexoúsion* por *liberum arbitrium*. Em Clemente de Alexandria, por exemplo, o "livre-arbítrio (*tò autexoúsion*)" necessário para a fé (cf. *Stromata*, V, 1, 3, 2) e indissociável da graça (*ibid.*, V, XIII, 83, 1) põe em jogo, a cada vez, a faculdade de escolha (*proaíresis*, V, I, 7, 1) do cristão.

Mas é em Santo Agostinho que se desenrola a análise mais poderosa e radical do livre-arbítrio. Esse livre-arbítrio é menos definido pelo poder de escolher entre o bem e o mal (caso contrário, o próprio Deus estaria desprovido de livre-arbítrio: "Se não há ente livre que não possa querer duas coisas, isto é, o bem e o mal, Deus não é livre, pois não pode querer o mal...", *Contra Julianum opus imperfectum*, I, 100) do que pelo poder de não pecar: "Eu digo que o primeiro homem que foi criado estava de posse do livre-arbítrio de sua vontade (*liberum voluntatis arbitrium*). Ele foi criado em tal estado que nada iria obstruir sua vontade se ele quisesse guardar os mandamentos de Deus" (*Contra Fortunatum*, § 22, p. 103: 26 [ed. J. Zycha, 1891, CSEL 25]; cf. GILSON, *Introduction à l'étude de saint Augustin*, p. 185 *et seq.*). De modo que esse livre-arbítrio, alienado pelo pecado original, só pode ser restaurado pela graça. Pois, na medida que é um bem dado por Deus, o próprio livre-arbítrio deve tender ele mesmo para o bem; o pecado, que é nada, não pode defini-lo. Portanto, é o bom uso do livre-arbítrio confirmado pela graça que define a liberdade como "*determinatio in bonum*"; o livre-arbítrio é verdadeiramente livre apenas quando, por sua vez, é liberado pela graça, ou seja, quando adere a Deus por amor, "deleitando-se": "*Ecce unde liberi, unde condiectamur legado Dei: libertas enim delectat*" [É isso que nos liberta, é assim que encontramos nossa alegria na lei de Deus: a liberdade na verdade é a causa da alegria] (Em *Johannis evangelium tractatus*, XLI, 8, 10 [ed. R. Willems, 1954, CCL 36]).

Portanto, o livre-arbítrio ainda não tem em Santo Agostinho o significado de um poder puro de contrários, de uma liberdade de indiferença no sentido moderno; isso se deve, entre outras razões, ao fato de que o conceito de *voluntas* ainda assume um significado não técnico (ver VONTADE), distinto de seu sentido medieval de *appetitus rationalis*, e permanece sinônimo de *desejo* em geral e de amor em particular (*De Trinitate*, XV, 21, 41 [ed. WJ Mountain, col. F. Glorie, 1968, CCL 50]). Foi apenas com o desenvolvimento do conceito técnico de vontade, em Máximo o Confessor, João Damasceno, Nemésio e depois Tomás de Aquino, que o livre-arbítrio poderia assumir o significado de um puro poder de contrários, absolutamente indeterminado: o livre-arbítrio, escreve São Tomás, é "a vontade que quer alguma coisa, comparando uma coisa com outra (*per comparationem ad alterum*)" (*Suma Teológica*, I, q. 83, art. 4, obj. 1). Em outras palavras, o *liberum arbitrium* significa "livre escolha", seu ato próprio é a *electio*: "Deve-se, portanto, considerar a natureza do livre-arbítrio segundo a escolha (*ex electione*)" (*ibid.*, I, q. 83, art. 3 rep.). Ora, a escolha articula a vontade ao intelecto. De acordo com essa nova posição do problema, que se torna diretriz para toda a filosofia moderna, o problema da liberdade passa a ser o do relacionamento que une a vontade ao entendimento: no caso em que a vontade desfruta de um certo primado no ato de escolher, falaremos de "voluntarismo"; caso contrário, de "intelectualismo" (ver INTELLECTUS).

Assim, o problema moderno do livre-arbítrio parece ser fruto de uma longa história. Longe de ser, como pensa Descartes, "o que é conhecido sem prova, apenas pela experiência que temos dele" (*Principes*, I, § 39, *in Oeuvres*, t. 5, p. 159), poder-se-ia bem pretender que a "liberdade da vontade" seja uma das invenções mais sofisticadas e menos evidentes do "patrimônio filosófico ocidental".

4 Arbítrio servo
Philippe Büttgen

Ao lado do livre-arbítrio, o conceito de "arbítrio servo" merece destaque por sua raridade e pelo que ele revela da história e das dificuldades de seu glorioso anonimato. A expressão latina *servum arbitrium* encontra sua primeira ocorrência em Santo Agostinho, no contexto da controvérsia antipelágica:

> Mas vós vos apressais, e na vossa pressa vos precipitais em abandonar vosso pressuposto. Aqui, quereis que o homem seja perfeito, e isso, tanto quanto possível, por um dom de Deus e não pelo livre, ou antes pelo servo arbítrio da vossa vontade [*et non libero, vel potius servo proprie voluntatis arbitrio*] (*Contra Julianum*, II, 8, 23).

A passagem é retomada várias vezes por Lutero, notadamente no grande tratado *De servo arbitrio* (1525), ao qual ele dá seu título:

Daí que, em seu livro 2 [8,23] *Contra Juliano*, Agostinho chama o arbítrio antes de servo, do que livre (LUTERO, "Da vontade cativa", p. 78).

Opera-se aqui uma evidente distorção. O que, em Agostinho, é apenas um inciso esquecido rapidamente, torna-se em Lutero um *slogan* que resume a posição agostiniana sobre o livre-arbítrio. Isso explica a dificuldade sentida pelos tradutores de Lutero ao se depararem com a expressão *servum arbitrium*. A primeira tradução alemã, de um discípulo de Lutero, Justus Jonas, transforma o título original, *De servo arbitrio*, em uma proposição completa: *Daß der freie Wille nichts sei* [Que o livre-arbítrio não é nada] (Wittenberg, 1526). As traduções subsequentes não vão tão longe, mas sempre evitam a tradução literal. *Vom unfreien Willen* [Do arbítrio não livre] é o título mais comum; em inglês, temos uma estranha paráfrase: *The Boundage of the Will* [As amarras do arbítrio].

Sem levar em conta a transformação que leva de *arbitrium* a *Wille* e do paradigma do julgamento ao da vontade (ver WILLKÜR), o alemão e o inglês não traduzem o casal latino *liber/servus*. De onde vem essa rejeição da tradução literal, que nenhuma necessidade linguística parece motivar? O motivo deve-se, em primeiro lugar, à dificuldade do texto do *Contra Juliano*. A expressão *servum arbitrium* é usada ali ambiguamente, em um argumento (um "pressuposto") atribuído aos "inimigos da graça" (II, 8, 22). Além disso, esse argumento "pelagiano", ou seja, partidário do livre-arbítrio contra o perdão, não é um argumento direto. Aplica-se aos textos de Santo Ambrósio que Agostinho acaba de mobilizar e visa a incluir a concepção dos caminhos da salvação neles contida em uma alternativa entre apenas o dom de Deus e apenas o livre-arbítrio. Para Agostinho, que defende Ambrósio contra essa interpretação, o livre--arbítrio deixado a si mesmo só pode ser um "servo", pois a graça, longe de "esvaziar" o livre-arbítrio, permite, ao contrário, que ele seja "estabelecido [*statuere*]" (cf. *De spiritu et littera*, XXX, 52 [ed. CF Vrba e J. Zycha, 1913, CSEL 60]).

Lutero deforma, portanto, o uso agostiniano do *servum arbitrium*, e a recusa da tradução literal já se deve a um incômodo sentido diante dessa radicalização indevida do assunto. Mas, mais profundamente, é devido à impossibilidade de pensar até o fim a noção de arbítrio servo, bem como a oposição que ela forma com o livre--arbítrio. Pode-se duvidar que *servum arbitrium* seja uma noção agostiniana; ao mesmo tempo, a concepção de Agostinho coloca bem o problema, que aparece no casal *liberum arbitrium captivatum/liberum arbitrium liberatum*, e na difícil ideia de que o livre-arbítrio deve primeiro ser liberado pela graça para ser o que é (veja, por exemplo, *Contra duas epistulas Pelagianorum*, III, 8, 24 [CSEL 60]; sobre a questão de saber se ainda podemos falar de livre-arbítrio, cf. discussão de Norman Powell Williams, *The Grace of God*, p. 19-43). Da mesma forma, Lutero é obrigado a reconhecer a existência do livre-arbítrio nos assuntos temporais (cf. *De servo arbitrio*, WA, t. 18, p. 638, l. 4-11, com a distinção entre os assuntos "superiores" e "inferiores" ao homem, sendo permitido o livre-arbítrio nestes últimos). Além disso, e muito significativamente, a expressão *servum arbitrium* não aparece no tratado de Lutero, exceto no título e na citação de Agostinho: o que Lutero opõe ao *liberum arbitrium* é, na maioria das vezes, a *necessitas* (cf. WA, t. 18, p. 634, l. 14-15).

A recusa em traduzir literalmente o *servum arbitrium* faz parecer, assim, uma impossibilidade indubitavelmente fundamental: a de hipotetizar um contrário do livre-arbítrio (e compreendemos então que os tradutores tenham preferido conceber esse contrário como uma simples possibilidade lógica, *unfrei*, ou como um certo estado da vontade, *boundage*). De maneira mais geral, os casais de opostos sempre parecem aqui desequilibrados: ainda é o caso em Agostinho que, ao *liberum arbitrium* (*captivatum*), opõe a *libertas* perdida do cristão (cf. *De natura et gratia*, LXVI, 77 [CSEL "2 60], e o comentário de Étienne Gilson, *Introduction à l'étude de saint Augustin*, p. 185-26), enquanto Lutero fará o *servum arbitrium* coexistir com uma *libertas christiana*, título latino do tratado de 1520, *Von der Freiheit eines Christenmenschen*. Parece que a própria ideia de um arbítrio ou vontade ligada ao livre-arbítrio implica a expulsão do seu contrário para fora do assunto, em uma "necessidade" externa – e ao fazê-lo o *servum arbitrium*, estranho *hapax*, possibilidade dificilmente traduzida e nunca realizada, permite provar, em ambos os sentidos do termo, a solidez dos laços historicamente atados entre subjetividade e interioridade.

BIBLIOGRAFIA

CSEL: Coll. *Corpus scriptorum ecclesiasticorum latinorum*. Vienne: Österreichische Akademie der Wissenchaften, a partir de 1866.

GILSON, Étienne. *Introduction à l'étude de Saint Augustin*. Paris: Vrin, 1929.

WA: LUTHER, Martin. *De servo arbitrio*. In: *Dr Martin Luthers Werke, kritische Gesamtausgabe*. Weimar: Böhlau, 1883-. t. 18.

LUTERO, M. Da vontade cativa. In: *Martinho Lutero: obras selecionadas*. Tradução de L. H. Dreher, L. M. Sander, I. Kayser e H. Michel. São Leopoldo: Sinodal; Porto Alegre: Concórdia, 2004. v. 4. p. 17-216.

MCGRATH, Alistair E. *Justitia Dei. A History of the Christian Doctrine of Justification*. Cambridge: Cambridge University Press, 1989. t. 1.

WILLIAMS, Norman Powell. *The Grace of God*. London: Longmans & Co., 1930.

BIBLIOGRAFIA

ALEXANDRE DE AFRODÍSIA. *De anima liber cum mantissa* (Commentaria in Aristotelem Graeca, Suppl. 2, pt. 1). Ed. Ivo Bruns. Berlin: Typis et Impensis Georgii Reimer, 1887.

ALEXANDRE D'APHRODISE. *Du destin et de la liberté*. Traduit par P. Thillet. Paris: Les Belles Lettres, 1984.

ARENDT, Hannah. Qu'est-ce que la liberté? In: *La Crise de la Culture*. Traduit par P. Lévy (Dir.). Paris: Gallimard, 1972.

ARENDT, Hannah. A crise da cultura. [1979] In: *Entre o passado e o futuro*. Tradução de Mario W. Barbosa. São Paulo: Perspectiva, 2016.

ARENDT, Hannah. *A vida do espírito*. Tradução de César Augusto de Almeida, Antônio Abranches e Helena Martins. Rio de Janeiro: Civilização Brasileira, 2009.

ARENDT, Hannah. *Between Past and Future: Eight Exercises in Political Thought*. New York: Viking Press, 1968.

ARISTOTE. *Éthique à Nicomaque*. Traduit par J. Tricot. Paris: Vrin, 1967.

ARISTOTE. *Éthique à Nicomaque*. Introduction, traduction et commentaire par R.-A. Gauthier et J.-Y Jolif [1970]. Louvain la Neuve: Peeters, 2002.

ARISTOTE. *La Métaphysique*. Traduit par J. Tricot. Paris: Vrin, 1970.

ARISTOTE. *La Politique*. Traduit par J. Tricot. Paris: Vrin, 1970.

ARISTÓTELES. *Política*. Tradução de Antônio Campelo Amaral e Carlos de Carvalho Gomes. Lisboa: Vega, 1998.

ARISTÓTELES. *Metafísica - Livros IX e X. Cadernos de Tradução nº 9*. Trad. De Lucas Angioni. Campinas: Ef. Unicamp, 2004.

ARISTÓTELES. *Da Interpretação*. Tradução e comentários José Veríssimo Teixeira da Mata. São Paulo: Editora UNESP, 2013.

AUBENQUE, Pierre. *A prudência em Aristóteles*. Tradução de Marisa Lopes. São Paulo: Discurso, 2003.

AUBENQUE, Pierre. *La prudence chez Aristote*. 3. ed. Paris: PUF, 1986.

AUGUSTIN, Sancti Aurelii Augustini. [...] *opera omnia*. Éd. Des Bénédictins de la congrégation de Saint-Maurm *in* MIGNE, PL.

AUGUSTIN, Sancti Aurelii Augustini. *Oeuvres de saint Augustin*. Bibliothèque Augustinienne, fondateurs F. Calylé et G. Folliet. Desclée de Brouwer, puis Institut d'études auguntiniennes.

CICÉRON. De Officiis. Traduit par É. Bréhier. *In*: SCHÜHL, P.-M. (Dir.). *Les Stoïciens*. Paris: Gallimard, "La Pléiade", 1962.

CLÉMENT D'ALEXANDRIE. *Les Stromates*, I. Trad. et notes M. Caster. Paris: Cerf, 1951.

CLÉMENT D'ALEXANDRIE. *Les Stromates*, V. Traduit par P. Voulet. Paris: Cerf, 1981.

DESCARTES, René. *Oeuvres*. Éd. C. Adam et P. Tannery. Paris: Vrin, 1996. 11 v.

DESCARTES, René. *Meditações*. (Os Pensadores v. 15) Trad. de J. Guinsburg e Bento Prado Júnior. São Paulo: Abril Cultural, p.81-150, 1973.

DESCARTES, René. *Meditações sobre filosofia primeira*. Edição bilíngue. Trad. de Fausto Castilho. Campinas: Ed. Unicamp, 2004.

ÉPICTÈTE. Entretiens. Traduit par É. Bréhier. *In*: SCHÜHL, P.-M (Dir.). *Les Stoïciens*. Paris: Gallimard, "La Pléiade", 1962.

FESTUGIÈRE, André-Jean. Liberté et Civilisation chez les Grecs. *Revue des Jeunes*, 1947.

GAUTHIER, René-Antoine. *Introduction à l'Éthique à Nicomaque*. Louvain: Publications universitaires de Louvain, 1970.

GILSON, Étienne. *Introduction à l'étude de saint Augustin* [1928]. 4. ed. Paris: Vrin, 1987.

HAMELIN, Octave. *Le Système d'Aristote*. 4. ed. Paris: Vrin, 1985.

HARL, Marguerite. Problèmes posés par l'histoire du mot τὸ αὐτεξούσιον. *Révue des études grecques*, v. 73, p. XXVII-XXVIII, 1960.

HEGEL, G.W.F. *Enciclopédia das ciências filosóficas em compêndio* [1830]. Trad. De Paulo Meneses. São Paulo: Edições Loyola, 1995. 3v.

HEIDEGGER, Martin. Vom Wesen und Begriff der physis. Aristoteles Physik B, 1 [1939] *In: Gesamtausgabe*. Frankfurt: Klostermann, 1976. t. 9: Wegmarken. [Ed. fr.: Ce qu'est et comment se détermine la phusis. Traduit par F Fédier. *In: Questions II*. Paris: Gallimard, 1968].

HEIDEGGER, Martin. *Der Satz vom Grund*. [1957] Pfullingen: Neske, 3 ed. 1965; rééd. *In: Gesamtausgabe*. Frankfurt: Klostermann, 1997. t. 9. [Ed. fr.: *Le principe de raison*. Traduit par A. Préau. Paris: Gallimard, 1962.]

LOTTIN, Odon. Le libre arbitre chez Saint Thomas d'Aquin. *Revue thomiste*, v. 34, p. 400-430, 1929.

MOLINA. *De concordIa gratiae et liberi arbitrii*. Anvers: [s.n.], 1515.

MULLER, Robert. Remarques sur la liberte grecque. *Dialogue*, v. 25, p. 4231-4447, 1986.

MULLER, Robert. La logique de la liberté dans La politique. *In*: AUBENQUE, P.; TORDESILLAS, A. (Éd.). *Aristote politique*. Paris: PUF, "Épiméthée", 1993.

NESTLE, Dieter. Eleutheria. Studien zum Wesen der Freiheit bei den Griechen und in Neuen Testament. *In: Die Griechen*. Tübingen: Mohr, 1967. t. 1.

PLATÃO. *A República*. Tradução de Maria Helena da Rocha Pereira. Lisboa: Fundação Calouste Gulbenkian, 2001.

PLATÃO. *Leis*. Tradução de Carlos Alberto Nunes. Pará: Editora da Universidade Federal do Pará, 1980.

PLATÃO. *Teeteto*. Tradução de M. Boeri e A. M. Nogueira. Lisboa: Fundação Calouste Gulbenkian, 2010.

PLATON. *Oeuvres complètes*. Trad. et notes L. Robin. Paris: Gallimard, "La Pléiade", 1950.

POHLENZ, Max. *Griechische Freiheit*. Heidelberg: Quelle und Meyer, 1955. [Trad. fr. J Goffine. *La Liberté grecque*. Paris: Payot, 1956].

POHLENZ, Max. *Die Stoa*. Gottingen: Vandenhoeck & Ruprecht, 1970-1972. 2 t.
TELFER, William. Autexousia. *Journal of Theological Studies*, t. 8, p. 123-129, 1957.
THOMAS D'AQUIN. *Somme théologique*. Traduit par A.-M. Roguet. Paris: Cerf, 1994. t. 1-4.
VAN STRAATEN, Modestus. What did the Greeks mean by Liberty?. *Théta-Pi*, p. 105-127, 1972.

INSTRUMENTOS

BENVENISTE, Émile. *Le Vocabulaire des institutions indo-européennes*. Paris: Minuit, 1969. 2 v.
BENVENISTE, Émile. *O vocabulário das instituições indo-europeias*. Tradução de Denise Bottmann. Campinas: Editora da Universidade Estadual de Campinas, 1995. v. 1: Economia, parentesco, sociedade.
CCL: Coll. *Corpus christianorum, series Latina*. Turnhout: Brépols, a partir de 1953.
CHANTRAINE, Pierre. *Dictionnaire étymologique de la langue grecque*. Nouv. éd. mise à jour avec um "Supplément au dictionnaire". Paris: Klincksieck, 1999.
CSEL: Coll. *Corpus scriptorum ecclesiasticorum latinorum*. Vienne: Österreichische Akademie der Wissenschaften, a partir de 1866.
FRISK, Hjalmar. *Griechisches etymologisches Wörterbuch*. Heidelberg: Winter-Universitätsverlag, 1960-1972. 3 v.
PL: MIGNE, Jacques-Paul (Éd.). *Patrologiae cursus completus, series Latina*. [*Patrologie latine*], 1844.
SVF: ARNIM, Hans von. *Stoicorum Veterum Fragmenta*. Stuttgart: Teubner, 1903-1924, 4 v., rééd. 1964. [Ed. it.: *Stoichi antichi, Tutti i frammenti raccolti da Hans von Arnim*. Trad. R. Radice. Milan: Rusconi, 1998].

ESTADO DE DIREITO
Philippe Raynaud
Tradução: Daniel Capecchi Nunes | Revisão: Antonio Augusto Madureira de Pinho

fr.	*État de droit, État légal*
al.	*Rechtsstaat*
ingl.	*Rule of law*

➢ DEVER, HERRSCHAFT, LIBERAL, LAW, MACHT, POLIS, POLÍTICA, SOCIEDADE CIVIL, SOLLEN

Há muito desprezado pelos filósofos, que frequentemente o viam como um conceito puramente jurídico, ou até mesmo ideológico, o conceito de Estado de direito passou a gozar de considerável prestígio no pensamento contemporâneo, o que corresponde à evolução recente da política doméstica das democracias e do direito internacional. A segunda metade do século XX viu o desaparecimento de regimes autoritários conservadores na Europa ocidental (Espanha, Portugal, Grécia), a ascensão da jurisdição constitucional na maioria das democracias, o colapso dos regimes comunistas na Europa central e oriental, e, por fim, a emergência problemática de um direito internacional que limitaria a soberania dos Estados, tornando possível, sob certas condições, sancionar os governantes culpados de violações flagrantes de direitos fundamentais. Certamente, é possível compreender esses processos heterogêneos, mas convergentes, dentro do conceito de Estado de direito, na medida em que todos eles mostram uma oposição entre Estados totalitários, autoritários, ou pelo menos arbitrários, e um modelo de Estado superior, definido pela sua conformidade com a lei, sem que seja muito claro se refere-se à mera existência de uma hierarquia de normas devidamente sancionadas ou, mais radicalmente, à submissão dos Estados a padrões metalegais, tais como os direitos humanos. É possível notar, igualmente, que os próprios atores dessas transformações referiram-se frequentemente ao conceito de Estado de direito para legitimar suas ações, sejam eles governantes de países em transição para a democracia, jurisdições constitucionais, ou até mesmo os últimos dirigentes comunistas, quando eles ainda estavam tentando salvar algo dos regimes de que se encarregavam (Mikhail Gorbachev queria fazer da União Soviética um "Estado socialista de direito"). A filosofia política contemporânea acompanhou amplamente esse movimento, apresentando-se como filosofia do direito (RENAUT; SOSOE, Philosophie du droit), esforçando-se por mostrar a irredutibilidade do Estado de direito (nascido na Europa ocidental) ao "Estado policial" (KRIEGEL, L'État et les Esclaves), ou buscando, ainda mesmo, a síntese entre uma teoria radical da democracia e a tradição liberal do Estado de direito (HABERMAS, Direito e democracia). No entanto, ainda hoje, a noção do Estado de direito continua problemática em muitos aspectos. As principais questões que surgem sobre o tema são as das origens do conceito de Estado de direito (que remonta à doutrina germânica do Rechtsstaat, surgida em um contexto muito distinto daquele experimentado na França), de seu valor operacional (contestado a partir de premissas propostas tanto por Carl Schmitt quanto por Hans Kelsen) e sua tradutibilidade para a língua inglesa (onde prevalece o conceito de Rule of Law, que se refere tanto a uma articulação diferente entre lei e direito quanto a arranjos constitucionais não adaptáveis aos modelos "continentais").

I. A DOUTRINA ALEMÃ DO "RECHTSSTAAT"

A expressão francesa *État de droit* é a tradução do termo alemão *Rechtsstaat*, que surgiu no transcorrer do século XIX para acompanhar e pensar o processo progressivo de enquadramento e limitação do Estado à lei, que se acreditava estar ocorrendo no Estado alemão. Como observa Jacques Chevallier, "este objetivo comum, no entanto, abrange visões do Estado e do direito bem diferentes" (*L'État de droit*, p. 11), que vão da simples exigência funcional de um Estado que atua através do direito, às exigências substanciais relativas ao conteúdo do direito, passando pela ideia formalista de um Estado sujeito à lei. A fórmula foi desenvolvida por juristas liberais como R. von Mohl, que procuram principalmente limitar a esfera de ação do Estado e proteger melhor as liberdades individuais, bem como por juristas menos ambiciosos ou mais conservadores, que simplesmente queriam racionalizar o domínio do Estado, normativizando as relações de Estado e da administração com os administrados. Finalmente, foi a concepção formalista que acabou por se impor, porque ela permitia sujeitar a administração à lei, abrindo espaço para recursos judiciais contra ela, ao mesmo tempo que possibilitava a sujeição do Estado à lei como resultado do autocontrole (o que exclui qualquer referência última a normas jurídicas mais elevadas do que aquelas impostas pelo Estado). Por um lado, o Estado de direito opõe-se ao Estado policial [*Polizeistaat*], no qual a lei é apenas o instrumento de uma administração que pode impor obrigações aos cidadãos sem estar presa a normas superiores. Por outro lado, o Estado de direito é fruto de uma autolimitação livre (mas racional) do Estado, um verdadeiro sujeito de direito cuja dominação [*Herrschaft*] é um direito subjetivo originário frente ao qual não pode haver direito público, mas cuja finalidade imanente é criar o direito e reinar por ele (observemos que o termo francês *autolimitation* e o termo português "autolimitação" traduzem, na verdade, várias palavras em alemão – *Selbstverpflichtung, Selbstbindung, Selbstbe- schrünkung* –, todas incluindo a ideia de que o Estado se impõe deveres, obrigações ou limites; ver CARRÉ DE MALBERG, *Contribution à la Théorie Générale de l'État*, p. 231).

O *Rechtsstaat*, portanto, aparece como um conceito indissoluvelmente liberal e estatista, que se inscreve muito bem na tradição da filosofia política alemã, tal como se desenvolveu de Kant a Hegel. O aspecto liberal se traduz na exigência de proteção dos cidadãos em sua relação com o Estado, mas também, mais radicalmente, pela afirmação clara dos princípios do constitucionalismo: a observância das normas superiores não se impõe somente à administração e ao poder executivo, mas também ao próprio poder legislativo, que está sujeito à Constituição, segundo uma estrutura que pode muito bem ser transposta do Império para um Estado democrático-liberal (como é o caso da atual

Lei Fundamental alemã). O aspecto estatista é refletido pela ausência de qualquer norma supraconstitucional (contrariamente ao que se supõe ocorrer atualmente), pela afirmação bem enfática do poder originário do Estado (que anda de mãos dadas com a superioridade do direito interno sobre o direito internacional – igualmente criado pela autolimitação de Estados soberanos) e, mais concretamente, pela autonomia do direito administrativo (que deriva do privilégio do Estado de fixar ele mesmo as regras que seguirá em suas relações com os particulares). A teoria do *Rechtsstaat* se inscreve, assim, no quadro mais geral da constituição de um direito público centrado no Estado, que é inseparável do desenvolvimento do Império. Quanto a isso, nota-se que, insistindo na primazia dos direitos do Estado em relação à nação, os teóricos da autolimitação também contradizem as teses dos românticos e da Escola Histórica do Direito quando rompem com qualquer concepção patrimonial do Estado e quando o distinguem claramente dos governantes (cf. CHEVALLIER, *L'État de droit*, p. 14-21). Contudo, seria injusto ver aqui apenas uma doutrina alemã, uma vez que a teoria do Estado de direito foi igualmente importante nas outras nações da Europa continental, sobretudo, naquelas onde se colocou o problema da síntese entre a afirmação do direito público e a limitação liberal do poder do Estado. É o que ilustra a recepção na França da doutrina alemã, que acabou sendo retomada pelo trabalho de Carré de Malberg, a despeito da desconfiança em relação a uma teoria que parecia legitimar o regime imperial e que se opunha à concepção do Estado-nação herdada da revolução francesa (*ibid.*, p. 21-43).

As discussões francesas sobre o problema do Estado de direito não são puramente teóricas; pelo contrário, elas estão intimamente ligadas ao contexto político nacional e internacional do começo do século XX. Os autores mais críticos da doutrina alemã, como Léon Duguit ou, em menor medida, Maurice Hauriou, estavam acima de tudo ansiosos por distinguir o Estado e o direito, para melhor garantir a submissão do primeiro ao segundo. Em Duguit, isso transparece na dupla crítica da doutrina da soberania e do individualismo jurídico, considerados como consequências do subjetivismo, aos quais o jurista de Bordeaux opõe a ideia da regra de direito como único fundamento real de um direito objetivo, que é baseado na solidariedade social e se opõe ao Estado e aos indivíduos: não há, portanto, nenhuma autolimitação do Estado, visto que o Estado não é um sujeito de direito, e a limitação do Estado não se baseia mais nos direitos subjetivos tão caros aos liberais (REYNAUD, "Léon Duguit e o direito natural"). Em Hauriou, o direito é também claramente diferente do Estado, mas a doutrina da autolimitação, no entanto, conserva um significado para entender o desenvolvimento das liberdades: "Logicamente, a autolimitação do Estado aparece como um absurdo. Historicamente, é a verdade constitucional" (p. 101). Dentre seus defensores franceses, dos quais o mais eminente é Raymond Carré de Malberg, o Estado de direito aparece tanto como uma expressão contemporânea de ideais nascidos da revolução francesa (o que permite contestar a prioridade alemã neste aspecto ao mesmo tempo que legitima a retomada na França de uma teoria alemã; cf., por exemplo, CARRÉ DE MALBERG, *Contribution à la théorie génerale de l'État*, I, p. 488, n. 5) quanto como um instrumento poderoso para criticar a ordem constitucional da Terceira República francesa (1870-1940). O regime francês da época, de fato, garante com maior rigor do que na Alemanha a legalidade da ação do executivo ou da administração, uma vez que "submete às leis aqueles mesmos atos administrativos que não interessam diretamente aos cidadãos individualmente". Mas, por outro lado, a Constituição francesa "não alcançou a perfeição do Estado de direito", já que não proíbe o legislador de "derrogar" pela via de leis específicas "as regras gerais consagradas na legislação existente" e que, sobretudo, não vincula o legislador à Constituição pela inexistência, naquele momento, do controle judicial de constitucionalidade, o que impede a proteção dos direitos individuais contra o legislador (CARRÉ DE MALBERG, *ibid.*, I, p. 492). Paralelamente, Carré de Malberg adota a seu modo a teoria da autolimitação, traduzindo-a para a linguagem francesa de soberania e, finalmente, acabando por produzir uma versão liberal do positivismo jurídico, que recusa a concepção alemã das relações entre o Estado e a nação: do ponto de vista do direito constitucional francês, o Estado só pode ser a personificação legal da nação (ver RAYNAUD, "Droit naturel et souveraineté nationale..."). O debate entre tais correntes persistiu por grande período de tempo na história posterior da doutrina, porque envolvia questões fundamentais, ao mesmo tempo teóricas e práticas (CHEVALLIER, *L'E´tat de droit*; RAYNAUD, "Des droits de l'homme à l'État de droit..."; REDOR, "De l'État légal à l'État de droit..."). A título de conclusão, pode-se apontar que, entre a versão alemã da teoria de *Rechtsstaat* e a transposição que dela fez Carré de Malberg, a continuidade prevalece sobre a ruptura: nos dois casos, a síntese entre as preocupações liberais e o direito público passam pelo positivismo jurídico e pela teoria liberal da autolimitação do Estado; e a teoria do Estado de direito, que permite reforçar as garantias dos administrados e estender a ação dos tribunais, serve como "apoio sólido na construção doutrinária de um direito administrativo em plena ascensão" (CHEVALLIER, *op.cit.*, p. 32). Inversamente, as principais críticas teóricas do Estado de direito dizem respeito, por um lado, ao seu componente liberal e, por outro lado, à teoria da autolimitação; e a dificuldade da língua inglesa em traduzir a noção do Estado de direito está historicamente ligada à fraqueza do direito administrativo na Inglaterra.

II. AS CRÍTICAS AO ESTADO DE DIREITO

Nascida do projeto de uma racionalização liberal do Estado, a noção de Estado de direito tem sido objeto de várias críticas, umas antiliberais ou antidemocráticas e outras, ao contrário, de inspiração democrática e antiautoritária.

Na perspectiva antiliberal, a crítica mais radical e elaborada é, sem dúvida, encontrada no jurista alemão Carl Schmitt (1888-1985), cuja considerável obra não pode ser separada de seu engajamento contra a democracia liberal. Esta posição o levaria por algum tempo a apoiar o Terceiro Reich (após ter pedido, sob a República de Weimar, a proibição do partido nazista, no contexto de uma transformação autoritária da Constituição em vigor; BEAUD, *Les Derniers Jours de Weimar*). Em seu grande trabalho sobre a teoria da Constituição, *Verfassungslehre* (1928), a discussão dos princípios do "Estado de direito burguês" visa a trazer à tona a natureza implicitamente polêmica ou partidária da noção de Estado de direito, revelando sua incapacidade de explicar o que o estado liberal moderno conserva de político. Se tomássemos a expressão Estado de direito em seu sentido literal, "poderíamos qualificar como Estado de direito qualquer Estado que respeite de forma intransigente o direito objetivo em vigor e os direitos subjetivos existentes". Isso levaria à aplicação dessa noção às formas políticas mais impotentes e às vezes arcaicas, nas quais os direitos adquiridos seriam escrupulosamente respeitados em detrimento das próprias condições da existência política ou da segurança do Estado. "Nesse sentido", escreve Schmitt, "o antigo Reich alemão, o Império Romano da nação alemã, era um Estado de direito perfeito na época de sua decomposição; seu estado de direito era apenas a manifestação e o instrumento de seu colapso político" (1993, p. 268). Mas o significado contemporâneo da noção é, na verdade, essencialmente polêmico: o Estado de direito se opõe ao Estado de poder (*Machtstaat*), bem como ao Estado policial e ao Estado-providência, e a "qualquer outro gênero de Estado que não se limite simplesmente a manter a ordem jurídica" (*ibid.*). Se, por fim, procuramos dar um sentido mais preciso à noção, encontramos os princípios do constitucionalismo liberal, nos quais o respeito aos direitos (individuais) fundamentais se articula na divisão do poder do Estado (*ibid.*, p. 264-265), o que conduz a diversos critérios organizacionais, tais como o princípio da legalidade, a repartição fixa de competências estatais e a independência dos juízes, que resultam em uma predominância geral de formas jurisdicionais (*allgemeine Justizförmigkeit*) na vida do Estado (*ibid.*, p. 268-272). As reservas de Schmitt sobre essa concepção do Estado referem-se primeiramente à sua natureza unilateral, que leva a ignorar a dimensão especificamente política da ordem jurídica, a qual se baseia na decisão soberana e não simplesmente em um "sistema de normas destinadas a preservar o indivíduo contra o Estado" (*ibid.*, p. 263). Schmitt sugere, assim, que o estado liberal é ou hipócrita ou incapaz de se compreender a si mesmo, por não perceber que o próprio Estado de direito pressupõe uma tal decisão prévia em seu favor – o princípio liberal, que simplesmente pede a limitação do poder, por outro lado, não se manifesta sobre a questão das formas de governo (*ibid.*, p. 338 *et seq.*). Em outros textos, Schmitt também evoca a dimensão institucionalista da lei, tão pouco conhecida pela doutrina do Estado de direito, unilateralmente apegada à ideia normativista simples do direito como um sistema de regras abstratas (ver, por exemplo, seu *Les Trois Types de pensée juridique*, p. 70 *et seq.*, em que retoma as conferências de 1934).

Se as teorias de Schmitt podem ser vistas como uma reativação dos aspectos autoritários da concepção alemã do Estado contra as tendências liberais que estão em operação no Estado de direito, as de Hans Kelsen, que afirmam a identidade entre o Estado e o direito, podem ser consideradas, pelo contrário, como um esforço para emancipar a ideia normativista daquilo que a ideia de autolimitação do Estado conservava de pré-democrática.

Kelsen é conhecido como um dos grandes expoentes do positivismo jurídico e, por essa razão, é frequentemente alvo de críticas tanto ritualísticas como vãs, que se fundam na pretendida incapacidade dos positivistas de criticar o direito positivo quando ele é manifestamente injusto ou opressivo, contentando-se em apontar a impossibilidade de fundar no próprio direito o dever de obediência, bem como o caráter, em última instância, não jurídico (porque moral e/ou político) da norma fundamental da qual deriva o direito positivo. Definindo o direito como uma ordem de coerção, Kelsen é levado a incluir nele fatos extremamente chocantes (por exemplo, *Théorie pure du droit*, p. 55-56). Mas isso deve ser visto como a expressão de um esforço para dessacralizar a ordem jurídica, que talvez seja também, para o Kelsen democrata, a condição prévia para uma definição das condições efetivas da preservação das liberdades. No que se refere à identidade do Estado e do direito, pode-se dizer que ela leva a uma crítica vigorosa da teoria da autolimitação (ou melhor, aqui da auto-obrigação, *Selbstverpflichtung*), que mostra que ela é baseada no raciocínio circular, uma vez que a autoridade do Estado pressupõe uma norma que a constitui como sujeito jurídico autorizado a estabelecer outras normas. Nesse sentido, todo Estado é um Estado de direito e "é impossível pensar em um Estado que não esteja submisso ao direito", visto que "o Estado não existe senão nos atos estatais, em outras palavras, ações levadas a cabo por seres humanos e atribuídas ao Estado por uma norma jurídica"; assim, "o termo Estado de direito é um pleonasmo" (*ibid.*, p. 410-411). Kelsen observa, entretanto, que, na realidade, a expressão Estado de direito é empregada em geral como um mero sinônimo do Estado democrático, que garante segurança jurídica, e do qual ele não nega, de modo algum, a especificidade em relação aos estados autoritários. Como jurista praticante, Kelsen foi também um grande teórico da democracia e, além disso, foi um dos promovedores do controle judicial de constitucionalidade na Europa continental; esse controle, por possibilitar a submissão do poder legislativo à norma fundamental, é um dos vetores mais poderosos do desenvolvimento daquilo que se convencionou chamar Estado de direito. A orientação anti-imperial da doutrina de Kelsen, que inspira sua crítica da noção de auto-obrigação, é igualmente visível em outra tese fundamental para a "teoria pura do direito", qual seja, a da unidade de direito internacional e direito interno, que se opõe obviamente às teses dos juristas do Império. Os melhores leitores de Kelsen não se enganaram sobre o significado de sua doutrina: em seu período mais virulento, Carl Schmitt denuncia o normativismo como sendo essencialmente liberal e antipolítico (*Les Trois Types de pensée juridique*, p. 70-80). E um pensador como Raymond Aron, que, embora sendo um liberal, também era um pensador realista das relações internacionais, confessou sua preferência pela teoria da autolimitação (embora ela não possa fundamentar a "força obrigatória" do direito, essa teoria "é uma modelagem da realidade histórico-social" (*Paix et Guerre entre les nations*, p. 704-707).

III. "RULE OF LAW" E ESTADO DE DIREITO

Muito embora a noção alemã de *Rechtsstaat* possa ser facilmente traduzida para a maior parte das línguas continentais europeias, sua tradução inglesa apresenta problemas significativos que não são somente linguísticos. O costume mais comum é traduzir *Rechtsstaat* pela expressão *Rule of Law*, cujas conotações são, entretanto, bem diferentes. De um ponto de vista linguístico, há o problema da dualidade do significado de *Law*, que quer dizer simultaneamente direito e lei, enquanto os direitos subjetivos, por sua vez, seriam definidos como *Rights*; entretanto, isso não é o mais importante, pois é preciso ressaltar, sobretudo, que o conteúdo jurídico-político do conceito de *Rule of Law* é bastante diferente do de Estado de direito. Mais do que à coerência formal de um sistema de normas estatais, a noção de *Rule of Law* remete a critérios substantivos e procedimentais da legitimidade dos governantes e das normas jurídicas: ela significa, de um lado, que, na organização do *governo*, a lei deve ser colocada acima dos homens (segundo uma ideia clássica do pensamento grego); de outro lado, que a legislação e o processo jurisdicional devem ter certas qualidades procedimentais (ver a noção americana de *due process of law*, que é geralmente traduzida como "devido processo legal"). Assim, onde o Estado de direito preconiza, sobretudo, um meio (a hierarquia das normas) imaginado como próprio para atingir um certo resultado (a liberdade), o *Rule of Law* define o resultado com muito mais precisão, mas não indica qualquer meio para alcançá-lo (TROPER, "Le concept d'État de droit", p. 63). A dificuldade é ainda redobrada pelas origens inglesas da noção, uma vez que a Constituição inglesa é pouco conforme às normas do constitucionalismo contemporâneo; o autor clássico aqui é o grande jurista A. V. Dicey (1835-1922), que demonstrou que o regime inglês repousa sobre um equilíbrio sutil entre a soberania do Parlamento (que exclui o controle de constitucionalidade das leis) e o *Rule of Law* (que requer que a administração se submeta ao *Common Law* e os funcionários públicos sejam, como todos os outros cidadãos, responsáveis perante os tribunais comuns, o que é incompatível com a ideia continental e, em particular, francesa de direito administrativo). A consequência de uma tal doutrina é que, de um lado, o Reino Unido não é um Estado de direito, por falta de controle judicial de constitucionalidade das leis, e que, por outro lado, a França não vive sob a vigência do *Rule of Law*, por causa da existência de um direito administrativo sob uma jurisdição específica (ver MOCKLE, "L'État de droit et la théorie de la Rule of Law"). As questões práticas são menos importantes atualmente do que no início do século XX, devido à evolução liberal do direito administrativo e também à importância do constitucionalismo americano na cultura dos juristas e dos filósofos de língua inglesa. O fato é que, até hoje, os autores ingleses ou americanos não entendem por *Rule of Law* a mesma coisa que os juristas ou filósofos entendem por Estado de direito. É por essa razão que os mais rigorosos dentre eles traduzem o *Rechtsstaat* por *constitutional government* e não por *Rule of Law* (TROPER, "Le concept d'État de droit", p. 54).

BIBLIOGRAFIA

ARON, Raymond. *Paix et guerre entre les nations*. 2. ed. Paris: Calmann- Lévy, 1984.
BEAUD, Olivier. *Les Derniers Jours de Weimar. Carl Schmitt face à l'avènement du nazisme*. Paris: Descartes et Cie., 1997.

CARRÉ DE MALBERG, Raymond. *Contribution à la théorie générale de l'État* [1920]. Paris: CNRS, 1962. 2 v.

CHEVALLIER, Jacques. *L'État de droit*. 3. ed. Paris: Montchrestien, 1999.

DICEY, Albert Venn. *Introduction to the Study of the Law of the Constitution*. 8. ed. Venn, 1915; rééd. Indianapolis: Liberty Fund, 1982.

DUGUIT, Léon. *Traité de droit constitutionnel*. 3. ed. Paris: Boccard, 1927-1930. 5 v.

HABERMAS, Jürgen. *Droit et Démocratie*. Traduit par R. Rochlitz et C. Bouchindhomme. Paris: Gallimard, 1997. [Ed. br.: *Direito e democracia: entre facticidade e validade*. Tradução de Flávio Beno Siebeneichler. Rio de Janeiro: Tempo Brasileiro, 1997].

HAURIOU, Maurice. *Précis de droit constitutionnel*. 2. ed. 1929; rééd. Paris: CNRS, 1965.

KELSEN, Hans. *Théorie pure du droit*. Traduit par C. Eisenmann. Paris: Dalloz, 1962.

KRIEGEL, Blandine. *L'État et les Esclaves*. 3. ed. Paris: Payot, 1989.

MOCKLE, Daniel. L'État de droit et la théorie de la *Rule of Law*, *Cahiers de droit*, Montréal, v. 35, n. 4, déc. 1994, p. 823-904.

RAYNAUD, Philippe. Des droits de l'homme à l'État de droit chez les théoriciens français classiques du droit public. *Droits*, n. 2, p. 61-73, 1985.

RAYNAUD, Philippe. Droit naturel et souveraineté nationale. Remarques sur la théorie de l'État chez Carré de Malberg. *Commentaire*, n. 22, p. 384-393, 1983.

RAYNAUD, Philippe. Léon Duguit et le droit naturel. *Revue d'histoire des facultés de droit et de la science juridique*, n. 4, p. 169-180, 1987.

REDOR, Marie-Joëlle. De l'État légal à l'État de droit. L'évolution de la doctrine publiciste française 1879-1914. *Economica*, 1992.

RENAUT, Alain; SOSOE, Lukas. *Philosophie du droit*. Paris: PUF, 1992.

ROPER, Michel. Le concept d'État de droit. *Droits*, n. 15, p. 51-63, 1992.

SCHMITT, Carl. *Les Trois Types de pensée juridique* [1934-1944]. Traduit par M. Köller et D. Séglard. Paris: PUF, 1995.

SCHMITT, Carl. *Théorie de la Constitution* [1928]. Traduit par L. Deroche. Paris: PUF, 1993.

FAIR

[*fairness, equity* – inglês] (pt. *equidade, imparcialidade, justiça, honestidade*)
Catherine Audard
Tradução: Thomaz Kawauche

| fr. | *honnêteté, impartialité, justice, équité* |

➤ LAW, PHRONESIS, PRAVDA, UTILITY, VERGUENZA

O intraduzível fairness *suscita hoje um interesse renovado devido ao uso original feito dele pelo filósofo americano John Rawls. Na versão brasileira de sua obra* A Theory of Justice *[Uma teoria da justiça], o termo é traduzido por "equidade", da mesma forma que na versão francesa por* équité. *Rawls procura estabelecer um contraste entre uma concepção moral "deontológica", tal como é a sua, pela qual o respeito aos direitos individuais e tratamentos equitativos são prioritários, e uma concepção "teleológica" em que os direitos e a justiça podem ser sacrificados em favor da realização do soberano bem, do telos último, como na filosofia do utilitarismo. Acima de tudo, Rawls considera a justiça como resultado de um acordo entre partes interessadas de um "contrato social" baseado no modelo das doutrinas de Hobbes, Locke e Rousseau. Ele rejeita totalmente a ideia de que a justiça possa ser considerada objeto de uma intuição intelectual, como querem as doutrinas "intuicionistas". Essa é a razão pela qual a expressão "justiça procedimental" está muitas vezes associada a tal representação da justiça como equidade* [fairness]. *Porém, o termo inglês* fairness *combina de maneira tão particular diversos campos semânticos que, em certas línguas, como no alemão, optou-se por manter o termo original em vez de traduzi-lo. Nas línguas francesa e portuguesa, em contrapartida, adota-se a expressão* fair play *(com a ideia de jogadores que competem entre si sem deixar de respeitar as regras de jogo estabelecidas; mas os tradutores devem em muitos casos contentar-se com equivalentes que não articulam de modo satisfatório as ideias centrais de honestidade, imparcialidade, justiça e equidade que correspondem ao termo* fairness.

I. EMPREGOS COMUNS

Na língua não filosófica, *fair* encontra-se na intersecção de diversos campos distintos. O mais antigo é aquele da aparência, onde *fair* designa tudo o que é claro, afável, de bom augúrio, opondo-se a *foul*, que significa sombrio, obscuro, de mau augúrio e feio. Assim, em Shakespeare, a bela donzela [*fair maiden*] é a moça bonita de cabelos loiros e pele clara. Da mesma forma, até hoje, o *fair weather* é o bom clima, o tempo claro. Num segundo campo semântico, *fair* designa o que é moralmente claro, ou seja, honesto, sem mácula, impecável, como quando se fala de uma consciência clara ou distinta. Em terceiro lugar, um sentido mais recente, que ultrapassa o indivíduo, seu caráter ou sua consciência, qualifica a ação, a conduta e os procedimentos gerais da ação; neste caso, *fair* acentua a ausência de fraude ou de desonestidade, donde vem a expressão *fair play*, que nos remete ao respeito às regras do jogo. É nesse nível que as noções de honestidade e imparcialidade confluem. Uma ação, um método ou um raciocínio são *fair* quando excluem as preferências arbitrárias, os favores indevidos e a parcialidade, bem como quando não recorrem a meios desonestos ou à força. Assim, em quarto lugar, o termo *fairness*, entendido como expressão desses procedimentos, métodos, raciocínios ou decisões imparciais, torna-se um componente essencial da ideia de justiça. Algo é propriamente *fair*, ou seja, justificado e digno de tal qualidade, quando é justo no sentido de satisfazer à fórmula "a cada um o que lhe é devido". Por fim, o último sentido de *fairness* é aquele em que, à imparcialidade de um procedimento, de um tratamento ou de uma decisão, bem como à conformidade de seus resultados com a justiça, acrescenta-se a ideia de medida, de quantidade, enfim, de uma quantificação moderada, porém suficiente.

II. "FAIRNESS" E "EQUITY"

Na língua filosófica, a tradução de *fairness* como "equidade" é problemática porque, em inglês, há *equity*, termo derivado do latim *aequitas* para traduzir a "equidade" (ἐπιείκεια [*epieíkeia*]) aristotélica: a *equity* foi conservada na língua técnica e se mostra relativamente deslocada no campo semântico de *fairness*. Com efeito, o termo empregado por Aristóteles remete a uma ideia diferente: a de um conflito entre a letra da lei e seu espírito: "o equitativo é o justo, porém não o justo conforme à lei, mas uma retificação do justo com amparo na lei" [τὸ ἐπιεικὲς δίκαιον μέν ἐστιν, οὐ τὸ κατὰ νόμον δέ, ἀλλ'ἐπανόρθωμα νομίμου δικαίου] (ARISTÓTELES, *Ethica Nicomachea* [*Ética a Nicômaco*], V, 10, 1137b, trad. Marco Zingano). Há, assim, uma jurisdição no direito inglês (*the equity jurisdiction*) cuja tarefa consiste em justificar exceções ali onde a lei é falha ou rígida demais – o que o vocabulário jurídico denomina "caso de equidade" (*cases of equity*, cf. RAWLS, *Uma teoria da justiça*, §38, p. 294). É nessa preocupação de equidade no sentido aristotélico que se inspiram tanto a tradição da *common law* (direito comum) quanto a latitude que ela deixa aos juízes na interpretação das leis. Desse modo, vemos como a *equity* aristotélica e a *fairness* no sentido de Rawls poderiam contrapor-se reciprocamente.

III. "FAIRNESS" E IMPARCIALIDADE: "DUTY OF FAIR PLAY"

Se a equidade pretende corrigir a justiça, a *fairness*, ao contrário, está em seu cerne na medida em que exige tratamento imparcial das pessoas. É a Henry Sidgwick e a sua tentativa de síntese entre Kant e o utilitarismo que remonta o sentido filosófico contemporâneo que estipula que:

> [...] não pode estar certo que A trate B de maneira que seria errado B tratar A, meramente pelo fato de serem dois indivíduos diferentes, sem que, entre os dois, não haja qualquer diferença de natureza ou circunstância que possa fundamentar

diferença de tratamento. [...] O princípio discutido logo acima, que em alguma medida parece claramente inspirado na noção comum de *fairness* ou *equity*, decorre da constatação de similaridade dos indivíduos que constituem um todo lógico ou uma classe (SIDGWICK, *The Methods of Ethics*, III, xiii, §3).

A originalidade está na extensão que Sidgwick confere ao termo, anunciando a concepção rawlsiana de *fairness*. Ele interpreta *fairness* num sentido intrasubjetivo, como o princípio "de imparcialidade de todas as partes de nossa vida consciente [...]; um bem menor no presente não deve ser preferido a um bem maior no futuro" (*Ibid.*). Pelo mesmo raciocínio, a *fairness* se liga intersubjetivamente ao princípio da benevolência universal, o princípio utilitarista que requer maximização da felicidade geral:

> [...] considerando a relação que une as partes integrantes ao todo e entre si, obtenho o princípio evidente em si mesmo que, do ponto de vista do Universo, por assim dizer, o bem de um indivíduo não é mais importante do que o bem de qualquer outro; a menos que haja certos fundamentos para a crença de que é preferível um bem maior num caso particular. É evidente para mim que, enquanto ser racional, estou constrangido ao bem de modo geral na medida de meus esforços possíveis, e não meramente a uma parte dele (SIDGWICK, *The Methods of Ethics*, III, xiii, §3).

IV. "FAIRNESS" E JUSTIÇA

Para Sidgwick, o termo *fairness* engloba uma teoria geral, não somente da justiça, mas também da retidão (*rightness*) e do dever moral. Esse desenvolvimento encontra sua conclusão na exposição de Rawls, para quem a justiça é definida como *fairness* no sentido de um igual respeito ao qual todo ser racional tem direito, ou seja, semelhantemente ao imperativo categórico kantiano: "Os princípios de justiça também são análogos aos imperativos categóricos" (RAWLS, *Uma teoria da justiça*, §40, p. 314). Assim como para Kant, mas por outras razões, a justiça é procedimental, ela se prende a processos, não a uma ordem atemporal. Antes de tudo, ela caracteriza uma certa maneira de agir perante seres humanos e seres vivos. Além disso, ela mesma resulta de procedimentos, não existe "em si" ou conforme a um critério externo:

> A ideia intuitiva da justiça como equidade consiste em pensar os princípios fundamentais de justiça como constituindo, eles mesmos, o objeto de um acordo original em uma situação inicial adequadamente definida [...] de modo a ser um *status quo* no qual todos os acordos firmados são justos (*fair*) [...] e o resultado não é condicionado por contingências arbitrárias nem pelo equilíbrio relativo das forças sociais (RAWLS, *Uma teoria da justiça*, §20, p. 144 e 146).

Assim, quando examinamos a justiça distributiva ou justiça social no domínio econômico das trocas e dos contratos, dos salários e dos preços, do mercado, o termo *fairness* adquire pleno sentido para designar a justiça de uma distribuição, de um preço, de um salário que seriam justos, entendidos não como justos "em si" como diz Aristóteles, mas como os mais justos em função das condições particulares da concorrência:

> [...] a renda e os salários serão justos, uma vez que um sistema competitivo (viável) de preços esteja adequadamente organizado e inserido em uma estrutura básica justa. [...] A distribuição resultante é um caso de justiça de fundo (*background justice*), de forma análoga ao resultado de um jogo limpo (*fair game*) (RAWLS, *Uma teoria da justiça*, §47, p. 378).

Portanto, quando o filósofo quer pensar acerca da justiça, ele dispõe de dois registros: de um lado, o da *fairness* e da justiça procedimental, ou seja, da imparcialidade e da honestidade, mas também da equidade nas decisões, procedimentos, trocas, distribuições, contratos, etc., sem critério independente para avaliar seus resultados; de outro lado, o registro do *just* e do *right*, que designam conformidade a um critério externo e independente, obrigação, dever – tanto moral quanto legal – em referência a um ideal de objetividade e de verdade. No uso filosófico, *justice* tende a aplicar-se sobretudo aos resultados, e *fairness*, aos procedimentos (BARRY, *Theories of Justice*, p. 145 *et seq.*). Mas, às vezes, as diferenças são simplesmente uma questão de uso, ou até mesmo de falta de opção. Álvaro de Vita, especialista na obra de Rawls no Brasil, declara o seguinte: "A tradução de *fairness* por 'equidade' não ocorre sem alguma variação de sentido, mas parece não haver um termo mais adequado em português" (VITA, "A tarefa prática da filosofia política em John Rawls", p. 14, nota 19).

De todo modo, a questão diz respeito ao caráter convencional da ideia de justiça. Em meio às fontes modernas de Rawls, temos o *Tratado da natureza humana*, onde Hume assim estabelece a conexão necessária entre justiça e equidade:

> [...] não temos naturalmente nenhum motivo real ou universal para observar as leis da equidade (*equity*), exceto a própria equidade e o mérito dessa observância; [...] a menos que admitamos que a natureza estabeleceu um sofisma, e o tornou necessário e inevitável, temos de admitir que o sentido de justiça e injustiça (*justice and injustice*) não deriva da natureza, surgindo antes artificialmente, embora necessariamente, da educação e das convenções humanas (HUME, *Tratado da natureza humana*, III, ii, 1, p. 523-524).

Compreendemos então por que, se queremos construir uma concepção da justiça que, como em Hume, seja totalmente convencional e, portanto, não arbitrária, o termo *fairness* e seus aspectos antropocêntricos podem constituir o objeto de uma escolha legítima. O sentido filosófico se preserva na medida em que teorizamos a referência a situações humanas em que parceiros racionais tentam regular conjuntamente suas desavenças, como na assinatura de um contrato, sem apelar a um critério independente. Análises recentes (cf. GALISANKA, "Just Society as Fair Game...", e GARTHOFF, "Playability as Realism") exploram a analogia dessa ideia de justiça com jogos cooperativos (p. ex.,

Role Playing Game [RPG]) entendendo que, a despeito das diferenças individuais, os jogadores devem se unir para que todos se beneficiem da cooperação acordada. Desse ponto de vista, a teorização produzida por Rawls é particularmente interessante porque, ao contrário do que quase sempre se vê, ela almeja a igualdade e a justiça social com base num procedimento que não é imposto como critério independente. No fato de Rawls empregar frequentemente os termos *just* e *fair* de maneira intercambiável é preciso notar um desejo de abandonar todo realismo moral e de descobrir os princípios da justiça tão somente na dialética dos interesses e das paixões. Aliás, Rawls estabelece uma comparação entre a teoria da justiça e a teoria pura dos preços ou do equilíbrio dos mercados, de tal modo que sua concepção da primeira é plenamente contratualista, entendendo-se aí que, como em Rousseau, o justo resulta do sufrágio universal, ou seja, do contrato de cada um consigo mesmo e com os outros. O equitativo ou o justo não existem em si: eles resultam de um acordo nas condições de liberdade, de igualdade e de imparcialidade reunidas na metáfora do "véu da ignorância". Qualquer intervenção inspirada por um critério externo, seja a pressão da força ou a de uma ideologia, seja a da igualdade, anularia a decisão.

V. "FAIRNESS" E IGUALDADE

Vemos então que, ao contrário do que se verifica no registro do *just* e do *right*, *fairness* designa a justiça, porém, sem ter que adotar a ideia de igualdade como critério independente. Numa teoria da justiça igualitarista, desigualdades podem ser justificadas ou equitativas se, e somente se, resultam de condições ou princípios eles mesmos equitativos (trata-se do segundo princípio de Rawls). A igualdade é, pois, um componente da justiça, não como condição imposta *a priori*, mas como resultado de um procedimento. Pelo uso que faz do termo *fairness*, Rawls anuncia que não é mais possível falar da justiça independentemente de um juízo humano e de um procedimento. *Fairness* combina a imparcialidade das condições da escolha, a honestidade do procedimento e a equidade em face de contratantes, permitindo assim a constituição de uma teoria da justiça puramente procedimental.

BIBLIOGRAFIA

ARISTÓTELES. *Éthique à Nicomaque*. Traduit par J. Tricot. Paris: Vrin, 1983. [Ed. br.: *Ethica Nicomachea: Tratado da justiça*. Tradução de Marco Zingano. São Paulo: Odisseus, 2017. v. 1-15].

BARRY, B. *Theories of Justice*. London: Harvester, 1989.

GALISANKA, A. Just Society as a Fair Game: John Rawls and Game Theory in the 1950s. *Journal of the History of Ideas*, v. 78, n. 2, 2017.

GARTHOFF, J. Playability as Realism. *Journal of the Philosophy of Games*, v. 1, n. 1, 2018.

HUME, D. *Traité de la nature humaine*. Traduit par Ph. Saltel. Paris: GF-Flammarion, 1993. Livre III. [Ed. br.: *Tratado da natureza humana*. Tradução de Déborah Danowski. 2. Ed. São Paulo: Ed. Unesp, 2009].

NASCENTES, A. *Dicionário etimológico da língua portuguesa*. Rio de Janeiro: Livraria Acadêmica, 1955.

RAWLS, J. Justice as Fairness. *Philosophical Review*, n. 67, 1958.

RAWLS, J. *A Theory of Justice*. Cambridge: Harvard University Press, 1971. [Ed. br.: *Uma teoria da justiça: edição revista*. Tradução de Jussara Simões. Revisão técnica de Álvaro de Vita. 4. ed. São Paulo: Martins Fontes, 2016].

SIDGWICK, H. *The Methods of Ethics* (1874). 7. ed. Preface by J. Rawls. London: Hackett, 1981.

VITA, Á. de. A tarefa prática da filosofia política em John Rawls. *Lua Nova: Revista de Cultura e Política*, São Paulo, n. 25, 1992.

GENDER
[inglês] (pt. *diferença dos sexos, identidade sexual, gênero*)
Monique David-Ménard, Penelope Deutscher (2004) e Judith Butler (2014)
Tradução: Isabela Pinho | Revisão: Carla Rodrigues

fr.	*différence des sexes, identité sexuelle, genre*
it.	*genere*
al.	*Geschlecht*
esp.	*género*

➤ SEXO, GESCHLECHT, BEHAVIOUR, NATUREZA, POVO, PRAZER, PULSÃO

Desde que, no fim dos anos 1960, biólogos, sociólogos, psicanalistas e filósofos começaram a considerar, no estudo da sexualidade, o que os autores anglo-saxões designam pelo termo gender, o debate ganhou o campo de outras línguas europeias sem que se resolvesse optar, por exemplo, em francês, pela palavra genre; em espanhol, por género; em italiano, por genere; em alemão, por Geschlecht; em português, por "gênero" Essa esquiva da tradução se explica pela significação que mais tarde os autores anglo-saxões, e especialmente as feministas americanas, deram a gender em relação ao que é chamado sex no mundo anglófono e "sexualidade" na língua portuguesa.

    Esse debate sobre a diferença dos sexos (masculino e feminino) teve como ponto de partida o livro de Robert Stoller intitulado Sex and Gender (1968) – publicado em francês com o título Recherches sur l'identité sexuelle (1978) e sem tradução em língua portuguesa. No prefácio da edição francesa da obra, Stoller define "os aspectos da sexualidade que são chamados de gênero [genre]" como sendo "essencialmente determinados pela cultura, isto é, aprendidos depois do nascimento", enquanto que o sexual propriamente dito se caracterizaria por seus componentes anatômicos e fisiológicos, na medida em que determinam se uma pessoa "é macho ou fêmea". Roberto Barberena Graña nos diz, no prefácio de Masculinidade e feminilidade: apresentações do gênero, tradução brasileira de Presentations of a Gender, que, em Sex and Gender, Stoller propõe uma distinção entre sexo e gênero, relacionando o primeiro com a condição biológica de ser homem ou mulher (maleness e femaless) e o segundo com o desenvolvimento das características comportamentais e caracteriológicas relativas a esta condição (masculinity e feminity). Aborda, ainda, o problema do desenvolvimento da identidade de gênero (sentir-se e agir como homem ou como mulher) a partir do material clínico de pacientes intersexuados, travestis e transexuais. Se gender é um termo considerado intraduzível, isto se deve ao fato de que ele não recobre o termo "sexualidade". Com efeito, a sexualidade, tal como entendida pela psicanálise, desaparece na distinção estabelecida pelos autores americanos entre sexo biológico e a construção social das identidades masculina e feminina. Distinção que muitos de seus defensores começam a reinterpretar e que à psicanálise contemporânea resta apenas problematizar de modo ainda mais radical.

I. A DISTINÇÃO ENTRE "SEX" E "GENDER" E SUAS REINTERPRETAÇÕES

O termo inglês *sex* pode ser razoavelmente traduzido em francês por *sexe* e em português por "sexo", as três línguas definindo a sexualidade como "o conjunto de noções fisiológicas e psicológicas" que a caracterizam. Entretanto, em alguns casos, é um erro traduzir *sex* por *sexo*, uma vez que em inglês *sex* é, em muitas circunstâncias, oposto a *gender*, o que não se verifica em francês nem em português. A distinção entre *sex* e *gender* que Stoller salientou em 1968 e que foi adotada pelo pensamento feminista no início dos anos 1970 (ver, em particular, OAKLEY, *Sex, Gender and Society*) representa para esta corrente um argumento político e sociológico em nome do qual se impõe distinguir os aspectos fisiológicos e psicológicos do sexo, sem o que cairíamos em um essencialismo biológico que teria valor normativo em matéria de identidade sexual.

As tentativas científicas de separar, nesse aspecto, os aportes respectivos da natureza e da cultura se multiplicaram no último terço do século XX. Mas o recurso à distinção entre sexo e gênero continuou sendo específico à terminologia inglesa. O *Oxford English Dictionary* menciona, a propósito de *gender*, o emprego que faz A. Oakley ("As diferenças de sexo podem ser 'naturais', mas as diferenças de gênero são originadas na cultura"). E a mesma obra faz referência ao uso feminista do termo como representando uma das suas significações majoritárias:

> No uso moderno, e especialmente junto às feministas, *gender* é um tipo de eufemismo que, para o sexo do ser humano, visa a frequentemente acentuar as distinções sociais e culturais por oposição à distinção biológica entre os sexos.

Nesse contexto, nota-se que a psicanálise, e a significação que ela confere à diferença sexual, não conheceu, no mundo anglo-saxão, a influência decisiva que ela exerceu em países como França, Argentina e Brasil. Ao contrário, naquele foi o comportamentalismo que se tornou dominante no período em que se impunha a distinção entre *sex* e *gender*, dominação especialmente mantida pela psicologia e pela filosofia britânica. Essa distinção encontrava-se em consonância com um clima de confiança quanto às possibilidades de modificar os comportamentos relativos aos papéis sexuais, até então submetidos a critérios normativos. Assim, não parecia necessário que o comportamento feminino caminhasse junto com o sexo feminino biológico.

Depois dos anos 1990, o emprego do termo *gender* tornou-se cada vez mais comum e se deslocou para o uso geral nos momentos em que antes se teria utilizado *sex*. (Na versão eletrônica do *Oxford English Dictionary* figura, na rubrica *gender*, a seguinte citação do *Financial Times*: "A escola pode [...] modificar a educação de uma criança sem consideração de raça, de *gender* ou de origem de classe".) Segue-se daí que não é suposto que os psicólogos ou as feministas que atualmente se referem ao *gender* mantenham de maneira estrita a distinção entre sexo e gênero. Além disso, a teoria feminista tem rejeitado largamente essa distinção pelas seguintes razões:

(1) É difícil distinguir o que concerne ao *sex* e o que concerne ao *gender*.

(2) Recusa-se a ideia de que "*gender*, como construção cultural, seria uma imposição superficial sobre a coisa em questão, compreendida como corpo ou como sexo" (ver BUTLER, *Bodies that Matter*, p. 5, [*Corpos que importam*, p. 17]). Essa recusa se funda no argumento segundo o qual o sexo não pode ser considerado como uma tábua rasa neutra (ver GATENS, "A Critic of the Sex/Gender Distinction").

(3) A feminista estadunidense Judith Butler defende que o sexo é materializado retrospectivamente como "primário" e que isto resulta do fato de que a nossa abordagem do *gender* trata o cultural como "secundário". Ela descreve: "a repetição ritualizada pela qual as normas do *gender* produzem e estabilizam, não apenas os efeitos do gênero, mas a materialidade do sexo" (*op.cit.*, p. X-XI, [*op.cit.*, p. 11]). Sua obra pressupunha que "o sexo se forma não apenas como um dado corporal sobre o qual a construção do *gender* seria imposta artificialmente, mas também como uma norma que governa a materialização dos corpos".

(4) Alguns teóricos interpretam o próprio sexo como uma construção cultural. É esta perspectiva que adota Thomas Laqueur quando afirma:

> Parece perfeitamente óbvio que a biologia defina os sexos – o que mais o sexo poderia significar? [...] Eu não discordo de nenhum desses fatos, mas se insistirmos um pouco podemos ver que eles não são tão conclusivos como se pensa. [...] Os órgãos [genitais femininos], considerados versões interiores do que o homem tinha do lado de fora – a vagina como pênis, o útero como o escroto –, foram interpretados, no século XVIII, como órgãos com uma natureza completamente diferente (*Inventando o sexo*, tradução de Vera Whately, p. 8).

Assim, esse autor explica que ele se atém, nas suas pesquisas, a retraçar "uma história da maneira como o sexo, não menos que o gênero, se constitui" (*ibid.*).

(5) As feministas ou outros/as teóricos/as que recorrem hoje ao termo *gender* não necessariamente aderem à distinção estabelecida primitivamente entre *sex* e *gender*, particularmente porque o termo *gender* tornou-se um eufemismo para designar o sexo. E, do mesmo modo, quando um/a teórico/a utiliza *sex*, não compreende sob esse termo uma noção que, contrariamente à de *gender*, seria universal, abstração feita da história e da cultura. O argumento de Thomas Laqueur conquistou uma verdadeira relevância em relação a esse ponto.

II. A NOÇÃO DE "GENDER" AOS OLHOS DA PSICANÁLISE

Se *gender* é intraduzível em muitas outras línguas, é porque esse vocábulo está ligado à história de dois problemas diferentes que se desenvolveram paralelamente, invadindo-se mutuamente sem coincidir. Ora, em relação à distinção estabelecida por Stoller entre o sexo biológico e a construção social das identidades masculina e feminina, a psicanálise vê na sexualidade uma combinação de fatores fisiológicos e psicológicos. Mas, enquanto se desdobrava a problemática de Stoller e das feministas estadunidenses, na França, a reavaliação dos conceitos fundamentais da psicanálise mostrava a necessidade de renunciar ao dualismo do fisiológico e do psíquico para chegar a compreender o que são as pulsões e os fantasmas, como terreno sobre o qual se formam as identidades sexuais. Quando Freud define, em 1905, o corpo erógeno (*Três ensaios sobre a teoria sexual*), e quando especifica, em 1915 (*As pulsões e seus destinos*), segundo quais elementos heterogêneos são constituídas as pulsões – impulso, alvo, origem e objeto –, ele introduz a ideia de que as chamadas pulsões têm um destino, o que faz delas outra coisa muito diferente dos dados fisiológicos ou psicológicos. O terreno sobre o qual se decide o fato de que tal ser humano se sente mulher ou homem diz respeito aos destinos de suas pulsões, à articulação destas com os cenários de gozo sexual nos quais o sujeito se relaciona com as figuras de alteridade construídas em parte nos detalhes do seu comércio precoce com os adultos. Portanto, a sexuação tem como terreno de formação o prazer, o desprazer e a angústia, a partir dos quais se tecem as experiências e os pensamentos dos infantes imersos em um mundo adulto que os sustenta, os ameaça, os carrega, ainda que esse mundo seja ao mesmo tempo intrusivo e estrangeiro.

Do ponto de vista da psicanálise, as determinações sociais do *gender* são um dos elementos mediante os quais se forjam os fantasmas e as pulsões. Os dados fisiológicos do sexo constituem um dos outros materiais concernidos nesse processo, mas eles não estão no mesmo plano que os primeiros: uma sociedade fornece sempre um conteúdo à diferença dos sexos. E essa diferença, como mostram os antropólogos, estrutura todas as atividades de troca, de ritos, de repartição do espaço, da subsistência, dos circuitos de casamentos permitidos e proibidos, etc. Como o *gender* só consiste no sistema de repartição das atividades sociais, ele recebe conteúdos diversos segundo as sociedades. O ponto de acordo entre antropólogos, psicanalistas e certos teóricos do *gender* é que a sexuação humana não é nada natural, não tem conteúdo comandado por uma essência ou pela natureza, que seria determinada pelos papéis diferentes das mulheres e dos homens na procriação. Mas o acordo entre essas problemáticas se esgota neste ponto negativo.

Para dar conta da sexuação, a psicanálise emprega outras noções além das de fisiológico e de psíquico. É por isso que Robert Stoller, como muitos outros psicanalistas, promoveu uma confusão sobre o sexual no sentido psicanalítico do termo. E as teorias do *gender* herdaram essa confusão. A sexualidade não é nem fisiológica nem psíquica; é pulsional e fantasmática; os dados biológicos e sociais são considerados pelos fantasmas e pelas pulsões apenas a partir de sua organização específica. Levando em conta essa mudança conceitual, a questão de saber se Freud estava errado ao afirmar que existe, na "fase fálica", uma única libido e que ela é de essência masculina pode ser formulada sobre outras bases.

III. GENDER TROUBLE

O termo *gender* obteve o seu significado inicialmente como parte de uma sequência narrativa na teoria feminista. Primeiro havia "sexo", compreendido como um dado biológico; em seguida veio *gender*, que interpretava ou construía aquele dado biológico em termos de categoria social. Essa foi, pelo menos, a história que preponderou à medida que antropólogas feministas (Ortner, Rubin) buscavam distinguir entre a ordem da natureza e a ordem da cultura. A natureza foi compreendida como prévia, embora ninguém pensasse que era possível identificar a cena da natureza separada de sua articulação cultural. Sua "anterioridade" era, assim, ambiguamente temporal e lógica. Essa formulação ajudou a dar sentido a importantes formulações feministas, tais como a feita por Simone de Beauvoir em *O segundo sexo*: "Não se nasce mulher, torna-se mulher". Se não se nasce mulher, então se nasce algo outro, e "sexo" é o nome desse algo outro que somos, anterior ao isso que nos tornamos. O fato de *gender* nomear um modo de tornar-se teve consequências teóricas, pois significava que, a despeito de qual gênero é designado no nascimento, o gênero ainda precisa ser culturalmente assumido, incorporado, articulado e realizado. E, ainda, se o sexo nomeia o que é biologicamente dado, e se o gênero pertence a uma outra ordem, então não há nada no sexo de uma pessoa que a destine para qualquer tipo particular de posição na vida; não há papéis sociais ou significados culturais que possam derivar exclusivamente ou por causalidade do sexo de alguém. Por exemplo, alguém pode nascer com órgãos reprodutivos, mas jamais dar à luz. E mesmo se certas formas de relação heterossexual são fisicamente possíveis, isso não significa que elas sejam psiquicamente possíveis ou desejáveis. Em outras palavras, o sexo não tem um efeito causal sobre o comportamento, nem sobre o papel ou a tarefa social; assim, com a distinção sexo/gênero posta em vigor, feministas combateram ativamente a formulação de que "biologia é destino".

Contudo, tornou-se claro que a compreensão de gênero aceita exclusivamente como os significados culturais que o sexo adquire em dado contexto social ainda imbricava gênero e sexo, e o primeiro continuava não podendo ser conceitualizado sem o segundo. Algumas feministas, tais como Elizabeth Grosz, argumentaram que, se *gender* é a interpretação cultural do sexo, então este último é encarado como um dado, não havendo assim maneira de perguntar como o "sexo" é criado, ou quais formas culturais o "sexo" assume em diferentes contextos. De fato, começar a falar sobre os significados culturais do "sexo" fazia parecer que se estava falando, antes, sobre *gender*. Essa posição tornou-se ainda mais difícil de sustentar à medida que estudiosas da ciência feministas insistiam não apenas que a natureza possui uma história (Haraway), mas que mesmo a definição de "sexo" é uma zona de conflito na história da ciência (Laqueur, Longino). Se "sexo" tem uma história, e uma história conflituosa, então como compreendemos *gender*? Será então necessário retirá-lo da sequência narrativa na qual primeiro existe o "sexo", pertencente a uma natureza supostamente a-histórica, e apenas depois existiria *gender*, compreendido como dotando aquele fato natural de significado?

Redimensionar a distinção sexo/gênero implicou um distanciamento tanto da linguística estrutural quanto da antropologia cultural. Mas esse distanciamento mostrou-se efetivamente importante quando se concordou com o fato de que tanto "sexo" quanto *gender* têm histórias, e que essas histórias diferem, dependendo do contexto linguístico no qual operam. Assim, por exemplo, o próprio termo *gender* era, ao longo dos anos 1980 e 1990, quase impossível de traduzir em qualquer língua românica. Havia *le genre* em francês, *el género* em espanhol, "o gênero" em português, mas esses eram considerados como categorias gramaticais, sem influência sobre a existência corporal concreta daqueles que eram referidos por "ele" ou "ela". Contudo, autoras experimentais como Monique Wittig e Jeanette Winterson contestaram a ideia de que a gramática fosse realmente separável da experiência corpórea. *As guerrilheiras,* de Wittig, bem como *Written on the body,* de Winterson, tornaram-se textos provocativos, que jamais permitiam as/os leitoras/es determinar o gênero das figuras e personagens descritas. Além disso, esses textos sugeriam que o modo como vemos e sentimos o gênero está diretamente relacionado aos tipos de construção gramatical que passam por corriqueiros ou inevitáveis. Tanto combinando quanto confundindo ou apagando o gênero gramatical, as autoras buscaram afrouxar o nó com o qual os sistemas de gênero binários nos atam na maneira como lemos, sentimos, pensamos e conhecemos a nós mesmas e aos outros. O seu idealismo gramatical mostrou-se interessante como ficção experimental. No entanto, as instituições de gênero pareceram seguir o seu curso, mesmo quando almas intrépidas recusavam-se a atribuir gêneros aos bebês no nascimento, pensando que tais atos poderiam levar à suspensão da instituição da diferença sexual.

A tradução de *gender* para o alemão foi mais difícil, uma vez que a palavra *Geschlecht* funciona tanto como sexo biológico quanto como gênero social. Esse termo reforçou um forte pressuposto cultural de que as várias expressões culturais de gênero não apenas derivaram causal e necessariamente de um sexo original, mas de que o gênero também estava de certa forma atrelado ao sexo e era dele indissociável, atado a ele como uma só unidade. O termo para *gender* em chinês congrega muitos desses significados variadamente expressos pela conjunção de fonemas e números: o termo para *gender* é *xing*(4)*bie*(2). Os números denotam "tons", e há quatro deles para cada um dos dois termos. Assim, *xing*(2) significa algo diferente de *xing*(4). Com efeito, esse sistema numérico já é uma tradução dos caracteres chineses, por isso produz uma espécie de grade a partir de signos gráficos. *Xing*(4) é um termo que significa "categoria" ou "tipo", mas também significa "sexo", e assim mantém uma relação com aquelas línguas que vinculam sexo e espécie. Somente no começo do século XX o termo começou a significar *gender*; então, para distinguir gênero de sexo, algumas intelectuais feministas na China inseriram a expressão que significa "social" (*she*(4)*hui*(4)) antes de *xing*(4)*bie*(2). *Bie*(2) significa "diferença", sendo desse modo ligado às formulações de *gender* como diferença sexual.

Como *genus* em sueco, que implica ser-espécie, *Geschlecht* em alemão implicava não apenas uma espécie natural, mas também um modo de ordenação natural que servia aos propósitos de reprodução da espécie. O fato de que os primeiros tradutores alemães de *Gender Trouble* [*Problemas de gênero*] escolheram traduzir "gênero" por *Geschlechtsidentität* [identidade sexual] pode ter sido um esforço para afastar o discurso da espécie, ou talvez tenha sido um modo de responder àqueles argumentos *queer* emergentes, que defendiam que o sexo binário era compreendido para servir aos propósitos de reproduzir a heterossexualidade compulsória (Rubin, Butler). O problema com essa escolha, contudo, é que ela confundia gênero com orientação ou disposição sexual. E parte do trabalho analítico de entender *gender* como separado da causalidade e funcionalismo biológicos era precisamente o de manter-se aberto para a possibilidade de que o aparecimento de *gender* pudesse não corresponder à disposição ou orientação sexual de maneiras previsíveis. Assim, se a concepção do sexo como biologicamente atrelado implica que mulheres e homens desejem apenas uns aos outros, e que o resultado final dessa atração é a reprodução biológica, a crítica *queer* repousava sobre distinções analíticas entre morfologia, biologia, psicologia, designação e interpretação cultural, função social e possibilidade. Se *gender* nomeava essa constelação de problemas, o conceito então buscava, nos termos de Foucault, desfazer a "unidade ficcional do sexo" (*História da sexualidade*, v. 1), na qual pulsão, desejo e expressão formavam um objeto único, tornado a condição e o objeto da regulação sexual.

Para os franceses, o termo *gender* era a princípio incompreensível, uma vez que *genre* claramente se referia exclusivamente à gramática e à forma literária. Quando *Gender Trouble* foi pela primeira vez proposto para publicação na França, o editor afirmou que ele era *inassimilable*, sugerindo ser um tipo de substância estrangeira ou de imigrante indesejado que deveria ser deixado de fora das fronteiras francesas. Ele foi claramente considerado um termo americano, possivelmente o equivalente intelectual do McDonald's. Embora o termo tenha efetivamente ingressado na língua através de conferências, seminários, títulos de livros, e até mesmo um campo de estudos recentemente estabelecido (*études de genre*), o seu culturalismo foi de algum modo associado ao seu americanismo, e alguns intelectuais franceses temeram que ele fosse um termo que visava a negar a diferença sexual, o corpo, a sedução, e o próprio espírito francês.

Para alguns/mas historiadores/as do feminismo que trabalhavam entre os enquadramentos franceses e anglo-americanos, *gender* se entrelaçou de modo importante com a questão da diferença sexual. Joan W. Scott argumentou que não se deveria considerar o gênero apenas como atributo de um corpo, ou como uma maneira de dotar corpos biológicos de significado cultural. Na sua perspectiva, *gender* é uma "categoria de análise" que nos auxilia a compreender como os termos básicos pelos quais descrevemos a vida social são eles mesmos internamente diferenciados. Por exemplo, Scott pode analisar termos como "trabalho", "igualdade" ou mesmo "universalidade" usando *gender* como categoria crítica. Como resultado, podemos indicar como a esfera pública ou o trabalho são frequentemente conceitualizados como esferas masculinas. O próprio modo como a esfera é delimitada não apenas valoriza certas modalidades de trabalho, e trabalhadores do gênero masculino, mas também reproduz as categorias de gênero. No trabalho de Scott, essas categorias nem sempre aderem a um conjunto de corpos, embora algumas vezes o façam. Elas também propiciam o esquema implícito pelo qual é descrito o trabalho valorizável e o não valorizável, formas de participação política são valorizadas diferentemente, e as versões de universalidade são articuladas com pressuposição e viés masculinos.

Scott é uma das muitas teóricas feministas que combatem a distinção absoluta entre diferença sexual e gênero (cf. WEED, SCHOR, IRIGARAY, BRAIDOTTI). "Diferença sexual" não é um termo que marca um começo exclusivamente biológico e depois sofre transformação no curso de uma articulação cultural e histórica subsequente e separável. Antes, a diferença sexual é precisamente isso que, tanto nas ciências biológicas quanto nas culturais, ocasiona um conjunto de articulações cambiantes. Seguindo Lacan, poder-se-ia dizer que a diferença sexual é precisamente o local onde biologia e cultura convergem, embora de modo algum de forma causal (evitando, assim, a partir de outro direcionamento, a formulação "biologia é destino"). Para Scott, nenhuma articulação cultural de diferença sexual exaure o seu significado, porque, mesmo que não encontremos jamais essa diferença fora de uma articulação específica, ela elude qualquer captura ou confisco que poderia fixar o seu sentido definitivamente. Além disso, a diferença sexual é tanto articulada por formas de poder quanto é uma matriz para a articulação ativa desses modos de poder. Não estamos apenas falando sobre diferença sexual como uma diferença "construída" (embora algumas pessoas o façam), mas, no trabalho de Scott, a diferença sexual é uma matriz através da qual e pela qual certos tipos de articulação têm lugar. Se isso parece enigmático, provavelmente o é de fato; Scott se refere a isso como um dos paradoxos que ela tem a oferecer.

Embora algumas feministas contrastassem de maneira aguda o discurso sobre *gender* e o que versa sobre a "diferença sexual", elas geralmente associavam *gender* a uma teoria da construção cultural, embora isso não pareça mais ser o caso. *Gender* é hoje o nome de um conjunto de debates sobre como pensar as dimensões biológica, cromossomial, psicológica, cultural e socioeconômica da realidade vivida corporalmente. Consideremos, por exemplo, o debate do atletismo internacional sobre Castor Semenya, atleta suspeita de ser mais masculina do que feminina, mas que corria enquanto uma mulher qualificada em competições internacionais de atletismo. A Associação Internacional de Federações de Atletismo finalmente julgou o caso, confirmando que ela estava apta a correr como mulher, sem dizer se ela era "realmente" mulher. Para a Associação, o gênero foi estabelecido por um conjunto de medidas e normas que requeriam a *expertise* de advogados, biólogos, psicólogos, geneticistas e endocrinologistas. Em outras palavras, as "qualificações de gênero" de Semenya foram decididas por um comitê interdisciplinar, e não por um padrão único, imposto por uma ciência única. Aqueles/as especialistas não apenas tiveram que aprender as línguas uns dos outros, mas tiveram igualmente que traduzir cada campo de conhecimento para o seu, a fim de chegar a um entendimento da melhor maneira de nomear o gênero nesse caso. As qualificações de gênero de Semenya foram o resultado de uma conclusão negociada.

Aqueles que debatem problemas de diferença sexual e de gênero tendem a conjecturar o que ocorre no instante do começo da vida, como as crianças são percebidas e nomeadas, e como a diferença sexual é descoberta ou instalada. O psicanalista Jean Laplanche argumentou que não era possível reduzir a questão de gênero a uma expressão de pulsões biológicas, compreendidas como separáveis de um conteúdo cultural. Para compreender o gênero, precisamos antes compreender as pulsões (ver FREUD, *Triebe und Ihre Schicksale* [*As pulsões e seus destinos*]). Para Laplanche, a atribuição de gênero acontece no próprio começo da vida, mas, como todas as palavras de interpelação poderosas, é inicialmente encontrada como um tanto de "ruído", para um infante que ainda não possui competência linguística para discernir o que está sendo dito. Nesse sentido, a atribuição de gênero se instala na cena do desamparo infantil. Ser designado por um gênero é receber um significante enigmático e opressor; é também ser incitado de maneiras que permanecem em parte totalmente inconscientes. Ser designado por um gênero é estar sujeito a uma certa demanda, a uma certa coerção e sedução, e não saber completamente quais poderiam ser os termos desta demanda. De fato, ao ser generificado, o infante é posto na situação de *ter que realizar uma tradução*.

O primeiro ponto de Laplanche decorre de uma correção para um erro de tradução. O "instinto" (um termo que Strachey emprega frequentemente para traduzir *Trieb*) torna a pulsão possível, mas a pulsão institui uma vida de fantasia que é qualitativamente nova, e que não é constrangida pelas teleologias da vida biológica. O endógeno e o exógeno convergem na pulsão, mas, quando algo novo emerge, isso é um sinal de que a pulsão se desviou da sua base instintiva. Isso só ocorre quando os processos biológicos sofreram interferência do mundo adulto, sob formas de endereçamento, palavras, formas de proximidade física e de dependência. Algo enigmático é comunicado a partir daquele mundo adulto e entra na vida da pulsão. É precisamente por causa dessa interrupção que o sentido emergente que o/a infante tem de seu corpo (ou de um corpo alheio a categorias claras de gênero) não é o resultado de uma teleologia ou necessidade biológicas.

Em "The Letter in the Unconscious", o crítico literário John Fletcher pergunta como repensar "a constituição e inscrição psíquicas de uma imagem corporal sexualmente e genitalmente diferenciadas (a repressão e simbolização de quais significantes enigmáticos? [como] o fundamento, ou, ao menos, o terreno para a formação de identidades de gênero" (*Seduction, Translation and the Drives*, p. 119). Em outras palavras, Fletcher, com base em Laplanche, pergunta se o sentido mais fundamental de nosso corpo, o que Merleau-Ponty chamaria de "corpo-imagem", é de alguma maneira o resultado da necessidade de traduzir e negociar termos "significantes" adultos enigmáticos e opressores, termos que transmitem as demandas psíquicas do adulto para a criança.

Como vimos, o termo *gender*, nos contextos da língua inglesa, normalmente se refere a um significado cultural assumido por um corpo no contexto de sua socialização ou aculturamento, e assim ele frequentemente lança mão da distinção entre corpo natural e cultural, a fim de resguardar uma definição para gênero como uma produção enfaticamente cultural. Mas essas últimas posições nos levam a fazer uma outra pergunta: qual é o mecanismo dessa produção? Se começarmos pelo nome do infante, começamos a compreender o gênero como uma atribuição social, mas como precisamente essa atribuição funciona?

Para responder a essa questão, temos que nos distanciar da noção de que o gênero é simplesmente um atributo de uma pessoa (o que Scott já nos mostrou). Ou, antes, se ele é um atributo, temos que considerar que ele é atribuído, e temos ainda que entender os meios e mecanismos dessa atribuição ou designação mais generalizada. Para Laplanche, o gênero se ressitua como parte do terreno do próprio significante enigmático. Em outras palavras, o gênero não é tanto uma mensagem singular, mas um discurso circundante e coercitivo, já em voga, mobilizado com o propósito de endereçamento antes mesmo da formação de um sujeito falante e desejante. Nesse sentido, o gênero é um problema de tradução da pulsão do outro para um esquema corporal próprio.

Em outras palavras, não se vem ao mundo para só então deparar-se com um conjunto de opções de gênero; antes, o gênero funciona como parte das condições discursivas generalizadas que se "endereçam" enigmática e opressivamente a um infante e a uma criança, e que continuam a ser endereçadas a alguém ao longo de sua vida corpórea. Laplanche argumenta que o gênero *precede* o sexo, e assim sugere que o gênero – compreendido como o feixe de significados enigmáticos que é endereçado ao infante, e, assim, imposto como parte de uma intervenção discursiva em sua vida –, precede a emergência da "imagem corporal sexualmente e genitalmente diferenciada".

Esta última visão é contraintuitiva, na medida em que podemos querer argumentar que, para a maior parte das pessoas, a diferença sexual está presente desde o início (embora pesquisas recentes em intersexo tenham posto em questão esse pressuposto que predomina nas ciências biológicas e sociais). Mas existem condições sob as quais o "sexo", entendido como morfologia sexualmente diferenciada, chega a aparecer como um "dado" da experiência, algo que podemos tomar como evidente, como um ponto de partida material para qualquer investigação posterior ou para qualquer compreensão posterior de aquisição de gênero? Considerem que a sequência que usamos para descrever como o gênero emerge apenas após o sexo, ou como o gênero é algo superposto ao sexo, falha em ver que ele já está, por assim dizer, operando, apoderando-se e infiltrando-se na vida somática antes de qualquer determinação consciente ou reflexiva de gênero. E se ele é transmitido, traumaticamente, através da cena de sedução generalizada, então o gênero é parte da própria atribuição que forma e incita a vida da pulsão, a sexualidade mesma, que nos faz lutar por palavras que traduzam um conjunto de efeitos que emergem de um domínio apenas para ser transmitido para outro. Poderíamos perguntar: que gênero? Ou gênero em que sentido? Mas isso seria avançar rápido demais. Se o gênero é transmitido por meio da linguagem e dos gestos opressores do adulto, então ele chega primeiro como um tipo de ruído, indecifrável e em busca de tradução. Por ora, é mais importante notar que a atribuição de gênero advém pelo desejo enigmático do outro, um desejo pelo qual a vida somática é infiltrada e que, por sua vez, ou simultaneamente, instiga um conjunto de deslocamentos e traduções que constituem a vida específica da pulsão ou do desejo sexual. A vida somática é determinável fora da cena da atribuição? Na medida em que o "sexo" corporal aparece como primário, esse próprio caráter primário é atingido como consequência de um recalque (*refoulement*) do gênero mesmo. De fato, o gênero é em parte constituído por desejos inconscientes transmitidos por meio da atribuição enigmática de gênero, para que se possa dizer que o gênero emerge, desde cedo, como um enigma para a criança. E a questão pode muito bem não ser "qual é o meu gênero?", mas antes, "o que o gênero quer de mim?", ou mesmo "o desejo de quem está sendo realizado na atribuição de gênero que eu recebi e como posso porventura responder a ele? Rápido: dê-me um jeito de traduzir!".

1. Translation trouble
Carla Rodrigues

Depois de redigir e publicar esse texto na edição estadunidense do *Dicionário*, Judith Butler ampliou suas considerações acerca da assunção de gênero como tradução, desenvolvida em Butler (2019). A relevância da sua abordagem levou à tradução e publicação do texto no Brasil, sob o título "Gênero em tradução: além do monolinguismo" (2021), com tradução de Fernanda Miguens e Carla Rodrigues. Na tradução brasileira do artigo, assim como aqui, optou-se por manter *gender* em inglês sempre que a filósofa está se referindo ao conceito. No artigo, desenvolve-se a ideia de que não apenas a tradução de *gender trouble*, mas o próprio problema em causa evidencia-se essencialmente como um problema de tradução. Trata-se de pensar o quanto não seria, em um sentido talvez mais amplo do que a diferença entre línguas, a própria teoria de gênero (*gender theory*) um *translation trouble* [problema de tradução] que envolve o monolinguismo e outras formas de cegueira para a diferença. "A tradução é a condição de possibilidade da teoria de gênero em um contexto global" (*op. cit.*, 369).

As reflexões anglófonas e teóricas sobre gênero muitas vezes assumem o caráter generalizante das suas próprias afirmações sem antes colocar a pergunta sobre se o *gender* existe como termo, ou se existe da mesma maneira em outras línguas. Parte da resistência à entrada do termo *gender* em contextos não anglófonos surge de uma resistência anterior ao inglês ou, de fato, apoiada na sintaxe de uma língua na qual as questões de gênero são resolvidas através de inflexões verbais ou de uma referência implícita. É claro que uma forma mais abrangente de resistência tem relação com os medos de que a categoria possa produzir, por si mesma, formas de liberdade sexual e desafios para as hierarquias existentes na língua para a qual está sendo traduzida. O ataque político e organizado ao gênero e aos estudos de gênero que está acontecendo no mundo todo tem muitas fontes, mas não é esse o foco. O artigo sustenta que não pode existir teoria de gênero sem tradução e que o monolinguismo anglófono muitas vezes presume que o inglês constitui uma base suficiente para as afirmações teóricas sobre gênero. Além disso, na medida em que o uso contemporâneo do termo *gender* vem de uma criação introduzida por sexólogos e, posteriormente, reapropriada pelas feministas, desde o início o termo esteve vinculado à inovação gramatical e aos desafios sintáticos. Sem um entendimento da tradução – com sua prática e seus limites –, os estudos de gênero não podem existir num enquadramento global. Finalmente, o processo de se tornar de um gênero, ou de mudar de gênero, requer tradução para comunicar outros termos de reconhecimento das novas modalidades de gênero. Sendo assim, a tradução é parte constitutiva de qualquer teoria de gênero que busque ser multilíngue e aceite o caráter historicamente dinâmico das línguas. Esse enquadramento pode facilitar o caminho para o reconhecimento de diferentes gêneros, assim como de diferentes considerações sobre a identidade de gênero (essencialista, construtivista, processual, interativa, interseccional), que requerem tanto a tradução quanto uma definição de seus limites. Sem a tradução e a invenção histórica do termo *gender* não há como compreender a categoria dinâmica e mutável do gênero ou as resistências que ela hoje enfrenta.

BIBLIOGRAFIA

BEAUVOIR, Simone de. *The Second Sex*. Translated by Constance Borde and Sheila Malovany Chevallier. New York: Vintage Books, 2011. [Ed. br.: *O segundo sexo*. Tradução de Sergio Milliet. Rio de Janeiro: Nova Fronteira, 2016].

BRAIDOTTI, Rosi. *Nomadic Subjects: Embodiment and Sexual Difference in Contemporary Feminist Theory*. New York: Columbia University Press, 1994.

BUTLER, J.; MIGUENS, F.; RODRIGUES, C. "Gênero em tradução: além do monolinguismo", de Judith Butler. *Cadernos de Ética e Filosofia Política*, v. 39, n. 2, p. 364-387, 2021. Disponível em: https://doi.org/10.11606/issn.1517-0128.v39i2p364-387. Acesso em: 14 abr. 2024.

BUTLER, Judith. Gender in Translation: Beyond Monolingualism. *philoSOPHIA*, v. 9, n. 1, p. 1-25, 2019.

BUTLER, Judith. *Gender Trouble: Feminism and the Subversion of Identity*. New York: Routledge, 1990. [Ed. br.: *Problemas de gênero: feminismo e subversão da identidade*. Tradução de Renato Aguiar. Rio de Janeiro: Civilização Brasileira, 2003].

BUTLER, Judith. *Bodies That Matter: On the Discursive Limits of Sex*. New York: Routledge, 1993. [Ed. br.: *Corpos que importam: os limites discursivos do "sexo"*. Tradução de Verônica Daminelli e Daniel Yago Françoli. São Paulo: N-1; Crocodilo, 2019.

CLAREY, Christopher. Gender Test after a Gold-Medal Finish. *The New York Times*, Aug. 19 2009. Disponível em: https://www.nytimes.com/2009/08/20/sports/20runner.html. Acesso em: 14 abr. 2024.

FLETCHER, John. The Letter in the Unconscious: The Enigmatic Signifier in Jean Laplanche. *In*: FLETCHER, John; STANTON, Martins (Eds.). *Jean Laplanche: Seduction, Translation and the Drives*. London: Institute of Contemporary Arts, 1992. v. 11.

FOUCAULT, Michel. *Histoire de la sexualité*. Paris: Gallimard, 1984 [Ed. ingl.: *History of Sexuality*. New York: Vintage Books, 1990. v. 1.] [Ed. br.: *História da sexualidade 1: a vontade de saber*. Tradução de Maria Teresa da Costa Albuquerque e G. A. Guilhon Albuquerque. Rio de Janeiro: Graal, 1988; *História da sexualidade 2: o uso dos prazeres*. Rio de Janeiro: Graal, 1984].

FREUD, Sigmund. Triebe Und Triebschicksale. *In*: *Gesammelte Werke, Chronologisch Geordnet*. Eds. Anna Freud et al. London: Imago,1913, 1917. v. 10. [Ed. ingl.: Instincts and Their Vicissitudes. *Standard Edition of the Complete Works of Sigmund Freud*. Ed. James Strachey. London: Hogarth Press, 1957. v. 14]. [Ed. br.: *As pulsões e seus destinos* (Edição Bilíngue). Tradução de Pedro Heliodoro Tavares. Belo Horizonte: Autêntica, 2013].

GROSZ, Elizabeth. *Volatile Bodies: Toward a Corporeal Feminism*. Bloomington: Indiana University Press, 1994.

HARAWAY, Donna. *Simians, Cyborgs, and Women: The Reinvention of Nature*. New York: Routledge, 1991.

IRIGARAY, Luce. *An Ethics of Sexual Difference*. Translated by Carolyn Burke and Gillian C. Gill. Ithaca: Cornell University Press, 1993.

LACAN, Jacques. "The Four Fundamental Concepts of Psychoanalysis, 1964" The Seminar. Ed. Alan Sheridan. London: Hogarth Press and Institute of Psychoanalysis, 1977. v. Book XI. [Ed. br.: *O seminário (Livro 11): os quatro conceitos fundamentais da psicanálise*. Texto estabelecido por Jacques Alain-Miller. Tradução de M.D. Magno. Rio de Janeiro: Zahar, 1985].

LACAN, Jacques. *Écrits: The First Complete Edition in English*. Ed. Bruce Fink. New York: W.W. Norton, 2002.

LAPLANCHE, Jean; FAIRFIELD, Susan. Gender, Sex and the Sexual. *Studies in Gender and Sexuality*, v. 8, n. 2, p. 201-219, 2007.

LAPLANCHE, Jean. The Drive and the Object Source: Its Fate in the Transference. *In*: FLETCHER, John Fletcher; STANTON, Martin (Eds.). *Jean Laplanche: Seduction, Translation, and the Drives*. London: Institute of Contemporary Arts, 1992. v. 11.

LAQUEUR, Thomas. *Making Sex: Body and Gender from the Greeks to Freud*. Cambridge: Harvard University Press, 1990. [Ed. br.: *Inventando o sexo: corpo e gênero dos gregos a Freud*. Tradução de Vera Whately. Rio de Janeiro: Relume-Dumará, 2001].

LOGINO, Helen E. *Science as Social Knowledge: Values and Objectivity in Scientific Inquiry*. Princeton: Princeon University Press, 1990.

MERLEAU-PONTY, Maurice. *Phenomenology of Perception*. Translated by Colin Smith. New York: Routledge, 2002. [Ed. br.: *Fenomenologia da percepção*. Tradução de Carlos Alberto Ribeiro de Moura. São Paulo: Martins Fontes, 2018].

ORTNER, Sherry B. Is Female to Male as Nature Is to Culture? *In*: ROSALDO, Michelle Zimbalist; LAMPHERE, Louise (Eds.). *Woman, Culture and Society*. Stanford: Stanford University Press, 1974.

RUBIN, Gayle S. The Traffic in Women: Notes on the "Political Economy" of Sex. *In*: REITER, Rayna R. *Toward an Anthropology of Women*. New York: Monthly Review Press, 1975. [Trad. br.: O tráfico de mulheres. *In*: RUBIN, Gayle. *Políticas do sexo*. Tradução de Jamille Pinheiro Dias. São Paulo: Ubu, 2017.

SCHOR, Naomi; WEED, Elizabeth (Eds.). *The Essential Difference*. Bloomington: Indiana University Press, 1994.

BIBLIOGRAFIA

BUTLER, Judith. *Gender Trouble: Feminism and the Subversion of Identity*. New York; London: Routledge, 1990.

BUTLER, Judith. *Bodies that Matter: On the Discursive Limits of Sex*. New York: Routledge, 1993.

BUTLER, Judith. *Problemas de gênero: feminismo e subversão da identidade*. Tradução de Renato Aguiar. Rio de Janeiro: Civilização Brasileira, 2003.

DAVID-MÉNARD, Monique. *Tout le plaisir est pour moi*. Paris: Hachette, 2000.

DEUTSCHER, Penelope. *Yielding Gender: Feminism, Deconstruction and the History of Philosophy*. London; New York: Routledge, 1997.

FRAISSE, Geneviève. *La différence des sexes*. Paris: PUF, 1996.

GATENS, Moira. A Critic of the Sex/Gender Distinction. *In*: GATENS, Moira. *Imaginary Bodies: Ethics, Power and Corporeality*. New York; London: Routlegde, 1995.

LAQUEUR, Thomas. *Making Sex: Body and Gender from the Greeks to Freud*. Cambridge (MA); London: Harvard University Press, 1990.

LAQUEUR, Thomas. *Inventando o sexo: corpo e gênero dos gregos a Freud*. Tradução de Vera Whately. Rio de Janeiro: Relume-Dumará, 2001.

LAQUEUR, Thomas. *La Fabrique du sexe: Essai sur le corps et le genre en Occident*. Traduit par M. Gautier. Paris: Gallimard, 1992.

OAKLEY, Ann. *Sex, Gender and Society*. London: Temple Smith, 1972.

STOLLER, Robert. *Sex and Gender: On the Development of Masculinity and Femininity*. New York: Science House, 1968.

STOLLER, Robert. *Masculinidade e feminilidade: apresentações do gênero*. Tradução de Maria Adriana Veríssimo Veronese. Porto Alegre: Artes Médicas, 1993.

INSTRUMENTOS

SIMPSON, John; WEINER, Edmund (Ed.). *The Oxford English Dictionary*. 2. ed. Oxford: Clarendon Press, 1989. 20 v.; versão eletrônica: *OED, Oxford English Dictionary*. Disponível em: https://www.oed.com/. Acesso em: 20 abr. 2024.

GESCHLECHT

[alemão] (pt. *raça, parentesco, linhagem, estirpe, comunidade, geração, gênero, sexo*)
Marc Crépon
Tradução: Isabela Pinho

| fr. | race, parenté, lignée, communauté, génération, genre, sexe |
| gr. | γένος |

➤ MENSCHHEIT, SEXO, DASEIN, GENDER, LEIB, POVO

Como lembra Heidegger em um texto longamente comentado por Derrida, Geschlecht é de uma polissemia inquietante. Ele designa tanto a raça quanto o parentesco, a geração, o gênero e o sexo que divide cada uma dessas comunidades ou pertencimentos: "essa palavra significa tanto o gênero humano [das Menschengeschlecht], no sentido da humanidade [Menschheit] como também as espécies no sentido das tribos, dos clãs, das famílias [Stämme, Sippen und Familien], onde todos se definem pela duplicidade dos sexos e gêneros [das Zweifache der Geschlechter]" (A caminho da linguagem, trad. bras., p. 39). É por isso que Geschlecht se presta a um verdadeiro trabalho de tradução intralinguística, que consiste em achar equivalentes para cada uma das suas significações, a fim de melhor circunscrever, para cada uma, seu sentido. O que está em jogo em um tal trabalho é duplo. Trata-se de suprimir a confusão entre diversas ordens de pertencimento, mas também de interrogar a constituição e a destinação da diversidade humana.

I. A POLISSEMIA DE "GESCHLECHT"

Quatro significados de *Geschlecht* devem ser distinguidos. (1) Primeiramente, o termo designa a linha paterna [*Geschlecht vom Vater*] ou materna [*Geschlecht von der Mutter*]. Ele serve, portanto, para atribuir a identidade. É assim que, na peça *Nathan, o sábio* [*Nathan der Weise*], de Gotthold E. Lessing, Nathan revela a identidade de sua filha adotiva: "Não sabes ao menos de qual linhagem era a mãe [*was für Geschlechts die Mutter war*]?" (IV, 7). Mas assim que essa identidade se declina em termos de pertencimento a uma linhagem, ela pode se tornar um signo de distinção. É por isso que *Geschlecht* também remete, de maneira mais restritiva, à nobreza. Pertencer a um *Geschlecht* significa descender de uma família nobre, como mostra a conversa entre Nathan e o templário acerca da família von Stauffen, na mesma peça (*ibid.*, II, 6): "NATHAN: von Stauffen, deve ainda haver muitos membros dessa nobre família [*des Geschlechts*]. O TEMPLÁRIO: Ah sim, havia muitos, ainda há muitos dessa nobre família [*des Geschlechts*] a apodrecer aqui". (2) Mas *Geschlecht* também designa uma comunidade maior, cuja extensão varia da tribo à humanidade inteira, passando pelo povo ou pela raça. A humanidade inteira será, então, designada como *das Menschengeschlecht, das sterbliche Geschlecht* ou *das Geschlecht der Sterblichen* (a raça dos mortais). Em um significativo deslizamento de sentido que vai de uma solidariedade vertical a uma solidariedade horizontal, *Geschlecht* também pode significar o conjunto de indivíduos nascidos em uma mesma época: a geração. (3) Em um outro registro, *Geschlecht* remete à diferença sexual (*der Geschlechtsunterschied*). *Geschlecht* significa ao mesmo tempo o sexo em geral e cada sexo em particular, o sexo masculino [*das männliche Geschlecht*] e o sexo feminino [*das weibliche Geschlecht*]. (4) Enfim, em um registro mais abstrato, *Geschlecht* designa o gênero, entendido como categoria lógica, em sentido mais abrangente. *Geschlecht* remete, então, tanto aos diferentes gêneros da história natural como a toda sorte de objetos e de abstrações.

Essa polissemia, em grande medida herdeira do *génos* grego (ver POVO), é problemática em dois níveis. Ela o é já de início quando se trata de traduzir *Geschlecht* para outra língua. Se os dois últimos significados são facilmente identificáveis e não se prestam a confusão, já que o contexto permite saber quando se trata do sexo ou do gênero em um sentido lógico, a tradução é infinitamente mais complexa quando o termo designa uma linhagem, uma geração ou uma comunidade. À polissemia de *Geschlecht* sobrepõe-se então a de "povo", de "nação", de "raça", sem que se possam confundir. Com efeito, com um ou outro desses termos sempre compreenderemos ao mesmo tempo mais e menos do que com *Geschlecht*. Essa polissemia já começa problemática no próprio seio da língua alemã, em que *Geschlecht* entra em concorrência com termos que retêm uma parte de seu significado e cuja introdução e uso constituem, a cada vez, uma dificuldade teórica e uma questão polêmica.

II. AS DESAMBIGUAÇÕES E SUAS QUESTÕES

Assiste-se assim, entre Kant e Herder, a todo um trabalho de distinção terminológica que visa a restringir a amplitude incontrolável do sentido de *Geschlecht* e substituí-lo – com *Stamm* e *Rasse* – por novos conceitos mais unívocos. No ensaio intitulado *Bestimmung des Begriffs einer Menschenrasse* (1785) [Definição do conceito de raça humana], Kant se restringe a dar à *Rasse* um sentido restritivo que preserva a unidade do gênero humano, excluindo qualquer uso poligênico do termo. Trata-se de evitar qualquer confusão entre a espécie ou o gênero e as raças, e de prevenir contra qualquer tentativa de pensar a diversidade das "raças" como uma diversidade original de gerações distintas:

> Der Begriff einer Rasse enthält also erstlich den Begriff eines gemeinschaftlichen Stammes, zweitens *notwendig erbliche* Charaktere des klassischen Unterschiedes der Abkömmlinge desselben voneinander. Durch das letztere werden sichere Unterscheidungsgründe festgesetzt, wornach wir die Gattung in Klassen einteilen können, die dann, wegen des ersteren Punkts, nämlich der Einheit des Stammes, keinesweges *Arten* sondern nur *Rassen* heissen müssen (KANT, *Bestimmung des Begriffs einer Menschen Rasse*, p. 99).

> [Portanto, o conceito de uma raça abarca em primeiro lugar o conceito de um tronco comum e, em segundo lugar, caracteres *necessariamente hereditários* de diferença

de classe entre os descendentes do mesmo. A partir do que foi dito, ficam estabelecidos confiáveis fundamentos de diferenciação, segundo os quais nós podemos dividir o gênero em classes, que então, devido ao primeiro ponto, a saber, à unidade do tronco, não podem de forma alguma se denominar *espécies*, mas tão somente *raças* (Tradução brasileira de Alexandre Hahn no "Ensaio introdutório...", 2012).]

As raças (*Rassen*) são, portanto, as diferentes classes de um gênero cuja unidade original se encontra assim mantida. Mas isso também implica que os povos e nações não mais constituem a primeira divisão natural do gênero humano. *Rasse* vem se interpor entre *Volk* e *Geschlecht*. É por isso que, no mesmo ano em que aparece o ensaio de Kant, Herder se opõe, na segunda parte das *Ideen zur Philosophie der Geschichte der Menschheit* (1785) [Ideias para uma filosofia da história da humanidade], à ideia de que se possa encontrar em *Rasse* (que ele escreve *Race*) um conceito operatório para pensar uma tal primeira divisão:

> So haben einige z.B. vier oder fünf Abteilungen desselben [Menschengeschlecht], die ursprünglich nach Gegenden oder gar nach Farben gemacht waren, *Rassen* zu nennen gewaget; ich sehe keine Ursache dieser Benennung. Rasse leitet auf eine Verschiedenheit der Abstammung, die hier entweder gar nicht stattfindet oder in jedem dieser Weltstriche unter jeder dieser Farben die verschiedensten Rassen begreift. Denn jedes Volk ist Volk (HERDER, "Ideen zur Philosophie der Geschichte der Menschheit", p. 257).

> [Alguns ousaram denominar *raças* quatro ou cinco subdivisões do humano [*desselben*, que remete a *Menschengeschlecht*] que foram estabelecidas originalmente segundo regiões [*Gegenden*] ou mesmo cores; não vejo nenhum fundamento para tal denominação. "Raça" remete a uma diversidade de origem, que aqui ou bem simplesmente não ocorre, ou bem em cada um desses locais [*Weltstriche*], sob cada uma dessas cores, reúne as mais diversas raças. Pois cada povo é um povo [*jedes Volk ist Volk*] (Tradução de Pedro Costa Rego, especialmente para este volume).]

Mas é sobretudo na *Antropologia de um ponto de vista pragmático* (1797) que, pelo ponto de vista da caracterização que diferencia quatro tipos de caracteres – os da pessoa [*der Person*], do povo [*des Volks*], da raça [*der Rasse*] e da espécie humana [*der Menschengattung*] –, Kant faz questão de fixar os significados desses termos. *Geschlecht* e *Rasse*, então, distinguem-se essencialmente por suas finalidades. O primeiro termo, *Geschlecht*, fica reservado para a diferença sexual, que tem na natureza um fim duplo: a conservação da espécie e, graças à feminilidade, a cultura da sociedade e seu refinamento. O segundo, *Rasse*, aplica-se a uma diferença cujo único fim é a assimilação, a miscigenação que dá ao gênero humano sua unidade [*die Zusammenschmelzung verschiedener Rassen*]. *Geschlecht*, *Stamm*, *Rasse*: a questão da escolha dos termos é, portanto, dupla. Ela admite ao mesmo tempo o pensamento da unidade do gênero humano e de sua finalidade.

Outro sinal do embaraço suscitado pelo uso de *Geschlecht* se encontra na possibilidade de a palavra designar, ao mesmo tempo, uma solidariedade horizontal (uma geração) e uma solidariedade vertical (a continuação das gerações). De fato, essa é a inflexão de significado que Lutero reivindica em um texto sintomático das dificuldades da palavra:

> E sua misericórdia se estende de uma geração [*Geschlecht*] a outra. Nós devemos nos habituar com o uso da Escritura que chama de *Geschlechter* a continuação dos engendramentos ou dos nascimentos naturais, quando os homens são sucessivamente engendrados por outros. É por isso que a palavra alemã *Geschlecht* não é suficiente, embora eu não conheça outra melhor. Chamamos de *Geschlechter* as linhagens e a reunião de fraternidades de sangue [*geblüter Freundschaften*], mas a palavra deve aqui significar a sucessão natural entre o pai e o filho de seus filhos, de maneira que cada um dos membros dessa sucessão leve o nome de *Geschlecht* (GRIMM; GRIMM, "Geschlecht", 1984).

Esse embaraço se encontra na tradução do termo hebraico *tóledót* [תודלות] no décimo capítulo de *Gênesis* que, ao mesmo tempo em que expõe a descendência de Noé, concebe uma divisão da humanidade, chamada por Lutero de "a tabela dos povos" [*die Völkertafel*]:

> Tais foram os clãs [*die Nachkommen*] dos filhos de Noé de acordo com suas famílias agrupadas em nações [*in ihren Geschlechtern und Leuten*]. Foi a partir deles que se fez a repartição das nações sobre a terra após o dilúvio (TOB, 2000, p. 31; colocamos entre colchetes as expressões em alemão escolhidas por Lutero em sua tradução).

É, então, significativa a retradução da mesma passagem da Bíblia por Martin Buber e Franz Rosenzweig (*Die fünf Bücher der Weisung*, p. 33). Eles preferem *Sippe* [parentesco] a *Nachkommen*, e substituem "*in ihren Geschlechtern und Leuten*" pela expressão "*nach ihren Zeugungen, in ihren Stämmen*" [segundo suas gerações, em suas tribos], distinguindo, desse modo, o que é um engendramento vertical [*Zeugungen*] de uma repartição horizontal diferenciada [*Stämmen*]. *Geschlecht* desaparece, como se o termo fosse carregado de uma polissemia muito pesada para ainda designar a geração, no sentido estrito de engendramento.

Assim, mais ainda do que povo, nação ou raça, *Geschlecht* concentra o risco intrínseco a toda designação da comunidade: o de que ela seja reconduzida a uma ordem de pertencimento provinda prioritariamente da geração e da ascendência (portanto, também da sexualidade) – ou seja: o risco de uma contaminação do político pelo genealógico.

BIBLIOGRAFIA

BUBER, Martin; ROSENZWEIG, Franz. *Die fünf Bücher der Weisung*. Heidelberg: Lambert und Schneider, 1987.
DERRIDA, Jacques. Geschlecht I e II. In: *Psyché, inventions de l'autre*. Paris: Galilée, 1987, p. 395-453.

GRIMM, Jacob; GRIMM, Wilhelm. *Deutsches Wörterbuch*. Leipzig: Hirzel, 1854; München: Deutscher Taschenbuch, 1984.

HAHN, Alexandre. Ensaio introdutório à "Determinação do conceito de uma raça humana" de Immanuel Kant. *Kant e-Prints*, v. 7, n. 2, p. 7-27, jul./dez. 2012.

HEIDEGGER, Martin. *A caminho da linguagem*. Tradução de Márcia Sá Cavalcante Schuback. Bragança Paulista: Ed. Universitária São Francisco; Petrópolis: Vozes, 2003.

HEIDEGGER, Martin. *Acheminement vers la parole [Unterwegs zur Sprache]*. Traduit par J. Beaufret, W. Brockmeier et F. Fédier. Paris: Gallimard, 1976.

HERDER, J. G. Ideen zur Philosophie der Geschichte der Menschheit. *In*: SUPHAN, B. (Ed.). *Sämmtliche Werke*. Berlin: Weidemann, 1877-1913. 33 v.

KANT, Immanuel. *Anthropologie du point de vue pragmatique*. Traduit par P. Jalabert. Paris: Gallimard, "La Pléiade", 1986. t. 3.

KANT, Immanuel. *Anthropologie in pragmatischer Hinsicht*. Reclams Universal-Bibliothek n. 7541 [4], Stuttgart, 1983.

KANT, Immanuel. *Antropologia de um ponto de vista pragmático*. Tradução de Clélia Aparecida Martins. São Paulo: Iluminuras, 2006.

KANT, Immanuel. Bestimmung des Begriffs einer Menschen Rasse. *In*: AK, v. 8.

TOB: *Traduction oecuménique de la Bible*. 9. ed. Paris-Villiers-le-Bel: Cerf-Société Biblique Française, 2000; *Concordance de la Traduction eocuménique de la Bible*. Paris: Cerf, 1993.

GLÜCK

[*Glückseligkeit, Seligkeit, Wohlfahrt* – alemão] (pt. *felicidade, beatitude, sorte, fortuna, prosperidade, bem-estar*)

Christian Helmreich

Tradução: Isabela Pinho | Revisão: Juliana de Moraes Monteiro

fr.	*bonheur, félicité, béatitude, chance, fortune, prospérité*
ingl.	*happiness, luck, welfare*
gr.	*eudaimonía* [εὐδαιμονία], *eutukhía* [εὐτυχία], *makariotês* [μακαριότης]
lat.	*felicitas, beatitudo*

➤ DAIMON, MORAL SENSE, PRAZER, PRÁXIS

A dificuldade de tradução do alemão Glück remete à sua dupla significação de "felicidade" e de "sorte". Ela é sentida pelos próprios germanófonos: as críticas do eudemonismo a partir de Kant devem-se a essa aproximação, considerada nociva, entre mérito e acaso. Explica-se dessa forma particularmente a adição do composto Glückseligkeit (a partir de selig, "bem-aventurado"), traduzido desajeitadamente em francês por félicité e em português por "bem-aventurança", enquanto o termo visa mais comumente – e com resultados variados – a exprimir a concepção de uma felicidade dissociada dos acidentes da fortuna. Mas o embaraço dos que empregam Glück também se deve à potência da herança aristotélica na reflexão moral da Alemanha iluminista, e nos conduz à dimensão europeia ou supranacional do problema. O par Glück-Glückseligkeit é conscientemente associado à distinção feita na Ética a Nicômaco entre eutykhía *[εὐτυχία]* (boa fortuna) e eudaimonía *[εὐδαιμονία]* (felicidade), à qual ainda se acrescenta a dificuldade própria do terceiro termo makariótes *[μακαριότης]*, que designa a felicidade dos deuses. A tradução deste último termo por Seligkeit e o uso intensivo dessa palavra em um contexto religioso reaparecem em Glückseligkeit, cuja dimensão espiritual resiste aos esforços de tradução. Em inglês, na mesma época, é, ao contrário, a ausência dessa dimensão interiorizada que explica que happiness tenha podido abrir caminho para uma filosofia do bem comum e da felicidade política, de que os demais países europeus não possuem equivalente.

I. AS RAÍZES GREGAS DO DEBATE

A. "Eudaimonía" e "eutykhía"

A questão da felicidade é uma problemática central do pensamento grego. Nas primeiras páginas da *Ética a Nicômaco*, Aristóteles faz um resumo da tradição:

> Retomemos a nossa investigação e procuremos determinar, à luz deste fato de que todo conhecimento e todo trabalho intenção visam a algum bem, quais afirmamos serem os objetivos da ciência política e qual é o mais alto de todos os bens que se

podem alcançar pela ação (*tón praktón agathón* [τῶν πρακτῶν ἀγαθῶν]). Verbalmente, quase todos estão de acordo, pois tanto o vulgo quanto os homens de cultura superior dizem ser esse fim a felicidade (*tén eudaimonían* [τὴν εὐδαιμονίαν]) e identificam o bem viver e o bem agir como o ser feliz (*tò d'eû zên kaì tò eû práttein* [τὸ δ' εὖ ζῆν καὶ τὸ εὖ πράττειν]) (I, 2, 1095a 14-20).

O termo *eudaimonía* [εὐδαιμονία] utilizado por Aristóteles não se encontra nos textos arcaicos: inusitado em Homero, ele é raro em Píndaro. *Ólbos* [ὄλβος], o termo homérico que também é traduzido por felicidade, designa a prosperidade que os deuses oferecem aos homens, o gozo dessa felicidade material (e não somente a riqueza, *ploútos* [πλοῦτος]) que, em um cosmo bem ordenado, é o sinal de uma vida boa. *Ólbos* é progressivamente substituído por *eudaimonía*, termo provindo da família de *daíomai* [δαίομαι], "compartilhar": *eu-daímon* [εὐδαίμων] é, literalmente, aquele "que tem um bom *daímon*", uma boa divindade distributiva (um bom gênio) e, portanto, "uma boa parte". *Eudaimonía*, assim como *ólbos*, designa, antes de tudo, a prosperidade e a felicidade da pessoa que tem o favor dos deuses (assim, HESÍODO, *Os trabalhos e os dias*, 824: *eudaímon te kaì ólbios* [εὐδαίμων τε καὶ ὄλβιος]). Seria difícil falar, a respeito da *eudaimonía*, em uma interiorização da ideia de felicidade: é *eudaímon* aquele que sabe tirar partido das circunstâncias exteriores da existência.

No entanto, através da conceitualização aristotélica, o termo adquire uma especificidade prática e ética: a *eudaimonía* é decididamente distinta do acaso feliz ou da boa fortuna (*eutykhía* [εὐτυχία], de *týkhe* [τύχη], a sorte, a fortuna, o acaso): "muitas pessoas consideram a felicidade (*eudaimonía*) e a boa fortuna (*eutykhía*) idênticas", escreve Aristóteles na *Ética a Eudemo* (I, I, 1214a 25 *et seq.*). Mas um Eurípedes, por exemplo, sabe jogar bem com os três termos: "não é da esfera humana ser feliz (*eudáimon anér* [εὐδαίμων ἀνήρ]): se a prosperidade aflui (*ólbou epirryéntos* [ὄλβου ἐπιρρυέντος]), alguém será mais bem-aventurado (*eutykhésteros* [εὐτυχέστερος]) que outro, não feliz (*eudáimon d'án oú* [εὐδαίμων δ' ἂν οὔ])" (*Medeia*, 1228-1230). A questão da permanência dos elementos que compõem a felicidade, a problemática do tempo, desempenha aqui um papel essencial. Contrariamente à extrema volatilidade da fortuna e dos bens exteriores, as atividades virtuosas garantem a felicidade pelo fato de que elas têm estabilidade (*bebaiótes* [βεβαιότης], *Ética a Nicômaco*, I, II, 1100b 12):

> O sucesso ou o fracasso da vida não depende delas [das vicissitudes da fortuna] (*en táutais sc. taîs týkhais* [ἐν ταύται sc. ταῖς τύχαις]), mas, como dissemos, a existência humana delas necessita como meros acréscimos (*prosdeîtai* [προσδεῖται]), enquanto o que constitui a felicidade ou o seu contrário são as atividades virtuosas ou viciosas (*kýriai d'eisín hai kat' aretèn enérgeiai tés eudaimonías* [κύριαι δ' εἰσὶν αἱ κατ' ἀρετὴν ἐνέργειαι τῆς εὐδαιμονίας] (*Ética a Nicômaco*, 1100b 8-b 11).

Assim, a definição aristotélica da felicidade pode parecer moral no sentido moderno, no sentido de que ela remete à atividade virtuosa do sujeito (ao ponto de o tradutor francês J. Tricot, por exemplo, constantemente traduzir *to áriston* [τὸ ἄριστον], o melhor, o mais excelente, por "*Souverain Bien*" [Bem Soberano], 1, 8, 1098b 32, por exemplo) –, ainda que se possa tentar fazer aparecer melhor a tonalidade grega ao modificar a tradução. A tradução brasileira de Leonel Vallandro e Gerd Bornheim, feita a partir da versão inglesa de W. D. Ross e não diretamente do grego, escolhe a alternativa mais tradicional, a saber, "virtude" para *areté* e "melhor" para *tén arísten*. Marco Zingano também traduz *areté* por "virtude". Já Mário da Gama Cury opta, por exemplo, por "excelência" para verter *areté*:

> O bem para o homem vem a ser o exercício ativo (*enérgeia* [ἐνέργεια]) das faculdades da alma de conformidade com a excelência (*aretén* [ἀρετήν]), e, se há mais de uma excelência, de conformidade com a melhor e mais completa entre elas (*kata tén arísten kai teleiotáten* [κατὰ τὴν ἀρίστην καὶ τελειοτάτην]). Mas devemos acrescentar que tal exercício ativo deve estender-se por toda a vida [...] (*en bíoi teléioi* [ἐν βίῳ τελείῳ]) (I, 6, 1098a 16-18, trad. br. de M. G. Cury).

> [Dado que a felicidade é certa atividade da alma segundo perfeita virtude (*Epeì d'estìn he eudaimonía psykhês enérgeiá tis kat'aretèn teleían* [Επεὶ δ' ἐστὶν ἡ εὐδαιμονία ψυχῆς ἐνέργειά τις κατ' ἀρετὴν τελείαν]) [...] (I, 13, 1102a 5, trad. br. de M. Zingano).]

Mas o suplemento da *eutykhía* vem ainda associar essa definição da felicidade de um homem ao quinhão que os deuses lhe concedem.

B. "Eudaimonía" e "makariótes"

Se o eixo temporal desempenha um papel importante para determinar a diferença entre *eutykhía* e *eudaimonía*, o mesmo ocorre com o termo *makariótes* [μακαριότης]. *Hoi mákares* [οἱ μάκαρες], os bem-aventurados, é a expressão que designa os deuses (p. ex., *Ilíada*, I, 329). Os mortais só podem provar dessa bem-aventurança própria aos deuses após a morte, e ainda assim dificilmente. Eis por que *makários* [μακάριος] frequentemente designa os defuntos (o adjetivo alemão *selig*, bem-aventurado, tem o mesmo emprego: *die Seligen*) – a menos que o vocativo em um diálogo informal seja o simples equivalente de "meu caro" (por exemplo, PLATÃO, *Protágoras*, 309c). É somente de maneira excepcional e expressamente especificada que *makários* também se diz dos homens. Assim, quando Aristóteles, arrematando a sua definição de *eudaimonía*, adiciona à atividade virtuosa o fato de ser suficientemente provida de bens exteriores, e não somente de viver, mas de morrer nesse estado, ele enuncia esse ápice, que cruza o limite:

> Sendo assim, chamaremos de bem-aventurados (*makaríous* [μακαρίους]) aos vivos em que essas condições se realizem ou estejam destinadas a realizar-se – bem-aventurados, mas como *humanos* (*makaríous d'anthrópous* [μακαρίους δ' ἀνθρώπους]) (*Ética a Nicômaco*, I, 11, 1101a 20-21).

O corte entre felicidade e beatitude é aquele que separa o profano do sagrado, a imanência da transcendência; ele está, é claro, muito fortemente presente nos textos religiosos e se encontra, por isso, em quase todas as línguas. Em Tomás de Aquino, essa importante concessão aristotélica é imediatamente sublinhada: "Aristóteles diz que o homem não procura a felicidade perfeita, explica ele, mas uma felicidade à sua medida [*Posuit hominem non consequi felicitatem perfectam, sed suo modo*]" (*Summa contra gentiles*, III, 48). Uma distinção que Tomás reafirmará na *Suma teológica* de maneira sistemática ao opor a *beatitudo imperfecta* (acessível aos homens aqui de baixo) à celeste *beatitudo perfecta* (que lhes é inacessível):

> Nos homens ela [a bem-aventurança] é a última perfeição, na vida presente, por uma ação que os une a Deus. Mas essa ação não pode ser contínua, e por isso, ela não é única, por que a ação se multiplica com a interrupção. Consequentemente, na vida presente, a bem-aventurança perfeita o homem não pode ter (AQUINO, *Suma teológica*, II, Q. 3, a. 2, sol. 4).

Em latim, a distinção original entre uma *felicitas* profana (= *eudaimonía*) e uma *beatitudo* sagrada (= *makariótes*) se erodiu. A *vita beata* de Sêneca não é própria aos deuses. As palavras latinas *felicitas* e *beatitudo* são praticamente sinônimas: em Tomás de Aquino, são, portanto, os adjetivos que introduzem as distinções necessárias.

* Ver Quadro 1.

II. "GLÜCKSELIGKEIT": A FELICIDADE INTERIOR

Em alemão, a distinção entre beatitude e felicidade não causa problemas. O adjetivo *selig* e o substantivo correspondente *Seligkeit* claramente se opõem a *Glück* e *glücklich*. No entanto, a clivagem não é sempre tão estrita: é preciso ressaltar a importância, no século XVIII, do movimento que, notadamente sob a influência da sacralização do mundo na linguagem pietista, leva a língua alemã a utilizar o vocabulário sagrado em contextos profanos. Assim, sem ser celeste, a felicidade extrema de um coração completamente absorvido pelo amor, o coração do sábio ou do monge, pode exigir o emprego do termo *Seligkeit*. Entretanto, apesar de sua relativa dessacralização, *Seligkeit* sempre designará uma felicidade que sabe se privar do mundo exterior, uma felicidade religiosa ou, ao menos, fortemente espiritualizada.

Por outro lado, a palavra mais frequentemente usada, em alemão, para exprimir a felicidade, em sua versão imanente ou profana, apresenta algumas dificuldades. De fato, *Glück* reúne o que a disjunção grega entre *eutykhía* e *eudaimonía* tentava separar. Por um lado, *Glück* designa a sorte. Ela se coloca no âmbito do acaso ou, se quisermos, do "acidente favorável". Nos textos antigos, a palavra *Glück* se encontra frequentemente empregada de maneira neutra, sem nenhuma conotação positiva. Ainda é possível encontrar exemplos em Goethe:

Das Glück ist eigensinnig, oft das Gemeine, das Nichtswürdige zu adeln und wohlüberlegte Taten mit einem gemeinen Ausgang zu entehren (*Egmont*, ato IV, sc. 2).

[A sorte, em seu capricho, frequentemente se apraz em elevar o vulgar e as coisas indignas, ao mesmo tempo que desonra através de um desenlace comum as ações concebidas com sabedoria.]

O equivalente em português da palavra *Glück* é aqui "sorte", significando "fortuna". Nesse sentido específico, *Glück* aparece como uma palavra inapropriada para os filósofos: coisa muito inconstante, independente da vontade dos homens, que sempre associamos à imprevisível roda da fortuna (*das Glücksrad*). Em francês, a palavra *bonheur* também tem originalmente o sentido de boa fortuna (a palavra vem de *bon* e *heur*), diferentemente da palavra "felicidade" em português. Mas atualmente o francês *bonheur* não parece conservar esse sentido senão de maneira secundária e em raras expressões idiomáticas (*porter bonheur à quelqu'un, au petit bonheur, par bonheur*, etc.). Podemos nos referir ao artigo "Félicité" da *Enciclopédia*, em que Voltaire especifica a diferença entre *un bonheur* e *le bonheur*: "*un bonheur* é um acontecimento feliz. *Le bonheur*, tomada indefinidamente, significa uma cadeia (*suite*) desses acontecimentos".

O segundo sentido de *Glück* é o da felicidade propriamente dita ("estado da consciência plenamente satisfeita", para retomar a definição de *bonheur* dada no *Petit Robert*, ou "o contentamento, estado do que goza dos bens desejados, do corpo e do espírito", conforme o *Diccionário da Língua Portugueza* de 1813). O alemão emprega correntemente os dois sentidos de *Glück* e de seu oposto *Unglück* (má-sorte e infelicidade). No entanto, a reunião, no interior do mesmo termo alemão, da ideia de um acidente feliz (em inglês: *luck*) e da ideia de felicidade propriamente dita (em inglês: *happiness*), tem para os filósofos qualquer coisa de desagradável. Pois é impossível falar de felicidade quando falta uma certa duração ou estabilidade: "porquanto uma andorinha não faz verão, nem um dia tampouco; e da mesma forma um dia, ou um breve espaço de tempo, não faz um homem feliz e venturoso (*makárion kai eudaímona* [μακάριον καὶ εὐδαίμονα])" (*Ética a Nicômaco*, I, 6, 1098a 18-20).

A presença extremamente forte da reflexão aristotélica sobre a felicidade a partir do renascimento explica, sem dúvida alguma, os esforços de diferenciação lexical e, principalmente, a introdução do composto *Glück-seligkeit*, ligada às tentativas de definição que serão encontradas ao longo de todo o século XVIII, em Christian Wolff e em seus sucessores. Na *Ética alemã* de Wolff, a alegria (*Freude*) é definida como uma forma de prazer (*Vergnügen*) permanente e a felicidade (*Glückseligkeit*) como um "estado de alegria permanente" (WOLFF, *Gesammelte Werke*, p. 35). A estabilidade da *Glückseligkeit* é, assim, vigorosamente afirmada; lexicalmente, a felicidade-*Glückseligkeit* parece escapar à inconstância que caracteriza a *Glück*. Formado a partir de *Glück* e de *selig*, o adjetivo *glückselig* significa, em sua origem: "marcado pela felicidade, rico em felicidade". A felicidade-*Glückseligkeit* não é um acidente. A palavra não é um neologismo, mas ganha, nos séculos XVII e XVIII, um lugar cada vez mais importante nos textos teológicos e filosóficos. De certa maneira, por trás de *Glückseligkeit* convém ler, na maior parte do tempo, *eudaimonía*. É também o que se conclui a partir do dicionário filosófico de sinônimos publicado no fim do século do iluminismo por Johann August Eberhard (*Versuch einer allgemeinen deutschen Synonymik*, v. 3, p. 305):

> *Glückseligkeit* compreende os bens físicos e morais. Traduziu-se assim a palavra grega *eudaimonía* que designa, nas escolas filosóficas mais difundidas, a quintessência de todas as espécies de bens.

A língua filosófica alemã parecia reencontrar a tríade grega *eutykhía/eudaimonía/makariótes* sob a forma *Glück/Glückseligkeit/Seligkeit*. Mas, na verdade, o estatuto filosófico e lexical de *Glückseligkeit* permanece bastante precário. Por um lado, a atração de *Seligkeit* confere à *Glückseligkeit* uma conotação bem passiva, mais "apática" ou "quietista", totalmente distante da *eudaimonía* que Aristóteles tinha definido como uma "atividade feliz". O filósofo grego havia aproximado a felicidade-*eudaimonía* do "bem viver e do bem agir" (*tò d'eû zên kaì tò eû práttein* [τὸ δ᾽ εὖ ζῆν καὶ τὸ εὖ πράττειν]), mas *eû práttein* significa, ao mesmo tempo, "lograr", "ter êxito" (*Ética a Nicômaco*, I, 2, 1095a 19). A época moderna sequer retomou a concepção dinâmica da felicidade inerente à posição aristotélica: quer seja definida como ausência de problemas, à maneira epicurista, quer como momento de satisfação, a felicidade continua relativamente estática. Com uma notável exceção, sem dúvidas: a distinção estabelecida por Diderot entre o que ele chama a "felicidade circunscrita" e a "felicidade expansiva":

> Há uma felicidade circunscrita que permanece em mim e que não se estende para além de mim. Há uma felicidade expansiva que se propaga, que se lança sobre o presente, que abraça o futuro e que se deleita com gozos morais e físicos, com a realidade e com a quimera, acumulando desordenadamente dinheiro, elogios, quadros, estátuas e beijos (DIDEROT, *Réfutation suivie de l'ouvrage d'Helvétius intitule "L'homme"* [Refutação seguida da obra de Helvétius intitulada "O homem"] (1773/74), p. 306).

Em contrapartida, a definição proposta por Christian Wolff posiciona a felicidade do lado dos sentimentos; *Glückseligkeit* é ao mesmo tempo mais interiorizada e mais espiritualizada do que a palavra grega. Essa tendência é ainda ressaltada pela etimologia errônea, mas muito disseminada no século XVIII, que faz proceder *selig* e *glücksellig* (aliás com frequência ortografada *seelig*, *glückseelig*) de *Seele*, a alma. A partir do início do século XIX, os termos *glückselig/Glückseligkeit* passam por uma certa evolução; atualmente eles quase só remetem a uma felicidade muito espiritualizada. A crítica severa ao eudemonismo feita por Kant e pelos seus sucessores parece, assim, ter sido acompanhada de algumas modificações lexicais. *Glückseligkeit*, sem ter desaparecido completamente, caiu em desuso; pelo menos a palavra se tornou mais rara. Nos textos atuais, encontraremos *Glück* (ou *glücklich*) onde um autor do século XVIII teria invariavelmente empregado *Glückseligkeit* (ou *glückselig*). Assim, se o século XVIII é, na Europa, o século em que se reflete sobre a felicidade, na Alemanha isso é feito com um vocabulário que não é mais habitualmente utilizado nos dias atuais. Kant já havia mostrado o caminho ao utilizar, na maior parte do tempo, o adjetivo *glücklich*, e não *glückselig*, ao lado de *Glückseligkeit*. Pois, na língua comum, *Glück* sempre foi a palavra mais frequentemente utilizada para designar a felicidade.

III. A INCONSTÂNCIA DA FORTUNA: "GLÜCKSELIGKEIT", A NATUREZA E A LIBERDADE EM KANT

Se o uso moderno traça um limite bem claro entre *Glück* e *Glückseligkeit* para relegar o segundo termo a uma felicidade que parece definitivamente fora de moda, inversamente, a crítica kantiana tende, ao inverso, a depreciar a felicidade-*Glückseligkeit* por conta de sua associação comprometedora com *Glück*. Em primeiro lugar, é impossível dar uma definição objetiva de felicidade:

> Infelizmente, o conceito de felicidade é um conceito tão vago [*Es ist ein Unglücklich, dass der Begriff der Glückseligkeit ein so unbestimmter Begriff ist*] que, ainda que todo homem deseje alcançar a felicidade, ele é incapaz de dizer de maneira clara e unívoca o que ele realmente deseja (KANT, *Gesammelte Schriften*, AK, v. 4, p. 418).

Ao jogar com as palavras alemãs *Unglück* e *Glückseligkeit*, Kant mostra que a questão filosófica da felicidade e do eudemonismo é também um problema de vocabulário. A *Glückseligkeit* é um sentimento; a busca da felicidade, um desejo. Ora, o sentimento, de onde quer que ele provenha, é sempre físico (cf. *Fondements de la métaphysique des moeurs* [Fundamentação da metafísica dos costumes], AK, v. 6, p. 377). É esse ponto que explica a recusa kantiana em fazer da felicidade o fim último da atividade humana. Construir uma filosofia prática sobre a ideia de felicidade seria, segundo Kant, aceitar a contaminação da moral pelo princípio de prazer. Ainda por cima, e esse é o segundo momento da crítica kantiana, o conceito de *Glückseligkeit* está ligado às circunstâncias exteriores e, portanto, aos encontros felizes designados pela palavra *Glück*. O sujeito é incapaz de determinar as condições que lhe permitem alcançar a felicidade:

> [...] que o problema de determinar certa e universalmente que ação poderá assegurar a felicidade de um ser racional é totalmente insolúvel, e que portanto, em relação com ela, nenhum imperativo é possível que possa ordenar, no sentido rigoroso da palavra, que se faça aquilo que nos torna felizes, pois que a felicidade não é um ideal da razão, mas da imaginação, que assenta somente em princípios empíricos... (KANT, *Gesammelte Schriften*, AK, v. 4, p. 418 [*Fundamentação da metafísica dos costumes,* trad. port. de P. Quintela, p. 53, ed. br. p. 128]).

Kant põe em evidência o elemento fundamentalmente empírico da definição de felicidade:

> Ser feliz (*glücklich zu sein*) é necessariamente algo a que aspira todo ser racional, mas finito, e é, portanto, um inevitável fundamento da determinação de sua faculdade de desejar. Com efeito, estar sempre satisfeito (*die Zufriedenheit*) com toda a sua existência não é de algum modo uma posse original e uma felicidade [ou beatitude] (*Seligkeit*) que supusesse uma consciência de sua independência completa e perfeita, mas é um problema que lhe impõe sua própria natureza finita, porque é um ser que tem necessidade (*Crítica da razão prática*, §3, esc. 2, trad. br. de Antonio Carlos Braga, p. 40).

Kant destrói assim os esforços feitos na Alemanha para diferenciar *Glückseligkeit* e *Glück*. A felicidade-*Glückseligkeit* sofre da inconstância da fortuna (*Glück*). Para Kant, a felicidade reside fundamentalmente na esfera da natureza; a liberdade humana não tem nela lugar algum.

* Ver Quadro 2.

IV. A FELICIDADE POLÍTICA: A PISTA ANGLO-AMERICANA

A tradução inglesa de *eudaimonía*, *happiness*, não tem a aura nem a conotação espiritual de *Glückseligkeit*. A linha divisória entre *happiness* (felicidade) e *bliss* (beatitude), entre *happy* e *blessed* ou *blissful* é claramente demarcada. *Happiness* traz uma sonoridade muito mais imanente do que a *Glückseligkeit* alemã. Isso explica, sem dúvidas, por que a palavra inglesa é capaz, no século XVIII, de despertar as virtualidades políticas dos desenvolvimentos aristotélicos da felicidade, principalmente no seio da escola escocesa e da filosofia do *moral sense*. Assim, em seu *Inquiry into the Original of our Ideas of Beauty and Virtue* (1725), Francis Hutcheson faz de "a maior felicidade para o maior número" a pedra de toque da moralidade de nossas ações ("*that Action is best, which accomplishes the greatest Happiness for the greatest Numbers*", *Collected Works of Francis Hutcheson*, t. I, p. 164; cf. também a expressão "*happiness of mankind*", *ibid.*, p. 221). Essa virtualidade se exprime de maneira particularmente clara na Declaração da Independência dos Estados Unidos: "Nós defendemos que as seguintes máximas tenham força de evidência: saber que todos os homens foram criados iguais, que foram dotados por seu criador de uma certa quantidade de direitos inalienáveis, dentre os quais a vida, a liberdade, e a busca da felicidade [*among these are life, liberty and the pursuit of happiness*]". Nesse texto, a felicidade não designa unicamente um bem individual, mas igualmente um bem coletivo, ou seja, no sentido próprio do termo, um bem civil ou *político*: trata-se, por exemplo, do direito de determinar o tipo de governo que convém à cidade (sobre esse ponto, cf. o artigo de D. Sternberger, "Das Menschenrecht, nach Glück zu streben", 1966).

Nesse sentido, o termo *happiness* se aproxima da ideia de *welfare* (em alemão, *Wohlfahrt*, bem-estar, prosperidade), da qual os revolucionários franceses farão uma tradução bastante exata ao falar de "*salut public*" [salvação/bem-estar público]. *Welfare* (e *Wohlfahrt*, em alemão) faz referência à imagem do viajante que, tendo escapado dos obstáculos e dos perigos do caminho, chega ao seu porto seguro. Onde *happiness* (ou *Glück*) se refere unicamente à esfera da imanência, *welfare* ou *Wohlfahrt* veiculam frequentemente uma conotação religiosa, quase imperceptível hoje em dia. A propósito, notemos que a tradução francesa de *welfare state* ou *Wohlfahrtsstaat* por *État providence* (Estado providência) acentua mais ainda esse aspecto atualmente bastante atenuado nas versões inglesa e alemã. Ao lado de *Wohlfahrt*, que designa um bem-estar público ou privado, o alemão também conhece uma palavra reservada ao espaço público: *das Gemeinwohl*, o bem comum.

1 Da felicidade à apatia e à ataraxia

A independência da *eudaimonía* [εὐδαιμονία] em relação aos bens exteriores já é filosoficamente evocada desde Demócrito (B 40, 170, 171, DK, que, como Heráclito, B 119 DK, reinterpreta psiquicamente e eticamente o *daímon* [δαίμων]) e é solidamente estabelecida com Platão (*Leis*, 664c). No entanto, ela permanece uma ideia paradoxal; quando Xenofonte nos faz ouvir o diálogo entre Eutidemo e Sócrates, esse paradoxo conserva manifestamente seu frescor:

– Pelo menos, Sócrates, respondeu ele, não padece a menor dúvida que a felicidade (*tò eudaimoneîn* [τὸ εὐδαιμονεῖν]: literalmente: o ser-feliz) é o bem [mais incontestável] (*anamphilogótaton agathòn* [ἀναμφιλογώτατον ἀγαθόν]). – Sim, Eutidemo, retomou Sócrates, a menos que a façam consistir em bens equívocos. – Que pode haver de equívoco no que constitui a felicidade (*tôn eudaimonikôn* [τῶν εὐδαιμονικῶν)?, pergunta Eutidemo. – Nada, diz Sócrates, contanto que não a ponham em beleza, força, riqueza, glória e o mais que segue. – Por Zeus, diz ele, se é justamente nisso que a ciframos! Como ser feliz sem esses bens? – Por Zeus, diz Sócrates, confundis a felicidade com vantagens não raro funestas (XENOFONTE, *Ditos e feitos memoráveis de Sócrates*, IV, 2, 34-35).

Aristóteles, por sua vez, conceitualiza a *eudaimonía* contra o que a palavra diz: minimizando a participação da sorte e dos bens exteriores (*eutykhía* [εὐτυχία]), ele faz a felicidade depender da mais alta excelência, ou seja, para chegar não à política, mas à *theoría* [θεωρία], que torna o homem semelhante ao deus (*Ética a Nicômaco*, X, 7, ver PRÁXIS). Mas os estoicos e os epicuristas, que, cada um à sua maneira, levam essa autarquia do sábio ao extremo, são finalmente obrigados a formular verdadeiras invenções terminológicas: para as duas escolas, a felicidade, longe de ser a parte boa da qual gozamos até o fim, caracteriza-se essencialmente por seu aspecto privativo; ponto em torno do qual se reúnem a *a-pátheia* [ἀ-πάθεια] (a ausência de paixão, de passividade) dos estoicos (Plutarco, *Díon*, 32), a *a-ponía* [ἀ-πονία] e a *a-taraxía* [ἀ-ταραξία] (a ausência de sofrimento do corpo e a ausência de tribulações da alma) dos epicuristas (Diógenes Laércio, X, 96, ver PRAZER).

2 "Glückseligkeit" em Hegel

Hegel retoma a crítica kantiana do eudemonismo:

> Ora, ao entender-se por felicidade [*Glückseligkeit*] a satisfação do homem em suas particulares inclinações, vontades, necessidades etc., fazia-se assim do contingente e do particular o princípio de vontade e de sua ativação. A esse eudemonismo – que em si carece de todo apoio firme, e abria a porta a todo o arbítrio e capricho – Kant opôs a razão prática; e desse modo exprimiu a exigência de uma determinação da vontade, universal e igualmente obrigatória para todos (*Sämtliche Werke*. Ed. Glockner. Stuttgart: Friedrich Frommann, 1927-1940, t. 8, p. 153; *Enciclopédia das ciências filosóficas I*, adendo ao §54. *A ciência da lógica*. Tradução de Paulo Meneses. São Paulo: Loyola, 2012, 3ª Ed, p. 130).

Em sua *Propedêutica filosófica* dos anos 1808-1811, Hegel havia ressaltado fortemente as necessárias distinções lexicais:

> O bem-estar [*Wohlsein*], enquanto acordo do exterior com o nosso interior, também é chamado de prazer [*Vergnügen*]; a felicidade [*Glückseligkeit*] é não somente um prazer isolado como também um estado permanente que, por um lado, provém do prazer que realmente experimentamos e, por outro lado, das circunstâncias e dos meios que nos permitem criar o prazer, caso queiramos. Nesse último caso, trata-se, portanto, do prazer da imaginação. Entretanto, o conceito de sorte [*Glück*] é inerente tanto à felicidade como ao prazer: aqui, é por acaso [*es ist zufällig*] que as circunstâncias exteriores se harmonizam com as determinações interiores das inclinações. Em contrapartida, a beatitude [*Seligkeit*] é definida pela ausência de sorte, o que significa que a adequação da existência exterior às nossas exigências interiores não é o efeito do acaso. Só pode se atribuir beatitude a Deus. (*Sämtliche Werke*. Ed. Glockner, t. 3, p. 53; cf. trad. fr. de M. de Gandillac, Minuit, 1963, p. 39)

A oposição aos princípios do eudemonismo é particularmente virulenta nas primeiras obras de Hegel. Assim, no artigo *Fé e saber*, de 1802, Hegel acusa até mesmo Kant, Jacobi e Fichte de eudemonismo inconsciente (*In*: *Sämmtliche Werke*. Ed. Glockner, t. 1, p. 283 *et seq*., principalmente p. 286):

> Suas orientações conscientes se dirigem imediatamente contra o princípio do eudemonismo, mas pelo próprio fato de não serem nada além dessa orientação, seu caráter positivo é esse próprio princípio (cf. trad. fr. de A. Philonenko, Vrin, 1988, p. 97).

Entretanto, temos a impressão de que, sem nada rejeitar da crítica fundamental ao eudemonismo, Hegel procura ulteriormente atenuar os ataques que Kant tinha levado a cabo contra o conceito de felicidade. Na *Fenomenologia do espírito*, ele ressalta:

> A consciência moral não pode renunciar à felicidade, nem descartar de seu fim absoluto esse momento. [...] A harmonia da moralidade e da natureza, ou harmonia da moralidade e da felicidade – pois a natureza só é tomada em consideração enquanto a consciência experimenta sua unidade com ela – [essa harmonia] é pensada como algo necessariamente essente,

ou seja, é postulada (Ed. Glockner, t. 2, p. 462 *et seq.*; Ed. Vozes, trad. de Paulo Meneses, 2002, p. 413).

Desse modo, Hegel confere à felicidade-*Glückseligkeit* certa dignidade. A primeira versão da *Enciclopédia das ciências filosóficas* explicava que a ideia de felicidade condicionava uma escolha a ser feita dentre o conjunto dos desejos presentes: "a felicidade é a representação desordenada da satisfação de todas as inclinações, mas pela qual tal inclinação será sacrificada, preferida ou posta a serviço de outra inclinação" (ed. Glockner, t. 6, p. 279,

§396). Hegel não mais relega a forma superior do conceito de felicidade [*Glückseligkeit*] à natureza, como havia feito Kant. Do mesmo modo, nos adendos aos *Princípios da filosofia do direito*, de seu aluno Gans, podemos ler:

Na felicidade [*Glückseligkeit*], o pensamento já tem poder sobre a força natural das inclinações. Com efeito, ele não se contenta com o que é instantâneo, mas busca uma totalidade de felicidade [*ein Ganzes von Glück*] (Ed. Glockner, t. 7, p. 71, §20; cf. também ed. Glockner, t. 10, p. 378, §479).

No entanto, na passagem citada, a coexistência dos dois termos, *Glückseligkeit* e *Glück*, traz alguns problemas ao tradutor. Em sua tradução dos *Princípios da filosofia do direito*, Robert Derathé traduz os dois termos por *félicité* e *bonheur*, respectivamente (HEGEL, G. W. F. *Princípios da filosofia do direito*. Traduit par R. Derathé. 2. ed. Paris: Vrin, 1982, p. 84). Com efeito, *Glückseligkeit* designa uma forma superior de felicidade, uma felicidade estável e espiritualizada, *Glück* uma felicidade temporalmente mais limitada, a boa fortuna. No entanto, a passagem hegeliana se refere igualmente a toda a reflexão filosófica pré-kantiana sobre a *Glückseligkeit*, bastante presente principalmente na filosofia popular do século XVIII, de inspiração aristotélica e leibnizo-wollfiana (destaquemos, por exemplo, a tradução alemã da *Ética a Nicômaco* por Christian Garve, um dos principais protagonistas da filosofia popular). A tradução, no texto hegeliano, de *Glückseligkeit* por *bonheur* [felicidade] permitiria ressaltar esse laço intertextual, mas nivelaria, até certo ponto, a distinção entre *Glückseligkeit* e *Glück*.

BIBLIOGRAFIA

AQUINO, Tomás de. *Suma teológica*. São Paulo: Loyola, 2001. v. III.
ARISTOTE. *Ethique à Nicomaque*. Nouvelle traduction avec introduction, notes et index par J. Tricot, Paris, Vrin, 1959.
ARISTÓTELES. *Ética a Nicômaco*. Tradução de Leonel Vallandro e Gerd Bornheim da versão inglesa de W. D. Ross. São Paulo: Abril Cultural, 1973.
ARISTÓTELES. *Ética a Nicômaco*. Tradução de Mário da Gama Cury. Brasília: Ed. UnB, 1985.
BIEN, Günther (Ed.). *Die Frage dem Glück*. Stuttgart; Bad Cannstatt: Frommann-Holzboog, 1978.
BLUMENBERG, Hans. Ist eine philosophische Ethik gegenwärtig möglich? *Studium generale*, v. 6, p. 174-184, 1953.
DICCIONÁRIO DA LÍNGUA PORTUGUEZA. Antonio de Moraes e Silva (Ed.). Lisboa: [*s.n.*] 1789.

DIDEROT, D. Réfutation suivie de l'ouvrage d'Helvétius intitulé "L'homme". *In*: ASSÉZAT (Ed.). *Oeuvres Complètes*. Paris: Garnier, 1875. t. 2.

EBERHARD, Johann August. *Versuch einer allgemeinen deutschen Synonymik*. Halle und Leipzig: [s.n.], 1795-1802.

EURÍPIDES. *Medeia*. Tradução, posfácio e notas de Trajano Vieira. São Paulo: Editora 34, 2010.

FESTUGIÈRE, André-Jean. *Contemplation et Vie contemplative selon Platon*. 3. ed. Paris: Vrin, 1967.

HEGEL, G. W. F. *Enciclopédia das ciências filosóficas*. Tradução de Paulo Meneses. 3. ed. São Paulo: Loyola, 2012. v. I: A ciência da lógica.

HEGEL, G. W. F. *Enciclopédia das ciências filosóficas*. Tradução de Paulo Meneses. 2. ed. São Paulo: Loyola, 2011. v. III: A filosofia do espírito.

HINSKE, Norbert. Zwischen fortuna und Felicitas. Glücksvorstellungen im Wandel der Zeiten. *Philosophisches Jahrbuch*, v. 85, p. 317-330, 1978.

HUTCHESON, Francis. *Collected Works of Francis Hutcheson*. B. Fabian (Ed.). Hildesheim: Olms, 1990. t. I.

KANT, Immanuel. *Crítica da razão prática*. Edição bilíngue. Tradução de Valerio Rohden. São Paulo: Martins Fontes, 2003.

KANT, Immanuel. *Crítica da razão prática*. Tradução de Antonio Carlos Braga. São Paulo: Escala, 2006.

KANT, Immanuel. *Crítica da razão prática*. Tradução de Artur Morão. Lisboa: Edições 70, 1997.

KANT, Immanuel. *Fundamentação da metafísica dos costumes*. Tradução de Guido Antônio de Almeida. São Paulo: Barcarolla, 2009.

KANT, Immanuel. *Fundamentação da metafísica dos costumes*. Tradução de Paulo Quintela. Coimbra: Edições 70, 1960.

KANT, Immanuel. Fundamentação da metafísica dos costumes. Tradução de Paulo Quintela. *In*: *Textos selecionados*. São Paulo: Abril Cultural, 1980.

KRAUT, Richard. *Two Conceptions of Happiness*. Philosophical Review, v. 88, p. 167-197, 1979,

LE PETIT ROBERT. Dictionnaire de la langue française. Paris: Dictionnaires Le Robert, 1993.

MAUZI, Robert. *L'Idée du Bonheur dans la littérature et la Pensée française du XVIII° siècle*. [S.l.]: Armand Colin, 1960.

PLEINES, Jürgen-Eckhardt. *Eudaimonia zwischen Kant und Aristoteles: Glückseligkeit als höchstes Gut menschlichen Handelns*. Würzburg: Königshausen & Neumann, 1984.

SPAEMANN, Robert. *Bonheur et Bienveillance: Essai sur l'éthique* [1989]. Traduit par S. Robillard. Paris: PUF, 1997.

STERNBERGER, Dolf. *Das Menschenrecht, nach Glück zu streben* [1966]. *In*: *Staatsfreundschaft. Schriften IV*. Frankfurt: Suhrkamp, 1980. p. 93-111.

WARNER, Richard. *Freedom, Enjoyment and Happiness*. Ithaca; London: Cornell University Press, 1987.

WOLFF, Christian. *Gesammelte Werke*. Hildesheim: Georg Olms, 1976. t. 1/4.

XENOFONTE. Ditos e feitos memoráveis de Sócrates, in *Sócrates*. Tradução de Jaime Bruna, Líbero Rangel de Andrade e Gilda Maria Reale Strazynski. São Paulo: Nova Cultural, 1996. (Coleção Os Pensadores.)

ZINGANO, Marco. *Ethica Nicomachea I 13 – III 8. Tratado da Virtude Moral*. São Paulo: Odysseus, 2008.

GUT

[Böse, Wohl/Übel (Weh), Gut/Schlecht – alemão] (pt. bem/mal, bom/malvado, bom/mau, bom/ruim)
Philippe Büttgen
Tradução: Isabela Pinho

fr.	bien/mal, bon/méchant, bon/mauvais
lat.	Bonum, malum

➤ BELEZA, FAIR, GLÜCK, LAW, MORAL SENSE, PRAZER, WERT

Dois exemplos, Kant e Nietzsche, fazem aparecer o nó que se atou na Alemanha entre a reflexão sobre o bem e o mal e a reflexão sobre os poderes da língua. Formalmente, os dois filósofos têm em comum o fato de duplicar os objetos da reflexão: ao par inicial "bem" (gut) e "mal" (böse) vem a cada vez se adicionar um segundo par: wohl/übel, gut/schlecht, o que força a estudar não somente a oposição que constitui cada um dos pares, mas também a oposição entre os próprios pares. Esse aspecto comum a duas concepções em tudo opostas se explica por razões linguísticas, que tornam difíceis de traduzir em português e outras línguas latinas as oposições do alemão.

I. O DESDOBRAMENTO KANTIANO: SENSIBILIDADE E RAZÃO PURA

A segunda seção da Analítica da *Crítica da razão prática* se distingue por uma atenção inabitual em Kant à singularidade e ao poder das línguas. O bem e o mal são aí estudados como os "objetos de uma razão prática" (AK, v. 5, p. 57; trad. br. 2006, p. 78): os únicos dois possíveis, diz Kant; um tomado como princípio "que determina a faculdade de desejar", no caso do bem, e outro como um objeto da "faculdade de ter aversão", no caso do mal. É necessário, ainda, que esses dois objetos, o bem e o mal, tenham um estatuto secundário, determinado pela lei moral que deve precedê-los, como ela precede de qualquer conteúdo da razão prática pura: é o "paradoxo do método numa crítica da razão prática (AK, v. 5, p. 62; trad. br. 2006, p. 83). A demonstração começa recorrendo ao "uso da língua [*Sprachgebrauch*]", que distingue o bem [*das Gute*] do agradável [*das Angenehme*], proibindo assim de fundar o bem e o mal sobre os objetos da experiência, ou seja, sobre o sentimento de prazer e de dor (AK, v. 5, p. 58; trad. br. 2006, p. 79). Em seguida, Kant pode deplorar "a pobreza da língua" (AK, v. 5, p. 59; trad. br. 2006, p. 79), visível, segundo ele, no uso escolástico das noções de *bonum* e *malum*, que, nesse ponto, não permitem estabelecer uma distinção. A ambiguidade dos mesmos é eliminada pela língua alemã, da qual Kant faz o elogio (AK, v. 5, p. 59-60):

> A língua alemã tem a ventura de possuir nesse particular os termos exatos que não permitem passar despercebida essa diferença. Para designar aquilo que os

latinos denominam com uma só palavra *bonum*, ela possui dois conceitos muito diferentes e também dois vocábulos de todo diversos: para a palavra *bonum*, tem dois termos: das *Gute* (o bem) e das *Wohl* (o bem-estar); para *malum*, tem *das Böse* (o mal) e *das Übel* – ou *Weh* (os males – ou o sofrimento), de forma que são dois juízos bem diversos considerar numa ação a relação ao *bem* (*Gute*) e ao *mal* (*Böse*) em si, ou a relação a nosso *bem-estar* (*Wohl)* e a nosso *sofrimento* (um mal) [*Weh* (*Übel*)] (Trad. br. 2006, p. 79-80).

Assim, a única oposição *bonum*/*malum* se divide em duas, *wohl*/*übel*, que remete ao estado agradável ou desagradável no qual se encontra o sujeito, e *gut*/*böse*, que contém sempre "uma relação na *vontade*, quando esta for determinada *pela lei da razão*" (AK, v. 5, p. 60; trad. br. 2006, p. 80).

De acordo com essa explicação, o tradutor brasileiro opta por verter os termos originais pelas oposições *bem*/*mal*, de um lado, e *bem-estar*/*sofrimento*, de outro; ao mesmo tempo, não deixa de indicar os termos originais entre parênteses. Em contrapartida, o tradutor francês não traduz as oposições, mas conserva em itálico os termos originais. Seu embaraço é bem expresso pela nota que Francis Picavet adiciona a essa passagem: "[...] não se poderia, substituindo com palavras francesas as palavras alemãs que Kant procura *definir*, senão dar uma falsa expressão ao pensamento: o sentido dele é claro de acordo com o contexto" (1985, p. 61, n. 2).

O contexto, aqui, é o de uma oposição duplicada que o francês não pode designar: se, por um lado, ele possui os pares de sinônimos que Kant fornece para explicitar o que ele entende por *wohl* e *übel* (*Annehmlichkeit* e *Unannehmlichkeit*, agradável e desagradável; *Vergnügen* e *Schmerze*, prazer e dor/sofrimento [AK, v. 5, p. 58-59; trad. br. 2006, p. 78]), por outro lado, ele não tem outras palavras a não ser "bem" e "mal" para dizer esse bem e esse mal, que, segundo Kant, não são os da moralidade.

O elogio kantiano da língua alemã é delicado de ser interpretado. O primeiro tradutor francês da *Crítica da razão prática*, Jules Barni (1848) aplicará também ao francês a reprimenda endereçada ao latim, mas no próprio Kant trata-se, sem dúvidas, menos de uma exaltação da língua materna do que de uma crítica, no espírito do iluminismo, da escolástica e de sua língua.

II. QUALIFICAÇÕES PSICOLÓGICAS OU VALORES MORAIS?

O francês e o português não estão limitados, na realidade, ao par *bien/mal, bem/mal*; eles também dispõem do par *bon/mauvais, bom/mau*, ao qual os tradutores do francês e do português às vezes recorrem para traduzir o que remete à sensação (cf. trad. fr. 1985, p. 60; trad. br. 2006, p. 78: "o conceito daquilo que é absolutamente mau" para *schlechtin Böse*, AK, v. 5, p. 58). Há, no entanto, uma razão para que esse novo par não permita resolver a dificuldade. Os dois pares *bem* e *mal* e *bom* e *mau* não são da mesma natureza gramatical; o mesmo não ocorre em alemão, dado que se substitui o par de advérbios (antiquados) *wohl/übel* pelo par, por sua vez, adverbial e adjetival *gut/schlecht*, paralelo gramaticalmente a *gut/böse*. Novas dificuldades aparecem então, das quais a tradução da primeira dissertação da *Genealogia da moral* de Nietzsche é testemunho.

O título dado à primeira dissertação da obra, *Gut und Böse, Gut und Schlecht*, foi traduzido em francês por *Bon et méchant, bon et mauvais* e em português por *"Bom e mau", "bom e ruim"*. Uma nova duplicação se opera: é dessa vez a de duas "valorações" (cf. p. ex., §2 e §7, em KGA, VI/2, p. 273 e p. 280; trad. br. 2013, p. 16 e p. 22), de duas maneiras de impor juízos de valor à realidade: a dos escravos e a dos nobres ou potentes, respectivamente. Suas relações apresentam duas características principais. Em primeiro lugar, a duplicação das valorações revela que há uma divisão mais fundamental que a do bem e do mal, aquela que opõe o alto e o "baixo" [*einem "Untem"*], o superior e o inferior (§2). Em segundo lugar, e sobretudo, o conflito não somente atravessa cada um dos pares, mas opõe os dois pares um ao outro, o mau ou o mal segundo o escravo sendo "precisamente o 'bom' da outra moral (§11, KGA, VI/2, p. 288; trad. br. 2013, p. 29). Segundo Nietzsche, as duas oposições formam um sistema e esse sistema tem uma história – "uma luta terrível, milenar" de "dois valores contrapostos", "bom e ruim", "bom e mau" [*die beiden entgegengesetzten Werte "gut und schlecht", "gut und böse"*], §16, KGA, VI/2, p. 299; trad. br. 2013, p. 39) – na medida em que ele não somente opõe, como em Kant, duas instâncias no homem (sensibilidade e razão pura), mas opõe homens diferentes e desiguais.

É precisamente na conclusão que a tradução revela seus limites (§16, KGA, VI/2, p. 302):

> [...] supondo que há muito tenha ficado claro o que pretendo, o que desejo com a perigosa senha inscrita na fronte do meu último livro: "Além do bem e do mal" (*Jenseits von Gut und Böse*)... Ao menos isto não significa "Além do bom e do ruim" (*Jenseits von Gut und Schlecht*) (Trad. br. 2013, p. 41-42).

Aqui é necessário modificar a tradução de *Gut und Böse* por "bom e mau", que a lembrança da obra precedente impulsiona a substituir pelo par "bem e mal". Não se trata de um detalhe, pois a *Genealogia da moral* pretende completar e esclarecer o *Para além do bem e do mal* recentemente publicado. "Bom e mau", entretanto, em si mesmo não tem nada de inexato e está de acordo com tudo que foi visto até aqui: simplesmente, *Gut und Böse* é ao mesmo tempo adjetivo e advérbio e significa ao mesmo tempo "bom e mau" e "bem e mal", ou seja, possui ao mesmo tempo as qualificações psicológicas associadas aos adjetivos e as qualificações mais propriamente morais associadas aos advérbios. Se, por um lado, com "bom" o francês e o português podem traduzir a indeterminação do *Gut* nietzschiano – que entra nos dois pares de opostos e cujo sentido varia precisamente de acordo com a sua inserção em um ou outro desses pares –, por outro lado, para *Gut* e seu antônimo, eles são obrigados a escolher entre o adjetivo ("bom e mau") e o advérbio ("bem e mal"), ou seja, entre um estilo psicológico e um estilo moral, que o método de Nietzsche tem a particularidade de não dissociar. Em relação ao que observamos em Kant, o problema é invertido. Não é que o francês e o português não tenham distinções suficientes, é que eles têm muitas: "bem" e "mal" se sobrepondo a "bom" e "mau" e também a "bom" e "ruim".

Concluiremos observando que o método de Nietzsche se quer igualmente linguístico: do início, com suas reflexões sobre "o direito senhorial de dar nomes" (§2, KGA, VI/2, p. 274; trad. br. 2013, p. 17) à questão final sobre a contribuição da "ciência da linguagem, em especial a pesquisa etimológica, para a história da evolução dos conceitos morais" (§17, KGA, VI/2, p. 303; trad. br. 2013, p. 42). Além do mais, é tentador encontrar o grego no alemão de Nietzsche, em particular no par *gut/schlecht*, retraduzido, por assim dizer, na oposição *agathós/kakós* [ἀγαθός/κακός] (§5). O "bom" nietzschiano repercute aqui os dois intraduzíveis gregos *kalós kagathós* [καλὸς κἀγαθός] (ver BELEZA) e *eu práttein* [εὖ πράττειν] (ver PRÁXIS) (§10), que fazem-no aparecer em suas duas principais dimensões: distinção e atividade.

Apesar desse laço inúmeras vezes afirmado com o grego, Nietzsche, no entanto, não atribui – ao contrário de Kant – nenhum privilégio à língua alemã: para ele, esta última certamente confirma de maneira exemplar a genealogia das valorações ao fazer descender *schlecht* (ruim) de *schlicht* (os significados de "simples", depois "baixo", "de baixa extração" são listados pelo *Dicionário* de Grimm a partir dos significados de "reto", "plano"), mas ocorre que "as designações para "bom" cunhadas pelas diversas línguas "[...] remetem à mesma *transformação conceitual*" (§4, KGA, VI/2, p. 275; trad. br. 2013, p. 18). Aí também a interpretação variará de acordo com o destaque posto sobre o progresso das ciências da linguagem ou sobre a origem presumida da "magnífica *besta loura*" – da qual Nietzsche diz, no entanto, que pode ser "romana, árabe, germânica, japonesa" (§11, trad. br. 2013, p. 29).

BIBLIOGRAFIA

AK: KANT, Immanuel. *Kritik der praktischen Vernunft*. Akademie-Ausgabe. Berlin: Reimer, 1908. v. 5. [Ed. br.: *Crítica da razão prática*. Tradução de Antonio Carlos Braga. São Paulo: Escala, 2006]. [Ed. fr.: *Critique de la raison pratique*. Traduit par F. Picavet. Paris: PUF, 1943 – 9. ed.: Traduit par Ferry e H. Wissmann. Paris: Gallimard, 1985].

KGA: NIETZSCHE, Friedrich. Jenseits von Gut und Böse; Zur Genealogie der Moral. *In*: COLLI, G.; MONTINARI, M. (Éds.). *Werke*, Kritische Gesamtausgabe. Berlin: Gruyter, 1968. v. VI, t. 2. [Ed. fr.: COLLI, G.; MONTINARI, M. (Éds.). *La Généalogie de la morale*. Traduit par I. Hildenbrand et J. Gratien, 1971 – "Folio-essais", 1986]. [Ed. br.: *Genealogia da moral: uma polêmica*. Tradução, notas e posfácio de Paulo César de Souza. São Paulo: Companhia das Letras, 2013].

INSTRUMENTOS

GRIMM, Jacob; GRIMM, Wilhelm. *Deutsches Wörterbuch*. Leipzig: Hirzel, 1854. München: Deutscher Taschenbuch-Verlag, 1984.

HERRSCHAFT

[alemão] (pt. *domínio, dominação*)

Marc de Launay
Tradução: Germano Nogueira Prado

➤ ECONOMIA, MACHT, OIKONOMIA, PRÁXIS, SECULARIZAÇÃO

O termo, onipresente na tradição medieval alemã e no pensamento jurídico e político, nunca foi realmente definido como um conceito. Ele serve desde o início para designar tanto a dignidade de quem, por ser velho, supõe-se que seja venerável e sábio, quanto a autoridade exercida pelo pai de família, considerado como chefe do clã, bem como a relação de propriedade de um chefe do clã sobre um território. Mas não é estabelecido como um equivalente estável, na tradução para o alemão, de noções latinas como dominium, dominatio, potestas, *etc. Em Kant e depois em Marx, o uso do termo não leva à sua conceituação. Contemporaneamente, o termo ainda goza de uma extensão muito ampla, às custas do rigor da sua definição; é o caso do uso feito pela Escola de Frankfurt. Apenas Max Weber tentou precisá-lo, mas ainda assim de uma perspectiva mais funcional do que temática.*

I. EVOLUÇÃO SEMÂNTICA

O termo *herscaft* ou *hertuom*, em antigo alto alemão, deriva provavelmente do adjetivo *her*, que significa "de cabelos grisalhos", "digno". O comparativo do adjetivo (*heriro*), que traduziu o latim *senior* e o grego *presbýteros* [πρεσβύτερος], serviu para formar o substantivo *herre*, no século VII, que era aproximadamente o equivalente de *dominus* (cf. GRIMM; GRIMM, 1984 [1854], v. 4, t. 2, p. 1124 ss.; EHRISMANN, 1905-1906). Enquanto que durante a Idade Média continua a ser refinada a distinção entre *potestas* (poder real) e *auctoritas* (autoridade papal), levando à oposição entre ambas (cf. ENSSLIN, "Auctoritas und Potestas"; HABERMAS, 2014 [1962], 2003 [1962] e 1978 [1962], capítulo I, §2) – cujas consequências extremas foram a constituição de um direito independente na França (a reforma de Cujas sob Filipe Augusto) e o cisma anglicano do outro lado do Canal da Mancha –, o termo *Herrschaft* permanece, na era germânica, relativamente indeterminado. O termo designa o poder do pai de família sobre esta e sobre seus servidores, assim como a relação de propriedade sobre uma terra e seus servos; mas também tem como significado a dignidade, a superioridade (moral); depois, a partir do século XIII, o termo remete a uma função oficial. A oposição *Herr/Knecht* já está presente sob a forma de diferença de *status* entre o proprietário de uma terra e aquele a quem se concede apenas sua posse [*tenure*], mas essa oposição permanece, do ponto de vista terminológico, indiferenciada em relação à oposição entre suserano e vassalo, assim como em relação ao poder que o rei desfruta sobre o território do reino; esses dois significados baseiam-se na mesma tradução do termo *dominus*, que ainda é encontrada em segundo plano na maneira de expressar o poder específico do imperador – *dominus mundi*. O poder do papa, do rei e dos príncipes é expresso por *Gewalt* ou por *Macht*, traduzindo *potestas, imperium, regnum* ou *regimen*, enquanto *Herrschaft* permanece, ao que parece, ligado a uma relação fundamentalmente inscrita no registro da propriedade (tanto sobre membros da família quanto sobre bens e terras). Mas, na virada do século XIII para o século XIV, na época em que Luís IV da Baviera se opõe abertamente ao papa João XXII, Marsílio de Pádua, em seu *Defensor pacis* (cerca de 1324), e Guilherme de Ockham, em seu *Breviloquium de potestate papae* (cerca de 1341), distinguem propriedade e poder, com o objetivo de contestar as reivindicações papais de exercer também poder e propriedade temporal, impedindo a noção de *Herrschaft* de subsumir os dois aspectos ou de fundi-los. A *Constitutio in favorem principum* de 1232 estabelece a noção de *dominus terrae*, traduzida por *lantherr*. Mas foi somente no século XIV que o poder de *Herr im Land* foi associado ao termo *Herrschaft*, ainda que o sentido dessa palavra pudesse remeter tanto a uma função quanto a uma propriedade (cf. GRIMM; GRIMM, 1984 [1854], art. "Landesherrschaft") sobre a qual, na maioria das vezes, o exercício desse poder se baseia.

Entre *propriedade* e *poder* (*Gewalt*, poder exercido sobre as pessoas), *Herrschaft* permanece ao mesmo tempo plurivalente e demasiadamente abstrato; é difícil especificá-lo em relação a outras noções, seja através de seus equivalentes em português – "autoridade", "domínio", "dominação", "poder", "senhorio" –, em francês – *autorité, domination, pouvoir, seigneurie* –, em alemão – *Herrschung, Regiment, Obrigkeit, Oberherrschaft* – ou em inglês – *command, dominion, lordship, reign, rule*. O dicionário de Adelung (v. 2, 1775, p. 1133 ss. [1811, p. 1137-1138]) define *Herrschaft* – à diferença de *Gewalt* – como um termo concreto que designa ou bem aqueles que exercem autoridade sobre um território, um lugar ou uma família, ou bem o domínio (abstrato ou concreto) sobre o qual essa autoridade é exercida.

Nicolau de Cusa é um dos primeiros a opor, com base no direito natural, a soberania do povo a uma dominação que não possui o poder que exerce (*De concordantia catholica* [1433], p. 162 ss.), de acordo com o adágio de Plínio (*Panegírico de Trajano*, 55, 7): "*Principis sedem obtines, non sit domino locus*" [ele ocupa a posição de um príncipe para que não haja lugar para um tirano (tradução de GIRON, 2017)]". É só então que a dominação remete ao uso abusivo de um poder entendido como um exercício regido pelo direito e sujeito de uma maneira ou de outra a um controle relativamente independente. Da mesma forma, Erasmo chega a recusar que o termo *Herrschaft* (traduzindo *dominium*) seja um "termo cristão", e ele opõe a essa dominação pagã a *administratio* (ROTTERDAM, 1521 [1517], p. XXIII). Esses dois pensadores estabelecem, assim, as bases de uma linha semântica cujos efeitos são encontrados durante o século XVIII, no qual certas enciclopédias e dicionários (SCHEIDEMANTEL, v. 2, 1793; KÖSTER; ROSS, 1790, v. 15, p. 285 ss.) registram a evolução do termo: os antônimos que figuram aí – *Freiheit, Knechtschaft* – dão ocasião a uma crítica à dominação tal como ela se faz presente nessa perspectiva. Em Lutero vemos uma situação mais ambígua, pois ele oscila, propondo, por um lado, uma concepção bastante crítica de dominação, opondo *Herrschaft* a *Obrigkeit* e

Regiment – "Quem, pois, quiser ser um príncipe cristão certamente precisa abandonar o desejo de governar [*herrschen*] e de usar a força [*Gewalt verfahren*]" (LUTERO, 2017 [1523], p. 223 [WA, v. 11, 1900, p. 271-272]) –, mas também cedendo, por outro, à tentação de justificar o poder em geral:

> Porque Deus quis dar aos pagãos e à razão a dominação [*Herrschaft*] terrena, Ele teve que dá-lo também a pessoas que fossem apropriadas e destinadas a isso, e que o recebessem com sabedoria e coragem (LUTERO, 1535, WA, v. 51, p. 243).

Por um lado, ele radicalizou a doutrina agostiniana dos dois reinos – às vezes considerando o poder como puramente secular (cf. LUTERO, 1530-1532, WA, v. 32, p. 440) –; por outro lado, ele procura legitimar, por todos os meios teológicos, os partidos que ele toma, como mostrará a reprovação de Thomas Münzer ao fato de que, durante a insurreição dos camponeses, Lutero tenha tomado o partido da nobreza. Da mesma forma, ele ignora todas as construções legais das quais ele é em grande medida contemporâneo e que tendem a limitar ou controlar o poder em geral. É isso que o diferencia de Calvino, que não apenas leva em conta essas inovações legais e constitucionais, mas toma cuidado para não dar à dominação qualquer origem divina.

II. "HERRSCHAFT"/"KNECHTSCHAFT"

Hegel primeiramente introduziu essa oposição, de inspiração paulina, em um contexto teológico: trata-se de uma cisão que proíbe qualquer encontro livre entre indivíduos, mas essa oposição pertence ao passado, tendo sido superada pela visão cristã (HEGEL, 1907 [1798-1799]). Na *Fenomenologia do espírito*, a oposição descreve um estágio da consciência de si; mas não se pode nem determiná-la de maneira rigorosa do ponto de vista de uma evolução histórica precisamente datada, nem a reduzir a uma interpretação psicológica. Foi Vico quem procurou dar uma datação pseudo-histórica a esse processo, referindo-o à "dominação/domínio do ciclope" (*La Scienza nuova*, 1928 [1744], p. 324). A dificuldade vem, mais uma vez, da indeterminação que afeta o possível cumprimento das duas noções: no fundo, o senhor não é definido senão pelo fato de estar pronto para fazer o sacrifício de sua vida, enquanto o escravo prefere a submissão à morte. É antes a definição do trabalho, recusado pelo senhor e aceito pelo escravo, que está em jogo nessa oposição, assim como a introdução da negatividade como um fermento da evolução histórica. Obviamente, é bem difícil ver um fato atestado ou uma utopia na transformação dessa oposição em consciência da liberdade – alguém poderia ser tentado a concebê-la como uma antecipação, por Hegel, do que será a história geral após a Revolução Francesa e, de maneira mais geral, como a confirmação de que a era moderna é atravessada pela crítica à ordem estabelecida, crítica justificada pelo fato de que a negatividade não pode ser excluída de nenhuma posição social, de nenhuma situação de poder.

No nível estritamente lexicográfico, a oposição *Herrschaft-Knechtschaft* primeiro se refere exclusivamente a um domínio semântico de natureza jurídica; na segunda metade do século XVIII, a tradição aristotélico-cristã que justificava a relação de dominação de um homem sobre outro é gradativamente questionada, e a tendência semântica que se anuncia e se reforça no século XIX faz com que a noção perca pouco a pouco seu conteúdo jurídico em favor de um significado mais amplo, de ordem filosófico-política, na qual o que é então cada vez mais contestado é a base jurídica da relação antinatural de dominação: a influência da Revolução Francesa não deixou de se fazer sentir do outro lado do Reno, embora não tenha realmente contribuído para dar ao termo *Herrschaft* uma definição mais rigorosa, conceitual.

III. UM HIATO EM KANT: O CONCEITO DE "HAUSHERRSCHAFT"

É significativo que Kant, em seu tratado *Sobre a paz perpétua*, no qual examina e se opõe a várias formas de governo, não use o termo *Herrschaft*, nem mesmo quando se trata de designar o despotismo ao qual ele opõe, como se sabe, o republicanismo, o único regime que permitiria vislumbrar uma evolução em direção a uma constituição baseada no direito. Em contrapartida, é na ordem jurídica privada que vemos aparecer o termo, para designar, na *Metafísica dos costumes* (*Metaphysik der Sitten*, em AK, v. 6, p. 283, §30 [tradução de Clélia Aparecida Martins]), o poder do chefe de família (*Hausherrschaft*), que lembra a antiga noção de *oikodespótes* [οἰκοδεσπότης]. E é de fato um poder ligado à pessoa (*ibid*., p. 276, § 22), no seio de uma "sociedade desigual (daquele que *manda*, ou *senhor* [*Herrschaft*], e daqueles que *obedecem*, isto é, da criadagem, *imperantis et subiecti domestici*)" (§30, tradução de Clélia Aparecida Martins; grifado no original). Kant mostra-se de fato contemporâneo à erosão, no século XVIII, desse poder doméstico, minado pelo surgimento do conceito de contrato, que justifica a dependência e reconhece o *status* de pessoa àqueles que obedecem: é por isso que a relação de desigualdade assim descrita tem seus limites (*ibid*., p. 283, §30). Não obstante, é difícil conciliar tanto com o espírito quanto com a letra do imperativo categórico essa possibilidade de "fazer uso imediato de uma pessoa como uma coisa, como um meio para o meu fim", mesmo que esse uso seja limitado apenas ao "usufruto" da pessoa alheia, o que realmente não afeta seu *status* de pessoa (*ibid*., p. 359, §2 e §3). A *Crítica da razão prática* não deixa dúvidas sobre isso:

> Em toda a criação, tudo o que se queira e sobre o que se tenha poder também pode ser usado *meramente como um meio*; apenas o homem, e com ele toda criatura racional, é um *fim em si mesmo* (*Kritik der praktischen Vernunft*, em AK, v. 5, p. 87 [*Crítica da razão prática*, tradução de Monique Hulshof]).

Esse hiato funda a crítica à dominação, que se desenvolverá, em particular, com Marx: por um lado, a instrumentalização da pessoa é condenada – o argumento é em nome dessa condenação, moralmente baseada no valor absoluto da pessoa –, e, por outro lado, a emancipação do gênero humano em conformidade com o espírito do imperativo categórico ainda não foi realizada na história (a única solução, portanto, parece ser a revolução, que deve ser "uma revolução radical [que] só pode ser a revolução de necessidades reais" (MARX, 2013 [1844], p. 159; MEW, v. 1, p. 387). A crítica contemporânea à dominação – de qualquer tipo (racial, sexual, etc.) – também se baseia na mesma fonte: a impossibilidade de reduzir a dominação, mesmo multiplicando as regulamentações e a jurisprudência, seja no domínio público, seja no domínio privado.

IV. A DOMINAÇÃO ANÔNIMA

É Marx quem opera uma mudança notável no significado de *Herrschaft*, despersonalizando seu conteúdo, sem todavia fornecer propriamente uma definição conceitual:

> O proletariado utilizará sua supremacia política [*politische Herrschaft*] para arrancar, pouco a pouco, todo o capital da burguesia, para centralizar todos os instrumentos de produção nas mãos do Estado, isto é, do proletariado organizado como classe dominante, e para aumentar o mais rapidamente possível o total das forças produtivas (MARX; ENGELS, 2010 e 2017 [1848], p. 58 e p. 39; MEW, v. 4, p. 481).

Mas essa despersonalização ocorre, essencialmente, no campo que determina todos os outros conflitos políticos e sociais, a saber, o campo econômico: "O capital não é, portanto, um poder [*Macht*] pessoal: é um poder [*Macht*] social" (MARX; ENGELS, 2010 e 2017, p. 53 e p. 34; MEW, v. 4, p. 476). A grande diferença entre as formas arcaicas e "naturais" de produção e as que se desenvolvem no âmbito de uma civilização é revelada na forma pessoal ou anônima da relação entre proprietário e produtor:

> No primeiro caso, a dominação [*Herrschaft*] dos proprietários sobre os não proprietários pode se basear em relações pessoais, numa forma de comunidade; no segundo caso, ela tem de ter assumido uma forma coisificada num terceiro elemento, o dinheiro (MARX; ENGELS, 2007 [1845-1846], p. 51; MEW, v. 3, p. 65).

Não obstante, e mesmo em sociedades desenvolvidas, onde reina a forma mais avançada de capitalismo moderno, a forma mais anônima de dominação, ainda podemos interpretar "a base oculta de todo o arcabouço social e, consequentemente, [...] da forma específica do Estado existente em cada caso" como uma relação "dominação e servidão": "na relação direta entre os proprietários das condições de produção e os produtores diretos" (MARX, 2017 [1894], p. 852; MEW, v. 25, p. 799 e ss.), que nada mais é do que a apropriação do trabalho excedente não remunerado (pressuposto da mais-valia). Por mais despersonalizada que seja, a relação entre dominante e dominado mantém uma dimensão "pessoal", a da experiência concreta e imediata da dominação, dimensão sobre a qual, no entanto, ao menos na medida em que é "pessoal", não é explicada de maneira mais detida por Marx – ainda que ele afirme que tal dimensão é essencial e que todo o restante da estrutura social deriva dela. A reflexão marxista sobre a despersonalização progressiva das relações de produção, que vai até a reificação, permanece no entanto silenciosa sobre o que é inicial e historicamente o "sucesso" da dominação. Esse anonimato da dominação encontrou, nos anos 1960-1970, um eco caricatural que se contentou com uma extensão radical do conceito para denunciar um misterioso "sistema":

> Se come, se bebe, se tem casa, se reproduz, é porque o sistema tem necessidade que ele se reproduza para se reproduzir: tem necessidade de homens. Se pudesse funcionar com escravos, não haveria trabalhadores "livres". Se pudesse funcionar com escravos mecânicos assexuados, deixaria de haver reprodução sexual [...]. O sistema só pode produzir e reproduzir os indivíduos enquanto elementos do sistema. Não pode haver excepção (BAUDRILLARD, [s.d.] [1972], p. 89-90 [p. 93]).

O que o Estado era para Hegel, "efetividade da ideia ética" ao mesmo tempo que "efetividade da liberdade concreta" (2010, §257 e §260) é, para Marx, a sociedade sem classes, emancipação alcançada, negação da distinção liberal entre Estado e sociedade, identidade entre conteúdo econômico e forma política, ou seja, identidade entre princípio material e princípio formal: isonomia concreta, história além do que até agora era reconhecido como a única força motriz, além da luta de classes, a humanidade livre da dominação, de todas as formas de dominação. "[A revolução comunista] supera [*aufhebt*] a dominação de todas as classes ao superar as próprias classes, pois essa revolução é realizada pela classe que, na sociedade, não é mais considerada como uma classe" (MARX; ENGELS, 2007 [1845-1846], p. 42; MEW, v. 3, p. 70). Ora, Marx era tão discreto quanto a esse futuro brilhante quanto era em relação à "ditadura do proletariado", recusando-se a profetizar; mas não via que o pressuposto de qualquer crítica a essa ordem era precisamente kantiano, o fato de que ideia e realidade dificilmente coincidem, ou melhor, no terreno moral, político e social, nunca; fato é que a crítica não pode ser exercida contra um estado de coisas material sem apelar constantemente, mesmo que de forma implícita, a um plano formal. E não é por acaso que a redução da política à economia, uma tendência recorrente no marxismo (mais recorrente do que em Marx, aliás), anda de mãos dadas com uma negligência de base em relação ao direito. Pode-se ver facilmente que Marx, na *Crítica da filosofia do direito de Hegel* e na *Ideologia alemã*, usa, para descrever as funções que, na sociedade livre de toda forma de dominação, pertenciam às sociedades anteriores a essa mesma dominação, um vocabulário que é apenas uma maneira de contornar o odioso termo *Herrschaft* sem mostrar uma solução conceitual para o problema: *Oberaufsicht* (controle superior), *Leitung* (direção), *kommandierender Wille* (vontade ordenadora), etc.

Não é sem relação com tal situação o fato de que, menos de quarenta anos após a morte de Marx, Georg Simmel se esforça, em sua *Soziologie*, para também contornar a noção: "O homem quer ser dominado [*beherrscht*], a maioria dos homens não pode existir sem ser guiado [*Führung*]" (1922, p. 109). Sabemos que destino teve logo depois a substituição de *Herrschaft* por *Führung* ou *Führerschaft* no vocabulário sociológico e politológico...

V. TENTATIVA DE CLARIFICAÇÃO: MAX WEBER

Max Weber distingue três tipos de dominação: a dominação racional (cuja realização mais pura é exercida por meio de uma administração que obedece a critérios rigorosos, como a contabilidade aritmética), a dominação tradicional e a dominação carismática (2015 [1922], cap. 3, p. 139 ss. [p. 122 ss.]). A dominação é, portanto, um fenômeno comum a toda forma histórica da qual ela se reveste – seja ela próxima de um dos tipos descritos, seja quando se desvia em função de todas as gradações possíveis por misturas e compromissos –, e nada impede de vê-la como uma espécie de invariante antropológico psicossocial. Apesar dos esforços de Marianne Weber para ocultar a importância das fontes nietzschianas no pensamento de seu marido, é preciso reconhecer, nesse caso, um ressurgimento quase velado da noção de vontade de poder. Enquanto poder [*Macht*] significa "toda probabilidade de impor a própria vontade numa relação social, mesmo contra resistências", a dominação [*Herrschaft*] designa "a probabilidade de encontrar obediência a uma ordem de determinado conteúdo, entre determinadas pessoas indicáveis" (*ibid.*, p. 33 ss. [p. 22 ss.]). "Impor sua vontade" e "obedecer a uma ordem" aparecem como os dois componentes, necessariamente complementares, que descrevem um equilíbrio de forças no contexto das relações de poder. Mas notamos de imediato que essa definição evidentemente deixa de lado o conjunto de razões que fazem com que uma ordem seja seguida: "A situação de dominação está ligada à presença efetiva de alguém mandando eficazmente em outros" (*ibid.*, p. 33 [p. 22]). Mesmo que ele evoque, nesse mesmo contexto, a disciplina, Weber não indica o que faz alguém consentir a essa disciplina. Na medida em que ele reconhece que a obediência também pode ocorrer com base na lealdade ou na fidelidade, e que não se efetua então de acordo com uma relação formal entre quem ordena e quem cumpre a ordem (*ibid.*, p. 149 [p. 123]), não é mais possível considerar que a noção de dominação permaneceria neutra do ponto de vista axiológico, uma vez que seria logicamente obrigado a integrar a sua definição um motivo que se refere ao valor. Isso faz reaparecer a dificuldade técnica própria a toda crítica da dominação que quer proceder por indução generalizante. Para Weber, a exigência de neutralidade axiológica só pode neutralizar a noção de dominação e, assim, fragilizar de imediato a possibilidade conceitual de sua crítica efetiva. Isso remete, em certa medida, à apologética da dominação (GEHLEN, 1993) e à crítica geral da dominação como foi desenvolvida pela Escola de Frankfurt (ADORNO, 2019 [1950], e, sobretudo, em colaboração com M. Horkheimer, 1985 [1944]), que conduz finalmente a uma constatação desesperada sem levantar o véu que decididamente parece nimbar a dominação: "A disposição enigmática das massas educadas tecnologicamente a deixar dominar-se pelo fascínio de um despotismo qualquer, sua afinidade autodestrutiva com a paranoia racista, todo esse absurdo incompreendido manifesta a fraqueza do poder de compreensão do pensamento teórico atual" (ADORNO; HORKHEIMER, 1985 [1944], p. 13). Estes são os mesmos acentos que ressoaram no famoso panfleto de La Boétie:

Entre nós, homens, a fraqueza é tal que frequentemente precisamos obedecer à força; [...] é um extremo infortúnio estar-se sujeito a um senhor, o qual nunca se pode se certificar de que seja bom, pois sempre está em seu poderio ser mau quando quiser... (LA BOÉTIE, 1999 [1574], p. 13 e p. 11).

BIBLIOGRAFIA

ADORNO, Theodor W.; HORKHEIMER, Max. *Dialética do esclarecimento: fragmentos filosóficos*. Tradução de Guido Antonio de Almeida. Rio de Janeiro: Zahar, 1985.

ADORNO, Theodor W. *Estudos sobre a personalidade autoritária*. Tradução de Virginia Helena Ferreira da Costa, Francisco López Toledo Corrêa e Carlos Henrique Pissardo. Apresentação da edição brasileira e resumo de *The Authoritarian Personality* por Virginia Helena Ferreira da Costa. São Paulo: Unesp, 2019.

ADORNO, Theodor W. et al. *The Authoritarian Personality*. New York; London: Evanston-Harper & Row, 1950.

BAUDRILLARD, Jean. *Pour une critique de l'économie politique du signe*. Paris: Gallimard, 1972.

BAUDRILLARD, Jean. *Para uma crítica da economia política do signo*. Porto: Edições 70; São Paulo: Martins Fontes, [s.d.].

CUSA, Nicolau de. *De concordantia catholica* [1433]. In: *Opera omnia*. Editado por G. Kallen. Hamburg: Meiner, 1968. v. 14, t. 1.

EHRISMANN, Gustav. Die Wörter für "Herr" im Althochdeutschen. *Zeitschrift für neuenglische Wortforschung*, n. 1, 1905-1906, p. 173 ss.

ENSSLIN, Wilhelm. Auctoritas und Potestas. *Historisches Jahrbuch*, n. 74, p. 661 ss., 1955.

GEHLEN, Arnold. Der Mensch, seine Natur und seine Stellung in der Welt [1940]. In: *Gesamtausgabe*. Frankfurt: Klostermann, 1993. v. 3.

GIRON, Lucas Lopes. Panegírico de Trajano: tradução e estudo introdutório. 2017. Dissertação (Mestrado em Letras Clássicas) – Faculdade de Filosofia, Letras e Ciências Humanas da Universidade de São Paulo, Departamento de Letras Vernáculas, São Paulo, 2017.

HABERMAS, Jürgen. *L'Espace public*. Tradução de Pe. M. de Launay. Paris: Payot, 1978. [Tradução de HABERMAS, Jürgen. *Strukturwandel der Öffentlichkeit. Untersuchungen zu einer Kategorie der bürgerlichen Gesellschaft*. 5. Auflage. Berlin: Neuwied, 1971 [1962].]

HABERMAS, Jürgen. *Mudança estrutural da esfera pública: investigações quanto a uma categoria da sociedade burguesa*. Tradução de Flávio R. Kothe. Rio de Janeiro: Tempo Brasileiro, 2003.

HABERMAS, Jürgen. *Mudança estrutural da esfera pública: investigações sobre uma categoria da sociedade burguesa*. Tradução e apresentação de Denilson Luís Werle. São Paulo: EdUnesp, 2014.

HEGEL, Georg Wilhelm Friedrich. Der Geist des christentums und sein Schicksal [O espírito do cristianismo e seu destino] [1798-1799]. In: *Hegels theologische Jugendschriften*. Ed. Herman Nohl. Tübingen: Mohr, 1907.

HEGEL, Georg Wilhelm Friedrich. *Filosofia do direito*. Tradução de Paulo Meneses, Agemir Bavaresco, Alfredo Moraes, Danilo Vaz-Curado R. M. Costa, Greice Ane Barbieri e Paulo Roberto Konzen. 2. ed. São Leopoldo, RS: Ed. UNISINOS, 2010.

KANT, Immanuel. *Gesammelte Schriften* [abrev. AK]. Berlim: Reimer, 1902-1913.

KANT, Immanuel. *Crítica da razão prática*. Tradução de Monique Hulshof. Petrópolis, RJ: Vozes; Bragança Paulista, SP: Editora Universitária São Francisco, 2017. (Coleção Pensamento Humano).

KANT, Immanuel. *Metafísica dos costumes*. Tradução [primeira parte] Clélia Aparecida Martins e [segunda parte] Bruno Nadai, Diego Kosbiau e Monique Hulshof. Petrópolis, RJ: Vozes; Bragança Paulista, SP: Editora Universitária São Francisco, 2013. (Coleção Pensamento Humano).

LA BOÉTIE, Etienne de. *Discurso da servidão voluntária*. Tradução Laymert Garcia dos Santos. São Paulo: Brasiliense, 1999. (Elogio da filosofia).

LUTERO, Martinho. Da autoridade secular: até que ponto lhe devemos obediência. *In*: *Martinho Lutero: uma coletânea de escritos*. Tradução de Johannes Bergmann, Arthur Wesley Dück e Valdemar Kroker. São Paulo: Vida Nova, 2017. (Clássicos da reforma).

LUTHER, Martin. Von weltlicher Obrigkeit [Da autoridade secular] [1523]. *In*: [abrev. WA] *Werke: kritische Gesamtausgabe*. Weimar: Böhlaus Nachf, 1906-1961.

LUTHER, Martin. Wochenpredigten über Matthias [Sermões Semanais sobre Mateus 5-7] [1530-1532]. *In*: [WA] *Werke: kritische Gesamtausgabe*. Weimar: Böhlaus Nachf, 1906-1961.

MARX, Karl; ENGELS, Friedrich. *Marx-Engels Werke* [abrev. MEW]. Berlin: Dietz, 1957-1968. 43 v.

MARX, Karl; ENGELS, Friedrich (Ed.). *O capital: crítica da economia política*. Tradução Rubens Enderle. 1. ed. São Paulo: Boitempo, 2017. Livro III: o processo global da produção capitalista.

MARX, Karl. *Manifesto do partido comunista*. Tradução de José Barata Moura. Lisboa: Editorial "Avante!", 1997.

MARX, Karl. ENGELS, Friedrich. *Manifesto comunista*. Organização e introdução Osvaldo Coggiola. Tradução de Álvaro Pina e Ivana Jinkings. l. ed. rev. São Paulo: Boitempo, 2010.

MARX, Karl. *Manifesto do partido comunista*. Tradução de Suely Tomazini Barros Cassal. Porto Alegre: L&PM, 2011.

MARX, Karl. *Manifesto do partido comunista*. Tradução de Sergio Tellarolli. São Paulo: Penguin Companhia, 2012.

MARX, Karl. *Manifesto do partido comunista*. Tradução de Marcos Aurélio Nogueira e Leandro Konder. Petrópolis, RJ: Vozes, 2018. (Vozes de Bolso).

MARX, Karl. *Manifesto do partido comunista*. Tradução, prefácio e notas de Edmilson Costa; apresentação à edição brasileira de Anníbal Fernandes. São Paulo: Edipro, 2019.

MARX, Karl. Manifesto do partido comunista. Tradução de Marcus Vinicius Mazzari. *Estudos Avançados*, São Paulo, v. 12, n. 34, 1998.

MARX, Karl. *A ideologia alemã: crítica da mais recente filosofia alemã em seus representantes Feuerbach, B. Bauer e Stirner, e do socialismo alemão em seus profetas (1845-1846)*. Tradução de Rubens Enderle, Nélio Schneider e Luciano Cavini Martorano. São Paulo: Boitempo, 2007.

MARX, Karl. *Crítica da filosofia do direito de Hegel*. Tradução Rubens Enderle. 3. ed. São Paulo: Boitempo, 2013.

ROTTERDAM, Erasmo de. *Institutio principis christiani* [1517]. *In*: *Ein nützliche underwisung eines Christlichen fürstur wol zu regieren*. Zurique: [s.n.], 1521.

SIMMEL Georg, Soziologie.Untersuchungen über die Formen der Vergesellschaftung. 2e éd. Munich-Leipzig, 1922. Disponível em: https://archive.org/details/soziologieunters00simm_0/page/108/mode/2up. Acesso em: 22 ago. 2024.

SIMMEL, Georg. Soziologie. Untersuchungen über die Formen der Vergesellschaftung. *In*: *Gesammelte Werke*. 4. ed. Berlin: Duncker and Humblot, 1958. v. 2.

VICO, Giambattista. *La Scienza nuova* [1744]. *In*: *Opere*. Ed. Fausto Nicolini. Bari: Laterza e figli, 1928. t. 4/1.

WEBER, Max. *Economia e sociedade: fundamentos da sociologia compreensiva*. Tradução de Regis Barbosa e Karen Elsabe Barbosa. Revisão técnica de Gabriel Cohn. 4. ed., 4 reimp. Brasília: Editora Universidade de Brasília, 2015.

WEBER, Max. *Wirtschaft und Gesellschaft*. Tübingen: Siebeck, 1922.

INSTRUMENTOS

ADELUNG, Johann Christoph. *Versuch eines vollständigen grammatisch-kritischen Wörterbuches der hochdeutschen Mundart*. Leipzig: Breitkopf, 1774-1786. 5 v.

GRIMM, Jacob; GRIMM, Wilhelm. *Deutsches Wörterbuch*. Leipzig: Hirzel, 1854 [repr. München: Deutscher Taschenbuch, 1984].

KÖSTER, Heinrich Martin Gottfried; ROSS, Johann Friedrich (Hg.). *Deutsche Encyclopädie oder allgemeines Real Wörterbuch aller Künste und Wissenschaften von Einer Gesellschaft Gelehrten*. Frankfurt: Varrentrapp Sohn und Wenner, 1778-1807. 25 v.

SCHEIDEMANTEL, Heinrich Gottfried. *Repertorium reale pragmaticum juris publici et feudalis imperii Romano-Germanici*. Leipzig: Weidmanns Erben & Reich, 1782-1795. 4 v.

HISTÓRIA UNIVERSAL
[história geral, história mundial]

Bertrand Binoche
Tradução: Vladimir Vieira

fr.	*histoire universelle, histoire générale, histoire mondiale*
lat.	*historia universalis*
al.	*Universalhistorie, Weltgeschichte, Universalgeschichte, Welthistorie, allgemeine (Welt)Geschichte*
ingl.	*world history, general history, universal history*

➤ CORSO, GEISTESWISSENSCHAFTEN, GESCHICHTLICH, MUTAZIONE, POVO, WELT

De origem latina – é em 1304 que aparece pela primeira vez uma Historia universalis *–, o conceito recobre, na verdade, duas práticas distintas: por um lado, a justaposição exaustiva das histórias políticas; por outro, a articulação da história profana (restrita a alguns povos privilegiados) com a história católica. É com base na recusa comum a essas duas abordagens que franceses, britânicos e alemães se esforçam, na segunda metade do século XVIII, por elaborar novas universalidades históricas, as quais envolvem escolhas terminológicas que não se sobrepõem. Não é nada surpreendente, portanto, que todos redescubram mais ou menos simultaneamente, embora diversamente, Vico, cujo empreendimento havia sem dúvida "antecipado" o deles.*

I. UNIVERSALIDADE CATÓLICA, UNIVERSALIDADE EMPÍRICA, UNIVERSALIDADE DO PROGRESSO

Em 1783, Gabriel de Mably distingue dois conceitos de "história universal": o primeiro recobre a exaustividade empírica das simples "coleções de histórias particulares", o segundo remete à universalidade católica tal como Bossuet ainda empregara em seu *Discurso* de 1681, onde fazia recair "tudo em alguns povos célebres" (MABLY, 2019, pos. 723). A distinção põe em evidência uma equivocidade real, e a primeira acepção poderia ser ilustrada pela *Introduction à l'histoire, générale et politique, de l'univers; où l'on voit l'origine, les révolutions et la situation présente des différents États de l'Europe, de l'Asie, de l'Afrique et de l'Amérique* [Introdução à história geral e política do universo; onde se vê a origem, as revoluções e a situação presente dos diferentes Estados da Europa, da Ásia, da África e da América] (1721), com a qual A.-A. Bruzen de La Martinière "completava" a obra de Samuel von Pufendorf, *Einleitung zur Geschichte der europäischen Staaten* [Introdução à história dos Estados europeus] (1682), traduzida por C. Rouxel em 1710 (O título completo da obra de Pufendorf é *Einleitung zu der Historie der vornehmsten Reiche und Staaten, so itziger Zeit in Europa sich befinden* [Introdução à história dos mais insignes reinos e estados tal como se encontram no tempo atual na Europa]). Com efeito, trata-se aqui de justapor as histórias dinásticas e militares, portanto acima de tudo políticas, de todas as nações conhecidas – ao menos na medida em que isso for possível. No que diz respeito aos negros da África, seria necessário ater-se a seus "usos comuns" (PUFENDORF, 1753-1759, p. 245).

    Em 1756, Voltaire recusa tanto essa história do universo quanto a história universal de Bossuet, e é por isso que sua obra de 1756 se intitula *Ensaio sobre a história geral e sobre os costumes e o espírito das nações desde Carlos Magno até nossos dias*. Tratava-se, por um lado, de recusar todo agostinianismo, propondo uma história realmente universal por ser exclusivamente profana e, portanto, estendida a todos os povos da terra (desaparecia, junto com o *télos* católico, toda seleção retroativa). E, por outro, de rejeitar uma história política, uma história de príncipes e de batalhas, em prol de uma história realmente universal na medida em que seria estendida, nesse caso, aos "costumes e ao espírito das nações", ou seja, a tudo aquilo por meio do qual elas têm uma consistência própria, independentemente daqueles que as governam ou de seus conflitos. O que resulta disso para Voltaire é "um caos de eventos, de facções, de revoluções e de crimes" (VOLTAIRE, 1963, p. 905); mas, no fundo, pensar a história universal como um processo essencialmente mundano, efetivamente mundial e pan-institucional (processo que carrega consigo, a partir de então, todas as instituições humanas, morais e jurídicas) é a tarefa que, de uma maneira ou de outra, impõe-se então a todos. Na França, ela leva a diminuir o uso do sintagma "história universal", e quando Condorcet se recusa a seguir Voltaire e a escrever "a história dos governos, das leis, dos costumes, dos usos, das opiniões nos diferentes povos que ocuparam sucessivamente o globo", é para substituí-la por um "quadro histórico do progresso do espírito humano" (CONDORCET, 1847-1849, p. 281). Sem dúvida, seria necessário esperar o século seguinte e o desejo de reconciliar a universalidade católica com "o progresso" para que volte a se tornar possível escrever obras como a de J. F. A. Boulland, *Ensaio de história universal ou exposição comparativa das tradições de todos os povos desde os tempos primitivos até nossos dias* (1836).

II. A "NATURAL HISTORY OF MANKIND" [HISTÓRIA NATURAL DA HUMANIDADE] COMO "HISTÓRIA RACIOCINADA"

    Em 1767, Adam Ferguson evita cuidadosamente utilizar a expressão "*history of the world*" [história do mundo], que servira de título a uma obra de Sir Walter Raleigh em 1614, ou a expressão "*universal history*" [história universal], que podia ter encontrado em Henry Bolingbroke (1735, p. 42; 1788, p. 61 *et seq.*). Ele prefere designar seu empreendimento como "*the general history of nations*" [a história geral das nações] (FERGUSON, 1966, I, 10, p. 65), pelo que se deve entender seguramente "*of all nations*" [de *todas* as nações] (*ibid.*, II, 1, p. 75; III, 6, p. 158; III, 8, p. 173). Figurando em uma homenagem a Montesquieu, é sem dúvida notável ver assim traduzido o plural do prefácio a *Do espírito das leis* – "as histórias de todas as nações" (MONTESQUIEU, 1996,

p. 5) – como um singular coletivo que dá testemunho de que uma nova universalidade está em vias de ser constituída – um pouco como, em Vico, "*le storie di tutte le nazioni*" [as histórias de todas as nações] podia ser subsumida a "*una storia ideal eterna*" [uma história ideal eterna] (VICO, 1999, p. 88). Na verdade, se a fórmula de Ferguson faz eco à de Voltaire – Claude François-Bergier a traduz corretamente por "a história geral das nações" (FERGUSON, 1783, p. 178-179) – e se esse eco é significativo, pois se trata de um processo essencialmente mundano, mundial e civil, a sua "generalidade" permanece, contudo, bem diferente: ela resulta da superposição empirista das trajetórias perseguidas pelas nações observáveis; ou, ainda: é o processo abstrato que toda nação deve seguir à medida que as circunstâncias lhes permitirem. Nesse sentido, abstrato, ela é também "natural", e J. Millar sugerirá a expressão "*natural history of mankind*" [história natural da humanidade] para qualificar essa abordagem (MILLAR, 1793, p. 11). Mas, como as coisas são decididamente complicadas, quando Dugald Stewart sugere uma tradução francesa da "*natural history*" [história natural] compreendida desse modo, ele não propõe nem "história natural" nem "história geral", mas "*histoire raisonnée*" (SMITH, 1999, p. XLI) – pensando em D'Alembert, que evocara, em 1759, no *Ensaio sobre os elementos de filosofia*, "a história geral e raciocinada das ciências e das artes" (D'ALEMBERT, 2014, p. 18). Tradução surpreendente, mas de modo algum absurda: se Stewart podia remeter seu leitor inglês à *História natural da religião* (1757) de David Hume, deveria evitar em francês uma fórmula – "história natural da humanidade" – que teria necessariamente evocado Buffon e todo um outro tipo de investigação. Além disso, "raciocinada" se opunha a "revelada" como "natural" a "sobrenatural", o que permitia conservar o essencial. Não se deve ignorar, todavia, que a tentativa de verter esse termo para o português introduz uma outra ordem de problemas, uma vez que ele designa em francês tanto aquilo que é pertinente à razão quanto o que é resultado do uso dessa faculdade – campos igualmente recobertos pela expressão "*histoire raisonnée*". A opção por "história raciocinada" destaca o segundo desses aspectos em detrimento do primeiro, ao passo que "história racional" (cf. p. ex. HABERMAS, 2011, p. 446) realiza precisamente o inverso. Por esse motivo, não é incomum que se deixe a expressão no original nas traduções brasileiras e portuguesas, como fez Lya Luft na "Biografia crítica" de Adam Smith redigida por Dugald Stewart e incluída na *Teoria dos sentimentos morais*.

III. A "WELTGESCHICHTE" [HISTÓRIA DO MUNDO] CONTRA A "UNIVERSALHISTORIE" [HISTÓRIA UNIVERSAL]

A tradução alemã do *Ensaio* de Voltaire, publicada em 1762, propõe *allgemeine Weltgeschichte*, entendida como "história geral do mundo", ou, sobretudo, como a expressão que Kant utiliza, em 1784, no enunciado da nona proposição da *Idee zu einer allgemeinen Geschichte* [Ideia de uma história universal], onde se trata, ao contrário, de justificar uma teleologia histórica à qual Voltaire jamais subscreveria. Essa teleologia, que é preciso desculpar por ser um romance, o que seria de fato senão a realização daquilo que

Leibniz havia reservado a Deus, a saber, "esse romance da vida humana, que faz a história universal do gênero humano" (LEIBNIZ, 2013, p. 240), ao passo que ele atribuía ao homem "uma espécie de história universal" destinada a simplesmente recolher todos os dados "úteis" (LEIBNIZ, 1984, IV, 16, 11, p. 384)? Sem dúvida, a *allgemeine Weltgeschichte* é, então, alguma coisa como uma teodiceia da história, e se pode muito bem dizer, nesses anos de 1780, *allgemeine Geschichte* [história geral], *Universalgeschichte* [história universal] ou *Weltgeschichte* [história do mundo], como dá testemunho a aula inaugural de Schiller em Jena, em 1789 (2018). A rigor, o tradutor poderia dizer "história geral", "história universal" ou "história mundial" (mas "história do mundo" seria menos anacrônico). Essa confluência se verifica também em português, onde o termo *allgemein* é usualmente vertido, com certa liberalidade, seja por "geral", seja por "universal". O primeiro uso se verifica, por exemplo, na tradução canônica da *Ideia de uma história universal* para o português, onde lê-se, na oitava proposição, a expressão "*aus dem allgemeinen Grunde*" como "princípio geral" (KANT, 2003, p. 17).

Entretanto, o tradutor estaria em apuros quando encontrasse *Welthistorie* [história do mundo], por exemplo, no prefácio de Ernesti à tradução alemã de *A General History of the World, from the Creation to the Present Time* [História geral do mundo, da criação até o tempo presente], sob a direção de W. Guthrie e J. Gray, publicada também ela sob o título de *Allgemeine Weltgeschichte von der Schöpfung an bis auf gegenwärtige Zeit* [História geral do mundo da criação até o tempo presente] (1765-1808, p. XII-XIII). Estaria também em apuros, e muito mais frequentemente, quando encontrasse *Universalhistorie* [história universal], ainda correntemente utilizada no início dos anos de 1770: J. C. Gatterer publica uma *Einleitung in die synchronistische Universalhistorie* [Introdução à história universal sincrônica] em 1771, ao passo que em 1785 será uma *Weltgeschichte in ihrem ganzen Umfange* [História mundial em todo o seu âmbito]; do mesmo modo, A. L. Schlözer publica, em 1772, uma *Vorstellung einer Universalhistorie* [Representação de uma história universal] e, em 1779, uma *Vorbereitung zur Weltgeschichte für Kinder* [Preparação para uma história mundial para crianças]. *Grosso modo*, é nesses anos que a *Weltgeschichte* se impõe sobre a *Universalhistorie*, e é por isso que Kant a adota espontaneamente para repensar a "história universal" de Leibniz. Mas por que essa substituição? A resposta se encontra no próprio Kant, no último parágrafo da *Idee zu einer allgemeinen Geschichte*, mas também no ano anterior, em Schlözer:

> § 1: Universalhistorie *war weiland nichts als ein* "*Gemengsel von einigen historischen* Datis, *die der Theolog zum Verständnis der Bibel, und der Philolog zur Erklärung der alten griechischen und römischen Schriftsteller und Denkmäler, nötig hatte*": *war nichts als eine Hilfswissenschaft der biblischen und Profanphilologie.* [...]
> § 2: Weltgeschichte *ist eine systematische Sammlung von Tatsätzen, vermittelst deren der gegenwärtige Zustand der Erde und des Menschengeschlechts, aus Gründen verstehen lässt* (SCHLOZER, 1785, p. 1 e 4).

[§ 1: A *Universalhistorie* não era então nada senão uma "mistura de alguns dados históricos de que o teólogo tinha necessidade para a compreensão da Bíblia, e o filólogo para a explicação dos escritores e dos monumentos antigos, gregos e romanos": ela não era senão uma ciência auxiliar da filologia bíblica e profana. [...] § 2: A *Weltgeschichte* é uma coleção sistemática de fatos por meio dos quais o estado presente da terra e do gênero humano deixa-se compreender a partir dos seus fundamentos.]

Escolher *Weltgeschichte*, no fundo, era escolher *Welt* [mundo] e *Geschichte* [história]. *Welt* para remeter a *weltlich* (mundano), e não apenas a *Welt* como universalidade. *Geschichte* para remeter a "sistemático" por oposição à *historía* grega, para contrapor um processo a um simples recenseamento erudito. A *Weltgeschichte* é o desenvolvimento do gênero humano considerado em sua totalidade passada, presente, mesmo futura – mas sempre terrena –, e ela empurra o agregado da *Universalhistorie* para a pré-história da história como um substrato metafísico. Compreende-se, portanto, que a natureza exata dessa sistematicidade entendida como *Zusammenhang* [conexão] (conexão teleológica? *A priori*? etc.) seja aquilo que definiu a disputa dos conflitos entre as filosofias alemãs da história.

BIBLIOGRAFIA

BOLINBROKE, Henry. Cartas sobre o estudo e a utilidade da história. *História da Historiografia*, Ouro Preto/MG, v. 11, n. 28, p. 319-334, set./dez. 2018. Contém trechos das três primeiras cartas.

BOLINBROKE, Henry. *Letters on the Study and Use of History*. London: Millar, 1735; Basil: Tourneisen, 1788.

BORST, Arno. Weltgeschichten im Mittelalter? *In*: KOSELLECK, R.; STEMPEL, W. (Orgs.). *Geschichte, Ereignis und Erzählung*. München: Fink, 1973.

BOULLAND, J. F. A. *Essai d'histoire universelle ou exposé comparatif des traditions de tous les peuples depuis les temps primitifs jusqu'à nos jours*. Paris: Poulin, 1836.

BRUZEN DE LA MARTINIÈRE, Antoine Augustin. *Introduction à l'histoire, générale et politique, de l'univers; où l'on voit l'origine, les révolutions et la situation présente des différents États de l'Europe, de l'Asie, de l'Afrique et de l'Amérique*. Amsterdam: [s.n.], 1721.

CONDORCET. *Esboço de um quadro histórico dos progressos do espírito humano*. Tradução de Carlos Alberto Ribeiro de Moura. Campinas: Unicamp, 2013.

CONDORCET. *Oeuvres completes*. Paris: Firmin-Didot, 1847-1849. v. 6.

D'ALEMBERT, Jean. *Ensaio sobre os elementos de filosofia*. Tradução de Beatriz Sidou e Denise Bottman. Campinas: Unicamp, 2014.

FERGUSON, Adam. *An Essay on the History of Civil Society*. Edinburgh: Edinburgh University Press, 1966.

FERGUSON, Adam. *Ensaio sobre a história da sociedade civil: instituições de filosofia moral*. Tradução de Pedro Paulo Pimenta e Eveline Campos Hauck. São Paulo: Unesp, 2020.

FERGUSON, Adam. *Essai sur l'histoire de la société civile*. Tradução de M. Bergier. Paris: Desaint, 1783. v. 1.

GATTERER, Johann Christoph. *Einleitung in die synchronistische Universalhistorie*. Göttingen: Vandenhoek, 1771.

GATTERER, Johann Christoph. *Weltgeschichte in ihrem ganzen Umfange*. Göttingen: Vandenhoek, 1785.

GUTHRIE, William; GRAY, John (Orgs.). *A General History of the World, from the Creation to the Present Time*. London: Newbery, 1764-1767.

GUTHRIE, William; GRAY, John. *Allgemeine Weltgeschichte von der Schöpfung an bis auf gegenwärtige Zeit*. Tradução de Christian Gottlob Henne. Leipzig: Weißmann, 1765-1808. v. 1.

HABERMAS, Jürgen. *Teoria e práxis*. Tradução de Rúrion Melo. São Paulo: Unesp, 2011.

HÖPFL, Harro M. From Savage to Scotsman: Conjectural History in the Scottish Enlightenment. *Journal of British Studies*, n. 17, 1978.

HUME, David. *História natural da religião*. Tradução de Jaimir Conte. São Paulo: Unesp, 2005.

KANT, Immanuel. *Ideia de uma história universal de um ponto de vista cosmopolita*. Tradução de Rodrigo Naves e Ricardo Terra. São Paulo: Martins Fontes, 2003.

KOSELLECK, Reinhart. Von der "historia universalis" zur "Weltgeschichte". *In*: KOSELLECK, R. (Org.). *Geschichtliche Grundbegriffe* [Conceitos históricos fundamentais]. Stuttgart: Klett, 1975. v. 2.

LAUDIN, Gérard. Changements de paradigme dans l'historiographie allemande: les origines de l'humanité dans les 'Histoires universelles' des années 1760-1820. *In*: GRELL, C.; DUFAYS, J. M. (Orgs.). *Pratiques et concepts de l'histoire en Europe, XVIe-XVIIIe siècles*. Paris: Presses de l'univ. Paris-Sorbonne, 1990.

LAUDIN, Gérard. La cohérence de l'histoire: aspects de la réception de Voltaire dans l'Allemagne des années 1760-1770. *In*: KÖLVING, U.; MERVAUD, C. (Orgs.). *Voltaire et ses combats*. Oxford: Voltaire Foundation, 1997.

LEIBNIZ, Gottfried Wilhelm. *Ensaios de teodiceia*. Tradução de William de Siqueira Piauí e Juliana Cecci Silva. São Paulo: Estação Liberdade, 2013.

LEIBNIZ, Gottfried Wilhelm. *Novos ensaios*. Tradução de Luiz João Baraúna. São Paulo: Abril, 1984. (Coleção Os pensadores).

MABLY, Gabriel Bonnot de. *Da maneira de se escrever a história (excertos)*. Tradução de Rodrigo Turin. [*S.l.*]: [*s.n.*], 2019. E-book.

MILLAR, John. *The Origin of the Distinction of Ranks* [1771]. Basil: Tourneisen, 1793.

MONTESQUIEU. *Do espírito das leis*. Tradução de Fernando Henrique Cardoso e Leôncio Martins Rodrigues. São Paulo: Abril Cultural, 1984.

MONTESQUIEU. *O espírito das leis*. Tradução de Cristina Murachco. São Paulo: Martins Fontes, 1996.

MONTESQUIEU. *O espírito das leis*. Tradução de Pedro Vieira Mota. São Paulo: Saraiva, 2008.

PONS, Alain. Vico et la barbarie de la réflexion. *La Pensée politique*, n. 2, juin 1994.

PUFENDORF, Samuel. *Einleitung zu der Historie der vornehmsten Reiche und Staaten, so itziger Zeit in Europa sich befinden*. Frankfurt: Knoch, 1682.

PUFENDORF, Samuel. *Introduction a l'histoire moderne, générale et politique de l'univers: où l'on voit l'origine, les révolutions & la situation présente des différents etats de l'Europe, de l'Asie, de l'Afrique & de l'Amérique*. Paris: Mérigot, Grange et al., 1753-1759. v. 8.

SCHILLER, Friedrich. O que significa e com que finalidade se estuda História Universal? Tradução de Pedro Spínola Pereira Caldas. *Cadernos de História*, Belo Horizonte, v. 19, n. 30, p. 306-321, 1º sem. 2018.

SCHLÖZER, August Ludwig. *Vorbereitung zur Weltgeschichte für Kinder*. Göttingen: Vandenhoek, 1779.

SCHLÖZER, August Ludwig. *Vorstellung einer Universalhistorie*. Göttingen; Gotha: Dieterich, 1772.

SCHLÖZER, August Ludwig. *Weltgeschichte nach ihren Haupteilen im Auszug und Zusammenhange* [História mundial segundo suas partes principais em excertos e contexto]. Göttingen, Vandenhoek, 1785.
SMITH, Adam. *Teoria dos sentimentos morais*. Tradução de Lya Luft. São Paulo: Martins Fontes, 1999.
TRUYOL Y SERRA, Antonio. The Idea of Man and World History from Seneca to Orosius and Saint Isidore de Seville. *Cahiers d'histoire mondiale*, n. 6, 1960.
VICO, Giambattista. *Ciência nova*. Tradução de Sebastião José Roque. São Paulo: Ícone, 2008. Contém trechos selecionados.
VICO, Giambattista. *Ciência nova*. Tradução de Antonio Lázaro de Almeida Prado. São Paulo: Abril Cultural, 1984. (Coleção Os pensadores). Contém trechos selecionados.
VICO, Giambattista. *Ciência nova*. Tradução de Jorge Vaz de Carvalho. Lisboa: Fundação Calouste Gulbenkian, 2005.
VICO, Giambattista. *Ciência nova*. Tradução de Marco Lucchesi. Rio de Janeiro: Record, 1999.
VICO, Giambattista. *Ciência nova*. Tradução de Vilma de Katinsly. São Paulo: Hucitec, 2005.
VOLTAIRE. *A filosofia da história*. Tradução de Eduardo Brandão. São Paulo: Martins Fontes, 2007. Contém a introdução ao *Ensaio sobre os costumes*.
VOLTAIRE. *Oeuvres completes* [Obras completas]. Paris: Garnier, 1963. v. 2.
VOLTAIRE. *Selecções*. Tradução de J. Brito Broca. Rio de Janeiro: W. M. Jackson, 1950. (Coleção Clássicos Jackson). Contém trechos do *Ensaio sobre os costumes*.

JUDICIAL REVIEW
[inglês]

Philippe Raynaud
Tradução: Paula Pimenta Velloso

➢ CIVIL RIGHTS, ESTADO DE DIREITO, FAIR, LAW, LIBERAL, POLÍTICA

A expressão judicial review *se refere em primeiro lugar ao sistema em vigor nos Estados Unidos, que permite ao poder judiciário censurar qualquer lei incompatível com a Constituição, seja ela proveniente de um dos Estados federados ou do Congresso. Pode ser traduzida como "revisão judicial de constitucionalidade", desde que não descuidemos do que distingue o chamado sistema americano daquele dos tribunais constitucionais que se desenvolveram na Europa a partir dos anos 1920 e, sobretudo, a partir do fim da Segunda Guerra Mundial: a* judicial review *americana é realizada a posteriori e em todos os níveis da pirâmide judicial, por ocasião de uma disputa decorrente da aplicação de uma lei já aprovada e em um contexto em que o direito constitucional permeia todo o ordenamento jurídico, ao passo que, no modelo europeu, o contencioso constitucional é da competência exclusiva dos tribunais constitucionais especializados que podem decidir a priori, por exemplo, na sequência de um reenvio para um tribunal por autoridades políticas (FAVOREU,* Les Cours Constitutionnelles*).*

A respeito da experiência brasileira de acolhida de institutos e instituição de common law *num sistema jurídico herdeiro da tradição de* civil law *e, especificamente, de Controle Difuso e Concentrado de Constitucionalidade e das relações entre direito e política, deve-se ressaltar o seguinte: a expressão* judicial review *é mobilizada nos EUA para designar uma atribuição político-jurídica do Poder Judiciário daquele país, a saber, a revisão de atos dos outros dois Poderes republicanos. Algo análogo, embora com muitas diferenças, ao que, no Brasil, opera-se através dos institutos que garantem ao Poder Judiciário exercer, difusa e/ou concentradamente, o controle da constitucionalidade dos atos dos demais Poderes da República. Entre as muitas distinções, está o dado de que, no primeiro caso, as atribuições do Poder Judiciário podem ser percebidas pelo público como dotadas de natureza política, uma vez que tal Poder se compõe de juízes eleitos – ainda que em procedimentos que não podem receber a designação de democráticos no sentido forte do termo. No Brasil, o acesso aos postos do Poder Judiciário por concurso público colabora para que as ações de seus operadores sejam dotadas de aparente distância em face da política. Finalmente, o termo em inglês "review", que isoladamente poderia ser traduzido como "revisão", tem carga semântica menos grave do que a adotada na versão brasileira "controle". Ambiguidades semânticas colaboram para criar distância onde há relação, ocultando o dado de que o direito é o vocabulário da política.*

Os problemas teóricos ou filosóficos colocados pela judicial review *são, no entanto, na sua maior parte, os mesmos colocados pela revisão constitucional: os da relação entre direito e política nos regimes modernos, herdeiros do Estado soberano do século XVII, e cuja legitimidade democrática pode parecer incompatível com a censura ao legislador popular pelos juízes.*

> A concepção hobbesiana de soberania (ver, por exemplo, *Diálogo entre um filósofo e um jurista* [1681] [traduzido por Maria Cristina G. Cupertino, 2011]), a crítica rousseauniana da noção de lei fundamental (*O contrato social*, Livro 1, cap. VII) e a doutrina revolucionária francesa da lei como "expressão da vontade geral" poderiam obviamente ser invocadas para apresentar essa concepção de direito como pré-moderna e antidemocrática. Portanto, vamos nos esforçar aqui para mostrar como a judicial review compõe os operadores pelos quais se desenvolve a noção de "primeira grande democracia moderna" para designar uma república que suplanta um processo libertário por uma constituição, antes que a maioria dos Estados europeus se convertesse à revisão constitucional, para, enfim, examinar o lugar que essas instituições ocupam no pensamento contemporâneo.

I. AS ORIGENS DA "JUDICIAL REVIEW"

A *judicial review* estadunidense nasceu do encontro entre a tradição política inglesa e as tarefas particulares que a jovem República nascida da independência se havia atribuído. Os norte-americanos mantiveram em sua maior parte o sistema judicial pertinente à tradição jurídica do *common law*, centrado no juiz e baseado na regra do precedente; deram-se uma constituição que, como a da Inglaterra, limita o poder por um complexo jogo de "freios e contrapesos", mas se desviaram do exemplo inglês em dois pontos essenciais: recusaram a ideia da soberania do parlamento, por considerarem que o próprio poder legislativo deve ser limitado, e, para isso, deram a si próprios uma constituição escrita, superior à legislação ordinária e cujas emendas podem ser contestadas pelo próprio Congresso (ao passo que a Declaração de Direitos britânica simplesmente estabelece os limites do poder real). Mesmo que só se afirmasse de forma gradativa, o poder da Suprema Corte e, de forma mais geral, dos tribunais surgiu dessa configuração institucional original, e foi favorecido pela estrutura federal do regime estadunidense, que exigia do regulador a resolução de eventuais conflitos entre a União e os Estados federados. Mas também deve ser notado que as primeiras justificativas para o poder do Tribunal ou da *judicial review* repousam sobre um argumento muito moderado, que exclui, ou nega, qualquer ideia de um governo de juízes. Se Hamilton, que já era hostil à ideia de um *Bill of Rights* [Declaração de Direitos], pôde defender a noção de que o judiciário pode censurar leis ordinárias que não estejam em conformidade com a constituição, foi com o argumento de que esta última é obra do povo americano e que nela o poder legislativo é apenas uma autoridade subordinada ao poder constituinte (*Le Fédéraliste*, n. 78). Da mesma forma, quando o chefe de justiça (na realidade institucional brasileira, o cargo que mais se aproxima deste é o do presidente do Tribunal) Marshall, no famoso julgamento de *Marbury v. Madison* (1803), estendeu às leis federais o poder de *judicial review*, que a constituição havia explicitamente previsto apenas para as leis dos Estados, foi baseado na lógica própria das constituições escritas, o que obviamente pressupõe que o juiz não tem outra autoridade senão a que lhe é conferida pela constituição, que é uma lei e cuja autoridade deriva "da vontade originária e suprema do povo".

II. "JUDICIAL REVIEW" [REVISÃO JUDICIAL], "JUDICIAL RESTREINT" [AUTOLIMITAÇÃO JUDICIAL], "JUDICIAL ACTIVISM" [ATIVISMO JUDICIAL] NOS ESTADOS UNIDOS

Como Tocqueville observou, a democracia estadunidense foi profundamente influenciada pelo papel dos tribunais, que, ao julgarem a constitucionalidade das leis, fizeram com que os problemas políticos sempre aparecessem também como questões de direito (*De la Démocratie en Amérique*, I, 1ª parte, cap. 6). Seria errado, porém, concluir disso que a relação entre direito e política e a extensão da *judicial review* foram fixadas de uma vez por todas pelo texto constitucional ou pela jurisprudência Marshall: a questão dos limites do poder judiciário e de seus eventuais conflitos com a democracia atravessa, pelo contrário, toda a história política americana. Do lado das autoridades políticas, podemos notar que vários presidentes de prestígio, como Jefferson, Jackson, Lincoln ou Roosevelt, defenderam, muitas vezes com sucesso, uma concepção muito restritiva do papel dos juízes, que valorizava o poder democrático das autoridades legislativa e executiva. Quanto à própria Suprema Corte, ela inicialmente desempenhou um papel acima de tudo na afirmação do poder federal contra os estados, sem realmente prejudicar os poderes do Congresso (após o julgamento de *Marbury v. Madison*, devemos observar *Dred Scott v. Decisão de Sandford*, de 1857, em que o Tribunal anula uma lei federal com consequências catastróficas, uma vez que este julgamento anulou a legislação federal sobre escravidão para satisfazer as demandas do Sul e negou aos negros americanos qualquer possibilidade de se tornarem cidadãos dos Estados Unidos). Na verdade, foi especialmente após a Guerra Civil que o Tribunal desempenhou um papel político importante na censura dos atos legislativos federais, e é, portanto, desse período que realmente data o debate recorrente entre os defensores do chamado *judicial activism* e aqueles do *judicial restraint* (autolimitação judicial). A vitória da União se refletiu em uma série de emendas que visavam à abolição da escravidão e a estender aos ex-escravos libertos o benefício dos direitos e privilégios inerentes à cidadania estadunidense. Mas a América democrática não cumpriu realmente as promessas da guerra, já que a segregação gradualmente se espalhou pelos Estados Unidos e os Estados do sul recorreram a vários dispositivos para privar os negros de seus direitos políticos. A Suprema Corte essencialmente permitiu que esse desenvolvimento ocorresse, o que sem dúvida correspondia ao consenso da América branca, ao aceitar a segregação em nome do princípio "*equal, but separate*" e ao dar uma interpretação restritiva da Declaração de Direitos (que tornou difícil utilizá-la contra os Estados). Mas o período que se seguiu à Guerra Civil é também, em outro plano, marcado por um intenso ativismo do Tribunal, dirigido principalmente contra as primeiras tentativas de legislação social: embora tenha renunciado a utilizá-lo para a defesa dos direitos dos ex-escravos, o Tribunal fez amplo uso dos princípios do devido processo legal e da igualdade de proteção das leis afirmados na 14ª Emenda, para defender a economia de mercado em nome da liberdade contratual. Essa orientação terminou durante a segunda presidência de Franklin Roosevelt, cuja reeleição em 1936 mostrou claramente que sua política social, até então condenada pela Corte, gozava de amplo apoio popular: a Corte reverteu sua jurisprudência e rapidamente renunciou à interpretação substancial da cláusula do *Due Process of Law* [devido processo legal].

O conflito entre a Corte e Roosevelt, portanto, terminou com a vitória de uma interpretação democrática clássica da constituição, baseada na primazia das autoridades políticas e da vontade popular sobre o ativismo judicial. Mas esse episódio de forma alguma acabou com o papel político do Tribunal, que mais uma vez adquiriu considerável autoridade apoiando forças em favor dos direitos civis e da igualdade racial (*Brown v. Conselho de Educação de Topeka*, 1954), promovendo a constitucionalização do direito à contracepção e da liberdade de abortar e pela defesa de uma interpretação ampla das liberdades garantidas pela Declaração de Direitos. Essa evolução levou as forças políticas a reverterem suas posições tradicionais sobre as relações entre o judiciário e as autoridades políticas: os conservadores, cuja influência na Corte é bastante forte desde sua criação, desde que passou a ser presidida pelo chefe de justiça Rehnquist (1986), passaram a denunciar o ativismo judicial em nome da democracia e a defender o *judicial restraint*, enquanto liberais (progressistas) como Ronald Dworkin redigiam uma nova doutrina dos direitos baseada na irredutibilidade dos princípios da constituição às normas jurídicas estabelecidas pelo direito positivo (DAVIS, *Justice Rehnquist and the Constitution*; DWORKIN, *Prendre les droits au sérieux*; RAYNAUD; ZOLLER, "Le Judiciaire américain..."). Os debates mais recentes mostram, no entanto, que outros caminhos são possíveis (e até necessários, do ponto de vista de quem quer impedir uma possível evolução conservadora do Tribunal); alguns, como Bruce Ackermann, destacam assim o caráter dualista do regime estadunidense, em que o fundacionalismo dos direitos seria contrabalançado pela atividade instituinte dos cidadãos (ACKERMANN, *Au nom du peuple*), enquanto outros, como Cass R. Sunstein, desenvolvem uma interpretação minimalista da *judicial review*, que mostra como é frequentemente reduzindo o escopo de suas decisões que estas últimas contribuem para a vida das democracias, favorecendo compromissos entre interesses conflitantes (SUNSTEIN, *Legal Reasoning and Political Conflict* e *One Case at a Time*).

III. AS TEORIAS CONTEMPORÂNEAS DO ESTADO DE DIREITO

Ainda que as controvérsias estadunidenses sejam muito marcadas pelas características específicas do direito dos Estados Unidos, é possível encontrar seus equivalentes no mundo europeu, e onde mais o modelo dominante de controle constitucional é o dos tribunais constitucionais. Tradicionalmente, os filósofos positivistas, que muitas vezes também são democratas, têm suspeitado bastante da revisão constitucional, mesmo na medida em que ela se baseia prontamente em princípios que não podem ser reduzidos a regras jurídicas. É de grande interesse a obra fundamental de Hans Kelsen, que foi, aliás, um dos inventores do modelo europeu de tribunais constitucionais, o qual pavimentou o caminho para uma teoria positivista da revisão constitucional, cuja ambição era identificar o âmbito da instituição por ela responsável que permitisse manter a distinção entre as formas legislativa e constitucional e que desse um conteúdo particular ao conceito de democracia (TROPER, *Pour une théorie juridique de l'État*). A análise positivista, portanto, não teria como objetivo fundamentar o valor da revisão constitucional, mas sim explicar por que, nas condições contemporâneas, a democracia exigiria mecanismos para limitar o poder da maioria e por que um "legislador negativo" (Kelsen) ou um "colegislador" (Troper) deve hoje, para ser legítimo, apresentar-se como um "juiz".

BIBLIOGRAFIA

ACKERMANN, Bruce. *Au nom du peuple: Les fondements de la démocratie américaine* [1991]. Traduit par J.-F. Spitz. Paris: Calmann-Lévy, 1998.

DAVIS, Sue. *Justice Rehnquist and the Constitution*. Princeton: Princeton University Press, 1989.

DWORKIN, Ronald. *Prendre les droits au sérieux*. [4. ed., 1984]. Traduit par M.-J. Rossignol et F. Limare; révisée par F. Michaut. Paris: PUF, "Léviathan", 1995.

FAVOREU, Louis. *Les Cours Constitutionnelles*. Paris: PUF, "Que sais-je?", 1986.

HOBBES, Thomas. *A Dialogue between a Philosopher and a Student of the Common Laws of England*. Edição e introdução: Joseph Cropsey. Chicago: University of Chicago Press, 1997.

HOBBES, Thomas. *Diálogo entre um filósofo e um jurista*. Tradução de Maria Cristina G. Cupertino. São Paulo: Martin Claret, 2011.

HOBBES, Thomas. *Dialogue entre un philosophe et un légiste des Common-Laws d'Angleterre*. Traduit par Paulette Carrive e Lucien Carrive. Paris: Vrin, 1990.

RAYNAUD, Philippe; ZOLLER Élisabeth. Le Judiciaire américain, l'interprétation et le temps. Deux points de vue. *Droits*, n. 30, p. 97-126, 1999.

ROUSSEAU, Jean Jacques. *Du Contrat Social Ou Principes du Droit Politique*. Paris: UGE, 2016.

ROUSSEAU, Jean Jacques. *O contrato social*. Tradução de Antônio de Pádua Danesi. São Paulo: Martins Fontes, 1999.

SUNSTEIN, Cass R. *Legal Reasoning and Political Conflict*. Oxford: Oxford University Press, 1996.

SUNSTEIN, Cass R. *One Case at a Time: Judicial Minimalism on the Supreme Court*. Cambridge (MA): Harvard University Press, 1999.

TROPER, Michel. *Pour une théorie juridique de l'État*. Paris: PUF, "Léviathan", 1994.

ZOLLER, Élisabeth (Ed.). *Grands Arrêts de la Cour suprême des États-Unis*. Paris: PUF, "Droit fundamental", 2000.

KONTINUITET

[*kontinuerlighed/kontinuerligt* – dinamarquês] (pt. *Continuidade, continuamente / contínuo*)

Jacques Colette

Tradução: Isabela Pinho | Revisão: Juliana de Moraes Monteiro

fr.	*continuité, continuellement / continûment*
al.	*Kontinuität, Kontinuierlichkeit/Kontinuierlich*

➤ AIÔN, DASEIN, LEIB, PLUDSELIGHED, PRESENTE

Para dar a ideia de continuidade, o léxico kierkegardiano, assim como o alemão (Nachschrift, tradução de H. M. Junghans, Düsseldorf, 1957), comporta dois termos, Kontinuitet *e* Kontinuerlighed, *traduzidos na sequência deste verbete por: continuidade* e continuidade**. Em francês, poderíamos evocar a nuance entre* continûment *(sem interrupção) e* continuellement *(que pode se repetir), que talvez possa ser reproduzida em português por, respectivamente, "continuamente" e "continuadamente". Por vezes, os dois conceitos dinamarqueses são empregados indiferentemente e, no entanto, podemos reconhecer no uso do segundo (*Kontinuerlighed*) a preocupação em acentuar a particularidade dialética da continuidade existencial, em opô-la à permanência, à estabilidade da natureza.*

A continuidade** designa o fato, para o indivíduo existente, de ser contínuo no devir em virtude de uma decisão, que tem valor de origem. Para a natureza ou para a existência banal, o tempo não é nada senão "a dialética que vem do exterior". Em contrapartida, para o indivíduo, que vive sua existência a partir de si mesmo, que é "originalmente dialético em si", o tempo opera de maneira a fazer aparecer "a metamorfose da continuidade, mais precisamente determinada como processo, sucessão, transformação contínua no decorrer dos anos" (KIERKEGAARD, *Oeuvres completes*, t. 15, p. 301-305).

A continuidade** caracteriza a coesão da vida ética conciliada com as exigências da realidade social, da vida que escapa à dissolução, à difusão (*doemrer*) nos humores, nas tonalidades afetivas momentâneas. Essa continuidade concreta, que "domina os humores (*Stemning*)" (t. 2, p. 207, ver STIMMUNG), é descrita por contraste com a continuidade abstrata do místico (t. 4, p. 217-233). A escolha ética de si engaja o "tornar-se si mesmo" como tarefa da existência em sua continuidade segundo a duração (p. 231). É a origem da "pessoa concreta na continuidade*" (t. 4, p. 236). O triunfo ético vincula-se ao "fato de ser contínuo" – continuidade** – (t. 11, p. 235); é o fato de ser, de uma só vez, esperança e lembrança (t. 4, p. 128). Com efeito, a relação infeliz com o passado e com o futuro do homem despido de presença está na contramão da positividade do movimento para trás (o arrependimento) e para a frente (o desejo), o qual caracteriza a pureza de coração daquele que deseja o Uno. "O arrependimento deve ter seu tempo" (t. 13, p. 19), que não é outro senão o retorno a um passado marcado pela ausência desse desejo. Ele trabalha a favor da coesão da vida animada pelo movimento para a frente.

Pondo de lado a continuidade* como permanência da humanidade, "a descendência como continuidade na história da espécie" (t. 7, p. 136), o recurso a essa noção aparece sobretudo quando se apresentam figuras ou conjunturas cujos traços são marcados pela ausência de continuidade. É o caso do dândi, do irônico, que não têm outra continuidade* senão o tédio. Kierkegaard se inspira aqui na negatividade irônica, da qual tratava a *Estética* de Hegel a respeito do romântico. (Ele anuncia também o *Zaratustra* de Nietzsche, "cansado dos poetas"). O irônico se liberta da continuidade* das condições reais de uma existência temporal (t. 2, p. 231); ele vive uma "eternidade sem conteúdo", felicidade sem gozo, profundidade superficial do ser ao mesmo tempo ávido e pleno (t. 2, p. 258, retomada por V. Jankélévitch em *L'Ironie*, Alcan, 1936, p. 114). Ele é carente de continuidade, sendo presa dos humores sucessivos, "que se sucedem instantaneamente uns aos outros" (t. 2, p. 257), ele está como que confusamente difuso neles. Soma-se a isso, em *A cultura alternada*, "a infinitude poética" do tédio ou do vazio, característica do "panteísmo demoníaco" (t. 3, p. 271-275), ou ainda, a infeliz eternidade do contador, esboçada em contraponto à feliz eternidade "sobre a qual repousa, no harém, uma luxuriosa beleza feminina" (p. 31) (ver PLUDSELIGHED).

A interrupção da continuidade também tem uma significação gnosiológica. É assim quando, diante das diversas formas do devir, impõem-se, não conhecimentos em continuidade uns com os outros, mas "paixões opostas". É o caso da fé e da dúvida, que são suspensas, não em relação a conclusões, mas a uma decisão (t. 7, p. 79-80). A perda da "continuidade consigo" marca a "nova criatura" que é o crente, que nasce pela segunda vez. O demoníaco e esse existente são assim duas figuras antagônicas em face à continuidade.

Paralelamente ao desenvolvimento propriamente teológico da continuidade do pecado e da eternidade (t. 16, p. 259 *et seq.*), a teoria cristã do instante é a ocasião de realizar uma crítica mal disfarçada do hegelianismo. Ela denuncia a redução a essa "simples continuidade*" operada por um pensamento que ignora o instante como "plenitude do tempo". Ela consiste em acreditar poder liberar o sentido do passado, não a partir do que realmente foi (encarnação, redenção), mas em uma relação de "simples continuidade" com o futuro; a saber, o progresso e a história conforme ao *Weltgeist*. Igualmente, acreditar poder chegar ao futuro não a partir do que será (ressurreição, juízo), mas em continuidade com o presente histórico, é desconhecer o alcance do instante instituído pelo cristianismo (t. 7, p. 190).

É no *Post-Scriptum*, a grande obra "teórica" de 1846, que se encontram os desenvolvimentos mais explícitos acerca da continuidade ou da descontinuidade, no que diz respeito ao ritmo do pensamento. Quando crê poder contar com a "solidez do contínuo", o pensamento se sente assegurado de si mesmo e, por consequência, sente-se diretamente comunicável *sub specie aeterni*. Como Sócrates, estima Kierkegaard, o existente consciente da "existência enganadora" na qual ele se ocupa com a ideia, encontra-se "isolado" (t. 10, p. 78), mantendo com ela somente uma "relação privatíssima" (t. 10, p. 79). A possibilidade da morte, que frustra os artifícios da infinitude, aumenta a suspeita acerca de toda e qualquer espécie de segurança positiva. A consciência do tempo finito freia o pensamento contínuo; ela recoloca o homem em seu devido lugar no tempo do devir (t. 11, p. 8-9). O tempo impõe sua lei e proíbe que se prolongue essa "continuidade abstrata que não o é". A paixão do pensamento se opõe à falsa continuidade do pensamento abstrato, pois ela é "a continuidade** momentânea que, de um só golpe, freia e impulsiona o movimento" (t. 10, p. 12). O tempo, que não pode não afetar o pensamento, impõe-lhe um ritmo descontínuo, suspende a continuidade imanente dos encadeamentos conceituais. É no tempo turbulento da existência singular, e não segundo a grande continuidade da história mundial, que está em jogo a relação com o Absoluto, feita de sofrimentos e atribulações. Enquanto que, na ordem ética, as tentações ou as provações atacam o existente temporal através de seus pontos fracos; as tribulações (religiosas) são como "a Nêmesis atuando sobre o instante potente da relação com o absoluto". A continuidade** se rompe quando se exprime "a própria resistência do Absoluto" (t. 10, p. 150).

BIBLIOGRAFIA

KIERKEGAARD, Søren. *Oeuvres complètes*. Traduit par P. H. Tisseau et E. M. Jacquet-Tisseau. Paris: L'Orante, 1966-1986. 20 v.

LAW/RIGHT

[inglês] (pt. *lei, direito*)
Philippe Raynaud
Tradução: Miriam C. P. Peixoto

lat.	*lex, jus*
al.	*Gesetz, Recht*
fr.	*loi, droit*

➤ LEX, CIVIL RIGHTS, ESTADO DE DIREITO, FAIR, JUDICIAL REVIEW, LIBERAL, POLÍTICA, RIGHT, STANDARD, THEMIS

A maior parte das noções jurídicas utilizadas na filosofia política moderna provém de uma transcrição, nas línguas vernáculas, de termos vindos do direito romano e de sua recepção na Europa medieval. Essa transmissão das noções romanas se fez acompanhar de uma inflexão importante de sua significação, mas fato é que, na Europa continental, as convenções de tradução são bastante estáveis para que termos fundamentais como lex e jus encontrem por todo lado equivalentes, e que seja constante a distinção entre a lei e o direito. Ora, a situação é fundamentalmente diferente na língua inglesa, na qual ou com relação à qual se põem problemas de tradução de uma dificuldade constante, tanto quanto ao vocabulário filosófico quanto aos textos jurídicos. Esquematicamente, o problema se apresenta sob a forma de uma dupla anfibologia. O inglês distingue entre law *e* right, *que correspondem, cada um deles, a alguns dos aspectos do que se chama alhures "lei" (Gesetz, loi) ou "direito" (Recht, droit), mas a extensão dos conceitos não é a mesma:* law *tem uma extensão maior que "lei", e, mesmo se* right *recorta em parte a polissemia de jus ou de "direito", o uso do termo* right, *no singular ou no plural, remete cada vez com mais frequência a essa parte restrita do direito que são os direitos subjetivos (liberdade, propriedade, etc.), ligados a sujeitos individuais ou coletivos.*

I. AS PARTICULARIDADES DO DIREITO POLÍTICO INGLÊS

A. O vocabulário jurídico inglês

Na tradição continental europeia, a lei é ao mesmo tempo uma regra e um mandamento editado por uma autoridade habilitada a estabelecê-la; mais especialmente, a lei designa um certo tipo de norma, estabelecida por um poder específico (poder legislativo) e reputada superior à das outras fontes do direito (regra, jurisprudência, etc.), em virtude de critérios que podem ser materiais ou formais. Neste contexto, o problema fundamental é de saber o que é que funda a autoridade superior da lei, e que pode provir de seus caracteres intrínsecos (racionalidade, generalidade, publicidade, etc.) ou da identidade de seu autor (o soberano). E a história da lei se confunde com aquelas, paralelas, do racionalismo político moderno e da soberania do Estado. A tendência dominante hoje, particularmente nítida na França, consiste em relativizar o culto da lei, sob o tríplice efeito do enfraquecimento do poder legislativo, da proliferação dos textos legislativos e, sobretudo, da aceitação progressiva do "controle de constitucionalidade das leis" (é assim que, para o Conselho constitucional francês, a "lei, expressão da vontade geral", só o é quando ela se coloca em acordo com a Constituição, tal como a interpreta o Conselho). Devemos entretanto observar que, em si mesma, essa evolução não basta para perturbar a lógica das categorias jurídico-filosóficas: ela tende simplesmente a transferir a um certo tipo de lei (a Constituição), editada por um poder legislativo específico (o poder ou o legislador "constituinte"), os caracteres atribuídos precedentemente à lei como "expressão da vontade geral", reconduzindo assim, aliás, todas as dificuldades relacionadas à doutrina moderna da soberania (BEAUD, *La Puissance de l'État*). Por outro lado, a extensão do conceito de lei se encontra de imediato limitada por seu jogo com o conceito de direito, que designa ao mesmo tempo a ordem jurídica em seu conjunto e o direito de um sujeito, susceptível de ser defendido em uma causa; assim, qualquer que seja sua posição na hierarquia das normas, a lei não passa de uma fonte do direito. Na tradição inglesa, ao contrário, o termo *Law* designa a ordem jurídica em seu conjunto (o direito, pois), mas conserva também algumas das principais conotações que se associam à lei; inversamente, se *Right* pode por vezes também ser tomado no sentido geral (isso não acontece senão porque o adjetivo *right* significa "justo"), este tem no mais das vezes, empregado no plural ou no singular, uma extensão muito mais reduzida, que tende a se confundir com os direitos "subjetivos" (DWORKIN, *Law's Empire* e *Taking Rights Seriously*).

Essas dificuldades são bem conhecidas e elas engendraram convenções que em sua maior parte são fáceis de compreender e de aplicar. Uma "filosofia do direito" ou uma *Rechtsphilosophie* será *Philosophy of Law*, mesmo se ela se recusa a fazer da lei (ordinária ou mesmo constitucional) a primeira fonte do direito (mas ocorre, entretanto, que a *Rechtsphilosophie* de Hegel seja traduzida por *Philosophy of Right*, por preocupação com a fidelidade ao alemão). A lei posta por um legislador habilitado a estatuir será *Statute Law* (o que já conduz a algumas peculiaridades: para explicar o sentido original do art. 6 da Declaração dos Direitos do Homem e do Cidadão de 1789, seria preciso dizer, por exemplo, que, na *French Law*, o *Statute Law* é a expressão da vontade geral...). *Statute Law* tem, no entanto, o defeito de sugerir uma distinção muito nítida entre um poder legislativo e outras autoridades, que não é sempre pertinente, seja porque se refere a períodos em que uma tal distinção não tinha a importância que ela tem entre os modernos, seja porque o próprio raciocínio filosófico-jurídico leva a pô-la entre parênteses. Decorre disso um artifício corrente e antigo, que consiste em jogar com o plural, que remete quase sempre à dimensão legislativa, ou nomotética de *Law*: "*the Laws*" será uma tradução possível de "a lei", de *lex* ou de *nómos*, e o título *De legibus* [*Tratado das leis*] de Cícero, assim como *Nómoi* [*As leis*] de Platão, não apresentam nenhum problema particular para a tradução.

Essas convenções são cômodas, mas elas não resolvem todas as dificuldades. Para as noções antigas, é infeliz ter de traduzir pelo mesmo termo *Law* a *lex naturae* de Cícero e o *jus gentium* do direito romano. No contexto moderno, a dualidade de sentido de *Law* não deixa de pôr alguns problemas, como o mostra, por exemplo, a leitura do *Second Treatise of Civil Government* de Locke. O estado de natureza não é para Locke um estado de não direito, porque os homens se encontram aí submetidos à *Law of Nature* (§6), expressão que pode ser traduzida ao mesmo tempo por "direito natural" (na trad. brasileira de M. Lopes e M. L. da Costa; assim como "*droit naturel*", na trad. francesa de B. Gilson) e por "lei natural"; o governo civil, ao contrário, permite somente o nascimento de um *legislative power* (poder legislativo), que permite ao *Commonwealth* ser governado por uma "*establish'd, settled, known, Law*" (§124: "uma lei estabelecida, fixada, conhecida"). A função da lei positiva (*Statute Law, establish'd Law*) será então de dar ao direito natural (*Natural Law*) uma publicidade suficiente para que ela adquira uma força obrigatória da qual a ignorância ou a parcialidade a privam no estado de natureza. Mas a lei positiva não poderá ela mesma ter autoridade legítima a não ser que seja conforme à *Natural Law*, instituída por Deus, que se impõe, pois, ao legislador humano como um mandamento superior (os tradutores e os autores ingleses se deparam com dificuldades simétricas quando, por exemplo, eles devem distinguir entre *lex naturae* e *jus naturae*, o que os leva por vezes a utilizar *Right* como tradução de *jus* para melhor fazer de *Law* o equivalente de *lex*). Em última análise, esses problemas se encontram a cada etapa em toda tradução em inglês ou do inglês: a "história do direito" será *legal history* e os *lawyers* do cinema americano são, ao mesmo tempo, juristas e homens de lei, ao mesmo tempo que são muito diferentes dos "legistas", conselheiros do rei francês Filipe, o Belo, que, versados no direito romano, contribuíram para a transição do regime feudal ao da monarquia absolutista.

Há, pois, quando passamos do latim ou das línguas modernas continentais europeias ao inglês, dificuldades particulares provenientes de uma instituição particular do direito e que perduram ainda hoje, como o sabem todos os juristas que um dia tentaram traduzir em inglês uma noção como o *Rechtsstaat* alemão (que o francês "*État de droit*" e o português "Estado de direito" traduzem perfeitamente) ou a buscar um equivalente do *Rule of Law* inglês. Para esclarecer essas dificuldades, partiremos aqui de uma análise genealógica da particularidade da via inglesa, para examinar, em seguida, a maneira como os primeiros filósofos modernos retomaram ou, ao contrário, subverteram essa tradição, e enfim as transformações ulteriores da filosofia do direito de língua inglesa.

B. O espírito do direito inglês

A história inglesa se inscreve naquela da Europa Ocidental marcada pelo desenvolvimento do Estado moderno, que permitiu que se submetesse o poder político (real) a um processo de racionalização do direito. Na Inglaterra como na França, esse processo conduziu, por um lado, a institucionalizar o poder real distinguindo-o da dominação, patrimonial ou imperial, e, por outro lado, a aumentar a previsibilidade do direito privilegiando um direito comum ao reino. No quadro geral, a particularidade inglesa se apresenta da seguinte maneira: os tribunais do reino (principalmente a *Royal Court*) desempenharam um papel maior na unificação do direito inglês, produzindo um direito, ao mesmo tempo, dos costumes e da jurisprudência, que fornecia ao poder real o quadro centralizado do qual ele necessitava para governar, sem com isso fazer da lei positiva editada pelo rei a fonte primeira do direito. Paralelamente, a história da liberdade inglesa é também a da conquista, pelos "barões", e depois pelo conjunto dos súditos britânicos, de direitos (*rights*) que podem ser postos em oposição à autoridade real, que formam a substância das diferentes declarações inglesas, da Carta Magna (1215) ao Bill of Rights [Declaração de Direitos] (1689). O sistema conceitual do direito inglês, cujos usos linguísticos reproduzem as articulações fundamentais, aparece de imediato como uma formalização desta experiência histórica singular, de acordo com uma lógica ao mesmo tempo muito antiga e extremamente durável. F. W. Maitland notou a este propósito que, entre os grandes juristas ingleses dos séculos XII e XIII, como Glanvill ou Bracton, o uso dos termos romanos é ele mesmo um tanto quanto incerto e que não diferenciamos claramente *jus* e *lex* (POLLOCK; MAITLAND, *The History of English Law*, I, p. 175). Os dois sentidos de *Law* remetem à dualidade do *Common Law* dos tribunais e ao *Statute Law* posto pelo soberano. Os *Rights* são direitos que podem ser contrapostos ao poder político por súditos sobre os quais aquele exerce, todavia, uma autoridade legítima. *Law* remete assim a duas concepções concorrentes da formação das normas, da qual a Constituição inglesa assegura a colaboração por um milagre constantemente renovado. O *Common Law* não se apresenta inicialmente como um *Judge-made Law* [direito feito pelo juiz], porque supõe-se que seja simplesmente "descoberto" pelo juiz, que é neste sentido a "boca da lei". É nisso que ele se distingue do *Statute Law*, que é "feito" (*made*) por uma autoridade que se funda sobre suas próprias vistas, sobre a justiça ou sobre o bem comum, e que não precisa de outro título além de sua legitimidade política. O *Common Law* se dá, pois, por uma formalização dos costumes, da qual a antiguidade é uma garantia de seu caráter venerável, e ela favorece assim a continuidade, uma vez que a primeira regra de construção é aquela do "precedente" (*stare decisis*).

O *Common Law* é, assim, um elemento fundamental da Antiga Constituição, que se supõe reger os ingleses desde tempos imemoriáveis (e cujo prestígio permitirá mais tarde à Revolução de 1688 apresentar-se como uma restauração). O prodígio da história inglesa é ter fundado sobre essa legitimidade tradicional sua própria via rumo à racionalização do direito: a centralização das decisões judiciárias permitiu a emergência de uma ordem homogênea a partir dos diferentes costumes, e o próprio precedente favoreceu a segurança jurídica e a previsibilidade das decisões, que constitui a base do desenvolvimento da sociedade moderna. A autoridade do precedente não é de resto absoluta; como o notará o grande jurista W. Blackstone, "a doutrina do direito (*Law*) é a seguinte: os precedentes e as regras devem ser seguidos a menos que eles sejam claramente absurdos ou injustos", o que significa, de um lado, que os julgamentos não devem depender da opinião dos juízes, mas das leis e costumes do país (BLACKSTONE, *Commentaries on the Laws of England*, I, p. 69), e também que, do outro, o juiz pode e deve afastar "as decisões contrárias à razão (absurdas) ou à lei divina (injustas)" (TUNC, "Coutume et Common Law", p. 57).

O efeito maior desse tipo de elaboração do direito, do ponto de vista da filosofia política, é de ter feito obstáculo à plena afirmação da doutrina da soberania que caracteriza, ao contrário, o desenvolvimento político francês; onde os teóricos franceses da monarquia como Bodin tendiam a fazer do soberano a fonte última, senão única, do direito, os ingleses fundaram a autoridade do poder político sobre um "direito comum" original, ao mesmo tempo que deram à sua comunidade política os meios de um "progresso" do direito rumo à modernidade. Esse dispositivo original explica as diferenças políticas entre a Inglaterra – onde a coroa não pode aparecer como o vetor do progresso, e onde a Revolução de 1688 confirmou o poder dos tribunais – e a França, onde a ação dos parlamentos por longo tempo descreditou a ideia de poder judiciário (DICEY, *Introduction to the Study of the Law of the Constitution*, p. 242-244). Houve também importantes consequências filosóficas: ele limitou o desenvolvimento do racionalismo legislativo moderno fundado na ideia de uma afinidade natural entre a razão e a "lei" feita pelo soberano, que devia, ao contrário, florescer plenamente na cultura do iluminismo francês.

Mas é preciso acrescentar que o primado do *Common Law* não é senão uma das faces da Constituição inglesa: mesmo fundando-se sobre a tradição do *Common Law*, esta supõe também "a soberania do Parlamento" (ou do *King in Parliament*). Ora, essa soberania deve ser entendida no sentido mais forte: a soberania do Parlamento é absoluta, no sentido de que nenhuma regra de direito pode estar oposta a um *Act* ou a um *Statute* do parlamento inglês, se esse foi adotado dentro de formas válidas (cf., por exemplo, BLACKSTONE, *Commentaries on the Laws of England*, I, p. 156-157, e DICEY, *Introduction...*, p. 4-11). E ela se impõe principalmente nos tribunais, para os quais um *Statute* tem o poder de revogar as regras do *Common Law* (BLACKSTONE, *op. cit.*, p. 89), sob certas condições formais. Paralelamente, os *rights* são essencialmente direitos subjetivos, que podem ter aparecido no costume antes de serem integrados ao *Common Law* ou reconhecidos por um *Statute*, mas que são enquanto tais passíveis de serem postos em oposição à autoridade política.

Esse paradoxo do direito público inglês vem da ausência de Constituição escrita. Ele provém originariamente do primado das disposições costumeiras ou semicostumeiras da Antiga Constituição (da qual o espírito é neste ponto aquele do *Common Law*), mas ele se traduz também pela afirmação da plena soberania do Parlamento, contrapartida natural da flexibilidade da Constituição. As dificuldades são de resto amplificadas pelo fato de que o "constitucionalismo" moderno (que implica a subordinação da lei ordinária à Constituição, através de um controle jurisdicional da constitucionalidade das leis) se desenvolveu a partir da experiência americana, no universo jurídico dominado por conceitos ingleses. Em todo caso, fato é que um estudo do desenvolvimento da filosofia do direito de língua inglesa mostraria a permanência da oposição entre duas linhagens, cuja dualidade exprime a ambivalência da tradição inglesa. A via, dominante, que vai de

Edward Coke a um autor como Ronald Dworkin, poderia ser vista como uma idealização progressiva da experiência do *Common Law*; mas o próprio fato de que o direito se oferece como *Law*, combinado com a lógica própria da concepção moderna da soberania, explica também a permanência de uma corrente positivista, que tende sempre a subverter o vocabulário inglês: é a que se afirma em Hobbes e Bentham, e que subsiste em Austin e Hart. Mas é preciso, também, acrescentar que essas duas tradições não deixaram de se comunicar uma com a outra, principalmente através da afirmação da concepção liberal da liberdade como ausência de constrangimento, concepção amplamente adotada pelos proponentes da corrente oriunda da experiência do *Common Law*, mas da qual alguns elementos provêm de Hobbes. Para compreender esse desenvolvimento explicitando simultaneamente a permanência dos intraduzíveis que o direito inglês transmitiu à filosofia, o melhor é, pois, partir do *Common Law* e dos debates que suscitou no pensamento político inglês.

C. "Common Law"

Tomada em sentido estrito, a expressão *Common Law* designa o primeiro dos três principais ramos tradicionais do direito inglês, cujos complementos são a *Equity* e o *Statute Law*. *Common Law* significa aqui que se trata de um direito comum às diferentes regiões do reino, direito que, diante dos tribunais, deve sempre se sobrepor aos usos ou costumes singulares e que, indissoluvelmente, funda a autoridade do rei sobre todos os seus súditos ao mesmo tempo que oferece a estes últimos as vantagens de uma justiça única. O *Common Law* (ou a *Common Law* – no feminino, se alguém prefere pôr o acento sobre sua legalidade mais que sobre seu caráter jurídico) é primeiramente um direito costumeiro, não escrito (*lex non scripta*, diz W. Blackstone), cuja autoridade está ligada a seu caráter imemorial. É também um direito científico, cujas regras fundamentais excluem toda modificação arbitrária e cujo conhecimento se adquire por meio de um longo e paciente estudo dos precedentes. Mas o *Common Law* não é somente um "sistema jurídico" original: ele se apresenta também como o fundamento do regime político inglês, na medida em que é a partir dele que se podem compreender as atribuições das diferentes instituições políticas.

Se o prestígio do *Common Law* fez dele o fundamento do que se poderia chamar o idioma político inglês, é antes de tudo porque ele permitiu por muito tempo resolver de maneira original os principais problemas que a Inglaterra encontrou. É graças a seu direito que este país de história agitada pode ver-se como o fruto de uma história contínua e harmoniosa, ao mesmo tempo profundamente diferente daquelas das outras monarquias europeias e, para concluir, chamada a dar lições de liberdade às outras nações civilizadas. Em uma obra que se tornou clássica, J. G. A. Pocock mostrou que o *Common Law* constituiu o modelo a partir do qual os ingleses elaboraram a doutrina da Ancient Constitution, que, no século XVII, servia de referência aos adversários dos Stuarts e contribuía, assim, para a vitória de uma interpretação liberal do regime inglês (POCOCK, *The*

Ancient Constitution and the Feudal Law). Insistindo na continuidade do *Common Law* antes e depois da conquista normanda, minimizavam-se os efeitos desse acontecimento ao mesmo tempo que eram limitados os direitos da força. Fazendo do *Common Law* o coração do direito inglês, excluía-se, junto com o direito civil romano, a autoridade do Império, e ao mesmo tempo exibiam-se as diferenças entre a monarquia inglesa ("regime misto") e o absolutismo francês. Essas ideias deviam florescer por ocasião do período revolucionário, durante o qual os adversários dos Stuarts invocavam voluntariamente a permanência do direito inglês e o caráter imemorial da Antiga Constituição para recusar a ideia segundo a qual o poder real seria a fonte principal do direito ou que ele poderia modificá-la ao seu bel prazer.

As teses fundamentais dos apologistas do *Common Law* repousam elas mesmas sobre um fundo muito antigo. Elas já se encontram presentes, por exemplo, na obra de John Fortescue que, no séc. XV, distingue claramente a monarquia absoluta à moda francesa e a monarquia "limitada" inglesa, em que a prerrogativa real é limitada pelos tribunais, em cuja primeira posição se encontra o Parlamento, considerado primeiramente como um tribunal de justiça. Mas é sobretudo no séc. XVII que a doutrina clássica do *Common Law* vai se desenvolver, em torno principalmente das teses de Edward Coke, o rival de sir Francis Bacon e de Matthew Hale (1609-1676).

1. Edward Coke (1552-1664)

Edward Coke foi ao mesmo tempo um juiz, um parlamentar e um teórico do direito. Diversas vezes membro da Câmara dos Comuns, da qual ele foi o *speaker* no período de 1592-1593, ele foi também *attorney general* (procurador-geral do governo) no período de 1593-1594, depois juiz superior de apelações comuns (1606) e juiz superior da bancada do rei (1613). Como parlamentar, ele se opôs às tendências absolutistas de Jaime I (o que implicou o seu encarceramento em 1621), e foi neste quadro que ele foi o redator, em 1628, da *Petition of Right*, que é uma das bases das "liberdades inglesas".

Coke é geralmente considerado como o maior representante da tradição do *Common Law*, de que ele ofereceu uma interpretação que se situa a meio-caminho entre as doutrinas tradicionais da limitação do poder e o liberalismo moderno. Na concepção do direito que defende Coke, a autoridade e o saber do juiz são simultaneamente minimizados e ampliados. De um lado, com efeito, o juiz não é o legislador e ele não "faz" o direito: *judex est lex loquens*, sua função é de "dizer o direito" (*jus dicere*); nesse sentido, mesmo se a identidade do legislador é aqui problemática, o *Common Law* é uma lei, que se impõe aos juízes dos quais ela funda a autoridade e que exprime uma racionalidade superior. De um outro lado, esta lei e a razão que a anima não nos são conhecidas a não ser através da sucessão das gerações, e esse saber reclama uma "razão artificial", fundada na experiência acumulada e não somente no raciocínio. O direito é, pois, um saber especializado, que não se confunde com a "razão natural"

> (*nemo nascitur artifex*), e os juízes são os seus detentores privilegiados: é por isso que cabe a eles, e unicamente a eles, fazer com que apareça o sentido sempre idêntico e sempre novo que adquire o *Common Law* ao longo dos tempos.

A concepção clássica do *Common Law* implica uma certa interpretação da Constituição inglesa, segundo a qual o conjunto das instituições políticas ou judiciárias deve ser submetido ao direito (ou à lei), isto é, à ordem do *Common Law*, tal como a interpretam os juízes dos principais tribunais. Ora, na época mesma de Coke, esta ortodoxia já enfrentava diversas objeções, provenientes da prática política ou judiciária, ou ainda das novas doutrinas políticas. Primeiramente, com efeito, existem nas instituições inglesas elementos que parecem contradizer a visão de Coke: o tribunal da Chancelaria pode temperar o *Common Law* pela *Equity*; o Parlamento pode transformá-lo radicalmente por *Statutes* que substituem o direito anterior, e a prerrogativa real parece dar ao monarca uma certa independência perante os próprios *Statutes*. Mais geralmente, as concepções tradicionais inglesas são igualmente confrontadas com o desenvolvimento contemporâneo da doutrina da soberania, familiar aos juristas franceses a partir de Bodin, mas que não deixa de ter seus ecos na própria Inglaterra (onde ela será reivindicada pelos partidários do fortalecimento do poder real, mas também por alguns defensores do Parlamento). Sobre este último ponto, Coke, que é também um agente político, tende a recusar a lógica da soberania, incompatível tanto com a lógica do direito (*Law*) inglês quanto com os direitos (*rights*) adquiridos pelos ingleses a partir da Carta Magna. Quanto à *Equity* e aos *Statutes*, ele os apresenta como complementos do *Common Law*, descobertos por autoridades constituídas pelo próprio *Common Law*. Neste contexto, o próprio Parlamento aparece como uma jurisdição específica, constituída pelo rei, pela Câmara dos lordes e pelos comuns, cujo caráter supremo autoriza a modificar o direito, estabelecendo *Statutes* novos, revogando os *Statutes* anteriores e mesmo modificando o conteúdo do *Common Law*. Afirmando, com efeito, a superioridade do Parlamento sobre o rei (esse não é plenamente legítimo senão como *King in Parliament*), Coke consegue, pois, conciliar o primado do Parlamento com o reino do direito (*Rule of Law*) e com sua própria concepção antivoluntarista da produção do direito. De um lado, o Parlamento tem o privilégio de "poder revogar, suspender, qualificar, explicar ou anular o que fizeram os [parlamentos] anteriores, mesmo quando aqueles teriam proibido, restringido ou penalizado um tal poder, pois é uma máxima do direito parlamentar: *quod leges posteriores priores contrarias abrogat*" e este poder é "tão transcendente e tão absoluto que ele não pode ser limitado, seja com relação a causas ou a pessoas" (*Institutes*, 4). De outro lado, o Parlamento não faz nada mais aqui senão se comportar como um juiz, que evoca os antigos *Statutes* "ao direito, a este direito universal que os ingleses reivindicaram como sua herança" (*loc. cit.*) (ver também LESSAY, "Common Law", p. 94; e GOUGH, *L'idée de loi fondamentale dans l'histoire constitutionnelle anglaise*, p. 50-52).

2 "Equity"

I. * Themis

No direito inglês, *Equity* ("equidade") designa uma das três fontes fundamentais do direito (com o *Common Law* e o *Statute Law*): o Tribunal da Chancelaria pode julgar "em equidade" e proteger assim os direitos desconhecidos dos tribunais ordinários (que devem seguir com todo rigor o *Common Law*). O termo inglês *equity* designa por vezes a noção filosófica clássica (a *epieíkeia* [ἐπιείκεια] de Aristóteles), por vezes um direito particular, produzido originalmente por uma jurisdição distinta. No *Diálogo entre um filósofo e um jurista*, Hobbes joga habilmente com os dois sentidos da palavra para sugerir a superioridade da justiça real (que é sem apelo porque diretamente inspirada pela razão natural) sobre aquela dos juízes ordinários, cuja ação deve poder ser temperada por aquela dos tribunais de "*equity*".

BIBLIOGRAFIA
RAYNAUD, Philippe, "L'équité dans la philosophie politique", *in* LAMBERT, T. *et al. Égalité et Équité: antagonisme ou complémentarité?* Economica, 1999.

D. As consequências filosóficas da doutrina do "Common Law"

Para além da Constituição inglesa, a doutrina do *Common Law* implica algo como uma teoria geral ou uma filosofia do direito, que se opõe antecipadamente às teorias *positivistas* (as quais só reconhecem como direito o "direito positivo", estabelecido pelo soberano ou por uma autoridade habilitada por este), sem ter, no entanto, a rigidez da maior parte das teorias do "direito natural", em virtude de seu enraizamento em uma tradição jurídica que valoriza o papel do tempo e da história na descoberta do direito.

Como observou um historiador contemporâneo (POSTEMA, *Bentham and the Common Law Tradition*, p. 6-7), a autoridade do precedente e do costume não implica necessariamente que se possa rastrear todo o *Common Law* desde a mais alta antiguidade. O mais importante é que se possa afirmar uma continuidade entre o passado e o presente. O uso e o costume impuseram regras mostrando que estas eram ao mesmo tempo aceitáveis porque elas estavam de acordo com o espírito público e razoáveis porque conformes à razão comum.

Essa afirmação conjunta da continuidade histórica e da "razoabilidade" (*reasonableness*) não é isenta de alguma ambiguidade. É possível, com Coke, tirar dela uma concepção particularista da razão jurídica, que insiste na coerência interna da jurisprudência construída pacientemente através dos "casos" resolvidos pelos juízes, ou pelo direito "dito" pelos juízes. Como se verá, esse aspecto da teoria (que é evidentemente ligado ao "corporativismo" judiciário de Coke e à sua defesa da "razão artificial" do juiz) é o alvo privilegiado das grandes críticas modernas ao *Common Law* desde Hobbes; e é sem dúvida por isso que os autores ulteriores insistem, ao contrário, no acordo entre o *Common Law* e a razão natural para mostrar que o *Common Law* inclui em si mesmo um certo número de princípios gerais que não somente são conformes ao costume, mas também traduzem exigências racionais ligadas à própria natureza do direito. Essas duas concepções da razão atuando no direito têm em comum o fato de se oporem por antecipação às teses positivistas que colocam no primeiro plano, na criação do direito, a lei positiva viva, estabelecida por um legislador e não descoberta por um juiz. É por isso que, quaisquer que sejam suas ambiguidades, a tradição do *Common Law* aparece como um adversário privilegiado do positivismo jurídico, e que os críticos dessa corrente são com frequência, ainda hoje, levados a reproduzir ou a reencontrar formas de raciocínio típicas do *Common Law*.

Inversamente, a teoria tradicional da Constituição inglesa oferece ela própria uma base para uma interpretação positivista, através da ideia da supremacia do Parlamento – ou do *King in Parliament*. O argumento de Coke, que explica o poder que tem o Parlamento de mudar o direito por meio de seus *Statutes* e de modificar indefinidamente esses últimos como provenientes da autoridade que é a sua no sistema do *Common Law*, pode, com efeito, ser bem facilmente revertido: se existe uma autoridade suficientemente poderosa e legítima para modificar as regras do direito inglês, é difícil não pensar que essa autoridade é soberana e que suas decisões são presumidas como mais racionais do que aquelas que proferem os juízes comuns, inspirando-se em sua "razão artificial". Além do mais, se a Chancelaria julgando a equidade tem o poder de corrigir as regras do *Common Law* e se o rei não está inteiramente submetido aos *Statutes*, parece claro que a ordem jurídica apresenta lacunas que os juízes comuns não são os únicos a poder preencher. É isso que permite o desenvolvimento, em autores com intenções diversas, de críticas ao *Common Law*, as quais, apoiando-se na prerrogativa real ou na soberania do Parlamento, ou, ainda mais profundamente, na ideia de que um soberano qualquer é necessário para que haja direito, chegaram a uma refundação global da doutrina do direito. Não faria sentido aqui, evidentemente, um exame sistemático dessas discussões. Remetendo aos estudos já evocados a esse respeito de F. Lessay, de G. J. Postema e de J. G. A. Pocock, nos esforçaremos simplesmente por mostrar brevemente sua influência no desenvolvimento da filosofia política inglesa e na filosofia do direito contemporânea, onde o próprio vocabulário faz eco a esses debates fundadores.

II. "LAW" E "RIGHT" SEGUNDO HOBBES: O POSITIVISMO LEGALISTA CONTRA O "COMMON LAW"

A. O debate fundador

O capítulo 14 do *Leviatã* (1651) se abre com a distinção entre o direito de natureza (*Right of Nature, jus naturale*) e a lei de natureza (*Law of Nature, Lex naturalis*): enquanto o direito de natureza "é a liberdade que cada homem possui de usar seu próprio poder, da maneira que quiser, para a preservação de sua própria natureza", uma lei de natureza "é um preceito ou regra geral, estabelecido pela razão, mediante o qual se proíbe a um homem fazer tudo o que possa destruir a sua vida ou privá-lo dos meios necessários para a preservar, ou omitir aquilo que pense melhor contribuir para a preservar" (*Leviatã*, 2003, p. 112, trad. bras. de J. P. Monteiro e M. B. N. da Silva). O objeto dessa distinção é de mostrar por que os homens são necessariamente levados a se dissociar do direito (*Right*) que eles têm naturalmente sobre toda coisa em sua condição natural, sem no entanto ter que contradizer sua natureza: quando eles renunciam (*lay down*) a seus direitos, eles não cessam de buscar a preservação da natureza e de sua vida; entretanto, a consideração das leis da natureza que nos indicam como nos preservar se traduz bem com uma mudança radical, uma vez que ela marca a passagem da liberdade à obrigação e à obediência.

Hobbes tem consciência de ser um inovador quando distingue o direito e a lei de maneira tão nítida como na passagem seguinte:

> Porque, embora os que têm tratado deste assunto costumem confundir *Jus* e *Lex*, o direito [*right*] e a lei [*law*], é necessário distingui-los um do outro. Pois o DIREITO [*right*] consiste na liberdade [*liberty*] de fazer ou de omitir, ao passo que a LEI [*law*] determina ou obriga a uma dessas duas coisas. De modo que a lei [*law*] e o direito [*right*] se distinguem tanto como a obrigação [*bindeth* = "lie"] e a liberdade, as quais são incompatíveis quando se referem à mesma questão (*Leviatã*, [64]; trad. bras. J. P. Monteiro e M. B. N. da Silva, p. 112).

Como foi frequentemente notado, essa transformação das relações entre o direito e a lei situa Hobbes na exata interseção das duas correntes fundamentais da política moderna que são, de um lado, o liberalismo e, do outro, o absolutismo expresso pela teoria da soberania. Hobbes é um dos pais do liberalismo porque ele dá a prioridade aos direitos subjetivos e à liberdade, pensada como ausência de limitação, em sua análise da constituição do vínculo político, o que o opõe ao mesmo tempo à tradição clássica e ao republicanismo moderno. Mas ele é também um dos pensadores do Estado absoluto, porque ele pretende mostrar que os indivíduos não podem alcançar seu objetivo primeiro (a preservação de sua vida) senão transferindo a quase totalidade de seus direitos ao soberano, contra o qual nenhuma resistência é lícita fora da fuga ou do exílio. Além do mais, esses dois aspectos do pensamento de Hobbes estão ligados, pois o poder absoluto de que dispõem o soberano e suas leis vai par a par com uma transformação do estatuto da lei, que não tem mais por função guiar os homens rumo à virtude ou rumo à vida boa, mas, mais modestamente, criar as condições nas quais os sujeitos persigam seus próprios fins para alcançar uma felicidade essencialmente privada e, sem dúvida, terrestre: o Estado absolutista tem por função criar as condições do que Benjamin Constant chamará mais tarde a "liberdade dos modernos". Além da defesa da autoridade do Estado contra as sedições e as perturbações das quais a primeira revolução inglesa deu o exemplo, a obra de Hobbes visa assim a uma transformação completa da política, que passa por uma mudança profunda do estatuto da filosofia política e por uma subversão radical da tradição do *Common Law*.

O projeto explícito de Hobbes é sem dúvida o de mostrar a prioridade do soberano e da lei na definição do direito, o que não acontece sem uma certa desvalorização do papel do juiz em proveito do legislador (P. Raynaud, verbete "Juge"), mas ele próprio se inscreve em uma promoção não menos notável do lugar do direito na filosofia política. Mais do que qualquer outra, efetivamente, a filosofia política do autor do *Leviatã* é antes de tudo uma filosofia do direito porque ela põe no primeiro plano a necessidade de um terceiro imparcial e estranho às querelas dos homens para instituir um liame jurídico entre eles, graças à sua capacidade de impor decisões sem contestação. Nesse sentido, o soberano, que determina a competência das outras instâncias, é de certa forma um juiz supremo cuja função é primeiramente fazer reinar o direito: a *law* é sempre simultaneamente "lei" e "direito" e as autoridades superiores são indissoluvelmente "jurisdicionais" e "legisladoras" (como o eram o Parlamento ou o *King in Parliament* na tradição inglesa). É o que mostra o jogo contínuo entre *jus* e *lex* ao qual se entrega Hobbes e do qual temos um exemplo admirável no capítulo 24 do *Leviatã*, que trata "Da nutrição e procriação de uma república", isto é, da produção e da distribuição das matérias-primas assim como do estatuto das colônias criadas por uma república em países estrangeiros. Hobbes defende aí a tese segundo a qual o direito e sua garantia dependem da proteção e da autorização prévias do soberano e, em apoio à sua teoria, ele invoca a autoridade de Cícero que, apesar de conhecido como um "defensor apaixonado da liberdade", teve que reconhecer (*Pro Caecina*, XXV, 70 e 73) que nenhuma propriedade poderia ser protegida ou mesmo reconhecida sem a autoridade da "lei civil" [*civil Law*] (*Leviatã*, cap. 24, p. 211; trad. bras. J. P. Monteiro e M. B. N. da Silva). Ora, o que Hobbes traduz assim é evidentemente *jus civile*, um "direito", mais do que uma "lei", cuja relação com a "lei da natureza" é de resto diferente, em Cícero, daquilo que é para o autor do *Leviatã*. Inversamente, essa inflexão da terminologia clássica do *jus civile* em um sentido favorável à autoridade soberana do legislador supremo não ocorre sem uma transformação simétrica do estatuto da lei que se apoia muito habilmente na etimologia do grego *nómos* (lei) para devolver ao *Law* o que o direito romano atribuía ao *jus*, isto é, a função de atribuir a cada um o que lhe pertence (*suum cuique tribuere*) e de garantir assim a justiça (*justitia*) nas distribuições:

> Visto portanto que a introdução da *propriedade* é um efeito da república, que nada pode fazer a não ser por intermédio da pessoa que a representa, tal propriedade só pode ser um ato do soberano, e consiste em leis que só podem ser feitas por quem tiver o poder soberano. Bem o sabiam os antigos, que chamavam νόμος (quer dizer, *distribuição)* ao que chamamos lei, e definiam a justiça como a *distribuição* a cada um *do que é seu.* [*And this they well knew of old, who called that* νόμος (*that is to say* distribution) *which we call law; and defined justice, by* distributing *to every man his own.*] (*Leviatã*, trad. bras. J. P. Monteiro e M. B. N. da Silva, p. 211).

Significativamente, esse texto é citado por Carl Schmitt, que procurou reposicionar Hobbes em uma tradição política imperial, estranha ao mesmo tempo ao liberalismo e ao absolutismo "esclarecido" (SCHMITT, "À partir du nomos: prendre, partager, patûrer", p. 550).

B. Hobbes e a tradição do "Common Law": a subversão da herança inglesa

Quais são as consequências dessa filosofia do direito para a herança inglesa e, singularmente, para a tradição do *Common Law*? O texto mais claro a esse respeito é sem dúvida o admirável *Diálogo entre um filósofo e um jurista* [trad. de Maria Cristina Guimarães Cupertino, 2001], no qual Hobbes põe em cena a oposição entre a tradição de Coke e a nova filosofia "legisladora" e racionalista. Hobbes atribui aí a Coke a confusão entre *Law* e *Right* (ou entre *lex* e *jus*) que ele denunciava no *Leviatã*. E ele desenvolve uma potente crítica interna da tradição dos juristas do *Common Law* a fim de mostrar que a concepção moderna da soberania (atribuída aqui ao rei e não ao Parlamento) é a única que pode conferir coerência à ordem jurídica inglesa. Ele se apoia, assim, em diversas citações de Bracton ("o mais convincente autor do Direito comum [*Common Law*]", *ibid.*, p. 64) para mostrar que o rei é plenamente soberano na ordem temporal. Ele acrescenta que, depois da ruptura da Inglaterra com Roma, o poder espiritual também pertence ao rei, e ele interpreta a fórmula *King in Parliament* de uma maneira que proscreve todo dualismo nas autoridades civis. O alvo principal do *Diálogo* é evidentemente o poder dos juízes do *Common Law*, que a tradição dominante pretendia estar fundado na sabedoria produzida pela "razão artificial" adquirida no curso dos estudos jurídicos e que Hobbes ataca em nome, ao mesmo tempo, da "razão natural" e da autoridade do legislador. Por um lado, com efeito, não existe outra razão que não seja a razão natural (*Leviatã*, trad. bras. de J. P. Monteiro e M. B. N. da Silva): se é verdade que "Embora seja verdade que ninguém nasce com o uso da razão, todos os homens podem atingi-la, inclusive os juristas" (*ibid.*, p. 38) e o saber dos juízes não se distingue em nada daquele que se encontra em ação nas outras artes. Por outro lado, a sabedoria dos juízes não poderia ela própria ser suficiente para atribuir força de lei a suas decisões, pois "não é a sabedoria, mas a autoridade que faz a lei" (*ibid.*, p. 37). As leis inglesas não foram feitas pelos profissionais do direito, mas "pelos reis da Inglaterra, que consultaram a nobreza e os comuns do Parlamento, onde em vinte homens não se encontra um único jurista douto" (*ibid.*, p. 37). Tomando uma fórmula do *Leviatã*: "*auctoritas, non veritas facit legem*", Hobbes indica claramente que ele vê nas doutrinas que valorizam o direito recolhido ou descoberto pela jurisprudência inglesa sofismas da mesma natureza que os dos filósofos platônicos, dos fanáticos religiosos ou dos defensores do papismo: a pretensão de fazer da verdade ou da sabedoria a fonte da lei não é nada mais que a máscara com a qual se encobrem todas as tentativas de usurpar o poder supremo. Por outro lado, como mostra além do mais o próprio *Diálogo*, o raciocínio do filósofo aparece aos olhos do jurista como o fruto de um privilégio indevidamente conferido ao *Statute Law* contra o *Common Law* [respectivamente: "Lei estatutária" e "Direito comum", na tradução de M. Cupertino], naquele ponto em que o filósofo pretende, ao contrário, falar do "direito (*law*) em geral" quando ele evoca o papel dos reis da Inglaterra na gênese das leis inglesas (*ibid.*, p. 37).

A reconstrução hobbesiana da teoria do direito leva, pois, a conferir à legislação a prioridade sobre toda outra fonte do direito e a afirmar altamente a soberania do rei, do qual os outros componentes do Parlamento não passam de auxiliares úteis, sem serem de nenhum modo indispensáveis à adoção das leis. Isso não significa, no entanto, que Hobbes abandone a totalidade da tradição anterior, nem que ele recuse qualquer papel aos juízes na elaboração do direito, pois sua estratégia consiste sempre em partir de uma crítica *interna* das contradições da tradição para mostrar que suas próprias proposições são mais aptas a realizar os objetivos que ela pretende perseguir. Em primeiro lugar, como já notamos, o próprio primado do legislador provém da sua capacidade de dizer o direito e de fazer com que ele reine ultrapassando os litígios que atravessam o estado de natureza: o soberano de Hobbes (que é para ele o rei) permanece de algum modo sendo um juiz, como o era o Parlamento inglês nas teorias tradicionais dos juristas do *Common Law*, e sua ação continua pois a depender dos dois sentidos de *Law* (*ibid.* p. 55: "uma vez que o Rei é o único legislador (*legislator*), eu creio que isso seja uma razão também para que ele seja o único juiz supremo"). Além disso, Hobbes retoma por sua conta a identidade da razão e do *Common Law*, ainda que seja para inverter ironicamente a sua significação: no ponto em que os concorrentes de Coke diziam que o *Common Law* era a própria razão "artificial", ele dirá que a razão natural é a verdadeira *Common Law*. Quanto ao papel dos juízes, ele é decerto severamente reduzido, mas não é, no entanto, negado. Hobbes reconhece ao juiz do *Common Law* um certo poder normativo, que vem do fato de que o soberano previamente postulou que, "na ausência de lei contrária", as regras costumeiras ou jurisprudenciais teriam força de lei (da mesma maneira que o "direito civil", isto é, o direito romano, pode ser incorporado no direito inglês se o rei assim o quiser). O juiz não é, além disso, necessariamente mais passivo do que na doutrina tradicional. No *Diálogo*, o filósofo chega ao ponto de reconhecer, contra seu interlocutor, que o juiz pode sem perigo se afastar da letra da lei, se ele não se afasta de seu sentido e da intenção do legislador (*ibid.* p. 39). E, no *Leviatã*, Hobbes observa que o juiz pode completar a lei civil pela lei de natureza quando o direito positivo não autoriza plenamente uma sentença razoável, mesmo se ele deve também, nos casos mais difíceis, remetê-la à autoridade superior do legislador (*Leviatã*, cap. 26).

III. DUAS TRADIÇÕES FILOSÓFICAS

A grandeza de Hobbes vem do fato de que ele percebeu de imediato aquilo que, na herança do *Common Law*, representava um obstáculo ao pleno desenvolvimento do Estado moderno, ao mesmo tempo que compreendia admiravelmente a natureza indissoluvelmente emancipadora, racionalista e absolutista da concepção "moderna" da soberania. É por isso que, na história ulterior do pensamento de língua inglesa, encontra-se em operação uma lógica "hobbesiana" em todos os pensadores que querem romper com a herança dos juristas do *Common Law* ou iluminar as similitudes entre o regime inglês e as outras formas do Estado moderno. Inversamente, os esquemas conceituais do *Common Law* renascem espontaneamente em todos que, por motivos diversos, querem limitar as pretensões do soberano e do legislador para afirmar os direitos da história ou para dar ao juiz um papel privilegiado na proteção dos "direitos". É o que mostram, de um lado, os exemplos de Bentham e de Hart e, de outro, aqueles de Hume, de Burke e de Dworkin.

A. O positivismo jurídico na Inglaterra

Jeremy Bentham (1748-1832) é sem dúvida o principal herdeiro de Hobbes na Inglaterra, mesmo se suas opiniões políticas são, evidentemente, muito distantes do absolutismo monárquico. A antropologia utilitarista prolonga as teses fundamentais de Hobbes através da obra de Helvetius e de Holbach e, sobretudo, J. Bentham possui, em relação à herança inglesa, o mesmo olhar crítico que o autor do *Leviatã*; em Bentham como em Hobbes, o objetivo é racionalizar o direito inglês reduzindo a influência dos juízes em proveito das autoridades políticas, e este projeto passa ainda por uma afirmação dos direitos da razão natural contra a cultura judiciária, pela prioridade conferida à lei entendida como *commandement* e por uma transformação fundamental dos princípios de legitimação das regras e dos usos do *Common Law*. A atitude de Bentham é assim semelhante, *mutatis mutandis*, àquela de Hobbes, como o mostra a maneira como ele interpreta a autoridade do costume ou a regra do *stare decisis*. Entre os juristas tradicionais, a continuidade histórica do costume tinha em si mesma uma autoridade, enquanto, para Bentham, o costume não se torna realmente lei (*law*) senão quando ele é legalizado, isto é sancionado pelo legislador (*lawgiver*): o raciocínio é o mesmo que, no *Diálogo entre um filósofo e um jurista* (1681), fundava a autoridade das cortes inglesas sobre a autorização do soberano. O costume e a regra do precedente têm também uma vantagem real do ponto de vista utilitarista, que é de garantir, graças à continuidade do direito, a *segurança* que o cidadão busca na ordem jurídica, mas isso acarreta para Bentham consequências inversas das que tiravam os juristas ingleses tradicionais. Para estes últimos, a continuidade do costume cria uma presunção de racionalidade e de legalidade, mas o juiz, que raciocina sobre os princípios incorporados no *Common Law*, pode por vezes libertar-se dos precedentes quando parece que estes conduziriam a uma decisão "irracional", o que explica como o juiz, sem "fazer" (*make*) o direito ou a lei (que ele não faz mais que "descobrir"), pode desempenhar um papel inovador (por exemplo, BLACKSTONE, *Commentaries on the Laws of England*, I, p. 69-71). Para Bentham, ao contrário, o juiz não poderia se afastar do precedente sem se tornar legislador e sem criar assim leis retrospectivas, que colocariam em perigo a segurança dos cidadãos (POSTEMA, *Bentham and the Common Law Tradition*, p. 194-197 e 207-210). Mas o conflito entre a letra da lei e as decisões dos juízes pode também ser visto como um sintoma da imperfeição do sistema inglês tradicional, onde a rigidez da regra do precedente aumenta o risco da arbitrariedade dos juízes, o que conduz Bentham a propor uma reforma de conjunto do direito inglês, na qual a legislação (*Law-making*) e a decisão de justiça (*adjudicação*) são uma e outra reguladas pelos princípios da utilidade, de acordo com vias que tomam de empréstimo, ao mesmo tempo, a tradição hobbesiana e, paradoxalmente, certos elementos da tradição do *Common Law* (cf. POSTEMA, *ibid.*, p. 339-464). Os mesmos problemas são retomados pelos grandes teóricos ingleses do positivismo jurídico como J. Austin (1790-1859) ou sobretudo Herbert L. A. Hart (nascido em 1907), cuja obra permitiu principalmente que se oferecesse uma interpretação "positivista" dos dados fundamentais do direito inglês: contrariamente à doutrina clássica segundo a qual o juiz não fazia outra coisa além de "descobrir" o direito, o *Common Law* aparece como um *Judge-made Law*, no qual o juiz pode ser levado a por regras novas quando o direito em vigor não permite que se resolva um caso.

B. A herança do "Common Law"

A principal herança filosófica dos juristas ingleses tradicionais se encontra em autores como David Hume ou Edmund Burke, cujos esquemas de interpretação da política podem ser vistos como transposições filosóficas dos modelos do *Common Law*, assim como o mostra seu uso da história inglesa, sua insistência sobre os limites da razão individual e sua busca de uma "razão artificial" irredutível à simples aplicação das regras "metafísicas" provenientes da razão natural" (POSTEMA, *ibid.*, p. 81-143; e POCOCK, *Politics, Language and Time...*, p. 202-232). Ao lado desta tradição que podemos considerar "conservadora", pode-se notar também a presença completamente evidente dos modos de pensamento provenientes do *Common Law* em um autor como Dworkin, cuja crítica do positivismo de Hart está claramente a serviço das grandes causas "liberais" de hoje. Na perspectiva de Dworkin, com efeito, o direito não pode ser reduzido a regras (*rules*), pois ele compreende também um conjunto de princípios que são subjacentes ao sistema jurídico, ao mesmo tempo que exprimem a moralidade comum. E são esses princípios que servem aos juízes quando eles parecem se afastar do precedente ou, mais geralmente, quando eles, por exemplo os juízes "liberais" da Suprema Corte dos Estados Unidos, parecem "criar" direito: aí está um raciocínio muito semelhante ao de Blackstone. Do mesmo modo, a insistência de Dworkin sobre a "continuidade" do direito para além das reviravoltas "aparentes" da jurisprudência ou ainda sua tese segundo a qual não há sobre cada caso difícil senão uma única boa resposta (o que supõe que as más decisões não podem ser senão "erros") fazem evidentemente eco às ideias dos grandes juristas ingleses. E essa obra inteiramente consagrada à defesa da modernidade recente nos lembra assim que o sucesso do *Common Law* veio de sua capacidade de apresentar as inovações mais radicais como consequências da fidelidade à tradição.

Existe, pois, na filosofia do direito de língua inglesa, algo de irredutível às outras correntes modernas, e que provém de uma incorporação, na filosofia, de esquemas de raciocínio vindos diretamente da tradição jurídica do *Common Law*, como se a experiência e a língua inglesas carregassem com elas uma visão particular do direito, irredutível, ao mesmo tempo, ao positivismo e às versões mais dogmáticas do direito natural. Mas essa tradição é ela mesma atravessada por tensões internas constantes e foi objeto, a partir de Hobbes, de críticas radicais, fundadas em um projeto de racionalização do Estado e da sociedade que permite uma aproximação entre o pensamento inglês e as correntes "continentais": Hobbes parece às vezes um sucessor de Bodin, e Bentham é um leitor de Holbach e de Helvetius. Inversamente, os esquemas provenientes do *Common Law* estão bem vivos nos autores sensíveis ao papel próprio do juiz, cuja importância é evidente na política democrática e no direito constitucional atual.

BIBLIOGRAFIA

AUSTIN, John. *The Province of Jurisprudence Determined*. London: [s.n.], 1832.
BEAUD, Olivier. *La Puissance de l'État*. Paris: PUF, 1993.
BLACKSTONE, William. *Commentaries on the Laws of England*, 1765-1769, reed. Chicago: University of Chicago Press, 1979.
CARRIVE, Paulette. Hobbes et les juristes de la Common Law. *In*: BERTMAN, M.; MALHERBE, M. (Eds.). *Thomas Hobbes. De la métaphysique à la politique*. Paris: Vrin, 1989.
DICEY, Albert Venn. *Introduction to the Study of the Law of the Constitution*. 8. ed. 1915, reed. Indianapolis: Liberty Classics, 1982.
DWORKIN, Ronald. *Law's Empire*. Cambridge: Harvard University Press, 1986.
DWORKIN, Ronald. *L'Empire du droit*. Trad. fr. E. Soubrenie. Paris: PUF, 1994.
DWORKIN, Ronald. *Taking Rights Seriously*. Cambridge: Harvard University Press. 1977.
DWORKIN, Ronald. *Prendre les droits au sérieux*. Traduit par M.-J. Rossignol et F. Limare, rev. F. Michaut. Paris: PUF, 1995.
GOUGH, John Wiedofft. *L'Idée de loi fondamentale dans l'histoire constitutionnelle anglaise*. Traduit par C. Grillou. Paris: PUF, 1992.
HART, Herbert Lionel Adolphus. *The Concept of Law*. Oxford: Oxford University Press, 1961.
HOBBES, Thomas. *Leviathan, or the Matter, Forme, and Power of a Common-Wealth, Ecclesiasticall and Civill*, 1651, reed. Oxford: Oxford University Press, 1996.
HOBBES, Thomas. *Léviathan, ou la Matière, la Forme et la Puissance d'un état ecclésiastique et civil*. Traduit par F. Tricaud, Sirey, 1971.
HOBBES, Thomas. *Leviatã*. Tradução de J. P. Monteiro e M. B. N. da Silva. São Paulo: Martins Fontes, 2003.
HOBBES, Thomas. *Diálogo entre um filósofo e um jurista* [1681]. Tradução de Maria Cristina Guimarães Cupertino. São Paulo: Landy, 2001.
HOBBES, Thomas. *Dialogue entre un philosophe et un légiste des Common-Laws d'Angleterre*. Traduit par L. Carrive; P. Carrive. Paris: Vrin, 1990.
LESSAY, Frank. Common Law. *In*: RAYNAUD, P.; RIALS, S. (Eds.). *Dictionnaire de philosophie politique*. Paris: PUF, 1996.
LOCKE, John. *Segundo tratado do governo civil*. Tradução de M. Lopes e M. L da Costa. Petrópolis: Vozes, 1994.
LOCKE, John. *Deuxième Traité du gouvernement civil*. Traduit par B. Gilson. Paris: Vrin, 1977.

POCOCK, John Greville Agard. *The Ancient Constitution and the Feudal Law*. Cambridge: Cambridge University Press, 1987.

POCOCK, John Greville Agard. *Politics, Language and Time. Essays on Political Thought and History*. Chicago; London: The University of Chicago Press, 1989.

POCOCK, John Greville Agard. *Vertu, Commerce et Histoire* [1985]. Traduit par H. Aji. Paris: PUF, 1998.

POLLOCK, Frederick; MAITLAND, Frederic William. *The History of English Law*, 1895, reed. Cambridge: Cambridge University Press, 1998. t. I.

POSTEMA, Gerald L. *Bentham and the Common Law Tradition*. 2. ed. Oxford: Oxford University Press, 1989.

RAYNAUD, Philippe. Juge. *In*: RAYNAUD, P.; RIALS, S. (Eds.). *Dictionnaire de philosophie politique*. Paris: PUF, 1996.

RAYNAUD, Philippe; RIALS, Stéphane (Eds.). *Dictionnaire de philosophie politique*. Paris: PUF, 1996.

SCHMITT, Carl. À partir du nomos: prendre, partager, patûrer. Traduit par T. Paélologue. *Commentaire*, n. 87, automne 1999, p. 549-556.

TUNC, André. Coutume et Common Law. *Droits*, n. 3: "La coutume", 1986, p. 57.

INSTRUMENTOS

BLACK'S LAW DICTIONARY. Centennial Edition (1891-1991). Saint Paul: West Company, 1998.

LIBERAL/LIBERALISM

[liberalism – inglês] (pt. *liberal, liberalismo*)
Catherine Audard e Philippe Raynaud
Tradução: Thomaz Kawauche

➢ CIVIL RIGHTS, LAW, LUZ, POVO, POLÍTICA, WELFARE

O termo inglês liberalism *evoca uma tradição política e cultural sem equivalente adequado nas culturas de outras línguas, tornando-se assim difícil, não de ser traduzido, mas de ser bem utilizado. Embora possamos nos referir a liberais em diversos outros países, eles certamente se encontram distantes do modelo inglês, afastados até mesmo daquilo que constitui seu eixo norteador: o indivíduo. Decorrente da Revolução Gloriosa (1688-1689) e da obra de John Locke, o liberalismo, entendido como doutrina que afirma o primado das liberdades individuais e de sua proteção contra os abusos do soberano ou da coletividade, representa uma tradição cultural nacionalista que alcançou o restante da Europa e encontrou sua melhor expressão na constituição norte-americana. Porém, fora desse campo, não é tão fácil compreendê-lo. Ele designa muito mais um conjunto de atitudes e convicções do que uma teoria bem definida, o que pode nos conduzir a grandes contrassensos: assim,* liberal *designa, nos Estados Unidos, uma atitude progressista ou social-democrata, e, na França, uma oposição ao Estado de bem-estar social, ao passo que, no Brasil, o liberalismo diz respeito, do ponto de vista político, ao interesse da classe dominante pelo sistema representativo. Por conta disso, parece mais satisfatório deixarmos de lado o posicionamento rígido dos liberais quanto à modernidade de suas simpatias e antipatias: aceitação do mercado, do individualismo, da permissividade dos costumes, e recusa do nacionalismo e do Estado todo-poderoso. Sendo inegável a carga ideológica e emocional desse vocabulário, devemos nos limitar a descrever alguns desses usos contemporâneos que o tradutor, obrigado a tomar algum partido, não poderia ignorar. Por questão de comodidade, tratamos separadamente a "filosofia" liberal, as posições políticas que a reivindicam, o liberalismo econômico e, enfim, uma atitude social e cultural própria ao mundo anglófono e à Europa do Norte, sem desconsiderar seus arredores, incluindo o Novo Mundo, em que se situa o Brasil.*

I. AS FONTES DO LIBERALISMO

Entendido como realidade cultural e política complexa, o liberalismo parece ter, no plano teórico, uma certa consistência. Contudo, sua unidade intelectual mostra-se hoje um mito estilhaçado e, por isso, optamos por falar em liberalismos. Podemos distinguir pelo menos duas formas históricas, das quais a segunda é a mais conhecida. O primeiro liberalismo é o "liberalismo da diversidade" (GALSTON, "Two Concepts of Liberalism"), herdeiro da reforma protestante e das guerras de religião, que se expressa, particularmente em Locke, pela reivindicação da tolerância diante da diversidade de crenças religiosas. Funda-se menos na ideia de tolerância como ideal positivo do que no medo da guerra civil, donde se explica a expressão "liberalismo do medo" (SHKLAR, *Ordinary Vices*, p. 5). O segundo liberalismo, o "liberalismo da autonomia", deriva do projeto das Luzes e de Kant. Justifica a tolerância pela reivindicação de uma razão universal, fator último de unificação da espécie humana, muito embora tal unidade implique necessariamente a restrição da liberdade natural dos indivíduos, o que a rigor torna problemática a identificação do liberalismo com o iluminismo. De todo modo, para além dessas distinções, pode-se reconhecer alguns traços comuns da filosofia liberal que aparecem em autores tão diversos como Kant, Humboldt, Benjamin Constant, John Stuart Mill, Tocqueville e, mais recentemente, Isaiah Berlin, Karl Popper e John Rawls.

Seu aspecto mais característico é o primado da liberdade individual. Por oposição ao ideal da democracia direta ou participativa à maneira dos antigos, ilustrada no pensamento de Jean-Jacques Rousseau, o liberalismo encarnaria melhor a modernidade, com esta "liberdade dos modernos" ou proteção da esfera privada dos indivíduos contra qualquer interferência abusiva, resguardando, por razões a uma só vez epistêmicas e morais, a ideia de soberania. A base epistêmica do liberalismo, herdada de Locke e repensada por Kant, Mill e Popper, encontra-se na afirmação de uma relação intrínseca entre o valor da verdade e o valor da liberdade dos indivíduos. O acesso à verdade aparece ligado essencialmente à liberdade individual de juízo e de investigação, bem como à ausência de entraves para o diálogo e para a reflexão que questiona os dogmas institucionalizados. A origem dessa ideia pode ser localizada na filosofia grega, no ideal socrático do homem livre, do qual liberais como Mill seriam herdeiros diretos. Longe de ser uma sociedade como as outras, o mundo liberal pretende estabelecer um liame essencial entre verdade e razão. Sua base moral encontra-se na concepção de pessoa e em seus direitos imprescritíveis herdada de Kant (a liberdade para o uso público da razão, por exemplo). Nesse quadro teórico, um autor como Rawls consegue posicionar a justiça e os direitos no coração do liberalismo:

> Cada membro da sociedade é visto como possuidor de uma inviolabilidade fundamentada na justiça ou, como dizem alguns, no direito natural, à qual nem mesmo o bem-estar de todos os outros pode sobrepor. [...] Por conseguinte, em uma sociedade justa, as liberdades fundamentais são inquestionáveis e os direitos garantidos pela justiça não estão sujeitos a negociações políticas nem ao cálculo dos interesses sociais (RAWLS, *Uma teoria da justiça*, §6, p. 34).

Essa prioridade da liberdade conduz à defesa de uma teoria do poder do Estado e do governo limitado (1) pela existência de uma *Bill of Rights* ou *Declaração dos Direitos*; (2) pelo estabelecimento de controles (*checks and balances*) como o famoso controle de constitucionalidade (*judicial review*); (3) pela separação entre Igreja e Estado visando a laicização do poder político, até mesmo onde permanece uma religião "instaurada", como na Grã-Bretanha.

1 Etimologia e ideologia do liberalismo no Brasil
Thomaz Kawauche

No Brasil, a história da palavra "liberal" começa com o *Vocabulario portuguez* de Raphael Bluteau, publicado no início do século XVIII (cf. LYNCH, 2007): o sentido primeiro era de pessoa generosa, "o que é largo no dar", além da referência clássica às artes liberais. Seria necessário aguardar os desdobramentos da Abertura dos Portos (1808) para que, na quarta edição do *Diccionario da língua portugueza* (1831), de Antonio de Moraes Silva, "liberal" passasse a designar também governos que não restringem a indústria e o comércio. Se nos limitarmos ao uso do termo no campo das instituições políticas brasileiras, temos como momento inaugural da questão o período da Regência (1831-1840), quando surgem duas agremiações rivais: o Partido Conservador, animado pela bandeira dos "regressistas", em sua maioria proprietários rurais escravocratas que, para o bem das exportações, preferiam a centralização do poder nas mãos de D. Pedro II; e o Partido Liberal, gestado no embate entre grupos federalistas de inspiração jacobina e liberais moderados da Sociedade Defensora da Liberdade e Independência Nacional (cf. FAUSTO, 2015). *Grosso modo*, os liberais faziam parte de círculos "progressistas" favoráveis à autonomia das províncias com vistas ao desenvolvimento dos empreendimentos regionais: eram basicamente profissionais liberais urbanos e produtores rurais interessados no mercado interno (cf. CARVALHO, 2010). Sem entrarmos no aspecto econômico implicado no problema do abolicionismo (pois havia membros do Partido Liberal que se beneficiavam da mão de obra escrava), podemos identificar o traço próprio do liberalismo brasileiro nos interesses clientelistas e patronais das elites durante a etapa de declínio do Império – ou seja, após 1870 – com a organização do "novo" Partido Liberal: nesse momento, os liberais querem libertar a colônia da metrópole, mas não necessariamente acabar com o sistema de trabalho escravo e a grande propriedade (cf. COSTA, 1999); tal conjuntura leva a uma ressignificação do sistema representativo, que passa a ser visto como o recurso jurídico mais viável para respaldar a independência política do país sem o custo por parte das elites de terem que arruinar o sistema oligárquico dos cafeicultores. Eis aí a feição primeva do liberalismo brasileiro. Ora, todos sabem que a fórmula da anuência popular como fonte de legitimidade para os interesses dos "donos do poder" não se limitou ao período do Império. É nesse sentido que, numa perspectiva generalista, a ideia de representação política mediante o sufrágio pode ser vista como tema unificador em meio à pluralidade ideológica dos liberalismos no Brasil (PAIM, 1995 e 1998). Longe de ser uma mera repetição das cartilhas doutrinais da Europa, o liberalismo brasileiro, para além do problema da escravidão, revela-se *sui generis* – donde se verifica seu caráter de intraduzível –, pois adapta-se à realidade local a fim de tornar-se "ideologia" justificadora do sistema econômico e das estruturas de poder concebidas e impostas pelas classes dominantes num sistema patronal (FAORO, 2012). Em suma, a despeito da aspiração democrática que parece acompanhar o advento da República em 1889, a história do liberalismo no Brasil, considerada à luz das mentalidades de longa duração, revela o contínuo esforço institucionalizado para que os eventuais rearranjos das estruturas tradicionais de produção resultem, não em ruptura (afinal, quem apostaria em ser liberal à maneira de Locke, dando azo ao direito de resistência?), mas em continuidade das ordens hierárquicas legitimamente estabelecidas.

BIBLIOGRAFIA

COSTA, E. V. da. *Da monarquia à república: momentos decisivos*. 6. ed. São Paulo: Edunesp, 1999.

FAORO, R. *Os donos do poder: formação do patronato político brasileiro*. 5. ed. São Paulo: Globo, 2012.

FAUSTO, B. *História do Brasil*. 14. ed. São Paulo: Edusp, 2015.

LYNCH, C. E. C. O conceito de liberalismo no Brasil (1750-1850). *Araucaria: Revista Iberoamericana de Filosofía, Política, Humanidades y Relaciones Internacionales*, v. 9, n. 17, 2007.

MORAES SILVA, Antonio de. *Diccionario da lingua portugueza*. 3. ed. Lisboa: Typographia Lacerda, 1823; 4. ed. Lisboa: Impressão Regia, 1831.

PAIM, A. *História do liberalismo brasileiro*. São Paulo: Mandarim, 1998.

PAIM, A. *O liberalismo contemporâneo*. Rio de Janeiro: Tempo Brasileiro, 1995.

2 Os controles no mundo anglo-saxão

> JUDICIAL REVIEW

a. *Checks and balances*
(Controle e equilíbrio de poderes, sistema de freios e contrapesos)

À doutrina clássica da simples separação de poderes (Montesquieu), a prática constitucional britânica acrescentou, desde o século XVIII, a ideia de equilíbrio e controle recíproco dos poderes. O termo intraduzível *check* designa a capacidade de controlar e bloquear de modo a conduzir a um equilíbrio: as balanças. Na Constituição norte-americana, esse princípio de controle e equilíbrio deu ao presidente, entre outras coisas, o poder de bloquear a legislação e nomear juízes da Suprema Corte; o Senado pode ratificar tratados e a Câmara dos representantes pode, ela mesma, invalidar o presidente, etc.

b. *Judicial review*
(Controle de constitucionalidade)

Surgido no início do século XIX como conceito constitucional tipicamente norte-americano, o "controle de constitucionalidade" tornou-se parte da maioria dos regimes democráticos contemporâneos. Nos casos de conflito entre os poderes executivo, legislativo e judiciário, ou entre as regiões (ou Estados) e o poder central (ou federal), ou ainda, entre os cidadãos e o Estado, existe uma instância moral superior (Suprema Corte, Conselho Constitucional, etc.) que permite barrar os processos e julgar se a lei (ou a ação do Estado, etc.) está em conformidade com a Constituição.

c. *Judicial activism/self-restraint*
(Ativismo judicial/autocontrole dos juízes)

Trata-se de um dilema fundamental de toda filosofia constitucional que pode ser assim expresso: acerca do que acreditamos serem os "princípios" da Constituição, quando é preciso aceitar o veredito das eleições ou intervir? Divididos entre o ativismo (por exemplo, no momento do *New Deal*, condenado

> como anticonstitucional) e o dever de reserva perante poderes legitimamente eleitos e leis votadas no Parlamento, os magistrados das cortes constitucionais não podem pretender à objetividade considerando-se meros intérpretes da constituição ou da lei fundamental. É nessa perspectiva que é preciso compreender a questão do "poder dos juízes".

Foi só recentemente que o liberalismo se aproximou do ideal democrático. Tradicionalmente, ele se caracteriza sobretudo por sua desconfiança em relação às democracias, ao "despotismo" das maiorias – desconfiança formulada com eloquência por Tocqueville. À medida que se revelaram impotentes diante da ascensão dos fascismos e dos totalitarismos, as formas populares e eleitorais de democracia foram rejeitadas pelo liberalismo como portadoras de germes de tirania e de antiliberalismo veiculados através da noção discutível de "soberania popular". Vem daí a concepção de uma democracia liberal onde o constitucionalismo modera os descaminhos dos eleitores. Porém, o ponto fraco do liberalismo, em contraste com o ideal republicano, permanece sendo sua dificuldade em ceder espaço à participação política (a "liberdade dos antigos"). Desembocaria assim num mero atomismo social, por ser desprovido, devido ao seu individualismo, de uma verdadeira doutrina da cidadania e da comunidade política.

No contexto político brasileiro, dizer que a Constituição de 1988 é liberal significa reconhecer em seu texto um modelo de sociedade civil cujos membros são indivíduos portadores de direitos inalienáveis que devem ser protegidos pelo Estado. De fato, a chamada "Constituição cidadã" surge com a participação de diversos movimentos sociais que reivindicam eleição direta para presidente após mais de vinte anos de ditadura militar (1964-1985): nesse momento histórico, o problema maior não é lutar pela não intervenção do Estado sobre o mercado (como no modelo do liberalismo econômico de Hayek), mas garantir as condições jurídicas mínimas para o exercício da liberdade individual no quadro de um regime democrático em Estado de direito; não por acaso, o trabalho de redação da carta magna de 1988 vem sob a égide da prevalência dos "direitos humanos" e, em particular, da regulamentação, no capítulo II, dos "direitos sociais" (cf. artigo 6º: educação, saúde, alimentação, trabalho, moradia, transporte, lazer, segurança, previdência social, proteção à maternidade e à infância, assistência aos desamparados) e dos "direitos dos trabalhadores" (cf. artigo 7º: seguro-desemprego, salário mínimo, férias, licença à gestante, etc.).

II. O LIBERALISMO COMO REALIDADE POLÍTICA: "RADICAIS", "CONSERVADORES" E "LIBERAIS"

Nota-se, em primeiro lugar, que o termo *liberalism* tem apenas sentido relacional, dependendo da existência ou ausência de outros movimentos políticos e sociais, em particular, movimentos de trabalhadores solidamente constituídos e de partidos comunistas ou socialistas implantados desde o século XIX. No caso exemplar dos Estados Unidos, onde as três famílias políticas (*conservatism*, *liberalism* e *radicalism*) são diferentes daquelas da Europa e só podem se definir através de suas relações mútuas, fica claro que o liberalismo ocupa mais ou menos o terreno da esquerda no sentido europeu.

Os conservadores (*conservatives*) ou, mais recentemente, os neoconservadores, correspondem aproximadamente às direitas europeias, porém, com nuances que dizem respeito às particularidades da história dos Estados Unidos, cujo imaginário não apenas desconhece uma experiência de monarquia absolutista, como a que os franceses denominam de *Ancien Régime* [Antigo Regime], como ainda conta, em contrapartida, com o protagonismo da religião, sobretudo a protestante, até mesmo quando a constituição rompe com toda e qualquer religião estabelecida. Assim, os conservadores americanos são apegados à segurança e favoráveis a políticas penais duras (*Law and Order*); eles desconfiam do Estado de bem-estar social (*Welfare State*) em nome da propriedade e da responsabilidade individual; são ainda inquietos diante das dificuldades da instituição familiar ou diante do declínio das igrejas, e tendem a defender posições da "direita religiosa" sobre questões como aborto, oração na escola ou ensino do criacionismo anti-darwinista, chegando a extremismos de negacionismo científico, como em muitas políticas públicas de saúde.

Os radicais (*radicals*), que se opõem aos liberais, corresponderiam à esquerda europeia, mas sua falta de cultura jacobina e, sobretudo, de ideologia leninista, faz com que sejam também, no mais das vezes, democratas fervorosos, muito apegados às "liberdades formais" (algumas delas, pelo menos) que não têm apelo para a maioria das correntes "esquerdistas" do Velho Mundo. De resto, existe uma genealogia propriamente estadunidense do radicalismo que pretende recuperar elementos democráticos da tradição nacional quando se referem a figuras como Thomas Paine (na época revolucionária), ou, ainda, o abolicionista Garrison: um estudo mais aprofundado mostraria que esse radicalismo recupera muitas das fontes "liberais" e puritanas da democracia americana. Aliás, é por isso que o historiador Gordon S. Wood (*The Radicalism of the American Revolution*) conseguiu falar com propriedade do "radicalismo" da revolução americana. Nesse contexto, é bastante justo ver os "liberais" como representantes de uma posição de centro-esquerda. São ou foram liberais: os partidários do *New Deal* de F. D. Roosevelt, os defensores legalistas da causa das mulheres ou dos negros, os apoiadores de uma política de segurança mais preventiva que punitiva, ou, ainda, todos aqueles que aceitaram mudanças profundas que afetaram os costumes americanos desde 1960.

Não é preciso dizer que, assim como a distinção entre direita e esquerda, oriunda da Revolução Francesa, o caráter relacional dessas definições faz com que as posições respectivas dos "liberais", dos "conservadores" e dos "radicais" sobre um ou outro problema particular possam variar. É assim, por exemplo, que um certo ativismo dos juízes da Suprema Corte, considerada conservadora na época em que passava por reformas progressistas, fez parte, ao contrário, do fundo comum da cultura "liberal", marcada pelo papel histórico do chefe de justiça Earl Warren e de seus sucessores imediatos (luta contra a segregação racial, constitucionalização da liberdade de abortar, etc.), e como consequência, teve, inversamente, a maioria dos conservadores favoráveis a um certo *judicial self-restraint* (ver Quadro 2, c), situação novamente revertida pela balança da história que fez retornar a uma maioria conservadora da corte. Aliás, por ser também uma corrente filosófica cuja definição é ela mesma uma questão importante, o liberalismo pode complicar as coisas: as próprias correntes politicamente conservadoras podem ser levadas a se apresentar como liberais (BLOOM in STRAUSS, *Liberalism, Ancient and Modern*). Além disso, pode-se pensar que, no essencial, as posições de ambos sempre se situam no interior de um quadro geral que continua a ser o do liberalismo em sentido abrangente, ou seja, trata-se de uma política inscrita no âmbito constitucional de um governo representativo.

As coisas são bem diferentes na Europa e, de modo notável, na França. O liberalismo ali é historicamente a corrente que, poderíamos dizer, procurou conscientemente o estabelecimento do "regime moderno" fundado na defesa das liberdades e direitos individuais, recusando ao mesmo tempo a sobrevalorização democrática da "tirania da opinião pública" e, sobretudo, do socialismo. Embora tenha origem na Inglaterra, encontrou eminentes representantes na França (Montesquieu, Constant, Tocqueville) e até mesmo na Alemanha (W. von Humboldt). Teve seus dias de glória no século XIX, após o que parece ter sido sobrepujado pelo avanço do socialismo, pela consolidação das tradições trabalhistas e sindicais, e pelo Estado de bem-estar social do pós-guerra, o que conduz o liberalismo a aproximar-se das direitas conservadoras. A direita de M. Thatcher na Grã-Bretanha toma para si o termo liberal, ou neoliberal, atribuindo-lhe um novo sentido, para entrar em guerra a uma só vez contra o Estado de bem-estar social e o paternalismo dos conservadores clássicos. Assim, ela também introduz políticas econômicas de desregulamentação e monetaristas ditas "liberais", o que não a impede de reforçar e centralizar o Estado de uma maneira bem oposta à concepção liberal do político. Quase em toda parte, os liberais chegam a ocupar um centro bastante impreciso em relação às correntes mais moderadas da democracia cristã (os partidos liberais podem desempenhar o papel de partidos mediadores como na Alemanha – ou impedidos de exercê-lo, pelo modo de escrutínio como na Grã-Bretanha). Nesse quadro geral, há uma indubitável especificidade da França: os liberais franceses foram conduzidos a apagar cada vez mais o indivíduo de suas preocupações, a ponto de, no final das contas, zombarem do republicanismo e do estatismo (JAUME, *L'Individu effacé...*). Se os "radicais" franceses puderam se situar em alguma medida em meio a seus homônimos estadunidenses e os *liberals*, o "sinistrismo" ulterior, segundo a expressão de R. Rémond, empurrou-os um pouco mais à direita com o desenvolvimento do partido político socialista, e depois, o comunista.

Em todo caso, é claro que, até há pouco, era impossível transpor descuidadamente na França categorias americanas como "conservadorismo", "radicalismo" e "liberalismo". O conservadorismo foi enfraquecido pelo fato da captação de uma parte importante de seus temas pela Ação francesa; os republicanos mais "liberais", no sentido europeu, formaram, certamente, uma corrente importante na Terceira República, mas não tiveram sucessores entre as correntes políticas posteriores (apenas alguns homens políticos se ligaram a ela).

3. Radicalismo e dominação
Thomaz Kawauche

No contexto liberal brasileiro, o radicalismo aparece em situações diversas, como nas revoltas populares (Cabanagem, Farrapos, Canudos, etc.) ou nos movimentos ligados a grupos liberais (Revolução Praieira, Movimento Tenentista, etc.), ou, ainda, na própria ala "Radical" do Partido Liberal (donde deriva o Partido Republicano Paulista), mas sempre animado por forças de oposição ao governo centralizado. De modo geral, os radicais nunca se livraram do jugo conservador imposto pelas camadas dominantes da sociedade, e, até mesmo quando estas se mostravam favoráveis a certas instituições liberais, como a abolição ou a autonomia local, as mudanças promovidas na ordem civil nunca deixaram de servir à manutenção do *status quo* patronal e clientelista. Um caso notável é o da Aliança Liberal, movimento que levou Getúlio Vargas à presidência com o golpe de 1930: os revolucionários haviam conseguido reunir setores sociais cujos interesses eram bastante diversos, de militares insatisfeitos com o governo federal a ricos proprietários rurais antipáticos à oligarquia cafeeira paulista; contudo, a unidade ideológica do grupo carecia de bases sólidas, pois, a rigor, o aspecto propriamente liberal da Aliança restringia-se à reivindicação do sufrágio direto e secreto como mecanismo de controle para as tradicionais fraudes nas eleições. Ora, como sabemos, o novo sistema eleitoral não implicava, por parte da corporação encabeçada por Vargas, nenhum tipo de compromisso sólido com um programa favorável a mudanças efetivas da estrutura econômica do país. No liberalismo de Vargas (se o uso do termo for possível), é inegável que, mesmo com os direitos sociais na pauta dos parlamentares, os interesses em jogo eram de viés econômico. Sendo essa a estrutura de sociedade que *mutatis mutandis* será reproduzida nas décadas seguintes – inclusive no período da ditadura militar (1964-1985), com a diferença de não haver eleição direta para os cargos principais –, torna-se compreensível, na perspectiva da história das ideias, a dificuldade de se explicitar a distinção entre liberalismo político e liberalismo econômico no registro da língua portuguesa em contexto brasileiro. Do ponto de vista da relação entre teoria e prática, as ideias liberais no Brasil contribuíram mais para a legitimação das desigualdades entre ricos e pobres do que para uma discussão socialmente engajada acerca dos problemas políticos e econômicos do país.

III. O LIBERALISMO E O MERCADO

Seria então mais esclarecedor associar o liberalismo a uma concepção da sociedade em que o mercado e a "sociedade civil", no sentido de Hegel, seriam os verdadeiros agentes da organização social, tornando assim secundário o papel do Estado? Uma aproximação como essa é sedutora porque, com a distinção recaindo sobre o papel do Estado, haveria uma clivagem entre liberais individualistas e antiliberais intervencionistas e centralizadores, tanto de esquerda quanto de direita, o que talvez correspondesse melhor às transformações atuais da democracia e das sociedades ocidentais. Com efeito, o mercado foi concebido por certos autores, dos quais o mais célebre é F. von Hayek, como um princípio político de limitação do poder e, portanto, como a fonte de uma maior liberdade de escolha para os indivíduos. Mas isso conduz a novas confusões e, nesse caso, o inglês preferirá falar de *libertarianism* em vez de liberalismo.

4. *Libertarianism* (inglês)

O *libertarianism* (*libertarisme*, em francês, e "libertarianismo", em português [neologismos]) representa a posição mais radical na defesa do Estado mínimo, adotando o princípio de não intervenção e não redistribuição em favor dos menos favorecidos, fundando para si uma teoria alternativa da justiça, a saber, a teoria dos únicos *entitlements* ou títulos de propriedade livremente adquiridos (NOZICK, 1974), sem que um princípio de justiça como aquele da igualdade de oportunidades ou das necessidades venha a corrigir essa distribuição inicial.

Uma tal posição se inspira na ideia de autorregulação das trocas econômicas e sociais, ilustrada pela metáfora da "mão invisível" de Adam Smith. Ela se apoia no princípio de otimização de Vilfredo Pareto, que trata da existência de pontos de equilíbrio do mercado, com vistas a defender que o mercado fornece por si só um critério de justiça: uma distribuição é ótima ou justa se existe um único indivíduo cuja posição seria prejudicada no caso em que a distribuição fosse modificada para compensar a situação dos menos favorecidos. A liberdade das trocas é, portanto, suficiente para assegurar a justiça e qualquer intervenção do Estado fica sendo injusta, pois limita as liberdades individuais.

BIBLIOGRAFIA

GARGARELLA, R. *As teorias da justiça depois de Rawls*. Tradução de Alonso Reis Freire. São Paulo: Martins Fontes, 2014.

NOZICK, R. *Anarchie, État et Utopie* [1974]. Traduit par E. d'Auzac de Lamartine, P.-E. Dauzat. Paris: PUF, 1988. [Ed. br.: *Anarquia, estado e utopia*. Tradução de Ruy Jungmann. São Paulo: Martins Fontes, 2011].

VAN PARIJS, Philippe. *Qu'est-ce qu'une société juste?* Paris: Seuil, 1991.

Ao contrário, para os liberais da social-democracia, cujos melhores representantes são o filósofo J. Rawls e o economista J. Harsanyi, deve ser possível conciliar justiça social e respeito às liberdades individuais. O mercado por si só não pode ser a fonte única de um princípio de justiça ou de redistribuição de bens; para respeitar a liberdade igual de todos, o mercado deve constituir o objeto de um acordo por parte daqueles que podem esperar se beneficiar dele tanto quanto daqueles que, por causa dele, verão seus benefícios diminuírem. O liberalismo não hesita, portanto, em se situar na grande tradição do contrato social para defender que os princípios de justiça econômica (o segundo princípio de Rawls) são justos quando podem constituir objeto de consentimento unânime, ou seja, de um contrato, do qual prova-se que tais princípios beneficiam os menos favorecidos.

Longe de se submeter à lei do mercado, o liberalismo contemporâneo justifica sua limitação em nome da justiça social:

> Na verdade, o sucesso do constitucionalismo liberal manifestou-se como a descoberta de uma nova possibilidade social: a possibilidade de uma sociedade pluralista estável e razoavelmente harmoniosa (RAWLS, tradução de Dinah de A. Azevedo, 2000, p. 32-33).

Todavia, o que resta em comum às diferentes expressões do conceito vago de liberalismo econômico é, como bem mostrou B. Manin, a ideia de uma ordem que não poderia ser o resultado de um poder central e que, mesmo assim, viria a substituí-lo de alguma maneira para libertar os indivíduos da opressão. O mercado, se bem utilizado, apareceria como uma fonte de emancipação de modo semelhante a outras dimensões da sociedade civil, cujo campo de ação vai muito além da satisfação das necessidades econômicas.

* Ver Quadro 5.

5 *Communitarianism* (inglês)

> GENDER

Há alguns anos, um movimento crítico importante se desenvolveu nos Estados Unidos e no Canadá, dirigido contra o liberalismo clássico: é o que se denomina *communitarianism*, termo que dificilmente poderia ser traduzido pelos neologismos *communautarisme*, em francês, e "comunitarismo", em português, pois seu sentido diz respeito não à defesa das comunidades tradicionais, mas ao reconhecimento da necessidade de ancoragem e de identidade do indivíduo moderno em grupos ou "coletivos". Assim como Hegel e o romantismo político de Herder ou Schleiermacher rejeitavam a filosofia abstrata e universalista das Luzes em nome dos valores da tradição, da comunidade, da *Gemeinschaft*, e do sentido da história, da mesma forma a crítica contemporânea do liberalismo se realiza em nome da importância do enraizamento dos indivíduos em comunidades e coletivos e de sua diversidade concreta nas culturas e nas diferenças de "gênero" (críticas feministas).

BIBLIOGRAFIA

BERTEN, A. (Org.). *Libéraux et communautariens*. Paris: PUF, 1997.
GARGARELLA, R. *As teorias da justiça depois de Rawls*. Tradução de Alonso Reis Freire. São Paulo: Martins Fontes, 2014.
TAYLOR, Ch. *La Liberté des Modernes*. Paris: PUF, 1997.
WALZER, M. *Pluralisme et démocratie*. Paris: Seuil, 1997.

É essa versão do liberalismo, com modelo de sociedade baseada na "economia de mercado", que encontramos nas descrições de "missão" e "filosofia" do Instituto Liberal, fundado no Rio de Janeiro em 1983: seus diretores, inspirados em autores como L. von Mises, referem-se às "vantagens" de uma sociedade estruturada na livre-iniciativa, na propriedade privada e no lucro, tomando como pressuposto que, em perspectiva histórica, a ideia de liberdade conjuga necessariamente aspectos da economia e da política:

> A evidência histórica demonstra claramente que a liberdade econômica é o ingrediente mais importante da prosperidade material dos povos e, além disso, que a liberdade econômica é condição necessária, embora não suficiente, da liberdade política e da própria liberdade em seu sentido mais genérico (INSTITUTO LIBERAL, 2019, seção "Por que escolher o IL?").

IV. UMA CULTURA LIBERAL?

O termo "liberalismo" descreve uma tradição cultural que definitivamente insiste na autonomia dos indivíduos, em seu espírito empreendedor, na capacidade de autodireção ou *self-government* [autogoverno], sem transferi-la a um poder central, tanto no plano econômico, certamente, quanto no plano social, na linhagem da *civil society* [sociedade civil] no sentido inglês do século XVIII – a qual não é a *bürgerliche Gesellschaft* [sociedade burguesa] denunciada por Marx, e sim a *zivile Gesellschaft* [sociedade civil], ou seja, o "foro público" onde os cidadãos de uma democracia se organizam, se comunicam, agem juntos, cooperam e desenvolvem suas potencialidades, sem passar necessariamente por estruturas estatais ou por uma burocracia centralizada. Trata-se de uma cultura pela qual o mundo associativo, longe de ser marginal, encontra-se no centro do desenvolvimento do indivíduo e de sua relação pacífica com os outros. Ora, essa dimensão social do liberalismo é sempre ocultada por aqueles que compreendem a liberdade individual unicamente na tensão com a autoridade externa, como "liberdade de dizer não". Esse mal-entendido diz respeito a uma divisão religiosa originada no interior da Europa e talvez seja esclarecedor, a propósito do liberalismo, mencionar os valores protestantes, entendendo-se que, no seio do protestantismo, o indivíduo é concebido como moralmente responsável por suas escolhas e possui como único juiz de seus atos a sua própria consciência. No liberalismo, a permissividade e o individualismo são inseparáveis do que se convenciona denominar "moral dos princípios", no sentido de uma moral interiorizada; esta se opõe a uma "moral da autoridade", pela qual a Lei permanece sempre externa e dominante em relação ao agente. À medida que admiramos ou odiamos essa tradição, em que condenamos como permissiva e como fonte de fragmentação e de anomia social, ou que a consideramos como portadora de fontes novas de felicidade e desenvolvimento, o termo "liberalismo" será utilizado com conotações pejorativas ou positivas, e a ele serão opostos o totalitarismo e a violência de Estado, ou a república e a social-democracia, ou, ainda, o "*libertarianism*" [libertarianismo] e os perigos do desenvolvimento anárquico do indivíduo pós-moderno, como sublinham *communitarians* [comunitaristas] estadunidenses ou canadenses.

BIBLIOGRAFIA

BERLIN, I. *Éloge de la liberté*. Traduit par J. Carnaud et J. Lahana. Paris: Calmann-Lévy, 1988. [Ed. br.: *Quatro ensaios sobre a liberdade*. Tradução de Wamberto Hudson Ferreira. Brasília: Ed. UnB, 1981].

BOSI, A. A escravidão entre dois liberalismos. *Estudos avançados*, v. 2, n. 3, 1988.

BRASIL. Constituição (1988). *Constituição da República Federativa do Brasil*. Brasília: Senado Federal, 2016.

CARVALHO, J. M. *A construção da ordem*; Teatro de sombras. 5. ed. Rio de Janeiro: Civilização Brasileira, 2010.

CONSTANT, B. Principes de politique. *In*: *De la liberté des modernes*. Paris: Hachette, 1980. [Ed. br.: *Escritos de política*. Tradução de Eduardo Brandão, Célia N. Galvão Quirino. São Paulo: Martins Fontes, 2005].

FAUSTO, B. (Dir.). *História geral da civilização brasileira*, t. III: O Brasil republicano, v. 9: Sociedade e Instituições (1889-1930). Rio de Janeiro: Bertrand Brasil, 2006; t. III: O Brasil republicano, v. 10: Sociedade e Política (1930-1964). Rio de Janeiro: Bertrand Brasil, 2007.

GALSTON, W. Two Concepts of Liberalism. *Ethics*, v. 106, 1995.

GAUTIER, C. *L'Invention de la société civile*. Paris: PUF, 1993.

HALÉVY, É. *La Formation du radicalisme philosophique (1901-1904)*. Paris: PUF, 1995. 3 v.

HARTZ, L. *The Liberal Tradition in America*. New York: Harcourt Brace Jovanovich, 1983.

HAYEK, F. *La Route de la servitude*. Traduit par G. Blumberg. Paris: PUF, 1985, [Ed. br.: *O caminho da servidão*. Tradução de Anna Maria Capovilla *et al*. 4. ed. Rio de Janeiro: Instituto Liberal, 1987].

HEGEL, G. W. F. *Princípios da filosofia do direito*. Tradução de Orlando Vitorino. São Paulo: Martins Fontes, 2009.

INSTITUTO LIBERAL. Missão e valores. Disponível em: www.institutoliberal.org.br. Acesso em: 26 maio 2019.

JAUME, L. *L'Individu effacé ou le Paradoxe du libéralisme français*. Paris: Fayard, 1997.

KANT, I. Resposta à pergunta: que é Esclarecimento? *In*: *Textos seletos*. Tradução de Floriano de Souza Fernandes. 2. ed. Petrópolis: Vozes, 1985.

LOCKE, J. *Dois tratados sobre o governo*. Tradução de Julio Fischer. São Paulo: Martins Fontes, 1998.

MANENT, P. *Histoire intellectuelle du libéralisme*. Paris: Calmann-Lévy, 1987. [Ed. br.: *História intelectual do liberalismo: dez lições*. Tradução de Jorge Costa. Lisboa: Ed. 70, 2015].

MANENT, P. *Les Libéraux*. Paris: Hachette, 1986.

MANIN, B. *Principes du gouvernement représentatif*. Paris: Calmann-Lévy, 1995.

MILL, J. S. *De la liberté*. Paris: Gallimard, 1990. [Ed. br.: *Sobre a liberdade*. Tradução de Pedro Madeira. São Paulo: Saraiva, 2011].

MONTESQUIEU. *O espírito das leis*. Tradução de Cristina Murachco. 3. ed. São Paulo: Martins Fontes, 2005.

MONTESQUIEU. *O espírito das leis*. Tradução de Thiago Vargas e Ciro Lourenço. São Paulo: Ed. Unesp, 2023.

PARETO, V. *Manuel d'économie politique*. Paris: Giard et Brière, 1909. [Ed. br.: *Manual de economia política*. Tradução de João Guilherme Vargas Neto. 2. ed. São Paulo: Nova Cultural, 1987].

POPPER, K. *The Open Society and its Enemies*. London: Routledge, 1945. [Ed. br.: *A sociedade aberta e seus inimigos*. Tradução de Milton Amado. São Paulo: Edusp, 1974. 2 v].

RAWLS, J. *O liberalismo político*. Tradução de Dinah de Abreu Azevedo. 2. ed. São Paulo: Ática, 2000.

RAWLS, J. *Uma teoria da justiça: edição revista*. Tradução de Jussara Simões. 4. ed. São Paulo: Martins Fontes, 2016.

RENAUT, A. *L'Ère de l'individu*. Paris: Gallimard, 1989. [Ed. port.: *A era do indivíduo*. Lisboa: Instituto Piaget, 2000].

ROSANVALLON, P. *Le Libéralisme économique*. Paris: Seuil, 1989. [Ed. br.: *O liberalismo econômico*. Tradução de Antonio P. Rocha. Bauru: Edusc, 2002].

SHKLAR, J. *Ordinary Vices*. Cambridge: Harvard University Press, 1984.

SMITH, A. *Recherches sur la nature et les causes de la richesse des nations* [1776]. Traduit par G. Garnier. Paris: GF Flammarion, 1991. [Ed. br.: *A riqueza das nações*. Tradução de Alexandre Amaral Rodrigues e Eunice Ostrensky. São Paulo: Martins Fontes, 2003].

STRAUSS, L. *Liberalism, Ancient and Modern*. New York: Cornell University Press, 1988. [Ed. fr.: *Le Libéralisme antique et moderne*. Traduit par O. Berrichon. Paris: PUF, 1990].

TOCQUEVILLE, A. *A democracia na América*. Tradução de Eduardo Brandão. 2. ed. São Paulo: Martins Fontes, 2014.

VAN PARIJS, Ph. *Qu'est-ce qu'une société juste?* Paris: Seuil, 1991. [Ed. br.: *O que é uma sociedade justa?* Tradução de Cintia Ávila de Carvalho. São Paulo: Ática, 1997].

WOOD, G. S. *The Radicalism of the American Revolution*. New York: Knopf, 1992.

MENSCHHEIT

[*Humanität* – alemão] (pt. *humanidade, sentimento de humanidade*)
Marc Crépon e Marc de Launay
Tradução: Isabela Pinho | Revisão: Juliana de Moraes Monteiro

fr.	*humanité, sentiment d'humanité*
lat.	*humanitas*

➤ ANIMAL, BILDUNG, GESCHLECHT, OIKEIOSIS, POVO

O pertencimento ao gênero humano [Menschengeschlecht], o fato de ser um humano e de fazer parte da humanidade [Menschentum], não implica ter a virtude da humanidade, nem ser movido pelo sentimento de humanidade [Humanität]. A introdução relativamente recente do termo Humanität em alemão (que no entanto ainda não aparece no dicionário de Grimm) responde à necessidade de distinguir ainda mais rigorosamente a qualidade de ser humano [Menschlichkeit] e a virtude da "humanidade", pois é efetivamente possível confundir Menschlichkeit e Humanität. Mas a humanidade [Menscheit] considerada como um horizonte ético, um ideal, distingue-se, por sua vez, do simples pertencimento ao gênero humano.

I. HUMANO, NATUREZA HUMANA: DE "HUMANITAS" A "HUMANITÄT"/"MENSCHLICHKEIT"

O latim clássico *humanitas* não designa o gênero humano, mas opõe aquilo que constitui a natureza humana àquilo que constitui o animal para, por extensão e em seguida, designar aquilo que, mais precisamente, caracteriza essa natureza humana em seus comportamentos e, enfim, em suas virtudes e qualidades singulares. Essa gama de significações é particularmente ilustrada por Cícero: ainda que se possa encontrar em sua obra uma "sociedade universal do gênero humano" [*societas universalis humanitatis*] (*De finibus*, 3, 19, 62), a humanidade ainda é concebida na perspectiva aristotélica de uma natureza política do ser humano dotado de linguagem; no entanto, o termo também designa toda uma série de qualidades e virtudes, tanto que, no projeto de reunir retórica, filosofia, história e direito no programa da educação é possível ver a convergência das duas acepções. Embora Cícero tenha todavia confessado não saber o que é o humano, o que seria sua essência (*De finibus*, 5, 33) e, portanto, não nos permita em sua obra, *stricto sensu*, falar em um pensamento antecipatório sobre o "humanismo", será possível deduzir dela a noção de *studia humanitatis*, como fez Leonardo Bruni, no século XV.

* Ver Quadro 1.

A tradição cristã medieval insiste na oposição entre *humanitas* e *divinitas* para fazer do primeiro termo um sinônimo de tudo o que advém da finitude e da imperfeição, sem abrir mão do sentido anterior de natureza humana. Molière pode dizer "[...] *si de parler le pouvoir m'est ôté, / Pour moi j'aime autant perdre l'humanité*" [se de falar me for privado o poder, tanto faz minha humanidade perder] (*Le Dépit amoureux*, II, 8) no mesmo sentido em que Pascal, falando de Cristo, escreve: "*Sachant que nous sommes grossiers, il nous conduit ainsi à l'adoration de sa divinité présente en tous lieux par celle de son humanité présente en un lieu particulier*" [sabendo que somos toscos, ele nos conduz à adoração de sua divindade presente em todos os lugares pela adoração de sua humanidade presente em um lugar singular] (*Provinciales*, carta 16). Em todo caso, é com *humanitas* que Grimm e Grimm relacionam tanto *Menschheit* como *Menschlichkeit*. Ora, é precisamente essa dependência em relação à latinidade que Fichte contesta no quarto de seus *Discursos à nação alemã* (1807), ao criticar o emprego do termo *Humanität*. Sua reação quanto à importação de um termo estrangeiro se funda sobre o argumento de que o desenvolvimento da língua e do pensamento próprios ao povo alemão, na realidade, só carregam os termos importados de artificialidade, sobretudo se as línguas das quais se faz o empréstimo não puderem rivalizar, em termos de originalidade, com a língua alemã: o francês permaneceria muito mais dependente do latim, enquanto o alemão seria perfeitamente capaz de pensar a noção de humanidade atribuindo-lhe suas próprias expressões: *Menschheit*, *Menschlichkeit* e *Menschenfreundlichkeit* (que subsume a afabilidade, a bondade em relação ao outros e a filantropia no sentido de uma etimologia literal). Essa argumentação explícita mal dissimula a implícita: Fichte reage a um modelo francês importado através da Academia de Berlim, que propunha um ideal universalista de humanidade, enquanto ao mesmo tempo eram os exércitos napoleônicos que se encarregavam de impô-lo, recusando a especificidade alemã. Além do mais, *Humanität* está muito diretamente ligada ao contexto semântico e cultural da romanidade católica, cuja "universalidade" se opõe frontalmente ao luteranismo fundador da língua alemã.

É ainda mais surpreendente que o dicionário de Grimm e Grimm, datado da primeira metade do século XIX, não registre *Humanität*, termo, entretanto, bastante presente, dezesseis anos antes do *Discurso à nação alemã*, na grande obra de Herder *Ideen zur Philosophie der Geschichte der Menschheit* [Ideias para a filosofia da história da humanidade], livro IV, cap. 4: "eu gostaria de poder alcançar com o termo humanidade [*Humanität*] tudo o que eu disse até o momento sobre a formação superior do homem para a razão e para a liberdade [...]". O próprio título desse capítulo é explícito: "o homem é formado com vistas à humanidade e à religião". Além do mais, *Humanität* pontua todo o livro e, como *humanitas* em Cícero, abrange, sem jamais se beneficiar de uma definição positiva, tudo aquilo que permite ao humano se sobrepor ao seu fundo empírico, bem como tudo aquilo que é visado por esse movimento de superação, uma vez que a humanidade é a "finalidade do gênero humano"; o futuro da razão é estabelecer uma "humanidade duradoura".

II. A "HUMANIDADE" ["MENSCHHEIT"] COMO IDEAL ÉTICO?

O próprio Kant também faz a distinção entre *Humanität* e *Menschlichkeit*, de um lado, e *Menschheit*, de outro. No apêndice à primeira parte da *Crítica da faculdade do juízo* (§60, "Da doutrina do método do gosto"), Kant, ao se referir às humanidades, lembra que as nomeamos assim "presumivelmente porque *humanidade* [*Humanität*] significa de um lado o universal sentimento de *participação* e, de outro, a faculdade de poder *comunicar-se* íntima e universalmente; estas propriedades coligadas constituem a sociabilidade conveniente à humanidade [*Menschheit*], pela qual ela se distingue da limitação animal" (tradução de V. Rohden e A. Marques, 1993, p. 199-200). Porém, o problema não mais se coloca sobre as bases de uma diferença semântica entre um termo de origem latina e um termo de origem alemã, pois o que é introduzido por Kant é uma dupla acepção do termo *Menschheit*: de fato, a animalidade existe igualmente no homem, em oposição à "ideia de humanidade [*Menschheit*] que traz na alma como arquétipo das suas acções" (*Crítica da razão pura*, "Dialética transcendental", livro I, seção 1, tradução de M. Pinto dos Santos e Al. Fradique Morujão, 1985, p. 311), pois não se pode fixar "o grau mais elevado em que a humanidade deverá parar, e a grandeza do intervalo que necessariamente separa a ideia de sua realização" (*idem*). Assim, a humanidade é, ao mesmo tempo, o que caracteriza o ser humano como "objeto da experiência" e o ideal de sua liberdade, "o que eleva a humanidade, na ideia" (*O conflito das faculdades*, seção I, "Observação geral: das seitas religiosas", tradução de A. Mourão, 1993, p. 71). Ainda que *Menschheit* designe ao mesmo tempo a humanidade genérica e aquilo que, nela e somente nela, não é um fato, mas um devir orientado em função de um ideal ético, é no próprio seio da humanidade genérica que se situa, definido como liberdade, o próprio motor de seu devir, sua causa final que é a humanidade acabada e reconciliada, a humanidade tendo realizado a ideia que ela é, também por natureza.

Retomando esse duplo sentido kantiano, Hermann Cohen sublinha que, em Kant, o termo é um "equivalente de ser racional" e se reveste também de um "sentido universalista, cosmopolita" (*Religion de la raison* [Religião da razão], cap. 13, "L'idée de Messie et l'humanité" [A ideia de Messias e a humanidade]). Além disso, Cohen aproxima Kant de Herder:

> Este último, aliás um discípulo rebelde e, portanto, ingrato, de Kant, não compartilhava pouca coisa com ele [...] através da ideia de humanidade [...] e também não é um acaso que ele tenha sido o autor de *O espírito da poesia dos hebreus* [*Vom Geist der Ebräischen Poesie*]. Ele reconhecia o espírito da humanidade nos textos iniciais do Antigo Testamento [...]. Era uma intuição importante que guiava Herder em sua concepção geral do espírito da Bíblia: *ele reconheceu o messianismo no princípio do monoteísmo* (Cap. 13, §11, p. 342).

Três perspectivas convergem em direção a uma espécie de ponto de fuga por vir: a política tem por ideal a confederação dos Estados animada pelo espírito do cosmopolitismo que tende, a termo, ao desaparecimento dos Estados-nação, depois dos Estados soberanos. Esse espírito do cosmopolitismo é fundado sobre a aspiração propriamente *ética* ao ideal de uma humanidade reconciliada, ou seja, de uma ética que a tal ponto coincide com a cultura que tornaria a religião inútil, na medida em que a *religião* terá sido, enquanto monoteísmo messiânico, a revelação do sentido desses ideais sob a figura do Messias (cristianismo e judaísmo não se opõem fundamentalmente se reconhecemos em Noé "o primeiro Messias" e se admitimos o papel essencial desempenhado pelos profetas na constituição do ideal histórico-moral da humanidade; o verdadeiro e irredutível ponto de divergência está, evidentemente, no fato de admitir ou recusar o messianismo de Jesus). Cohen, inimigo declarado do milagre, não imagina o Messias de outro modo que não sob a forma secularizada e racionalizada de uma coincidência entre o ideal e a realidade, entre o *fieri* e o *factum*: ele sabe que não se trata de uma realidade efetiva prometida, mas de uma tendência, de uma assíntota. A humanidade unificada é somente um ideal: o messianismo monoteísta é sua expressão histórica; a ética e o cosmopolitismo kantianos são sua formulação racional. O sentimento de humanidade – Cohen não distingue entre *Humanität* e *Menschlichkeit* – é uma virtude essencial, visto que é graças a ela que o gênero humano (*Menschetum*, que para a ciência não é senão a *Menschengeheit*) acede à humanidade (*Menschheit*), ou seja, ao sentido verdadeiro do que seria um progresso da humanidade.

No pensamento de Nietzsche, a possível confusão entre os diferentes termos utilizados para designar a humanidade (*Humanität* e *Menschheit*) e o humano (*das Menschliche* e *das Humane*) é objeto de uma atenção crítica constante. Na dobra da *Menschlichkeit* sobre a *Humanität*, ele denuncia um dos efeitos mais duráveis do cristianismo sobre nossa maneira de apreender o humano e o sinal mais comprobatório de que o cristianismo suplantou a antiguidade. É, com efeito, estudando em que consistia a humanidade dos gregos, enquanto filólogo e enquanto historiador, que o caráter mentiroso e ardiloso (*witzig*) de tal dobra aparece. Esse estudo permite compreender até que ponto a ideia de humano (*das Menschliche*) se encontra obscurecida assim que dela se elimina tudo o que o cristianismo designa como inumanidade (*Inhumanität*):

> O humano [*das Menschliche*] que a antiguidade nos apresenta não deve ser confundido com o humano [*das Humane*] [...]. O humano [*das Menschliche*] dos helenos consiste em uma certa ingenuidade pela qual, segundo eles, se assinalam o homem, o Estado, a arte, a sociedade, o direito da guerra e dos povos, a relação entre os sexos, a educação, a manutenção da casa; é exatamente o humano [*das Menschliche*] tal como se manifesta em toda parte, em todos os povos, mas que se manifesta neles sem nenhuma máscara e de uma maneira inumana [*in einer Inhumanität*], que não pode faltar se desejamos aprender com ela (NIETZSCHE, fragmento 3 [12], março 1875. *In*: *Oeuvres philosophiques complètes*, t. 2, 2, p. 260).

III. O HUMANO E A INUMANIDADE

Esse obscurecimento se deve, essencialmente, ao fato de que com a ideia de *Humanität* se tem por objetivo separar o ser humano da natureza. Restabelecer o sentido da *Menschheit* supõe que se mostre o quanto "as qualidades 'naturais' e as propriamente chamadas 'humanas' [*menschlich*] cresceram conjuntamente" (NIETZSCHE, "A disputa de Homero", tradução de Pedro Süssekind, 1994, p. 73). Logo, não há mais sentido em fazer a distinção. Mas suprimir essa dobra significa, ainda, retirar da humanidade [*Menschheit*] toda significação teleológica. É, com efeito, considerando que a humanidade [*Menschheit*] não é jamais suficientemente humana [*Humane*], que se faz de uma e de outra um objetivo:

> O homem, não a humanidade [*die Menschheit*]. A humanidade [*die Menschheit*] é muito mais um meio que um fim. Trata-se do tipo: a humanidade [*die Menschheit*] é somente o material da experiência, o enorme excedente do que não deu certo, um campo de escombros (NIETZSCHE, fragmento 14 [8], *ibid.*, t. 14, p. 28).

E também:

> Em nossa humanidade atual [*Menschheit*], um grau considerável de humanidade [*Humanität*] é alcançado. O próprio fato de geralmente não nos darmos conta disso já é em si uma prova (NIETZSCHE, fragmento 15 [63], *ibid.*, t. 14, p. 208).

Compreende-se, então, que, nos últimos textos de Nietzsche, o apego à ideia de *Humanität*, o lamento de que jamais haja suficientemente *Humanität*, torna-se um sintoma de decadência.

BIBLIOGRAFIA

COHEN, Hermann. *Religion de la raison: tirée des sources du judaïsme* [1918]. Traduit par A. Lagny et M. de Launay. Paris: PUF, 1994.

FICHTE, Johann Gottlieb. *Discours à la nation allemande*. Traduit par A. Renaut. [S.l.]: Imprimerie nationale, 1992.

FICHTE, Johann Gottlieb. *Werke* [1845-1846]. Berlin: Gruyter, 1971.

HERDER, Johann Gottfried. Ideen zur Philosophie der Geschichte der Menschheit. *In: Sämmtliche Werke*. Berlin: Suphan, 1877-1913. 14 v. [Ed. fr.: *Idées sur la philosophie de l'histoire*. Traduit par Edgar Quinet. [S.l.]: Levrault, 1827-1828].

KANT, Immanuel. *Crítica da faculdade do juízo*. Tradução de Valério Rohden e António Marques. Rio de Janeiro: Forense Universitária, 1993.

KANT, Immanuel. *Crítica da razão pura*. Tradução de Manuela Pinto dos Santos e Alexandre Fradique Morujão. Lisboa: Fundação Calouste Gulbenkian, 1985.

KANT, Immanuel. Seção I, Observação geral: das seitas religiosas. *In: O conflito das faculdades*. Tradução de Artur Mourão. Lisboa: Edições 70, 1993.

KANT, Immanuel. *Werke* [abrev. AK]. Berlin: Reimer, 1902-1913.

NIETZSCHE, Friedrich. A disputa de Homero. In: *Cinco prefácios para cinco livros não escritos*. Tradução de Pedro Süssekind. Rio de Janeiro: Sette Letras, 1996.

NIETZSCHE, Friedrich. *Oeuvres philosophiques complètes*. Traduit par P. Lacoue-Labarthe et J.-L. Nancy. Paris: Gallimard, 1988.

INSTRUMENTOS

GRIMM, Jacob; GRIMM, Wilhelm. *Deutsches Wörterbuch*. Leipzig: Hirzel, 1854; repr. München: Deutscher Taschenbuch, 1984.

1 A complexa arquitetura de *humanitas* no humanismo latino
François Prost

O termo latino *humanitas* aparece nos anos 80 antes de nossa era (primeiras ocorrências na *Retórica a Herênio* [II, 24; 26; 50; IV, 12; 23], anônimo de datação discutida, e no discurso *Em defesa de Quíncio*, de Cícero, §51 e 97): ele denota, então, uma disposição de fraternidade, fundada sobre o sentimento de pertencimento a uma mesma espécie, o *genus humanum* (*humanitas* só significará "humanidade" nesse último sentido com os autores cristãos, cf. JERÔNIMO, *Cartas*, 55, 3, 4). Em seguida, o termo ganha toda sua amplitude com Cícero, que elabora uma teoria do desenvolvimento humano – ao mesmo tempo individual e coletivo – pela cultura e notadamente pelas artes liberais e pelas letras, donde o termo moderno "humanidades", diretamente retomado da acepção latina. A partir do discurso *Em defesa de Róscio de Améria* (acusado de parricídio em 80), a reflexão tem por objeto inicialmente a especificidade do humano por oposição à selvageria; em seguida, passa a abordar os enriquecimentos essenciais da civilização, que fazem do ser humano um ser de cultura, em contraste com as formas da barbárie, que o abandonam a um estado de natureza vizinho da animalidade (ver o discurso *Em defesa de Árquias, o Poeta* e o tratado *Da República*, em particular I, 28). *Humanitas* se impõe então como um conjunto de traços que supostamente caracterizam o humano civilizado por oposição ao que ele não é, e de onde derivam certos deveres para o ser humano enquanto humano em sua relação consigo e com seus semelhantes (é o tema do tratado ciceroniano *De officiis*).

Uma arquitetura complexa, portanto, incessantemente ameaçada de ser destruída pelos polos antitéticos da *humanitas* (animalidade, selvageria, barbárie, monstruosidade). Ela também só pode se manter por meio do exercício constante dos deveres humanos de solidariedade, de justiça e de clemência, mas também de urbanidade e de cortesia (o termo *humanitas* recobre todos esses sentidos). Ora, tal exercício exige ir às origens da cultura como memória em que a humanidade por si mesma registrou suas próprias definições dos valores (em particular, no discurso filosófico) e a ilustração de seus princípios (notadamente através dos exemplos históricos). Daí a importância das humanidades, cujo papel não é decorativo, mas constitutivo. Em dois textos exemplares, Cícero apela ao mesmo tempo ao sentimento de comunidade que cria o compartilhamento de uma mesma cultura, e à adesão aos valores que a veiculam: por um lado, no discurso *Em defesa de Árquias*, para incitar os romanos a não excluírem o poeta de origem estrangeira do corpo cívico, por outro lado, em sua carta-programa a seu irmão governador da província da Ásia (*A Quintus*, I, 1), para incitá-lo à maior *humanitas* em relação a seus administradores gregos. Em ambos os casos, a *humanitas* se opõe à força de exclusão representada pela *acerbitas*, dureza que se aproxima da crueldade, *saeuitia*, que é uma das características do monstro moral (ver SÊNECA, *Sobre a cólera* e *Sobre a clemência*). O anti-*humanus* se define então como *immanis*: esse adjetivo, antônimo de *manis* (bom), designa de uma maneira mais geral tudo que é fora de proporção e, portanto, terrível, monstruoso. Trata-se notadamente da animalidade das bestas feras, *ferae*; animalidade que, transferida para o humano, nega toda a humanidade ao inverter seus valores: de Calígula, Sêneca (*Consolação a Políbio*, XVII, 5-6) diz que ele "saboreava nas dores alheias a consolação mais inumana" [*alienis malis oblectare minime humano solacio*]; perversão perfeita do *slogan* do humanismo latino extraído de *O carrasco de si mesmo*, de Terêncio, verso 77: "sou homem, nada do que é humano me é estranho" [*Homo sum, humani nil a me alienum puto*], do qual se encontra um eco ainda mais eloquente no mesmo Sêneca, que define a *humanitas* pelo fato de "não pensar mal algum como estranho" [*nullum alienum malum putat*] (*Cartas*, 88, 30).

A essa apresentação geral, convém adicionar as seguintes precisões:

(1) A contribuição da Grécia é, com certeza, determinante (ver a dívida reconhecida por Cícero, *Para Quintus*, I, 27-28): o sentimento de unidade da espécie humana é, sem dúvida, tão antigo quanto o ser humano, mas é para além da consciência imediata, na ideia de uma fraternidade necessária entre os membros da mesma espécie, que se reconhece a filantropia grega, que a vertente cultural da *humanitas* romana associa à *paideía* (tendo em vista que a formação intelectual de referência para a *humanitas* é a do ser humano desenvolvido e não aquela, inicial, da criança, *pais*, em processo de instrução). A originalidade romana está em primeiro lugar na associação dos dois termos no seio de uma concepção unitária do humano que não tem equivalente grego. Entretanto, o equilíbrio dessa associação não sobreviverá à geração que a operou: em sua maior extensão, a *humanitas* será a construção, *grosso modo*, da geração ciceroniana e varroniana e perderá em complexidade no Império, ora reduzida à *philantropía*, ora à *paideía* (ver AULO GÉLIO, *As noites áticas*, XIII, 17): pode-se encontrar aí a marca de uma geração alimentada pela contribuição do helenismo, que demanda da cultura, percebida em sua universalidade, novos instrumentos para compreender os dramas contemporâneos e saná-los, salvando o melhor da tradição nacional, o *mos maiorum*, ou seja, aquilo que no desenvolvimento histórico de Roma marca o florescimento do humano civilizado (ver NOVARA, 1982, t. 1, p. 165-197).

(2) O relativismo histórico deve provir de uma contrapartida filosófica: estudos recentes sublinharam, desta forma, como a construção romana da *humanitas* estava ligada à política imperialista de Roma (ver VEYNE, "Humanitas: les Romains et les autres". *In*: A. Giardina [Ed.], 1992, p. 421-459 e MORTON BRAUND, "Roman Assimilations of the Other: Humanitas at Rome", p. 15-32). De fato, a alegada universalidade do conceito

exige um homem romano que seja dotado de uma cultura greco-romana, pouco a pouco dominada pela língua latina e imbuída dos valores do *mos maiorum* – modelo cuja função é, em primeiro lugar, reduzir ao nada da selvageria e da barbárie tudo que é incompatível consigo e, em seguida, oferecer-se como instrumento de integração das populações conquistadas no corpo do Império através de uma romanização harmoniosa, sinônimo da civilização *tout court*.

(3) No entanto, os pensadores romanos não ignoraram toda e qualquer dimensão propriamente universal. Esta última aparece a propósito da escravidão, sob a influência do estoicismo, mas o limite desse universalismo se encontra na ausência de qualquer questionamento da escravidão, ainda que se atribua ao escravo a qualidade de homem (ver CÍCERO, *Dos Deveres*, I, 41 e 150, e, sobretudo, SÊNECA, *Cartas*, 47). O estoicismo apresentava até mesmo um modo de pensar aquilo que nos parece uma contradição ao fazer do escravo um assalariado perpetuamente mantido por seu senhor. De maneira geral, o cosmopolitismo filosófico – que, em teoria, apaga todas as desigualdades de *status* – não visava de modo algum a um desmantelamento dos quadros políticos e sociais do momento, mas preservava o respeito às estruturas e instituições existentes através da projeção da igualdade humana na idealidade de uma cidade de sábios utópica. Ainda assim, é digno de nota que o discurso filosófico sobre o escravo defina o ser humano por uma liberdade – a liberdade de bem interpretar o papel imposto pela Fortuna –, mas que se inscreve sobre o fundo de uma servidão primária: todo humano é escravo de sua sorte e, além disso, sábios ideais à parte, escravo de suas próprias paixões; servidão secundária, mas afinal pior do que qualquer outra, porque voluntária e porque opera um aviltamento de si por si mesmo (cf. CÍCERO, *Paradoxa Stoicorum*, V, sobre o tema "só o sábio é livre", e SÊNECA, *Da tranquilidade da alma*, X, 3, "toda vida é uma escravidão"). Talvez a *humanitas* romana não dê testemunho somente de um pragmatismo imperialista e de uma incapacidade deveras humana de se libertar dos quadros sociais e institucionais de uma dada cultura, mas também – em contradição com o otimismo dos nossos direitos humanos – dê testemunho de um sentido antigo da fragilidade das coisas humanas e da fraqueza do ser humano, o qual mesmo com toda ajuda da cultura humana não poderá jamais escapar de uma degradação da qual ele próprio é, com muita frequência, o artesão.

BIBLIOGRAFIA

GIARDINA, Andrea (Ed.). *L'Homme romain*. Traduit par M. Aymard et P. Chemla. Paris: Seuil, 1992.

MORTON BRAUND, Susana. Roman Assimilations of the Other: Humanitas at Rome. *Acta classica*, n. 40, p. 15-32, 1997.

NOVARA, Antoinette. *Les Idées romaines sur le progrès d'après les écrivains de la République*. Paris: Les Belles Lettres, 1982.

MIR

[мир, мір – russo] (pt. *mundo, paz, comunidade camponesa*)

Charles Malamoud

Tradução: Luciana Gabriela Soares Santoprete | Revisão: Verônica Filíppovna

fr.	*monde, paix, commune paysanne*
al.	*Welt, Friede*
gr.	*kósmos [κόσμος], eirḗnē [εἰρήνη]*
lat.	*mundus, pax*

➤ OIKEIÔSIS, PRAVDA, SECULARIZAÇÃO, SOBORNOST', SOCIEDADE CIVIL, SVET, SVOBODA

A presença em russo de dois homônimos, mir [мир], "paz", e mir [мір], "mundo", suscita antes de tudo um problema etimológico: trata-se desde a origem de dois termos distintos, ou é preciso presumir que um dos dois semantismos deriva do outro, ou ainda imaginar duas derivações divergentes a partir de uma noção comum? Em seguida, ela suscita uma outra questão: esta homonímia foi utilizada pelos autores para demonstrar ou para criar uma intersecção entre o campo "paz" e o campo "mundo"? Enfim, é preciso interrogar-se como situar em relação ao termo "paz" e ao termo "mundo" o mir [мир] que é o nome de uma instituição, a "comunidade camponesa".

I. "MIR", MUNDO, E "MIR", PAZ: UMA INDISTINÇÃO FECUNDA

A língua russa herdou do eslavo oriental antigo dois substantivos masculinos *mir*, um significando "paz" (que traduz regularmente o termo grego *eirḗnē* [εἰρήνη]), o outro significando "mundo" (que traduz regularmente o termo grego *kósmos* [κόσμος]). Esses dois termos são perfeitamente homófonos. No que concerne à grafia, o uso comum se ocupou de distingui-los, nos textos impressos e na escrita cursiva do século XIX, utilizando o *i* cirílico (grafado como и) para *mir* [мир], "paz"; e o *i* latino (conhecido como i decimal) (reservado em princípio ao emprego do *i* antes de vogal) para *mir* [мір], "mundo". Essa distinção não sobreviveu à reforma ortográfica bolchevique de 1917, que suprimiu um certo número de letras do alfabeto, dentre as quais o *i* decimal: os dois *mir* se escrevem portanto desde então de maneira idêntica, como eles eram escritos de maneira idêntica nos textos do russo antigo e até o século XVIII. Acontece que Vladímir Maiakóvski publicou em 1916, logo antes da reforma, seu longo poema contra a guerra que devastava então a Europa, *Voiná i mir* [Война и міръ]: a ortografia de *mir* (*i* decimal) indica que é preciso compreender esse título, *A guerra e o universo* (é assim que traduz FRIOUX, 1961), ainda que a expressão faça eco ao título do romance de Liev Tolstói, *Voiná i mir* [Война и мир] (com *i* [и] cirílico), *Guerra e paz*, e cite o próprio Tolstói em um de seus versos. E, de fato, no poema de Maiakóvski, não se trata de contrapor a guerra e a paz, mas de descrever o sofrimento que a guerra inflige ao mundo. Nas edições da época soviética, posteriores à reforma, os dois títulos são graficamente indiscerníveis.

Como regra geral, os contextos permitem distinguir sem hesitação entre os dois *mir*: esses dois homônimos são realmente duas palavras diferentes e com razão todos os dicionários lhes consagram dois verbetes separados. A autonomia de cada um desses termos é percebida também nas formas derivadas que eles produzem: somente *mir*, "paz", dá lugar a um verbo, *mirit* [мирить], "reconciliar", do qual deriva *smirit* [смирить], "apaziguar, domar"; e se é verdade que o adjetivo *mirovoi* [мировой], que significa na maioria das vezes "mundial", pode ter também o sentido de "relativo à paz" (na expressão *mirovoi sudiá* [мировой судья], "juiz de paz"); e é também verdade que o antigo adjetivo eslavo *mirinu*, em russo antigo *mirni*, traduz tanto *toũ kósmou* [τοῦ κόσμου], *kosmikós* [κοσμικός], *mundi* quanto *tēs eirēnēs* [τῆς εἰρήνης], *pacis*; já a forma russa moderna deste adjetivo, *mirnii* [мирный], significa somente "pacífico".

É precisamente porque esses dois substantivos *mir* não podem ser confundidos que podemos jogar com suas homofonias para obter os efeitos poéticos ou retóricos, como no dito "*V mire jit, s mirom jit*" [В мире жить, с миром жить – (se quisermos) viver no mundo, (é preciso) viver em (conformidade à) paz]" (DAL', 1905, *s.v.* "*mir 1*"); ou como no verso de Serguei Iessiênin, "*k miru vsevo mira!*" [к миру всего мира! – para a paz de todo o universo!]" (IESSIÊNIN, 1997, p. 26), clamor datado de 1917 (cf. PASCAL, 1969, p. 122); ou ainda no *slogan* soviético "*mir miru!*" [мир миру! – paz no mundo!]", que não faz mais que retomar a prece do Calendário de Novgorod (século XII): "*mir vsemu miru podazdʹ*" [мир всему миру подаздь – dê a paz ao mundo inteiro]" (SREZNEVSKI, 1893, *s.v.* "*mir*"); ou ainda na tradução do Evangelho segundo São João:

> *Mir ostavpiáiu vam, mir moi daiu vam, ne tak kak mir daiot iá daiu vam.*
> [Мир оставпяю вам, мир мой даю вам, не так как мир даёт я даю вам.]
> [Εἰρήνην ἀφίημι ὑμῖν, εἰρήνην τὴν ἐμὴν δίδωμι ὑμῖν· οὐ καθὼς ὁ κόσμος δίδωσιν ἐγὼ δίδωμι ὑμῖν.]
> [Eu vos deixo a paz, eu vos dou a minha paz, eu a dou a vós, não como o mundo dá.]
> (*João*, 14:27).

A situação de *mir*, no plano linguístico, é então totalmente diferente daquela que encontramos a propósito de *voliá* [воля], por exemplo, que significa ora "vontade", ora "liberdade" (como podemos ver no nome dos dois grupos políticos dos anos 1970 do século XIX, *Zemliá i voliá* [Земля и воля], "Terra e liberdade", e *Voliá naroda* [Воля народа], "Vontade do povo"). No caso de *voliá*, não se trata de dois homônimos, mas de uma só e mesma palavra cujo campo semântico inclui as noções que, em português, são representadas por dois significantes diferentes (de resto, a "liberdade" indicada por *voliá* deve ser compreendida como o livre exercício, a realização sem entrave da vontade; ela se distingue da liberdade como autonomia da pessoa indicada por *svoboda* [свобода]; *voliá* traduz *thélēma* [θέλημα], mas *svoboda* traduz *eleuthería* [ἐλευθερία] – cf. SREZNEVSKI, 1958). Ver SVOBODA.

* Ver Quadro 1.

II. A IDEIA DE "VÍNCULO": "MIR" E "SOBORNOST'"

No plano linguístico, entretanto, o que requer reflexão não é a diferenciação do semantismo de *mir* "mundo", mas a relação entre *mir* "paz" e *mir* "mundo". Se é verdade, repetimos, que na história da língua russa (e já em eslavo oriental antigo) nós tenhamos lidado com dois termos distintos, não podemos deixar de nos perguntar se esses dois *mir* não são ligados por uma etimologia comum. Consideramos geralmente que deve ter existido na pré-história do eslavo comum um **mir* significando "paz" que teria se dividido em dois termos, um conservando o sentido inicial, o outro tomando o sentido de "mundo". Segundo Antoine Meillet (1934, p. 515), o modelo dessa passagem de "paz" a "mundo" foi dado pelo latim administrativo do Império: *pax romana* se torna uma expressão que designa todo o território regido pela paz romana; da mesma forma o eslavo oriental antigo traduz o grego *kósmos* por *(vissi) miru*, "(toda) a paz", o domínio inteiro da paz, quer dizer, o mundo.

O termo *mir* teria sido tomado emprestado da forma **mihr* de uma língua iraniana, talvez o cita, forma derivada do antigo iraniano **mithra* representada pelo avéstico "miθra". A este último termo corresponde regularmente o sânscrito védico *mitra*. Trata-se portanto de um étimo indo-iraniano **mitra* (cf. VASMER, 1953-1958, s.v. "*mir*"). Em avéstico como em védico, esse substantivo pode ser neutro ou masculino. Em sânscrito védico, *mitra*, no neutro, significa "amizade", "aliança" (e também, curiosamente, "amigo"); no masculino, "amigo". Mitra é também o nome de uma grande divindade do panteão védico, é o deus da amizade, a amizade personificada. Em iraniano, "miθra" avéstico significa "contrato" e, como nome próprio, designa o deus que reina sobre tudo que provém do bem, da ordem e da luz. Meillet (1905, p. 404) e, em seguida, Benveniste e Dumézil afirmam que o sentido primeiro do indo-iraniano **mitra* é "acordo, amizade resultante de um contrato". Do ponto de vista morfológico, **mitra* é o instrumento ou o agente pelo qual se realiza a operação **mi-*. É preciso então se interrogar sobre o sentido dessa raiz verbal. Pode tratar-se da raiz indo-europeia **mi-* "mudar" e "trocar", representada sobretudo pelo sânscrito *mi-* "alterar" e *mith-* "alternar" e pelo latim *muto* "mudar", *mutuus* "recíproco": o contrato sobre o qual se funda a amizade indicada por **mitra-* é ele mesmo a oficialização de uma troca de benfeitorias.

1. *Guerra e paz*: dualidade de "mir" e polissemia de "mundo"

Se, no caso dos dois *mir*, o tradutor intérprete devesse somente decidir entre "paz" e "mundo", sua tarefa seria na maior parte das vezes fácil. Mas existem, entretanto, situações ambíguas. Acontece que as circunstâncias e o contexto permitem a um ouvinte escolher a interpretação que lhe convém mesmo que não seja aquela de quem a enuncia. Um exemplo muito claro (estudado por BOCHAROV, 1980) é o que nos oferece Liev Tolstói em *Guerra e paz* (III, 1, cap. 18). Estamos no verão de 1812. O exército de Napoleão invadiu a Rússia. Natacha assiste ao ofício religioso e ouve a grande *ekteniá* [ектенья] (prece sob a forma de cânticos) da liturgia de São João Crisóstomo. Eis aqui primeiramente a passagem na tradução de Rubens Figueiredo:

> O diácono foi para o estrado [...] e passou a ler as palavras de uma oração em voz alta e solene:
> – "Em paz, oremos ao Senhor."
> – "Em paz – todos juntos sem diferenças de classe, sem inimigos, mas unidos pelo amor fraternal – vamos rezar", pensou Natacha.
> – "Pela paz nas alturas e pela salvação da nossa alma!"
> "Pelo mundo dos anjos e pela alma de todos os seres imateriais, que vivem acima de nós", rezou Natacha."
> (TOLSTÓI, 2017, p. 1567).

A situação é mais complexa do que sugere a análise de Uspenski (à qual se refere Bocharov) e a tradução em português. O que é preciso notar, em primeiro lugar, é que, nas edições publicadas quando Tolstói era vivo e, de maneira geral, antes da reforma da ortografia, todas as ocorrências de *mir* tem a grafia [мір], "mundo". Se então o tradutor traduz a primeira exclamação do diácono, "*mirom gospodu pomolimsiá*" [міром господу помолимся], por "oremos em paz", é que ele corrige de um certo modo Tolstói a fim de traduzi-lo conforme o texto grego; e, de fato, o texto grego diz: "*en eirḗnē toũ kỳriou deēthō̃men*" [ἐν εἰρήνῃ τοῦ κύριου δεηθῶμεν], portanto: "em paz, oremos ao Senhor". Mas, segundo a ortografia, *mirom*, instrumental adverbializado de *mir*, deve ser entendido como "junto, de maneira a formar um mundo". O diácono, segundo Uspenski (a quem se refere Bocharov), dirige-se à comunidade que ora enquanto ela é uma totalidade unânime, ou seja um mundo. Natacha, por seu lado, não transpôs "paz" em "mundo" como sugere a tradução, mas tira do "mundo" a ideia do amor que nos orienta em direção à "paz". A segunda exclamação do diácono ("*o snisnem mire i o spasseni dus nachir*" [о свысшем міре и о спасений дус наших]) é fiel ao original grego – apesar da ortografia – somente se a interpretamos como uma prece pela paz que vem do alto (*anôthen* [ἄνωθεν]). Mas Natacha imagina orar para os espíritos que constituem o mundo superior. Entre o diácono e Natacha, não há propriamente um mal-entendido, e não é possível afirmar de maneira conclusiva que Natacha faz um contrassenso. A homofonia, aqui, cria uma ambiguidade que legitima duas interpretações simultâneas que, de alguma forma, completam-se. Uma tal situação só é possível porque os campos semânticos dos dois *mir*, embora esses termos sejam lexicalmente distintos, têm uma intersecção, ou ainda que cada um deles projeta sobre o outro uma aura de conotações.

Os pensadores da *sobornost'* [соборность] insistem nisso, como veremos mais adiante: o mundo é verdadeiramente um *mir* somente quando ele é uma reunião de homens unânimes, unidos entre eles pelo sentimento de pertencimento mútuo, de formar um todo coerente, harmonioso, fundado sobre o acordo entre as partes deste todo e sobre a paz interior de cada um dos indivíduos. É tão forte a influência que o grupo assim constituído exerce sobre seus membros, que esses não têm outro horizonte que esse mesmo grupo: o mundo inteiro é somente a projeção do grupo. O desejo de paz inspira o acordo, ao mesmo tempo estrutura do mundo e condição necessária à sua realização.

Pelo menos esse é o ideal do mundo. Mas *mir* no sentido de "mundo" incorporou, na língua russa (e já tinha incorporado no velho eslavo), todos os valores que são aqueles do grego *kósmos*, do latim *mundus*, do francês *monde* e do alemão *Welt*. O "mundo" é também o que é "mundano", o domínio do secular, do profano, do mundo inferior, por oposição ao mundo espiritual, ao mundo superior. O *obmirtchenie* [обмирщение] é o fato de "mundanizar", de entrar em acordo com as forças desse "mundo": os velhos-crentes criticam a Igreja que aceita as reformas desejadas pelo Estado, no século XVII, de "ceder ao mundo" (sobre a atitude da Igreja face ao mundo "mundano", cf. BULGÁKOV, *Pravoslavie: očerki učenija pravoslavnoj Cerkvi* [A ortodoxia: notas sobre a doutrina da Igreja ortodoxa], p. 348).

Aqui ainda o romance de Tolstói nos oferece um exemplo da posição paradoxal que um escritor pode assumir, dessa vez, não mais somente da homonímia dos dois *mir*, mas da polissemia de *mir* "mundo". Nós retomamos as análises de Bocharov antes que a invasão dos exércitos napoleônicos colocasse a Rússia em guerra; alguns dos personagens principais levavam na sociedade, no "mundo" (*v miru* [в міру]), uma "vida mundana" (*mirskaiá jizn* [мірская жизнь]) que lhes era ao mesmo tempo difícil e artificial. Pierre Bezukhov se afunda e se desonra "no mundo" e se censura por ser um "homem do mundo" (*mirskoi tchelovek* [мірской человек]). Do mesmo modo, Nicolas Rostov encontra a paz somente quando ele se distancia da "vida mundana", isto é, nesse caso, da vida civil, e une-se ao seu regimento que lhe parece como um monastério, a imagem de um mundo puro. O que é causa da insatisfação e de mal-estar no mundo mundano da vida profana é o fato de que ele é dispersão, desordem, incoerência. Esse mundo social e secular (*mirskoi* [мірской]) se opõe ao mundo mundial ou cósmico (*mirovoi*) do qual os heróis podem ter a intuição, nos momentos de solidão total propícios à percepção mística, da unidade do universo. O mundo como cosmos se opõe ao mundo da sociedade profana como o céu se opõe à terra, mas também como a harmonia da totalidade se opõe à fragmentação e ao caos. Dito de outro modo, o mundo é um cosmos no momento em que ele é acordo. O fato considerável, para a estrutura do romance *Guerra e paz*, é que esse mundo em acordo, fundado sobre a amizade e portanto a paz entre os elementos que o constituem, revela-se aos personagens quando a guerra acontece: para afrontar os sofrimentos da guerra, a sociedade rejeita as dissensões, as mesquinharias e, fundamentalmente, os egoísmos da mundanidade profana para formar aqui embaixo uma comunidade espiritual que seria à imagem do mundo cósmico; ou ainda os indivíduos sentem que eles pertencem diretamente à totalidade cósmica e seu ser mundano, suas determinações sociais são abolidas. Vemos como, no título *Voiná i mir* [Guerra e paz], *mir* não significa somente "paz" mas se refere também ao "mundo" e aos contrastes entre o mundo profano e o mundo cósmico identificado ao mundo espiritual.

Mas afirmamos a existência, em indo-europeu, de outras raízes *mi- que permitem traçar, para *mitra- (e então para *mir*), outras linhagens semânticas: um *mi- "atar" nos levaria a compreender *mitra- como um "elo", um elo material inicialmente, e secundariamente elo como obrigação constitutiva de um contrato. O grego *mitra* [μίτρα] "cinto" seria um empréstimo a uma forma iraniana que teria conservado esta acepção concreta (cf. CHANTRAINE, 1999, *s.v.* "Frisk"). Alguns etimologistas falam também de uma raiz *mi- que estaria na origem do sânscrito *mayas* "doçura" e do eslavo oriental antigo *milŭ* "amável" (MEILLET, 1905, p. 414). Esta última etimologia faria do indo-iraniano *mitra uma "amizade" muito mais afetiva que aquela que resultaria seja de uma obrigação em forma de elo, seja de trocas regulamentadas por contrato (cf. GONDA, 1973, p. 71; rejeita a ideia que *mitra-* seja um termo para "contrato").

Essas especulações sobre a etimologia última de *mitra* não são estranhas à análise mais ou menos explícita, mais ou menos refinada, que os autores russos fazem dos termos *mir* "paz" e *mir* "mundo". Florensky (1975, p. 20) afirma claramente que os dois *mir* são indissociáveis, no sentido de que "a ideia do *mir*, do mundo, está fundada sobre a noção de concordância das partes, de harmonia, de unidade. O mundo é um todo coerente, ele é o *mir* dos seres, das coisas e dos fenômenos que ele contém". Dito de outro modo, a paz e a concordância sendo a condição do mundo, o mundo sendo o espaço constituído pela paz, é a acepção "paz" (ordem, harmonia, coerência) que é primeira. Essa ideia é subjacente às doutrinas que afirmam que a *sobornost'* (conciliabilidade) é o fundamento do mundo humano, e que esta *sobornost'* é uma expressão do amor como realização de um princípio interior, sobrenatural e que prevalece sobre a natureza empírica: é o princípio da verdade divina. E inversamente:

> [...] o princípio de verdade (*pravda* [правда]) que é fundamento da sociedade como comunidade (*obschestvo* [общество]), o princípio de submissão das paixões humanas e das tendências naturais à vontade e à força de Deus, se realiza necessariamente como amor (*liubov* [любовь]), total unidade interior do ser humano, unidade sem a qual são impossíveis a união e a coordenação que determinam empiricamente a natureza da comunidade (FRANK, 1988, p. 187).

Para Frank, sabemos, esta comunidade verdadeira, "este organismo espiritual é isto que se estende – no sentido mais profundo e mais geral – sob o nome de Igreja (*tserkov* [церковь]). Do mesmo modo, chegamos à afirmação de que, no fundamento de toda comunidade, enquanto meio e princípio criador desta comunidade, há necessariamente a Igreja" (FRANK, 1988, p. 187). De modo que "o mundo deve se fundir completamente na Igreja [...]. O mundo inteiro deve se tornar completamente mundo em Deus, mas Deus não pode tomar lugar completamente no mundo" (FRANK, 1988, p. 198-199). A vida social é feita de uma luta constante entre o princípio de solidariedade e o princípio de liberdade individual, entre o poder (*vlast* [власть]) que protege os interesses do todo e as tendências anárquicas, entre as forças centrípetas e as forças centrífugas [...]. É somente quando esses dois princípios se apoiam sobre um terceiro princípio [...] o serviço de Deus, o serviço da verdade absoluta, que eles entram em acordo e se conciliam duradouramente" (FRANK, 1988, p. 197).

O mundo social se torna comunidade, o *mir* do mundo mundano se torna Igreja, somente quando essa reconciliação, que é uma pacificação (*primirenie* [примирение]), se realiza. Observemos, para retomar a questão do sentido original de *mir*, que, se a harmonia do todo é uma forma e uma consequência do amor que as partes constitutivas desse todo têm por Deus, não saberíamos interpretar esse vínculo social como um sistema de trocas reguladas por contrato. Do mesmo modo, os teóricos da *sobornost'* reivindicam, com muita insistência, a oposição que faz Tonnies entre *Gemeinschaft* e *Gesellschaft* (ver SOCIEDADE CIVIL, quadro 1). É evidentemente na sociedade como *Gesellschaft* que as partes se ajustam entre elas por efeito de leis ou de forças que se impõem a elas e lhes são de alguma forma exteriores. Na *Gemeinschaft*, ao contrário, a unidade é interna, e a solidariedade, orgânica. Mas, de fato, diz ainda Frank, tratando-se de uma sociedade humana, mesmo sob o ajuste externo próprio à *Gesellschaft*, identifica-se a presença da solidariedade interna que caracteriza a *Gemeinschaft*. Retomando o ensinamento de Aleksei Khomiakov sobre a natureza da unidade da Igreja, Frank afirma que a *sobornost'* é fundada sobre a relação de amor (FRANK, 1988, p. 115). Se o ideal é fazer com que o mundo humano seja fundado na Igreja, pelo efeito de uma pacificação, é preciso também reconhecer que o princípio do amor ou de solidariedade orgânica é indispensável, mesmo se ele é invisível, a toda sociedade (FRANK, 1988, p. 103).

III. "MIR", COMUNIDADE CAMPONESA E UTOPIA – ESLAVÓFILOS E SOCIALISTAS

O tema da *sobornost'*, que implica uma reflexão sobre as relações entre o componente "paz" e o componente "mundo" da noção unitária de *mir*, inclui também as considerações sobre uma terceira acepção dessa palavra: o *mir* como nome de uma instituição específica, a comunidade camponesa, dita também *obschina* [община]. A realidade que corresponde a *mir* segundo esse sentido foi o objeto, entre 1840 e 1930, de batalhas de ideias que se referiam diretamente às características e portanto aos destinos da sociedade russa, e abordavam enfim a natureza do vínculo social e o estatuto do político. Antes de indicar brevemente o que está em jogo nessas discussões, é preciso notar que, em todos os dicionários, o *mir* "comunidade camponesa" está presente como um aspecto de *mir* "mundo", o que confirma a ortografia dessa palavra antes da reforma: cada "comunidade camponesa" é por si própria um mundo, um todo cuja coesão é assegurada por costumes de solidariedade extremamente potentes. É esse *mir* "comunidade camponesa" que Toporov tem em mente nas suas observações sobre a etimologia desse termo: "O deus Mitra é aquele que reúne os homens em uma estrutura social, um *mir*, poderíamos dizer, emprestando um vocábulo à tradição social russa" (TOPOROV, 1969, p. 19). Essa maneira de definir o grupo desejada por Mitra leva em consideração, diz Toporov, o "vínculo material" (quer dizer, "etimológico") entre o nome indo-iraniano **mitra* e o russo *mir*.

De que tipo de coletividade-totalidade se trata no *mir* camponês? Os intelectuais só se deram conta da importância desta forma de organização social após a publicação pelo viajante alemão Haxthausen dos resultados de sua pesquisa sobre o regime agrário da Rússia (cf. HAXTHAUSEN, 1847-1852). Os eslavófilos quiseram reconhecer no *mir* descrito por Haxthausen o *mir* encontrado nos textos jurídicos da Rússia Kievana (em particular a *Russkaiá Pravda* do século XIII). Desde 1856, Tchitcherin mostrou que existia aí um erro: na Rússia Kievana, os camponeses de uma comunidade (no sentido de circunscrição territorial) formavam um *mir*, isto é, reuniam-se periodicamente para designar seus magistrados, que tinham sob sua responsabilidade a polícia e as relações entre a comunidade e o mundo exterior, o príncipe e os senhores territoriais (cf. ECK, 1968, p. 260).

Ainda que o *mir* kievano tenha tido também que gerir as terras ainda não atribuídas, o camponês podia dispor a seu critério das terras que ele explorava. Por outro lado, o *mir* examinado por Haxthausen é o verdadeiro detentor (senão proprietário) e distribuidor da terra onde trabalham os camponeses (cf. ECK, 1968. p. 550).

Segundo Kliuchévski, os traços característicos desse *mir-obschina* – igualdade obrigatória dos lotes dados a cada família; domínio completo da comunidade sobre o camponês; caução solidária da comunidade para o pagamento do imposto – existiram somente a partir do século XVII (KLIUCHÉVSKI, 1957, p. 297 *et seq.*).

* Ver Quadro 2.

O *mir* camponês foi um tema ideológico, senão filosófico, extraordinariamente vivaz e fecundo no pensamento russo da segunda metade do século XIX. A defesa e a explicação do *mir* é um dos principais temas da corrente eslavófila.

2 A história do "mir"

Qualquer que seja sua antiguidade, e quaisquer que sejam as variações e as obscuridades dos códigos agrários antes e depois da abolição da servidão em 1861, a comuna aparece como a forma de organização natural da vida camponesa. É uma espécie de ditado entre os camponeses da planície russa: "a terra é do *mir*" (*zemliá mirskaiá* [земля мирская] (cf. LEWIN, 1987, p. 113; para uma análise dos debates jurídicos em torno do *mir*, ver LEWIN, *ibid.*, p. 102-112).

A função principal do *mir* é a redistribuição periódica das terras entre as famílias, segundo a força de trabalho que cada família dispõe, ou ainda segundo o número de bocas a nutrir. Uma preocupação de justiça igualitária levada ao máximo conduzia o *mir* a levar em conta, na alocação das porções de terra, a qualidade do solo, a configuração do terreno, a distância em relação ao vilarejo. Era necessário, além disso, aceitar todas as regras inerentes à prática trienal da rotação das culturas, aplicável ao conjunto das terras da comuna. Cada família recebia assim um lote composto de partes muito estreitas, dispersas, frequentemente impraticáveis para as charretes, mas a distribuição à qual se chegava era rigorosamente, minuciosamente, igualitária.

As terras associadas a cada família não formavam um só bloco, mas consistiam em partes envolvidas por outras partes pertencentes a outras famílias. A todo momento, o trabalho era necessariamente coletivo. A repartição dos lotes resultava de decisões tomadas depois de tumultuosas discussões mas sempre de maneira unânime pelos chefes de família no momento das assembleias gerais (*skhod* [сход]). O sistema do *mir* foi ainda reforçado depois da reforma de 1861: é com efeito ao *mir* que é atribuída a tarefa de comprar e em seguida de gerir as terras que os proprietários fundiários tiveram que ceder aos camponeses libertados.

Mas, aos olhos de muitos economistas e políticos, o *mir* era um obstáculo insuperável para o desenvolvimento da agricultura e portanto à modernização capitalista da Rússia. As reformas de Piotr Stolipin, depois da derrota da revolução de 1905, tinham por objetivo romper a estrutura da comuna e favorecer a emergência de uma classe de camponeses proprietários, decididos a se enriquecerem, a tomar iniciativas, a trabalhar duro e a fazer trabalhar uma mão de obra assalariada.

As reformas foram um sucesso em uma larga medida: às vésperas da Revolução de 1917, quase a metade das famílias camponesas da Rússia da Europa tinham deixado seu *mir* e os camponeses tinham se tornado os exploradores individuais. Mas as mudanças em consequência da guerra civil e do movimento que deu origem à reforma de 1918 ("a terra aos camponeses") fizeram com que o *mir* se reconstituísse, e que um bom número de camponeses que tinham partido de suas comunas aí voltassem. Durante mais de uma década, o poder soviético deixou subsistir o *mir*, ao mesmo tempo em que se esforçava em atiçar a luta de classes no vilarejo e em favorecer os *sovietes* de camponeses pobres.

É somente com a coletivização geral (eliminação dos *koulaks*, instauração dos *kolkhozes* e dos *sovkhozes*) no início dos anos 1930 que o *mir* desapareceu (sobre a vitalidade do *mir* durante os primeiros anos do regime soviético, cf. PASCAL, 1969, p. 21, p. 29-44, p. 97; LEWIN, 1966, p. 79-87).

Assim Ivan Kireiévski vê no *mir* uma sociedade cuja coesão é assegurada por um vínculo fundamentalmente moral. A Rússia de outros tempos, a *Rus* autêntica, não alterada pelas reformas imitadas do Ocidente, era unida por esse vínculo moral "em um único vasto *mir*, uma nação onde a fé, a terra e os costumes eram comuns a todos" (KIRIÉVSKI *apud* WALICKI, 1975, p. 143). O *mir* é uma unidade fundada sobre a adesão íntima dos indivíduos e sobre a força integradora da religião e das convicções morais compartilhadas; ao contrário, a organização imposta por uma lei externa, as relações sociais resultantes de contratos racionais acompanhados de garantias legais são, para Serguei Aksákov, artificiais e ruins. Uma esfera autônoma do jurídico e do político existe: ela está inteiramente nas mãos do monarca e do Estado. Ela é exterior à vida do povo tal como ela se organiza, segundo sua verdade interior, na comunidade do *mir*; a liberdade que ele precisa defender não é o poder para o povo intervir nas questões políticas, é o direito de ser livre da política (WALICKI, 1979, p. 96).

O *mir* é, exatamente como a Igreja da qual ele é o análogo na sociedade, uma forma de vida comum que combina unidade e liberdade e cuja lei é o amor (cf. WALICKI, 1975, p. 197, citando Khomiákov). Os eslavófilos não são os únicos a exaltar o *mir*. No campo dos adversários da autocracia, daqueles que sonham com uma Rússia democrática e são inspirados, em uma larga medida, pelas doutrinas e os movimentos revolucionários da Europa ocidental, vemos Alexandre Herzen descobrir ele também, a partir de 1846, primeiro a importância, depois o valor positivo do *mir*. O *mir* não é somente isso que persiste de uma ordem pré-capitalista. Ele é também o germe e o modelo de uma organização socialista da Rússia inteira. Sobre a existência do *mir* se funda a esperança de Herzen, e de seus discípulos "populistas" de que o socialismo pode advir na Rússia sem que ele tenha que passar necessariamente pelo estágio capitalista. Herzen, assim como os eslavófilos, é aterrorizado pelos infortúnios que a revolução industrial e, mais geralmente, o capitalismo infligiram aos povos, mas, contrariamente aos eslavófilos, seu objetivo não é de preservar ou de restaurar as antigas estruturas, ele visa na verdade a "preservar a comunidade e tornar o indivíduo livre".

Essa combinação define seu ideal de "socialismo russo" (cf. MALIA, 1961, p. 336; WALICKI, 1975, p. 169). Ela procede de uma crítica, não somente do capitalismo, mas também da ideia de que somente a sociedade capitalista, engendrando as forças que a destruirão, pode dar origem ao socialismo e que, por outro lado, isto que sucederá ao capitalismo será necessariamente o socialismo. Para Herzen, os caminhos da história não são traçados com antecedência (cf. BERLIN, 1988, p. 211).

Quanto aos adversários do *mir* há, sobretudo a partir de 1861, todos os partidários da transformação da Rússia em um país moderno: funcionários, economistas, empresários. Para eles, o *mir* é uma das principais causas do atraso econômico, social, cultural e, em um certo sentido, moral, da condição russa de camponês (cf. BESANÇON, 1974).

Mas a visão "populista", ou, mais tarde, "socialista revolucionária" do *mir* – que será criticada ainda, nos anos 1920, pelo economista Kaiánov, partidário de uma sociedade fundada sobre a propriedade camponesa familiar (cf. KREMINIOV, 1976, p. 126) –, é sobretudo atacada pelos marxistas: eles rejeitam a utopia de um socialismo sustentado pelas massas camponesas e construído sobre o modelo do *mir*; para eles, é ao proletariado industrial, produto do capitalismo, que cabe a missão, na Rússia como em outros lugares, de dirigir a revolução que realizará a passagem ao socialismo. É preciso lembrar entretanto que a partir dos anos 1860 Marx depois Engels, interrogados pelos populistas russos, sobretudo por Danielson, tradutor do *Capital*, deram em várias ocasiões respostas menos categóricas e mais distantes disso que estava prestes a se tornar a ortodoxia marxista. No prefácio que escreveram, em uma edição russa de 1882 do *Manifesto comunista*, dizem: "Se a revolução russa constitui o sinal de uma revolução trabalhista no Ocidente, de maneira que as duas revoluções se completam, a atual propriedade comunal russa pode se tornar o ponto de partida de uma revolução comunista" (MARX *apud* RUBEL,1974, p. 138).

Em resumo, segundo Marx, este "mundo" fechado, a-histórico e especificamente russo que é o *mir* camponês russo não pode ser salvo e não pode preservar a Rússia do capitalismo se ele não for ele mesmo considerado parte integrante da história de uma revolução propriamente "mundial".

BIBLIOGRAFIA

BERLIN, Isaiah. *Pensadores russos*. Tradução de Carlos Eugênio Marcondes de Moura. São Paulo: Companhia das Letras, 1988.

BESANÇON, Alain. *Être russe au XIXe siècle*. Paris: Armand Colin, 1974.

BOČAROV, S. Le terme *mir* dans *Vojna i mir*. Actes du colloque *Tolstoï aujourd'hui* (Paris 10-13 oct. 1978). Institut d'études slaves, 1980.

BULGAKOV, Sergij. *Pravoslavie: očerki učenija pravoslavnoj Cerkvi* [A ortodoxia: notas sobre a doutrina da Igreja ortodoxa]. Paris: YMCA-Press, 1985.

ECK, Alexandre. *Le Moyen âge russe*. 2. ed. rev. par M. Szeftel, 1933; reimpr. La Haye; Mouton, 1968.

FLORENSKY, Paul. *La colonne et le fondement de la vérité*. Traduit par C. Andronnikof. Lausanne: L'Âge d'homme, 1975.

FRANK, Semen. *Dukhovnie osnovi obschestvo* [As bases espirituais da sociedade]. New York: Posev, 1988.

FRIOUX, Claude. *Maïakovski par lui-memê*. Paris: Seuil, 1961.

GONDA, Jan. Mitra and mitra. The idea of friendship in Ancient India. *Indologica Taurinensia*, I, Turin, p. 71-107, 1973.

HAXTHAUSEN, August von. *Études sur la situation intérieure: la vie nationale et les institutions rurales de la Russie*. Paris: Hachette, 1972.

HAXTHAUSEN, August von. *Studien über die inneren Zustände, das Volksleben und inbesondere die ländlichen Einrichtungen Russlands*. Hanovre-Berlin: Hahn-Behr, 1847-1852. III v.

HELLER, Leonid; NIQUEUX, Michel, *Histoire de l'utopie en Russie*. Paris: PUF, 1995.

IESSIÊNIN, Serguei. *Pólnoe sobranie sotchinenie v semi tomakh*. Moskvá: Naiuka; Golos, 1997.

KLIUCHÉVSKI, Vassili. *Sotchineniá v vosmi tomákh. Tom II. Kurs russkoi istorii*. [Obras completas em oito volumes. V. II: Curso de história da Rússia]. Moskvá: Gosudarstvennoe izdatelstvo, 1957.

KREMNIOV, Ivan (pseudônimo de A. TCHAÏANOV). *Voyage de mon frère Alexis au pays de l'utopie paysanne*. Traduit par M. Niqueux. Lausanne: L'Âge d'homme, 1976.

LEWIN, Moshé. *La formation du système soviétique*. Traduit par P. E. Dauzat. Paris: Gallimard, 1987.

LEWIN, Moshé. *La paysannerie et le pouvoir soviétique 1928-1930*. Paris: La Haye; Mouton et Cie, 1966.

MAÏAKOVSKI, Vladimir. *Vojna i mir* [A guerra e o universo]. Petrogrado: Parus, 1917.

MALIA, Martin. *Alexander Herzen and the birth of russian socialism*. Cambridge (Mass.): Harvard University Press, 1961.

PASCAL, Pierre. *Civilisation paysanne russe*. Lausanne: L' Âge d'homme, 1969.

RUBEL, Maximilien. *Marx, critique du marxisme: essais*. Paris: Payot, 1974.

TOLSTÓI, Liev. *Guerra e paz*. Tradução de Rubens Figueiredo. São Paulo: Companhia das Letras, 2017. E-book.

TOPOROV, Vladímir Nikolaievitch. Iz nabliudenii nad etimologiei slov mifologiceskogo kharaktera [Observações sobre a etimologia das palavras de caráter mitológico]. *Etimologija*, ano 1967, Moscou, 1969.

USPENSKI, Boris Andrieivitch. Vlijanie iaziká na religioznoe soznanie [A influência da língua sobre a consciência religiosa]. *In: Trudi po iázikovim sistemam IV*. Tartu, 1969.

WALICKI, Andrei. *A History of Russian Thought from the Enlightenment to Marxism*. California: Stanford University Press, 1979.

WALICKI, Andrei. *The Slavophile Controversy: History of a Conservative Utopia in Ninetennth Century Russian Thought*. Oxford: Clarendon Press, 1975.

INSTRUMENTOS

CHANTRAINE, Pierre. *Dictionnaire étymologique de la langue grecque*. Nouv. éd. mise à Jour avec un "Supplément au dictionnaire". Paris: Klincksieck, 1999.

DAĽ, Vladímir. *Tolkovi slova jivogo velikorusskago iaziká* [Dicionário abreviado da língua magna russa viva]. 3. ed. Moscou: M. O. Vol'f, 1903-1909; repr. 4 v., Les Cinq Continents, 1954.

FRISK, Hjalmar. *Griechisches etymologisches Wörterbuch*. Heidelberg, Winter-Universitätsverlag, 1960-1972. 3 v.

MEILLET, Antoine. *Le slave commun*. Éd. rev. et augm. A. Vaillant. Paris: Champion, 1934.

MEILLET, Antoine. *Études sur l'étymologie et le vocabulaire du vieux-slave: partie II*. Bibliothèque de l'École des hautes études, 1905.

POKORNY, Julius. *Indogermanisches etymologisches Wörterbuch* [Dicionário etimológico do indo-europeu]. Berne-Munich: Francke, 1959-1969. 2 v.

SREZNEVSKI, Ismaïl. *Materiali dliá slovariá drevnierusskogo iaziká* [Materiais para um dicionário do russo antigo]. Saint-Petersbourg, 1893; repr. Moscou, 1958. 13 v.

VASMER, Max. *Etimologuitcheskii slovar russkogo iázika* [Dicionário etimológico da língua russa]. Moscou: Progress, 1986. 4 v.

VASMER, Max. *Russisches etymologisches Wörterbuch*. Heidelberg: Winter, 1953-1958. 3 v.

MORAL SENSE

[inglês] (pt. *senso moral, sentido moral*)
Fabienne Brugère
Tradução: Isabela Pinho | Revisão: Juliana de Moraes Monteiro

| fr. | *sens moral* |
| al. | *sittliches Bewusstsein* |

➤ SENSO/SENTIDO, INGLÊS, COMMON SENSE, CONSCIÊNCIA, PERCEPÇÃO, PRÁXIS, LAW

Pode-se datar de Shaftesbury e mais ainda de Hutcheson a invenção e o uso filosófico de moral sense. De um modo geral, a tradição de uma filosofia do senso moral se constitui na filosofia anglo-escocesa do século XVIII. O senso moral associa a compreensão da moralidade a uma sensibilidade moral. Ele consiste em um conjunto de disposições inatas. Ele é também um olhar de aprovação ou de desaprovação diante de uma ação. Entretanto, o recurso ao termo "senso" permite conceber um papel da razão prática, uma atividade moral que é muito mais do que uma faculdade de perceber o bem ou o mal.

A expressão *moral sense* é uma invenção bastante recente. Surgida no léxico do discurso filosófico, é geralmente atribuída a Shaftesbury, em *An Inquiry Concerning Virtue* [Uma investigação acerca da virtude] (1699/1711). A noção se torna muito disputada no século XVIII. É menos solicitada nos debates da filosofia moral contemporânea e utilizada sobretudo na língua corrente. De uma pessoa que possui princípios certos sobre o bem e sobre o mal, pode-se dizer, tanto em inglês como em português: "*a man with a developed moral sense*", alguém que tem um senso moral desenvolvido.

Se as acepções filosóficas e comuns de *moral sense* sempre designam uma certa presença no homem da moralidade, elas remetem mais a um conjunto de problemáticas morais do que a uma posição doutrinal única.

Em primeiro lugar, *moral sense* é constituído para tomar partido do naturalismo em moral; *moral sense* designa um conjunto de disposições inatas à moralidade, uma capacidade anterior a todas as convenções. Essa relação com o discernimento do bem e do mal toma a forma de uma faculdade de perceber a qualidade moral das ações, um *sense*. De acordo com Thomas Burnet, existe no homem uma consciência natural do bem e do mal que pode ser compreendida com um senso moral: "eu entendo por consciência natural uma sagacidade natural para distinguir o bem e o mal morais, ou uma percepção e senso próprios do bem e do mal [*I understand by natural conscience a natural sagacity to distinguish moral good and evil, or a different perception and sense of them*]" (*Remarks on Locke*, p. 63).

A existência de uma sensibilidade natural à moralidade é, de alguma maneira, reforçada na definição de *moral sense* de Hutcheson. O senso moral não serve para realizar uma boa ação, mas para ser sensível às qualidades morais de uma ação e para aprová-las. Hutcheson propõe uma moral do espectador e não do agente: *moral sense* designa uma percepção que se torna aprovação ou desaprovação de uma ação: "uma Determinação de nossas mentes para receber as simples Ideias de Aprovação ou Condenação, a partir das ações observadas [*A Determination of our minds to receive the simple Ideas of Approbation or Condemnation, from Actions observed*]" ("An Inquiry...", p. 269).

No entanto, ainda é o caso de afirmar que, nessas perspectivas, *moral sense* está ligado, sobretudo, a uma receptividade da mente humana nas questões práticas. Não haveria também nessa expressão a possibilidade de exercer a atividade de uma razão moral por meio de uma intervenção do homem sobre suas próprias ações? Assim, em Shaftesbury, *moral sense* designa uma capacidade de formar representações adequadas ao bem. *Sense* não se reduz a uma faculdade de perceber; ele é compreendido como um "*reflected sense*" ("senso refletido", *Characteristics...*, v. 2, p. 28), uma instância de controle e de exame das representações morais. "*Moral sense*" e, com mais frequência, "*sense of right and wrong*" [senso do certo e do errado] constituem uma afecção de segunda ordem, ou ainda uma disposição da mente para examinar as sensações, as ações ou as paixões recebidas. O homem "é capaz de dispor de um Senso do Certo e do Errado; um Sentimento ou Juízo daquilo é feito através de uma Afecção justa, equilibrada e boa [*is capable of having a Sense of Right and Wrong; a Sentiment or Judgement of what is done thro just, equal, and good Affection*]" (*Characteristics...*, v. 2, p. 31). O senso moral é uma razão fundada sobre a naturalidade perceptiva das ações e das paixões.

Hoje, as propostas críticas de Charles Taylor sobre o naturalismo moral pouco evocam o lugar do senso moral. Elas giram, antes, em torno do papel da epistemologia naturalista, cujo modelo incita a procurar "critérios" da moral. Em oposição a essa abordagem, Taylor invoca a necessidade de recorrer às intuições morais, àquilo que motiva moralmente, sem convocar o senso moral, que é, entretanto, uma maneira de apreender a moral independentemente das ciências (TAYLOR, *Philosophical Arguments*, "Explanation and Practical Reason").

BIBLIOGRAFIA

BURNET, Thomas. *Remarks on Locke* [1699]. Ed. G. Watson Doncaster. London: The Brynmill Press, 1989.
HUTCHESON, Francis. An Inquiry into the Original of our Ideas of Beauty and Virtue. *In*: *Two Treatises, I. Concerning Beauty, Order, Harmony, Design*; II. *Concerning Moral Good and Evil*. 5. ed. London, 1753. [Ed. fr.: traduit par A.-D. Balmès. Paris: Vrin, 1991].
SHAFTESBURY, Anthony Ashley Cooper. *Characteristics of Men, Manners, Opinions, Times* [1711]. Hildesheim; New York: Olms, 1978. v. 2: An Inquiry concerning virtue.
TAYLOR, Charles. *Argumentos filosóficos*. Tradução de Adail Ubirajara Sobral. São Paulo: Loyola, 2000.
TAYLOR, Charles. *Philosophical Arguments*. Cambridge (Mass.); London: Harvard University Press, 1995.

PEOPLE
[inglês] (pt. *pessoas, povo*)
Sandra Laugier
Tradução: Bruno Albarelli

| fr. | *le peuple, les gens* |

➢ PEUPLE, AGENCY, INGLÊS, BEHAVIOUR, COMMON SENSE, LIBERAL, POLÍTICA

A ambiguidade do termo inglês people, *entre seu uso referindo-se a uma unidade indivisível ("o povo" como "a gente") e aquele referente a uma pluralidade ou federação de indivíduos – até sua dissolução em uma pluralidade impessoal ("as pessoas") – é particularmente interessante, os dois usos se sucedendo e até coabitando na língua inglesa filosófica e política. A passagem para a língua americana é ainda mais significativa do que em outros casos, pois o duplo uso da palavra e a transformação de seu sentido desempenham um papel central na definição do poder político, quando do estabelecimento dos princípios federalistas no momento da Revolução Americana.*

I. "PEOPLE": SINGULAR E PLURAL

No inglês antigo e clássico, povo é originalmente sinônimo de *folk* (palavra associada a "raça, nação, tribo"; cf. al. *Volk*) e constitui, em seu sentido imediato, uma unidade.

A evolução do uso do termo é marcada no plano gramatical pela passagem ao plural na conjugação do verbo do qual *people* é sujeito (*people say, people want*). Justamente, essa é uma possibilidade específica do inglês, *the people* podendo ser tanto um singular quanto um plural. No inglês clássico, particularmente no campo da filosofia política (Hobbes, por exemplo), *people* constitui uma unidade ("*the safety of the people, the soveraign and his People*", *Leviathan*, cap. 2, p. 30), o *corpo* de cidadãos, que pode ser dividida em partes. Mas o termo coexiste com o uso comum e mais amplo de *people* como plural, significando algo como "pessoas, gente" ("*people are to be taught*", ibid.). Por vezes, também encontramos um plural *peoples* ("*the common-peoples minds*", *loc. cit.*) que bem mostra a indeterminação do termo. Esses fatos linguísticos tornam particularmente complexa a definição da relação entre indivíduo e povo, a palavra *people* referindo-se tanto a uma unidade quanto a um conglomerado plural.

A isto, junta-se outro sentido, este não específico (ver POVO), de *people* como classe oprimida ou em relação de inferioridade, sentido que tem as mesmas dimensões (ao mesmo tempo reivindicativas e de menosprezo) que o termo em português. Notar-se-á que um sentido novo e curioso apareceu em inglês, que inverte radicalmente o anterior: *people* no sentido de pessoas célebres, cf. a revista *People*.

II. "PEOPLE" E A INOVAÇÃO AMERICANA

Essa ambiguidade singular/plural está relacionada com a afirmação do povo como, ao mesmo tempo, uno e múltiplo, como indica claramente a expressão *We the people*. Assim, lemos no início da Constituição Federal de 1787: "Nós, o povo dos Estados Unidos, no intuito de formar uma união mais perfeita, ordenamos e estabelecemos a presente Constituição" ("*WE, THE PEOPLE of the United States, in order to form a more perfect Union* [...] *do ordain and establish this CONSTITUTION*"). O povo, em Madison e Hamilton (cf. *The Federalist Papers*) é, de fato, o "corpo" do povo ("*the great body of the people*", HAMILTON; MADISON, *The Federalist Papers*, n. 39 e n. 46), e é nele que reside a única fonte de soberania: "O edifício do Império americano deve repousar sobre a base sólida do consentimento do povo" ("*the consent of the people*", ibid., n. 22). "A autoridade suprema reside apenas no povo" ("*the ultimate authority resides in the people alone*", ibid., n. 46). A questão desse consentimento está na base de toda a reflexão americana específica sobre a democracia: como conceber o consentimento do povo, quer dizer, de cada um, à sociedade? Esse problema está ligado à ambiguidade de *people*, que os federalistas paradoxalmente resolverão propondo uma dupla definição: o povo pode ser um conjunto de "indivíduos que compõem uma nação inglesa única", ou um conjunto de indivíduos "que formam Estados ingleses distintos e independentes". A organização política se define como composta (*compound*), dividindo-se em um poder federal e nacional, o povo permanecendo como autoridade suprema, que delega seu poder.

Hamilton e Madison (cf. *The Federalist Papers*, n. 46) insistiram particularmente sobre essa soberania absoluta do povo, que é o "superior comum" do governo geral e dos governos dos Estados e, portanto, "fonte de todo poder". Assim se afirma "o grande princípio do direito originário do poder que reside no povo". Wilson diz: "O povo dos Estados Unidos dispõe agora de seus direitos primitivos e os exerce", e ele é o único a *delegar* (*delegate*, *The Federalist Papers*, n. 23) seus poderes. "Todo o poder", segundo os federalistas, "reside no povo, não no governo dos Estados." A tão alardeada base atual do federalismo, a mescla do poder político, não é, portanto, separável da ideia de delegação de poder pelo povo, que tem "autoridade de delegar poder a seus agentes e de formar um governo em que a maioria pensa que contribuirá para sua felicidade", o "poder transcendente" do povo sendo competente para formar tal ou tal governo que o povo julgue propício à sua felicidade. A redefinição de *people* mostra-se aqui ligada a uma redefinição daquilo em que consiste uma *constitution*: não se trata da organização definitiva de um poder, podendo o povo retirar a qualquer momento – sem recorrer a uma revolução – sua delegação a um governo defeituoso e rediscutir sua constituição. Então, "nós, o povo, detendo todo o poder, formaremos um governo que acreditamos que garantirá nossa felicidade" (Wilson). A constituição é fundada sobre "o assentimento e a ratificação do povo" (*assent and ratification of the people of America*), mas se trata do povo "não enquanto indivíduos componentes de uma nação inteira, mas enquanto compõem os Estados distintos e independentes aos quais pertencem, respectivamente": "O acordo e a ratificação dos Estados [*the several States*] derivados [*derived*] da autoridade suprema em cada Estado, a do próprio povo [*the authority of the people themselves*]" (*The Federalist Papers*, n. 39).

Assim se cumpre, no projeto federalista, a dualidade essencial de *people*, inscrita na passagem definitiva do singular ao plural (cf. *themselves*). A multiplicidade de interesses (indivíduos) que compõem o povo torna-se compatível com o interesse comum, através da multiplicação dos centros de poder. É esse fenômeno de fragmentação do poder que Gordon Wood definiu como a "desincorporação" (*disembodiment*) do poder (WOOD, *The Creation of the American Republic*, trad. fr. F. Delastre, p. 698). O paradoxo é que o povo exerce sua soberania nessa e por essa mesma desincorporação. Esse fenômeno está claramente ligado, segundo Wood, a uma transformação radical do significado da palavra *people* e, em geral, da relação com a política, com a derrubada dos antigos conceitos *whig*. Os americanos começaram sua revolução considerando o povo como uma entidade homogênea, empenhada contra os governantes. Mas, aos poucos, impôs-se sobre os fatos a ideia de um *people* não homogêneo, sem uma verdadeira unidade de interesse.

Assim, os estadunidenses transformaram o *people* da mesma forma que os ingleses transformaram os governantes um século antes: eles romperam a relação de interesse entre os indivíduos (*ibid.*, p. 697).

Aqui, por fim, torna-se mais clara a questão política da redefinição de *people*. Não podíamos mais definir a política, diz Wood, como luta entre os governantes e o povo: "No futuro, as lutas políticas seriam internas ao povo, elas oporiam diversos grupos e os diversos indivíduos que aspiram criar a desigualdade a partir de sua igualdade" (*ibid.*, p. 703).

Vemos que esse novo sentido de *people* resume a inovação americana em política (mesmo que houvesse muito a dizer sobre suas possíveis perversões, cf. o capítulo final de Wood, que parece deplorar uma desconexão entre o social e o político e, talvez, um empobrecimento duradouro do pensamento político nos Estados Unidos), em seu desejo de realmente implementar a ideia clássica de soberania do povo. Assim, nos Estados Unidos, o *people* fonte do poder – que encontramos no uso do termo no sentido de "eleitorado", ou no campo judiciário com a conhecida expressão do procurador, "*People vs X*" – coabitará com as *people* que possuem interesses comunitários divergentes.

Essa dualidade é tão natural ao sistema democrático americano que não há dificuldade em designar por *the people*, tanto o povo dos Estados Unidos, o povo de um estado, uma forma de comunidade de interesse (*the black people*; *my people*: "meus próximos"), como, simplesmente, "as pessoas" de forma indeterminada e pronominal (*people-in-law*: "sogros"; *people say*: "as pessoas dizem"), e mesmo em linguagem mais familiar: "*he's fine people*", ele é boa gente, é uma boa pessoa.

BIBLIOGRAFIA

HAMILTON, Alexander; MADISON, James. *The Federalist Papers*. [*Le Fédéraliste*. Traduit par G. Jèze. Paris: LGDJ, 1957.

HOBBES, Thomas. *Leviathan*. Ed. C. B. MacPherson. Harmondsworth: Penguin, 1968. [Ed. fr.: *Léviathan*. Traduit par B. Tricaud. Paris: Sirey, 1971].

WOOD, Gordon. *The Creation of the American Republic*. Chapel Hill: University of North Carolina Press, 1969. [Trad. fr. F. Delastre, Belin, 1991].

PERDOAR
Barbara Cassin
Tradução: Victor Maia | Revisão: Juliana de Moraes Monteiro

gr.	*syggignóskein* [συγγιγνώσκειν]
lat.	*ignoscere, remittere*
al.	*vergeben*
ingl.	*to forgive*
esp.	*perdonar*
fr.	*pardonner*

➢ DEVER, MEMÓRIA, THEMIS

Na maior parte das línguas europeias, "perdoar" é, como no português, uma composição de "dar" [port. "doar"] com prefixo intensivo, calcado no modelo do latim tardio perdonare: assim ocorre com to forgive *(inglês),* vergeben *(alemão),* perdonar *(espanhol),* pardonner *(francês), etc. O perdão, como suplemento de dom, escapa à exatidão calculável da culpa e do castigo. Mas é muito mais em termos de conhecimento que a Antiguidade exprime o perdão: o grego* syggignóskein *[συγγιγνώσκειν], como o latim* ignoscere, *são compostos de um verbo que significa "aprender a conhecer" (*gignóskein *[γιγνώσκειν],* noscere*); no entanto, os dois paradigmas são antitéticos: o grego compreende o perdão como um conhecimento compartilhado (*syn, *"com"), enquanto no latim ele deriva do registro da ignorância e da recusa de saber (*in-, *provavelmente privativo). As implicações morais e políticas de cada uma dessas atitudes diferem consideravelmente.*

I. DOM E PERDÃO

Na maior parte das línguas modernas, tanto latinas quanto germânicas, "perdoar" é uma transposição do latim tardio *perdonare*, termo atestado uma única vez (no *Esopo* de Romulus, em torno do século IV). O verbo não é um composto direto de *dare* (lat. "dar"), mas deriva, pelo substantivo *donum*, de *donare* (lat. "fazer doação de", "doar" e, em particular, "estar quite com, isentar de"). O "perdão", como o indica o prefixo intensivo, tem a estrutura de uma consumação ou de um excesso, de um excedente de dom. Assim, faz exceção à calculabilidade da dívida e da justiça, que proporciona o castigo à culpa segundo uma estrita retribuição proveniente da lei de talião.

"Doar", por si só, implica sairmos da igualdade e da reciprocidade; segundo a definição do dicionário francês *Le Petit Robert*, *donner* é "abandonar" alguma coisa a alguém "sem nada receber de volta"; no dicionário *Houaiss*, esse aspecto aparece no caráter "gratuito" da oferta; no *Aurélio*, todavia, não se ressalta essa dimensão. Do mesmo modo, a economia arcaica do dom, realçada por Marcel Mauss, implica uma circulação "dom/contradom" que excede a troca mercantil: "nas coisas trocadas no *potlach*, há uma virtude que força os dons a circularem, a serem dados e a serem restituídos" ("Essai sur le don" [1923-1924] *in Sociologie et Anthropologie*, 1990, p. 214). A munificência do contradom reinicia incessantemente uma nova dívida que perpetua o processo de "dispêndio", para retomar a tematização de Georges Bataille.

Esse excesso constitutivo do dom e de sua sistemática não é, no entanto, da mesma ordem que o do perdão. Em vez de restabelecer um recomeço infinito, o perdão representa antes uma "sentença", exatamente do mesmo modo que uma sentença jurídica. Mas perdoar não é, como punir, restabelecer o equilíbrio das contas; ao contrário, é aceitar liquidar uma conta, mesmo quando ela é deficitária, mesmo que não haja acerto de contas. Remimos uma falta ou erro (*remittere veniam*), como o FMI reme uma dívida, ou como o juiz de aplicação de penas reme uma sanção, "para saldar qualquer conta". É isso que testemunha "a oração dominical" (o Pai Nosso), em que a frase: "Perdoai as nossas ofensas assim como perdoamos a quem nos têm ofendido" traduz o latim contábil: *dimitte nobis debita nostra*, ele mesmo modelado literalmente sobre o grego: *áphes hemîn tà opheilémata hemôn* [ἄφες ἡμῖν τὰ ὀφειλήματα ἡμῶν] (lit. "liquida, deixa ir, nossas dívidas"; cf. *Mateus* 6:12-15).

A não ser que consideremos que, com o perdão, o balanço computável é, no final, alargado. Com efeito, entram em consideração novos elementos inicialmente extrínsecos: o pedido de perdão ("O perdão? Mas eles alguma vez nos pediram perdão?", JANKÉLÉVITCH, *L'Imprescriptible*, p. 50); o arrependimento ("Se [teu irmão] pecar sete vezes ao dia contra ti e sete vezes vier procurar-te dizendo: 'Arrependo-me', tu o perdoarás", *Lucas* 17:4). Todas essas provas de boa vontade, ou de vontade boa, geram de fato uma nova, mas não menos exata, contabilidade: aquela entre pedido e oferta de perdão, que poderá ser qualificada de "abraâmica", e que funciona até nas grandes encenações públicas de arrependimento (RICŒUR, *La Mémoire, l'Histoire, l'Oubli*, p. 607).

Que sentido dar então à perfeição, ao excedente constitutivo do *per-doar*? Pode-se dizer, ainda, que o perdão faz um acerto de contas que não batem? Sim, e pelo menos segundo duas modalidades do excesso. Em primeiro lugar, porque a hipérbole do Evangelho que ordena amar seus inimigos ou dar a outra face produz uma oferta de perdão "absoluta" ou "louca", sempre antecipada em relação ao pedido, que equivale talvez (isso merece reflexão, em todo caso) a uma estrutura de recomeço análoga à do *potlatch*. Em segundo lugar, como Jacques Derrida sublinha, porque há o "imperdoável" e o "imprescritível": o perdão não é verdadeiramente perdão – perfeição do dom – senão quando perdoa o imperdoável, adia o imprescritível (a Shoah, que não se ousa mais fazer acompanhar de um "por exemplo"); somente o perdão impossível seria não computável e conforme ao seu conceito.

1 Os imperdoáveis da história
Felipe Amâncio

"A Shoah, que não se ousa mais fazer acompanhar de um 'por exemplo'". Menos comum que o vocábulo grego "holocausto", que seria muito ocidental, universal, Shoah é a palavra hebraica que resguarda e designa a especificidade do extermínio judeu, sem tradução. Este certamente não se deixa reduzir a um "por exemplo", pois de fato constitui o caso por excesso, o paradigma recente do mal radical, calamidade extraordinária que agencia política e juridicamente o conceito de crime contra a humanidade, e, por conseguinte, a questão da secularização do perdão. Sem questionar a singularidade do acontecimento, sem relativizá-lo como só mais um, mas também sem fechar os olhos para outras atrocidades ocorridas em outros tempos e lugares, retomo essas palavras de Barbara Cassin para lembrar outras ocorrências do imperdoável.

Ainda que possamos localizar empregos anteriores à Segunda Guerra Mundial, desde o tribunal de Nuremberg o conceito de crime contra a humanidade tem por principal referente a Shoah, delito de grandes proporções que extrapola as conhecidas barbáries dos crimes de guerra e precede a conceituação de genocídio, como violação que pode ocorrer em "tempos de paz" (SADAT, 2013, p. 337). Cometidos no globalizado século XX, tais crimes são submetidos a duplo julgamento: dos tribunais internacionais e de certa consciência moral internacional, ou seja, a reprovação difundida mundo afora. Todavia, a monstruosidade que os caracteriza dificulta encontrar a justa medida da punição. Como nota Hannah Arendt (2016, p. 298-299): "É, portanto, bastante significativo, um elemento estrutural no domínio dos assuntos humanos, que os homens não sejam capazes de perdoar aquilo que não podem punir, nem de punir o que se revelou imperdoável". Embora os agentes do genocídio judeu tenham sido julgados, e reparações financeiras pagas ao então nascente Estado de Israel, para a filósofa tal mal extrapola os limites do humano e, portanto, de qualquer perdão possível.

Contudo, é justamente deste impasse em que se detém Arendt que Jacques Derrida continua. Para ele, o perdão não se restringe às possibilidades das condicionalidades (arrependimento, pedido, concessão, transformação), mas se direciona sobretudo ao imperdoável. Mais do que lembrar o polo incondicional, ilimitado da tradição abraâmica do perdão – sem o qual este perde todo sentido –, constantemente obliterado pelo polo das condicionalidades, Derrida quer pensar a efetivação do perdão pela passagem do incondicional ao condicional. O impasse continua, ainda que tenha sido reformulado: o imperdoável não inviabiliza o perdão, mas o conclama, que apenas como impossível pode acontecer.

Se a justiça se mostra ineficaz e o perdão impossível, observa-se que o julgamento de Nuremberg não cessa de inspirar uma série de reivindicações por responsabilização e perdão, tanto de crimes que o sucederam quanto de outras atrocidades que marcam a história e os rumos da humanidade. Exemplos recentes desse espírito de época são os sucessivos pedidos de perdão da Alemanha a Israel pela Shoah, desde Johannes Rau até Angela Merkel; de Emmanuel Macron pelo genocídio de Ruanda; do rei da Bélgica, Filipe Leopoldo, ao atual presidente do Congo, Félix Antoine Tshisekedi Tshilombo, pelo genocídio causado por seu antepassado Leopoldo II no período colonial; mas também Luiz Inácio Lula da Silva pela escravidão negra.

No caso do Brasil, vale ressaltar que o país é fundado por uma série de violências coloniais contra a humanidade, genocídio indígena e escravidão, mas também pós-coloniais contra a natureza, rios, florestas, oceano e seus viventes: ecocídio. A sujeição, porém, não se dá sem entraves, devendo lidar com uma imbatível resistência, quer seja por guerras e revoltas – Confederação dos Tamoios (1554-1567), Guerra dos

Bárbaros (1650-1720), Revoltas do Engenho de Santana em Ilhéus (1789-1828), Revolta dos Malês (1835), Levante dos Jangadeiros no Ceará (1881), para citar algumas dentre as que marcaram a história – quer seja pela recusa de se integrar – aldeamentos e aquilombamentos –, mas também de viver uma vida agrilhoada. Além dessas insurgências históricas e outras menos conhecidas, atualmente reivindicações têm sido cobradas no âmbito internacional, como em 2001 na III Conferência Mundial contra o Racismo, Discriminação Racial, Xenofobia e Intolerância Correlata da ONU, em Durban, África do Sul, na qual o Brasil se mostrou favorável a um pedido formal de desculpas por parte das potências ocidentais envolvidas no tráfico negreiro, mas contrário às propostas de indenização financeira aos países africanos. Tal conferência também foi importante para a implementação de uma série de medidas políticas que visam a superar a desigualdade e o racismo que os negros enfrentam no país (DÖPCKE, 2001, p. 30). Quanto aos indígenas, somente a partir das últimas décadas do século passado, pela conjuntura da Declaração Universal de Direitos Humanos e organizações internacionais como OIT e ONU, é que as denúncias do continuado massacre que enfrentam passam a ser reconhecidas como de genocídio, e os Estados cobrados para extinguir tais práticas (WILL, 2014, p. 63).

A situação em curso suscita questionamentos. Não sendo possível reverter ou punir, muitas vezes o demorado reconhecimento das atrocidades do passado, por uma dinâmica de acusação e responsabilização, propicia pedidos por perdão. Estes podem nunca ser proferidos, mas insinuados por discursos de arrependimento e promessas de reparação, com os quais não se deve confundir. Desse modo, não se trata de contrariar as políticas reparativas ao atentar para as dissimulações e manobras da diplomacia com intuito de escapar de julgamentos e penalidades, mas, como propõe Derrida, de distinguir o perdão mesmo de noções vizinhas como desculpa, relevação, atenuação, anistia, absolvição, prescrição, etc. Retomando o caso do Brasil quanto à escravidão negra e ao genocídio indígena, resta a questão existencial para além de qualquer cálculo de justiça: que sentido há em pedir perdão em nome das vítimas que não comungavam o rito do perdão? Ademais, que sentido há em pedir perdão aos danos causados à natureza? Em vista dessas complexidades, ainda que preferível às incessantes retaliações, deve-se reconhecer a excepcionalidade do perdão, que resiste a qualquer tentativa de sistematização como instrumento de apaziguamento e reconciliação, ou de reparação e justiça.

BIBLIOGRAFIA

ARENDT, Hannah. *A condição humana*. Tradução de Roberto Raposo. 13. ed. Rio de Janeiro: Forense Universitária, 2016.

COSTA, Alex. "Que dívida? Eu nunca escravizei ninguém!": escravidão, trauma cultural e consciência histórica. *Revista História Hoje*, v. 10, p. 140-160, 2021.

DERRIDA, Jacques. Le siècle et le pardon. *Le monde débats*, Paris, dez. 1999. Disponível em: http://hydra.humanities.uci.edu/derrida/siecle.html. Acesso em: 02 maio 2024..

DÖPCKE, Wolfgang. O ocidente deveria indenizar as vítimas do tráfico transatlântico de escravos? *Revista Brasileira de Política Internacional*, v. 44, n. 2, p. 26-45, out. 2001.

GUERRA, Sidney; TONETTO, Fernanda. A construção histórica dos conceitos de crime contra a humanidade e do genocídio. *INTER: Revista de Direito Internacional e Direitos Humanos da UFRJ*, v. 1, p. 1-16, 2019.

SADAT, Leila. Crimes Against Humanity in the Modern Age. *The American Journal of International Law*, v. 107, n. 2, p. 334-377, abr. 2013.

WILL, Karhen. *Genocídio indígena no Brasil*. 2014. 138 f. Dissertação (Mestrado em Direito Internacional Público e Europeu) – Universidade de Coimbra, Coimbra, 2014.

II. PERDÃO E GRAÇA: A VERTICAL TEOLÓGICO-POLÍTICA

Para dar conta da inadequação de todo modelo de troca, mesmo a não comercial, Paul Ricœur optou por sublinhar a "disparidade vertical entre a profundidade do erro e a altura do perdão" (*La Mémoire, l'Histoire, l'Oubli*, p. 594). Essa disparidade vertical, que constitui para ele a autêntica singularidade do perdão, relaciona-se à possibilidade de "desvincular o agente de seu ato": "tu vales mais que teus atos" diria essa "palavra libertadora" (p. 637 e 642; cf. *Mateus* 18:18: "Tudo que ligardes [*alligaveritis*] na terra será ligado [*ligata*] no céu; e tudo que desligardes [*solveritis*] na terra, será desligado [*soluta*] no céu", onde *solvere*, "desligar, dissolver, absolver", traduz o grego *lýein* [λύειν]).

Essa concepção forte é, sem nenhuma dúvida, teológico-política. Há aquele que perdoa, no alto, que possui a faculdade sublime de originar de novo, de recriar; e aquele que é perdoado, embaixo, porque falhou e, golpeado, caiu. "Culpa" de etimologia duvidosa, pode vir do latim *colpus* (golpe, soco), donde o gesto de golpear o próprio peito ao enunciar *mea culpa*; enquanto *fallere*, que deu em francês *faute* (falha e culpa) e *faux* (falso), está geralmente próximo do grego *sphállo* [σφάλλω], "fazer cair" ou do antigo alto-alemão *fallan*, "cair"; e *peccare* significa em primeiro lugar "tropeçar, dar um passo em falso". O saldo de toda conta é um desconto gracioso. Com efeito, somente a graça pode validar a conta errada. Em primeiro lugar, a graça eficaz de Deus, qualquer que seja o seu intermediário ou representante (se o estado de inocência foi perdido com Adão, a "graça do batismo" se substitui a ele, e posteriormente, em caso de pecado mortal, a "graça da penitência"). Depois, sobre esse modelo, ou por ele legitimada, a clemência (do latim *clemens*, "em declive suave") do príncipe, que não é senão a transposição humana da graça divina. Essa condescendência, por vezes insuportável, da graça se exerce em todo caso na disparidade de uma relação dual.

III. PERDOAR: IGNORAR OU COMPREENDER?

Essa disparidade vertical é perfeitamente conforme à concepção do perdão que se exprime no latim clássico. No entanto, ela não é compatível com o perdão grego.

"Perdoar" se diz em latim *ignoscere* – verbo ao qual *venia* ("indulgência, favor, graça") serve de substantivo (*veniam dare, petere*, "conceder, pedir perdão", daí nosso pecado "venial"). Os gramáticos latinos viam em *ignoscere* um composto com prefixo privativo de *noscere*, "aprender a conhecer" (no perfeito *novi*, "conhecer"), como mostra, por exemplo, a glosa *ignoscere*: *non noscere* (LOEWE, *Prodromus*, 409, citado por ERNOUT; MEILLET, *Dictionnaire étymologique*...); mas existe também um verbo *ignorare*, que significa "não conhecer, estar na ignorância de". Portanto, é complexo o jogo entre a ignorância, a negação e o perdão, como aponta, por exemplo, esta frase de Sêneca a propósito de um tapa recebido por Catão: "Ele não se inflamou, ele não vingou o insulto, ele nem sequer o devolveu [*ne remisit quidem*], mas ele negou o fato – havia maior grandeza de alma em não reconhecer do que em perdoar [*majore animo non agnovit quam ignovisset*, com o jogo sobre os dois compostos: *ad-nosco*, "reconhecer, admitir", e *ignosco*]" (*De Constantia Sapientis*, 14, 3). Em todo caso, é certo que o tipo de ignorância da qual depende o perdão latino está ligado à decisão soberana de não guardar na memória, de esquecer, de "anistiar": a mesma anedota relatada no *De ira* (2, 32, 2) termina com as palavras de Catão: "Não me lembro de que me tenham batido [*Non memini* [...] *me percussum*]". Há grandeza de alma e superioridade de visão tanto no sábio que perdoa quanto no soberano, e essa condescendência está inteiramente fundada sobre uma negação de saber.

O *syggignóskein* [συγγιγνώσκειν] grego nos faz entrar em um mundo absolutamente diferente: o perdão, em vez de estar ligado à ignorância ou ao esquecimento, deriva de um saber compartilhado. O verbo significa literalmente "aprender a conhecer com", logo, e em geral, "compartilhar um conhecimento" (que pode ser um erro [TUCÍDIDES, *História da guerra do Peloponeso*, 8, 24, 6]; pode ser o segredo de um complô [APPIEN, *Guerras civis*, 2, 6], e, entre ambos, quando se compartilha o conhecimento consigo mesmo, "ter consciência de" (LÍSIAS, *Discursos*, 9,11); donde: "estar de acordo, consentir" (quando de uma transação ou de um tratado), "reconhecer, confessar" (assim, a Antígona de Sófocles pode dizer: "padecerei, anuindo [reconhecendo, ξυγγνοῖμεν], o meu equívoco" [*Antígona*, v. 926, trad. pt. Trajano Vieira, 2016], ou "*Au milieu de mon supplice, je confesserai que j'étais criminelle*" [Em meio ao meu suplício, confessarei que eu era criminosa] [*in Théâtre*, trad. fr. R. Pignarre, irmãos Garnier, t. 1, 1958]); e, finalmente: "*have a fellow feeling with another*" (LSJ), "perdoar": é o sentido mais corrente entre os trágicos (SÓFOCLES, *Electra*, 257; EURÍPEDES, *Helena*, 1105 e.g.), como também em Platão (*O banquete*, 218b *e.g.*: "todos vós haveis de me ouvir e perdoar o que então foi feito [...]"). Além disso, o substantivo *syggnóme* [συγγνώμη] tem sempre o sentido de "perdão", "indulgência". É compreendendo em conjunto, ou seja, é entrando nas razões do outro, pela ação intelectual e não pela compaixão, que um grego perdoa.

2. Aristóteles: a "*syggnóme*" como compreensão e grandeza de alma

Na *Ética a Nicômaco* (VI, 11), Aristóteles classifica a *syggnóme* no que chama de as "virtudes intelectuais" (*dianoetikás* [διανοητικάς]), por oposição às "virtudes morais", que resultam do caráter, *ethikás* [ἠθικάς] (sobre essa divisão, cf. *ibid.*, I, 13). Ela está ligada à *synesis* [σύνεσις], essa "junção" (do verbo *syníemi* [συνίημι], "lançar em conjunto, aproximar, compreender", com o mesmo prefixo *syn-* que na *syggnóme*) que se traduz por "inteligência"; e ela se define por relação à *gnóme* [γνώμη], à faculdade de conhecer (é evidentemente *gnóme*, como em *syggnóme*) que se traduz por "julgamento" ou "discernimento" e que recobre tanto o "bom senso" e o "senso comum" (este que se exprime por provérbios, *gnómai* [γνῶμαι]) quanto a "intenção" e o "veredito". *Gnóme* e *syggnóme* remetem ambas, não ao justo (*tò díkaion* [τὸ δίκαιον], que reparte segundo a igualdade ou corrige e iguala segundo a proporção), mas à equidade (*he epieíkeia* [ἡ ἐπιείκεια]) que, no coração da justiça, corrige o justo segundo a lei levando em consideração singularidades e casos (V, 14). Uma citação será suficiente para nos fazer compreender como o "perdão" está ancorado na compreensão, no discernimento e numa visão ampla, e também por que temos dificuldade de traduzir.

O que se chama *gnóme,* discernimento ["*sens*", na tradução francesa de J. Voilquin; "*bon sens*", na tradução francesa de Gautier-Jolif] e em virtude do qual se diz que os homens são "juízes humanos" [certos manuscritos trazem *eugnómonas* (εὐγνώμονας), "que têm um bom juízo", trad. J. Tricot] e que possuem discernimento [*ékhein* (...) *gnómen* (ἔχειν (...) γνώμην)], é a reta discriminação do equitativo (*hé tou epieikoús* (...) *krísis orthé* [ἡ τοῦ ἐπιεικοῦς (...) κρίσις ὀρθή)]). Mostra-o o fato de dizermos que o homem equitativo é acima de tudo um homem de discernimento humano [*syggnomonikón* (συγγνωμονικόν)] [na trad. fr. J. Tricot: "*favorablement disposé pour autrui*"; trad. fr. J. Barthélémy Saint-Hilaire: "*l'homme qui, entrant dans le sens des autres, est porté à leur pardonner*"], e de identificarmos a equidade com o discernimento humano [*to ékhein* (...) *syggnómen* (τὸ ἔχειν (...) συγγνώμην)] a respeito de certos fatos. E esse discernimento [*syggnóme*, compreensão/perdão], é aquele [julgamento, *gnóme*] que discrimina corretamente o que é equitativo [ἡ δὲ συγγνώμη γνώμη ἐστὶ κριτικὴ τοῦ ἐπιεικοῦς ὀρθή], sendo o discernimento correto aquele que julga com verdade (*Ética a Nicômaco,* 1143A 19-24).

BIBLIOGRAFIA

ARISTÓTELES. *Ethica Nicomachea*. Ed. I. Bywater. 13. ed. Oxford [1894], 1962. [Ed. br.: *Ética a Nicômaco*. Tradução de Leonel Vallandro e Gerd Bornheim. São Paulo: Victor Civita, 1984. (Coleção Os pensadores)]. [Ed. fr.: *Éthique de Nicomaque*, trad. fr. J. Voilquin [1940], Paris, Flammarion, "GF", 1965; *Éthique à Nicomaque*, trad. fr. R. A. Gauthier et J. Y. Jolif, Louvain-Paris, Publications universitaires-Béatrice Nauwelaerts, 2. ed., 1970; trad. fr. J. Tricot, Paris, Vrin, 7. ed., 1990; trad. fr. J. Barthélémy-Saint-Hilaire. A. Gomez-Muller, Librairie générale française, Le Livre de Poche, 1992].

A caraterística essencial do perdão moderno, assim como da ignorância latina, é invalidada: o *syn* não poderia implicar uma disparidade vertical. Ao contrário, é na horizontalidade de um "com" que depende, não do teológico-político, mas unicamente do político, que atua o perdão/compreensão. A relação não é mais dual, mas plural, implicando um "nós", até mesmo uma cidade, que o perdão redefine. Além disso, o erro não é pensado como uma queda, mas antes como uma "perda ou falha", *hamartía* [ἁμαρτία], *hamártema* [ἁμάρτημα] (de *hamartánein* [ἁμαρτάνειν], "errar o alvo", logo, tanto falhar quanto cometer um erro). Aristóteles sublinha isso a propósito de sua definição da virtude como mediania: "É possível errar (*hamartánein*) de muitos modos [...] mas só há um modo de acertar (*katorthoún* [κατορθοῦν]) [...] e é fácil errar o alvo (*apotykheín toú skopoú* [ἀποτυχεῖν τοῦ σκοποῦ]), difícil atingi-lo (*epitukheín* [ἐπιτυχεῖν])" (*Ética a Nicômaco*, II, 6, 1106b 28-33).

Somos confrontados, portanto, com dois modelos heterogêneos claramente expressos nas palavras: uma concessão diante de uma prescrição, que se conforma a uma negação de saber, própria para saldar uma conta errada e partir novamente do zero; ou uma partilha intelectual que redefine o espaço de um "nós".

BIBLIOGRAFIA

ARENDT, Hannah. *A condição humana*. Tradução de Roberto Raposo. Rio de Janeiro, Forense Universitária, 2008. Ed. fr.: *Condition de l'homme moderne* [*The Human Condition*, 1958]. Traduit par G. Fradier. Paris: Calmann-Lévy, 1961, réed. 1983.

ARISTÓTELES. Ética a Nicômaco. *In*: *Os pensadores, Aristóteles v. II*. Tradução de Leonel Vallandro e Gerd Bornheim da versão inglesa de W. D. Ross. São Paulo: Nova Cultural, 1987.

BATAILLE, Georges. A noção de despesa. *In*: *A parte maldita*. Tradução de J. Castañon Guimarães. Rio de Janeiro: Imago, 1975.

BATAILLE, Georges. *A parte maldita: precedida de "A noção de dispêndio"*. Tradução de J. Castañon Guimarães. Belo Horizonte: Autêntica, 2013.

BATAILLE, Georges. *La Part Maudite. Essai d'économie générale*. Paris: Minuit, 1949, reed. 1967.

DERRIDA, Jacques. Le siècle et le pardon. Entretien avec Michel Wieviorka. *Le Monde des débats*, déc. 1999 [repris in *Foi et savoir*, suivi de *Le Siècle et le Pardon*. "Points Essais". Paris: Seuil, 2000. p. 101-133].

JANKÉLÉVITCH, Vladimir. *L'Imprescriptible*. Paris: Seuil, 1986.

LACOSTE, Jean-Yves. Pardon. *In*: CANTO-SPERBER, M. (Org.). *Dictionnaire d'éthique et de philosophie morale*. Paris: PUF, 1996. p. 1069-1075.

MAUSS, Marcel. *Sociologie et Anthropologie* [1950]. 8. ed. Paris: PUF, 1990.

PLATÃO. *O banquete*. Tradução de Irley Franco e Jaa Torrano. Rio de Janeiro: Ed. PUC-Rio; São Paulo: Loyola, 2021.

RICŒUR, Paul. *La Mémoire, l'Histoire, l'Oubli*. Paris: Seuil, 2000.

INSTRUMENTOS

ERNOUT, Alfred; MEILLET, Antoine. *Dictionnaire étymologique de la langue latine. Histoire des mots* [1932]. 4. ed. augm. Paris: J. André, Klincksieck, 1994.

LE PETIT ROBERT, dictionnaire alphabétique et analogique de la langue française. Ed. J. Rey-Debove et A. Rey. Paris: Le Robert, 2002.

LSJ: LIDDELL, Henry G.; SCOTT, Robert; JONES, Henry S. *A Greek English Lexicon*. 9. ed. Oxford: Clarendon Press, 1925-1940; *A Supplement*, ed. E. A. Berber, 1968.

PERFECTIBILIDADE
Bertrand Binoche
Tradução: Vladimir Vieira

fr.	*perfectibilité*
lat.	*perfectibilitas*
al.	*Perfektibilität, Vervollkommenheit*
ingl.	*perfectibility, improvableness*

➤ BERUF, BILDUNG, DEUS, GLÜCK, HISTÓRIA UNIVERSAL, JE, MUTAZIONE, OIKONOMIA, WORK IN PROGRESS

Se o adjetivo perfectibilis *aparece em 1612, é apenas em 1755 que Rousseau e Grimm impõem o substantivo* perfectibilidade *em francês. O termo vai logo se espalhar imediatamente na Europa da segunda metade do século XVIII, onde se torna objeto de múltiplas refrações que vão frequentemente, contra Rousseau, interpretá-lo como uma tendência necessária à perfeição – tendendo, portanto, a identificar-se ao* aperfeiçoamento [improvement, Vervollkommung]. *É nos anos de 1790 que ele triunfa como "perfectibilidade indefinida", ou seja, como conceito principal das filosofias da história que ocupam o proscênio; diz-se, então, sem maior precisão, "o sistema da perfectibilidade". Esse sucesso parece, todavia, efêmero: por um lado, o Progresso se torna um fato objetivo evidente, e torna-se inútil afirmar a sua condição objetiva de possibilidade; por outro, para poder ser pensado racionalmente, seria necessário que ele não fosse totalmente "indefinido", isto é, ou categoricamente indefinível, ou perigosamente utópico.*

I. DA FACULDADE DE SE APERFEIÇOAR AO APERFEIÇOAMENTO INDEFINIDO

Inicialmente, a *perfectibilidade* aparece como uma "faculdade de aperfeiçoar-se", ou seja, como um tipo de metafaculdade da qual pendem os desenvolvimentos de todas as outras (ROUSSEAU, 1978, p. 154). Suas principais características são as seguintes: 1º ela é própria do homem – tanto do indivíduo quanto da espécie; 2º sua realização é fortuita – ela depende das "circunstâncias"; 3º ela é ambivalente na medida em que torna possíveis as luzes e os erros, as virtudes e os vícios – a atualização da perfectibilidade não significa, portanto, o aperfeiçoamento, pois ela significa que o homem pode "ou aproximar-se da perfeição que sua espécie comporta ou se afastar dela até se degradar" e, de fato, seus primeiros passos "sempre o levaram para longe da natureza" (GRIMM, 1877, p. 492-493); 4º, enfim, ela é "quase ilimitada" (ROUSSEAU, 1978, p. 154).

Na França, nos trinta anos que se seguem, o conceito tornar-se-á objeto de uma extrema sobredeterminação. A intervenção de Helvétius alterará seu estatuto, e depois a sua própria definição. Em 1758, ele remete essa metafaculdade a um princípio de que ela é apenas a consequência, a saber, "a espécie de inquietude que a ausência de impressão produz na alma", ou seja, o temor do tédio (HELVÉTIUS, 1989, p. 263). Em 1773, na recapitulação de *Do homem*, ele inverte a voz verbal; a faculdade reflexiva de se aperfeiçoar se torna, no fundo, a faculdade passiva de "ser aperfeiçoado": "é que o espírito humano, por conseguinte, é suscetível de perfectibilidade e que, enfim, nos homens comumente bem organizados, a desigualdade dos talentos só pode ser um simples resultado da diferença de sua educação [...]" (HELVÉTIUS, 1984, p. 307). O homem é, portanto, perfectível no sentido de que é "dócil" ou "educável", entregue passivamente à ação de seus governantes esclarecidos, conforme um certo materialismo.

Mas é possível também apropriar-se do conceito recusando essa ou aquela de suas caracterizações secundárias. Pode-se, por exemplo, negar que a perfectibilidade seja própria ao homem e fazer dela uma propriedade de todo ser vivente. Ela se torna então um conceito cosmológico, e é exatamente assim que a entende Bonnet em sua *Palingenesia filosófica*: "Um filósofo negará que o animal seja um ser *perfectível*, e perfectível em um grau ilimitado?" (BONNET, 1770, p. 182). Por que, portanto, não conceber que as ostras possam um dia elevar-se até o conhecimento de seu criador? (*ibid.*, p. 200). Mas será igualmente possível negar que a dita perfectibilidade seja ambivalente e ilimitada. Nesse sentido, Voltaire declarará expressamente, em 1765, contra Rousseau: "Ele [o homem] é perfectível; daí concluiu-se que se perverteu. Mas por que não concluir que se aperfeiçoou até o ponto em que a natureza marcou os limites da sua perfeição?" (VOLTAIRE, 2007, p. 61).

A perfectibilidade então já não possui mais muita coisa de uma faculdade subjetiva; ela é absorvida no fato histórico dos progressos humanos, progressos múltiplos e reversíveis. Coube a Condorcet, nos anos de 1780, homogeneizá-los em um único processo irreversível destinado a se realizar na sucessão cumulativa e sem fim das gerações: assim aparece na França a "perfectibilidade indefinida" que é o vetor do *Esboço de um quadro histórico do progresso do espírito humano* (1795) e que Condorcet atribui retrospectivamente ao Turgot de 1750 (CONDORCET, 1847, p. 14). Quando Auguste Comte dissocia cuidadosamente o conceito adequado de "aperfeiçoamento" da "quimérica concepção de uma perfectibilidade ilimitada" (COMTE, 1975, XLVIII, p. 128), é para aniquilar um conceito tanto inútil quanto perigoso: o aperfeiçoamento sem a perfectibilidade é o progresso na ordem.

II. DA "PERFEKTIBILITÄT" [PERFECTIBILIDADE] COMO TENDÊNCIA À PERFEIÇÃO

Na Alemanha, as coisas tomam uma forma completamente diferente, muito mais teológica, e é necessário aqui lembrar-se das palavras de Mateus: "Sede perfeitos, portanto, como o Pai celeste é perfeito" (5:48).

Já em 1756, ao traduzir o segundo *Discurso* de Rousseau, M. Mendelssohn recusa o neologismo e mantém "*Vermögen, sich vollkommener zu machen*" [faculdade de tornar-se mais perfeito] (ROUSSEAU, 1756, p. 61 e 94). Ele justifica isso na longa carta que encaminha, no mesmo ano, a Lessing, em que o *Vermögen* se torna uma *Bemuhung*, um *Bestreben*, ou seja, um esforço, uma aspiração a aproximar-se tanto quanto possível do "modelo da perfeição divina" [*Das Muster der göttlichen Vollkommenheit*] (MENDELSSOHN, 1843, p. 377-378). Assim traduzida, a perfectibilidade se volta contra Rousseau: longe de poder satisfazer-se em ser selvagem enquanto as circunstâncias o permitem, o homem aspira já sempre àquela perfeição da qual Deus é o paradigma. Essa compreensão será certamente decisiva.

Já em 21 de janeiro de 1756, Lessing responde a Mendelssohn recusando sua tradução e a substituindo pelo neologismo "*Perfektibilität*", que entende como "a qualidade de uma coisa graças à qual ela pode tornar-se mais perfeita, qualidade que todas as coisas no mundo possuem e que é necessária à sua perseverança de modo inevitável" [*die Beschaffenheit eines Dinges darunter, vermoge welcher es vollkommener werden kann, eine Beschaffenheit, welche alle Dinge in der Welt haben, und die zu ihrer Fortdauer unumganglich notig war*] (LESSING, 1857, p. 48). Sem dúvida, tratava-se de tentar substituir por uma tradução espinosista da perfectibilidade, compreendida então como pura potência de perseverar em seu ser, a tradução leibniziana proposta por Mendelssohn como princípio interno de uma aspiração contínua e necessária à perfeição, ou seja, a um aperfeiçoamento constante e harmonioso das forças [*Kräfte*] naturais do homem.

Mas foi mesmo a de Mendelssohn que prosperou. De faculdade reativa, a perfectibilidade se torna então uma tendência espontânea, um tipo de instinto eminentemente positivo que não cessará mais de ser contraposto a Rousseau. Em 1764, em *Über die Geschichte der Menschheit* [Sobre a história da humanidade], é justamente contra ele que Isaac Iselin a traduz por "impulso de perfeição" [*der Trieb zur Vollkommenheit*] (ISELIN, 1770, II, cap. 5, p. 161 *et seq.*), de modo a fazê-la dar apoio a uma verdadeira teodiceia da história na qual ela tende a se identificar ao próprio progresso [*Fortschritt, Fortgang*]: naturalmente inclinada à perfeição, a espécie humana está destinada a um desenvolvimento natural onde se sucedem a sensibilidade oriental, a imaginação mediterrânea e, por fim, a razão nórdica. Em 1772, em seu *Versuch über das erste Prinzipien der Moral* [Ensaio sobre o primeiro princípio da moral], J. M. R. Lenz intenta fundar a moral sobre dois grandes princípios: "o impulso de perfeição e o impulso de felicidade" [*der Trieb nach Vollkommenheit und der Trieb nach Glückseligkeit*] (LENZ, 1987, p. 499-514). Também para ele, Rousseau se contradisse ao afirmar que o homem, em essência perfectível, encontra felicidade na quietude do estado de natureza. Na verdade, a felicidade é o estado mais conforme à perfeição, isto é, ao desenvolvimento máximo das forças e das faculdades das quais é naturalmente dotado, a exemplo de todo ser vivente. E, em 1777, no décimo primeiro de seus *Philosophische Versuche über die menschliche Natur und ihre Entwicklung* [Ensaios filosóficos sobre a natureza humana e seu desenvolvimento], J. N. Tetens explicita antropologicamente a perfectibilidade: a *Vervollkommenheit* de Rousseau é demasiadamente indeterminada, sendo necessário ligá-la a uma coisa diferente dela mesma, a saber, à espontaneidade que caracteriza todo ser vivente. A "espontaneidade perfectível" [*perfektible Selbsttatigkeit*], eis então o que caracteriza o homem em seu ponto mais alto, no sentido de que ele é destinado a se tornar autônomo em relação a seu meio mais lentamente, mas também muito mais completamente do que o indivíduo animal (TETENS, 1971, p. 104, p. 120 et *seq.*). É de resto bastante significativo que J. N. Tetens compreenda esse processo como um "impulso de desenvolvimento" [*Trieb zur Entwicklung*] (*ibid.*, p. 122-123): mais uma vez, a perfeição finaliza a perfectibilidade.

É, portanto, sempre o mesmo esquema que se encontra investido em múltiplos campos – histórico, moral, antropológico. Mas vê-se que ele é também sempre ambíguo, pois, se a perfectibilidade se torna essa surda pulsão que leva os homens à perfeição, ela é ainda uma tarefa, uma vocação [*Beruf*], e por isso é tão importante tomar consciência dela de modo adequado. É necessário, portanto, jogar novamente com a voz reflexiva: a perfectibilidade é o dever que o homem possui, como sujeito, de se aperfeiçoar, e o progresso não é então outra coisa senão a realização dessa tendência (obrigação) estendida à espécie. Mas, no século seguinte, quando Hegel, num gesto comparável ao de Comte, recusa a *Perfektibilität* como "algo quase tão indeterminado com o é a mutabilidade em geral", propriamente "sem meta, objetivo" [*ohne Zweck und Ziel*] (HEGEL, 2001, p. 106 [*Die Vernunft in der Geschichte*, 1955, p. 149]), não será tanto como adversário do progresso, mas antes porque recusará deixá-lo em uma indeterminação semelhante à do velho conceito de Providência (HEGEL, 1997, §343, p. 307-308).

III. DA "PERFECTIBILITY" [PERFECTIBILIDADE] À EUTANÁSIA DO GOVERNO

Em 1761 é publicada em Londres, pela Dodsley, a primeira tradução inglesa do segundo *Discurso* de Rousseau (*DOI*, 1755). De início, ela adota *perfectibility* [perfectibilidade] para designar aquilo que se torna uma *faculty of improvement* [faculdade de aperfeiçoamento] (ROUSSEAU, 1761, p. 37-38), e essa opção será retomada pela tradução publicada em 1767, em Londres, pela Becket (ROUSSEAU, 1767, p. 180). Entretanto, e sob a condição de um estudo mais preciso, parece que o termo não se difunde muito até os anos de 1790.

Do lado escocês, ele é manifestamente evitado porque se busca conceber uma história típica das instituições civis que, longe de descartar todos os fatos, resulta ao contrário de sua superposição indutiva: a história natural da humanidade é a abstração das histórias nacionais. A violenta crítica ao segundo *Discurso* que abre o *Essay on the History of Civil Society* [Ensaio sobre a história da sociedade civil], de A. Ferguson (1767), é, sob esse ponto de vista, tão significativa quanto a homenagem solene prestada mais à frente a Montesquieu (FERGUSON, 1966, I, 10, p. 107). Para esquivar-se ao neologismo, ele dirá então que "o homem é passível de aperfeiçoamento e que há nele um princípio de progressão e um desejo de perfeição" [*man is susceptible of improvement and has in himself a principle of progression, and a desire of perfection*] (*ibid.*, I, 1, p. 65, tradução de Pedro Paulo Pimenta e Eveline Campos Hauck), sob a condição de que se compreenda com isso que a pressão fortuita das circunstâncias é indispensável à realização desse princípio. Vemos surgir aí o conceito maior de *improvement*, cuja tradução menos ruim talvez seja "aperfeiçoamento", uma vez que o inglês não constrói um substantivo análogo a partir de perfeição (ao contrário do alemão *Vollkommenheit/Vervollkommung* [perfeição/aperfeiçoamento]). E, no *improvement* escocês, pode-se sem dúvida ouvir também o verbo *to prove* ["provar, experimentar"], pois se trata de um processo fundamentalmente empírico que se efetua por ajustes e reajustes sucessivos às circunstâncias supracitadas. É igualmente difícil reter em português essa dimensão semântica, pois o substantivo *improvement* costuma ser traduzido, como no francês, pelo termo derivado de perfeição, "aperfeiçoamento" (HUME, 2000, p. 22). Entre as alternativas encontradas nas edições brasileiras encontram-se, por exemplo, "avanço" (HUME, 1984, p. 157) e "melhoramento" (HUME, 2000, p. 21).

Para reencontrar algo semelhante àquilo que os alemães elaboram nesse mesmo momento, é necessário, portanto, voltar-se antes para o lado dos dissidentes protestantes ingleses. Quando, em 1767, nas *Four Dissertations* [Quatro Dissertações], Richard Price atribui ao homem uma *natural improvableness* ("perfectibilidade natural"; cf. LABOUCHEIX, 1970, p. 196), ele remete, na verdade, àquilo que Joseph Priestley designará, em seu *Essay on the First Principles of Government* [Ensaio sobre os primeiros princípios de governo] (1768), ao afirmar que a espécie humana é "capaz de um aperfeiçoamento ilimitado" [*capable of an unbounded improvement*] (PRIESTLEY, 1771, I, p. 2). O *improvement* a que *improvableness* remete aqui significa, nesse contexto, um processo absolutamente endógeno que, como tal, carece apenas da ausência de obstáculos para se efetuar: "É uma máxima universal que, quanto mais se dá liberdade a toda coisa que está em estado de crescimento, mais perfeita ela se tornará" [*the more liberty is given to every thing which is in a state of growth, the more perfect it will become*] (ibid., X, p. 258-259). O problema não é, portanto, discernir o curso típico das nações, mas antes afirmar que o progresso humano é obra imanente da sociedade por oposição ao governo: esse último não tem outra tarefa senão instituir as condições que assegurem uma máxima liberdade de discussão, na perspectiva milenar de uma consumação de todas as coisas onde a verdade resplandecerá enfim *in vivo* para aqueles que tenham sabido para ela se preparar. O homem é portanto "perfectível" no sentido de que, a partir de si mesmo, autorizado politicamente e constrangido moralmente ao livre exame, encaminha-se, de verdade em verdade, para a Jerusalém celeste.

Do mesmo modo que na Alemanha, então, a perfectibilidade torna-se uma espontânea tendência à perfeição, de que o progresso [*progress*] é a irresistível manifestação. Ainda como na Alemanha, essa tendência é também um dever de que é necessário tomar consciência. A diferença advém, por um lado, do fato de que o tempo no qual ela se exprime é o de uma franca escatologia; por outro lado, e acima de tudo, do fato de que ela legitima a desvalorização da política como tal: porque os homens são perfectíveis, cabe a eles, e não ao governo, se aperfeiçoar. Quando, em 1793, em seu *Enquiry Concerning Political Justice* [Investigação acerca da justiça política], W. Godwin der preferência ao termo *perfectibility*, será para radicalizar essa última orientação em detrimento da primeira: cabe aos homens aperfeiçoarem-se ao infinito até que possam, neste mundo, dispensar todo governo.

A edição de 1793, ainda alusiva, contenta-se em declarar: "não há nenhuma característica do homem que pareça, ao menos no presente, distingui-lo tão eminentemente, ou ser de tão grande importância em todos os ramos da ciência moral, quanto a perfectibilidade" (GODWIN, 1993, v. 3, I, cap. 6, p. 27). Em 1796, W. Godwin será mais preciso:

> By perfectible, it is not meant that he [man] is capable of being brought to perfection. But the word seems sufficiently adapted to express the faculty of being continually made better and receiving perpetual improvement; and in this sense it is here to be understood (*Ibid.*, v. 4, I, cap. 5, p. 44).

> [Por perfectível não se quer dizer que ele [o homem] seja capaz de ser conduzido à perfeição. Mas a palavra parece suficientemente adaptada para exprimir a faculdade de ser melhorado continuamente e de receber um perpétuo aperfeiçoamento; e é nesse sentido que ela deve ser aqui compreendida.]

É, portanto, continuamente, ou seja, ao mesmo tempo gradualmente, incessantemente e indefinidamente, que o homem, de início como ser racional, em seguida como ser moral, se aperfeiçoará tanto quanto as instituições positivas, entre as quais o governo em primeiro lugar, não o impeçam. É necessário e suficiente dar livre curso a essa tendência à verdade que o caracteriza essencialmente. Mas, aqui, não é mais o caso de ressurreição coletiva; trata-se de uma perfectibilidade absolutamente profana que garante, a longo prazo, é claro, a pura e simples eutanásia do governo: afinal, se os homens são indefinidamente perfectíveis, é porque devem poder um dia, definitivamente na maioridade, governarem-se por si mesmos, sem que seja mais requerida qualquer coerção. Aqui, ainda, a perfectibilidade se abole, portanto, no progresso, e não é por acaso se W. Godwin prefere a expressão "natureza progressiva" [*progressive nature*]; mas o progresso é então a promessa de uma alegre anarquia. Compreende-se que T. R. Malthus tenha reagido imediatamente com violência na primeira edição do *Essay on the Principle of Population* [Ensaio sobre o princípio da população] (MALTHUS, 1996, p. 301-312).

Vê-se que a história do conceito de perfectibilidade é a de uma sobreposição que se operou em dois tempos: foi necessário, inicialmente, transformar a "perfectibilidade" segundo Rousseau em uma tendência espontânea à perfeição da qual poderíamos, em seguida, nos desfazer, em nome do progresso, como de um andaime inútil, talvez incômodo. A perfectibilidade não foi, portanto, o esboço do progresso, mas, ao contrário, aquilo que era necessário ocultar para poder pensá-lo sob suas modalidades totalmente diversas conforme as conjunturas. Não surpreende em nada, portanto, que o neologismo de Rousseau brilhe hoje para nós como um enigma ao qual não cansamos de voltar.

BIBLIOGRAFIA

A BÍBLIA. Coordenação geral de L. Garmus. Petrópolis: Vozes; Santuário, 1982, 1993.
BEHLER, Ernst. *Unendliche Perfektibilität. Europäische Romantik und Französische Revolution* [Perfectibilidade infinita. Romantismo europeu e revolução francesa]. Munich; Paderborn; Vienne: Schöningh, 1989.

BEYSSADE, Jean-Marie. Rousseau et la pensée du développement [Rousseau e o pensamento do desenvolvimento]. *In*: BLOCH, O.; BALAN, B.; CARRIVE, P. (Orgs.). *Entre forme et histoire* [Entre forma e história]. Paris: Méridiens; Klincksieck, 1988. p. 195-214.

BONNET, Charles. *La palingénésie philosophique* [A palingenesia filosófica]. Lyon: Bruyset, 1770. v. 1.

BUCK, Günther. Selbsterhaltung und Historizität [Autoconservação e historicidade]. *In*: KOSELLECK, R.; STEMPEL, W. D. (Orgs.). *Geschichte, Ereignis und Erzählung* [História, acontecimento e narração]. München: Fink, 1973. p. 29-94.

COMTE, Auguste. *Cours de philosophie positive* [Curso de filosofia positiva]. Paris: Hermann, 1975. v. 2.

COMTE, Auguste. *Curso de filosofia positiva*. Tradução de José Arthur Gianotti. São Paulo: Abril Cultural, 1983. (Coleção Os pensadores). Contém trechos selecionados.

CONDORCET. Vida de Turgot. *In*: *Oeuvres* [Obras]. Paris: Firmin; Didot, 1847. v. 5.

CONDORCET. *Esboço de um quadro histórico dos progressos do espírito humano*. Tradução de Carlos Alberto Ribeiro de Moura. Campinas: Unicamp, 2013.

FERGUSON, Adam. *An Essay on the History of Civil Society*. Edinburg: Edinburgh University Press, 1966.

FERGUSON, Adam. *Ensaio sobre a história da sociedade civil: instituições de filosofia moral*. Tradução de Pedro Paulo Pimenta e Eveline Campos Hauck. São Paulo: Unesp, 2020.

GODWIN, William. *Political and Philosophical Writings* [Escritos políticos e filosóficos]. London: Pickering, 1993.

GRIMM, Friedrich Melchior, barão de. *Correspondance litteraire* [Correspondência literária]. Paris: Garnier frères, 1877. v. 2.

HEGEL, Georg Wilhelm Friedrich. *A razão na história*. Tradução de Beatriz Sidou. São Paulo: Centauro, 2001.

HEGEL, Georg Wilhelm Friedrich. *Die Vernunft in der Geschichte*. Hambourg: Meiner, 1955.

HEGEL, Georg Wilhelm Friedrich. *Princípios da filosofia do direito*. Tradução de Orlando Vitorino. São Paulo: Martins Fontes, 1997.

HELVÉTIUS, Claude-Adrien. *De l'esprit*. [Do espírito], III, cap. 5. Paris: Fayard, 1989.

HELVÉTIUS, Claude-Adrien. *Do espírito*. Tradução de Nelson Aguillar, Scarllet Z. Marton, Mary Amazonas Leite de Barros e Armando Mora D'Oliveira. São Paulo: Abril, 1984. (Coleção Os pensadores). Contém trechos selecionados.

HORNIG, Gottfried. Perfektibilität: Eine Untersuchung zur Geschichte und Bedeutung dieses Begriffs in der deutschsprachigen Literatur [Perfectibilidade: uma investigação sobre a história e significado desse conceito na literatura de língua alemã]. *Archiv für Begriffsgeschichte*, v. 24, n. 1, p. 221-257, 1980.

HUME, David. *Investigação sobre o entendimento humano*. Tradução de Leonel Vallandro. São Paulo: Abril Cultural, 1984. (Coleção Os pensadores).

HUME, David. *Tratado da natureza humana*. Tradução de Déborah Danowski. São Paulo: Unesp 2000.

ISELIN, Isaac. *Über die Geschichte der Menschheit*. Zurich: Orell, Gessner, Füesslin e Co., 1770. v. 1.

KOSELLECK, Reinhart. Fortschritt [Progresso]. *In*: KOSELLECK, R. *et al.* (Orgs.). *Geschichtliche Grundbegriffe, Historisches Lexikon zur politisch-sozialen Sprache in Deutschland* [Conceitos históricos fundamentais, léxico histórico da lingua politico-social na Alemanha]. Stuttgart: Klett, 1975. v. 2. p. 375-384.

LABOUCHEIX, Henri. *Richard Price, théoricien de la revolution américaine* [Richard Price, teórico da revolução Americana]. Montréal; Paris; Bruxelles: Didier, 1970.

LENZ, Jakob Michael Reinhold. *Versuch über das erste Prinzipium der Moral. Werke und Briefe* [Obras e cartas]. Leipzig: Insel, 1987. v. 2.

LESSING, Gotthold Ephraim. *Sämtliche Schriften* [Escritos selecionados]. Leipzig: Göschen, 1857. v. 12.

LOVEJOY, Arthur O. *The Great Chain of Being* [A grande cadeia do ser], cap. 9. Cambridge (Mass.); Londres: Harvard University Press, 1978.

MALTHUS, Thomas Robert. *Ensaio sobre o princípio da população*. Tradução de Antonio Alves Cury. São Paulo: Nova Cultural, 1996. (Coleção Os economistas).

MENDELSSOHN, Moses. *Gesammelte Schriften* [Escritos reunidos]. Leipzig: Brockhaus, 1843. v. 1.

POLLIN, Burton Ralph. *Education and Enlightenment in the Works of W. Godwin* [Educação e iluminismo nas obras de W. Godwin], cap. 2. New York: Las Americas, 1962.

PRIESTLEY, Joseph. *Essay on the First Principles of Government*. 2. ed. London: Johnson, 1771.

ROUSSEAU, Jean-Jacques. *A Discourse upon the Origin and Foundation of the Inequality among Mankind* [Um discurso sobre a origem e o fundamento da desigualdade entre a humanidade, traduzido para o inglês]. London: R. and J. Dodsley, 1761.

ROUSSEAU, Jean-Jacques. *A origem da desigualdade entre os homens*. Tradução de Eduardo Brandão. São Paulo: Penguin Companhia das Letras, 2017.

ROUSSEAU, Jean-Jacques. *A origem da desigualdade entre os homens*. Tradução de Ciro Mioranza. São Paulo: La fonte, 2017.

ROUSSEAU, Jean-Jacques. *Abhandlung von dem Ursprunge der Ungleichheit unter den Menschen, und worauf sie sich grunde, ins Deutsche ubersetzt...* [Ensaio sobre a origem da desigualdade entre os homens, e em que ela se funda, traduzido para o alemão]. Berlin: Voss, 1756.

ROUSSEAU, Jean-Jacques. *Discurso sobre a origem e os fundamentos da desigualdade entre os homens*. Tradução de Lourdes Santos Machado. São Paulo: Abril Cultural, 1984. (Coleção Os pensadores).

ROUSSEAU, Jean-Jacques. *Discurso sobre a origem e os fundamentos da desigualdade entre os homens*. Tradução de Paulo Neves. Porto Alegre: L&PM, 2008.

ROUSSEAU, Jean-Jacques. *Discurso sobre a origem e os fundamentos da desigualdade entre os homens*. Tradução de Laurent de Saes. São Paulo: Edipro, 2015.

ROUSSEAU, Jean-Jacques. *Discurso sobre as ciências e as artes. Discurso sobre a origem e os fundamentos da desigualdade entre os homens*. Tradução de Roberto Leal Ferreira. São Paulo: Martin Claret, 2010.

ROUSSEAU, Jean-Jacques. *Miscellaneous Works* [Obras variadas]. London: Becket, 1767. v. 1.

ROUSSEAU, Jean-Jacques. *O contrato social e outros escritos*. Tradução de Rolando Roque da Silva. São Paulo: Cultrix, 1978.

SCHANDELER, Jean-Pierre. *Les Interprétations de Condorcet. Symboles et Concepts (1794-1894)* [As interpretações de Condorcet. Símbolos e conceitos (1794-1894)]. Oxford: Voltaire Foundation, 2000.

SPADAFORA, David. *The Idea of Progress in Eighteenth Century-Britain* [A ideia de progresso na Grã-Bretanha do século XVIII], caps. 6 et 7. New Haven: Yale University Press, 1990.

TETENS, Johannes Nikolaus. *Philosophische Versuche über die menschliche Natur und ihre Entwicklung. Sprachphilosophische Versuche* [Ensaios em prosa filosófica]. Hambourg: Meiner, 1971.

TUBACH, Frederic C. Perfectibilité: der zweite Diskurs Rousseaus und die deutsche Aufklärung [Perfectibilidade: o segundo discurso de Rousseau e o esclarecimento alemão]. *Études germaniques*, vol. 15, 1960, no 2, p. 144-151.

VOLTAIRE. *A filosofia da história*. Tradução de Eduardo Brandão. São Paulo: Martins Fontes, 2007. Contém a introdução ao *Ensaio sobre os costumes*.

VOLTAIRE. *Selecções*. Tradução de J. Brito Broca. Rio de Janeiro: W. M. Jackson, 1950. (Coleção Clássicos Jackson). Contém trechos do *Ensaio sobre os costumes*.

PÓLIS
[πόλις, politeía [πολιτεία] – grego] (pt. cidade, Estado, sociedade, nação)
Francis Wolff
Tradução: Alice Haddad

➤ CIVIL RIGHTS, ECONOMIA, OIKEÍOSIS, OIKONOMÍA, POVO, POLÍTICA, SOCIEDADE CIVIL, STATE, STATO

A palavra pólis [πόλις] parece intraduzível: cidade, Estado, sociedade, nação? Mas será que é a palavra que é intraduzível em nossas línguas ou a realidade que ela designa é que é sem equivalente em nossa civilização? Pólis designa, com efeito, a "comunidade política" pertencente a um momento da civilização grega. Mas o fato de que não podemos, ainda hoje, designar a realidade antropológica geral sem recorrer à palavra pólis mostra que não é tão fácil fazer a distinção entre traduzir palavras e associar coisas, tampouco é fácil separar a particularidade grega e a universalidade humana.

Politeía [πολιτεία] traz aparentemente problemas diferentes: sendo o polítes [πολίτης] membro da pólis (portanto, o cidadão), a politeía designa tanto distributivamente a participação dos cidadãos no todo da Cidade, logo a "cidadania", quanto coletivamente a organização dos cidadãos em um todo, logo a "constituição" ou o "regime político". Mas, ainda assim, é difícil discernir as realidades históricas dos conceitos forjados sobre elas pela filosofia, uma vez que é assim que Platão intitula sua principal obra política – a República – e que Aristóteles designa uma politeía em particular dentre todas aquelas que lhe parecem possíveis.

I. "PÓLIS" E FILOSOFIA POLÍTICA

A *pólis* [πόλις] é, primeiramente, uma entidade política pertencente à civilização grega arcaica e clássica, situada entre os séculos VIII a.C. (no mínimo) e IV a.C., que conecta uma comunidade humana a um território determinado. Enquanto outros povos viviam nos impérios possuindo uma identidade "étnica" (p. ex., os persas), a originalidade dos gregos da época clássica era viver em pequenas comunidades livres (os atenienses, os lacedemônios, os coríntios, etc.), não possuindo outra unidade senão a política. Assim, cada cidade gozava de sua soberania territorial, fazia suas próprias leis (conforme a sua *politeía* [πολιτεία]) e se encontrava protegida por seus deuses específicos. Três instituições governamentais eram comuns a todas as cidades: uma assembleia numerosa, reunindo todos ou parte dos *polítai* [πολίται] ("cidadãos", que jamais se identificam com os habitantes, uma vez que deles estão excluídos os menores, os estrangeiros, os metecos, as mulheres e os escravos); um ou alguns conselhos restritos, geralmente encarregados de preparar e executar as decisões da assembleia; e um certo número de cargos públicos (as *arkhaí* [ἀρχαί], "magistraturas"), exercidos alternadamente por alguns. A *politeía* própria de cada *pólis* definia o modo de recrutamento e os poderes dessas diferentes entidades. Entretanto, na época clássica, as *póleis* eram distinguidas pela adoção de uma *politeía* democrática ou oligárquica. Nas primeiras, como Atenas, a assembleia reunia todos os cidadãos e as decisões eram tomadas pela maioria após um debate durante o qual todos tiveram um direito igual à palavra; além disso, todos os voluntários tinham a mesma possibilidade de aceder aos conselhos e à maior parte dos tribunais e magistraturas (salvo as militares e as financeiras) por um simples sorteio. Nas cidades oligárquicas, somente uma parte dos membros da *pólis* podia aceder aos órgãos governamentais e a escolha dos magistrados se fazia por eleição.

Nada impede de designarmos essa realidade histórica singular que era a *pólis* com o termo "cidade", desde que não se confunda a *pólis* com o seu centro urbano (em grego, *ásty* [ἄστυ]), que é apenas uma parte dela. Mas o problema não é somente linguístico; ele é principalmente filosófico, uma vez que a *filosofia política* nasceu na *pólis* como uma "reflexão" sobre a própria *pólis*, ao mesmo tempo comunidade dos gregos e modo de vida dos homens, e como uma interrogação crítica sobre as *politeîai*, os diferentes modos reais ou possíveis de os cidadãos viverem juntos. É desse entrelaçamento entre o singular e o universal, entre o histórico e o conceitual, entre o real e o possível, que surgem a dificuldade de tradução e a fecundidade filosófica dessas noções de *pólis* e *politeía*.

II. "PÓLIS": ESTADO, SOCIEDADE, NAÇÃO?

A dificuldade de tradução de *pólis* é menos uma questão de língua do que de história. Nenhuma entidade política moderna é idêntica à *pólis* antiga. Nós vivemos geralmente em Estados, que têm soberania jurídica sobre a comunidade de indivíduos, de famílias e de classes chamada "sociedade", e cujos membros se sentem unidos por uma semelhança de língua, de cultura e de história, chamada "nação". Ora, por mais que a *pólis* grega apresente esses três elementos, que são a estrutura jurídica, a interdependência social e a identidade histórica, ela se distingue, por outro lado, daquilo que nós chamamos de "Estado", "sociedade" ou "nação".

Cada grego se sente ligado à sua *pólis* por um vínculo tão vivo, que normalmente ele se encontra pronto para sacrificar seu tempo em prol de sua administração, e sua vida em prol de sua defesa; e ele teme acima de tudo a punição do exílio. Todavia, esse sentimento não é nem exatamente nacional, se entendemos por "nação" uma comunidade de língua e de cultura – isso que os gregos chamavam de *éthnos* [ἔθνος] e que eles distinguiam justamente de *pólis* –, nem exatamente patriótico, pois ele é menos uma relação com uma "terra natal", com um território, que os gregos chamavam de *khóra* [χώρα], do que uma consciência de pertencimento a uma comunidade humana ligada por um passado compartilhado e um futuro a construir em conjunto.

Essa comunidade é consolidada por instituições que têm sobre a totalidade de seus membros e seus grupos constituintes um poder soberano. Isso faz a *pólis* assemelhar-se ao Estado moderno, se o entendemos como essa instância que "reivindica o monopólio do uso legítimo da violência física" (WEBER, 2011, p. 56). No entanto, uma *pólis* não é exatamente um "Estado", cujo conceito é correlativo àquele de indivíduo e àquele de "sociedade". O Estado aparece como uma instituição jurídica onipotente, anônima e distante contra a qual é preciso, sempre e repetidamente, defender as liberdades individuais: o Estado é o "eles" contra "nós" – e por "nós" entende-se os indivíduos ou a sociedade. Não ocorre o mesmo com a *pólis*: a pressão da *pólis* é aquela própria do "nós" enquanto tal, da comunidade em seu conjunto. Assim, a liberdade do indivíduo se mede não por sua independência com relação ao Estado, mas pela dependência da coletividade para com ele, isto é, pela participação do indivíduo na *pólis*.

A *pólis* é então, em primeiro lugar, uma comunidade que tem uma permanência transgeracional e uma identidade transfamiliar, e cujos membros se sentem solidários para além dos laços de sangue. Nesse sentido, ela se assemelha a uma "sociedade". Mas não a uma "sociedade" no sentido moderno, por duas razões complementares. Primeiro, negativamente, porque as relações sociais e econômicas, para os gregos, pertencem à esfera do *oîkos* [οἶκος] e não à da *pólis* – isso quer dizer que elas fazem parte dos assuntos privados e não do domínio público. Em seguida, porque a *pólis* não é um ambiente neutro de trocas ou de circulação de bens, mas o lugar de uma experiência histórica, passada e futura, real e imaginária; dito de outra forma, a unidade dessa comunidade não vem da interdependência de seus membros, mas da ação em vista de sua administração e de sua defesa: é uma unidade política.

A *pólis* não é então nem a nação, nem o Estado, nem a sociedade. Não por inadequação negativa, mas positivamente por definição: o que constitui a *pólis* é a identidade entre a esfera do poder (que para nós é própria do "Estado") e a esfera da comunidade (que para nós se organiza em "sociedade"), e é a essa unidade que cada um se sente afetivamente ligado (e não à "nação"). Compreende-se então por que e como os primeiros pensadores da política puderam tomá-la ao mesmo tempo como objeto e como modelo: ao mesmo tempo que consideravam a singularidade da *pólis*, eles viam nela o conceito de "comunidade política" em geral. Assim Protágoras – segundo Platão no *Protágoras* (320c-322d) – explica que os homens devem viver em *póleis* porque lhes faltam as qualidades biológicas disponíveis para as outras espécies animais na luta pela vida, e devem então se unir, dando mostras das virtudes necessárias à vida comum. Platão faz derivar a *pólis* da necessidade de os homens cooperarem e se especializarem (*República*, II, 369b-371e). Aristóteles vê no homem um "animal político" por definição (*Política*, I, 1253a1-38), isto é, "que vive numa *pólis*", e com isso é preciso entender não somente um "animal social", mas um ser que só pode ser feliz se puder decidir livremente com seus semelhantes o que é justo para a vida comum. É como se a particularidade da *pólis*, na qual a esfera da comunidade se confunde com a do poder, tivesse tornado possível o pensamento da política como tal. Eis por que a *pólis* não é nem o Estado nem a sociedade, mas a "comunidade política".

III. A "POLITEÍA": CIDADANIA E REGIME POLÍTICO

Essa particularidade explica também a dicotomia dos sentidos de *politeía*. Se o *polítes* é aquele que participa da *pólis*, a *politeía* pode ser ou o elo subjetivo do *polítes* [πολίτης] à *pólis*, isto é, a maneira pela qual a *pólis* como comunidade se distribui entre aqueles que ela reconhece como seus participantes (a "cidadania"), ou a organização objetiva das funções de governo e de administração, isto é, a maneira como o poder da *pólis* é assegurado coletivamente (o "regime político", a "constituição"). O primeiro sentido é anterior e corresponde ao único emprego da palavra em Heródoto (*Histórias*, IX, 34), que nos propõe, aliás, sem empregar o termo *politeía*, a mais antiga classificação dos "regimes políticos" (III, 80-83), conforme o número daqueles que governam: um só ("tirania" ou "monarquia"), vários ("oligarquia"), todos ("isonomia"). É, no entanto, esse segundo sentido que vai se impor na reflexão política, por exemplo com *A politeía dos lacedemônios*, ou *A politeía dos atenienses*, dois textos transmitidos no *corpus* das obras de Xenofonte, ou a "Coleção das *politeîai*", reunidas por Aristóteles e das quais só nos chegou a de Atenas. Dado que em todos esses casos se trata de um tipo de codificação *a posteriori*, o termo "constituição" parece se impor, mas sob a condição de se retirar dele qualquer ideia de lei fundamental escrita *a priori*. Por outro lado, quando Platão (*República*, VIII) e depois Aristóteles (*Política*, III, 6-7) classificam e comparam as *politeîai*, trata-se sobretudo de extrair, em cada caso, o princípio fundamental sobre o qual repousa a organização do poder na *pólis*: a expressão "regime político" parece mais adequada.

Porém, essas duas traduções se revelam insuficientes, porque uma das *politeîai* de Aristóteles, aquela em que o poder é assumido por todos os cidadãos em vista do bem comum, chama-se justamente *politeía* ("república"?, "regime constitucional"?), como se ela encarnasse de alguma forma a essência de toda *politeía*, reunindo os dois sentidos da palavra: segundo essa *politeía*, têm o direito de participar da administração da *pólis* – logo, da *politeía* – todos aqueles que têm parte na cidadania – logo, na *politeía*.

Nas duas traduções para o português abaixo listadas, a questão soma-se às diferentes decisões de traduzir *politeía* [πολιτεία] por "constituição" ou por "regime".

> TRADUÇÃO 1
> Uma vez que a constituição (*politeía* [πολιτεία]) significa o mesmo que o governo (*políteuma* [πολίτευμα]), e o governo é o poder supremo em uma cidade (*tò kýrion tôn póle<u>o</u>n* [τὸ κύριον τῶν πόλεων]), e o mando pode estar nas mãos de uma única pessoa, ou de poucas pessoas, ou da maioria (*è hena è olígous è toùs polloús* [ἢ ἕνα ἢ ὀλίγους ἢ τοὺς πολλούς]), nos casos em que esta única pessoa, ou as poucas pessoas, ou a maioria, governam tendo em vista o bem comum, estas constituições (*politeías* [πολιτείας]) devem ser forçosamente as corretas; ao contrário, constituem desvios os casos em que o governo é exercido com vistas ao próprio interesse (*tò ídion* [τὸ ἴδιον]) da única pessoa, ou das poucas pessoas, ou da maioria, pois ou se deve dizer que os cidadãos (*polítas* [πολίτας]) não participam (*toùs metékhontas* [τοὺς μετέχοντας]) do governo da cidade, ou é necessário que eles realmente participem (*koin<u>o</u>neîn toùs symphérontas* [κοινωνεῖν τοὺς συμφέροντας]).
>
> Costumamos chamar de reino uma monarquia cujo objetivo é o bem comum; o governo de mais de uma pessoa, mas somente poucas, chamamos de aristocracia,

porque governam os melhores homens ou porque estes governam com vistas ao que é melhor para a cidade (*pólei* [πόλει]) e seus habitantes (*toîs koinonoûsin autês* [τοῖς κοινωνοῦσιν αὐτῆς]); e quando a maioria governa a cidade com vistas ao bem comum, aplica-se ao governo o nome genérico de todas as suas formas, ou seja, governo constitucional [ὅταν δὲ τὸ πλῆθος πρὸς τὸ κοινὸν πολιτεύηται συμφέρον, καλεῖται τὸ κοινὸν ὄνομα πασῶν τῶν πολιτειῶν (*politeiôn*), πολιτεία (*politeía*)] (há boas razões para isto) [...] (ARISTÓTELES, *Política*, III, 1279a25-39, tradução de Mário da Gama Kury).

TRADUÇÃO 2
Dado que regime (*politeía* [πολιτεία]) e governo (*políteuma* [πολίτευμα]) significam a mesma coisa sendo o governo o elemento supremo em cada cidade (*tò kýrion tôn póleon* [τὸ κύριον τῶν πόλεων]), necessariamente serão supremos, ou um indivíduo, ou poucos, ou muitos (*è hena è olígous è toùs polloús* [ἢ ἕνα ἢ ὀλίγους ἢ τοὺς πολλούς]). Quando o único, ou os poucos, ou os muitos, governam em vista do interesse comum, esses regimes (*politeías* [πολιτείας]) serão necessariamente rectos. Os regimes em que se governa em vista do (*tò ídion* [τὸ ἴδιον]) único, dos poucos, ou dos muitos são transviados. Ou bem que o nome de cidadão (*polítas* [πολίτας]) não pode ser atribuído a quem participa (*toùs metékhontas* [τοὺς μετέχοντας]) no regime, ou, se o nome é atribuído, todos devem participar nas vantagens (*koinoneîn toùs symphérontas* [κοινωνεῖν τοὺς συμφέροντας]).
De entre as formas de governo por um só, chamamos realeza à que visa o interesse comum. Chamamos aristocracia à forma de governo por poucos (mas sempre mais do que um) seja porque governam os melhores ou porque se propõe o melhor para a cidade (*pólei* [πόλει]) e os seus membros (*toîs koinonoûsin autês* [τοῖς κοινωνοῦσιν αὐτῆς]). Finalmente quando os muitos governam em vista ao interesse comum, o regime recebe o nome comum a todos os regimes: "regime constitucional" [ὅταν δὲ τὸ πλῆθος πρὸς τὸ κοινὸν πολιτεύηται συμφέρον, καλεῖται τὸ κοινὸν ὄνομα πασῶν τῶν πολιτειῶν (*politeiôn*), πολιτεία (*politeía*)] (ARISTÓTELES, *Política*, III, 1279a25-39, tradução de António Campelo Amaral e Carlos de Carvalho Gomes).

Mas as traduções de *politeía* por "constituição" ou "regime político" se revelam claramente inadequadas justamente quando se trata de traduzir os títulos da obra política de numerosos pensadores gregos, dentre os quais se destaca Platão. Ora, essas "*Repúblicas*" não nos apresentam apenas o funcionamento de um regime político, mas fundam um projeto global de vida comum, incluindo programas de educação, organização do trabalho e do lazer, regras morais, etc. Mais uma prova, se fosse necessário, de que a *pólis* é, assim, a unidade da comunidade e do poder, duas instâncias que são para nós distribuídas entre Estado e sociedade.

BIBLIOGRAFIA

ARISTOTE. *Constitution d'Athènes*. Traduit par G. Mathieu et B. Haussoulier. Paris: Les Belles Lettres, "CUF", 1930.

ARISTOTE. *Les Politiques*. Traduit par P. Pellegrin. Paris: Flammarion, 1990.

ARISTOTE. *Politique*. Traduit par J. Aubonnet. Paris: Les Belles Lettres, 1960-1989. 5 v.

ARISTÓTELES. *A constituição dos atenienses*. Tradução de Delfim Ferreira Leão. 2. ed. Lisboa: Calouste Gulbenkian, 2009.

ARISTÓTELES. *Política*. 3. ed. Tradução, introdução e notas de Mário da Gama Kury. Brasília: UnB, 1997.

ARISTÓTELES. *Política*. Tradução e notas de António Campelo Amaral e Carlos de Carvalho Gomes. Lisboa: Vega, 1998.

ARISTÓTELES. *Política*. Tradução, introdução e notas de Maria Aparecida de Oliveira e Silva. São Paulo: Edipro, 2019.

BENVENISTE, Émile. Deux modèles linguistiques de la cité. In: *Problèmes de linguistique générale*. Paris: Gallimard, 1974. t. 2. p. 272-280.

BENVENISTE, Émile. Dois modelos linguísticos da cidade. Tradução de Ingedore G. Villaça Koch. In: *Problemas de linguística geral*. Campinas (SP): Pontes, 1989. p. 278-287.

BORDES, Jacqueline. *Politeia dans la pensée grecque jusqu'à Aristote*. Paris: Les Belles Lettres, 1982.

HÉRODOTE. *Histoires*. Traduit par P.-E. Legrand. Paris: Les Belles Lettres, 1932-1954. 11 v.

HERÓDOTO. *História*. Tradução, introdução e notas de Mário da Gama Kury. 2. ed. Brasília: UnB, 1988.

PLATÃO. *A República*. Introdução, tradução e notas de Maria Helena da Rocha Pereira. 8. ed. Lisboa: Calouste Gulbenkian, 1996.

PLATÃO. *A República*. Tradução de Carlos Alberto Nunes. Belém: EdUFPA, 2016.

PLATÃO. *A República*. Tradução e notas de Anna Lia Amaral de Almeida Prado. São Paulo: Martins Fontes, 2006.

PLATON. *La République*. Traduit par E. Chambry. Paris: Les Belles Lettres, 1970. 3 v.

PLATON. *Protagoras*. Traduit par A. Croiset. Paris: Les Belles Lettres, 1923.

PLATÃO. *Protágoras*. Tradução, estudo introdutório e notas de Daniel R. N. Lopes. São Paulo: Perspectiva, 2017.

PSEUDO-XENOFONTE. *A constituição dos atenienses*. Tradução de Pedro Ribeiro Martins. 2. ed. Coimbra: Imprensa da Universidade de Coimbra, 2012.

WEBER, Max. *Ciência e política: duas vocações*. Tradução de Leonidas Hegenberg e Octany Silveira da Mota. 19. ed. São Paulo: Cultrix, 2011.

WEBER, Max. *Le Savant et le politique*. Traduit par J. Freund. Paris: Union Générale d'Éditions, 1963.

XÉNOPHON. *OEuvres complètes*. Traduit par P. Chambry. Paris: Flammarion, 1967. t. 2.

POLÍTICA
[político]

Philippe Raynaud
Tradução: André Constantino Yazbek

| fr. | *la politique, le politique* |
| ingl. | *policy, politics* |

➤ ECONOMIA, GEISTESWISSENSCHAFTEN, POLIS, SOCIEDADE CIVIL, STATE

Em português, assim como em francês e nos demais idiomas latinos, o substantivo "política" refere-se indistintamente a dois níveis de realidade que o inglês designa por duas palavras diferentes, policy e politics. Em um primeiro sentido, que é aquele de policy, em português fala-se em "política" para referir-se "aos conteúdos concretos, isto é, à configuração dos programas políticos, aos problemas técnicos e ao conteúdo material das decisões políticas" (FREY, "Políticas públicas: um debate conceitual...", p. 217): é neste sentido que se pode falar em políticas de saúde ou de educação, ou ainda da política estrangeira do governo de Getúlio Vargas ou de Juan Domingo Peron. Em outro sentido, que traduz politics, "política" designa tudo o que concerne ao debate público, à disputa pelo acesso ao poder e, portanto, "ao processo político, frequentemente de caráter conflituoso, no que diz respeito à imposição de objetivos, aos conteúdos e às decisões de distribuição" (ibid., p. 216-217). Essa sutil diferença entre o português e o inglês geralmente não acarreta problemas intransponíveis, posto que frequentemente o próprio contexto é suficiente para indicar qual o sentido de política referido, mas, ainda assim, em certos casos, torna-se difícil traduzir em português todas as nuances que a língua inglesa carrega ou, ao contrário, evitar a contaminação entre as duas noções nitidamente distinguidas por ela. A partir de um exame dos usos das duas palavras na literatura política de língua inglesa, avançaremos a hipótese segundo a qual seus respectivos campos semânticos estão relacionados ao modo como as teorias acadêmicas (e as instituições universitárias) representam o que chamaremos de "a política".

I. "POLITICS" E "POLICY" NA FILOSOFIA E NA CIÊNCIA POLÍTICA

No mundo universitário atual, o domínio das *politics* designa inicialmente uma parte essencial daquilo com o qual se ocupa a "ciência política": o estudo erudito das formas da competição política, segundo métodos oriundos das análises dos regimes pluralistas, mas que podem ser transpostos à análise dos regimes autoritários, desde que se possam destacar com eles conflitos entre diferentes grupos de opinião ou de interesse, detentores de projetos opostos que se traduzem em políticas (no sentido de *policy*) distintas. Pertencem a este domínio os estudos de sociologia eleitoral (bem como a análise de outras formas de participação política: manifestações, petições, militâncias, etc.), mas igualmente todos os estudos sobre os partidos políticos, sobre o recrutamento das elites governantes e, de maneira mais geral, sobre a dimensão competitiva e/ou agonística dos regimes ou dos sistemas políticos estudados (ver, p. ex., CAMPBELL *et al.*, *The American Voter*). Mas também existem abordagens científicas da política entendida como *policy* que se esforçam por destacar as condições segundo as quais uma política em particular pode ser implementada por um Estado, por uma administração pública ou, por extensão, por uma dada organização qualquer (uma empresa pode ter uma política de investimento, de formação, etc.); de maneira significativa (ao menos no que concerne às organizações públicas), este estudo da *policy* é geralmente chamado em português de "análise de políticas públicas" para compensar a indeterminação da palavra *política* (para uma apresentação geral, ver SOUZA, "Políticas públicas: uma revisão da literatura"). Como sempre, em ciências sociais, encontra-se aqui uma diversidade de abordagens e de oposições doutrinárias às quais pode-se atribuir um sentido político, e mesmo partidário; mas há, entretanto, ao menos nos países de língua inglesa, uma certa unidade da ciência política concernente à relação entre o discurso acadêmico e as representações comuns. Em primeiro lugar, a distinção entre *politics* e *policy* é tida como natural, sobretudo quando se trata de se interrogar sobre suas relações: a escolha de *uma* política em tal ou tal setor depende, evidentemente, *da* política, e aqui é ainda mais útil bem distinguir as duas noções. De uma perspectiva aprofundada, notemos que a maioria dos trabalhos clássicos da ciência política possui em comum a combinação de uma certa confiança nas noções oriundas da consciência comum com um esforço de crítica e de desmistificação de suas representações mais ingênuas ou mais correntes. Do lado da análise da vida política, a sociologia não cessou de sublinhar, com uma inconstante satisfação, a defasagem entre os princípios democráticos clássicos (a soberania popular, expressão do cidadão esclarecido) e o funcionamento real dos regimes representativos, que em muitos aspectos são oligárquicos e se adaptam muito bem a uma certa passividade política; aliás, poder-se-ia mostrar que muitas das análises clássicas, como aquela da "identificação partidária" nos autores de *The American Voter*, extraem sua força de sedução do fato de que tendem a dissipar os preconceitos democráticos dos quais vivem os regimes democráticos (se a identificação a um partido é um elemento decisivo nas escolhas eleitorais, isso não ocorre porque ela aumenta a consciência política, mas, ao contrário, porque ela permite uma participação política menos custosa, dispensando os eleitores de formarem sua própria opinião sobre todas as questões). Quanto à análise das políticas públicas, que se desenvolveu na esteira dos estudos sobre a decisão, ela mesma teve por preocupação primeira a explicação de todas as defasagens que separam as intenções dos tomadores de decisão dos respectivos resultados de suas ações, bem como a da opacidade geral dos próprios processos decisórios (LECA *in* GRAWITZ; LECA, *Traité de science politique*, I, p. 97-98). As correntes dominantes da ciência política se apoiam, portanto, sobre o que se poderia chamar de uma epistemologia não bachelardiana, que insiste sobre a continuidade entre a consciência comum e o saber científico, e que sem dúvida traduz uma adesão mais ou menos consciente aos valores da democracia pluralista: aliás, é isso que explica, por oposição, as reservas a esse tipo de ciência política na França por parte daqueles que se recusam a uma tal ingenuidade e insistem sobre a descontinuidade entre a ciência e o senso comum para melhor esclarecer a dimensão oligárquica dos regimes pluralistas (ver, p. ex., LACROIX, "Ordre politique et ordre social" [Ordem política e ordem social] *in* GRAWITZ; LECA, *ibid*., I, p. 469-565). No Brasil, a falta de consolidação e consumação da determinação político-ideológica tanto da população, do eleitorado, como também dos políticos e até mesmo dos partidos, assinalam numerosas dificuldades para esta prática da "*policy analysis*" (FREY, "Políticas públicas: um debate conceitual...", p. 245). Quaisquer que sejam esses debates, sem dúvida haverá acordo em reconhecer que a existência de uma esfera política na qual o conflito, a discussão e a deliberação públicas são, em si mesmas, condições para a ação pública legítima não é de forma alguma um dado eterno da existência humana: e é neste sentido que o grande helenista Moses I. Finley pôde afirmar que "a política [*politics*] é uma das atividades menos difundidas no mundo pré-moderno" e que fora "uma invenção grega ou, para ser quiçá mais preciso, uma invenção que fizeram, separadamente, os gregos e os etruscos e/ou romanos" (*L'invention de la politique* [A invenção da política], p. 89).

A dualidade entre *policy* e *politics* possui também um sentido para a filosofia política, e isso na medida em que ela tampouco pode deixar de levar em conta a distinção entre a lógica do comando e aquela da deliberação. A maior parte dos filósofos políticos contemporâneos, que aceitam implicitamente os postulados do mundo liberal (ainda que seja, como em J. Habermas, para fazer apelo aos seus ideais contra o seu funcionamento real) tendem, em geral, a privilegiar a política no sentido da *politics*, integrando a dimensão da *policy* no quadro geral de uma teoria da ação estratégica frequentemente tomada da análise econômica. Entre outros filósofos mais clássicos, a política [*politics*] pode ser pensada, de maneira bastante aristotélica, em referência a sua função arquitetônica, mas também com relação ao papel que aqui desempenham a deliberação pública e o vínculo cívico, o que supõe, igualmente, que o seu domínio é irredutível aos fins particulares que orientam a *policy* das comunidades particulares (ver, p. ex., OAKESHOTT, *De la conduite humaine*, p. 160-185).

II. O POLÍTICO E A POLÍTICA

A oscilação da filosofia política prática contemporânea entre a celebração dos ideais cívicos da comunicação liberada e do espaço público e o prestígio geral das teorias da escolha racional mostra, sem dúvidas, que a distinção, realizada pela língua inglesa, entre as duas dimensões da política, não é apenas um simples uso linguístico. Contudo, ela não basta para esgotar o estudo do fato político, o que conduz certos autores a falarem *do* político como um conceito irredutível à política. Em Carl Schmitt, que introduz "o político" em sua obra de 1932, *Der Begriff des Politischen* [O conceito do político], essa distinção se inscreve nos quadros de uma polêmica contra o liberalismo, que tendia, segundo ele, a reduzir a especificidade "do político" em favor da polaridade ética-economia, fazendo "da política" o meio para uma limitação do constrangimento estatal em benefício da liberdade dos indivíduos. As teses de Schmitt são indissoluvelmente científicas e normativas (e mesmo polêmicas); do ponto de vista científico, o problema é o de encontrar um critério que permita determinar a distinção fundamental do que seria para o político aquilo que são, "no âmbito do moral [...], bom e mau; no estético, belo e feio; no econômico, útil e prejudicial ou, por exemplo, rentável e não rentável" (SCHMITT, *O conceito do político*, p. 27). Mas essa investigação é, ela mesma, um meio para desacreditar a civilização liberal, que ignora o papel principal do conflito na constituição das unidades políticas: "A diferenciação especificamente política, à qual podem ser relacionadas as ações e os motivos políticos, é a diferenciação entre amigo e inimigo" (*loc. cit.*). Portanto, o político é irredutível à cultura, à economia e à ética, posto que ele não aparecerá verdadeiramente senão no momento em que estão em jogo questões decisivas cujo tratamento pode requerer o confronto violento. Essa concepção, subjacente à hostilidade do autor ao tratado de Versailles e à ideologia da Sociedade das Nações, implicava uma crítica radical dos ideais cosmopolitas e humanitários herdados do liberalismo, e apresentava aspectos perigosos que foram ilustrados pelo próprio Schmitt em seu apoio temporário ao regime nazista. Mas seria injusto considerar que se trata aqui de uma solicitação para a submissão geral da existência humana às exigências do político, ele próprio reduzido ao confronto violento: o político não é senão uma das esferas da ação humana, na qual o conflito, ademais, é apenas uma possibilidade que define os limites da racionalização e não as formas ordinárias da vida. Rigorosamente falando, a teoria de Schmitt não implica a guerra geral ou a conquista, mesmo se ela exclui, por princípio, a realização da paz perpétua (que marcaria o fim de toda a existência política propriamente dita e que, no mundo político real, é de fato o tema que permite operar a criminalização de certos atores políticos, apresentados como inimigos da paz e da humanidade, *ibid.*, p. 75-86).

Em si mesma, a ideia de uma distinção entre *o político* e *a política*, que permite pensar de maneira trans-histórica a dimensão política da existência humana, não implica necessariamente a retomada integral ou literal dos temas de Schmitt, mas sugere sempre que o político é dotado de uma dignidade superior à política, seja porque ele se distingue da política cotidiana, seja porque ele é o objeto próprio da filosofia e da grande teoria, dimensão que a maioria dos cientistas sociais dificilmente poderia conquistar por exigir a superação do estudo empírico da vida política. Nesse sentido, sem dúvida, o conceito do político faz parte do pano de fundo comum da filosofia contemporânea (para uma pesquisa bastante próxima da inspiração de Schmitt, conferir FREUND, *L'Essence du politique* [A essência do político]; para uma abordagem fiel à tradição aristotélica, conferir VULLIERME, *Le Concept de systeme politique* [O conceito de sistema político], p. 121-158).

BIBLIOGRAFIA

CAMPBELL, Angus et *al. The American Voter* [1960], reed. University of Chicago, 1976.
FINLEY, Moses I. *L'Invention de Ia politique* [1983]. Traduit par J. Cartier. Paris: Flammarion, 1985.

FREUND, Julien. *L'Essence du politique*. Paris: Sirey, 1965.

FREY, K. Políticas públicas: um debate conceitual e reflexões referentes à prática da análise de políticas públicas no Brasil. *Planejamento e políticas públicas*, n. 21, p. 211-259, jun. 2000. Disponível em: https://www.forumjustica.com.br/wp-content/uploads/2011/10/FREY-Klaus.pdf. Acesso em: 05 maio 2024.

GRAWITZ, Madeleine; LECA, Jean (Ed.). *Traite de science politique, I. La science politique, science sociale. L'ordre politique*. Paris: PUF, 1985.

OAKESCHOTT, Michael. *De la conduite humaine* [1975]. Traduit par O. Seyden. Paris: PUF, 1995.

SCHMITT, Carl. *Der Begriff des Politischen*. München; Leipzig: Duncker und Humblot, 1932. [Ed. fr.: *La Notion de politique*. Traduit par M. L. Steinhauser. Paris: Calmann-Lévy, 1972].

SCHMITT, Carl. *O conceito do político: teoria do partisan*. Tradução de Geraldo de Carvalho. Belo Horizonte: Del Rey, 2009.

SOUZA, Celina. Políticas públicas: uma revisão da literatura. *Sociologias*, v. 8, n. 16, p. 20-45, jul./dez. 2006. Disponível em: https://www.scielo.br/pdf/soc/n16/a03n16.pdf. Acesso em: 05 maio 2024.

VULLIERME, Jean-Louis. *Le Concept de systeme politique*. Paris: PUF, 1989.

PRÁXIS

[πρᾶξις – grego] (pt. *práxis, prática, ação*)
Étienne Balibar, Barbara Cassin, Sandra Laugier
Tradução: Alice Haddad

fr.	*praxis, pratique, action*
ingl.	*praxis, pratice, action, agency*
al.	*Praxis*
it.	*prassi*

➤ TATSACHE, ATTUALITÀ, AGENCY, ARTE, RES, EU, LÓGOS, PÁTHOS, PRAZER, DICHTUNG, SUJEITO, TATSACHE, TRABALHO, VIRTÙ, VORHANDEN

A palavra práxis [πρᾶξις] – sempre percebida nas línguas modernas como uma importação do grego, mesmo que o alemão e, em certa medida, o italiano o tenham naturalizado: die Praxis (com um plural doméstico: die Praxen), la prassi – é dicionarizada em português, levando o acento agudo na letra "a" como deve ocorrer nas palavras paroxítonas terminadas em "is". A palavra grega transliterada, segundo algumas normas de transliteração, recebe um acento circunflexo no "a", que indica que originalmente o alfa foi acentuado com um properispômeno (ã). Em todo caso, o termo práxis é central na filosofia contemporânea, onde designa, conforme o caso, uma alternativa aos pontos de vista e aos valores do ser, do lógos [λόγος] ou da linguagem, da consciência, da teoria ou da especulação, da forma ou da estrutura... Ele remete, assim, seja a uma elaboração aristotélica (Ética a Nicômaco) que o opõe à poíesis [ποίησις] e o põe em relação com uma ética e uma política da "prudência" (phrónesis [φρόνησις]), seja a uma elaboração feita por Marx (Teses sobre Feuerbach), que o identifica com o movimento de transformação do mundo existente enraizado no trabalho e na luta de classes (umwälzende ou revolutionäre Praxis). Entre os dois se situa uma elaboração kantiana do elemento prático da ação (das Praktische) e do "primado da razão prática" que, pela inscrição em filosofia de uma tarefa infinita de moralização da natureza humana (dita "pragmática" [pragmatisch]), consuma a ruptura com o naturalismo e prefigura os dilemas da ação histórica coletiva. Se todos esses pontos de vista continuam a fornecer referências indispensáveis à filosofia, é porque eles correspondem a modos de pensar, a escolhas políticas e metafísicas irredutíveis, que não param, entretanto, de se sobrepor e de se confrontar: assim se estabeleceu, de maneira trans-histórica, uma "equivocidade da práxis" que constitui, sem dúvida, para a filosofia um problema tão incontornável quanto aquele da "equivocidade do ser".

O termo *práxis* [πρᾶξις] levanta dois problemas: primeiro, é preciso "traduzi-lo"? Em segundo lugar, a qual língua ele pertence: ao grego, ou ao alemão? Esses dois problemas não são verdadeiramente distintos: eles definem um processo de apropriação exemplar, que se resume essencialmente a uma transformação da categoria aristotélica pelo marxismo, porém por meio de uma certa problemática kantiana e pós-kantiana. A maioria das conotações ligadas ao uso de *práxis* provém, hoje, não diretamente da origem grega, mas dos usos em alemão, sobretudo pós-marxistas, suficientemente naturalizados para constituir uma referência autônoma, concorrente do grego ou sobredeterminando sua herança, a ponto de tornar às vezes paradoxalmente difícil um "helenismo" que pareceria óbvio, como no caso de Arendt.

Estudaremos primeiro a constituição na obra de Aristóteles da tríade *prâxis-poíesis-epistéme* [πρᾶξις-ποίησις-ἐπιστήμη] e sua transformação em *prâxis-poíesis-theoría* [πρᾶξις-ποίησις-θεωρία], para determinar sua significação antropológica. Em seguida, mostraremos como a tese marxiana da *Práxis* (o adjetivo "marxiano" será empregado toda vez que se tratar da obra ou do pensamento do próprio Marx, enquanto que o adjetivo "marxista" ficará reservado para a tradição de pensadores que se alinharam ao pensamento de Marx e o desdobraram filosoficamente), critério de verdade ou de efetividade para o pensamento e a potência social de emancipação, condensa e desloca as tensões de uma "filosofia da prática" desenvolvida pelo idealismo alemão depois de Kant, não sem reter determinadas indicações da outra maneira clássica de articular "teoria" e "prática", que vai de Bacon ao positivismo (Comte), passando pelos enciclopedistas franceses. Enfim, serão comparadas algumas grandes retomadas do tema da *práxis* (até projetos de constituição de uma "filosofia da práxis") no séc. XX, que ou bem tentam cumprir as promessas do marxismo (Lukács, Gramsci, Sartre, Freire e, por antítese, Althusser), ou bem tentam propor uma alternativa à sua concepção de política (Habermas, Arendt), ou, ainda, modificam o valor semântico do termo para instalá-lo, após a natureza, a moralidade e a história, no elemento da instituição e do uso (Wittgenstein).

I. A CONCEITUALIZAÇÃO ARISTOTÉLICA E SUA AMBIVALÊNCIA

O substantivo grego *prâxis* é um dos nomes de ação correspondente ao verbo *prásso* [πράσσω] ("ir até o fim de, atravessar", em seguida "realizar, cumprir", e mais geralmente "fazer" ou "agir"), ao lado de *prâgma* [πρᾶγμα], mais concreto: toma-se geralmente *prâxis* por "ação" ("execução, empreendimento, conduta") e *prâgma* por "coisa, assunto" (no plural, *tà prágmata* [τὰ πράγματα]: "os fatos", mas também "os assuntos", "as coisas da vida"). Ver Quadro 1 em RES.

Todos os usos do termo *práxis* em filosofia (e por consequência suas "traduções", bem como suas não traduções) são liderados pela potente conceitualização aristotélica, exposta na *Ética a Nicômaco*, que constitui um dos seus fios condutores. É em virtude desse privilégio que a obra chegou a formar o modelo das "filosofias práticas" que são centradas na preocupação ética da finalidade (*télos* [τέλος]), do bem (*agathón* [ἀγαθόν] e todos os compostos em *eû* [εὖ]) e do "valor" ou da "excelência" individual e coletiva (*areté* [ἀρετή], tradicionalmente traduzida por "virtude"). Em um dado momento, a "filosofia prática" se transformará em "filosofia da prática": essa promoção moderna é preparada pela consistência própria ao termo clássico *práxis*.

A. A rede da "práxis" aristotélica

Prâxis não é separável do conjunto muito denso dos usos do verbo *práttein* [πράττειν] e de seus derivados ou qualificações, que se introduz desde as primeiras linhas da obra: *tà praktá* [τὰ πρακτά], os atos (I, 1, 1094a1), *tò d'eû zên kaì tò eû práttein* [τὸ δ' εὖ ζῆν καὶ τὸ εὖ πράττειν], o bem viver e o bem agir (I, 1, 1095a19), *hoi dè kharíentes kaì praktikoí* [οἱ δὲ χαρίεντες καὶ πρακτικοί], os cultos e os homens de ação – praticamente sinônimo de ação política: *hoi politikoí* [οἱ πολιτικοί] (I, 3, 1095b22), *tò dikaioprageîn* [τὸ δικαιοπραγεῖν], agir conforme a justiça (I, 8, 1099a19), etc. Ora, esses usos têm, em sua base, dois tipos de extensão e de intensidade.

De um lado, de modo "largo" e que se diria hoje formal, eles caracterizam tudo que é da ordem do agir e da operação (em inglês filosófico contemporâneo, usaríamos aqui o termo *agency*) e que, de fato, se opõe às disposições e ao gênero de vida especulativo (I, 1, 1095a5-6: "*epeidè tò télos estìn ou gnôsis allà prâxis*" [ἐπειδὴ τὸ τέλος ἐστὶν οὐ γνῶσις ἀλλὰ πρᾶξις] [uma vez que o fim é não o conhecimento, mas a ação]). O que une todos esses usos é que eles destacam a forma de "exercício" cujas duração, repetição e assiduidade garantem a melhora dos resultados da ação e o aperfeiçoamento das capacidades do agente. Eis por que, ainda que o registro da *prâxis* se oponha àqueles do conhecimento ou do discurso, ele volte a caracterizá-los na medida em que eles mesmos requerem um exercício repetido, especialmente um aprendizado (II, 3). Em várias passagens, *práxis* ou *práttein* não poderiam ser traduzidos senão por "prática", "exercício" (II, 3, 1105b4-5: "*háper ek toû pollákis práttein tà díkaia kaì sóphrona periginetai*" [ἅπερ ἐκ τοῦ πολλάκις πράττειν τὰ δίκαια καὶ σώφρονα περιγίνεται], "se é verdade que as ações justas e moderadas resultam da prática reiterada"; *Ética a Nicômaco*, tradução de Mario da Gama Kury, 1992).

De outro lado, os usos de *prâxis* e todo o registro "prático" são claramente ligados – de uma maneira que poderíamos afirmar como substancial – a um âmbito determinado, que é aquele das condutas valorizadas. Estas, por sua vez, se organizam segundo dois polos: um propriamente ético, que diz respeito à qualidade ou ao valor dos indivíduos e de seu comportamento; outro, político (sendo a política, diz-nos Aristóteles, a disciplina "organizadora", ou "fundamental", *arkhitektoniké*, e o objeto do tratado das virtudes éticas "sendo de algum modo político": *politiké tis oûsa*, I, 1, 1094b11), quer dizer, relativo à cidade, à maneira como os homens nela agem uns com os outros e uns sobre os outros. Os dois aspectos do termo convergem na ideia de "realizar-se a si mesmo" agindo pelo bem comum, segundo a virtude da *phrónesis* [φρόνησις], "prudência" ou "sabedoria prática". Este é o ideal de autossuficiência ou *autárkeia* que convém não a um "animal solitário", mas a um homem "político por natureza" (I, 5, 1097b8-11) – autossuficiência que se verá em breve, entretanto, suscetível de ser aplicada de maneira totalmente diferente.

* Ver Quadro 1.

1. Metafísica da *prâxis*

A relação do conceito de *prâxis* com a doutrina da potência e do ato (cujos princípios são expostos no livro *Thêta* da *Metafísica*) é complexa. Dela serão considerados dois temas importantes, correlativos a aspectos de terminologia recorrentes na *Ética a Nicômaco*.

O primeiro diz respeito à relação entre *prâxis* e *enérgeia* [ἐνέργεια], termo que designa "o ser em ato" ou a plena realização de uma essência, de uma forma que tenha encontrado sua matéria própria, e que, na *Ética a Nicômaco*, designa o ser do homem do qual a *prâxis* faz parte. A *enérgeia* é em si "prática" em sua relação fenomenológica com o exercício, a continuidade (cf. II, 1, 1103a31-32: "quanto às excelências, nós as adquirimos tendo-as praticado antes, assim como com as outras artes" [τὰς δ᾽ ἀρετὰς λαμβάνομεν ἐνεργήσατες πρότερον, ὥσπερ καὶ ἐπὶ τῶν ἄλλων τεχνῶν]), e a disposição (*héxis* [ἕξις]) que resulta da atividade prática torna-se, por sua vez, sua condição de possibilidade, segundo um círculo "virtuoso" (II, 2, 1103b29-30: "é necessário examinar as circunstâncias das ações, como se deve realizá-las: pois estas são determinantes também com relação ao surgimento de certas disposições" [ἀναγκαῖον ἐπισκέψασθαι τὰ περὶ τὰς πράξεις, πῶς πρακτέον αὐτάς· αὗται γάρ εἰσι κύριαι καὶ τοῦ ποιάς γενέσθαι τὰς ἕξεις]).

Ela é "prática" também em sua relação ontológica com a vida (*zoé* [ζωή]), compreendida como realização não biológica do humano; daí as combinações formulares que reúnem *enérgeia* e *prâxis* (I, 6, 1098a12-14: "estabelecemos que a obra do homem é uma vida, e esta, a atividade e as ações da alma acompanhadas da razão" [ἀνθρώπου δὲ τίθεμεν ἔργον ζωήν τινα, ταύτην δὲ ψυχῆς ἐνέργειαν καὶ πράξεις μετὰ λόγου]; X, 6, 1176b5-7: "São preferíveis por si mesmas as [atividades] que não buscam nada além de sua própria realização. Tais parecem ser as ações conforme a excelência" [καθ᾽ αὑτὰς δ᾽ εἰσὶν αἱρεταὶ ἀφ᾽ ὧν μηδὲν ἐπιζητεῖται παρὰ τὴν ἐνέργειαν. τοιαῦται δ᾽ εἶναι δοκοῦσιν αἱ κατ᾽ ἀρετὴν πράξεις]). Assim, a *enérgeia*, que é para Aristóteles a modalidade suprema do ser, é num sentido pensada sobre o modelo da prática (*prâxis*) e de sua "excelência" própria. Mas essa proposição é muito ambivalente, pois ela pode também ser entendida como significando que é preciso investigar, "para além da *prâxis* propriamente dita", em um nível mais geral, a perfeição "ativa" de que o conceito de *prâxis* só permite uma aproximação.

B. A tripartição "prâxis", "poíesis" e "epistéme"/"theoría"

Aristóteles começa construindo a oposição entre *prâxis*, *tékhne* enquanto *poíesis*, e *epistéme*, para valorizar o campo da *prâxis* e a virtude ou excelência que lhe é própria (a *phrónesis* estudada no livro VI da *Ética a Nicômaco*); em seguida, ele desloca a oposição, substituindo o termo *epistéme* por *theoría*, que realça sua significação e inverte a valoração correspondente. Ele instala então a *theoría* nos limites mesmos do humano, como marca de seu contato com a divindade, no livro X, consagrado à questão do prazer e dos prazeres. A posteridade tenderá, por um lado, a anular a diferença de perspectiva entre as duas tríades, isto é, a fazer da *theoría* (progressivamente destituída de suas conotações teológicas) um simples equivalente da *epistéme*; por outro lado, a reduzir – não sem exceções e resistências no seio mesmo dos grandes sistemas – a perspectiva ternária a uma perspectiva dualista, a uma oposição simples entre "teoria" e "prática".

A primeira tríade (*prâxis-poíesis-epistéme*) se constrói desde as primeiras linhas da *Ética a Nicômaco* (I, 1, 1094a1: πᾶσα τέχνη καὶ πᾶσα μέθοδος, ὁμοίως δὲ πρᾶξις τε καὶ προαίρεσις, "toda arte e toda indagação, assim como toda ação e todo propósito" (tradução de M. da Gama Kury), retomada em 7: πράξεων καὶ τεχνῶν καὶ ἐπιστημῶν, "ações, artes e ciências", em que a *tékhne* [τέχνη] pertence à definição de *poíesis*). Nessa tríade, há na realidade duas vezes dois pares. De um lado, *poíesis* e *prâxis*, faculdade de produzir e faculdade de agir, ambas diferentes da *epistéme* na medida em que se encontram no domínio da *génesis* [γένεσις] ("devir, geração") e da contingência [τι τῶν ἐνδεχομένων καὶ εἶναι καὶ μὴ εἶναι, "uma coisa que pode existir ou não", VI, 4, 1140a12-13]; ainda que as duas sejam "racionais" (elas se definem como uma "disposição com regra" [VI, 4, 1140a3-5] e "com a regra verdadeira" [ἕξις μετὰ λόγου ἀληθοῦς, 1140a10, 20], uma de produzir e a outra de agir), a contingência e o caso a caso constituem sua diferença comum em relação à *epistéme* que, enquanto ciência, trata do necessário e do geral.

Mas, de outro lado, a *prâxis* faz par com a *epistéme* por sua diferença em relação à *poíesis*: de fato, é somente no fazer (*poieîn tí* [ποιεῖν τί], "fazer algo") que há uma obra (*érgon*); para se juntar, em seguida e destacando-se, à *enérgeia*, à realização, à atividade em si mesma, de tal modo que a obra é mais reputada que a atividade: "onde há finalidades distintas das ações [παρὰ τὰς πράξεις], os produtos são por natureza melhores que as atividades [βελτίω πέφυκε τῶν ἐνεργειῶν τὰ ἔργα]" (I, 1, 1094a5-6). Dito de outra forma: "o fim da *poíesis* é diferente dela (*télos... héteron* [τέλος... ἕτερον]), enquanto o fim da *prâxis* não o é: a própria *eupraxía* é o *télos*" – "a boa prática sendo ela mesma seu próprio fim", traduz Tricot, aqui traduzido para o português, querendo dizer que a *eupraxía* remete ao mesmo tempo ao sucesso (levar a cabo uma ação) e à ação boa (bem agir) (VI, 5, 1140b6-7). É preciso então convir que "*poíesis* e *prâxis* são diferentes" (VI, 4, 1140a2). A *prâxis* diz respeito à "formação do homem pelo homem" (e para o homem), ela é o conjunto de atividades guiadas pela virtude da "prudência" (*phrónesis*, 1140b1), pelas quais os indivíduos humanos constroem o mundo de suas relações sociais: "consideramos que as pessoas capazes de fazer isto <como Péricles> são capazes de bem dirigir as suas casas e cidades [εἶναι δὲ τοιούτους ἡγούμεθα τοὺς οἰκονομικοὺς καὶ τοὺς πολιτικούς]" (1140b10).

Enquanto essencialmente *enérgeia*, não tendendo a nada além de seu próprio aperfeiçoamento, a *práxis* se aproxima da *epistéme*; mas por sua orientação em função do singular, agindo no "caso a caso" segundo o *kairós* (ver MOMENTO), ela se distingue da *epistéme* e numa certa medida a ultrapassa (1141b14-15: "Tampouco o discernimento [prudência ou sabedoria prática] se relaciona somente com os universais; ele deve também levar em conta os particulares, pois o discernimento é prático e a prática [práxis] se relaciona com os particulares" [οὐδ' ἐστὶν ἡ φρόνησις τῶν καθόλου μόνον, ἀλλὰ δεῖ καὶ τὰ καθ' ἕκαστα γνωρίζειν· πρακτικὴ γάρ, ἡ δὲ πρᾶξις περὶ τὰ καθ' ἕκαστα]), sendo, nessa ocasião, precisamente política ("política e prudência são uma e a mesma disposição", 1141b23). É essa *prâxis* política que mais se aproxima, nesse ponto, do ideal da *autárkeia* [αὐτάρκεια]: "por autossuficiente (*aútarkes* [αὔταρκες]), nós não queremos dizer que ele se baste a si só, vivendo uma existência solitária [...] pois o homem é político por natureza" (I, 5, 1097b8-11).

C. DA AUTOSSUFICIÊNCIA PRÁTICO-POLÍTICA À AUTOSSUFICIÊNCIA TEÓRICA

Mas essa apresentação cuja fortuna será imensa (até Maquiavel, até as doutrinas clássicas da *prudentia* e da arte ou habilidade própria ao político: *Staatsklugheit*, ver RAZÃO DE ESTADO etc.) é retomada pelo livro X, que tematiza a relação entre prazer e ato (4, 1174b23: *teleioî dè tèn enérgeian he hedoné* [τελειοῖ δὲ τὴν ἐνέργειαν ἡ ἡδονή], o prazer cumpre – "finaliza", diríamos hoje talvez – a atividade"). Aristóteles é então levado a recolocar a questão da *autárkeia* (autossuficiência), de modo a desligá-la de seu modelo político (o "bem viver" indissociável do "bem agir") e a identificá-la com a contemplação intelectual, com a "vida do espírito": "E a chamada autossuficiência deve relacionar-se acima de tudo com a atividade contemplativa" (tradução de Mario da Gama Kury). [λεγομένη αὐτάρκεια περὶ τὴν θεωρητικὴν <*sc.* διαγωγὴν> μάλιστ' ἂν εἴη]" (X, 7, 1177a27). Sem dúvida a *prâxis* não é submetida ao constrangimento das matérias às quais o fabricante deve impor uma forma, nem subordinada às necessidades do usuário que "comanda" um produto técnico, mas ela continua sujeita às relações de dependência externa: antes de tudo, às próprias relações sociais, isto é, à estrutura constitutiva do campo político. O político, na busca de seus objetivos, depende de seus concidadãos (*polítai* [πολίται]), de seus amigos (*phíloi* [φίλοι]), de seus iguais ou semelhantes (*hómoioi* [ὅμοιοι]). É bem surpreendente ver aqui Aristóteles invertendo seus juízos anteriores: o que aparecia como uma realização torna-se uma imperfeição; pois a *prâxis* ético-política retém algo ainda da *poíesis*, porque ela produz certamente não objetos, mas efeitos exteriores a ela. Dessa forma, somente a *theoría* é uma verdadeira *prâxis*: "nada provém dela (da excelência teorética) além do teorizar, enquanto a partir das (excelências, *aretaí* [ἀρεταί]) práticas, nós nos proporcionamos [*peripoioúmetha*, que significa 'preservar para si', 'adquirir', 'ganhar', 'lucrar', mas é eloquentemente formado a partir de '*poieîn*', ou seja, se aproxima de algum modo do campo da *poíesis*] ou mais ou menos para além da ação". (Kury traduz: "obtemos algumas vantagens, maiores ou menores, para além da própria ação", X, 7, 1177b1-4.) É, no fundo, em se conformando ao paradigma da *prâxis* que a *theoría* vem tomar seu lugar.

Mas o que ocorre na realidade é que a definição mesma de homem mudou. Nós não estamos mais numa imanência da formação do homem pelo homem, mas numa rota alternativa que põe o humano (ou melhor, de fato, determinados homens, determinados indivíduos excepcionais) em relação imediata com o divino – aquilo que, segundo o intelectualismo tipicamente aristotélico, somente a *theoría* permite, a "ciência" enquanto contemplação dos primeiros princípios e das primeiras causas, e o gênero de vida que lhe corresponde, inteiramente dedicado ao pensamento e desligado de qualquer utilidade, bem como de qualquer eficiência. Evidentemente, nessa perspectiva (ou essa não seria uma reação tipicamente "moderna"?), a noção de *autárkeia* ou autossuficiência se encontra contraditoriamente associada a uma representação do além, da qual dependeria a felicidade do ser humano. Mas a ideia de Aristóteles é que a atividade especulativa introduz o indivíduo humano no mundo divino da autossuficiência perfeita, que realiza também uma superação da atividade, para além das oposições do agir e da disposição, ou da ação e da paixão (X, 7, 1177b27-28): "pois não seria como homem que ele viveria assim, mas como se algo divino estivesse presente nele" (tradução de Kury) [οὐ γὰρ ᾗ ἄνθρωπός ἐστιν οὕτω βιώσεται, ἀλλ᾽ ᾗ θεῖόν τι ἐν αὐτῷ ὑπάρχει]). E, entretanto, essa superação ou essa atitude de transcender o "puramente humano" é justamente o "propriamente humano" (1178a5-7: "aquilo que é peculiar a cada criatura lhe é naturalmente melhor e mais agradável; para o homem, a vida conforme ao intelecto é melhor e mais agradável, já que o intelecto, mais que qualquer outra parte do homem, *é o homem*" (tradução de Kury) [τὸ γὰρ οἰκεῖον ἑκάστῳ τῇ φύσει κράτιστον καὶ ἥδιστόν ἐστιν ἑκάστῳ· καὶ τῷ ἀνθρώπῳ δὴ ὁ κατὰ τὸν νοῦν βίος, εἴπερ τοῦτο μάλιστα ἄνθρωπος]). A *theoría* é *enérgeia* por excelência, mais livre de qualquer passividade do que a própria *prâxis*, que continuava afetada por seu contrário, em conflito com ela.

II. A REVIRAVOLTA MARXIANA: PRECEDENTES, ALTERNATIVAS, IRREVERSIBILIDADE

A outra conceitualização da *práxis*, expressa numa língua moderna em que o grego é transliterado e reconectado a uma maneira completamente diferente de pensar as relações entre política e metafísica, é a que foi introduzida pelas formulações das *Teses sobre Feuerbach* de Marx.

* Ver Quadro 2.

2 Karl Marx: as *Teses sobre Feuerbach*

A primeira *tese* enuncia que:

Até agora, o principal defeito de todo materialismo [...] é que o objeto, a realidade, o mundo sensível só são apreendidos sob a forma de *objeto ou de intuição*, mas não como *atividade humana sensível* (*sinnlich menschliche Tätigkeit*), enquanto *práxis*, de maneira não subjetiva. Em vista disso, o aspecto *ativo* (*die* tätige *Seite*) foi desenvolvido pelo idealismo, em oposição ao materialismo – mas só abstratamente, pois o idealismo naturalmente não conhece a atividade real, sensível (*die wirkliche, sinnliche Tätigkeit*), como tal [...] É por isso que [Feuerbach] considera como autenticamente humana apenas a atividade teórica, ao passo que a práxis só é por ele apreendida e firmada em sua manifestação judaica sórdida (*in ihrer schmutzig jüdischen Erscheinungsform*). É por isso que ele não compreende a importância da atividade

> "revolucionária", da atividade "prático-crítica" (*der "praktisch-kritischen" Tätigkeit*).
>
> A segunda *tese* enuncia que:
>
> A questão de atribuir ao pensamento humano uma verdade objetiva (*gegenständliche Wahrheit*) não é uma questão teórica, mas sim uma questão prática (*eine praktische Frage*). É na práxis que o homem precisa provar a verdade, isto é, a realidade e a força, a terrenalidade (*Wirklichkeit und Macht, Diesseitigkeit*) de seu pensamento [...]
>
> A terceira *tese* enuncia que:
>
> A coincidência da mudança das circunstâncias (*Ändern der Umstände*) e da atividade humana ou automudança (*der menschlichen Tätigkeit oder Selbstveränderung*) só pode ser considerada e compreendida racionalmente como práxis *revolucionária* (*revolutionäre Praxis*).
>
> A oitava *tese* enuncia que:
>
> Toda vida social é essencialmente *prática*. Todos os mistérios que conduzem ao misticismo encontram sua solução racional na práxis humana e na compreensão dessa práxis (*in der menschlichen Praxis und in dem Begreifen dieser Praxis*).
>
> Enfim, *a décima-primeira tese* enuncia que:
>
> Os filósofos só *interpretaram* o mundo de diferentes maneiras (*verschieden interpretiert*); do que se trata é de *transformá-lo* (*verändern*).
>
> (Tradução de Luis Claudio de Castro e Costa)

Sem dúvida não é impossível ouvir aqui vários ecos da "filosofia prática" aristotélica, e particularmente da *Ética a Nicômaco*, da qual Marx foi, durante sua vida, um leitor entusiasta e um comentador informado: algo, talvez, como uma inversão da doutrina da excelência da *theoría* (percebida como "mística") e um retorno ao primado da *prâxis*, que seria definitivamente instalada no elemento político da imanência, sob o preço de uma transformação do ideal de *autárkeia* ou autossuficiência em um princípio de transformação histórica de si da humanidade (*Selbstveränderung*). Entretanto, essa mesma formulação, com as ressonâncias hegelianas e kantianas que ela comporta, aponta que uma ou várias revoluções de pensamento se passaram, e que precisamos indicar.

Muito esquematicamente, os pressupostos para a compreensão dessa enunciação da *práxis* são quatro. O primeiro, meramente negativo, é o fato de que o termo grego *prâxis* não encontrou no decorrer dos séculos, que vão da "*translatio philosophiae*" de Atenas em Roma até o estabelecimento definitivo das filosofias europeias em línguas vernáculas, nenhuma verdadeira tradução *latina*, o que faz com que a reativação de um ou outro aspecto da problemática de Aristóteles exija sempre a retomada da palavra grega, ou de uma transcrição (tal como "prática" e, *a fortiori*, *prassi*). *Actio*, notadamente, não é propriamente uma tradução, mas um termo que tem seu próprio campo de aplicação (em particular no âmbito físico e no domínio da oratória; ver ATOR). O mesmo vale para "teoria". O segundo pressuposto, visado por meio da categoria de "idealismo", a que Marx atribui o desenvolvimento do "lado ativo" da filosofia, é a importância crucial que o kantismo e o pós-kantismo conferem à oposição entre um ponto de vista prático e um ponto de vista especulativo, o que leva a um uso significativo, mas paradoxal e evanescente, da palavra *Praxis* (como palavra quase alemã). Aqui se encontra o vestígio desse "fim da filosofia clássica alemã" que Engels, no momento da publicação póstuma das *Teses sobre Feuerbach*, identificará com a revolução marxiana. O terceiro é a predisposição a contrapor as conceitualizações da oposição teoria-prática no idealismo alemão àquelas, praticamente contemporâneas, da tradição francesa que culmina no positivismo. Os vestígios dessa oposição serão recuperados no seio do próprio marxismo, até na contemporaneidade. O quarto, enfim, é a consistência da problemática marxiana da inversão do idealismo nesse momento propriamente "filosófico" ao qual pertencem as *Teses*, que nunca será pura e simplesmente renegado, mas apenas posto de lado no processo de constituição do "materialismo histórico", antes de ressurgir como objeto de debates contraditórios nas leituras contemporâneas de Marx.

A. A "práxis" no idealismo alemão

O que pode nos levar a pensar que ela ocupa um lugar central é a conjunção de um título de Kant (aquele do opúsculo de 1793, *Sobre a expressão corrente: isto pode ser correcto na teoria, mas nada vale na prática* [in der Praxis], frequentemente abreviado como *Teoria e prática*) com o papel que ele atribui (e seus sucessores a partir dele) à "filosofia prática" enquanto doutrina dos fins supremos da razão, que são fins morais. Mas o paradoxo logo começa. Se Kant faz um uso sistemático do adjetivo *praktisch* (e de início na designação da "razão prática" ou "razão pura prática"), ele só emprega, por sua vez, o substantivo *Praxis* no opúsculo acima citado. Como explicam os tradutores e comentadores (A. Philonenko) desse texto todavia importante – uma vez que Kant expõe nele sua concepção do papel do juízo no âmbito moral e político, em resposta aos adversários da Revolução Francesa inspirados por Burke, que fazem da tradição institucional o guia necessário à sabedoria política, *Staatsklugheit* –, isso significa que o autor das três *Críticas* tomou a palavra *Praxis* e o "lugar-comum" que lhe é vinculado daqueles mesmos que ele critica (os filósofos "populares" e os juristas ou teóricos da administração do *Aufklärung*), e, por meio deles, de uma herança universitária do século XVIII, mas não a carregou com suas próprias intenções.

Kant substantiva *das Praktische*, "o prático" ou "o elemento prático". Trata-se, para ele, de mostrar que esse elemento não reside na prudência ou habilidade (*Klugheit, phrónesis*) – pois esta, no que diz respeito ao agenciamento inteligente dos meios e dos fins, remete a uma "técnica" e às condições de sua eficácia –, mas somente na moralidade, comandada pelo "conceito de liberdade", princípio "suprassensível" indissociável do imperativo categórico. O elemento prático propriamente dito não é então *technisch-praktisch*, mas *moralisch-praktisch*. Em um outro contexto Kant chama de "pragmática" a investigação antropológica que estuda a passagem das leis da razão prática à experiência, de modo a dominar o elemento "patológico" que nela reside, resultante de nossa natureza sensível, e que rege, por isso, disciplinas como a pedagogia, a moral aplicada e a política e, em alguns aspectos, também a filosofia da história (sobre tudo isso, ver: EISLER, *Kant-Lexicon*, artigo "Pratique", p. 829 *et seq*.). A filosofia de Kant forja, então, um novo conceito de prático, e lhe confere um lugar central na filosofia (um "primado", como diz Kant), em relação com uma "tarefa" (ver SOLLEN) pragmática de moralização das relações humanas ou um imperativo de transformação do mundo (cujo enunciado será recuperado literalmente em Marx, mesmo se ele pensa sua realização de uma maneira completamente diferente). Ele faz da espécie humana ao mesmo tempo o "sujeito" (transcendental) e o "objeto" (empírico) dessa autotransformação e a torna "responsável" por esta (assim como a humanidade é dita, no opúsculo *Was ist Aufklärung?* de 1784, responsável por seu próprio estado de sujeição). Mas ela garante, no seio mesmo desse primado, uma persistência da dedução e do princípio especulativo, identificado com a Razão.

Qual é, a esse respeito, a mudança que os sistemas "pós-kantianos" introduzem? Nem Fichte nem Hegel tematizam uma oposição *Theorie-Praxis*, nem fazem um uso conceitual do termo *Praxis*, mas eles vão contribuir depois com seu enriquecimento ao destacarem, respectivamente, a dimensão do *ato* e da *atividade* (*Tat, Tätigkeit, Handlung, Tathandlung*; ver TATSACHE) e aquela da *eficácia* e da *efetividade* (*Wirkung, Wirklichkeit*; ver REALIDADE), sobre a qual não se deve esconder que, mesmo que uma e outra se reportem àquilo que Marx chama de "idealismo", isto é, à problemática da vontade, elas a conduzem para um sentido diametralmente oposto.

O fato é que, ao fim, se realizará a junção, de Kant aos ensaístas radicais do período que precede as revoluções de 48 (o que se chama na Alemanha de *Vormärz*), entre a temática da "emancipação da humanidade", indissociável dos "fins da razão prática" como estabelecidas pela filosofia crítica, e a ideia de uma "transformação das condições históricas" da existência humana (incluindo tanto o conhecimento quanto a produção ou a ação). A palavra *Praxis* ficará carregada de diferentes significações, ao mesmo tempo "subjetivas" e "objetivas", e exprimirá sua fusão em um novo conceito "crítico e revolucionário" da experiência (segundo a expressão utilizada mais tarde por Marx para caracterizar sua dialética). Desse ponto de vista, os textos de Marx (em particular, no período de 1843 a 1847) não aparecem tanto como uma "saída" (*Ausgang*), mas como uma conclusão do movimento da "filosofia clássica alemã" (ENGELS, *Ludwig Feuerbach e o fim da filosofia clássica alemã*).

B. "Teoria" e "prática" de Bacon ao positivismo francês

Paralelamente à constituição alemã, kantiana e pós-kantiana, da "filosofia da prática", uma formação completamente diferente ocorre no meio intelectual francês: aquela que culmina na concepção positivista das relações entre a "teoria" e a "prática", tal como a sistematizará Auguste Comte (e da qual toda uma parte da epistemologia contemporânea, tanto em sua vertente empirista lógica quanto em sua vertente histórica, é hoje herdeira).

Para compreender sua importância e sua ligação intrínseca com o "estatuto social da ciência moderna" (CANGUILHEM, *Le Statut social de la science moderne*), é preciso sem dúvida remontar à *Enciclopédia*, e, além disso, às inspirações que ela absorve da obra de Bacon. Este havia falado de *scientia activa* ou *operativa* para designar um método que vinha da experiência e a ela retornava para aumentar indefinidamente os poderes da humanidade, livre das "ficções" ou dos "ídolos" e das formas especulativas da escolástica (mas não radicalmente antiaristotélica por isso: ao contrário, havia ali em germe uma primeira grande convergência da natureza e do artifício, do *poieîn* e do *práttein*). E num contexto latino ele havia efetivamente empregado o grego *prâxis* em algumas passagens do *Novum Organum* (ed. Ellis; Spedding, t. 1, p. 180, 268, 270, etc.) para marcar que o recurso às experiências não desvia o estudo de seu objeto, mas constitui o único meio de "aumentá-lo" ou de lhe fornecer algo "novo". Os enciclopedistas, que têm com relação a Bacon a vantagem de virem após o desenvolvimento de uma física matemática (galilaico-newtoniana) e, em particular, de uma mecânica para a qual alguns dentre eles trouxeram contribuições fundamentais, fundam sobre essa base uma nova epistemologia, cuja exposição se encontra no *Discurso preliminar* de d'Alembert e nos artigos "Aplicação" (d'Alembert) e "Arte" (Diderot) da *Enciclopédia*. Eles consideram ali pela primeira vez o elo tecnológico (sem a palavra, inventada no início do século XIX) entre a ciência dos físicos ou dos químicos e a arte dos engenheiros. A técnica militar e também civil perde assim o estatuto de um "empreendimento" (quer dizer, de uma aventura) e adquire o de uma "prática racional", cujos princípios são enunciados pela ciência, mas que leva para ela o complemento indispensável de uma experiência de campo.

No prefácio dos *Primeiros princípios metafísicos da ciência da natureza* (1784), Kant introduz essa dimensão nova do saber aplicado em sua classificação das ciências sob o nome de "*systematische Kunst*" (arte sistemática). Mas ele continua a relegá-la a um domínio empírico, do qual se separa de uma vez por todas o *a priori* das ciências puras, isto é, matemáticas. É a Auguste Comte, na segunda lição do *Curso de filosofia positiva* de 1830, e no *Discurso sobre o espírito positivo*, que caberá conceitualizar o elo ao mesmo tempo recíproco e assimétrico que a matematização, o método experimental e a tecnologia instituem doravante entre a "teoria" e a "prática". Esse elo pensado como relação do abstrato com o concreto é ao mesmo tempo interno à classificação das ciências positivas, segundo uma progressão que vai do simples ao complexo (das matemáticas à sociologia), e externo a seu objetivo propriamente especulativo (termo que, em Comte, equivale ao de "teórico") na medida em que o conhecimento das leis dos fenômenos autoriza a previsão (até, para os mais simples, o cálculo) dos resultados técnicos no campo das "operações produtivas". Daí a fórmula sintética, que segundo Comte exprime a relação geral da ciência e da arte (ou da indústria, termo recuperado dos saint-simonianos): "ciência, logo previsão; previsão, logo ação". Comte nota que os "dois sistemas" formados pelo "conjunto de nossos conhecimentos sobre a natureza" e por "aquele dos procedimentos que nós deduzimos deles para modificá-la" são ao mesmo tempo "essencialmente distintos por si mesmos" e inseparáveis. E ele destaca que, se do ponto de vista "dogmático" o simples precede necessariamente o complexo e o abstrato precede o concreto, conforme uma relação dedutiva, não ocorre o mesmo do ponto de vista histórico. Os problemas cuja solução só pode ser fornecida pela teoria devem primeiro ser identificados na prática, mesmo quando esta, nos primórdios da humanidade, não é acessível senão sob o véu de um pensamento "teológico" ou mágico (e quanto mais complexo é o domínio dos fenômenos considerados, mais difíceis de ultrapassar são esses primórdios, até se alcançar a contemporaneidade com o âmbito dos fenômenos sociológicos, aos quais se dirigem a prática política).

Houve, evidentemente, uma incompatibilidade absoluta de método e de objetivos entre o marxismo e o positivismo (mesmo que eles tenham tido uma origem comum no saint-simonismo e, por isso, na tradição dos enciclopedistas). Isso implica que *práxis* e *prática* deviam, desde então, em especial em língua francesa, reger paradigmas filosóficos distintos. Dessas posições, entretanto, na história real das ideias, não estão excluídas as confluências: e elas deviam efetivamente surgir, tanto do lado do positivismo (consideremos o estímulo dialético que, segundo ele mesmo admite, um Karl Popper extraiu de sua frequentação intensiva da obra de Lênin *Materialismo e empiriocriticismo*, 1908) quanto, sobretudo, do lado do marxismo (consideremos a concepção althusseriana de "corte epistemológico", em que a influência das noções comtianas se faz sentir através da reformulação que Bachelard lhe imprimiu).

C. A "práxis" marxiana

Os "jovens hegelianos" que reintroduzem o termo *Praxis* na filosofia, ou melhor, na junção da filosofia com a política, são, por definição, formados no horizonte do sistema hegeliano: mas eles tentam imediatamente transgredi-lo ou rompê-lo para reafirmar o primado da subjetividade (revolucionária, criativa) sobre aquilo que eles percebem como um objetivismo do "fim da história" e da legitimação das instituições estatais (elas estariam impregnadas, como em Hegel, de liberalismo). Eles conferem igualmente uma importância fundamental ao tema da crítica, que para eles não é somente desconstrução da ontoteologia, mas uma retomada do questionamento dos valores da ordem estabelecida. É por isso que eles se voltam para a herança kantiana radicalizada por Fichte e Schelling. Em seus *Prolegomena zur Historiosophie* (1833), August von Cieszkowski inventa a expressão "filosofia da *práxis*", à qual ele dá a significação de uma "autoatividade" (*Selbsttätigkeit*) ou de liberação da ação que abre o espaço histórico da transformação e da consciência de si. Em seu opúsculo de 1841, *Triarquia europeia*, e em seu artigo de 1843, *Philosophie der Tat* [Filosofia da ação], Moses Hess (que será, por alguns anos, o interlocutor mais próximo de Marx e Engels) sistematiza essa ideia de uma livre *práxis* coletiva, portadora do "futuro" humano, e a associa a uma profissão de fé socialista. Mas ele a opõe a uma outra *práxis*, "materialista" e "judaica" (no sentido ultraproblemático que o protestantismo alemão dava a esse termo, ou seja, orientado para o interesse egoísta em oposição à emancipação universal; cf. seu opúsculo sobre *O dinheiro*). A cisão ética e política passa, assim, para o seio mesmo do elemento da *práxis*. Ela opõe dois movimentos de apropriação e de transformação do mundo. Arnold Ruge (cofundador com Marx dos *Anais franco--alemães*, cujo único número é publicado em Paris em 1844), por sua vez, emprega *práxis* numa perspectiva de "filosofia do trabalho". Todas essas referências não são somente decisivas para a compreensão das alusões subjacentes às formulações das *Teses sobre Feuerbach* (que é preciso ler, por esse viés, como um formulário cifrado). Elas esclarecem a formidável tensão que não para de trabalhar o pensamento de Marx e que é recuperada justamente pelo uso da palavra *práxis*: ele também busca abrir, por meio do pensamento, uma brecha para o futuro na clausura do espírito objetivo e das instituições da sociedade burguesa, e nesse sentido está à procura de uma forma e de um sujeito para a "ação" revolucionária (que ele acreditará encontrar no proletariado e no socialismo operário); mas ele não pode se resignar, para isso, em abandonar a perspectiva da efetividade. Ele quer que a autoatividade emancipatória ou a realização da liberdade saia do elemento da vontade pura e de seu ativismo, e seja "materialmente" uma transformação do mundo. Para isso é preciso que ela se insira no processo mesmo do devir das relações e dos conflitos sociais e, em última análise, da vida material (os "modos de produção"), da qual ela constitui um desenvolvimento. O uso marxiano do termo *práxis* é então ao mesmo tempo uma herança e uma crítica do ponto de vista dos jovens hegelianos. O que permite compreender até um certo ponto a fragilidade de seu estatuto no próprio Marx e nos marxistas posteriores.

O conceito é central nas *Teses sobre Feuerbach* (redigidas em 1845, ao mesmo tempo que *A ideologia alemã*, e publicadas postumamente em 1888), das quais ele constitui, evidentemente, o ponto-chave; em contrapartida elas desenvolvem sistematicamente seus diferentes aspectos. Mas anteriormente Marx já havia recorrido ao mesmo termo, ou ao adjetivo "prático" (*praktisch*), particularmente na série de ensaios redigidos ao longo dos anos 1843-1844: *Zur Judenfrage* [Sobre a questão judaica]; *Correspondência com Ruge*; *Zur Kritik der Hegelschen Rechtsphilosophie* [Crítica da filosofia do direito de Hegel] (todos publicados nos *Anais franco-alemães*); *Die heilige Familie* [A sagrada família] (em colaboração com Engels). Constata-se que o "ajuste de contas" com os representantes da filosofia liberal pós-hegeliana (Bauer), depois, do comunismo antropológico (Feuerbach), determina um retorno à ideia de *práxis*. Esta – ainda de partida portadora de conotações negativas, até nas alusões carregadas de estereótipos antissemitas da *Questão judaica* ao "espírito prático", ou seja, interessado, do judaísmo, em oposição ao idealismo cristão, do qual se encontra um vestígio na *1ª tese* – se torna a expressão mesma da ação transformadora, emancipatória da humanidade, irredutível a qualquer representação, mas sob a condição de incluir como sua determinação intrínseca aquilo que aparecia como seu contrário, e que ela deveria ultrapassar: o "sensível", o ser real ou material das "relações sociais" que são "a essência efetiva" do homem (*6ª tese*), e sobre a qual Marx vai imediatamente colocar que seu desenvolvimento histórico coincide com o das atividades e das potências produtivas do trabalho (a consciência sendo uma função ou uma expressão mais ou menos autonomizada). O que se diz, por um lado, em termos de "proletariado", classe "universal", agente da "revolução humana" para além da revolução burguesa simplesmente "política", se diz, por outro, de modo equivalente, em termos de *práxis* histórica e de substituição das "armas da crítica" pela "crítica das armas".

É necessário constatar que essa equivalência que chamaríamos hoje de performativa, fundadora de um "novo materialismo" irredutível ao sensualismo do Iluminismo, se revela frágil em sua construção de origem, uma vez que, passado esse momento especificamente crítico, Marx abandona a terminologia (e notadamente a referência à *práxis*). É necessário também registrar, agora em um momento posterior, que a mudança de terreno que ela indica nunca mais deixou de estar em pauta: ela não rege somente a busca incessante, constitutiva do ponto de vista marxista em filosofia, de um "encontro" da ciência das condições materiais da história com a potência insurrecional dos movimentos de emancipação, mas ela forma o horizonte de um grande número de investigações filosóficas contemporâneas desejosas de enfrentar a questão dos limites da representação, e, por consequência, do próprio gênero filosófico. Nesse sentido, ela parece irreversível. Percebemos três razões, legíveis no próprio Marx, para essa ruptura provocada na filosofia. A primeira diz respeito ao fato de que a "atividade prática", assim pensada como o verdadeiro "diferencial da história" (em vez da consciência, ou da moralidade), abole em si mesma as distinções clássicas da *prâxis* e da *poíesis* que regiam a possibilidade de autonomizar a *theoría*. Daí, evidentemente, que a atribuição da representação dessas instâncias, dessas *agencies* ou "potências de agir" propriamente humanas, a classes ou tipos sociais isolados, definidos de uma vez por todas (homens de ação, produtores, intelectuais ou contemplativos), seja novamente posta em questão. A segunda, para a qual a *2ª tese* deu uma formulação de um vigor sem igual, consiste em que, doravante, a problemática da verdade se ache extirpada, certamente não do elemento do pensamento, mas da transcendência do pensamento com relação às suas condições, constituída segundo o modelo do dualismo teológico, para ser devolvida para o elemento daquilo que Marx, com um termo dificilmente traduzível (mas perfeitamente inteligível em sua proveniência teológica: é o aqui em oposição ao além), chama de *Diesseitigkeit*, e que os filósofos podem também chamar de "o mundo", "a experiência", "as coisas mesmas", "o trabalho", "o cotidiano"; na tradução brasileira das *Teses sobre Feuerbach*, traduz-se por "terrenalidade". Para inscrever essa orientação ao mesmo tempo imanente e produtiva na tradição filosófica (uma tradição, é verdade, mais subterrânea do que dominante), ocorreu a Marx de se referir no mesmo espírito à fórmula de Vico: *"verum ipsum factum* [o verdadeiro é ele próprio o feito]". A terceira, enfim, é que a atividade prática ou *práxis* (indissociavelmente produtora ou *poiética*, e subsumindo o momento da teoria) é originalmente social, ou melhor, "transindividual". Isso quer dizer que o elemento da ação recíproca ou da relação (até mesmo da comunicação) não lhe sobrevém em seguida, mas forma sempre sua condição de possibilidade. O que abre, em princípio ao menos, o plano de uma superação das oposições metafísicas entre o singular e o universal, ou entre o sujeito e o objeto (inicialmente associados por Marx ao homem e à natureza: a *práxis* é "a humanização da natureza e a naturalização do homem", ou seja, ela é a história real da sociedade – tema da *Ideologia alemã*, escrita com Engels em 1845).

III. DEPOIS DE ARISTÓTELES E MARX: DILEMAS DA FILOSOFIA CONTEMPORÂNEA DO AGIR

A história da filosofia não comporta modos de pensamento ou linguagens que um dia possam caducar. Toda consistência conceitual que foi em algum momento elaborada é suscetível de ser reativada, o que não quer dizer que ela possa vir a sê-lo de maneira idêntica. Uma das causas desse fato reside no efeito de irreversibilidade das traduções ou das recriações, causado por certas palavras que trazem uma interrogação fundamental. Esta é precisamente a situação na qual nos encontramos com relação à *práxis*. Para concluir esse esboço genealógico, serão indicados dois tipos de dificuldades terminológicas. O primeiro diz respeito, no seio mesmo da tradição marxista ou em relação estreita com ela, ao ressurgimento da ideia de "filosofia da práxis" no século XX. O outro diz respeito aos obstáculos que se opõem, em outras correntes filosóficas contemporâneas, ao uso do termo *práxis* (aí entendido sob a forma de um "retorno a Aristóteles" ou de um "retorno a Kant"), em razão da apropriação efetuada por Marx (e que atestam por isso mesmo a potência dessa apropriação). As exceções aparecerão de maneira mais significativa.

A. Antonio Gramsci e a "filosofia da práxis"

A expressão "filosofia da práxis" constitui um dos fios condutores dos "Cadernos do cárcere" (*Quaderni del cárcere*), redigidos entre 1926 e 1937 nas prisões fascistas e publicados sob diferentes classificações depois de 1945, obra fragmentária na qual muitos viam uma "refundação" da filosofia marxista. Deve-se saber que se tratava, em alguns aspectos, de uma expressão codificada, destinada a driblar a censura. Mas essa expressão, inventada em italiano sob uma forma naturalizada ("*filosofia dela prassi*", que nem é a *prática* mais usual nem a citação de uma palavra estrangeira), resume bem a orientação do esforço de pensamento tentado pelo dirigente comunista martirizado, e concebido por ele como uma radicalização do historicismo ("*storicismo assoluto*"). Para compreender sua importância, é preciso inscrevê-lo em um duplo contexto: o das revisões "críticas" do marxismo, e o do hegelianismo italiano caracterizado por uma orientação "atualista" (Gentile).

O mais influente dos textos do "marxismo crítico" do século XX é paradoxalmente um livro que foi renegado por seu autor após a condenação a que ele foi submetido pela III[a] Internacional, e que, portanto, deveria ter sido esquecido. Porém, ao contrário, ele inspirou todo o desenvolvimento da escola de Frankfurt desde Adorno e Horkheimer até, inclusive, Habermas, além de diferentes correntes filosoficamente contestadoras em países que viviam o "socialismo real" (Agnes Heller e "a escola de Budapeste", autores em 1975 de uma obra coletiva sobre *Indivíduo e práxis* [citada em *Dictionnaire critique du marxisme*, art. "Praxis", 2. ed., p. 912]; Gajo Petrovic e o grupo iugoslavo "Praxis", editores da revista de mesmo nome a partir de 1965), sem contar outras filosofias não marxistas (Heidegger). É o caso da compilação *Geschichte und Klassenbewußtsein* [*História e consciência de classe*] de Georg Lukács (1923). Como a obra de Gramsci, ainda que por caminhos muito diferentes, ele testemunha o ressurgimento de um ponto de vista antinaturalista (oposto à interpretação do materialismo histórico como determinismo econômico) no marxismo, contemporâneo da crise do imperialismo (a guerra de 1914-1918), das revoluções de tipo soviético ou "conselhista" (não somente na Rússia, mas na Alemanha, na Hungria, na Itália) e da busca de novas formas de aliança entre os intelectuais e as massas operárias, mas destinado a perder rapidamente a partida no seio do movimento comunista oficial. Todo o empenho de Lukács na *História e consciência de classe* é dirigido contra o processo de "reificação" (*Verdinglichung*) do pensamento e da ação nas formas da racionalidade mercantil, estendidas pelo capitalismo a todas as esferas da existência, e do objetivismo jurídico, tecnológico e científico que, segundo o autor, constituem a sua contraparte ideológica. Face a essa alienação generalizada, que então é pensada em sua essência, as possibilidades da crítica, da resistência e da reviravolta revolucionária não residem, entretanto, em um puro voluntarismo, mas na constituição, no seio mesmo da sociedade (e como seu negativo imanente, sua "dissolução", dissera Marx), de um "sujeito-objeto idêntico" da história (expressão de origem hegeliana e schellingiana) que é o próprio proletariado. A "consciência de classe" do proletariado, chamada também de "consciência prática" (quer dizer, passando imediatamente do ser à ação, sem se interromper no estágio da representação abstrata), figura assim o inverso e o produto necessário da reificação capitalista. O recurso a essa categoria sociopolítica da consciência de classe, ignorada por Marx, mostra, porém, que, na unidade de contrários do "sujeito-objeto", é o primeiro termo que vence (o que corresponde também a uma ruptura da simetria postulada por Marx nas *Teses sobre Feuerbach* entre a superação do puro naturalismo e a do puro humanismo, em proveito deste último). É por isso que Lukács fala sempre da *práxis* como de uma "*práxis* do proletariado", onde este constitui a referência empírica última, mas também, em vários aspectos, o mito da encarnação do movimento da história universal e de seu fim num "ator" messiânico, ao mesmo tempo singular e onipresente.

 A retomada por Gramsci da expressão "*filosofia della prassi*" tem uma genealogia muito diferente, que se estende por um período maior. Como recorda A. Tosel (que estudou sua história de maneira completa e sutil), ela foi primeiro forjada por Antonio Labriola, no quadro de uma variante historicista do marxismo da II[a] Internacional, que reivindicava a filiação de Vico e enfatizava a "morfogênese" das sociedades que resulta de sua conflitualidade interna. Mas a intervenção decisiva terá sido a de Gentile.

 * Ver Quadro 3.

A influência muito profunda do atualismo gentiliano sobre a concepção gramsciana da filosofia da *práxis* é cada vez mais reconhecida hoje, ainda que suas modalidades e extensão sejam objeto (sobretudo na Itália) de controvérsias apaixonadas. Ela constitui, efetivamente, uma das figuras típicas da *coincidentia oppositorum* que marca com um selo trágico as relações da filosofia e da política na grande "guerra civil europeia" do século XX. O próprio Gramsci começou praticando (na época da revolução dos conselhos de Turim) um marxismo vitalista, ativista e de caráter espontâneo, influenciado pelas concepções sorelianas da "violência proletária" e da greve geral como forma específica de intervenção das massas na história. A noção de *práxis* trabalhada nos *Quaderni* é profundamente renovada pela leitura de Maquiavel – e sugere pensar a ação do partido revolucionário como a de um "novo Príncipe" que busca transformar as "revoluções passivas" da sociedade contemporânea em "vontade nacional-popular" –, bem como por uma releitura (para a qual contribui também uma recepção muita atenta do "pragmatismo" americano) da concepção orgânica hegeliana de Estado em termos de hegemonia cultural e de democratização da cultura. Nesse contexto, o momento da violência e o da educação são integrados à ideia de um processo dialético, por definição inacabado e desigual. Esse processo visa a fazer nascer as condições de uma *práxis* coletiva, ou de uma iniciativa histórica das massas, na medida em que ele manifesta sua possibilidade latente nas relações de força da estrutura social. Ele tem essencialmente a figura de uma transição de tendências entre a passividade que a dominação de classe impõe aos grupos sociais "subalternos" (o que Gramsci chama de "fase econômico-corporativa") e a "reforma intelectual e moral" que lhes deve permitir tornarem-se os atores de sua própria história (nesse sentido, ele parece recuperar formalmente a definição aristotélica do movimento: "o ato da potência enquanto ela está em potência"). Porém, mais do que um "ato puro", trata-se, segundo a correção trazida pelo próprio Gramsci, de um "ato impuro", "real no sentido mais profano e mundano da palavra", isto é, inseparável de uma matéria que lhe impõe suas restrições (*Quaderni del carcere*, p. 1492, citado em TOSEL, "Le Marx actualiste de Gentile et son destin", p. 571). O "otimismo da vontade" e o "pessimismo da inteligência" – componentes éticos de uma *phrónesis* atualizada e dialetizada – caracterizam igualmente o ponto de vista da *práxis* e impedem de confundir o historicismo absoluto com um subjetivismo ou um totalitarismo.

3. "Marx em itálico": Labriola, Gentile e a *"filosofia della prassi"*

ATTUALITÀ

Em Antonio Labriola, a *prassi* designa especificamente o pertencimento do "trabalho do pensamento" (do qual fazem parte a ciência e a filosofia) ao "trabalho da história" (ela mesma enraizada na história da organização do trabalho). Essa insistência no trabalho e esse esforço para generalizar sua noção trazem incontestavelmente a marca de Marx, mas traços aristotélicos não estão ausentes das formulações de Labriola quando ele procura exprimir sua significação política e antropológica: "Para o materialismo histórico, o devir [...] é a própria realidade; assim como é real o *prodursi* [a "produção de si"] do homem, que se eleva da imediatidade do viver (animal) para a liberdade perfeita (que é o comunismo)" (*La Concezione materialistica della storia*, 1896, citado em TOSEL, *Marx en italiques* [Marx em itálico], p. 33).

Os textos de Labriola são objeto de uma discussão prolongada da parte dos dois grandes representantes do idealismo italiano formado pela leitura de Hegel. Enquanto Benedetto Croce, num espírito no fundo mais kantiano do que hegeliano, privilegia *pratica*, Giovanni Gentile, mestre do neo-hegelianismo (e futuro filósofo oficial do fascismo), retoma por conta própria a expressão "*filosofia della prassi*". Ele desencava as *Teses sobre Feuerbach* e demonstra sua importância, fazendo-se assim o defensor de uma interpretação revolucionária do marxismo ao mesmo tempo contra seus porta-vozes social-democratas (Labriola) e contra seus críticos liberais (Croce). Até nos seus desenvolvimentos econômicos especializados, o marxismo é para ele uma "grande" filosofia, não tanto da história, porém mais exatamente da *práxis*, ou seja, da ação transformadora, que exprime a intervenção na história de uma subjetividade constitutiva, ao mesmo tempo imanente no devir e destruidora da continuidade do tempo. É essa teorização da *práxis* em termos de revolução permanente que ele percebe como um "idealismo invertido", e que Gentile entende que se opõe à sua própria concepção espiritualista, à qual ele dará o nome de "atualismo" (cf. *Teoria generale dello spirito come atto puro*, réplica à *Logica come scienza del concetto puro* de Croce).

O hegelianismo que Gentile reivindica não pode ser nem concebido nem construído sem compreender e ultrapassar a lição de Marx, ou seja, a identidade ontológica do pensar e do agir, e, na verdade, nessa combinação se fazem ouvir mais uma vez acentos "ativistas" (crítica radical da ideia de "passividade" e, por consequência, de toda determinação da ação por suas condições e circunstâncias "dadas") que vêm mais da tradição fichteana (da qual Gentile é próximo igualmente por sua formalização do princípio em termos de afirmação do "Eu", "*lo assoluto*", sujeito do "ato puro"). Mas no fim das contas o objetivo do atualismo (que Gentile acreditará poder operar no quadro do "Estado total" fundado por Mussolini) reside na instituição de um processo de "autoeducação permanente da sociedade", que seria a forma mesma do devir concreto do espírito, e, nesse sentido, a *práxis* por excelência.

BIBLIOGRAFIA

CROCE, Benedetto. *Filosofia della Pratica. Economia ed Etica*. Reed. Bari: Laterza, 1973. [1. ed. 1907].

CROCE, Benedetto. *Logica come scienza del concetto puro*. Reed. C. Farinetti. Napoli: Bibliopolis, 1996. [1. ed. 1905].

GENTILE, Giovanni. *L'atto del pensare come atto puro*. Firenze: Sansoni, 1937 [1. ed. 1911].

GENTILE, Giovanni. *L'Esprit, acte pur*. Trad. A. Lion. Paris: Félix Alcan, 1925.

GENTILE, Giovanni. La filosofia dela prassi. In: _____. *La Filosofia di Marx*. Pisa, 1894; nova ed. Firenze: Sansoni, 1974 [Ed. fr.: *La Philosophie de Marx*. Trad. G. Granel et A. Tosel. Mauvezin: TER, 1995].

GENTILE, Giovanni. *Teoria generale dello spirito come atto puro*. Reed. Firenze: Sansoni, 1959 [1. ed. 1916].

LABRIOLA, Antonio. *Saggi sulla concezione materialistica della storia*. Nova ed. E. Garin. Bari: Laterza, 1965.

TOSEL, André. *Marx en italiques: Aux origines de la philosophie italienne contemporaine*. Mauvezin: TER, 1991.

B. As problemáticas fenomenológicas

Entretanto, as mutações contemporâneas, pós-marxistas, da *práxis* não se limitam de maneira alguma à tradição hegeliana. Pelo contrário, entre as mais interessantes figuram aquelas suscitadas pelo encontro com as problemáticas fenomenológicas inspiradas por Husserl e Heidegger, e que buscam criticar sua orientação exclusiva para a consciência ou para uma concepção especulativa da existência. O nome mais importante é aqui evidentemente o de Sartre.

Nos dois volumes da *Crítica da razão dialética*, dos quais somente o primeiro (*Teoria dos práticos*) foi concluído e publicado enquanto vivo (1960), Sartre combinou numerosas fontes de inspiração filosófica: não somente Husserl, Heidegger e Marx, mas também Hegel, Kierkegaard, e outros menos explícitos (o fichteísmo e o bergsonismo de Sartre são muito profundos), sem deixar de fora muitas referências à historiografia e às ciências humanas. A noção central que ele elabora é a de *práxis*: primeiro enquanto "*práxis* individual", em seguida enquanto "*práxis* histórica", passando pela mediação essencial do "grupo" (segundo diferentes modalidades institucionais ou espontâneas, efêmeras – tal como o movimento das multidões revolucionárias ligadas por um "juramento" como o do *Jeu de Paume*, que selou o fim do Antigo Regime em 1789 – ou duráveis – como a classe, com suas organizações representativas). Sartre estuda programaticamente dois movimentos ou transições: "da práxis individual ao prático-inerte", "do grupo à história". Recuperam-se aqui, ainda que sob outros nomes, problemáticas já encontradas antes (em particular a da reificação, que Sartre associa à figura original da "serialidade" das ações e dos grupos). Mas trata-se também, incontestavelmente, de uma elaboração original. Por um aspecto essencial, esta provém daquilo que, desde seus primeiros textos, havia preocupado Sartre: a necessidade de defasar uma com relação à outra, *contra* a tradição transcendental na qual se inscrevia originalmente a fenomenologia, a estrutura da consciência enquanto campo de "visadas" orientadas a objetos (estrutura essencialmente "imanente" que, em seu artigo de 1937 sobre "A transcendência do ego", Sartre chegava até a comparar com a substância espinosista, enquanto produção de seus próprios modos) e a estrutura do *ego* ou do sujeito, essencialmente "transcendente", portanto secundária e representada para a própria consciência. A *práxis* da qual ele se ocupará mais tarde, depois de ter declarado o marxismo como "horizonte intransponível para a filosofia de nosso tempo", não seria então inicialmente um aprofundamento dessa temática das defasagens, isto é, uma intencionalidade preliminar a toda consciência, e por isso mesmo algo que a excede? É por isso que o movimento de totalização que, segundo Sartre, constitui a estrutura de inteligibilidade da história e que deve ao mesmo tempo atravessar o conflito (as lutas de classes) e levar à sua superação, não pode se enraizar senão na *práxis*. Mas ele só o faz, no fim das contas, de maneira negativa ou aporética. Eis a outra grande originalidade da concepção sartriana de *práxis*: esta, enquanto deve sempre provir dos indivíduos visando à sua reunião (até mesmo sua fusão) em uma comunidade, é fundamentalmente perdida, ou, como diz Sartre, "roubada" de seus próprios sujeitos. Em condições de escassez próprias à história humana e que Sartre pensa segundo um modelo radicalmente conflituoso (no fundo, muito hobbesiano), a *práxis* só pode realizar-se alienando-se. Ela visa ao impossível: "fazer a história" nas formas mesmas da instituição, da passividade, da dependência. Entretanto, como dizia Marx em uma frase do *18 Brumário de Louis Bonaparte* que Sartre não se cansa nunca de interpretar, "os homens fazem sua própria história, mas eles não a fazem arbitrariamente, em condições escolhidas por eles". As condições da *práxis* (isto é, da escassez material e, sobre essa base, a adversidade das outras *práxis*) os privam dela e a viram imediatamente contra eles. Essa impossível "liberação" da inércia ou da adversidade que lhe é inerente, porém, a *práxis* não renunciará jamais a buscar. A *práxis* é o "apesar de tudo" da condição humana.

* Ver Quadros 4 e 5.

4   Althusser: as "práticas" contra a "práxis"

A influência das teorizações de Lukács e de Gramsci, mas sobretudo a relevância da concepção sartriana de *práxis* nos ajudam a compreender as razões que levariam outro grande representante do marxismo filosófico francês nos anos 1960, Althusser, a rejeitar radicalmente o conceito. Provavelmente, a concepção althusseriana da filosofia marxista provém, ela também, de uma leitura crítica de Hegel, cujo programa foi formulado pelas *Teses sobre Feuerbach* sob o título de "novo materialismo". Certamente ela deve a Gramsci e, por meio dele, a Maquiavel, uma concepção radical da equivalência entre teoria e política. Mas, como parte integrante da aventura estruturalista e decidido a expulsar, até seus últimos limites, os germes do subjetivismo e do historicismo que impedem a constituição de uma ciência da revolução, o filósofo da Rua d'Ulm não quer ver na *práxis*, e particularmente na "dialética" da obra humana e da inércia material ou institucional, senão uma nova roupagem dos dualismos espiritualistas. Além disso, Althusser não fala tanto de "prática", mas "das práticas" (incluída aí a "prática teórica", operando sobre a generalidade dos conceitos). Ele busca, ao que parece, teorizar sua analogia (no sentido mesmo em que a metafísica falava da analogia do ser) segundo o modelo de uma "produção generalizada", fazendo, consequentemente, o *práttein* regressar ao *poieîn* (e uma certa tradição positivista-produtivista não é estranha, como vimos, a essa possibilidade). Considerando em detalhe, ele o faz, porém, de maneira muito estranha, o que leva a uma teorização tão original, em seu gênero, quanto aquela de Sartre, à qual ela se opõe ponto por ponto. A teoria é uma prática entre outras. Toda prática é interiormente "sobredeterminada" por todas as outras, as quais ela pressupõe ao repeli-las, em uma "totalidade com dominante" exposta a incessantes variações. Uma prática é "produtora", não tanto de "objetos" ou de resultados externalizados, mas de "efeitos" que são integrados a ela (tese tipicamente estruturalista, mas em *O capital* Marx havia falado do "duplo caráter do trabalho", e mostrado que este não tem por efeito somente a produção das mercadorias, mas também a reprodução das relações sociais): "efeitos de conhecimento", "efeitos de sociedade", "efeitos de subjetividade", até "efeitos de transferência" (no campo do inconsciente), etc. Uma prática é essencialmente uma "luta", segundo o modelo da luta de classes (e, aos olhos de Althusser, em seu horizonte), ou uma unidade de tendências contrárias: conhecimento e desconhecimento, produção e exploração, identificação e distanciamento (no sentido de Brecht)... Pode-se sustentar que, com essas características paradoxais, o *poieîn* evoluiu essencialmente para uma forma complexa de *práttein*. Enquanto, é verdade, um "processo sem sujeito", ou pelo menos sem agente (ou "agência").

5 Práxis dialógica em Paulo Freire
Rafael Zacca

O conceito de *práxis* em Paulo Freire pode ser remetido tanto à inserção do filósofo na tradição marxista do século XX quanto ao lugar que o conceito ocupa em sua filosofia da educação. De saída, é preciso levar em consideração que tal filosofia foi elaborada tendo em mente o problema da colonização como condição estrutural dos povos oprimidos não europeus. Com isso, o marxismo de Freire foi apreendido em diálogo com as experiências formativas que o filósofo viveu não apenas no território latino-americano (especialmente Brasil e Chile, como é sabido) mas também em diversos países em África (cf. *A África ensinando a gente: Angola, Guiné-Bissau, São Tomé e Príncipe*, e *Paulo Freire e Amílcar Cabral: a descolonização das mentes*). A experiência da colonização levará Freire, assim como outros marxistas do chamado "terceiro mundo", a repensar a relação entre engajamento, cooperação e diálogo a partir de uma desconstrução (ou, no mínimo, reconfiguração) do lugar das figuras de autoridade dentro dos movimentos revolucionários. No caso de Freire, a partir da ideia de "inacabamento".

Se, por um lado, desde seus primeiros ensaios, a *práxis* remete a uma unidade entre prática e teoria orientadas para a transformação do mundo (na forma da ação revolucionária), por outro, essa transformação só é possível por causa do que ele chama de "inacabamento do ser". Na *Pedagogia da autonomia*, publicada em 1996, um ano antes de sua morte, Freire se refere a um inacabamento que é "próprio da experiência vital", pois "onde há vida, há inacabamento" (FREIRE, 2021b, p. 50). Toda a experiência vital está em constante transformação e inconclusividade: "[inconclusos] somos nós, mulheres e homens, mas inconclusos são também as jabuticabeiras que enchem, na safra, o meu quintal de pássaros cantadores; inconclusos são estes pássaros como inconcluso é Eico, meu pastor alemão, que me 'saúda' contente no começo das manhãs" (FREIRE, 2021b, p. 54). O ser humano, no entanto, não apenas é inacabado, como pode tomar consciência de sua condição. Essa possibilidade faz parte da dimensão pedagógica das relações sociais, propriamente humanas. "Mulheres e homens se tornaram educáveis na medida em que se reconheceram inacabados" (FREIRE, 2021b, p. 57) – com o que também se pode dizer que a política enquanto *práxis* que transforma o mundo depende desse reconhecimento.

O inacabamento é precondição da *práxis* política e da *práxis* pedagógica, pois tanto política como educação começam com o reconhecimento dessa situação existencial.

Por depender do reconhecimento (e, portanto, de uma dinâmica entre sujeitos), a *práxis* possui uma dimensão ética e dialógica. As bases para esse entendimento estão melhor expostas na *Pedagogia do oprimido*. Pensada na esteira da "experiência de Angicos", ou as "40 horas de Angicos", dos anos anteriores, a *Pedagogia do oprimido* foi escrita por Paulo Freire depois de suas experiências mais fundamentais como alfabetizador. Entre 1963 e 1964, pôs em ação um plano para alfabetizar populações inteiras em até 40 horas de trabalho. Na pequena cidade de Angicos, no Rio Grande do Norte, em uma região predominantemente rural e com lavouras de algodão, Freire propôs que o processo pedagógico se desse não com cartilhas prévias de trabalho, mas sim com cartilhas elaboradas a partir dos saberes daqueles trabalhadores, a serem coletados na convivência e no diálogo. Assim acontecia a primeira aplicação do Método Paulo Freire, que coletava, junto à comunidade, às suas formas de vida e trabalho, junto ao mundo material dessa população, temas geradores que serviam de base para a elaboração de exercícios de alfabetização – e politização. Mais do que ler e escrever em português, era importante apreender a experiência de que ler o mundo é condição para se fazer o mundo, e de que fazer o mundo coincidia com escrever e pronunciar o mundo.

Em outros termos: a *práxis*, para Paulo Freire, deve ser pensada em função de um conceito de ação que inclui a palavra – na ação, teoria e prática se inscrevem como uma unidade. E é aqui que, por oposição à *práxis* revolucionária (que seria a *práxis* "verdadeira"), a *Pedagogia do oprimido* formula a ideia da *práxis* opressora: toda prática-teoria que silencia os sujeitos ou confirma e conforma seus lugares no mundo em função dos interesses de outros grupos seria uma *práxis* opressora. Na *Pedagogia do oprimido*, publicada pela primeira vez em 1968, em meio à Ditadura Militar brasileira, quando Freire tentava repensar não apenas uma educação revolucionária, como também uma organização política que fizesse justiça aos oprimidos, a *práxis* aparece então como um direito. "Mas, se dizer a palavra verdadeira, que é trabalho, que é *práxis*, é transformar o mundo, dizer a palavra não é privilégio de alguns homens, mas direito de todos os homens" (FREIRE, 2021c, p. 188).

Mas como não há divisão entre teoria e prática no pensamento freireano, a tomada de consciência, de que dependem as relações pedagógicas livres e revolucionárias, não se dá por meio de um processo puramente intelectual que desemboca em uma prática livre. Em um prefácio à edição argentina de *A Black Theology of Liberation*, de James Cone, de 1972, publicado posteriormente junto ao ensaio sobre *Ação cultural para a liberdade*, de 1975, Freire destaca que "é na práxis revolucionária" que as pessoas "aprendem a 'pronunciar' seu mundo, descobrindo, assim, as verdadeiras razões de seu silêncio anterior" (FREIRE, 2015, p. 212). É nesse sentido que a educação será pensada como prática da liberdade e como exercício da autonomia. Evidentemente, o contexto em que essa filosofia foi gestada, em meio à sociedade brasileira da década de 1960, exerce sua influência sobre todo o vocabulário freireano. Por isso a centralidade do conceito de democracia em seus escritos e de seus tributários: a ideia de partilha da palavra, de liberdade de crítica e do sentido de participação. Em *Educação como prática da liberdade*, ele escreve:

> A própria essência da democracia envolve uma nota fundamental que lhe é intrínseca – a mudança. Os regimes democráticos se nutrem na verdade de termos em mudança constante. São flexíveis, inquietos, e devido a isso mesmo deve corresponder ao homem desses regimes maior flexibilidade de consciência. [...] Se há saber que só se incorpora ao homem experimentalmente, existencialmente, este é o saber democrático. [...] Daí a necessidade de uma educação corajosa, que enfrentasse a discussão com o homem comum, de seu direito àquela participação. (FREIRE, 2021a, p. 119-122)

É essa intuição fundamental que se liga à dimensão ética da *práxis* pedagógica: o reconhecimento do ser humano como sujeito do seu inacabamento e do inacabamento do mundo é incompleto se não há reconhecimento do outro como sujeito que possa também reconhecer. No que tange à *práxis* pedagógica, todos os que dela participam, educadores e educandos, devem ser reconhecidos, reconhecendo-se simultaneamente, como sujeitos dessa prática. Por isso a experiência de Angicos precisava partir não apenas dos saberes dos educadores, como também daqueles dos educandos, para que ambos pudessem participar de um processo de transitividade – a educação. O educando, então, não é objeto do sujeito educador; ele mesmo é sujeito de seu processo pedagógico. Na *Pedagogia do oprimido*, a palavra *práxis* coincide com aquilo que é chamado de "ação dialógica", de partilha da palavra, por oposição à práxis opressora – chamada também de educação bancária, porque pretende a transmissão dos saberes do sujeito educador para os objetos educandos, como numa transação financeira, ou ainda de "ação antidialógica". Tanto as relações pedagógicas como aquelas da organização política são examinadas por Freire sob uma ótica antivanguardista por excelência, que recusa o papel do líder como um representante dos liderados – o educador, ou o líder político, deveria servir apenas de mediação para a agência do próprio educando, ou do próprio oprimido da situação política.

Mas como a *práxis* demanda reconhecimento, também não pode se realizar solitariamente. Um dos bordões mais conhecidos de Paulo Freire diz "ninguém educa ninguém, ninguém educa a si mesmo, os homens se educam entre si, mediatizados pelo mundo" (FREIRE, 2021c, p. 174) Ou ainda: "ninguém liberta ninguém, ninguém se liberta sozinho, os homens se libertam em comunhão" (FREIRE, 2021c, p. 152; em *Por uma pedagogia da pergunta*, Freire e Fagundez elaboram melhor as implicações da filosofia freireana da *práxis* para a organização política: "a reinvenção do poder tem que ver com a tentativa de diminuição da distância entre o partido que *fala em nome de* e *os setores em nome de que fala*. [...] já não é possível continuar falando apenas *em nome de* (porque tem mesmo é de falar *com*)..."; FREIRE; FAGUNDEZ, 2021, p. 120-121). Essa exigência de partilha da *práxis* é propriamente um fundamento amoroso em Paulo Freire: o amor aparece como precondição da *práxis* revolucionária. "Não há diálogo, porém, se não há um profundo amor ao mundo e aos homens. Não é possível a *pronúncia* do mundo, que é um ato de criação e recriação, se não há amor que a infunda. Sendo fundamento do diálogo, o amor é, também, diálogo. Daí que seja essencialmente tarefa de sujeitos e que não possa verificar-se na relação de dominação" (FREIRE, 2021c, p. 190).

Essa necessidade de amor para a *práxis*, para a palavra e a ação partilhadas, se inscreve na dedicatória da *Pedagogia do oprimido*, que sintetiza a unidade entre práxis, reconhecimento, inacabamento, partilha e amor: "Aos esfarrapados do mundo e aos que neles se descobrem e, assim descobrindo-se, com eles sofrem, mas, sobretudo, com eles lutam" (FREIRE, 2021c, p. 5).

BIBLIOGRAFIA

FREIRE, Paulo. *Ação cultural para a liberdade e outros escritos*. Rio de Janeiro: Paz & Terra, 2015.

FREIRE, Paulo. *Educação como prática da liberdade*. Rio de Janeiro: Paz & Terra, 2021a.

FREIRE, Paulo. *Pedagogia da autonomia: saberes necessários à prática educativa*. Rio de Janeiro: Paz & Terra, 2021b.

FREIRE, Paulo. *Pedagogia do oprimido*. Rio de Janeiro: Paz & Terra, 2021c.

FREIRE, Paulo; FAGUNDEZ, Antonio. *Por uma pedagogia da pergunta*. Rio de Janeiro: Paz & Terra, 2021.

FREIRE, Paulo; GUIMARÃES, Sergio. *A África ensinando a gente: Angola, Guiné-Bissau, São Tomé e Príncipe*. Rio de Janeiro: Paz & Terra, 2021.

GADOTTI, Moacir; ROMÃO, José Eustáquio. *Paulo Freire e Amílcar Cabral: a descolonização das mentes*. São Paulo: Editora e Livraria Instituto Paulo Freire, 2012.

SILVA, Camila Teo da. *A gênese da Pedagogia do Oprimido: o manuscrito*. 2017. 572 f. Dissertação (Mestrado em Filologia e Língua Portuguesa) – Faculdade de Filosofia, Letras e Ciências Humanas, Universidade de São Paulo, São Paulo, 2017. Disponível em: https://www.teses.usp.br/teses/disponiveis/8/8142/tde-19022018-114317/pt-br.php. Acesso em: 12 maio 2024.

C. As determinações do marxismo sem seu "horizonte"

Não basta renunciar ao horizonte do marxismo para escapar às suas determinações. Pode-se mesmo supor que, de uma maneira mais ou menos determinante, é sua proximidade incômoda que explica a relutância de um certo número de correntes filosóficas contemporâneas em retomar por conta própria a terminologia da *práxis*, agora que ela pareceria natural, e notadamente quando elas comportam um elemento central de "retorno a Aristóteles", seja sob o ângulo de uma ética da prudência e do juízo, seja sob o de uma regulação dos discursos e de seu uso público. Evocaremos alguns casos significativos ainda mais interessantes por trazerem também problemas de tradução e de singularidade idiomática.

1. O pragmatismo sem a prática

Poder-se-ia perguntar por que o termo *practice* é raramente teorizado pelo "pragmatismo" americano, filosofia fundada sobre o recurso à experiência, à ação e à prática. A denominação *pragmatismo* foi inventada por Charles Sanders Peirce, retomada por William James e John Dewey, e modificada em seguida por Peirce, que, em consequência de sua banalização, a rejeitou em detrimento de *pragmaticism* – como indica a seguinte passagem dos *Collected Papers*:

> *His* [the writer's] *word "pragmatism" has gained general recognition in a generalized sense that seems to argue power of growth and vitality. The famed psychologist, James, first took it up, seeing that his "radical empiricism" substantially answered to the writer's definition of pragmatism, albeit with a certain difference in the point of view. [...] But at present, the word begins to be met with occasionally in the literary journals, where it gets abused in the merciless way that words have to expect when they fall into literary clutches [...] So then, the writer feels that it is time to kiss his child good-by and relinquish it to its higher destiny; while to serve the precise purpose of expressing the original definition, he begs to announce the birth of the word "pragmaticism", which is ugly enough to be safe from kidnappers.*

> [O termo [deste Autor] "pragmatismo" ganhou reconhecimento geral num sentido generalizado que parece indicar que o vocábulo possui força e vitalidade. O famoso psicólogo James foi quem primeiro o divulgou, ao ver que o seu "empirismo radical" respondia à definição de pragmatismo dada pelo A., não obstante uma certa diferença de pontos de vista. [...] Mas no presente, a palavra começa a aparecer nas revistas literárias, violentada daquela forma impiedosa a que estão sujeitas as palavras quando caem em garras literárias. [...] Assim o A. destas linhas, vendo o seu moleque "pragmatismo" tão promovido, sente que é tempo de dizer adeus à sua criança e abandoná-la a seu alto destino; para o objetivo precioso de expressar a definição original, pede licença para anunciar o nascimento da palavra *pragmaticismo*, que é suficientemente horrível para estar a salvo de raptores (PEIRCE, 1931-1935, v. 5, p. 414).]

A palavra *praxis* não aparece nunca em Peirce, e *practice* tampouco é questionada mesmo sendo utilizada frequentemente em expressões compostas ("*in practice*", "*the practice of*"). A língua do pragmatismo é mais a dos *facts* ("fatos", incluídos os "fatos de consciência"), da *experience* (incluída "a experiência pura"), do *behavior* ("comportamento", notadamente em Dewey e Mead). A *practice* não é definida de outra forma que por recurso aos fatos, e pela passagem à prática com a qual as teorias são confrontadas, como mostrariam as expressões típicas "*practical application*", "*application to practice*" (PEIRCE, *ibid.*, 2.7). De um ponto de vista "aristotélico", há aí um tipo de inversão entre a *prâxis* e os *prágmata*. Por exemplo:

> *The value of Facts to it* [science], *lies only in this, that they belong to Nature; and Nature is something great, and beautiful, and sacred, and eternal, and real. It therein takes and entirely different attitude toward facts from that which Practice takes. For Practice, facts are the arbitrary forces with which it has to reckon and to wrestle. Science* [...] *regards facts as merely the vehicle of eternal truth, while for Practice they remain the obstacles which it has to turn, the enemy of which it is determined to get the better. Science feeling that there is an arbitrary element in its theories, still*

continues its studies, [...]; but practice requires something to go upon, and it will be no consolation to it to know that it is on the path to objective truth – the actual truth it must have.

[O valor dos Fatos para ela [a ciência] reside apenas nisto: que eles pertencem à Natureza; e a Natureza é algo grande, bonito, sagrado, eterno e real. Nisso, ela assume uma atitude diante dos fatos completamente diferente daquela que a Prática assume. Para a Prática, fatos são forças arbitrárias que ela tem que considerar e contra as quais deve lutar. A ciência [...] enxerga os fatos como meros veículos da verdade eterna, enquanto para a Prática eles continuam sendo os obstáculos dos quais ela precisa se desviar, o inimigo sobre o qual ela está determinada a levar a melhor. Quando a ciência sente que há um elemento arbitrário em suas teorias, ela continua seus estudos, [...]; mas a prática requer algo em que se apoiar, e não será um consolo para ela saber que está no caminho para a verdade objetiva – a verdade real é o que ela deve ter (PEIRCE, *ibid.*, v. 5, p. 589).]

O recurso enfático à *Practice* dissimula mal a ausência de problematização do conceito, e até sua desvalorização com relação à ciência verdadeira: paradoxo de uma filosofia que se intitula "pragmatismo", mas prefere pensar em termos de fatos e de verdade, e não de "prática".

2. Habermas: da "práxis" ao agir comunicativo

Formado no seio da escola de Frankfurt, da qual ele aparece, inicialmente, como o continuador, mas também influenciado pelo funcionalismo americano e pelo "*linguistic turn*" dos anos 1960, adepto, em política, de um constitucionalismo e de um cosmopolitismo de inspiração kantiana, Jürgen Habermas começa assumindo uma oposição "crítica" à *técnica* (à qual, de maneira muito lukácsiana, ele associa também a *epistéme* ou ciência objetiva) e à *prática* (*Praxis*, na acepção "alemã" do termo): conjunto dos movimentos de afirmação do direito natural, mas também de luta contra a alienação, o fetichismo da mercadoria, a reificação, "projetados na esfera da opinião pública" (*Öffentlichkeit*), onde eles são objeto de debates e de declarações, de maneira a induzir o ideal de uma comunidade. Ele retraduz então nessa linguagem marxizante a distinção weberiana entre a ação determinada com relação a um fim ("*zweckrationales Handeln*") e a ação racional em função de valores ("*wertrationales Handeln*"), valorizando fortemente a segunda. Mas quando Habermas descobre enfim o conceito específico de sua filosofia, que exprime a conexão das formas discursivas e das normas jurídicas no desenvolvimento da "sociedade civil", articulando-o ao vivido do "mundo da vida" (*Lebenswelt*, conceito de origem husserliana) – aquele do "agir (ou da ação) comunicativo(a)" (*Theorie des kommunikativen Handelns*, 1981) –, ele renuncia à utilização do termo *Praxis*. Este certamente conserva a seus olhos ao mesmo tempo uma conotação decisória demais e um elo exclusivo demais com a representação da história da sociedade civil como desenvolvimento da divisão capitalista do trabalho e do mercado, resultando numa temível valorização do antagonismo social em detrimento da produção do consenso político sobre os valores fundamentais da democracia.

3. Arendt e a "ação"

O mais significativo para o nosso propósito é sem dúvida o caso Hannah Arendt, porque ela enfrenta diretamente o problema antropológico de uma revisão dos conceitos vindos de Aristóteles e Marx. Arendt tem um conhecimento íntimo da obra de Marx, com a qual ela nunca parou de travar um diálogo crítico, e ela se estabelece de maneira original numa corrente "neoclássica" de pensamento da política que busca reformular o ideal de *phrónesis* (que ela designa também, mais em referência a Kant do que a Aristóteles, como "juízo"), de modo a defender a autonomia dos fins políticos contra os totalitarismos ideológicos, bem como contra os reducionismos socioeconômicos (e *a fortiori* contra a combinação de ambos). O conceito central do pensamento de Arendt, provisoriamente sistematizado em *The Human Condition* (1958; intr. M. Canovan. 2. ed. University of Chicago Press, 1988; *La Condition de l'homme moderne*. Trad. G. Fradier, préf. P. Ricoeur. Paris: Calmann-Lévy, 1963; *A condição humana*. Tradução de Roberto Raposo. 10. ed. Rio de Janeiro: Forense Universitária, 2007) é o de "ação".

A concepção arendtiana de ação, que fundamenta sua construção das relações entre as diferentes "esferas" da existência humana (a intimidade, a esfera privada, a esfera pública, a esfera do saber), mas também sua crítica de uma modernidade que teria visto o triunfo dos valores utilitários (os do *animal laborans*, em busca de felicidade material) sobre a *vita contemplativa* e a própria *vita activa*, se expõe, por sua vez, conforme uma "tríade" da qual o agir constitui o frágil desfecho: *labor*, *work*, *action*. Qual é sua relação com as tríades aristotélicas que examinamos no início? E com a conceitualização marxiana da prática social?

As duas questões são dificilmente dissociáveis. Aparentemente, Arendt expulsou a *theoría* de sua abordagem, e procedeu a um desdobramento do conceito de *poíesis* (ou a uma separação entre a *tékhne* e a *poíesis*, que corresponderiam respectivamente ao *labor*, ao "trabalho" material responsável por reproduzir as condições da vida animal ou do "bem-estar", que triunfa no ideal da sociedade de consumo, e o *work*, "a obra", responsável por inscrever a marca da humanidade na duração do mundo, ou de garantir o primado do artífice sobre a natureza por meio da tecnologia e, sobretudo, pela arte). Essa nova divisão (que não deixa de evocar a terminologia do iluminismo: *Dicionário razoado das [...] artes e dos ofícios*, subtítulo da *Enciclopédia* – com a ressalva de que então se tratava de valorizá-los) permite inscrever a concepção marxista de prática social, não somente fora do campo da "ação" ou da *práxis*, mas abaixo da instância da "obra" e da "arte", na pura imediatidade do "fazer" ou "fabricar" (*making*), logo, do "ofício", com toda a tradição advinda de Locke, que faz do trabalho humano a medida dos valores.

Entretanto Arendt não emprega o termo *práxis*, salvo a "palavra grega" intraduzível, para designar a concepção de mundo própria aos antigos, e especialmente a Platão e Aristóteles. Ela tampouco pretende simplesmente restaurar o ponto de vista aristotélico. E isto não tem a ver somente com seu cuidado de escrever em uma língua comum. Mas com o fato de que, no conceito de "ação", trata-se para ela de introduzir um elemento radicalmente ignorado pelos antigos: a historicidade, sob as diferentes espécies de incerteza quanto aos assuntos humanos, da função constituinte das representações ou aparências na intervenção política (que afeta o próprio movimento operário), da função criadora dos atos de linguagem (o perdão, a promessa, a declaração), da perda das tradições que obriga os homens a recomeçarem periodicamente sua história política, e, para terminar, do desenvolvimento das instituições enquanto condições de possibilidade da *theoría* (ou *vita contemplativa*). Essas características da historicidade são certamente totalmente diferentes daquelas que Marx havia considerado, e até mesmo se contrapõem a elas. Mas precisamente por essa razão nós estamos aí no campo do verdadeiro (e interminável) confronto com Marx (cuja apresentação explícita muito simplificada parece mais uma caricatura): uma *práxis* contra a outra, com a ressalva de que a palavra é, por razões tanto contextuais quanto simbólicas, "barrada".

4. A originalidade da "Praxis" de Wittgenstein

Finalmente, o único dos grandes protagonistas da aventura filosófica do século XX em cuja obra o termo *Praxis*, ainda que não propriamente tematizado, cumpre uma função significativa e original, é Wittgenstein. Trata-se para ele, é claro, de uma palavra alemã aparentemente banalizada. É para nós leitores, impregnados de história da filosofia e engajados em diversos confrontos ideológicos, que se coloca o problema de sua relação com os sentidos aristotélico, kantiano, pós-kantiano, marxista.

Para Wittgenstein, a palavra remete primeiro ao uso da linguagem, que ele opõe, em sua segunda filosofia, à sua logicização da língua operada no *Tractatus logico-philosophicus*: "*Dies ist leicht zu sehen, wenn Du ansiehst, welche Rolle das Wort im Gebrauche der Sprache spielt, ich meine, in der ganzen Praxis der Sprache*" [É fácil percebê-lo quando se vê o papel que uma palavra desempenha no uso da linguagem, quero dizer, na prática da linguagem tomada como um todo] (*Eine philosophische Betrachtung*, p. 157). Wittgenstein fala também constantemente de "prática [práxis] do jogo de linguagem": "*die Praxis des Sprachspiels*". A segunda filosofia constitui então para Wittgenstein uma passagem da teoria à prática (o termo *praktisch* retorna constantemente), pela atenção dada ao jogo de linguagem ("*in der täglichen Praxis des Spielens*" [na prática cotidiana do jogo], *Bemerkungen über die Grundlagen der*

Mathematik, p. 88) e aos usos efetivos, "cotidianos". É interessante que no *Brown Book*, quase que uma versão inglesa de *Eine Philosophische Betrachtung*, Wittgenstein emprega sistematicamente *practice* como equivalente de *Praxis*.

A *Praxis* se define também como o contexto que dá sentido às palavras: "*Nur in der Praxis einer Sprache kann ein Wort Bedeutung haben*" [É apenas na prática da linguagem que uma palavra pode ter uma significação] (*Bermerkungen...*, p. 344); "*Die Praxis gibt den Worten ihren Sinn*" [A prática dá às palavras seus sentidos] (*Remarques sur les couleurs*, IIIe partie, p. 317). A natureza desse contexto é o que está constantemente em discussão entre os wittgensteinianos e os pós-wittgensteinianos: contexto linguístico ou social, institucional (cf. Searle, Barwise)? Os sociólogos das ciências (D. Bloor) e etnometodologistas fazem assim um grande uso de Wittgenstein em seus argumentos que visam a inscrever o conhecimento nas práticas sociais.

Mas é nessa reflexão sobre a regra que a noção intervém de maneira mais específica. A ideia de *práxis* indica, efetivamente, a repetição inerente à regra, como em todo uso: não há para Wittgenstein nenhuma regra que pudesse ser aplicada apenas uma vez: "*Ist, was wir 'einer Regel folgen' nennen, etwas, was nur ein Mensch, nur einmal im Leben, tun könnte?*" ["O que denominamos 'seguir uma regra' é algo que apenas *um* homem poderia fazer apenas *uma vez* na vida?" – tradução de Marcos G. Montagnoli] (*Philosophische Untersuchungen*, §199; *Investigações filosóficas*); "*Um das Phänomen der Sprache zu beschreiben, muß man eine Praxis beschreiben, nicht einen einmaligen Vorgang*" [Para descrever o fenômeno da linguagem, deve-se descrever uma prática, e não um processo que ocorresse uma só vez] (*Bemerkungen...*, p. 335). No §202 das *Philosophische Untersuchungen* (*Investigações filosóficas*), Wittgenstein enuncia que "seguir a regra é uma prática (*eine Praxis*)" e não uma "interpretação" (*Deutung*). E um pouco antes, no §199, ele havia indicado que há todo o tipo de práticas, das quais "seguir uma regra" faz parte. Isso não quer dizer que toda prática é governada por regras, mas, ao contrário, que a significação dos sistemas de regras (ou de instruções, de "normas": *Regel*, traduzido em inglês por *rule*) não pode ser completamente descrita sem fazer referência às conexões que se estabelecem entre diferentes "práticas" às quais elas pertencem, assim como entre essas práticas e as "formas de vida" (*Lebensformen*) determinadas, embora indefinidamente variadas, atribuíveis seja a indivíduos, seja a grupos.

Na verdade, a palavra "prática" (*practice*) não basta para expressar a plasticidade desse horizonte de realidade e exercício cotidiano ao qual Wittgenstein remete aqui as aporias filosóficas da significação e da modalidade (como pensar a contingência da necessidade das regras?). É preciso incluir aquelas da ação ou atividade (al. *Tätigkeit*, ingl. *activity*) e sobretudo do uso (*use*, *Gebrauch*: "*In der Praxis des Gebrauchs der Sprache*" [Na prática do uso da linguagem], *Investigações filosóficas*, §140), ao mesmo tempo no sentido em que se usa um instrumento e no sentido em que se conforma a uma tradição (a menos que se a transgrida). "Não se compreende" primeiro o sentido de uma regra para, em seguida, eventualmente, "aplicá-la": mas se a "usa".

"*The use of the word* in practice *is its meaning*" [O uso da palavra *na prática* é seu significado] (*The Brown Book*, p. 68). A *práxis* então não somente desceu cá "para baixo", ela se disseminou na multiplicidade das experiências comuns que envolvem a atividade discursiva. Desde o *Tractatus logico-philosophicus*, a filosofia é definida como atividade e não como teoria: "*Die Philosophie ist Keine Lehre, sondern eine Tätigkeit. Ein philosophisches Werk besteht wesentlich aus Erläuterungen*" ["A filosofia não é uma teoria, mas uma atividade. Uma obra filosófica consiste essencialmente em elucidações" – tradução de L. H. L. dos Santos] (4. 112). O trabalho de elucidação define a atividade de filosofar, e define por isso o valor ético do *Tractatus* – ou, como se diz frequentemente de Wittgenstein, sua "terapêutica" do pensamento, que se busca de uma outra maneira na segunda filosofia pela emergência da *Praxis*. O termo *Praxis* é mais presente em Wittgenstein do que o de terapia, o qual só aparece uma vez no conjunto da obra, e mais do que o de atividade: *Tätigkeit*, que se encontra ainda nos textos do período intermediário ("*Das Denken heißt eine Tätigkeit*" [Pensar é uma atividade], *Philosophische Grammatik*, p. 172), mas que é em seguida suplantada por *Praxis*.

Duas observações enfim. Primeiro, colocada na dependência da *Práxis* que a opera, a "regra" não sucumbe mais sob o golpe da grande oposição metafísica entre *proposição* descritiva, asserção, e *imperativa*, prescrição. A distinção entre o teórico e o normativo é relativizada, o que facilita o encontro com problemáticas da "prática discursiva", do *speech act* ou do efeito de verdade. Em seguida, e por consequência, o confronto mais pertinente, no fim das contas, é aquele que se estabelece não com Aristóteles ou com Marx, mas com Kant. Este tinha escrito na *Crítica da razão prática*: "A regra prática é sempre um produto da razão, porque ela prescreve como visada a ação (*vorschreibt die Handlung*) enquanto meio para um efeito" (tradução de Rohden, São Paulo: Martins Fontes, 2016, p. 33; *In*: AK, t. 5, p. 20). Em Wittgenstein, a "regra", antes de prescrever uma ação ou sua finalidade, deve ser primeiro enunciada no contexto de uma ação, isto é, de um uso, de uma prática ou *práxis*. Senão ela não terá nenhuma efetividade, e, por consequência, nenhum "sentido". É aqui, sem dúvida, que, apesar de todas as diferenças, aproximações poderiam ser tentadas com outras problemáticas do uso (como a de Foucault: "uso dos prazeres") ou da atividade (como a dos "ergólogos", de que fala Yves Schwartz). Mas Wittgenstein é o único a falar de *práxis*, em uma imensa ignorância da equivocidade historicamente adquirida da noção.

BIBLIOGRAFIA

ARENDT, Hannah. *A condição humana*. Posfácio de Celso Lafer. Tradução de Roberto Raposo. 10. ed. Rio de Janeiro: Forense Universitária, 2007.

ARISTÓTELES. *Ética a Nicômacos*. Tradução do grego, introdução e notas de Mário da Gama Kury. 3. ed. Brasília: UnB, 1992.

BACON, Francis. *The Philosophical Works of Francis Bacon, baron of Verulam* [...]. Reprinted from the texts and translations, with the notes and prefaces of Ellis and Spedding. Ed. and intr. by J. M. Robertson. London: Routledge, 1905.

BENSUSSAN, Gérard. *Moses Hess, la philosophie, le socialisme (1836-1845)*. Paris: PUF, 1985.

CANGUILHEM, G. *Le Statut social de la science moderne*. Curso inédito. Sorbonne, 1961-1962.

CIESZKOWKI, August von. *Prolegomena zur Historiosophie* [1838]. Traduit par M. Jacob. Paris: Champ Libre, 1973.

COMTE, Auguste. *Oeuvres choisies*. Avec une intr. de H. Gouhier. Paris: Aubier-Montaigne, 1943.

COMTE, Augusto. *Curso de filosofia positiva; Discurso sobre o espírito positivo; Discurso preliminar sobre o conjunto do positivismo; Catecismo positivista*. Tradução de José Arthur Giannotti e Miguel Lemos. 2. ed. São Paulo: Abril Cultural, 1983. (Coleção Os pensadores).

DE GIOVANNI, Biagio. *Marx e la costituzione della Praxis*. Bologna: Capelli, 1984.

ENGELS, Friedrich. *Cadernos do cárcere*. Edição e tradução de Carlos Nelson Coutinho, com a colaboração de Luiz Sérgio Henriques e Marco Aurélio Nogueira. Rio de Janeiro: Civilização Brasileira, 1999-2002. 6 v.

ENGELS, Friedrich. *Ludwig Feuerbach e o fim da filosofia clássica alemã*. Tradução de Vinícius Mateucci de Andrade Lopes. São Paulo: Hedra, 2020.

ENGELS, Friedrich. *Ludwig Feuerbach und der Ausgang der klassischen Deutschen Philosophie* [1888]. Trad. fr., Éd. Sociales, 1980.

GRAMSCI, Antonio. *Quaderni del carcere*. A cura di Valentino Gerratana. Torino: Einaudi, 1975. 4 v. Paginação contínua.

HABERMAS, Jürgen. *Teoria do agir comunicativo*. Tradução de Paulo Astor Soethe e Flávio B. Siebeneichler. São Paulo: Martins Fontes, 2012. 2 v.

HABERMAS, Jürgen. *Teoria e práxis: estudos de filosofia social*. Tradução de Rurion Melo. São Paulo: Unesp, 2013.

HABERMAS, Jürgen. *Theorie des kommunikativen Handelns*. Frankfurt: Suhrkamp, 1981 [Trad. fr. J.-M. Ferry. Paris: Fayard, 1997, 2002].

HABERMAS, Jürgen. *Theorie und Praxis. Sozialphilosophische Studien*. Neuwied: Hermann Luchterhand, 1963 [Trad. fr. et intr. G. Raulet. Paris: Payot, 1963].

HESS, Moses. *Berlin, Paris, Londres (La Triarchie européenne)*. Trad. fr. et prés. par M. Espagne. Tusson: Éd. du Lérot, 1988.

HESS, Moses. *L'Argent*. Précédé de *Les Figures juives de Marx*. Par E. de Fontenay. Paris: Galilée, 1973.

HÖFFE, Otfried. *Praktische Philosophie. Das Modell des Aristoteles*. München-Salzburg: Pustet, 1971.

JAMES, William. *Pragmatism, a New Name for Some Old Ways of Thinking: Popular Lectures on Philosophy*. New York: [s.n.] 1907; London: Longmans-Green, 1925.

JAMES, William. *Pragmatismo e outros ensaios*. Tradução de J. Caetano da Silva. Rio de Janeiro: Lidador, 1963.

KANT, Immanuel. *Crítica da razão prática*. Tradução baseada na edição original de 1788, com introdução e notas de Valério Rohden. 4. ed. São Paulo: Martins Fontes, 2016.

KANT, Immanuel. *Primeiros princípios metafísicos da ciência da natureza*. Tradução de Artur Morão. Lisboa: Ed. 70, 1990.

KANT, Immanuel. Sobre a expressão corrente: isto pode ser correcto na teoria, mas nada vale na prática. *In*: *À paz perpétua e outros opúsculos*. Tradução de Artur Morão. Lisboa: Ed. 70, 1988. p. 57-102.

LABICA, Georges. *As Teses sobre Feuerbach de Karl Marx*. Tradução de Arnaldo Marques. Rio de Janeiro: Zahar, 1990.

LABICA, Georges. *Karl Marx. Les Thèses sur Feuerbach*. Paris: PUF, 1987.

LUKÁCS, Georg. *Histoire et Conscience de classe* [1823]. Trad. J. Bois, préf. K. Axelos. Paris: Minuit, 1960; nouv. éd. 1974.

LUKÁCS, Georg. *História e consciência de classe: estudos sobre a dialética marxista*. Tradução de Rodnei Nascimento. São Paulo: Martins Fontes, 2012.

MACHEREY, Pierre. *Comte: La Philosophie et les Sciences*. Paris: PUF, 1989.

MARX, Karl. *Oeuvres philosophiques*. Prés. M. Rubel. Paris: Gallimard, 1982. (La Pléiade).

MARX, Karl; ENGELS, Friedrich. *A ideologia alemã*. Tradução de Luis Claudio de Castro e Costa. 2. ed. São Paulo: Martins Fontes, 2002.

PEIRCE, Charles Sanders; FREGE, Gottlob. *Escritos coligidos; Sobre a justificação científica de uma conceitografia; Os fundamentos da aritmética*. Tradução de Armando Mora D'Oliveira, Sergio Pomerangblum e Luís Henrique dos Santos. São Paulo: Abril Cultural, 1974. (Coleção Os pensadores).

SARTRE, Jean-Paul. *Critique de la raison dialectique. Précédé de Questions de méthode*. Paris: Gallimard, 1960 et 1985. t. 1 et 2.

SARTRE, Jean-Paul. *Crítica da razão dialética: Precedido por Questões de Método*. Tradução de Guilherme João de Freitas Teixeira. Rio de Janeiro: DP&A, 2002. 2 t.

SCHWARTZ, Yves. Philosophie et ergologie. *Bulletin de la Société Française de philosophie*. Séance du 22 janvier 2000, 94ᵉ année, 2, avril/juin 2000.

TOSEL, André. *Praxis. Vers une refondation en philosophie marxiste*. Paris: Éd. Sociales, 1984.

TOSEL, André. Le Marx actualiste de Gentile et son destin. *Archives de philosophie*, v. 56, n. 4, out./dez. 1993.

VÉRIN, Hélène. *Entrepreneurs, Entreprise: Histoire d'une idée*. Paris: PUF, 1982.

WEIL, Éric. Practique et praxis. *Encyclopaedia Universalis*, 1973.

WITTGENSTEIN, Ludwig. Bemerkungen über die Grundlagen der Mathematik. Rev. et augm. G. E. M. Anscombe, R. Rhees e G. H. von Wright (Ed.). *In*: *Werkausgabe*. Frankfurt: Suhrkamp, 1974. v. 6; copyright Basil Blackwell, Oxford, 1956.

WITTGENSTEIN, Ludwig. Eine philosophische Betrachtung. Rush Rhees. *In*: *Werkausgabe*. Frankfurt: Suhrkamp, 1970. v. 5, p. 117-237; copyright Basil Blackwell, Oxford, 1969.

WITTGENSTEIN, Ludwig. *Investigações filosóficas*. Tradução de Marcos G. Montagnoli. Revisão da tradução e apresentação de Emmanuel Carneiro Leão. 6. ed. Petrópolis: Vozes, 2009.

WITTGENSTEIN, Ludwig. *Philosophische Untersuchungen/Philosophical Investigations*. Bilingual ed. al./ingl. Ed. and translation by G. E. M. Anscombe. Oxford: Basil Blackwell, 1953; reed. 2000 [Trad. fr.: P. Klossowski. Paris: Gallimard, 1961].

WITTGENSTEIN, Ludwig. *The Blue and Brown Books*. Oxford: Basil Blackwell, 1958 [Trad. fr. M. Goldberg et J. Sackur. Paris: Gallimard, 1996].

WITTGENSTEIN, Ludwig. *Tractatus Logico-Philosophicus*. London: Routledge & Kegan Paul, 1961 [Trad. fr.: P. Klossowski. Paris: Gallimard, 1961; trad. fr. G. G. Granger. Paris: Gallimard, 1993].

WITTGENSTEIN, Ludwig. *Tractatus Logico-Philosophicus*. Tradução, apresentação e ensaio introdutório de Luiz Henrique Lopes dos Santos. 3. ed. São Paulo: Edusp, 2001.

INSTRUMENTOS

D'ALEMBERT, Jean le Rond; DIDEROT, Denis. *Encyclopédie ou Dictionnaire raisonné des sciences, des artes et des métiers*. Paris: Briasson, 1751-1780. Nouv. éd. en fac-similé, Stuttgart-Bad Cannstatt, Frommann, 1966-1988 [Ed. br.: *Enciclopédia, ou Dicionário razoado das ciências, das artes e dos ofícios*. Tradução de Fúlvia Moretto *et al.* São Paulo: Unesp, 2015. v. 1-5; Ed. br: *Enciclopédia, ou Dicionário razoado das ciências, das artes e dos ofícios*. Tradução de Pedro Paulo Pimenta, Maria das Graças de Souza e Thomas Kawache. São Paulo: Unesp Digital, 2017. v. 6].

EISLER, Rudolf. *Kant-lexikon* [1926-1930]. Repr. Hildesheim: Olms, 1961 [Trad. fr.: augm. A.-D. Balmès et P. Osmo. Paris: Gallimard, 1994].

LABICA, Georges; BENSUSSAN, Gérard (Dir.). *Dictionnaire critique du marxisme*. Paris: PUF, 1982. 2. ed., 1985, *s.v.* "Pratique" (A. Tosel) et "Praxis" (G. Bensussan et S. Mercier-Josa).

PRUDENCIAL
[*prudence* – inglês] (pt. *prudencial, prudência*)
Catherine Audard
Tradução: Mônica Freitas

gr.	*phrónesis* [φρόνησις]
lat.	*prudentia*
al.	*Klugheit*

➤ PHRÓNESIS, ECONOMIA, FAIR, OIKONOMIA, PRAZER, PRÁXIS, UTILITY, VIRTÙ, WUNSCH

O adjetivo inglês prudential *não apresenta qualquer dificuldade real na tradução. Contudo, por ocasião da introdução na linguagem filosófica contemporânea de um termo tão técnico, emprestado da economia, é interessante se questionar qual é a ligação entre esse termo e os seus ancestrais filosóficos. O que os teóricos contemporâneos (essencialmente os de língua inglesa) da escolha racional entendem por* prudencial *supõe que os dilemas sobre a natureza da razão prática tenham sido resolvidos com demasiada facilidade, no sentido em que a procuravam entender as grandes concepções clássicas da* phrónesis *ou* prudentia, *de Aristóteles e Cícero a Kant e Sidgwick. Esses dilemas continuam sendo objeto de discussões entre os autores que, mesmo quando se baseiam em ambas as tradições, tentam, como James Griffin, reavaliar as relações entre as virtudes prudenciais e a ética ou fazer derivar toda a ética da razão prudencial, como David Gauthier ou o primeiro Rawls.*

I. DA RAZÃO DE AGIR AO INTERESSE PRÓPRIO E À ANTECIPAÇÃO

Os filósofos clássicos entendiam a noção de prudência segundo três dimensões. Em primeiro lugar, entendia-se que nos fornecia razões para agir, que, não sendo necessariamente morais no sentido do imperativo categórico do dever, não deixam de ser boas razões para agir. "Bom" aqui quer dizer o que nos permite realizar melhor nossa essência (Kant) ou nossa felicidade (utilitaristas). A prudência [*Klugheit*], escreve Kant, é "*die Geschicklichkeit in der Wahl der Mittel zu seinem eigenen größten Wohlsein*" [a destreza na escolha dos meios para atingir o maior bem-estar próprio]" (KANT, Immanuel. *Grundlegung zur Metaphysik der Sitten*, p. 38; *Fundamentação da metafísica dos costumes*, seção 2, tradução portuguesa de Paulo Quintela, 1986, p. 52).

Devido à essa relação com o bem-estar ou felicidade, a razão prudencial se distingue da razão instrumental ou técnica cujo fim, no vocabulário kantiano, não é real, mas somente possível (o imperativo da prudência, *Klugheit*, é hipotético assertórico e não problemático). Num segundo sentido, o domínio próprio da prudência limita-se ao interesse pessoal. Toda a dificuldade vem da interpretação que se fará desse limite. Trata-se de egoísmo ou de um amor-próprio que leva também os outros em consideração? Os imperativos da prudência são compatíveis com a máxima utilitarista da benevolência racional ou com o axioma da justiça ou da equidade, pergunta-se Sidgwick, o que indica de fato que a questão está longe de ser resolvida (*The Methods of Ethics*, p. 168-169 e p. 194). A terceira característica do conceito reside na sua relação com a temporalidade. A prudência é o contrário de um raciocínio de curto prazo e irracional, que Mill chama de *expediency* (conveniência) (*Utilitarism*, p. 31 e p. 62; *Utilitarismo*, tradução portuguesa de Pedro Galvão, p. 62 e p. 82). Implica uma capacidade de antecipação racional, modos complexos de raciocínio para avaliar uma decisão em relação à outra, uma vantagem imediata sobre uma vantagem maior, porém mais distante, por exemplo. Não devemos esquecer que a *prudentia* latina vem de *providentia*, quer dizer, *foresight*, a previsão.

II. OS INTERESSES DO AGENTE RACIONAL

No sentido técnico veiculado por *prudential*, nós vemos vertentes nas três direções que acabamos de mencionar. Em primeiro lugar, o agente racional ideal sobre o qual raciocinam as teorias econômicas está unicamente interessado na maximização de sua utilidade, quer dizer, de suas preferências expressas, e não por sua felicidade a qual representa uma noção que desapareceu porque muito "normativa". A economia do *welfare* substitui a concepção do fim da ação racional como um aumento de estado de consciência agradável, prazer ou felicidade, pela satisfação dos desejos, das preferências, apesar de sabermos que nem sempre queremos o que nos faz felizes. Em seguida, em conformidade com o individualismo metodológico, o agente racional interessa-se somente pela sua própria satisfação. A consideração do outro se faz somente pela estimativa de chances de sucesso da negociação ou do risco. Estamos dentro de um modelo individualista e conflituoso onde a cooperação só é decidida porque vai maximizar nossas chances (dilema do prisioneiro). As aporias do amor a si mesmo [*amour de soi*] e do amor-próprio [*amour-propre*] são eliminadas.

> *L'amour de soi, qui ne regarde qu'à nous, est content quand nos vrais besoins sont satisfaits; mais l'amour-propre, qui se compare, n'est jamais content et ne saurait l'être, parce que ce sentiment, en nous préférant aux autres, exige aussi que les autres nous préfèrent à eux, ce qui est impossible* (ROUSSEAU, *Émile ou De l'éducation*, IV, p. 527).

> O amor a si mesmo, que só a nós diz respeito, satisfaz-se quando nossas necessidades estão satisfeitas; mas o amor-próprio, que se compara, nunca está satisfeito e não poderia estar, porque tal sentimento, em nos preferindo aos outros, exige também que os outros nos prefiram a eles, o que é impossível (Tradução brasileira de Sérgio Milliet, 1992, p. 237).

Finalmente, como bem assinala Jean-Pierre Dupuy (em RAYNAUD; RIALS, *Une prudence moderne?*, p. 100), a temporalidade, tal como representada pelo modelo econômico, inverte a seta do tempo no sentido em que o raciocínio se baseia no que teria acontecido se, anteriormente, uma decisão *x* tivesse sido tomada levando a um resultado *y* que nunca irá acontecer, uma vez que no decurso da ação teremos tido o cuidado de escolher outra decisão mais vantajosa.

BIBLIOGRAFIA

ARISTÓTELES. *Éthique à Nicomaque*. Traduit par J. Tricot. Paris: Vrin, 1983.
ARISTÓTELES. *Ética a Nicômaco*. Tradução do grego, introdução e notas de Mário da Gama Kury. 3. ed. Brasília: UnB, 1992.
DUPUY, Jean-Pierre. Prudence et rationalité. *In*: RAYNAUD, P.; RIALS, S. (Ed.). *Une prudence moderne?* Paris: PUF, 1992.
GAUTHIER, David. *Morals by Agreement*. Oxford: Clarendon Press, 1986.
GRIFFIN, James. *Well-Being*. Oxford: Clarendon Press, 1986.
KANT, Immanuel. *Fondements de la métaphysique des moeurs*. Traduit par V. Delbos. Paris: Gallimard, 1985.
KANT, Immanuel. *Fundamentação da metafísica dos costumes* [1785]. Tradução de Paulo Quintela. Lisboa: Edições 70, 1986.
KANT, Immanuel. *Fundamentação da metafísica dos costumes*. Tradução de António Pinto de Carvalho. Lisboa: Companhia Editora Nacional, 1964.
KANT, Immanuel. *Grundlegung zur Metaphysik der Sitten*. Berlin: L. Heimann, 1870.
MILL, John Stuart. *L'Utilitarisme*. Traduit par C. Audard. Paris: PUF, "Quadrige", 1998.
MILL, John Stuart. *Utilitarismo*. Tradução de Pedro Galvão. Porto: Porto Editora, 2005.
MILL, John Stuart. *Utilitarianism*. London: [s.n.], 1863.
RAWLS, John. *Théorie de la justice*. Traduit par C. Audard. Paris: Seuil, 1987.
RAWLS, John. *A Theory of Justice*. Cambridge (Mass.): Harvard University Press, 1971.
ROUSSEAU, Jean-Jacques. *Emílio ou Da educação*. Tradução de Sérgio Milliet. Rio de Janeiro: Bertrand, 1992.
ROUSSEAU, Jean-Jacques. *Œuvres complètes*. Tome II: La Nouvelle Héloïse. Émile. Lettre à M. de Beaumont. A. Houssiaux, 1852-1853.
SIDGWICK, Henry. Les Méthodes de l'éthique. Traduit par F. Robert. *In*: AUDARD, C. (Ed.). *Anthologie historique et critique de l'utilitarisme*. Paris: PUF, 1999. t. 2.
SIDGWICK, Henry. *The Methods of Ethics* [1874]. 6. ed. London: Macmillan, 1901 [7. ed., prefácio J. Rawls. London: Hackett, 1981].

SEXO
[gênero, diferença dos sexos, diferença sexual]
Geneviève Fraisse
Tradução: Isabela Pinho

fr.	*sexe, genre, différence des sexes, différence sexuelle*
lat.	*genus*
al.	*Geschlecht, Gender, Geschlechterdifferenz, Differenz der Geschlechter*
ingl.	*sex, gender, sexual difference*
sueco	*Kön, Genus*

➤ GENDER, GÊNERO DAS PALAVRAS, GESCHLECHT, MENSCHHEIT, PULSÃO

Gender *torna-se um conceito filosófico no pensamento anglo-saxão por volta dos anos 1970. Apesar da analogia, a tradução desse termo por "gênero" (pt.), genre (fr.) ou genero (esp.) se mostra ambígua, enquanto a língua alemã adota a forma inglesa* Gender, *que coexiste com* Geschlecht, *a qual pode ser traduzida tanto por "sexo" como por "gênero". Suscitando tantas questões quantas tenta resolver, o conceito de gênero é contrabalançado pelas expressões clássicas "diferença de sexo" e "diferença sexual". A primeira expressão é facilmente empregada em francês, em alemão, em italiano e em português, mas não existe na língua inglesa, que só tem à sua disposição* sexual difference *e* sex.

I. A INVENÇÃO DO CONCEITO DE "GÊNERO"

Gender: a palavra é antiga, mas o conceito é novo. O aparecimento do livro de Richard Stoller, *Sex and Gender*, em 1968, marca a origem de um debate terminológico e filosófico que está longe de terminar. "O sexo e o gênero" – tudo parece estar dito nesse título que distingue, como se se tratasse de uma evidência, o sexo biológico e o gênero social. Esse esquema heurístico, a oposição entre o biológico e o social, permite múltiplas e contraditórias interpretações, mas supõe um quadro epistemológico que não se deve esquecer. Natureza e cultura esboçam uma oposição, ou antes uma tensão, na análise da relação entre os sexos – da diferença sexual, como, por exemplo, se diz em português. Há, então, três termos: "sexo", "gênero" e "diferença sexual". Em um contexto ao mesmo tempo filosófico e político, o fim do século XX leva em consideração o fato de que a física dos sexos, cuja realidade é, por si só, problemática, é apenas o suporte de uma identificação, individual e coletiva, para os homens e para as mulheres; e que, por conseguinte, a crítica das atribuições sexuais impõe uma terminologia nova. Os anos 1900 souberam dissociar os seres sexuados, os "homens" e as "mulheres", de suas supostas qualidades, o masculino e o feminino, em favor de uma flexibilidade no jogo das identificações. Um século depois, o pensamento feminista conceitualiza a crítica da dualidade sexual. *Gender* ou "gênero" é a palavra portadora da coisa: é preciso entendê-lo como uma proposição filosófica. Decide-se simbolizar, por meio deste conceito, a necessidade de pensar a diferença de sexo. Assim, o destaque da noção de gênero consiste em um acontecimento filosófico contemporâneo.

Esse acontecimento é em primeiro lugar um desafio; desafio que surge de uma dificuldade que é epistemológica porque terminológica. A palavra "sexo" é, apesar de seu caráter aparentemente transnacional (pode-se aproximá-la do latim *secare*, cortar), um termo cuja interpretação vai do mais concreto ao mais abstrato. A língua inglesa denota principalmente o biológico e o físico na palavra *sex*; o francês e o português, em contrapartida, entendem essa palavra tanto como a vida sexual quanto como o caráter sexual da humanidade. Em suma, *sexual difference* remete à realidade material do humano, enquanto *diferença sexual* inclui uma divisão abstrata e conceitual da espécie. *Diferença sexual* coexiste em francês e em português com *diferença dos sexos*, e isso permite compreender em que essas expressões se distinguem: a *diferença sexual* supõe uma diferença entre os sexos, portanto dá uma definição da diferença, quer seja em biologia (o que as ciências naturais dizem), quer seja em filosofia (o que o pensamento do feminino pesquisa); a *diferença dos sexos*, ao contrário, implica o reconhecimento empírico dos sexos sem induzir a nenhuma definição de conteúdo. A língua alemã oferece outras perspectivas com o termo genérico *Geschlecht*, que cobre o campo da representação empírica, assim como o uso conceitual da palavra "sexo". Mas, diferentemente do que ocorre em francês e em português, em alemão o sexo e o gênero são designados somente pela palavra *Geschlecht* (ver GESCHLECHT).

Assim, o pensamento feminista americano "inventou" o conceito de *gender* por não ter o instrumento adequado para dizer o pensamento sobre os sexos – o pensamento do dois em um –, pela falta de um pensamento formal sobre os sexos. O realismo da palavra *sex* não continha nem uma elaboração teórica nem uma visão subversiva. Ora, se *gender* foi, assim, promovido ao nível de conceito teórico, a palavra (provinda do grego *génos* [γένος], lat. *genus*, de *gignere*, engendrar) não era nova na língua. Daí a questão de saber como as outras línguas receberam essa proposição terminológica e conceitual (ver *génos*, em POVO, III).

II. "GENDER", GÊNERO HUMANO E GÊNEROS GRAMATICAIS

A língua portuguesa, assim como a francesa, encontrara-se confrontada com uma multiplicidade de termos e de expressões. Ao contrário do que ocorre no inglês clássico, o "gênero", em francês ou em português, não é somente o gênero gramatical, mas serve também para dizer o gênero humano, a espécie, *mankind*. Portanto, o gênero designa tanto o conjunto dos seres humanos como a sexuação da espécie em duas categorias (notemos, de passagem, que "gênero humano" e "espécie humana" são expressões distintas, mas por vezes superpostas, ainda que, como *Geschlecht* e *Gattung* em alemão, a primeira seja mais política e a segunda mais zoológica).

Diante dessa polissemia entre "gênero" humano e "gêneros" gramaticais, compreende-se por que a importação do *gender* tenha se tornado opaca. Rapidamente viu-se que *gender* dava lugar a uma tradução no plural, "os gêneros", como uma espécie de retorno à origem do empréstimo da palavra, o campo gramatical. Essa situação implica duas observações: o deslizamento em direção ao gênero gramatical reintroduz, no extremo oposto de uma representação abstrata e neutra, uma dualidade sexual estrita; ao mesmo tempo, a gramática, com seus dois, às vezes três gêneros – masculino, feminino e neutro – poderia ser o lugar ideal de uma construção em movimento do pensamento dos sexos. Assim, a tentativa de abstração empreendida com *gender* no singular encontraria sua legitimidade retornando ao plural. A gramática seria uma boa maneira de manter um equilíbrio entre os sexos biológicos e o sexo social, entre o natural e o cultural. Nada seria privilegiado, nem o fato de dois sexos diferentes nem o elemento arbitrário das atribuições individuais. Mas o sexo como sexualidade parece desaparecer. Seria o gênero, então, um tapa-sexo?

Ver GÊNERO DAS PALAVRAS (v. 1).

III. OS USOS DO GÊNERO

Tudo isso não é suficiente para impor o uso de um novo conceito. É verossímil que a necessidade de duplicar a palavra "sexo" tenha sido mais ou menos urgente de acordo com as línguas. Se atualmente "gênero" se impõe em uma linguagem comum, os termos dos quais se distingue não têm equivalente de uma língua a outra. A língua inglesa dispõe unicamente de *sexual difference* (diferença sexual), ao passo que o francês pode utilizar *différence sexuelle* (diferença sexual), *différence des sexes* (diferença dos sexos), até mesmo *différence de sexe* (diferença de sexo), atribuindo nuances às expressões. Em português, temos as mesmas nuances que em francês, apesar de "diferença sexual" ser muito mais comum do que "diferença dos sexos" e "diferença de sexo". A língua alemã também emprega o termo *Geschlechterdifferenz* (diferença sexual) ou *Differenz der Geschlechter* (diferença de sexo). No entanto, na medida em que *Geschlecht* significa ao mesmo tempo "sexo" e "gênero", o alemão se viu obrigado a duplicar *Geschlecht*, recorrendo também a *Gender*. O sueco faz o mesmo com *Kön* e *Genus*, a palavra latina sendo aqui convocada, como em alemão se fazia há muito tempo, para servir de conceito. A questão não é mais, então, de traduzir gênero, que se transforma numa palavra transnacional, mas de não poder traduzir corretamente em inglês "diferença de sexo", *différence des sexes* ou *Geschlechterdifferenz*. *Sexual difference* implica a referência a caracteres, qualidades e definições da diferença que em muito excedem um uso conceitual precedendo qualquer conteúdo *a priori*.

Soma-se a importância atribuída, fora das pesquisas abstratas, ao uso de "gênero", notadamente por ocasião da conferência de Pequim, ocorrida em 1995 sob a égide da ONU, que possibilitou que a expressão "direitos da mulher", internacionalmente consagrada, fosse substituída pela noção de "gênero". Desde então, fala-se na África, inclusive nas zonas de língua francófona, em "gênero e desenvolvimento". A transferência linguística se faz, portanto, também de "mulher" a "gênero" (e não mais somente de "sexo" a "gênero"). O recurso ao "gênero" permite que o substantivo "mulher" não ocupe mais o lugar de categoria geral para qualificar as pesquisas e trabalhos nesse campo ou para definir um engajamento. Na África francófona, o termo é ofensivo na medida em que significa tanto que a questão das mulheres é uma relação entre os sexos, homens e mulheres, quanto a expressão de uma demanda de igualdade, ainda que num horizonte muito distante.

A Europa também é, enquanto tal, um laboratório. O uso de "gênero" se generaliza, mas não se uniformiza. A palavra inglesa, tanto na expressão *gender equality* (sinônimo de "igualdade de gênero") quanto na expressão *gender perspective* ("enfoque de gênero"), sobrepõe-se aos idiomas próprios de cada língua. Portanto, *gender* frequentemente subsiste em inglês no interior das outras línguas, o que é paradoxal em relação à vontade europeia de tradução exaustiva. Todavia, "gênero" continua a designar o aspecto social em oposição ao biológico. Assim, uma discriminação que visa a uma mulher grávida não seria qualificada como uma discriminação de gênero: é uma discriminação de sexo. As palavras "homem" e "mulher" são então utilizadas para dizer "sexo" e as palavras "masculino" e "feminino" são usadas para designar gêneros que, a princípio, eram binários e equivaliam aos sexos. Tem havido, no entanto, a partir da reivindicação de pessoas trans, travestis e não binárias, a proposta de expansão das possibilidades de múltiplos gêneros, não mais restritos ao número dois. Para que isso se expresse na linguagem, existem diferentes propostas de linguagem inclusiva de gênero, não tomando o masculino como equivalente ao gênero neutro: "ele, ela, elu" é um exemplo de pronomes não binários em uso na língua portuguesa falada no Brasil. Outras alternativas, como o uso dos símbolos "@", "x" ou "_" são formas experimentais de desgenerificar o idioma.

IV. EPISTEMOLOGIA E HISTORICIDADE

Com a escolha do vocabulário, o questionamento feminista se tornou mais refinado. Em primeiro lugar, era necessário marcar uma ruptura com a tradição dominante, que estaria resumida no aforismo retomado por Freud de Napoleão: "A anatomia é o destino", e mostrar o que, na relação entre os sexos, distinguiria o fato biológico "natural" da construção social "cultural". Em um segundo momento, tornou-se possível dissociar completamente as duas realidades e afirmar que o gênero não tinha mais nada a ver com o sexo, que tanto um quanto o outro eram produzidos e não dados e que manter o laço, mesmo que contraditório, entre o biológico e o social ainda implicaria um essencialismo prejudicial. O objetivo era liberar as identidades individuais e coletivas de qualquer norma. Mas se "sexo" remete à "sexualidade", "gênero" poderia abranger a dimensão da vida sexual? Alguns dirão que "gênero" escamoteia a provocação que faz com que o sexo esteja sempre aí, ao passo que outros, ao contrário, verão no "gênero" o suporte de um pensamento e de uma liberação possíveis. Fazer com que o vocábulo "sexo" desapareça não é, certamente, anódino.

É verdade que a distinção hierarquizada entre "sexo" e "gênero" se parece ainda mais com a aliança entre o fato e o conceito do que com o dualismo que opõe natureza e cultura. O problema político se desdobra em um problema epistemológico: o esquema heurístico entre dois termos que se opõem ou se contradizem é pertinente? A crítica que se utiliza desse esquema não é prisioneira do mesmo, na medida em que o valida? A oposição entre natureza e cultura é um enquadramento conceitual próprio da época moderna; duplicá-lo por meio da tensão entre o real e o conceito muda alguma coisa? O pensamento alimentado pela interrogação e pela ação feministas não deveria inventar um enquadramento novo, uma problemática nova para a questão da diferença dos sexos? À oposição entre o biológico e o social (tal como as do "sexo" ante o "gênero" tanto quanto do "gênero" contra o "sexo"), não se deveria responder de outro modo que não por meio de um dualismo mal encaminhado? A dificuldade do debate sobre sexo e gênero consiste no fato de que ele permanece preso à problemática da identidade: a pesquisa ou a crítica da identidade parecem ser a questão fundamental. Uma outra questão poderia modificar a perspectiva: a da alteridade. Pois, entre os muitos debates acerca da identidade dos corpos sexuados, muito pouco é dito acerca de suas relações, da relação com o outro e com os outros. Ora, a relação – relação sexual, relações sociais, relações de dominação ou de emancipação – faz história. A historicidade da diferença dos sexos poderia ser um fio condutor – uma historicidade como crítica das representações atemporais dos sexos e como um rastreamento dos sexos na fábrica da História.

1 Sex e sexual difference
Stella Sandford

Tradução: Julia Novaes

Uma explicação acerca do modo como *sex* está incorporado aos vocabulários filosóficos da Europa precisa ser mais do que uma explicação das inovações teóricas e terminológicas do fim do século XX e do início do século XXI. Ela precisa incluir o que Fraisse chama de sentidos "extremamente concretos" assim como "extremamente abstratos" da palavra, até mesmo porque estes talvez não sejam separáveis. No emprego rotineiro do conceito de *sex* pelas filosofias vernaculares europeias, do século XVII em diante, devemos notar uma peculiaridade inicial: mesmo nos casos em que as palavras são tão linguisticamente incongruentes quanto *sex* em inglês e *Geschlecht* em alemão, quando o contexto não é ambíguo presume-se na tradução que elas se referem à mesma coisa, precisamente porque esta "coisa" era *ela mesma* tomada como fato natural; nem o objeto de uma análise filosófica, nem a região de um problema filosófico. Quando Kant compara *das schöne Geschlecht* [o sexo belo/frágil] com *das männliche Geschlecht* [o sexo masculino] (*Beobachtungen über Das Gefühl des Schönen und Erhabenen* [Observações sobre o sentimento do belo e do sublime]), a aparente transparência da presunção do fato natural da diferença sexual (a distinção entre macho e fêmea) é o equivalente abstrato que facilita o intercâmbio linguístico entre os particulares *sex* e *Geschlecht*, sem mais questionamentos.

Todavia, Fraisse alega que a aparente equivalência entre *sex* (inglês) e *sexe* (francês) é falsa, uma vez que dentro do francês *sexe* há uma distinção entre *sexual difference/différence sexuelle* e *la différence des sexes*, onde a primeira se refere concretamente – com conteúdo – à "realidade material da condição humana", o domínio empírico do biológico e do físico, e a segunda – um filosofema –, a uma divisão conceitual abstrata. O "realismo" do *sex* inglês, diz-se, se refere apenas à primeira. A distinção *sex/gender* é então a resposta à necessidade de se distinguir entre *sexual difference/différence sexuelle* e *la différence des sexes*; mas, ao opor o *gender* cultural ao *sex* natural, a dificuldade de pensar *sex* em inglês como *la différence des sexes* permanece. De fato, a frase em inglês "*sexual difference*", em oposição à fala mais simples de "*sex*", começou a aparecer apenas na teoria feminista anglófona como marca da recepção da teoria feminista psicanaliticamente influenciada e literária oriunda da França (notadamente a de Kristeva, Irigaray e Cixous), que era com frequência e erroneamente identificada como "teoria feminista francesa" *tout court*. Tal inovação terminológica no inglês não era sempre resultado de uma reflexão crítica acerca da distinção conceitual entre *sex* e *sexual difference*; e como tal, continua a semear confusão. Deste ponto de vista, o *sex* inglês é um pudim sem graça e indigesto, a justa sobremesa, talvez, de uma tradição filosófica empirista. Enquanto dado empírico, sexo está fora da arena filosófica, ou está nela apenas como um intruso ilegítimo, como o sexismo de Kant parece demonstrar. Isto, no entanto, com efeito protege *sex* de qualquer escrutínio crítico e filosófico, em virtude de sua ingenuidade cotidiana, ou exclui a possibilidade de uma investigação acerca desta cotidianidade em si. Presume-se que o discreto sentido biológico do *sex* inglês faz dele uma palavra que é em si política e ideologicamente inocente, e que *sex* perde essa inocência apenas nos usos a que é submetido.

Entretanto, *sex* é muito mais complicado do que isso, e parte de tal complexidade é precisamente seu disfarce de simplicidade. Embora aparentemente se refira a uma divisão de tipo natural, neutra em valor e meramente biológica, o termo sempre significa mais do que isso. O reconhecimento de que esta peculiaridade semântica é também um problema político está no cerne de *O segundo sexo* de Beauvoir. No primeiro capítulo, Beauvoir tentou desagregar os conceitos existenciais de homem e mulher dos conceitos biológicos, ou melhor, zoológicos, de macho e fêmea, argumentando que os últimos – em termos de diferença de sexo ou *sex* no sentido do inglês – eram fundamentos inadequados para a explicação da especificidade dos primeiros. Contudo, ela o fez no contexto do reconhecimento de que é de fato – mesmo em francês – assim que os termos de sexo tendem a funcionar. Sua tentativa de determinar o sentido de sexo existencialmente foi confrontada com a suposição – comum a ambos, o discurso popular e a filosofia – de que o sexo biológico determina o que é ser uma mulher. Essa suposição é totalmente parte do sentido de *sex* (ou "sexo", ou *sexe*, ou *Geschlecht*).

Sex não é tanto o fato da divisão exclusiva da espécie humana em macho e fêmea quanto a *presunção* desse fato e, importantemente, a presunção da *eficácia* desse fato. Isto é, o conceito popular de "sexo" – casualmente empregue pela maioria dos filósofos europeus em um momento ou outro (considere, por exemplo, o comentário de Rousseau em *Discurso sobre a origem da desigualdade entre os homens*, "amáveis e virtuosas cidadãs, o destino de vosso sexo será sempre governar o nosso" [tradução brasileira de Lourdes Santos Machado], ou Locke, em *Alguns pensamentos sobre a educação*, "o principal objetivo de meu discurso é de como um jovem cavalheiro deve ser criado desde a infância [...] onde a diferença de sexo requer tratamento diferenciado, não será tarefa difícil de distinguir" [§6, tradução brasileira de Avelino da Rosa Oliveira e Gomercindo Ghiggi]) – é constituído pela presunção de que simplesmente há uma dualidade sexual naturalmente determinada (a divisão exclusiva de macho e fêmea), e que essa dualidade é também naturalmente determinante. Está se tornando cada vez mais óbvio que essa dualidade exclusiva presumida é empiricamente inadequada aos fenômenos observáveis. Portanto, para alguns, o próprio fato da diferença de sexo é colocado em dúvida. Mas isso apenas revela a persistência da presunção relativamente independente dos fatos – quaisquer que estes sejam –, permitindo-nos ver, de acordo com Christine Delphy e Monique Wittig, que *sex*, bem como "sexo" e *sexe*, são termos *políticos* que ordenam a divisão social hierárquica.

Para Fraisse, a amplitude de sentidos de *sex* ("do extremamente concreto ao extremamente abstrato") contradiz seu caráter aparentemente transnacional. Contudo, na medida em que *sex* refere-se a mais do que um dado empírico inocente, ele *é* um termo "transnacional" porque carrega uma presunção transnacional. Agora, "transnacional" não significa "trans-histórico". Porém, a suposição transnacional do sexo rapidamente nos leva a presumir, além disso, que ele é sim trans-histórico – a presumir que o conceito moderno de sexo sempre esteve conosco. Para tomar apenas um exemplo, tradutores para o inglês e para o português e comentadores, feministas ou não, tenderam a presumir que (em termos bastante amplos) o conceito moderno de sexo é central para a discussão, na *República* de Platão, sobre se mulheres podem ou deveriam fazer parte da classe regente de guardiões. A tradução do *génos* de Platão como "sexo" é simultaneamente sintoma e causa dessa presunção: "Portanto – prossegui eu – se se evidenciar que, ou o sexo masculino, ou o feminino (*tò tōn ándrōn kaì tò tōn gynaikōn génos* [τὸ τῶν ἀνδρῶν καὶ τὸ τῶν γυναικῶν γένος]) é superior um ao outro no exercício de uma arte ou de qualquer outra ocupação, diremos que se deverá confiar essa função a um deles. Se, porém, se vir que a diferença consiste apenas no fato de a mulher dar à luz (*tò mèn thēly tíktein* [τὸ μὲν θῆλυ τίκτειν]) e o homem procriar (*tò dè árren ocheúein* [τὸ δὲ ἄρρεν ὀχεύειν]), nem por isso diremos que está mais bem demonstrado que a mulher difere do homem em relação ao que dizemos, mas continuaremos a pensar que nossos guardiões e as suas mulheres (*toús te phúlakas hēmin kaì tàs gunaîkas autōn* [τούς τε φύλακας ἡμῖν καὶ τὰς γυναῖκας αὐτῶν]) devem desempenhar as mesmas funções" (*A República*, 454d-e, tradução portuguesa de Maria Helena da Rocha Pereira). A palavra *génos*, que é em geral traduzida por "sexo", significa, em primeiro lugar, raça ou estirpe ou linhagem, e também prole, tribo, geração e tipo. Na medida em que "sexo" é um termo geral, nomeando um tipo específico de diferença, um aspecto específico de macho e fêmea ou o princípio de divisão entre eles, não há nenhum termo equivalente para ele no grego clássico. Cada vez que *génos* é usado na *República* em relação a homens ou mulheres ou macho ou fêmea, ele é agregado a um ou outro com o intuito de especificar homem ou mulher ou macho ou fêmea enquanto classe, distinto deste ou daquele homem ou mulher ou animal macho ou fêmea. Não há nenhum termo particular como "sexo" para se referir à distinção de tipo entre homem e mulher ou macho e fêmea. De fato, a muito ampla generalidade do conceito de um *génos*, que pode se referir indiferentemente a qualquer conteúdo (o *génos* disto, disso, ou daquilo – não importa), é muito dessemelhante da muito estreita especificidade do conceito de sexo, que é idêntico ao seu conteúdo limitado, designando que tipos de categorias são "macho" e "fêmea". As diferenças gramaticais e semânticas consideráveis entre os dois termos *génos* e "sexo" significam, portanto, que a tradução do primeiro pelo segundo efetua uma transformação conceitual. A própria base do argumento de Sócrates acerca da possibilidade de mulheres guardiãs é a recusa de privilegiar qualquer tipo de diferença, a distinção entre quaisquer grupos de *géne* – tipos de tipos – exceto aquela entre guardião, auxiliar e artífice eles mesmos. Ao traduzir *génos* por "sexo", introduzimos um tipo especial de tipo, uma ênfase num tipo especial de diferença, a qual é meramente uma diferença dentre outras no próprio texto da *República*. "Sexo" não pode, em sentido estrito, ser traduzido de volta para o grego clássico. O fato de que "sexo" é, ainda assim, a tradução padrão para *génos* no livro V da *República* é um sintoma da presunção comum que subjaz a sua traduzibilidade para o pensamento moderno.

Pode *sex*, nesse sentido, ser contido atrás de um cordão sanitário semântico, separado de suas palavras associadas? Se, como diz Fraisse, o *sexe* francês inclui ambos os sentidos de s*exual difference/différence sexuelle* (i.e., o *sex* inglês) e *la différence des sexes*, pode o filosofema flutuar livremente no ar refinado da extrema abstração? Não. Pensar *la différence des sexes* é pensar na sua relação com, e não apenas na sua distinção de, *sex*.

BIBLIOGRAFIA

BEAUVOIR, Simone de. *Le Deuxième sexe*. Paris: Gallimard, "La Pléiade", 1976. [Ed. ingl.: *The Second Sex*. Translation by Constance Borde and Sheila Malovany-Chevallier. New York: Alfred A. Knopf, 2010]. [Ed. br.: *O segundo sexo*. Tradução de Sérgio Milliet. Rio de Janeiro: Nova Fronteira, 2019].

DELPHY, Christine. Penser le genre: Quels Problèmes? *In*: HURTIG, Marie-Claude et al. (Ed.). *Sexe et genre: de la hiérarchie entre les sexes.* Paris: CNRS, 1991. [Ed. ingl.: Rethinking Sex and Gender. Translation by Diana Leonard. *Women's Studies International Forum*, v. 16, n. 1, 1993].

DORLIN, Elsa. *Sexe, genre et sexualités*. Paris: Presses Universitaires de France, 2008.

FRAISSE, Geneviève. *La Différence des sexes*. Paris: Presses Universitaires de France, 1996.

KANT, Immanuel. Von dem Unterschiede des Erhabenen und Schönen in dem Gegenverhältnis Beiderbecke Geschlechter. *In*: *Beobachtungen über Das Gefühl des Schönen und Erhabenen*. Leipzig: Verlag du Leipzig, 1913.

KANT, Immanuel. Section Three: Of the Distinction Between the Beautiful and Sublime in the Interrelations of the Two Sexes. *In*: *Observations on the Feeling of the Beautiful and Sublime*. Translated by John T. Goldthwait. Berkeley: University of California Press, 1960.

LOCKE, John. Alguns pensamentos acerca da educação. Tradução, apresentação e notas de Avelino da Rosa Oliveira e Gomercindo Ghiggi. *Cadernos de educação Universidade Federal de Pelotas*, n. 13-24, p. 147-171, 1999-2005.

PLATÃO. *A República*. Tradução de Maria Helena da Rocha Pereira. 15. ed. Lisboa: Calouste Gulbenkian, 2017.

ROUSSEAU, Jean-Jacques. *Do contrato social; Ensaio sobre a origem das línguas; Discurso sobre as ciências e as artes; Discurso sobre a origem e os fundamentos da desigualdade entre os homens*. Tradução de Lourdes Santos Machado. São Paulo: Abril Cultural, 1973. (Coleção Os pensadores).

SANDFORD, Stella. *Plato and Sex*. Cambridge: Polity, 2010.

WITTIG, Monique. The Category of Sex. *In*: *The Straight Mind and Other Essays*. Boston: Beacon Press, 1992.

Para concluir, retornaremos à distinção entre diferença sexual e diferença dos sexos, essas duas formulações das quais se beneficiam a língua francesa e a língua portuguesa e com as quais a filosofia não cessa de brincar. Com a expressão "diferença sexual", a dualidade dos sexos se encontra dotada de um conteúdo, de representações múltiplas, mas sempre claras, do masculino e do feminino. Com "diferença dos sexos", essa dualidade não implica nem afirmação de sentido nem proposição de valor: é um instrumento conceitual, é uma denominação vazia. Aí se encontra sua pertinência essencial.

BIBLIOGRAFIA

BUSSMANN, Hadumod; HOF, Renate (Org.). Genus. *Zur Geschlechterdifferenz in den Kulturwissenschaften*. Stuttgart: Kröner, 1995.

BUTLER, Judith. *Gender Trouble: Feminism and the Subversion of Identity*. New York: Routledge, 1990. [Ed. br.: *Problemas de gênero: feminismo e subversão da identidade*. Tradução de Renato Aguiar. Rio de Janeiro: Civilização Brasileira, 2003].

DERRIDA, Jacques. Geschlecht, différence sexuelle, différence ontologique. *In*: *Psyché*. Paris: Galilée, 1987.

DIOTIMA (coletivo). *Il pensiero della differenza sessuale*. Milão: La Tartaruga, 1987.

FRAISSE, Geneviève. *La Différence des sexes*. Paris: PUF, 1996.

IRIGARAY, Luce. *Éthique de la différence sexuelle*. Paris: Minuit, 1984.

LAQUEUR, Thomas. *Making Sex, Body and Gender from the Greeks to Freud*. Massachusetts: Havard University Press, 1990. [Ed. br.: *Inventando o sexo: corpo e gênero dos gregos a Freud*. Tradução de Vera Whately. Rio de Janeiro: Relume Dumará, 2001].

MATHIEU, Nicole-Claude. *L'anatomie politique*. [*S.l.*]: Éditions Côté-femmes, 1991. [Ed. br.: *A anatomia política*. Tradução de Maíra Kubík Mano. Salvador: EDUFBA, 2021].

MOI, Toril. *What is a woman? And other essays*. Oxford: Oxford University Press, 1999.

RUBIN, Gayle. The Traffic in Women: Notes on the "Political Economy" of Sex. *In*: R. R. REITER (Org.). *Toward an Anthropology of Women*. New York: Monthly Review Press, 1975. [Ed. br.: O tráfico de mulheres: notas de uma "economia política" do sexo. *In*: *Políticas do sexo*. Tradução de Jamille Pinheiro Dias. São Paulo: Ubu, 2017].

SCOTT, Joan W. *Gender and the Politics of History*. New York: Columbia University Press, 1988.

STOLLER, Robert. *Sex and Gender. On the Development of Masculinity and Femininity*. New York: Science House, 1968. [Ed. fr.: *Recherches sur l'identité sexuelle à partir du transsexualisme*. Traduit par M. Novodorsqui. Paris: Gallimard, 1978].

SOLLEN

[*Pflicht* – alemão] (pt. v. dever, ser obrigado; s. dever, obrigação)

Marc de Launay
Tradução: Bruno Albarelli

➤ BERUF, DEVER, MORAL SENSE, PIETAS, TATSACHE, WERT, WILLKÜR

A etimologia remete o "verbo auxiliar de modo" sollen *ao substantivo* Schuld *(dívida, falta, culpa) e ao latim* debere, solvere; *em contraposição,* Pflicht *– substantivo formado a partir do verbo* pflegen, *"ter cuidado com alguma coisa", e, por extensão, "ter o hábito de" – remete à ideia contida no latim* colere, tomar conta de, cuidar de, cultivar. *Enquanto* Pflicht *traduz* officium *ou* obligatio, *sempre se referindo a um conteúdo do que deve ser realizado,* sollen *remete imediatamente, e a um nível fundamental, tanto ao dever-ser quanto ao dever-fazer, colocando o problema de sua relação com o ser, de modo que ora insistimos sobre sua função ética, ora sobre seu* status *mais lógico, mesmo ontológico. Essa ambiguidade foi assinalada sob a expressão "paralogismo naturalista" ("Do ser não podemos deduzir nenhum dever-ser"), que se diz ser fundada em Hume (Tratado da natureza humana, Livro 3, Parte 1, Seção 1, conclusão). Mas é sobretudo a partir de Kant, e até a sua crítica estabelecida por Lask e Rickert, bem como por Scheler, que se desdobra, em toda a sua acuidade, essa dupla acepção.*

Traduzindo *Êxodo* 20:13, Lutero traduz o hebraico "lo' tireṣāḥ" [אֹל תִּרְצָח] por "*Du sollst nicht töten*" ("Não matarás"; em tradução literal: "Não deves matar"); o mandamento não é formulado segundo a ordem da necessidade objetiva que seria expressa pelo verbo auxiliar modal *müssen* (ser necessário, precisar, dever), mas segundo o registro do que é suposto ser, da conduta que se supõe observarmos sem necessariamente lográ-la. Da mesma forma, em *Gálatas* 3:19, o "*tí oûn ho nómos*" [τί οὖν ὁ νόμος] é traduzido como "*Was soll nun das Gesetz?*" ("O que é suposto ser a lei?"; "O que deveria ser a lei?"). A nuance introduzida por *sollen* está a meio caminho entre necessidade e recomendação, entre a ordem imperativa e o conselho.

I. "SOLLEN" ANTES DE "PFLICHT": DEVER E DEVER-SER EM KANT E FICHTE

É nessa tradição semântica que se inscreve o emprego por Kant do verbo substantivado *das Sollen*: a filosofia prática é uma disciplina em que "não temos de determinar os princípios do que acontece, mas, sim, as leis do que deve [*soll*] acontecer, mesmo que nunca aconteça" (KANT, 2007, p. 66). O entendimento vincula-se exclusivamente aos princípios da estrutura do ser *sive natura*, do ser tal qual ele é, como ele é segundo a necessidade; ademais, o *Sollen* depende de "uma ordem própria que obedece apenas a ideias", de modo que o que deve acontecer não tem, então, nenhuma causa empírica (cf. *Prolegómenos a toda metafísica futura*, §53). A *Crítica da razão pura* (B 576) explica sem ambiguidade: "[A Razão], com inteira espontaneidade, criou para si uma ordem própria, segundo ideias às quais adapta as condições empíricas e segundo as quais considera mesmo necessárias ações que ainda não aconteceram", pois as condições naturais (incluída a sensibilidade) "não poderiam produzir o dever [*Sollen*], mas somente um querer que, longe de ser necessário, é sempre condicionado, ao passo que o dever [*Sollen*], que a razão proclama, impõe uma medida e um fim, e até mesmo uma proibição e uma autoridade". Não surpreenderá que o interesse prático e especulativo da razão se resuma a três questões (*Crítica da razão pura*, B 833): "Que posso saber? Que devo fazer? [*Was soll ich tun?*, O que é suposto que eu faça?] e Que me é permitido esperar?". A presença de *Sollen* é, ao mesmo tempo, o signo da finitude humana e da consciência dessa finitude, consciência que procura remediar essa mesma finitude: "Esta regra [prática], porém, para um ser no qual a razão não é o fundamento único da determinação da vontade, é um imperativo, isto é, uma regra designada por um 'deve ser' [*ein Sollen*] que exprime a compulsão [*Nötigung*] objetiva da ação e significa que se a razão determinasse totalmente a vontade, a ação ocorreria indefectivelmente segundo essa regra" (KANT, 2004, p. 17). Na esfera inteligível, *Sollen* e *Tun* (fazer, faça, façam) não seriam distintos, assim como a vontade não precisaria ser determinada por imperativos categóricos, nem a habilidade em função de imperativos hipotéticos. O *Sollen*, portanto, tem sentido apenas para seres igualmente determinados pela sensibilidade, e os limites de nossas capacidades não nos isentarão da obediência a este *Sollen*, porque "devemos [*sollen*] tornar-nos homens melhores" (KANT, 2008, p. 53).

A crítica transcendental conduz, então, a uma primazia do dever-ser, que ela pressupunha de certa forma, pois a crítica só faz sentido no contexto de uma finitude que ela explora sistematicamente; além disso, é esse dever-ser como dever-fazer que estabelece o regime geral da ação e sustenta a concepção do dever (*Pflicht*) como *officium* ou *obligatio*, tarefa ou obrigação concreta. Uma vez que o dever (*Pflicht*) realizado por inclinação, compaixão, etc., não tem nenhum valor moral, e que só é digno de tal valor o dever que nos obriga a "tornarmo-nos melhores" – isto é, a agir contrariamente às nossas inclinações, no sentido contrário de toda busca por benefício, por interesse, sem levar minimamente em consideração a felicidade ou os efeitos produzidos por nossa ação –, o dever-fazer [*Sollen*] é de fato o eixo direcionador no seio do qual se inscreve o dever [*Pflicht*], estando ao mesmo tempo a ele subordinado. Na medida em que Kant nega que nisso possa haver verdadeiramente um "conflito de deveres" (KANT, 2013, p. 225: "É absolutamente impensável uma colisão de deveres e obrigações"), o detalhamento das prescrições práticas que constituem o conteúdo de uma obrigação é, do ponto de vista lógico, tão subordinado quanto a ação necessária para realizá-lo no registro bastante geral do *Sollen* (dever-ser e dever-fazer, ao mesmo tempo). A diferença entre os deveres de virtude [*Tugendpflichten*] – nos quais coincidem um fim e um dever – e os deveres jurídicos [*Rechtspflichten*] – que devem permanecer subordinados à máxima segundo a qual nem eu nem os outros podem ser meios uns para os outros – assim como a distinção entre moralidade e legalidade (e, consequentemente, também a distinção entre obrigação interna e obrigação externa) permanecem sempre sob a égide da promulgação pela Razão pura de fins pertencentes exclusivamente ao dever-ser.

Fichte retoma o essencial dessa utilização e desse valor do *Sollen* kantiano, radicalizando sua importância com relação ao eu puro e à liberdade: "O ser livre deve (-ser/-fazer) [*soll*]; pois o dever [*Sollen*] é precisamente a expressão da determinação da liberdade" (*System der Sittenlehre* [1798], p. 60). Como em Kant, o *Sollen* é a característica do Eu como Razão finita, mas o fato de que o homem seja também um eu puro implica que "ele deve [*soll*] ser o que ele é simplesmente porque ele é [...] ele deve ser o que ele é porque ele é um eu puro" (*Einige Vorlesungen über die Bestimmung des Gelehrten* [1794], p. 296). Fichte insiste, então, sobre o caráter processual do *Sollen*, "um 'deve' [*soll*] é ele mesmo em seu ser mais profundo uma gênese, e exige uma gênese [...] ele é postulado absoluto de uma gênese" (*Wissenschaftslehre* [1804], p. 256), mesmo que não se trate exclusivamente da aproximação moral do bem na ordem prática; o sentido de *Sollen* é estendido ao conjunto da ação, seja ela qual for:

> Eu devo [fazer] algo [*ich soll etwas*] significa que devo produzi-lo a partir de mim ou – dado que ele me impõe um objetivo sem dúvida infinito na medida em que ele nunca *é* e, ao contrário, só pode dever ser – se eu não pudesse realiza-lo completamente, deveria, no entanto, sempre fazer de maneira a me encontrar na aproximação desse objetivo (FICHTE, *System der Sittenlehre*, p. 66).

II. "PFLICHT" E "SOLLEN": CONTRADIÇÕES E REVIRAVOLTAS DE HEGEL A NIETZSCHE

Além da crítica de Schelling que, evidentemente, opõe-se à ideia de que haveria uma possível passagem entre o eu finito e o infinito (o eu absoluto), é acima de tudo Hegel que recusa esta concepção do *Sollen*: "O que é universalmente válido, também vigora universalmente. O que deve-ser, também *é*, de fato. O que apenas *deve* ser, sem *ser*, não tem verdade nenhuma" (HEGEL, *Fenomenologia do espírito*, tradução brasileira de P. Meneses, p. 164). Mais ainda, "a inadequação do ser ao dever-ser" é a origem do mal (*Enciclopédia das ciências filosóficas em epítome*, §472), e "a substância que se sabe livre, na qual o dever-ser absoluto é igualmente *ser*, encontra sua realidade efetiva como espírito de um *povo*" (*ibid.*, §514).

Schopenhauer rompe com a distinção de sentido conferido ao *Sollen* e, aos seus olhos, *Pflicht* e *Sollen* são quase sinônimos, compartilhando um *status* de *noções relativas*: a única diferença entre esses dois termos depende do *status* jurídico de cada indivíduo (cf. *Sobre o fundamento da moral*, §4). Assim, o escravo apenas conhece o *Sollen* na medida em que, privado de direitos, não lhe é incumbido nenhum dever (*Pflicht*). Nietzsche retomará essa aproximação entre *Sollen* e *Pflicht*, mas introduzindo uma inflexão estilística decisiva: o primeiro capítulo do primeiro livro de *Assim falou Zaratustra* abre com o texto muito conhecido "Das três metamorfoses", onde o dragão batizado de "Tu deves" [*Du-sollst*], bloqueando a via que leva até o leão que diz "Eu quero", opõe-se à criação de novos valores;

ele encarna assim os valores do passado que reivindicam a perenidade, enquanto o leão encarna a força necessária para "conquistar sua própria liberdade, o direito sagrado de dizer não, até ante o dever [*Pflicht*]". O leão só tem força na negação e na recusa, e são necessárias a inocência e a ausência de memória da criança para afirmar um novo começo. A recusa do "Tu deves" tende à afirmação de novos valores, à conversão de todos os valores; ora, esta última implica novamente toda a série de "*du sollst*", que é frequentemente entoado no que se segue do texto do Zaratustra. Evidentemente, Nietzsche retoma a retórica luterana da tradução do Decálogo para aplicá-la a uma nova tabela de valores, de modo que o que era da ordem do dever (*Pflicht*) pertence resolutamente ao passado, enquanto que o que contém o dever-ser, o *Sollen* permite-lhe escapar a este passado para se abrir ao porvir dos valores convertidos, também, e, de fato, muito mais exigentes.

III. "SEIN", "SOLLEN", "GELTEN": PROBLEMAS DA ONTOLOGIA DO DEVER, DE FRANZ BRENTANO A HEINRICH RICKERT

Mas esse uso exclusivamente ético do *Sollen*, na realidade, apenas faz acentuar a ambiguidade que seu sentido oculta desde o início, uma vez que significa tanto dever-ser quanto dever-fazer. Foi por volta da mesma época que Brentano se empenhou em estabelecer a ideia de um conhecimento moral, e refletiu, sobretudo sob uma perspectiva lógica, sobre os valores que regem a ação; é assim que o mandamento "Não matarás" pode muito bem ser interpretado como, por um lado, uma interdição ao homicídio, quer dizer, como decorrendo de um juízo que desqualifica em geral e universalmente o homicídio, e, por outro lado, como uma interdição corolária, mas não mais universal, de matar. O juízo que desqualifica o homicídio em geral desqualifica igualmente o fato de matar, sem, todavia, interditá-lo em certas circunstâncias. Ao juízo "matar é mau" acrescenta-se outro, "todo homicídio é proibido", que não decorre mais exatamente do dever-fazer nem do dever-ser, mas de um juízo sobre o valor absoluto da vida (cf. BRENTANO, "Zur Lehre von der Relativität der abgeleiteten Sittengesetze" [2 de setembro de 1893], p. 116). Essa mesma ambiguidade é encontrada em *Ethik des Reinen Willens* (1904), de Hermann Cohen, na medida em que, preocupado em enfatizar a diferença entre ser e dever-ser, e fundando a ética sobre o *Sollen*, ele não consegue evitar atribuir um valor de ser ao dever-fazer: "É no dever-ser [*Sollen*] que reside o valor do ser da ética [...]. Sem *Sollen*, não haveria vontade, apenas desejos. Através do *Sollen*, a vontade realiza e conquista um verdadeiro ser" (*Ethik des Reinen Willens*, p. 27).

É precisamente contra a insistência em distinguir dever-ser e ser que Emil Lask empreende uma redefinição das relações do *Sollen* e do valor: "Parece ser uma explicação simples do conceito de valor afirmar: o valor é o que *deve ser* absolutamente ainda que nem sempre *seja*" ("Hegel in seinem Verhältnis zur Weltanschauung der Aufklärung" [1905], em *Gesammelte Schriften*, v. 1). A característica *Sollen* ou característica normativa é um predicado do valor; ela designa apenas um aspecto do *Sollen* e não pode ser idêntica a ele. O *Sollen*, de fato (ou a norma), não designa apenas a essência do valor, mas também sua relação com a realidade, sua realização. Lask pretende estabelecer certa distinção como uma relação mais sutil entre dever-ser e ser: o ser é idêntico ao *conteúdo lógico* da validade, "o ser é um *valer*" (*Gelten*; ser válido, um algo válido) ("Die Logik der Philosophie und die Kategorienlehre", em *Gesammelte Schriften*, v. 2, p. 118 *et seq.*). Mais precisamente, "a forma lógica é idêntica apenas ao ser do ente, assim como coincide com ele um conteúdo teórico válido [*geltend*], procedente do valor e do dever-ser" (*ibid.*, p. 273). A distância é, portanto, menor entre ser (do ente) e dever-ser do que entre dever-ser puro e dever-ser impuro, quer dizer, entre uma validade [*Gelten*] procedente do dever-ser e a categoria "ser", efetivamente determinada e igualmente procedente do dever-ser. A objetividade do ser coincide com o *Sollen* como *categoria*, que também é efetivamente determinada. Lask recusa que a validade [*Gelten*] seja referida a um sujeito dotado de uma vontade de conhecer, pois, "do ponto de vista de sua aderência a um valor, *toda* subjetividade apareceria como um comportamento 'prático', 'autônomo', como uma vontade inclinada ao valor pelo valor, como subordinação a um *Sollen* em nome do próprio *Sollen*" ("System der Logik", em *Gesammelte Schriften*, v. 3, p. 95).

Em sua intervenção no colóquio internacional de filosofia de 1908 ("Gibt es ein 'Primat der praktischen Vernunft' in der Logik?", em *Gesammelte Schriften*, v. 1, p. 347-356), Lask havia criticado muito naturalmente a tese defendida até então por Rickert, que propunha que um deve-ser precedesse o ser, mantendo uma divisão kantiana entre Razão pura e Razão prática. Esta crítica levará Heinrich Rickert a fazer uma profunda revisão da sua obra *Der Gegenstand der Erkenntnis* (como reconhece no prefácio da 3ª edição de 1915). Ele não hesita em qualificar como uma revolução copernicana no cerne da concepção do juízo (*Der Gegenstand der Erkenntnis*, 6. ed., 1927, p. 205) o fato de que, de agora em diante, não é mais o real efetivo que é o ponto arquimediano de um juízo sobre a realidade, mas o dever-ser que oculta a necessidade de expressar um juízo. Em um juízo do tipo "isso é (de fato) real", o "isso", o conteúdo, é o sujeito do juízo ao qual devemos [*soll*] conceder, a título de predicado, a forma realidade:

> Não é em torno da realidade que "gravita" o sujeito-ego conhecedor [...], mas é em torno do *valor* teórico que ele deve gravitar se quiser reconhecer essa *realidade*. Assim, o conceito de real efetivo entra, quanto à forma "realidade", em uma relação necessária com o conceito de dever-ser e de sujeito avaliador [...], pois "real" significa justamente, ou *é*, simplesmente, o conteúdo que *deve* [*soll*] efetivamente ser afirmado ou admitido (*Ibid.*).

IV. "WERTURTEIL" E "PFLICHTURTEIL", "SOLLEN" E "PFLICHTSOLLEN": MAX SCHELER E A ÉTICA MATERIAL DOS VALORES

Em sua "Ética material dos valores", Scheler rejeita a ideia de que juízos de valor expressariam "ao invés de um vínculo de ser, um vínculo de dever-ser [...] ou que, de forma mais geral, todo juízo de valor deveria necessariamente se fundar sobre a experiência vivida de um dever-fazer [*Sollen*], qualquer que ele seja. Na realidade, o sentido moral de proposições como: 'Esta imagem é bela', 'Este homem é bom', não é de forma alguma que esta imagem ou este homem *devem* [*sollen*] ser qualquer coisa" (*Der Formalismus in der Ethik und die materiale Wertethik* [1916-1926], Gallimard, 1955, p. 201). Dizendo de outro modo, os juízos de valor deste tipo simplesmente descrevem um estado de coisas que, somente em certos casos, apresenta-se com o auxiliar de uma obrigação ("Este homem deve [*soll*] ser bom"), o que significa, então, que uma "idealização" precedeu o juízo. O juízo de valor não é redutível a um "juízo de obrigação" [*Sollurteil*] pela simples razão de que o domínio dos primeiros é muito mais vasto do que o dos segundos. Consequentemente, não poderíamos reduzir o ser a um dever-ser, menos ainda a um dever-fazer. Sobretudo, porque Scheler postula como princípio que todo dever-fazer [*Sollen*] deve ser fundado sobre valores que, por si só, devem ser [*sollen*], mas também *devem não ser* (*ibid.*, p. 103).

> Uma vez que não existe um dever-ser cuja matéria seria simplesmente a existência, ao "dever-ser" sempre se opõe um "não-dever-ser" que deve ser qualificado como uma qualidade diferente da obrigação ela mesma e claramente distinta do "dever-ser de um 'não-ser'". [...] O dever-ser aplica-se aos valores positivos, o não-dever-ser aos valores negativos (SCHELER, *Le Formalisme en éthique et l'Éthique matériale des valeurs*, p. 224).

Por ele mesmo, o *Sollen* não pode determinar quais são os valores positivos; ele os afirma opondo-os a valores negativos: "Todo *Sollen* [...] está orientado para a exclusão de não valores, e não para a posição de valores positivos" (*ibid.*, p. 225). Scheler deduz disso que toda proposição, que expressa um *Sollen*,

> repousa sobre um valor positivo, mas não contém, ela mesma, este valor. O que "deve ser" nunca é primitivamente a existência do bem, mas simplesmente a não existência do mal. Portanto, é impossível que um dever-ser qualquer possa contradizer o juízo do que é positivamente bom ou possa depender desse juízo. Se eu sei, por exemplo, o que é bom que eu faça, pouco me importa o que "eu devo fazer". Para que eu deva, antes, é necessário que eu saiba o que é bom. Mas se eu sei imediata e plenamente o que é bom, esse saber efetivo determina igualmente e de forma imediata meu querer sem que eu tenha necessidade de passar pela intermediação de um "eu devo" (*Ibid.*, p. 225).

É sobre esse ponto de vista que Scheler se apoia para retomar a crítica dirigida por Hegel à concepção kantiana e fichtiana do *Sollen*:

> A atitude de uma ética desse tipo é tal que ela jamais pode alcançar valores positivos senão *por referência* a valores negativos [...] Mas se a isso adicionamos uma tendência a confundir o dever-ser ideal com o dever-ser da obrigação [*Pflichtsollen*], ou extrair o próprio dever-ser ideal do dever-ser da obrigação, chegamos, então, a uma espécie particular de negativismo, e, ao mesmo tempo, a um medo de ver todos os valores morais existentes entrarem em contato com a realidade, a um medo de toda realização efetiva do bem na ação e na história (*Ibid.*, p. 225 *et seq.*).

BIBLIOGRAFIA

BRENTANO, Franz. L'Origine de la connaissance morale. Traduit par M. de Launay. *Revue de Métaphysique et de Morale*, n. 1, 1990.

BRENTANO, Franz. Zur Lehre von der Relativität der abgeleiteten Sittengesetze [2 de setembro de 1893]. *In*: *Vom Ursprung sittlicher Erkenntnis* [1889]. Hamburg: Meiner, 1969.

COHEN, Hermann. Ethik des reinen Willens. *In*: *Werke*. Hildesheim, Olms, 1981. v. 7.

COHEN, H.; NATORP, P.; CASSIRER, E.; RICKERT, H.; WINDELBAND, W; LASK, E.; COHN, J. *Néokantismes et théorie de la connaissance*. Traduit par M. de Launay (Dir.). Paris: Vrin, 2000.

FICHTE, J. G. System der Sittenlehre [1798]. *In*: *Werke*. Paris: De Gruyter, [s.d.]. v. 4.

FICHTE, J. G. *Einige Vorlesungen über die Bestimmung des Gelehrten* [1794]. Paris: De Gruyter, [s.d.]. v. 6.

FICHTE, J. G. *Wissenschaftslehre* [1804]. *22ᵉ conférence*. Paris: De Gruyter, [s.d.]. v. 10.

HEGEL, G. W. F. *Enciclopédia das ciências filosóficas em epítome*. Tradução de Artur Mourão. Lisboa: Edições 70, 1988. v. 1.

HEGEL, G. W. F. *Fenomenologia do espírito*. Tradução de Paulo Meneses. Petrópolis, Vozes, 1992.

KANT, Immanuel. *Crítica da razão prática*. Tradução de Afonso Bertagnoli. Fonte Digital da edição em papel, de 1959, da Edições e Publicações Brasil Editora, São Paulo, 2004.

KANT, Immanuel. *Crítica da razão pura*. Tradução de Manuela Pinto dos Santos e Alexandre Fradique Morujão. Lisboa: Fundação Calouste Gulbenkian, 2001.

KANT, Immanuel. *Fundamentação da metafísica dos costumes*. Tradução de Paulo Quintela. Lisboa: Edições 70, 2007.

KANT, Immanuel. *Metafísica dos costumes*. Tradução de Clélia Aparecida Martins. Petrópolis: Vozes, 2013.

KANT, Immanuel. *Prolegómenos a toda metafísica futura*. Tradução de Artur Mourão. Lisboa: Edições 70, 2008.

KANT, Immanuel. *Religião nos limites da simples razão*. Tradução de Artur Mourão. Covilhã: Universidade da Beira Interior, 2008.

LASK, Emil. *Gesammelte Schriften*. Tübingen: Mohr, 1923/1924. 3 v.

NIETZSCHE, Friedrich. *Assim falava Zaratustra*. Tradução de Mário Ferreira dos Santos. Petrópolis: Vozes, 2010.

RICKERT, Heinrich. *Der Gegenstand der Erkenntnis*. Tübingen: Mohr, 1927.

SCHELER, Max. *Gesammelte Werke*. Berne; Munich: A. Francke, 1954. v. 2.

SCHELER, Max. *Le Formalisme en éthique et l'Éthique matériale des valeurs* [1916-1926]. Traduit par M. de Gandillac. Paris: Gallimard, 1955.

SCHOPENHAUER, Arthur. *Sobre o fundamento da moral*. Tradução de Maria Lúcia Mello Oliveira Cacciola. São Paulo: Martins Fontes, 2001.

STATE
[government – inglês] (pt. *Estado, governo*)
Philippe Raynaud
Tradução: Ulysses Pinheiro

fr.	état, gouvernement
al.	Staat
it.	stato

➤ ESTADO DE DIREITO, LAW, PÓLIS, POLÍTICA, STATO

Se o inglês state é o equivalente de "estado" em português, de état em francês, de Staat em alemão ou de stato em italiano, o termo government tem, em inglês, um uso mais amplo do que o português "governo". Government remete ao mesmo tempo: 1) ao nível no qual o Estado é dirigido; 2) ao sistema político em vigor em um Estado; 3) ao conjunto constituído pelos poderes legislativo, executivo, judiciário e pela administração; 4) ao conjunto de agentes que participam da ação dos poderes públicos. Nesses dois últimos sentidos, usaríamos antes a palavra "Estado".

Os dois primeiros sentidos de *government* são próximos do uso em português, em que "governo" designa, ao mesmo tempo, os dirigentes do poder executivo e o regime, isto é, o modo particular de organização sob o qual vive uma comunidade (governo republicano, democrático ou monárquico). Os dois outros sentidos, por sua vez, aproximam-se muito mais da noção de "Estado" no sentido europeu, herdada pela colônia brasileira: o *north-american government* será para nós, sem dúvida, o Estado norte-americano, e se se procura traduzir em português o que querem dizer os conservadores norte-americanos quando eles denunciam o *big government*, dir-se-á, sem dúvida, que há para eles "muito Estado". A preferência dada em língua inglesa a *government* para designar certos aspectos do que denominamos "Estado" tem sua fonte nas tradições do direito inglês, o qual, apesar de Hobbes, nunca deu ao Estado soberano a majestade que lhe reconhecem os grandes autores ditos continentais; além disso, o uso norte-americano se entende melhor pelo fato de que, no sistema federal da República norte-americana, o Estado [*State*] é de fato o Estado confederado: os *Estados Unidos* possuem decerto um governo, mas não é claro que eles sejam *um* Estado. Cabe lembrar, no entanto, que o Brasil não adota o uso norte-americano da palavra "governo", embora também seja, desde 1889, uma República federativa: de fato, o primeiro decreto do governo republicano foi o que transformou as províncias do reino em Estados associados nos "Estados Unidos do Brazil". Essa diferença explica-se não apenas pelo fato de o Brasil, como outros países da América Central e do Sul, ter recebido diretamente a tradição jurídica ibérica e francesa, mas também por ter sido um império e um reino antes de se tornar uma república. De qualquer forma, mesmo nos Estados Unidos da América do Norte essas nuances são menos nítidas hoje do que antes, na medida em que a evolução política impõe por si mesma um vocabulário uniforme para designar diferentes Estados que coexistem no sistema internacional.

1 "Corporation"

Em inglês, *corporation* tem conotações diferentes das da "corporação" brasileira, relacionadas à maneira pela qual se articulam o "direito público" e o "direito privado" na cultura jurídica inglesa. Uma *corporation* é uma entidade artificial ou uma pessoa jurídica distinta dos indivíduos que a compõem, a qual pode evidentemente sobreviver a eles. A distinção entre *corporations* públicas ou "privadas" não decorre da identidade dos proprietários (uma "empresa pública" no sentido brasileiro não é uma *corporation*), mas da natureza dos fins para os quais ela é constituída: uma *corporation* será pública se ela tem missões políticas, que concernem ao *government*; inversamente, uma *corporation* privada pode ter um certo poder normativo de criação de direito. Nesse sentido, "Estados" confederados em uma federação podem ser vistos como *corporations* públicas sem que por isso eles sejam "Estados" soberanos. A importância da *corporation* deriva, pois, do fato de que ela permite relativizar o papel do Estado na produção do direito.

STRADANIE

[сртаданиe – russo] (pt. *sofrimento*)

Zulfia Karimova, Andriy Vasylchenko
Tradução: Verônica Filíppovna

fr.	*soufrance*
lat.	*passio*
gr.	*páthos* [πάθος]
ingl.	*suffering*

➤ PÁTHOS, RUSSO, SAMOST, SOBORNOST', SVOBODA, TRABALHO

O substantivo russo stradanie [страдание] *deriva da raiz eslava comum* strad-, *que significa principalmente o sofrimento e liga sofrimento e paixão; no entanto,* strada [страда], *do qual deriva o eslavo* stradati [страдати] *(sofrer), significa antes de tudo esforço, trabalho penoso. A atividade e a intensidade estão assim ligadas à paixão em* stradanie. *Daí, talvez, decorre a pregnância bem peculiar da noção de sofrimento, seu valor moral e cognitivo, na espiritualidade russa.*

I. "STRADANIE": UMA PAIXÃO ATIVA

A raiz *strad*-, da qual provém *stradanie* [страдание], estabelece um elo entre sofrimento e paixão: em russo, em servo e em croata, *strast* [страсть] significa "paixão", ao passo que em tcheco esta palavra preservou o sentido inicial de sofrimento e aflição (HERMAN, 1975, p. 493-494; VASMER, 1986, p. 770-771). A ideia de que a paixão seja essencialmente uma forma de sofrimento está presente tanto no grego *páthos* [πάθος] como no latim *passio* (HERMAN, *op. cit.*, p. 494). No entanto, *strast* não tem elo etimológico com a submissão, uma noção que, por outro lado, é importante em *passio*. Antony Kenny estima que essa palavra latina, derivada do verbo *pati* (suportar, sofrer), inicialmente designou o sofrimento como submissão (a uma ação ou a uma influência), e que apenas posteriormente essa noção de submissão a um tipo particular de influência – compreendida no sentido de afeto intenso – adquiriu a significação moderna de *paixão* (KENNY, 1979, p. 28). A conotação de passividade, portanto, permaneceu muito presente em palavras portuguesas como, por exemplo, "passivo", "paciente", "paciência", etc.

Da mesma forma, o verbo latino *sufferre*, possui, por sua vez, o sentido passivo de suportar, que se conservou amplamente nos verbos modernos "sofrer", em português, *souffrir*, em francês, e *to suffer*, em inglês, tal como nos substantivos "sofrimento", *souffrance* e *suffering*. Em compensação, o eslavo *stradati* [страдати] (sofrer) é derivado de *strada*, que primeiro significava esforço, em seguida trabalho penoso, antes de assumir o sentido de tormento (TSYGANENKO, 1970, p. 456). Em eslavo, *stradati* possui também o sentido de "trabalhar duro" e de "tentar obter" (VASMER, 1986, p. 770). Em russo moderno, *strada* [страда] significa ainda "trabalho duro durante a colheita". Assim, *stradati* corresponde em latim mais à *actio* (ação) que à *passio* (submissão); o mesmo acontece em relação ao termo moderno *stradat* [страдать], que significa "sofrer" em russo contemporâneo. Por isso os termos *stradanie* e *strast* possuem sentidos bastante diferentes dos seus equivalentes em português "sofrer" e "paixão": *stradanie*, tal como *strast*, assumem um sentido de atividade e de intensidade.

> ### 1 A singularidade do sofrimento e da paixão em russo
> *Verônica Filíppovna*
>
> Eu quero viver! Quero tristeza,
> Apesar do amor e da felicidade;
> Eles adularam minha mente
> E tornaram meu rosto suave.
> É hora, é hora de a luz zombeteira
> Dissipar a paz nebulosa;
> O que é a vida do poeta sem sofrimento?
> E o oceano sem tempestade?
> *Ele* quer viver às custas de tormentos,
> Às custas de preocupações tediosas.
> Ele compra os sons celestiais,
> Ele não aceita a glória de graça.
>
> *Julho de 1832*
> (LERMONTOV, 1989, p. 259)
>
> Neste poema de Mikhail Lermontov observa-se que o sofrimento (*stradanie* [страдание]) conduz à intensidade e ao dinamismo. É necessário o turbilhão, a angústia, os mares revoltos, as turbulências para que a vida seja experienciada na sua plenitude. O verso "O que é a vida do poeta sem sofrimento?" (*biez stradanie* [без страданий]?) denota a ideia de mobilidade, diligência, empenho, algo que convida à ação. Ao poeta é preciso "viver às custas de tormentos/ às custas de preocupações tediosas". Não se trata de um mal de amor, de abandono ou passividade, mas, antes, de uma pulsão que firma e afirma a ânsia pela vida, que provoca a insubordinação e a liberdade (*svoboda* [свобода]). É preciso paixão (*strast* [страсть]), é preciso sofrimento (*stradanie*) – e isto quer dizer movimento. Contudo, a tradução para o português não dá conta da intensidade ativa e do valor moral cognitivo elevado dos termos russos sofrer (*stradat* [страдать]) e paixão (*strast* [страсть]), haja vista que na língua portuguesa tais acepções apresentam uma conotação passiva.
>
> BIBLIOGRAFIA
> LERMONTOV, Mikhail. *Pólnoie sobranie stikhotvorenii v dvur tomakh* [Obra completa reunida em dois volumes]. Moskva: Soviestikii Pissatel, 1989. v. 1.

II. O VALOR DE "STRADANIE" NA TRADIÇÃO RUSSA

Outra característica notável de *stradanie* reside no valor moral elevado que a tradição espiritual russa atribui ao sofrimento. Conforme nos lembra George Fedotov, os primeiros santos canonizados pela Igreja Ortodoxa Russa, Boris e Gleb, pereceram como vítimas de um conflito político no contexto feudal e, precisamente por isso, eles são considerados os maiores entre os santos ortodoxos russos (FEDOTOV, 1966, p. 95-96); eles também adquiriram o estatuto de um tipo peculiar de santos marcados por um estado de humilhação e de despojamento que Paulo chama de *kénosis*. Tais santos são sofredores (*stradaltsi* [страдальцы]): eles não são mártires da fé, mas "somente homens", apenas mártires. Todavia, exatamente por seu sofrimento mereceram ser canonizados.

> É notável, escreve Fedotov, que a Igreja Russa, que tanto ama os mártires (ingl. *sufferers*), não concede nenhum lugar de destaque, entre os seus santos nacionais, aos mártires da fé (ingl. *martyrs*), que tanto na igreja grega quanto no catolicismo, ocupam sempre o primeiro lugar no culto litúrgico e na devoção popular (FEDOTOV, 1966, p. 105).

Em outras palavras, a tradição espiritual russa sugere que o sofrimento "sem mais", tomado em sua forma mais extrema – como não resistência à morte – é por si mesmo digno de uma veneração especial.

A característica ativa de *stradanie* e seu valor moral assumem grande importância nos romances de Dostoiévski. Em *Memórias do subsolo*, por exemplo, o protagonista (que não tem nome e é denominado por "o homem do subsolo"), explora esta característica ativa de *stradanie* ao considerar que o homem ama na mesma proporção tanto a prosperidade quanto o caos:

> E por que estais convencidos tão firme e solenemente de que é vantajoso para o homem apenas o que é normal e positivo, numa palavra, unicamente a prosperidade? Não se enganará a razão quanto às vantagens? Talvez o homem não ame apenas a prosperidade? Talvez ele ame, na mesma proporção, o sofrimento? O homem, às vezes, ama terrivelmente o sofrimento, ama-o até a paixão (*do strasti* [до страсти], isto é um fato. [...] E, no entanto, estou certo de que o homem nunca recusará o sofrimento autêntico, isto é, a destruição e o caos (DOSTOIÉVSKI, 2009, p. 42).

A *pregnância* do tema do sofrimento nas obras de Dostoiévski deve-se ao fato de que, para ele, o homem com suas paixões contraditórias e angústias, com seus conflitos internos, com toda a riqueza da sua vida íntima, este homem, que tem um desejo apaixonado de resolver as "questões últimas" da sua vida, é o principal assunto do interesse artístico do autor. É através do sofrimento, diz ele, que somos capazes de nos tornar melhores do que somos. O sofrimento, como condição ontológica do homem, torna-se necessário porque conduz à redenção. É justamente pela expiação da culpa que se é possível alcançar a liberdade (*svoboda*).

Em seu livro *Mirossozertsanie Dostoievskogo* [O mundo de Dostoiévski], Berdiaev evoca a concepção que o romancista faz de *stradanie* no sentido moral e cognitivo:

Dostoiévski confia na força expiatória e renovadora do sofrimento (*stradanie*). Para ele, a vida é essencialmente uma redenção, uma expiação dos erros do indivíduo através do sofrimento (BERDIAEV, 1968, p. 94).

Deste ponto de vista, *stradanie* representa um aspecto necessário da *svoboda* [свобода] (liberdade) do indivíduo (*litchnost* [личность]):

> O homem é uma criatura responsável. Seu sofrimento não é inocente [...] O caminho da liberdade [*svoboda*] é o do sofrimento. Há sempre uma tentação de liberar o homem do sofrimento privando-o da sua liberdade. Dostoiévski é um apologista da liberdade. Por isso ele propõe que o homem aceite o sofrimento [*stradanie*] como uma consequência inevitável de sua liberdade (BERDIAEV, 1968, p. 109).

Assim, as dificuldades por que passamos para traduzir o termo russo *stradanie* estão, por um lado, ligadas à sua significação de intensidade ativa e, por outro lado, à ideia do valor moral e cognitivo elevado que o sofrimento representa na tradição da espiritualidade russa.

BIBLIOGRAFIA

BERDIAEV, Nicolas. *Mirossozertsanie Dostoievskogo* [O mundo de Dostoiévski]. Paris: YMCA-Press, 1968.

DOSTOIÉVSKI, Fiódor. *Memórias do subsolo*. Tradução de Boris Schnaiderman. São Paulo: Editora 34, 2009.

FEDOTOV, George. *The Russian Religious Mind*. Cambridge (Mass.): Harvard University Press, 1966. v. 1.

HERMAN, Louis Jay. *A Dictionary of Slavic Word Families*. New York: Columbia University Press, 1975.

KENNY, Antony John. *Aristotle's Theory of the Will*. London: Duckworth, 1979.

LAROUSSE DE LA LANGUE FRANÇAISE. Librairie Larousse, 1977.

TSYGANENKO, Galina. *Etimologuitcheskii slovar russkogo iázika* [Dicionário etimológico da língua russa]. Kiev: Radians'ka škola, 1970.

VASMER, Max. *Etimologuitcheskii slovar russkogo iázika* [Dicionário etimológico da língua russa]. Moscou: Progress, 1986. 4 v.

SVOBODA

([свобода]; *volja* [волия] – russo/ucraniano) – (pt. liberdade; vontade)

Andriy Vasylchenko
Tradução: Verônica Filíppovna

| fr. | *liberté, volonté* |
| ingl. | *liberty, freedom* |

➢ VONTADE, DRUGOI, ISTNA, EU, NAROD, PRAZER, RUSSO, VERDADE, WILLKÜR

Os dois termos russos e ucranianos svoboda [свобода] *e* volja [волия] *são traduzidos para o português por liberdade;* volja *também possui o sentido de vontade.* Volja, *ainda, designa uma extensão vasta sem limites, por exemplo, a estepe; esse significado reforça a conotação de arbitrariedade presente em* volja *no sentido de liberdade. É possível interpretar a oposição* svoboda/volja *com a ajuda daquelas entre cultura/natureza e forma/matéria:* volja *é a matéria da pessoa* (ličnosť [личность]), *ao passo que* svoboda *é sua forma e estrutura.* Svoboda, *em contraste com o* liberum arbitrium *– a estrutura do livre-arbítrio –, está sempre além das normas e das regras. Na sua acepção existencialista (particularmente em Dostoiévski), fundamenta-se na relação entre o eu e o meu próximo, objetos de amor e ódio. Para os pensadores russos, a* svoboda, *entendida como uma vitória sobre a necessidade, é sempre um valor em si, enquanto a* volja, *manifestando a espontaneidade do homem, serviu antes a um ideal popular, e mesmo populista.*

I. OS CAMPOS SEMÂNTICOS DE "VOLJA" E "SVOBODA"

Volja [волия] origina-se do antigo verbo russo *voliti* [волити], sânscrito *varayati*, "ele escolhe a si mesmo, solicita, busca" (PREOBRAZHENSKI, 1910, p. 95). O termo se refere a uma faculdade psicológica de intenção e de desejo, a "vontade". Também pode significar "a possibilidade de dispor, poder". Ao mesmo tempo, significa "a liberdade para manifestar algo, uma situação livre, a liberdade, a independência" (PREOBRAZHENSKI, 1910, p. 209). Além disso, *volja* designa uma extensão vasta sem limites (*ibid*.), da qual a estepe é um exemplo paradigmático; este último sentido é inerente à *volja* entendida como "liberdade".

As conotações de *volja* no sentido de "vontade" desempenham um papel considerável no campo terminológico do *prazer*. Assim, as palavras *udovletvotenie* [удовлетворение] (satisfação) e *udovol'stive* [удовольствие] (prazer) são derivadas de *volja* através do antigo lexema russo *dov(o)l'*-. O significado inicial está relacionado à satisfação da vontade (*volja*) até alcançar a saciedade. Em russo contemporâneo, encontramos *dovlet* [довлеть] (saciar, estar saciado), *dvol'nyj* [довольный] (que experiencia ou expressa contentamento, etc.): encontramos também o advérbio ucraniano *dovoli* [доволі], "bem o suficiente". Assim, *udovol'stivie* tem o significado de "alegria das sensações, das emoções, dos pensamentos agradáveis" (*Dicionário da língua russa*, 1981, p. 469). *Udovol'stivie*, ao contrário de *udovletvorenie*, não está diretamente ligado à satisfação dos desejos ou das necessidades do sujeito. No entanto, o elo etimológico entre *udovol'stivie* e *volja* transmite a este vocábulo uma nuance de abundância em relação à vontade.

O termo russo *svoboda* [свобода] (liberdade), origina-se do pronome possessivo eslavo *svoj* [свой], que significa pertencer à pessoa e é traduzido, dependendo do contexto, por "(meu, teu, seu, nosso, vosso, deles) próprio" – como em sânscrito *sva*, em latim *suus*, em grego *swos* (BENVENISTE, 1969, p. 329-330). Além disso, *svoj* designa na língua contemporânea, tal como em eslavo e em russo antigo, o membro de uma família, de uma tribo ou de uma comunidade; *svoj*, neste sentido, é o oposto de *čužoj* [чужой], "estrangeiro". Segundo o *Dicionário etimológico* de Vasmer, o pré-eslavo, *sveboda* significava inicialmente "pertencer a uma família ou a uma tribo", o "estado de um homem livre" (VASMER, 1986, p. 582). Encontram-se também os significados de identidade nos termos eslavos da mesma raiz *osoba* [особа] e *sobstvo* [собство] "a pessoa", tal como na palavra contemporânea *sobstvennost'* [собственность] "propriedade".

Em russo antigo, *svoboda* admite uma conotação de independência: ela pode significar uma colônia livre. Na linguagem comum (coloquial), o uso moderno de *svoboda* não se distingue do de "liberdade" em português. Contudo, ao nível da conceptualização filosófica, são encontradas conotações originais.

II. A OPOSIÇÃO DIGLÓSSICA "SVOBODA"/"VOLJA"

A formação do conceito moderno de *svoboda* em russo é acompanhada de uma tensão semântica entre os sinônimos *svoboda* e *volja*. De acordo com George Fedotov, na época do Estado Moscovita a ideia de *svoboda* (termo alto da oposição) possuía um valor positivo apenas nos círculos de pessoas cultas. O espírito de liberdade (*svoboda*) se manifestava nas tentativas dos boiardos de restringir o poder tzarista. Para o homem comum, ao contrário, *svoboda* possuía um valor puramente negativo, sinônimo de impunidade e de afrouxamento. No entanto, a ideia popular de *volja* (termo baixo) significava a possibilidade de viver seguindo unicamente a própria vontade, à margem dos limites impostos pelos laços sociais.

> A *volja* encontra seu triunfo ou êxito no distanciamento da sociedade, na extensão vasta da estepe, ou melhor, no poder sobre a sociedade, na violência sobre os homens [...] ela não se opõe à tirania, uma vez que o tirano também possui a *volja*. O bandido é o ideal da *volja* moscovita, assim como Ivan, o Terrível, é o ideal do tzar. Porque a *volja*, assim como a anarquia, é impossível na comunidade cultural, o ideal russo da *volja* encontra sua manifestação no culto do deserto, da natureza selvagem, da vida nômade e boêmia, do vinho, da devassidão, do esquecimento de si mesmo em paixões – banditismo, rebelião e tirania (FEDOTOV, 1981, p. 183).

Essas observações sociolinguísticas de Fedotov foram escritas no início da década de 1940, na época dos regimes fascistas e comunistas, que davam à oposição diglóssica *svoboda/volja* uma atualidade política. Para Fedotov, *svoboda* refere-se a valores liberais e democráticos; como um termo elevado, libertou-se das conotações de arbitrariedade e tirania. "A liberdade [*svoboda*] pessoal não é possível sem o respeito à liberdade [*svoboda*] do outro" (FEDOTOV, 1981, p. 183). Pode-se retomar aqui uma passagem de *Two Treatises of Government*, na qual Locke afirma que a situação original do homem é a de um estado natural, ou de um "estado de perfeita liberdade" (LOCKE, 1960, p. 287). Segundo Locke, "embora isso seja um estado de liberdade, ainda não é um estado de licença [permissão]" (*ibid.*, p. 88), uma vez que a *liberdade* inclui obrigações perante Deus quanto perante dos homens. Os dois termos em inglês *freedom* e *liberty* são normalmente traduzidos por *svoboda*, como são traduzidos por *liberté* em francês e por "liberdade" em português, ao passo que "licença [permissão]", na edição russa de Locke, foi traduzido por *svoevolie* [своеволие] (LOCKE, 1988, p. 263), "a tendência a agir seguindo caprichos ou arbitrariedades" (*Dicionário da língua russa*, 1981, p. 54). *Svoevolie*, que traz uma carga negativa, provém da expressão *svoja volja* [своя волия] (sua própria vontade); o adjetivo *sovoevol'nyj* [своевольный] significa "arbitrário, que age por capricho"; assim, a tradução russa do termo "licença" de Locke possui um sentido bastante próximo da *volja* em Fedotov. A *volja* – como um termo baixo da diglossia – designa um abuso de liberdade.

III. "SVOBODA" COMO CULTURA E COMO FORMA, "VOLJA" COMO NATUREZA E COMO MATÉRIA

Diz-se em russo: *svoboda slova* [свобода слова], "liberdade de expressão", *svoboda pečati* [свобода печати] "liberdade de imprensa", *svoboda sovesti* [свобода совести] "liberdade de pensamento"; *svoboda ličnost'* [свобода личности], "liberdade do indivíduo". *Volja ličnost'* [волия личности] possui o sentido nítido de "vontade do indivíduo"; mas as expressões *volja slova*, *volja pečati*, *volja sovesti* não existem: *volja* como liberdade não admite um complemento no genitivo. De fato, a *volja* não pode se tornar parcial ou pessoal: é uma realidade universal e indivisível, como a estepe, não tem dono. Além disso, é um termo realmente homogêneo, oposto à toda exigência de ato e de responsabilidade. É a pura ausência de forma, o indeterminado no qual o caráter definido das coisas desaparece – como em um carnaval bakhtiniano.

A desordem e o universalismo de *volja* se opõem ao caráter estrutural e específico de *svoboda*. A *svoboda* é uma aquisição da cultura; ela "pressupõe uma disciplina interna" (POMERANTES, 1994, p. 139); é a própria "forma interna da personalidade [*ličnost'*]" (p. 140) que torna possível o ato livre. Desse modo, a oposição *svoboda/volja* é interpretada através da oposição entre cultura/natureza, e, finalmente, pela oposição tradicional forma/matéria. A *svoboda* é a forma da *ličnost'* (a pessoa, a personalidade), assim como, na filosofia clássica, a alma é a forma de ser humano.

Deste ponto de vista, a *volja* não pode ser sempre identificada como a destruição. Em Fedotov, como um ideal social, assume um sentido destrutivo, enquanto a *svoboda* obtém um valor positivo, especificamente o de "liberdade" democrática. Entretanto, a nível do indivíduo, a *volja* representa mais uma origem espontânea, dionisíaca, da personalidade humana. Desse modo, a expressão russa *davat' volju* [давать волю] significa soltar a rédea (das emoções, dos pensamentos, etc.), enquanto *davat' svobodu* [давать свободу] significa dar a liberdade (a um escravo, por exemplo). O equivalente idiomático em inglês restitui bem a conotação de espontaneidade: *davat' volju* é traduzido por "*to give free play*" ["deixar correr solto, dar vazão"] como em "*to give free play to one's feelings*" [dar vazão aos sentimentos], em oposição à expressão "*to curb one's feelings*" [conter os sentimentos]. A *volja* é o jogo livre da personalidade humana; ela pode, evidentemente, tomar um rumo destrutivo, mas pode também assumir uma forma definida – graças à cultura. "Um equilíbrio entre a liberdade (*svoboda*) da civilização e a liberdade (*volja*) natural assume uma postura diferente em cada cultura e em cada época" (POMERANTES, 1994, p. 141).

IV. A "SVOBODA" E O "DRUGOJ" (OUTREM)

Os pensadores russos frequentemente insistem na oposição fundamental entre a *svoboda* e o *liberum arbitrium* de um sujeito isolado. "Nossa liberdade (*svoboda*) não é o livre-arbítrio (*svoboda voli*) [свобода воли], isto é, a liberdade de escolha (*svoboda vybora* [свобода выбора])" (FEDOTOV, 1981, p. 251). Da mesma forma, Berdiaev rejeita a noção de que a *svoboda* possa ser entendida como "liberdade de escolha, a possibilidade de virar à esquerda ou à direita" (BERDIAEV, 1958, p. 72): esse livre-arbítrio funciona apenas em termos de responsabilidade, de punição, "de um ponto de vista jurídico, da criminologia aplicada à vida humana". Porém, "a liberdade *svoboda* [свобода] tem um significado completamente diferente" (*ibid.*, p. 72).

A *svoboda* revela sua estrutura nos romances de Dostoiévski, cujas personagens estão sempre face a face com Outrem (*drugoj* [другой], um derivado de *drug* [друг] "amigo") que representa a totalidade do universo. A personagem deve escolher entre a *caritas* da responsabilidade total de si e do universo, por um lado, e a total destruição diabólica de que "tudo é permitido" (*vsedozvolennost'* [вседозволенноть], derivado de *voja*), por outro. O fundamento da *svoboda* está, portanto, na relação entre eu e os outros, meus próximos, isto é, derradeiros objetos de amor e ódio. É nesta estrutura que o ato livre (*postupok* [поступок]) foi finalmente fundamentado. Mikhail Bakhtin absorveu com êxito a ideia existencialista da livre escolha na sua filosofia do ato:

> Minha singularidade como não coincidência obrigatória com tudo que não sou eu sempre me oferece a possibilidade de um ato [*postupok*] singular e insubstituível em relação a tudo que não sou eu (BAKHTIN, 1986, p. 42).

Segundo Bakhtin, aquele que não assume a responsabilidade de si e da sua posição em relação a Outrem não pode verdadeiramente participar do Ser e torna-se um impostor. É unicamente no ato responsável para com os outros que a liberdade – a estrutura da pessoa – se encontra realizada. Da mesma forma, graças ao amor e à amizade, a liberdade é uma estrutura interpessoal: "eu não sou livre se tu não és". (BERLIN, 1984, p. 107).

V. "SVOBODA" E "NEOBXODIMOST" (NECESSIDADE)

No entanto, tudo o que é imposto de fora para a pessoa – normas, regras, leis – torna-se relativo e condicional porque restringe a liberdade. Paradoxalmente, a *svoboda* como estrutura é anômica: nada mais é que a eliminação da necessidade. Assim, segundo Bakunin, a *svoboda* é uma independência em relação a todas as leis, "políticas, criminais ou civis", que outros homens impõem ao indivíduo "contra suas convicções pessoais" (BERLIN, 1984, p. 109-110). Entretanto, para todos os pensadores políticos – e não apenas para o anarquista Bakunin –, a *svoboda* como uma vitória sobre a necessidade sempre foi um valor em si, seja compreendida como liberdade individual (liberalismo), liberdade comunitária (eslavofilismo e *narodničestvo* [народничество]), ou mesmo como a liberdade dos trabalhadores (marxismo).

O sentimento da *svoboda* sempre foi um valor mais apreciado que as regras da moral. "O homem verdadeiramente livre (*svobodnyj* [свободный]) cria sua própria moral", Herzen já havia escrito em 1850 (HERZEN, 1955, p. 108). Na elaboração da ideia de *svoboda* como uma vitória sobre a necessidade (*neobxodimost'* [необиходимость]), os pensadores religiosos (Soloviov, Vyšeslavtsev, Losski, Frank) desenvolveram "a ética do amor (*ètika ljubvi* [этика о любви]", que começa com a liberdade da ação humana e se opõe ao formalismo da moral kantiana. Berdiaev segue esta tradição ética:

> A liberdade é a minha independência e a determinação interior da minha pessoa, é a minha força criativa, não a escolha entre o bem e o mal que são colocados diante de mim, mas a minha própria criação do bem e do mal (BERDIAEV, 1958, p. 72).

Para Berdiaev, a *svoboda* como fonte de criação é o antípoda da "ordem moral fixa e estática" (1935, p. 11), e, finalmente, de ser (*bytie* [бытие]), da realidade dada e objetivada. Além disso, o homem descobre a verdade (*istina* [истина]) tão somente se ele for livre:

> É na liberdade e através da liberdade que se reconhece a verdade [*istina*]. A verdade [*istina*] que me é imposta pedindo para renunciar à liberdade [*svoboda*] não é a verdade [*istina*], mas uma tentação do diabo (BERDIAEV, 1935, p. 73).

Essa doutrina existencialista, segundo a qual toda ciência objetiva é uma fonte da necessidade e, portanto, de subjugação do homem, assume em Chestov um caráter trágico: "O certo é que, ao ter estendido a mão em direção à árvore da ciência, os homens perderam para sempre a sua liberdade" (1967, p. 135). Depois da queda, eles conservaram "apenas a liberdade de escolher entre o 'bem e o mal', ao passo que outrora 'eles tinham a possibilidade não de escolher entre o bem e o mal, mas de decidir se o mal existiria ou não'" (1967, p. 135). Segundo Chestov, a verdadeira liberdade é "a liberdade da ignorância (*svoboda neznanija* [свобода незнания])" (1967, p. 198).

Apesar da diversidade das acepções filosóficas contemporâneas da *svoboda*, esse conceito preserva seu caráter anômico e anarquista. A expressão *svoboda voli*, que retoma o latim *liberum arbitrium*, expressa uma anomia ainda mais violenta que a sua tradução literal "liberdade da vontade".

VI. "VOLJA" EM UCRANIANO

Volja possui em outras línguas eslavas o mesmo significado duplo. Assim, a palavra ucraniana *volja* significa tanto "vontade" quanto "liberdade". Em ucraniano, *volja* e *svoboda* são sinônimos; como no russo, *volja* nunca é empregada com o genitivo. No entanto, não tem a conotação de uma vasta extensão sem limites. Em um poema clássico do início do século XX, *Odno slovo* ["Uma só palavra"], Lesia Ukrainka coloca em cena um deportado da época do Império russo tzarista que vivia em uma colônia em meio a uma tribo do Norte, entre o vasto território da Sibéria. Tendo estudado a língua local, ele tenta explicar o sentido da palavra "liberdade" para os habitantes da região, uma vez que a língua deles não contém esse termo. O deportado sofre com a vacuidade de seus esforços. Obcecado por um sofrimento mortal constante, ele fica gravemente doente – sem nenhuma doença visível. Ao aproximar-se da morte, ele diz a um jovem nativo da região: "Eu vou morrer daquilo que não tem nome entre vocês, embora exista sem *limites* no seu país. O que poderia me reavivar também não tem nome, mas, de toda forma, não existe entre vocês. Se mesmo assim a palavra existisse, eu ainda poderia viver; mas ela não existe" (UKRAINKA, 1986, p. 327). Com efeito, se em russo a *volja* é ilimitada, em ucraniano, a palavra não tem qualquer conotação de infinito. Pelo contrário, é *nevolja* [неволя] (escravidão), o antônimo da *volja* que existe "sem limites". A liberdade do indivíduo é única e inexprimível fora dos limites da sua própria cultura; a extensão vasta sem limites de uma terra estrangeira esmaga a liberdade. O sentimento de intraduzibilidade é reforçado pelo efeito de preterição: a história é contada por um jovem nativo da região, sem as palavras *volja* e *svoboda*. É devido ao caráter intraduzível de *volja* que o deportado de Lesia Ukrainka morreu: ele se achava inútil fora da sua língua, da sua cultura, da sua liberdade, ainda que imerso na extensão ilimitada do Império.

A fusão em *volja* da liberdade e de uma extensão sem limites parece um fenômeno característico apenas da língua russa, assim como o caráter extremamente anômico da *svoboda* é um fenômeno da filosofia russa. À margem do significado duplo da *volja* como "vontade" e como "liberdade", uma outra dificuldade de tradução do campo terminológico de *svoboda* está relacionada com o fato de que a *volja* como liberdade funciona frequentemente como um sinônimo de *svoboda*, ao passo que nos contextos diglóssicos, ao contrário, ela se opõe. Em tais contextos, a *volja*, que pode ser traduzida por "arbitrário" ou pelas expressões "agir a seu bel prazer" ou "agir por capricho", é tão subversiva para a *svoboda* quanto a restrição. A *svoboda* é realmente uma substância frágil: teme tanto a necessidade (*neobxodimost'*) quanto a liberdade ilimitada (*volja*).

BIBLIOGRAFIA

BAKHTIN, Mikhail M. *Para uma filosofia do ato responsável*. Tradução de Valdemir Miotello e Carlos Alberto Faraco. São Carlos: Pedro & João, 2010.

BAKHTIN, Mikhail. K filosofii postupka [À propósito da filosofia do ato]. *In*: *Filosofija i sociologija nauki i tekhniki* [Filosofia e sociologia da ciência e da técnica]. Moscou: Nauka, 1986.

BENVENISTE, Émile. *Le vocabulaire des institutions indo-européennes*. Paris: Minuit, 1969. 2 v.

BERDIAEV, Nicolas. *De la destination de l'homme. Essai d'éthique paradoxale* [1931]. Traduit par I. P. et H. M. Paris: Je sers, 1935.

BERDIAEV, Nicolas. *Essai d'autobiographie spirituelle* [1949]. Traduit par E. Belenson *et al*. Buchet--Chastel-Corrêa, 1958.

BERLIN, Isaiah. *Russian thinkers*. London: The Hogarth Press, 1978. [Ed. fr.: *Les Penseurs russes*. Traduit par D. Olivier. Paris: Albin Michel, 1984].

CHESTOV, Léon. *Athènes et Jérusalem. Un essai de philosophie religieuse* [1951]. Traduit par B. de Schloezer. Paris: Flammarion, 1967.

FEDOTOV, George. *Rossija i svoboda* [A Rússia e a liberdade]. New York: Chalidze Publications, 1981.

HERZEN, Alexander. *Sobranie sočinenij v tridtsati tomakh* [Obras completas em trinta volumes]. Moscou: Izdatel'stvo Akademii Nauk, 1955. t. 6.

LOCKE, John. Dva traktata o pravlenii. *In*: *Sočinenija v trëx tomakh* [Obras]. Trad. E. S. Lagutin e J. V. Semenov. Moscou: Mysl', 1988. v. 3.

LOCKE, John. *Two Treatises of Government* [1689-1690]. Edição e introdução de P. Laslett. Cambridge: Cambridge University Press, 1960.

POMERANTES, Grigorij. Evropejskaja svoboda i russkaja volja [A svoboda europeia e a volja russa]. *Druba narodov*, n. 4, 1994.

PREOBRAZHENSKI, Aleksandr Grigorevič. *Ètimologičeskij slovar' russkogo jazyka* [Dicionário etimológico da língua russa]. Moscou: G. Lissnera; D. Sovko, 1910-1914. 2 v.

SLOVAR' RUSSKOGO jazyka [Dicionário da língua russa]. Moscou: Russkij jazyk, 1981. v. 4.

UKRAINKA, Lesia. *Tvory v dvokh tomakh* [Obras completas em dois volumes]. Kiev: Naukova Dumka, 1986. t. 1.

VASMER, Max. *Ètimologičeskij slovar' russkogo jazyka* [Dicionário etimológico da língua russa]. Moscou: Progress, 1986. 4 v.

TORAH
[הָרוּת – hebraico];
ŠARĪ'A
[xaria; šarī'a الشريعة – árabe] (pt. *lei*)

Rémi Brague
Tradução: Guilherme Ivo

gr.	*nómos* [νόμος]
lat.	*lex*
al.	*Gesetz*
ingl.	*law*

➢ LAW, LEX, DEVER, DEUS, LÍNGUAS E TRADIÇÕES, SOLLEN, THEMIS, TRADUZIR, WILLKÜR, XARIA

Na discussão filosófica europeia, a palavra "lei", tal como a filosofia política a pensa, não vem apenas dos filósofos gregos – Platão, Aristóteles, os estoicos, Cícero – e dos juristas romanos. Ela tem igualmente uma fonte na Bíblia, que é um objeto de reflexão para os teólogos como santo Agostinho ou são Tomás, e para os filósofos, desde o projeto de Maquiavel de ler "sensatamente" a Bíblia (Discorsi, III, 30), e de Hobbes e Spinoza até Kant. A ideia de "lei" chega à Europa moderna pela tradução alemã de Lutero [Gesetz] ou pela tradução inglesa de Tyndale, revista por Coverdale, a versão anglicana autorizada pelo rei Henrique VIII [law]. Ambas se situam no interior de um horizonte já marcado pela tradução grega da Septuaginta (nómos [νόμος]), depois pela latina da Vulgata [lex], sendo que o contexto desse conjunto, mais frequentemente, é a discussão do valor da "lei" nas Epístolas de são Paulo. O que se tentará explorar aqui, a partir do hebraico e do árabe, são os cruzamentos entre os diferentes vocabulários da lei.

I. O VOCABULÁRIO HEBRAICO DA LEI

Em hebraico, *torah* [הָרוּת] vem da raiz YRH [הרי], que significa "lançar" – em hebraico moderno, "atirar" com uma arma de fogo. Na origem, tratava-se provavelmente de lançar ao acaso, sortear e interpretar o resultado como exprimindo a vontade divina. Os sacerdotes são nomeados "detentores da *torah*" (*tōfĕsey hattōrāh* [הָרֹזְתָּה יֵשְׂפוּת]) (*Jeremias*, 2:8). Não se trata de um texto escrito, mas de um ensinamento oral que incide sobre o domínio da competência sacerdotal: questões rituais, o puro e o impuro, por exemplo (*Ageu*, 2:11-13), ou o gênero de sacrifício que convém ofertar (*Zacarias*, 7:2-3). Supõe-se que este ensinamento seja dado pelo próprio YHWH. É ordenado obedecer aos sacerdotes, fazer "segundo a *torah* que eles vão te instruir (*yōrūḫā* [רוּדזִי]) e segundo o julgamento (*mīšpāṭ* [טָפְּשִׁמ]) que eles te dirão" (*Deuteronômio*, 17:11). A Lei, em seguida, é recolocada no âmbito do êxodo, virando assim a Lei de Moisés (*Deuteronômio*, 1:5, etc.), mais exatamente a Lei de YHWH (*Esdras*, 7:10, etc.) transmitida por intermédio de Moisés. O termo se generaliza em seguida para os cinco livros do Pentateuco, e vale até mesmo para o conjunto da Bíblia, Profetas e livros sapienciais inclusos (p. ex. *Jó*, 10:34). Ela acaba por englobar os dois aspectos da Lei: a Lei escrita e a Lei oral, da qual também se supõe ter sido dada no Sinai. O sentido de "ensinamento" é retomado na tradução do Pentateuco por Martin Buber, sob o título *Buch der Weisung* [Livro da Instrução]. Franz Rosenzweig traduz: *Gesetzeslehre* [Doutrina da Lei] (*Stern der Erlösung* [Estrela da Redenção] III, 1, §321).

Mīẓwāh [חָוְצִמ] significa "ordem, mandamento". O termo, que inicialmente designa toda sorte de injunção, impôs-se para designar os preceitos positivos e negativos contidos na Torá. Esforços foram feitos para distingui-los com precisão e os enumerar de modo exaustivo, não sem que se buscasse explicar o número de 613 preceitos ao todo – e sobretudo o número de 365 preceitos negativos. O termo pode também designar, por extensão, a ação que cumpre um mandamento, o fato meritório – e, no sentido popular, significa quase uma boa ação.

Mīšpāṭ vem da raiz ŠPṬ [שפט], "julgar, dirigir". O julgamento é pronunciado com autoridade por um dirigente, um *šōfēṭ* [שׁופֵט] – o "juiz" no sentido do livro dos Juízes ou de "sufeta", supremo magistrado cartaginês. Da ideia de "sentença" é derivado o sentido, em hebraico moderno, de "frase", como no inglês *sentence*.

Ḥoq [קח], pl. *ḥuqqim* [מִיקָּח], vem da raiz ḤQQ [קח], "gravar", daí "inscrever", depois "prescrever". A palavra hebraica é parente do árabe *ḥaqq* [حَقّ], "parte que volta", "verdade". Ela designa tudo que está determinado e fixado. A forma feminina *ḥuqqāh* [הָקָּח] pode designar também as regularidades dos processos da natureza (*Jeremias*, 5:24). Esses dois últimos termos viraram técnicos no Talmud. *Mīšpāṭ* designa os mandamentos de feitio plausível e facilmente universalizáveis (interdição da idolatria, do assassinato, do incesto, do roubo); *ḥoq* designa, em contrapartida, os mandamentos cuja significação não aparece (interdição de comer porco, de usar tecidos misturados de fibras vegetais e animais, etc.) (*Talmud da Babilônia*, *Yoma* [VI], 67b). Justificar os segundos forma um gênero literário no qual se exerceram quase todos os pensadores judeus, e mesmo alguns cristãos, chamando-os de mandamentos "cerimoniais". Nisso utilizam os mais diversos procedimentos: alegoria, ideia da condescendência divina adaptando-se aos costumes de uma época dada, de uma correspondência com as realidades celestes, de uma preocupação de tomar o contrapé de práticas idólatras, etc.

A raiz HLḤ [דלה], que significa "ir", é corrente desde a época antiga, mas o substantivo *halāḫāh* [הָכָלָה] (*halakhah*) não está na Bíblia. Ele designa as regras a serem seguidas, aplicáveis ou apenas teóricas: primeiramente disposições particulares, depois, em geral, o comportamento a ser adotado na vida judaica.

II. O VOCABULÁRIO ÁRABE DA LEI

O Corão contém poucos termos que possam ser traduzidos por "lei". Nele, alguns preceitos de valor legislativo são chamados "mandamentos" ou "leis de Deus" (II, 183/187 e 229-230; IV, 17/13; LVIII, 5/4; LXV, 1). A palavra empregada, *ḥadd* [حَدّ], pl. *ḥudūd* [حدود], sugere a ideia de recorte e de delimitação, tanto que os filósofos a empregam para traduzir o grego *hóros* [ὅρος], no sentido de "definição". No direito muçulmano, a palavra se especializou no sentido de "castigos legais": lapidação, crucificação, mutilação, decapitação, flagelação.

Šarī'a [الشريعة] vem de uma raiz ŠR' [شرع], que aproximaram de ŠRB [شرب], "beber". O sentido primeiro, provavelmente, é o de "caminho que leva a uma fonte de água". Para o beduíno, conhecê-lo é garantia de sobrevivência, e o caminho que conduz à água é, portanto, o bom caminho por excelência. No Corão, o verbo *šara'a* [شرع] é empregado para falar de uma divindade que impõe uma regra de conduta. Assim: "(Alá) estabeleceu (*šara'a*) para vós, como fato religioso, o que ele prescrevera a Noé" (XLII, 13; cf. também 21).

Um substantivo, *šir'a* [شرعة], talvez proveniente do amárico, designa o procedimento a ser seguido. Assim: "Demos a cada um de vós uma conduta [*šir'a*] e um costume (*minḥāj* [منهاج])" (V, 48) – essa última palavra é ela mesma um empréstimo do hebraico rabínico. É neste sentido que o Corão faz Alá dizer: "Nós te pusemos sobre uma via vinda da Ordem ('*alā šarī'atin min al-'āmri* [على شريعة من الأمر])" (XLV, 18). A *šarī'a* virou o sistema de obrigações e interdições tirado da síntese das fontes do direito islâmico, diferentemente dosadas segundo as grandes escolas jurídicas (às vezes chamadas de "ritos"): Corão, tradições sobre o profeta, costume de Medina, analogia.

A palavra se especializou para designar uma lei dada pela divindade, não uma lei humana. Para estas, os filósofos simplesmente transcreveram o grego *nómos* [νόμος], sob a forma *nāmūs* [ناموس], pl. *nawāmīs* [نواميس]. A palavra serve, assim, para "traduzir" o título das *Leis* de Platão, ou para designar um apócrifo de mesmo título. O judaísmo medieval de expressão árabe não hesita em retomar a palavra *šarī'a* para designar a lei judaica.

Para um aprofundamento da problemática de tradução ligada à palavra *Šarī'a* [الشريعة] ver, neste volume, o verbete XARIA | ŠARĪ'A [الشريعة] escrito por Ali Benmakhlouf.

Sunna [سنّة], pl. *sunan* [سنن], significa primeiramente "hábito". No Corão, ela designa o comportamento habitual de Alá, em particular no castigo dos ímpios do passado (VIII, 38, etc.). Desde antes do islã, a palavra designa o costume normativo, o precedente ao qual referir-se num julgamento. Com a constituição de um direito islâmico, ela designa o comportamento do Profeta, considerado como exemplar, e mesmo de seus companheiros. *Sunna* pode igualmente designar o "hábito" de Alá. Este ocupa o lugar das "leis" da natureza, tornadas impensáveis pela visão do mundo do *Kalām* [كلام] (a palavra de Alá) em sua corrente dominante: para ele, as coisas não têm natureza estável, mas são feixes de acidentes mantidos juntos, a cada instante, apenas pela vontade divina. Só tardiamente *sunna* ganhou o sentido da tradição da qual se reivindica a tendência que virou dominante no islã, a saber: aqueles que chamam a si mesmos de gente da *sunna*, "sunitas".

Existe, enfim, uma série de termos designando as disposições tomadas pelos governos sem se apoiarem na lei religiosa: *qānūn* [قانون], pl. *qawānīn* [قوانين], outra coisa não é senão o grego *kanōn* [κανών], "regra"; *niẓām* [نظام] significa literalmente "prescrição", et *marsūm* [مرسوم], "decreto".

BIBLIOGRAFIA

BUBER, Martin; ROSENZWEIG, Franz. *Die Fünf Bücher der Weisung*. Colônia; Olten: J. Hegner, 1954.
DIE BIBEL nach der Übersetzung Martin Luthers. Stuttgart: Deutsche Bibelgesellschaft, 1990.
LE CORAN. Intr., trad. et notes par D. Masson. Paris: Gallimard, "La Pléiade", 1967.
MACHIAVELLI, Niccolò. *Discorsi sopra la Prima Deca di Tito Livio*. Roma: Blado, 1531; Florença: Giunta, 1531; Torino: Einaudi, 1983.
MACHIAVELLI, Niccolò. Discours sur la première décade de Tite-Live. *In*: *Œuvres complètes*. Après., anot. et trad. par E. Barincou. Paris: Gallimard, "La Pléiade", 1958; *In*: *Œuvres*. Trad. fr. C. Bec, Robert Laffont, "Bouquins". 1996.
ROSENZWEIG, Franz. *Der Stern der Erlösung* [1921]. Reed. Heidelberg: L. Schneider, 1954.
ROSENZWEIG, Franz. *L'Étoile de la rédemption*. Traduit par A. Derczanski et J.-L. Schlegel. Paris: Seuil, 1982.

TRABALHO
Pascal David
Tradução: Carmel Ramos

gr.	*ponos, [πόνος], ergon [εργον]*
lat.	*labor, opus*
al.	*Arbeit, Werk*
ingl.	*labor, work*

➤ ARTE, BERUF, ECONOMIA, ESSÊNCIA, PLASTICIDADE, PRÁXIS, REALIDADE, STRADANIE, WORK IN PROGRESS

A atividade humana que abrange, ao menos segundo algumas de suas acepções, o trabalho está relacionada ao mesmo tempo à ideia de sofrimento ("trabalho" vem do nome latino de um instrumento de tortura), de labor (lat. labor, "o encargo", ingl. labor) e àquela de realização, de pôr em prática (em grego ergazomai [ἐργάζομαι]), lat. opus, ingl. work, al. Werk), que não é necessariamente contrária ao ócio, mas pode lhe ser solidária. É com Hegel que o trabalho, Arbeit, torna-se um conceito filosófico; mas ele designa então o reencontro [wiederfinden] de si da consciência (que são o curso da história ou a vida de Deus), mais do que uma realidade exclusivamente e mesmo prioritariamente antropológica.

A atividade humana, e especificamente ela, pode ser designada segundo duas orientações bem diferentes: enfatizando o caráter penoso, "laborioso", até mesmo doloroso do qual se reveste; ou bem enfatizando o que ela institui e diante do qual se apaga. No primeiro caso, que corresponde ao "labor", encontra-se inscrito o estatuto ou a função indo-europeia do agricultor (os *laboratores*), por oposição aos guerreiros (os *bellatores*) e aos padres (*oratores*), que tem o seu análogo estrutural na mitologia romana, com a tríade capitolina Júpiter-Marte-Quirino. O caráter penoso do trabalho, sua "negatividade", nas análises de filósofos tais como Hegel e Marx, destaca-se particularmente nas palavras *travail* e "trabalho", ambas do latim tardio *tripalium* (atestado em 578 sob a forma *trepalium*), "instrumento de tortura formado por três estacas", que visava a imobilizar os animais recalcitrantes (cf. o "trabalho" do ferrador) ou a atormentar os escravos. "Trabalhar" é fazer esforço, dar-se ao trabalho (em grego *ponos* [πόνος], que designa todos os exercícios fatigantes, no plural, por exemplo, os trabalhos de Hércules), como sublinha o verso de La Fontaine na fábula *O lavrador e seus filhos* ("Trabalhai, fazei o esforço..."), a tal ponto que o verbo *labourer*, em francês, especializou-se em designar a atividade penosa que consiste em revolver a terra. Em português, temos uma variedade de verbos etimologicamente relacionados ao latim *laboro, laborare*, cujos empregos denotam igualmente a relação íntima entre trabalho e esforço. Sobretudo o verbo "lavrar", que, assim como o *labourer* francês, é usado quase sempre para designar a atividade agrícola, mas inclui também a significação de "escrever", "redigir", "registrar por escrito", em contextos que sugerem uma passagem à oficialidade. Por exemplo: "lavrar a ata", "lavrar a sentença". Ademais, o português dispõe do verbo "laborar", tanto com o sentido amplo de "executar uma atividade", "trabalhar", como com o sentido mais restrito de "lavrar", "cultivar a terra". Por fim, dentro desse enquadramento que vincula trabalho e pena, é preciso mencionar, sem dúvida, a herança bíblica: trabalhar "com o suor de seu rosto", assim como se chama também "trabalho" às dores do parto (trabalho de parto); ambos estão relacionados na Bíblia (*Gênesis*, 3:16-19).

É somente com Hegel, no prefácio à *Fenomenologia do espírito* (1807), que o trabalho se torna um conceito filosófico – que não é, de início, antropológico (uma vez que aplicado à "vida de Deus") –, na locução "trabalho do negativo" (*Arbeit des Negativen*), condensando "o sério, a dor, a paciência" (HEGEL, *Fenomenologia do Espírito*, p. 30). No entanto, o alemão *Arbeit* se volta para uma região de sentido inteiramente outra, relacionada ao grego *orphanos* [ορφανός], ao latim *orbus*, "privado de", ao alemão *Erbe*, "herança", e *Armut*, "pobreza": ser órfão é ser uma criança submetida a uma dura atividade física, devendo prover suas próprias necessidades. Donde a reticência manifestada por Ernst Jünger, autor de *Der Arbeiter* (1932), diante de uma tradução francesa de sua obra:

> Se eu não quis durante tanto tempo que se traduzisse *Der Arbeiter* por *Le Travailleur*, é primeiro por causa de um problema de pura etimologia. *Arbeiter* vem de *arbeo*, uma palavra gótica, "herança"; *travailleur* [trabalhador] vem de *tripalium*, um "instrumento de tortura". *Há desde a origem um risco de contrassenso fundamental que a tradução não poderia senão aumentar* (Tradução minha de J. Hervier, *Entretiens avec Ernst Jünger*, p. 121-122 [grifo do autor do verbete]).

A atividade humana, todavia, não esgota seu sentido em seu caráter penoso, ao menos sob alguns de seus aspectos, e pode ser considerada como realização, instituição de uma obra (gr. *ergon* [ἔργον], lat. *opus*, ingl. *work*, al. *Werk*). Locke distingue, em seu *Segundo tratado sobre o governo civil* (Cap. V, 27): *"the labour" of his body and the "work" of his hands* [o *trabalho* de seu corpo e a *obra* de suas mãos] como sendo, para cada homem, propriamente seus, mas sem tematizar expressamente essa distinção, e numa análise que tende, paradoxalmente, mais a apagá-la do que a acentuá-la, na medida em que *labour* se torna o termo genérico que absorve a distinção.

É, então, no sentido contrário ao das análises de Locke que Hannah Arendt retoma essa distinção em seu livro *A condição humana* (2007, p. 90 *et seq.*), como "de certa forma reminiscente [*somewhat reminiscent*]" da antiga distinção grega entre *ponein* [πόνειν], "se dar ao trabalho", "fazer um esforço", e *ergazesthai* [ἐργάζεσθαι], "realizar", "pôr em prática", que é também linha divisória entre escravos e artesãos. O homem livre se define, ao contrário, por seu ócio [fr. *loisir*], gr. *skholê* [σχολή] (daí nosso termo "escola"), lat. *otium* cujo *neg-otium* (cf. port. "negócio" ou "comércio") é a privação. Guardemo-nos de confundir o ócio [*otium*] com a ociosidade [lat. *otiositas*], e mesmo com o simples "tempo livre" que diz respeito a este "lazer cronométrico" [*loisir chronométrique*] que Valéry opunha ao "lazer interior" [*loisir intérieur*] ("Le Bilan de l'intelligence" in *Œuvres*, t. 1. p. 1068). A própria distinção de Valéry, aliás, origina-se do fato de que a língua francesa guarda a ociosidade [*oisiveté*, lat. *Otiositas*], mas não o ócio [*otium*], que, diferentemente do português, ela verte por *loisir* [lazer]. É certamente mais fácil distanciar lazer [*loisir*] de ociosidade [*oisiveté*] do que ócio de ociosidade, mas, por outro lado, é preciso fazer um esforço como o de Valéry para distinguir dois tipos de lazer: o cronométrico e o interior. Uma distinção que já está contida na dupla lazer e ócio, que se opõem ambas ao trabalho, mas de modos diferentes.

* Ver Quadro 1.

BIBLIOGRAFIA

A BÍBLIA. Petrópolis: Vozes, 1982.
ARENDT, H. *A condição humana*. Tradução de Roberto Raposo. Revisão técnica e apresentação de Adriano Correia. Rio de Janeiro: Forense Universitária, 2016.
ARENDT, H. *The Human Condition*. Chicago; London: The University of Chicago Press, 1958.
CAMPOS, Haroldo de. *A cena da origem*. São Paulo: Perspectiva,1993.
HEGEL, G. W. F. *Fenomenologia do espírito*. Tradução de Paulo Meneses com a colaboração de Karl-Heinz Efken. Petrópolis: Vozes, 1992.
HERVIER, J. *Entretiens avec Ernst Jünger*. Paris: Gallimard, 1986.
JÜNGER, E. *O trabalhador: domínio e figura*. Introdução, tradução e notas de Alexandre Franco de Sá. Prefácio de Nuno Rogeiro. Lisboa: Hugin, 2000.
LOCKE, J. *Dois tratados sobre o governo*. Tradução de Julio Fischer. São Paulo: Martins Fontes, 1998.
LOCKE, J. *Two Treatises of Government*. Edited with introduction and notes by Peter Laslett. Cambridge: Cambridge University Press, 1998.
VALÉRY, P. *Œuvres*. Paris: Gallimard, "La Pléiade", 1957. t. 1.

1 "Labor", "work"/"Arbeit"
John McCumber

Labor e *work* são um dos numerosos pares de palavras inglesas que extraem sua origem da conquista normanda. *Labor* deriva do francês normando e remete ao exercício das faculdades mentais ou corporais, sobretudo quando ele é difícil ou doloroso. Mais modesto, *work* deriva do anglo-saxão e designa simplesmente o que se faz ou o ato de fazê-lo. Por conotar sofrimento e dificuldade, *labor* serviu em inglês para traduzir o discurso marxista; na América, os pragmatistas se apropriaram da palavra mais feliz, *work*.

O alemão, como o francês, não faz essa distinção, tampouco o português. *Arbeiten*, como *travailler* e "trabalhar", deve remeter tanto a *labor* quanto a *work*. Numa conferência sobre "A herança de Hegel" [*L'héritage de Hegel*] dada na Northwestern University em 1998, Jürgen Habermas propôs uma intervenção publicada uma primeira vez em inglês em 1973 sob o título *Labor and Interaction*. Todavia, como as circunstâncias mudaram em 1998, *Arbeit* era agora traduzido por *work*, e foi assim que o discurso de Habermas, ao invés de ser ouvido como o de um marxista vindo do passado da Europa, podia soar como o de um pragmatista oriundo do presente norte-americano.

UBUNTU
[zulu] (pt. *ser-pessoa, pessoalidade*)
Victor Galdino

➢ PERDOAR, MENSCHHEIT

A palavra zulu ubuntu ingressou no horizonte internacional da filosofia a partir da resistência ao regime sul-africano de apartheid e, sobretudo, nas reflexões éticas e políticas decorrentes da elaboração teórica e da efetiva construção da nova República Sul-Africana. O termo implica a constituição da pessoalidade e da humanidade como decorrentes das relações com a coletividade. Nesse contexto, surgem tanto as várias maneiras de traduzir, com suas implicações, e também as razões de não traduzir, sempre de modo a realçar suas características anticoloniais. Que a constituição da República Sul-Africana seja traduzida nas suas onze línguas oficiais, mas em todas elas não seja traduzida do zulu a palavra decisiva ubuntu, não é de pouca significância.

I. ETIMOLOGIA E SIGNIFICADOS ORIGINAIS

A palavra *ubuntu* é formada pela reunião entre o prefixo *ubu-*, que, no zulu – uma das línguas bantas faladas na África Meridional –, indica o pertencimento à classe dos nomes abstratos; e *umuntu*, que significa "pessoa". Trata-se, portanto e etimologicamente, de um nome para o ser-pessoa, o caráter de pessoa, poderíamos dizer: *pessoalidade*. E também, como muito se diz, "humanidade", ainda que nem sempre "humano" e "pessoa" sejam sinônimos nos usos cotidianos e filosóficos desse idioma. Conforme mostra a pioneira pesquisa de Christian Gade, os registros escritos (e digitalizados) da palavra, que vão de 1846 até as últimas décadas do século XX, mostram variados usos que têm em comum o entendimento de que se trata de uma qualidade positiva, algo a ser cultivado, preservado, protegido; nem sempre garantido. Em muitos casos, o sentido dessa pessoalidade ou humanidade é dado em termos de uma virtude, de uma boa disposição moral, ou, de modo mais específico, polidez, bondade, grandeza espiritual, altruísmo e mesmo hombridade. A qualidade em questão é dita, nesses textos, tanto como universal quanto local, nem sempre compartilhada por todo mundo, às vezes negada aos brancos.

Essa variação se deve aos múltiplos usos de *umuntu*, já que ser uma pessoa nem sempre é questão de pertencimento a uma espécie nos termos da biologia, de ser um organismo de um tipo e não de outro; em muitos contextos, alguém, ou melhor, algo deve *se tornar* pessoa, seja por meio de suas ações, seja por ritos de iniciação e outros processos sociais. Como diz Mogobe Ramose, analisando certas tradições africanas, "[a]ntes, o indivíduo é considerado um 'isso', para mostrar que ele ou ela ainda não se fez incorporar no corpo social constituído de pessoas" (2005, p. 58). Há usos normativos de *umuntu* – e do plural *abantu* – que podem indicar que algo não chegou a se tornar pessoa ou deixou de ser por seu comportamento, em especial se este for violento. Não por acaso, ainda em nossos dias, nas comunidades falantes de zulu, é possível encontrar quem diga que pessoas brancas não são *abantu*, pessoas de fato – mas *abelungu*, brancos, plural de *umlungu*. Ambos os termos, na África do Sul, são usados muitas vezes de modo pejorativo.

Em alguns casos, *abantu* se refere apenas a quem é reconhecido como parte de um corpo social determinado, excluindo-se, de forma automática, todo o resto. O jornalista sul-africano Fred Khumalo, por exemplo, em discurso sobre o legado de Nelson Mandela, recorda o seguinte (2008, p. 1):

> Minha primeira frustração, ainda no início da adolescência, deu-se quando descobri que Mandela era xossa. Vejam só, nascido e criado em Cuazulo-Natal, cresci em um pequenino município chamado Mepumalanga, ali na região central. Graças aos contos sobre feitos valorosos que ouvimos de nossas avós, todos os heróis que conhecemos eram zulus. Minha visão de mundo girava em torno de *abantu* (seres humanos, ou seja, pessoas negras) e *abelungu* (brancos). Não havia ressentimento contra eles; simplesmente não eram *abantu*. Minha visão – e imagino que falo em nome de muitas das pessoas criadas comigo – era limitada dessa forma. Zulus eram as pessoas, e todo o resto, bem... não era humano o suficiente. *Isilwanyana-nje* [é apenas um animal], costumávamos dizer.

Esse relato nos dá tanto uma restrição no uso de *abantu* que diz respeito às fronteiras entre diferentes comunidades tribais africanas, como uma rejeição mais específica voltada para os brancos – relações com os "outros" são marcadas, aqui, por um estranhamento, um distanciamento, ainda que não necessariamente pelo conflito. O que interessa, com esse exemplo, é o modo como ainda encontramos usos de *ubuntu* – por ser um termo formado a partir de *umuntu* – curiosamente distintos do que ouvimos e lemos, em geral, quando nos deparamos com expressões como "ética *ubuntu*", "filosofia *ubuntu*" e outras que nos apontam para uma espécie de postura, prática ou pensamento universalista – em que a humanidade é mais universal, por assim dizer, do que o que encontramos nos sentidos do humano que conviveram com e/ou que alimentaram o colonialismo europeu. É nesse sentido, aliás, que o problema da tradução se torna mais nítido.

II. FILOSOFIA *UBUNTU*

A partir da experiência do *apartheid*, como nos mostra Gade, *ubuntu* passa a aparecer, nos registros escritos, como uma espécie de "filosofia de vida", ou uma "prática de humanidade" que se desdobra de uma visão de mundo, ou mesmo um "humanismo africano" (2017, p. 67-9). A dimensão normativa é retomada sem restrições como as apontadas por Khumalo na citação acima; torna-se imperativo que a todo o mundo convoca, ainda que se saiba que nem todo o mundo exiba *ubuntu* – como nos conceitos pós-socráticos de *areté*. Falar em "ética" ou "filosofia", ou mesmo "ideologia" se torna cada vez mais comum, em especial com as transformações da sociedade sul-africana durante a década de 1990, quando o sistema institucional de segregação chega ao fim. *Ubuntu* passa a significar algo capaz de ser incorporado em um projeto de reconstrução e de expansão de um novo sentido de comunidade, contribuição propriamente sul-africana, ou mesmo africana para um novo mundo.

A presença de termos de usos semelhantes aos de *ubuntu* em outras línguas bantas – como *botho* em sesoto e em tsuana, *hunhu* em xona, entre outros – talvez seja, ao menos em parte, responsável pela ideia de uma ética generalizável para a África, não sendo algo exclusivo das comunidades zulus. Não se pode negar, também, que os usos políticos da palavra, na crítica ao colonialismo e às formas de pensar europeias, acabaram por se assemelhar a outros discursos que visavam à defesa da dignidade do continente africano *como um todo* buscando, agora em sentido positivo, algo que o distinguisse da Europa e do Ocidente. Muitos foram os esforços de pensar algo *propriamente* africano nesses termos, algo que unisse os povos africanos em torno de uma diferença fundamental, e o termo *ubuntu* dificilmente poderia ter escapado a essa tendência – ainda que muito criticada na filosofia africana das últimas décadas.

De todo modo, o *apartheid* foi a cena de uma expansão semântica do termo, tornando, para esses novos usos, problemática a escolha por "pessoalidade" na tradução, ainda que *ubuntu* continue remetendo a qualidades tidas como positivas. Desmond Tutu, por exemplo, em *No Future Without Forgiveness*, afirma que *ubuntu* é difícil de traduzir; ao mesmo tempo que aponta para "a própria essência do ser humano", é algo que se pode ou não ter – e segue com uma série de elaborações como as seguintes (1999, p. 34):

> Quando queremos elogiar alguém da melhor forma possível, dizemos "*Yu, u nobuntu*"; "Veja, fulano tem ubuntu". Isso significa que é uma pessoa generosa, hospitaleira, amigável, atenciosa e compreensiva. Ela compartilha o que tem. É o mesmo que ela dizer: "Minha humanidade está presa, ligada de maneira inextricável à sua" [...] Dizemos: "Uma pessoa é uma pessoa por meio de outras". Não é "Penso, logo sou".

Sua neta, Mungi Ngomane, afirma que *ubuntu* "é um modo de vida com o qual todos podemos aprender", "uma filosofia sul-africana" que abrange "todas as nossas aspirações sobre como viver bem, em união" (2022, p. 13). Diz também que foi criada, por sua família, "para entender que uma pessoa com *ubuntu* é alguém cuja vida vale a pena se espelhar" (2022, p. 13). Seu livro consiste em uma longa série de prescrições que permitiriam viver *ubuntu* no cotidiano, em estilo em nada muito diferente da ética *vivida* das escolas helenísticas.

Aqui, temos algo que foi se tornando cada vez mais comum: a palavra abriga, de maneira condensada, séries normativas que podem variar em detalhes ou na quantidade de "virtudes" recomendadas, mas que seguem um mesmo *espírito*, envolvem a mesma invocação da interdependência/interconectividade. Isso tem a ver com a popularização, na década de 1990, do provérbio zulu *ubuntu ngumuntu ngabantu*, "uma pessoa é uma pessoa por meio de/por causa das pessoas", com suas variações em outras línguas africanas. Daí vem a tradução popularizada "eu sou porque nós somos" – que sintetiza a expressão na forma das pessoas gramaticais – e outras afirmações de uma abertura constitutiva do *eu* cujas implicações podem ou não ser reconhecidas. Afinal, se *ubuntu* é algo a ser demonstrado, e se é mesmo possível ter ou não *ubuntu*, então o fato da interdependência pode ser ignorado – como nas construções liberais da individualidade que favorecem uma existência autocentrada e fronteirizada, em outras palavras, uma palavra só, egoísta. A tradução, nessa expressão, de *ubuntu* por "eu" e de *ngabantu* por "nós" não é, evidentemente, sem problemas de ordem filosófica – na medida em que a relação define os próprios entes relacionados. *Ubuntu* pode ser uma primeira pessoa? "Eu sou" ou "eu sou uma pessoa"? Que sentidos de existência estão em jogo nas duas traduções?

Além disso, a ideia de uma abertura, de uma porosidade como o próprio do humano possui um forte teor anticolonial: ir até as últimas consequências dela é pensar em formas de vida em que o colonialismo e o imperialismo seriam mesmo inimagináveis. Isso por conta da forma como a hospitalidade – enquanto virtude ou excelência humana associada a *ubuntu* – é pensada a partir da abertura: a pessoa estrangeira/estranha deve ser recebida como parte dessa multidão que me permite ser quem sou. Neste sentido, percebe-se o quanto a sua transposição como termo filosófico ultrapassa um viés do sentido original zulu, que tendia a circunscrever a comunidade que reconhece *ubuntu* exclusivamente entre seus membros. Se não a mim diretamente e de maneira específica, algum outro *eu* – todo mundo é o que é por meio de todo mundo. O *apartheid* também se torna, nesse contexto, algo que só ganha sentido quando o *outro* é separado do *eu* por uma linha racial, e a prática *ubuntu* visaria a uma reconstrução de laços que, ao mesmo tempo, é uma redescoberta. Eles sempre estiveram ali, desfigurados pela violência. Ou talvez tenham sido desfeitos, o material tendo sido usado para outras amarrações.

III. AFRICANIDADE

O conceito de *ubuntu*, nesses usos éticos e políticos, conjura essa estranha mistura entre *ser*, *vir-a-ser* e *porvir*, no sentido de que afirma uma essência virtual, algo dado, mas a ser cultivado, além da promessa de um futuro livre das ideologias da separação e da fronteirização. Podemos dizer até mesmo livre do "fardo da raça", como afirma Mbembe (2018, p. 19):

> Essa refiguração de si somente tem sentido se desemboca numa recomposição da cidade como um todo. No caso sul-africano, essa recomposição da cidade só é possível se o opressor e o oprimido empreenderem juntos um processo de reabilitação. Pois o racismo destrói tanto quem o pratica quanto quem o sofre. Sendo o sujeito racista um sujeito falho, o retorno a uma relação de reciprocidade é uma das condições para a saída do "estado racial". Essa é, para mim, a contribuição decisiva da experiência sul-africana. [...] Será preciso, consequentemente, pensar a democracia para além da sobreposição de singularidades, da mesma forma que para além da ideologia simplista da integração.

Além disso, *ubuntu* também tem algo com o retorno. Sua associação a aspectos tradicionais de sociedades africanas pré-coloniais, sua "africanidade" pressuposta em oposição a tendências ocidentais, sua explicação em termos do que se fazia em tempos antigos; esses e outros aspectos da prescrição de *ubuntu* como modo de vida indicam uma valorização do *antes* no enfrentamento das marcas do colonialismo europeu, também no sentido da reafirmação de algo negado pelos europeus: foram os povos africanos que criaram *ubuntu*, fundamento para uma sociedade futura em que a separação e as políticas de inimizade perderão o sentido, órfãs de suas condições de possibilidade. Depois do *apartheid*, depois do longo processo de reconstrução, o que antes era valorizado, e que foi rejeitado ou mesmo interditado durante o domínio colonial, será novamente central na vida em sociedade – mas agora disponível para todo o mundo.

Isso nos leva de volta à ideia de *ubuntu* como qualidade sujeita ao desaparecimento, ainda que própria do humano, ou de quem se faz pessoa. Como modo de vida – e não apenas qualidade moral – *ubuntu* pode estar ausente por variados motivos, em especial pela violência racial/colonial. Nesse sentido, reconstruir a sociedade é algo que se faz após a recuperação de *ubuntu*. E isso só será possível se *ubuntu* não for mais o ser-pessoa, o ser-*umuntu* em qualquer sentido localmente restrito: dádiva do continente africano para o resto do mundo, pressupõe, por necessidade, uma solidariedade transcultural, hospitalidade sem fronteiras. Assim, o termo se torna ferramenta para pensar a política em escala global a partir da experiência da transição sul-africana, seu uso enriquecido pela necessidade de afirmar uma ética anticolonial contra a fronteirização do *eu* e as clausuras que dividiram a humanidade em partes em litígio.

Visão de mundo, filosofia de vida, ética, modo de vida, sistema de valores... Apesar do fato de que todas essas expressões podem se aproximar de acordo com seu uso, não há consenso sobre o tipo de coisa que *ubuntu* é – em especial porque pode ser também qualidade moral. E a identificação de quem exibe *ubuntu*, em qualquer sentido, é variável: nem todo mundo que caracteriza o termo celebra a exata mesma lista de qualidades; qualidades que, por sua vez, nem sempre são pensadas exatamente do mesmo modo sob o mesmo nome. Isso faz com que uma tradução da palavra só funcione – se é que há algo de funcional nisso – como uma longa sequência de "pode ser isso *e* isso *e* aquilo" e "também pode ser isso *ou* isso *ou* aquilo".

BIBLIOGRAFIA

GADE, Christian B. N. *A Discourse on African Philosophy: A New Perspective on Ubuntu and Transitional Justice in South Africa*. London: Lexington Books, 2017.

KHUMALO, Fred. Drawing Inspiration from the Proud Legacy of Nelson Mandela. (Speech delivered to a symposium organized by the Department of Education, Port Elizabeth, Sep. 13, 2008).

MBEMBE, Achille. *O fardo da raça: entrevistas com Achille Mbembe a Arlette Fargeau e a Catherine Portevin*. São Paulo: n-1, 2018.

NGOMANE, Mungi. *Ubuntu todos os dias: eu sou porque nós somos*. Tradução de Sandra Martha Dolinsky. Rio de Janeiro: Bestseller, 2022.

RAMOSE, Mogobe B. *African Philosophy Through Ubuntu*. Harare: Mond Books, 2005.

TUTU, Desmond. *No Future Without Forgiveness*. London: Rider, 1999.

UTILITY
[*utilitarian, utilitarianism* – inglês] (pt. *utilidade, utilitário, utilitarista, utilitarismo*)
Catherine Audard
Tradução: Antonio Saturnino Braga

> BELEZA, ECONOMIA, FAIR, RIGHT, VORHANDEN

Uma das origens da incompreensão a respeito da filosofia utilitarista de Bentham, de Mill e de Sidgwick se encontra provavelmente em um problema de tradução. Quando os primeiros tradutores franceses de Bentham e seus companheiros quiseram verter o neologismo inglês utilitarian (1781), que Bentham havia criado para descrever sua nova filosofia do interesse geral, eles inventaram um outro neologismo, utilitaire (1831), do qual provém o termo "utilitário", em português. Desde 1802, entretanto, Bentham, consciente do sentido pejorativo que o termo havia tomado em razão das reações hostis à sua doutrina, propôs utilitairien, para marcar uma diferença entre o termo filosófico e o uso corrente. A nova palavra não teve nenhum sucesso, e, em 1922, utilitaire foi tardiamente suplantado por utilitariste para traduzir utilitarian em francês; de modo análogo, em português, o termo "utilitarista" acabou também por suplantar "utilitário" para designar as ideias e os adeptos da teoria proposta por Bentham. Em inglês, o termo utilitarian conserva hoje em dia sua conotação pejorativa ao lado de seu sentido filosófico, sendo por isso bem distinto de useful, que tem um sentido claramente positivo. Em certa medida, também em português o termo "utilitarista" tem uma conotação negativa, em comparação com o útil – na medida, justamente, em que se o associa a uma expansão ou generalização irrefletida da valorização do proveito concreto indicada pelo termo "útil". O útil não pretende, por exemplo, desvalorizar o belo; uma perspectiva utilitária, em contrapartida, valoriza a utilidade em detrimento da beleza.

Da mesma forma, utilitarisme, surgido em 1842, acabou por suplantar utilitairianisme (1845) ou utilitarianisme (1872) para traduzir utilitarianism, mas durante muito tempo se encontrará ainda a expressão philosophie utilitaire, o que contribuirá para alimentar os preconceitos e a incompreensão em relação a essa filosofia ao longo do século XIX. Assim, em seu longamente celebrado livro de referência *La Morale anglaise contemporaine, morale de l'utilité et de l'evolution,* publicado em 1885, Jean-Marie Guyau especifica que "sua exposição tem por objeto a história e a crítica da moral utilitária". Do mesmo modo, Élie Halévy escreve em 1901: "À filosofia espiritualista dos direitos do homem (na França) correspondia (na Inglaterra) a filosofia utilitária da identidade dos interesses" (1901/1995, v. 1, p. 6). Em português, a edição original do Dicionário Caldas Aulete, do fim do século XIX, ainda define "utilitarismo" como "doutrina dos utilitários", ilustrando o sentido do termo com a seguinte citação de João Grave: "Raça admirável de triunfadores, que as nacionalidades desta época de dinheiro e de utilitarismo caloteiam e exploram". De modo semelhante, para ilustrar o sentido da expressão "ideias utilitárias", apresentada na definição do adjetivo "utilitário", o mesmo dicionário recorre à seguinte frase de Almeida Garret: "Fazer renascer talvez o antigo entusiasmo português pelas glórias que morreu afogado nas teorias utilitárias".

I. "UTILITARIAN" E "EXPEDIENT"

É fascinante ver o neologismo *utilitarian* cair tão rápido no uso público e tomar um sentido tão negativo. Assim, Dickens, em *Tempos difíceis*, em 1854, apresentou uma imagem caricatural do termo, fazendo da mentalidade "utilitária" uma atitude impermeável aos sentimentos morais e preocupada unicamente com os fatos: o *"gradgrindismo"*, do nome do herói do romance. O problema que se coloca para nós é saber se essa interpretação negativa vem de uma incompreensão ligada à hostilidade do espírito da época – a rejeição do capitalismo nascente pelo romantismo, depois pelo marxismo – ou se ela vem antes de uma fragilidade interna ao utilitarismo, sobre a qual convém interrogar. O sentido filosófico do termo, a saber, o reconhecimento, como critério do bem e do mal, do princípio da "maior felicidade para o maior número, cada um contando de modo igual" (BENTHAM, 1970), exige ser explicitado.

Como Mill destaca no início de *Utilitarismo*, o adjetivo "utilitário" veio a designar aquilo que é somente instrumental ou vantajoso, aquilo que dispensa qualquer preocupação com o agradável, com o belo e com o "inútil"; e o utilitarismo foi assimilado à filosofia do comerciante, do interesse a curto prazo. "Liberdade, Igualdade, Propriedade e Bentham!", exclama Marx (*O capital*, Livro I, p. 322, Ed. Boitempo). Para esclarecer essas confusões e livrar o utilitarismo das acusações de imoralidade, Mill propõe estabelecer uma distinção entre *utilitarian* e *expedient* (conveniente, oportuno). O tradutor português de Mill, Pedro Galvão, opta pelo adjetivo "conveniente" para traduzir o termo. Com efeito, "conveniente" tem o sentido pejorativo de um meio útil para todo e qualquer fim, daquilo que é vantajoso a curto prazo, de um procedimento cômodo ou eficaz, sem nenhuma noção de moralidade, como em "utilitário". O que é simplesmente *expedient* serve a um fim que nós não necessariamente aprovamos, mas lhe serve eficazmente. O útil, ao contrário, só é tal em relação a um fim bom (MILL, *Utilitarismo*, p. 44). Mill explica a diferença nos seguintes termos:

> [...] Designando-a por "conveniência" e aproveitando o uso popular do termo para a contrastar com "Princípio", muitas vezes condena-se sumariamente a utilidade enquanto doutrina imoral. Porém, o conveniente, no sentido em que se opõe ao certo, geralmente significa aquilo que é conveniente para o interesse particular do próprio agente, como quando um ministro sacrifica os interesses do seu país para se manter no seu lugar. Quando significa algo melhor do que isto, significa aquilo que é conveniente para um objeto imediato, um propósito temporário, mas que viola uma regra cuja observância é conveniente em um grau muito mais elevado. O conveniente, neste sentido, em vez de ser a mesma coisa que o útil, é uma forma do pernicioso (MILL, *Utilitarismo*, p. 62-63).

O utilitarismo, ao contrário, busca um princípio moral fundamental que permita definir o bem e o mal moral: a quantidade de felicidade que resulta de uma ação, de uma decisão, de um sistema político, de uma redistribuição de bens e de vantagens materiais e sociais, etc. Em resumo, ele nos propõe um meio de avaliação objetivo e imparcial do justo e do injusto, do bem e do mal, em lugar de critérios fundados sobre a opinião, o interesse particular ou o poder. Ele segue Sócrates contra Cálicles.

II. "UTILITY" E "USEFULNESS"

Por que este sentido pejorativo? Por que não vincular a *utility* ao Bem e dizer que o "utilitário" só é um critério moral se persegue um fim bom, se é *useful*? Pelo fato de que se cairia em uma circularidade bastante perturbadora, já notada por G. E. Moore (*Principia Ethica*, 1901), a saber: para fundamentar a distinção proposta por Mill, nós precisamos saber o que é um fim bom independentemente de nossa vantagem imediata, e, portanto, precisamos de um critério independente do Bem. Ora, é isto que o utilitarismo rejeita, pois ele define o Bem pela utilidade ou felicidade. Como escrevia Hume antes de Bentham:

> A utilidade [*utility*] é apenas uma tendência à obtenção de um certo fim, e é uma contradição em termos que alguma coisa agrade como meio para um certo fim se esse próprio fim não nos afeta de modo algum (*Uma investigação sobre os princípios da moral*, V, II, p. 84).

Donde a insistência de Hume sobre o consentimento e a aprovação para definir a utilidade, e sua conclusão: "Tudo aquilo que contribui para a felicidade da sociedade recomenda-se diretamente à nossa aprovação e afeto" (*ibid.*, p. 84). Eis o ponto crucial sobre o qual Mill deveria ter insistido se de fato tivesse querido arrancar o *utilitarian* da esfera do instrumental, e é a Hume, em verdade, que nós devemos a solução do nosso problema. O que define o útil como bem para os utilitaristas, e que faz a diferença entre o vantajoso e o útil, é o consenso geral, ou a aprovação do sufrágio universal, como diria Kant, e este é o ponto essencial da doutrina. A utilidade é coletiva, ou não é utilidade.

> A utilidade é agradável e granjeia nossa aprovação. [...] Mas, útil? Para quê? Para os interesses de alguém, certamente. Mas interesses de quem? Não apenas os nossos, pois nossa aprovação frequentemente se estende além disso. Devem ser, portanto, os interesses daqueles que são beneficiados pelo caráter ou ação que é objeto de aprovação; e estes, devemos concluir, por mais remotos que sejam, não nos são totalmente indiferentes (*Uma investigação sobre os princípios da moral*, V, I, p. 82-83).

O útil não pode ser compreendido sem referência ao prazer e à supressão do sofrimento para todos, à felicidade humana em geral. É por isso que Bentham terminou por designar o princípio da utilidade como "o princípio da maior felicidade do maior número, cada um contando de maneira igual". A utilidade de que nos falam os filósofos britânicos não deve, portanto, ser confundida nem com aquilo que é simplesmente *expedient* – pois ela remete a um fim bom, àquilo que realmente tem valor para nós, à nossa felicidade e à nossa satisfação –, nem com o interesse pessoal egoísta – ela só pode ser avaliada por um consenso geral, aquilo que Élie Halévy chama uma "identidade de interesses". Para os utilitaristas, é impossível separar o indivíduo do todo. É por esta dimensão de universalidade que o utilitarismo escapa às confusões presentes no uso corrente.

O uso filosófico do termo "utilidade" expandiu-o, portanto, àquilo que traz satisfação para o maior número, perdendo assim toda conotação de instrumentalidade ou de neutralidade em relação ao fim perseguido. Enquanto princípio moral, ele se apoia, como a moral kantiana, sobre um princípio de imparcialidade. A felicidade que se trata de maximizar é a de todos, tratados, uns e outros, de maneira igual.

> O bem de qualquer indivíduo particular não tem mais importância, do ponto de vista do universo (se posso me exprimir assim), do que o bem de qualquer outro indivíduo, a menos que haja razões especiais para acreditar que um bem maior será provavelmente realizado em um caso, em comparação com o outro (SIDGWICK, *Os métodos da ética*, Livro III, Cap. 13).

BIBLIOGRAFIA

AUDARD, Catherine (Ed.). *Anthologie historique et Critique de l'utilitarisme*. Paris: PUF, 1999. 3 v.

BENTHAM, Jeremy. *An Introduction to the Principles of Morals and Legislation* [1789]. Ed. Burns and Hart. London: Athlone Press, 1970.

BENTHAM, Jeremy. *Uma introdução aos princípios da moral e da legislação*. Tradução parcial de Luiz João Baraúna. São Paulo: Abril Cultural, 1974 e 1979.

DICIONÁRIO contemporâneo da língua portuguesa (Caldas Aulete). 6. ed. Rio de Janeiro: Delta, 1974.

DICKENS, Charles. *Tempos difíceis*. Tradução de José Baltazar Pereira Júnior. São Paulo: Boitempo, 2014.

GARRETT, Almeida. Um auto de Gil Vicente. Porto: Porto Editora, 2011.

GRAVE, João José. *O último fauno*. Porto: Chardron de Lello e Irmão, 1923.

HALÉVY, Élie. *La formation du radicalisme philosophique* [1901]. Rééd. Paris: PUF, 1995. 3 v.

HUME, David. *Enquête sur les principes de la morale* [1751]. Traduit par P. Baranger et P. Saltel. Paris: Flammarion, 1991.

HUME, David. *Uma investigação sobre os princípios da moral*. Tradução de José Oscar de Almeida Marques. Campinas: Editora da Unicamp, 1995.

MARX, Karl. *O capital, Livro I*. Traduções de Rubens Enderle (textos de Karl Marx e Friedrich Engels), Celso Naoto Kashiura Jr. e Márcio Bilharinho Naves (texto de Louis Althusser). São Paulo: Boitempo, 2023.

MILL, John Stuart. *L'Utilitarisme* [1881]. Traduit par C. Audard. Paris: PUF, 1998.

MILL, John Stuart. *Utilitarismo*. Tradução de Pedro Galvão. Porto: Porto editora, 2005.

MOORE, G. E. *Principia Ethica*. São Paulo: Ícone, 1998.

SIDGWICK, Henry. *Os métodos da ética*. Tradução de Pedro Galvão. Lisboa: Fundação Calouste Gulbenkian, 2013.

SIDGWICK, Henry. *The Methods of Ethics* [1874]. 6. ed. London: Macmillan, 1901. [7. ed., preface J. Rawls. London: Hackett, 1981]. [Ed. fr.: Les Méthodes de l'éthique. Traduit par F. Robert. *In*: AUDARD, C. (Ed.). *Anthologie historique et Critique de l'utilitarisme*. Paris: PUF, 1999. t. 2].

WILLKÜR

[*Freie Willkür* – alemão] (pt. *escolha, livre-arbítrio*)
Pierre Osmo
Tradução: Isabela Pinho

| fr. | *libre arbitre* |
| lat. | *liberum arbitrium* |

➢ ELEÚTHERIA, DEVER, PRÁXIS, SOLLEN

A questão da Willkür, *ou seja, do arbítrio ou da escolha, tal como ela se apresenta na doutrina de Kant, fornece um exemplo notável daquilo que uma filologia filosoficamente conduzida pode proporcionar à compreensão de um conceito no seio da teoria onde ele opera. Há razões morfológicas e semânticas bastante fortes para se ligar estreitamente, em alemão, o estatuto do arbítrio ou da escolha* [die Willkür] *e o estatuto da vontade* [der Wille]. *Há igualmente razões teóricas para que esse laço se estreite ainda mais, na medida em que o "arbítrio" é qualificado como "livre", se tivermos em vista que a "liberdade", em Kant, encontra sua definição mais concreta no que se chama a "autonomia" da "vontade". Mas esse laço apresenta de fato dificuldades essenciais na medida em que os comentadores se apoiam sobre uma tradução de* Willkür *por "livre-arbítrio", sem poder escapar à tentação, aparentemente tão razoável, de traduzir* freie Willkür *pelo mesmo sintagma, arriscando, assim, embaralhar a coerência da doutrina kantiana da liberdade.*

I. QUESTÃO TERMINOLÓGICA, QUESTÃO FILOSÓFICA

A. O problema de tradução

A dificuldade em questão foi localizada, desde 1853, por J. Barni, ao se deparar com a necessidade de traduzir para o francês *Willkür*, na introdução da *Metafísica dos costumes*. E não há melhor exemplo das confusões que podem engendrar, na ordem do conceito, as escolhas terminológicas que se empenham em regrar os problemas. Assim, escrevia J. Barni em uma nota:

> A palavra arbítrio, pela qual traduzo a palavra alemã *Willkür*, não se emprega ordinariamente senão com um epíteto, como *livre-arbítrio, franco arbítrio*, etc.; mas eu não pude me servir aqui da expressão livre-arbítrio, que aparece em seguida para traduzir *freie Willkür*, e portanto sou forçado a empregar a palavra arbítrio sozinha. Qualquer outra expressão, aliás, ou me conviria menos, ou me falta por completo, pois é preciso reservar todas as palavras análogas para traduzir as demais expressões aqui distinguidas e definidas por Kant. No que se segue, toda vez que

puder fazê-lo sem prejuízos, traduzirei *Willkür* por vontade (BARNI, "Introduction explicative", p. IX).

A coerência da doutrina kantiana da liberdade resistirá às incertezas e ao inevitável imbróglio causado pela impossibilidade de diferenciar nos próprios termos a "liberdade" da *Willkür* da liberdade – acentuada como tal, para dizer o mínimo –, da *freie Willkür*? Não seria produzir e manter a confusão, na versão francesa da língua de Kant, entre o "livre-arbítrio" que é o arbítrio à sua maneira (implicitamente, na língua natural) e esse mesmo arbítrio especificado como livre (explicitamente, em uma língua doravante filosófica)? Mas também, pela mesma razão: ao se ater, com todo rigor, ao "arbítrio" para traduzir *Willkür*, mas conservando o "livre-arbítrio" para restituir o sentido da "*freie Willkür*" (é a solução mantida por J. e O. Masson na edição francesa da "Bibliothèque de la Pléiade" das *Oeuvres* [Obras] de Kant; cf. a nota 2 da p. 457 da *Metafísica dos costumes*, t. 3, p. 1418) estaríamos finalmente quites? Isso não equivaleria, querendo ou não, a rebater a compreensão que tem Kant sobre a enorme ladainha de conflitos que opuseram Pelágio a Agostinho, Erasmo a Lutero, Molina e Jansenius, e a reinscrevê-la no campo da filosofia que faz eco a esses conflitos (o campo do cartesianismo, nele incluído o campo revisto e corrigido por Espinosa, Malebranche e Leibniz), sob o risco de, ao enterrá-lo sob um debate doutrinal externo, mascarar e perder as intenções (e a originalidade) de Kant nessa matéria, tais como deveríamos apreender do interior de sua sistematicidade doutrinal?

Sem dúvida, o problema de tradução que aqui destacamos e que encontramos em Kant – como traduzir *freie Willkür*? Ou seja, onde pôr, em francês assim como em português, o adjetivo que qualifica a *Willkür*, o arbítrio, ou ainda: como nomear o arbítrio qualificado como *frei*, "livre"? – reconduz a um problema de teoria filosófica; ao problema de uma tradição venerável e extremamente relevante para a história das relações entre a filosofia e a teologia, bem como para a história do racionalismo: como entender a liberdade do arbítrio nisso que se chama "livre-arbítrio", que se reporta à vontade, mas também ao entendimento, ao juízo, à razão, à ação – e a Deus? Mas, nesse caso, a exigência de esclarecimento que ele comporta é, em primeiro lugar, relativa à preocupação de restituir, em sua versão francesa, toda a coerência da doutrina kantiana, em um aspecto capital do empreendimento filosófico de Kant. E parece-nos que tudo se esclarece se, para relacionar *Willkür* (o arbítrio) à *Wille* (a vontade) no elemento da liberdade, recorremos ao "arbítrio livre" para dizer a *freie Willkür* – um deslocamento do adjetivo determinativo tão carregado de sentido quanto no caso da passagem da boa vontade para a vontade boa. O problema da tradução – que de início poderia parecer somente uma confusão circunstancial – logo se confunde com a preocupação acerca do conceito, e a aposta é grande: em jogo, com efeito, mais do que a validade da metafísica kantiana, está seu valor (o que a anima e a faz viver), justamente lá onde ela aspira a se justificar, nos dois domínios em que o "arbítrio" exige ser qualificado como "livre", o domínio dos "costumes" (do direito e da virtude) e o da "relação com o mal". E nos dois casos: do ponto de vista de uma "razão prática".

B. Lexicografia, etimologia

1. O arbítrio e o arbitrário

Nos demoraremos um momento em algumas instruções principais que podemos obter dos dicionários da língua concernentes ao *arbítrio*, mas sobretudo à *Willkür*. Do *Littré* ao *Robert* (*Dictionnaire historique de la langue française*), dois sentidos essencialmente diferentes podem ser encontrados: um, que desde a metade do século XVII se imporá como "clássico" e que significa "aquele que julga em um litígio", por consequência "a autoridade que faz a sua decisão ser respeitada"; o outro, especificamente filosófico, até mesmo (para Littré) metafísico, que desde o século XVIII exprime a "potência que a vontade tem de escolher entre diversas partes sem motivos exteriores", portanto, o "poder de se determinar sem causa alguma senão a própria vontade" (segundo Littré), ou ainda, a "faculdade de determinar-se unicamente pela vontade, sem coerção" (segundo o *Robert*). Contudo, o filósofo se interessará pela imediata politização do sentido clássico: o arbítrio, compreendido como senhor absoluto, e ainda mais acentuado na medida em que o adjetivo substantivado, o "arbitrário", remete mais ao bel-prazer do príncipe do que à sua boa vontade, conduzindo assim o "arbítrio" para o irracional do capricho e todas as mobilizações dos sentidos, ao mesmo tempo que para o despotismo. Quanto à significação propriamente filosófica, deve-se notar em primeiro lugar que, para que ela se constitua enquanto tal, é preciso que o "arbítrio" se determine como "franco" ou "livre". Em seguida, é preciso que essa determinação o despoje de fato de seu poder, agora transferido para uma outra faculdade, a vontade, por si mesma definida como potência de escolha subtraída de toda e qualquer exterioridade e de todo determinismo. De onde provém, sem dúvida, o aspecto "metafísico" (evocado por Littré) do arbítrio assim anulado como livre pela única liberdade concebível: a liberdade da vontade. E é precisamente uma filosofia da vontade (lugar que se dirá de bom grado predestinado para a verdadeira liberdade), ela mesma eminentemente clássica, que substitui um pensamento do arbítrio na convocação de um "livre-arbítrio". Coloquemos agora uma questão, à qual a consideração atenta da *Willkür* permitirá, talvez, responder: e se Kant tiver rompido precisamente com esse "classicismo" – que culmina neste caso em Leibniz (cf. suas *Remarques sur la partie générale des Principes de Descartes*, "sur l'art. 39"): "perguntar se nossa vontade é livre é a mesma coisa que perguntar se nossa vontade é vontade. Com efeito, *livre* e *voluntário* significam a mesma coisa"?

2. "Willkür"

Os dicionários de uso comum sublinham o enfoque, em alemão, do uso de arbítrio como arbitrário ou capricho (na expressão *nach Willkür handeln*); ele se impõe no adjetivo *willkürlich* (de "sem motivo" à "despótico"), e ainda mais manifestamente na *Willkürherrschaft*, o reino tirânico, despótico, do arbitrário do bel-prazer. Mais atual para o nosso propósito (e é essencial) é o que ensina a etimologia da *Willkür* do Grimm ao Duden. A duplicação de *Wille* por *Kür* constitui uma redundância significativa. O aspecto da livre escolha consumando-se em uma decisão da vontade (tomando também aqui um aspecto pejorativo a partir da metade do século XVIII: não motivado, portanto despótico) torna-se dominante, uma vez que *Kür* remete a um verbo, *kiesen* (no passado *kor*, no particípio passado, *gekoren*), que tem o mesmo sentido que *wählen*, "escolher" (um sentido conservado nos "exercícios livres" da ginástica, que de fato se dizem *Kür*, como no *Kurfürst*, que é o príncipe-eleitor). Aqui, a unidade de sentido se aperfeiçoa quando, sempre instruídos pela etimologia, aprendemos que *wollen*, querer, tem a mesma raiz que *wählen*, mas também que *wohl* (ver WERT), que em alemão entra em composição com vários termos para dizer o bom, o bem, feito ou experimentado no contentamento e no prazer ligados a ele. Ora, não é esse "poder de escolha" ligado à experiência gratificante das figuras mais ou menos sensíveis do gozo, senão da felicidade, o que exprime a definição kantiana de *Willkür* na introdução à *Metafísica dos costumes*:

> A faculdade do desejo, em consonância com os conceitos – na medida em que o fundamento que a determina (*Bestimmungsgrund*) à ação reside nela mesma e não em seu objeto – é denominada *faculdade de fazer ou deixar de fazer* [*zu tun oder zu lassen*] *conforme aprova a cada um* (*nach Belieben*). Na medida em que está unida à consciência de cada um capacidade de realizar seu objeto mediante ação própria, chama-se *escolha* (*Willkür*) (*Metafísica dos costumes*, tradução brasileira de E. Bini, p. 58).

O que é próprio à *Willkür* é o fato de decidir (sendo "livres de...", ou seja – alegadamente? – "senhores de...") agir "*nach Belieben*", "à vontade", ou seja, de decidir à sua maneira, como "bom" nos parece, como nos "apraz"; os móveis da escolha ou arbítrio estando associados à satisfação da sensibilidade. Retornemos agora à questão da qual partimos: o que *frei* introduz e modifica nessa "jogada"? Dito de outro modo: de que *frei* libera a *Willkür* quando ela se determina como *freie Willkür*? Uma boa maneira de acessar a metafísica da *Willkür* é residir mais um pouco nas propriedades da língua, desta vez em sua gramática, para nela investigar tudo que resguarda o *Will-* de *Willkür*.

C. Gramática: liberdade e temporalidade

1. "Ich will", "pretérito-presente"

Gramaticalmente, portanto, *Ich will* é o presente de *wollen*, de um auxiliar de modo que se caracteriza justamente pela forma *passada* de seu *presente*: é o que os gramáticos chamam de um "pretérito-presente". Algumas observações se impõem.

Em primeiro lugar, a língua alemã comporta toda uma família de pretérito-presentes. A lista, como veremos, é bastante interessante. Além de *ich will*, de *wollen*, há:

– "*ich kann*", de *können*, "poder", no sentido predominante de "ser capaz", portanto, de "saber fazer", ao qual se deve associar *Kunst*, a arte em todos os seus estados;
– "*ich darf*", de *dürfen*, sempre e novamente "poder", mas desta vez no sentido de "estar autorizado", de ter a permissão nos limites ou a extensão de um "direito";
– "*ich mag*", de *mögen*, "gostar" e mesmo "amar"; mas sobre o pano de fundo de um outro sentido de poder, o de "ser possível" [*möglich*], de "ter a possibilidade" [*Möglichkeit*];
– "*ich soll*", de *sollen*, dever no sentido de "dever-ser", daquilo que, de uma maneira geral, implica o registro da ordem (a fazer advir), em particular da obrigação e, primeiramente, da obrigação que nasce de uma *Schuld*, de uma dívida a quitar (ou uma culpa a redimir);
– "*ich muss*", de *müssen*, também aí "dever", mas no sentido de "ter que", no registro da necessidade geralmente sofrida como obrigação, aquela de um "*dé-faut*", de uma falha, de uma falta a cobrir, portanto, de uma necessidade;
– e para terminar, "*ich weiss*", de *wissen*, "saber" no sentido de "conhecer", que também nos remete, como "saber fazer", a *können*, passando por sua outra forma, *kennen*.

Em seguida, cabe perceber o que essa família de pretérito-presentes tem em comum: na forma passada desses presentes, mais do que um passado que teria perdido seu valor no "indicativo" de um presente, não teríamos pretéritos *preteridos* que, em sua "preterição", dariam a entender muito mais do que aquilo que proferem e que se trataria de explicitar, para todos os efeitos?... Um modelo do que está aqui em questão (modelo paradigmático, se o é de fato, na medida em que resguarda toda a matriz do idealismo platônico) vem à mente: o modelo que oferece a língua grega quando faz de um *perfeito* (segundo), *oida* [οἶδα], eu acabei de ter visto, um *presente* que significa "eu sei". Sobre esse modelo, os pretérito-presentes do alemão registram, por sua vez, toda uma história passada, todo um processo empírico condicionando no presente a relação com o futuro – e isso nas modalidades do possível, do real e do necessário, das quais Kant nos fala (*Crítica da razão pura*, B 266), ademais, que exprimem a relação do sujeito com o objeto sem aumentar o conhecimento deste último. Dito de outra maneira, os pretérito-presentes concentram em si toda uma ordem do tempo, e é precisamente a rememoração implícita da temporalidade essencial do sujeito (da ação, incluída aí a ação que é o próprio conhecimento) – tomado nas determinações do passado e aberto às expectativas (as incertezas, as promessas) do futuro –, que esses "auxiliares" proporcionam (ver ASPECTO, no v. 1, e PRESENTE).

Por fim, dizer que essa família de "pretérito-presentes" constitui o elemento em que a filosofia crítica de Kant respira e se reflete é pouco. O que se chama nessa filosofia crítica de "o interesse da razão" não cessa de se articular com esses auxiliares de modo; eles saturam o discurso kantiano, como se pode experimentar na letra e no espírito do texto original. Para dar um exemplo particularmente fecundo, refiro-me às três famosas perguntas em que se recapitula a inquietação filosófica de Kant: o que posso saber? ("*was kann ich wissen?*"), o que devo fazer? ("*was soll ich tun?*"), o que me é permitido esperar? ("*was darf ich hoffen?*") (*Crítica da razão pura*, B 833).

Que história contaria *ich will* (eu quero) se lhe pedíssemos para desenvolver tudo o que envolve a forma passada de seu presente orientado em direção a seu futuro? Sob sua forma, em alemão, "eu quero" significa: eu escolhi, afinal de contas, ao fim de amostras e de comparações efetuadas dentre os múltiplos "objetos" da experiência, depois de pô-los à prova, do "gosto" que neles encontrei, do prazer ou do desprazer que deles obtive, e que hoje me valem o desejo de atualizá-los novamente (ou de deles me desviar). O "arbítrio" kantiano ordinariamente não se define senão como essa faculdade do campo de uma *Begehrungsvermögen*, de "escolher" agir em função da representação e da antecipação de um prazer esperado (ou de um desprazer temido), ou pelo menos de uma satisfação efetiva, em função de toda uma experiência da realidade e, nela, daquilo que se "pode" ou que se "deve" realizar – mas na ambiguidade desses "poder" e "dever".

2. A subsistência do passado

Persistindo ainda na "filologia" dessa *Willkür*, o que pode então afirmar, em Kant, sua especificação por *frei* senão o fato de que o querer que ela continua a significar (o *wollen* da *Willkür*, portanto o poder de "escolher", *wählen*, reiterado em *kür*) se encontra a partir de agora liberado de toda essa experiência, de todas as circunstâncias em que tantos estímulos diversos inclinaram para tal ou tal comportamento, liberado portanto de tudo o que afeta do exterior a receptividade da sensibilidade, e também da própria exterioridade, mas também do curso em que a exterioridade sucedeu-se a si própria na interioridade do tempo, portanto, para terminar, e sobretudo, "desse próprio tempo", de seu fluxo? Pois, enfim, como o arbítrio seria livre se ele continuasse a escolher sob a influência do tempo que passa? Se ser livre é ser "*dominus compos sui*", então qual seria o poder do arbítrio sobre si mesmo na medida em que, nesse tempo que passa, não há outro presente senão o presente do passado que lhe impõe sua forma com todo o seu conteúdo, e quando sabemos, Kant nos lembra com frequência, que "o que pertence ao tempo decorrido não está mais sob o poder do sujeito agente" (cf., por exemplo, *Crítica da razão prática. In*: *AK*, v. 5, p. 94-95, 97)?

Assim, sob a aparência de uma "liberdade de escolha" eminentemente "reforçada" que a *freie Willkür* parece propor, trata-se de entender a "liberdade" do arbítrio em seu rigor: como no mínimo, e por enquanto no máximo, a independência conquistada com respeito à experiência e aos seus condicionamentos. Então, nos termos do criticismo kantiano definidos desde a introdução à *Crítica da razão pura*, a liberdade do arbítrio não é outra coisa senão o retorno do arbítrio a uma ordem do *a priori* (*Crítica da razão pura*, B 1-3).

Mas antes de retornar a todas as implicações doutrinais dessa conclusão provisória, vale a pena demorarmo-nos uma última vez no que poderia afetar a família de auxiliares de modo quando a *freie Willkür*, liberada como *frei* de seu *wollen*, ou seja, de seu *wählen*, libera correlativamente o presente desse *wollen-wählen* daquilo que se indica e perdura na forma do *ich will*: a subsistência do passado, a marca de uma herança, o peso de uma história empírica. Sem dúvida, podem-se presumir efeitos em cadeia dessa liberação na estrutura de conjunto do pretérito-presente em que as modalidades da liberdade são significadas – pelo menos lá onde a lição kantiana ressoa da maneira mais memorável: lá onde Kant nos diz, legitimando assim o reconhecimento da liberdade e de seu império, que o que o homem quer, ele deve, e por conseguinte, ele pode (cf. *Crítica da razão prática*. In: *AK*, v. 5, p. 30; ou *Antropologia*. In: *AK*, v. 7, p. 148), ligando na mais imediata solidariedade *wollen*, *sollen* e *können*. Essa solidariedade nos lembra que cada escolha efetuada no *Wollen*, quando é de fato um *Wählen*, inscreve-se na trama de todas as histórias que registram os diversos auxiliares de modo, enquanto cada um, em seu indicativo presente, exprime a conclusão de um passado. Essa solidariedade não implica, então, quando o *Wollen* se encontra liberado da escolha condicionada pelo conjunto dessas histórias, que o *Sollen* seja *ipso facto* liberado da sua? Quer dizer: que o dever seja libertado do peso da dívida (*ich soll* também significa "eu contraí uma dívida"), da obrigação do reembolso, assim como da herança da culpa (sob a forma do pecado original) e de sua redenção? E então temos um arbítrio liberado, ele mesmo, da "cláusula jurídica" que restitui (e reduz) o motivo da vontade à obsessão do pagamento, na ilusão de torná-la tão mais independente quanto mais ela estaria "quite". A mesma solidariedade não implica também que, do mesmo modo, o *können* seja liberado da paciência prolongada que faz dele um *kunst* ou um *kennen* (*ich kann* significa "eu já aprendi e sei fazer")? Quer dizer: que o "poder" seja liberto da habilidade e da prudência em que se aperfeiçoa o "saber-fazer" no tratamento das coisas e dos homens? E temos agora um arbítrio liberado da *cláusula pragmática*, que faz da inteligência "técnico-prática" o determinante da vontade que a tornaria tanto mais autônoma quanto mais instruída.

II. LIVRE-ARBÍTRIO, ARBÍTRIO LIVRE E LIBERDADE DO ARBÍTRIO

A. Necessidade por meio da liberdade

Se há uma coerência nesse verdadeiro "sistema" de efeitos produzidos, na raiz, pela determinação do arbítrio como livre, então como não compreender a extensão dessa liberação em cadeia, o que é paradoxal sem dúvida, como o reino de uma necessidade absoluta? Pois esta des-conexão generalizada, ou melhor dizendo, esse universal da não conexão, que, no entanto, conecta imperativamente, nos introduz tanto ao paradoxo como ao absoluto. Para resolver esse paradoxo e para assumir esse absoluto, é preciso, então, esclarecer o sentido profundo da originalidade dessa necessidade, de uma ordem diferente da necessidade reinante na experiência que faz da Natureza uma "natureza" humana de-finida em si por suas faculdades de conhecer e desejar e por seu sentimento do prazer e da dor. Uma primeira abordagem: essa necessidade libera da modalidade que afeta, de maneira "subjetivamente sintética", toda a ação do sujeito do conhecimento no tempo (na permanência, na sucessão ou na simultaneidade); é a necessidade do incondicionado. Mais adiante, e para ir justamente à raiz da liberdade – tal como se esforçou para conceitualizar o idealismo alemão na esteira de Kant –, essa necessidade libera da necessidade do próprio tempo, desse incontornável "meio" da representação do mundo dos objetos assim como do horizonte dos objetivos. Fazendo-nos acessar esse incondicionado e elevando-nos até ele, essa necessidade nos faz entrar no "intemporal" do suprassensível, assim como no "espírito" do transcendental (a esfera das condições de possibilidade) – lá onde Kant finalmente enfrenta a temida relação com o mal, que reconduz à cena da prática humana, com as dificuldades que sabemos (*A religião nos limites da simples razão*, I e III), o arbítrio e sua liberdade.

B. O arbítrio livre

Essas considerações mantêm em suspenso duas questões que não podem deixar de ser feitas: em primeiro lugar, enquanto arbítrio "livre", se o arbítrio libera pelo efeito generalizado de uma "lei da liberdade", mas como ele próprio é liberado, o que é que libera o próprio arbítrio? Em seguida: enquanto "arbítrio" livre, desprendido de todo peso do real que o mobiliza na normalidade do tempo, levado à nudez da abstração de tanto que ele se encontra subtraído do mundo dos fenômenos, por que falar ainda em *Willkür*? Que razão teria ainda o arbítrio para escolher? E se deve existir uma razão que legitime o uso do termo "arbítrio", em qual alternativa?

Para situar o "arbítrio livre" em sua justa perspectiva, voltemos, para começar, ao plano dessa necessidade tal como ela se ordena e se percebe na experiência de uma "prática". No coração desta última, tudo começa por uma exigência da razão: que uma ação possa ser "imputada" tanto ao seu agente como ao seu autor (seu *Urheber*); sem o quê, onde estariam o mérito e a culpa? Essa condição de possibilidade tanto da moral como do direito recobre, então, uma outra exigência, ainda mais racional do que razoável: não há autor que não seja *causa libera* (graças à qual o indivíduo chega à dignidade da *pessoa*); quer dizer: não há imputabilidade sem liberdade (*A religião nos limites... In*: AK, v. 6; *Metafísica dos costumes. In*: AK, v. 6, p. 223 e 227). Ora, existe, como cada um pode referir-se a ela, a experiência da *lei moral*, a experiência de uma lei totalmente diferente das leis da natureza. Sabe-se que Kant registra essa experiência como um "fato da razão", e esse fato como a *ratio cognoscendi* da liberdade que tem nessa liberdade, reciprocamente, sua *ratio essendi* (*Crítica da razão prática. In*: AK, v. 5, p. 4). É, por consequência, nesse "fato" que se atesta a "realidade efetiva" da liberdade face à "hipótese" especulativa que só lhe assegura, na *Crítica da razão pura*, o estatuto de uma simples "possibilidade", e é isso que autoriza a razão prática a reivindicar a "necessidade" dessa liberdade, por mais incognoscível e incompreensível que ela seja, como um de seus "postulados". Assim, a cada vez que a lei moral se manifesta sob a forma do imperativo categórico (ou seja, tanto incondicionado como incondicional), é a passagem de uma para dentro da outra, a ponto de serem uma só, a liberdade e a necessidade que a expressão aparentemente tão contraditória "lei da liberdade" resume. Mas, então, convém lembrar que o campo em que se opera essa passagem é o campo da faculdade de desejar. É, portanto, nela que é preciso compreender essa *razão* cuja lei moral é o "fato", e também a racionalidade do "eu devo" [*ich soll*] prescrito por essa lei, significando de uma só vez "eu quero" [*ich will*] e "eu posso" [*ich kann*], e portanto, para terminar, as relações, sob essa razão, entre a vontade [*der Wille*] que quer e o arbítrio [*die Willkür*] que pode.

Acabamos de evocá-lo sem chamá-lo por seu nome kantiano – e isso desde o momento em que sublinhávamos, anteriormente, o elo empírico entre um arbítrio votado à ação e um "princípio" de satisfação, ou até mesmo de prazer, ligado à sua realização, e de natureza inevitavelmente sensível. De maneira bem geral, há, portanto, lá onde ele ocorre (na faculdade de desejar) uma *patologia* do arbítrio da qual o arbítrio humano não saberia escapar. É no âmbito dessa "patologia" que o arbítrio humano se opõe radicalmente ao arbítrio animal, como nos lembra a introdução à *Metafísica dos costumes* (in: AK, v. 6, p. 213-214 e p. 226-227). O "*arbitrium brutum*", que Kant ainda qualifica significativamente como *servum*, é subjugado aos estímulos da sensibilidade segundo uma dupla caracterização: ele é determinado exclusivamente e necessariamente por eles (entenda-se bem: pela única necessidade empírica que depende das leis da natureza; ver Quadro 4, "Arbítrio servo", em ELEÚTHERIA). Quanto ao "*arbitrium liberum*" próprio do homem (graças ao qual este não é um animal como os demais), ele permanece de fato um arbítrio "sensível", mas essa sensibilidade se limita a afetá-lo sem chegar a determiná-lo, porque há outra coisa nele que o motiva: uma "vontade pura" que traduz sua realidade de "ser inteligível". Isso a *Crítica da razão pura* já havia estabelecido:

> O arbítrio humano é, sem dúvida (*zwar*), um *arbitrium sensitivum*, mas (*aber*) não *arbitrium brutum*; (*sondern*) é um *arbitrium liberum* porque a sensibilidade não torna necessária a sua acção e (*sondern*) o homem possui a capacidade de determinar-se por si, independentemente da coacção dos impulsos sensíveis (B 562).

Portanto, a "natureza" do arbítrio humano é tal que escapa à *Natureza*: nele se apresenta (se atualiza) uma faculdade de autodeterminação que o separa [*sondern*], em sua natureza sensível, do poder da sensibilidade, e constitui uma objeção decisiva [*aber*] à redução do *sensitivum*, enquanto tal inegável [*zwar*], ao *brutum*; como prova, a esse respeito, a experiência crucial da lei moral, que é, já lembramos, a de uma "liberdade" prática.

Tudo se passa como se o arbítrio humano devesse ser definido como uma alternativa entre dois poderes de escolher. Por um lado, teríamos o poder bastante empírico da faculdade de desejar, intrinsecamente ligada à "sensibilidade" e ao "sentimento" do prazer e da dor, em resumo, de um "livre-arbítrio" tal como é comumente compreendido, consciente de escolher *nach Belieben*, segundo seu bel-prazer, com o risco de ser arbitrário mais do que livre. E, por outro lado, teríamos o poder de escolha, dessa vez moral, da mesma faculdade de desejar, mas intrinsecamente ligado à essência "suprassensível" de uma razão pura, em condições de optar seja pelas inclinações do afeto, aceitando torná-los determinantes – mas por aí retornaríamos ao "livre-arbítrio" –, seja pelas injunções de uma vontade pura, quer dizer, de uma razão pura "como legisladora". E esse seria o poder de escolha do "arbítrio livre", nesse caso definido por sua independência a respeito de qualquer influência sensível – no seio da sensibilidade, seria preciso lembrar? A autodeterminação exclui que o afeto ainda possa determinar a escolha, sem que, no entanto, a sensibilidade seja anulada, já que, diante da lei moral, há o sentimento de respeito. Não haveria, então, nenhuma diferença entre esse arbítrio livre e o "livre ou franco arbítrio", dessa vez filosoficamente definido pela tradição clássica.

Se, para finalizar, acrescentamos que o "regime" do arbítrio é o regime da "heteronomia" (ver *Crítica da razão prática*. In: *AK*, v. 5, p. 43), quando a máxima que o arbítrio aplica à conduta da ação acolhe em si as incitações da sensibilidade, e que a autodeterminação da razão pura "como legisladora" não é outra coisa do que a "autonomia" que, desde a *Fundamentação da metafísica dos costumes*, constitui a propriedade notável da vontade do ser racional, então uma conclusão bem simples se imporia, a partir daí, concernente tanto à definição do "*arbitrium liberum*" quanto à resposta à questão: o que é que libera o próprio arbítrio? O arbítrio livre seria o arbítrio arrancado da heteronomia pela autonomia da vontade.

C. Liberdade do arbítrio

Mas essa simplicidade é enganosa. É imperativamente necessário atribuir toda a sua importância aos aprimoramentos – que se podem dizer definitivos – aos quais Kant se dedica ao fim da introdução à sua *Metafísica dos costumes*:

> *Von dem Willen gehen die Gesetze aus; von der Willkür die Maximen. Die letztere ist im Menschen eine freie Willkür; der Wille, der auf nichts anderes, als bloss auf Gesetz geht, kann weder frei noch undfrei gennant werden, weil er nicht auf Handlungen, sondern unmittelbar auf die Gesetzgebung für die Maxime der Handlungen (also die praktische Vernunft selbst) geht, daher auch schlechterdings notwendig und selbst keiner Nötigung fähig ist. Nur die Willkür also kann frei gennant werden* (KANT, *Grundlegung zur Metaphysic der Sitten*. In: AK, v. 6, p. 226 et seq.).

> [Leis procedem da vontade, máximas da escolha. No que tange ao homem, esta última é um livre-arbítrio; a vontade, que não é dirigida nada que ultrapassa a própria lei, não pode ser classificada como livre ou não livre, uma vez que não é dirigida a ações, mas de imediato à produção de leis para a máxima das ações (sendo, portanto, a própria razão prática). Consequentemente, a vontade dirige com absoluta necessidade e não é ela mesma sujeita a nenhum constrangimento. Somente a escolha pode, portanto, ser chamada de *livre* (KANT, *Metafisica dos costumes*, traducao brasileira de E. Bini, p. 68-69).]

Se nos lembramos, baseados nessas precisões essenciais, que no caso de um "fim praticamente necessário da vontade racional pura, que aqui não escolhe, mas obedece a um preceito inflexível da razão" (*Crítica da razão prática*. In: *AK*, v. 5, p. 143; tradução brasileira de A. C. Braga, 2006, p. 170), estamos autorizados a nos perguntar como a vontade, não sendo ela própria livre para escolher, poderia liberar o arbítrio. Sua autonomia não é nada além da ordem da razão tomando forma em seu poder de legislar, e não pode ser considerada como um poder de ação sobre o arbítrio. E não poderíamos dizer que o arbítrio é livre se ele próprio devesse obedecer à lei da vontade, mesmo supondo uma "transitividade" que fosse interna à faculdade de desejar, transferindo imediatamente de uma esfera para a outra essa propriedade que se chama liberdade, sem reproduzir assim o próprio da vontade na liberdade e negar que somente o arbítrio possa ser dito livre – o que contrariaria duplamente a letra das conclusões kantianas. A questão anteriormente formulada persiste então: o que é que libera o arbítrio? Uma questão que poderíamos ainda desdobrar em: o que faz dessa liberdade um poder de agir "positivo" se, liberado dos motivos da sensibilidade, o arbítrio só é independente, ou seja, segundo os próprios termos de Kant, somente "negativamente" livre? Mais ainda, se nos referimos às linhas que se seguem à passagem supracitada:

> Mas não é possível definir a liberdade de escolha – como alguns tentaram defini-la – como a capacidade de realizar uma escolha a favor ou contra a lei (*libertas indifferentiae*); [...] a liberdade jamais pode ser localizada no ser de um sujeito racional capaz de escolher em oposição à sua razão (legisladora),

a outra questão já feita insiste ainda mais fortemente: sem liberdade "de escolha", por que falar ainda em arbítrio?

BIBLIOGRAFIA

BARNI, J. Introduction explicative. *In*: KANT, I. *Élements métaphysiques de la doctrine du droit*. Paris: A. Durand, 1853.
CASTILLO, Monique. *Kant*. Paris: Vrin, 1997.
HÖFFE, Otfried. *Introduction à la philosophie pratique de Kant*. Paris: Vrin, 1993.
KANT, Immanuel. *Werke*. Ed. De l'Académie royale des sciences de Prusse (abrev. *AK*), 1902-1910. Berlin: de Gruyter, 1968.
KANT, Immanuel. *Metafísica dos costumes*. Tradução de E. Bini. Bauru: Edipro, 2003.
KANT, Immanuel. *Crítica da razão pura*. Lisboa: Fundação Calouste Gulbenkian, 1994.
KANT, Immanuel. *Crítica da razão prática*. Tradução de Antonio Carlos Braga. São Paulo: Escala, 2006.
KANT, Immanuel. *Oeuvres*. Ed. A. Philonenko, H. Wismann, L. Ferry, A. Renaut, J. et O. Masson. Paris: Gallimard, "La Pléiade", 1980-1986. v. 3.
ROVIELLO, Anne-Marie. *L'Institution kantienne de la liberté*. Bruxelles: Ousia, 1984.
REY, Alain (Dir.). *Dictionnaire historique de la langue française* (abrev. DHL). Paris: Le Robert, 1992. v. 3.
DUDEN, Konrad. *Etymologie. Herkunftswörterbuch der deutschen Sprache*. Ed. G. Drosdowski, O. Grebe et al. Mannheim: Dudenverlag, 1963.
DELBOS, Victor. *La Philosophie pratique de Kant*. 3. ed. Paris: PUF, 1969.

XARIA/ŠARĪ'A

[شريعة – árabe] (pt. *lei*)

Ali Benmakhlouf
Tradução: Guilherme Ivo

hebr.	*torah* [הָרוֹתּ]
gr.	*nómos* [νόμος]
lat.	*lex*
al.	*Gesetz*
ingl.	*law*

▷ ESTADO DE DIREITO, LAW/RIGHT, LEX/JUS, THEMIS, TORÁ, DEUS, PIETAS, RELIGIO, SECULARIZAÇÃO

Verbo: šara'a [شرع], *substantivo*: šarī'a [شريعة]. É a "via" e daí, por extensão, a "lei". Ora traduzida por "lei religiosa", ora por "lei divina". É associada à palavra ḥukm [الحكم], que significa tanto "poder político" quanto "regra da lei" ou "decisão legal", segundo os contextos. É também através da raiz trilítera Ḥ.K.M. que se engendra, de maneira paronímica, a palavra "sabedoria": ḥikma [حكمة]. O ḥākim [ماكح] é o juiz, e o ḥakīm [ميكح] é o sábio: o sentido difere conforme seja alongada a vogal "a" ou a vogal "i". A expressão Uṣūl al-Fiqh [أصول الفقه], que significa os "fundamentos do direito-teológico", remete à disciplina que se ocupa da šarī'a ou xaria.

I. FUNDAMENTOS DA LEI E FUNDAMENTOS DO PODER

Essa palavra *xaria* [šarī'a], que traduzimos por "lei divina", tem uma atmosfera particular. Tradicionalmente, a palavra se reporta à metodologia das ciências jurídicas (*uṣūl al-fiqh*), mas também é encontrada na metodologia das ciências religiosas (*uṣūl ad-dīn* [أصول الدين]), relativas à exegese do texto sagrado.

Três passagens corânicas insistem na noção de *xaria* como "via" sem que haja uma ideia de lei, sendo o versículo uma palavra inspirada e não um mandamento positivo da ordem daquilo que habitualmente conhecemos na sociedade humana; mandamento que, em geral, é seguido de sanção quando um comportamento ilícito é atribuído a alguém. O versículo 18 da surata 45 diz:

> Nós te pusemos sobre uma via vinda da ordem (*'alā šarī'atin min al-'āmri* [على شريعة من الأمر]). Segue-a. Não sigas as paixões daqueles que não sabem.

Citemos igualmente a seguinte passagem, onde o verbo é utilizado e não o substantivo. Também ela nos informa dos mandamentos divinos muito antes do período islâmico, uma vez que é sobre Noé o assunto:

> Ele *estabeleceu* para vós, a partir da religião, aquilo que preceituara a Noé e que a ti revelamos, e o que preceituáramos a Abraão, a Moisés, a Jesus: resguardai a religião e, nela, não vos separeis (Surata 42, versículo 13).

E voltemos à palavra *xaria*, usada aqui (em sua variação sinonímica *šir'ah* [شِرْعَة]) para dizer que as comunidades humanas são plurais. Ela vai associada ao termo *minhāj* (مِنْهَاج), que é traduzido por "caminho" e confirma o sentido de "via", mas diferentemente do substantivo *ṭarīq* (طَرِيق), usado preferencialmente para se referir a um caminho qualquer, e que alude a trechos de terra pisada (do verbo *ṭaraqa*, طَرَقَ = "bater", "pisar", "calcar"); a palavra *minhājan* é um caminho que foi tornado manifesto como tal, que foi exposto como aquele que deve ser seguido (do verbo *nahaja*, نَهَجَ = "tornar manifesto [um caminho, uma rota, etc.]"):

> A cada um de vós, fizemos um caminho [*minhājan* (مِنْهَاجًا)], uma conduta [*šir'atan* (شِرْعَةً)]; se Deus tivesse desejado, teria feito de vós uma só nação, no entanto ele vos queria testar no que ele vos deu (Surata 5, versículo 48).

No Corão, portanto, a palavra é utilizada para exprimir a "via", o caminho que Deus mostrou aos profetas e aos sábios anteriores a Maomé, especialmente Noé, mencionado em evidência e elevado ao lugar de humano inspirado por Deus. A transformação dos versículos corânicos e dos ditos proféticos em "lei divina" é uma operação realizada pelas escolas jurídicas que vieram à tona a partir do século IX, ou seja, dois séculos depois do surgimento do islã. São quatro escolas: a escola malikita, fundada por Mālik ibn Ānas (795); a escola xafi'ita, fundada por Al-Xāfi'ī (820); a escola hanbalita, fundada por Aḥmad ibn Hanbal (857); e a escola hanafita de Abū Ḥanīfa (767). Algumas, como o malikismo, valorizam o momento medinense que viu nascer a primeira cidade muçulmana sob a égide do profeta e seus seguidores – continua sendo a doutrina dos países magrebinos; e outras, como o xafi'ismo, colocam o enfoque nas ações do profeta como legislador; outras ainda, como o hanafismo que teve seus dias de glória no império otomano, problematizaram a questão da competência e da imputação jurídicas; e por fim, o hanbalismo dissocia o profeta de seu contexto medinense, e marcou profundamente a dinastia wahhabita, fundada por Muḥammad ibn 'Abd Al-Wahhāb e seus seguidores, no reino da Arábia Saudita.

Às duas disciplinas já mencionadas – direito e exegese religiosa – convém adicionar a metodologia das ciências do poder (*uṣūl al-ḥukm*). Essa metodologia tem uma tendência a ficar esquecida, pois não foi autenticada pela classificação tradicional do saber. 'Alī 'Abd al-Rāziq [علي عبد الرازق], alfaqui egípcio do início do século XX, foi quem deu ênfase ao *Al'Islām wa uṣūl al-ḥukm* [O islã e os fundamentos do poder], nome de seu livro publicado em 1925, que suscitou uma grande polêmica. A instituição religiosa da grande mesquita de al-Azhar o destituiu do seu título de "doutor da lei" e desencadeou uma campanha contra ele através de várias acusações – sem chegar, no entanto, à apostasia –, entre as quais a de ter orientado a *xaria* ao domínio de simples guia espiritual, porém sem efeito sobre o poder político e, portanto, sobre a lei.

'Alī 'Abd al-Rāziq distinguiu claramente a mensagem religiosa do profeta de sua atividade política. Enquanto mensageiro de Deus, o profeta não pode agir sob quaisquer coerções que sejam, pois, como diz o Corão, não existe coerção na religião (cf. Corão, II, 256). Enquanto governante da primeira cidade muçulmana – Medina –, ele entretanto lidou com um conjunto de coerções, teve um exército, etc., todos assuntos que não têm função religiosa, que são puramente temporais e podem ser considerados como atividades "régias", mais do que atividades "califais". Tudo que incumbe à gestão da cidade, e que supõe uma coerção, não pode se avantajar como sendo religioso.

'Abd al-Rāziq, em numerosas ocasiões, cita o grande historiador do século XIV, Ibn Khaldūn. Toma-lhe emprestado um método de análise que consiste em partir do campo lexical e do campo semântico para desarmar a carga mítico-histórica ligada à palavra *xaria*. Ibn Khaldūn já havia indicado que, desde as primeiras formas de governo no islã, teve que se resolver o problema do "califado", isto é, literalmente da forma de governo que fala de "sucessão", especialmente a do profeta, primeiro governante. Desde Abū Bakr, ou, em outras palavras, desde o califa que sucedeu ao profeta, a denominação "califa de Deus" foi rejeitada por uma esmagadora maioria da comunidade muçulmana. Existe um só mensageiro de Deus que, por extensão, pôde ser dito "califa de Deus", e ninguém pode pretender retomar o título de mensageiro e, portanto, de califa de Deus. Adotou-se a denominação "califa do califa de Deus", "califa" significando aqui "tenente", "representante". Mas tal expressão, ao longo dos anos, tornou-se incômoda e, a partir do segundo califa, 'Umar, a expressão "representante do representante do mensageiro de Deus" foi julgada enfadonha:

> Mas como que sentindo que esse epíteto seria um incômodo pelo acúmulo e tamanho de seus complementos; e que ele aumentaria perpetuamente até acabar virando um trava-línguas; e que dele resultaria um discernimento que, pela profusão e acúmulo dos seus complementos, seria totalmente desconhecido; então [os Companheiros de 'Umar] alteraram esse epíteto para outro que fosse compatível com aquele [de califa de Deus] e pudesse ser anunciado que nem ele (IBN KHALDŪN ('Abd al-Raḥman), *Muqaddima* [Prolegômenos], III, cap. 32, p. 282.

E um dia, disse Ibn Khaldūn, chegou um emissário para anunciar uma vitória militar e desejou falar ao "comandante dos crentes" (*amīr al-mu'minīn* [أمير المؤمنين]). A expressão foi tida como alegre e, assim, foi adotada. Desse emissário, Ibn Khaldūn diz:

> E, entrando em Medina, ele perguntou por 'Umar e disse: "Onde está o comandante dos crentes?", e os companheiros de 'Umar lhe escutaram e deram-lhe sua aprovação, dizendo: "Por Alá, você acertou o nome em cheio, ele é realmente o comandante dos crentes" (*Ibid.*, p. 283).

Esse exemplo mostra que o poder político repousa, por um lado, sobre a força repressiva, aqui o exército, e por outro lado, sobre um comando central, que é certamente um comando dos crentes, mas que se efetua de maneira horizontal e não tem a legitimidade, conferida pela *xaria*, de uma justificação vertical. Deus é silencioso sobre a "lei divina" quanto ao exercício do poder político. Em contrapartida, não se pode negar "a tentativa dos califas abássidas de criar um conjunto único e coerente de leis sobre o código islâmico, com o califa elevado a intérprete supremo"; com efeito, "o que significaria *código islâmico* sem esses Estados que se empenharam para transformá-lo numa expressão positiva da soberania de si mesmos?" (DIAMANTIDES, "L'ordre juridique et l'anarchie de la foi abrahamique", p. 45).

'Alī 'Abd al-Rāziq se encadeia na palavra de Ibn Khaldūn. Partindo dos "fundamentos do poder" e não da "ciência jurídica", vemos melhor como a lei resulta de uma relação de forças, exprimida pelo poder. Partindo da própria ciência jurídica, corre-se o risco de levar ao pé da letra as justificativas teológicas das normas humanamente estabelecidas, porém indevidamente atribuídas a Deus. O poder temporal dotou-se rapidamente de um aparelho de justificação religiosa para se impor aos espíritos com uma garantia da transcendência. Ora, nada há no texto sagrado do Corão, nem nos ditos do profeta, que corrobore a ideia de que seja preciso submeter-se à dominação dos reis que se nomeiam "califas": "Nada existe [...] que seja válido como prova para se alegar que a lei divina [*xaria*] reconhece o princípio do califado ou do grande imamato, entendido como delegação do profeta e preenchimento das funções que ele cumpria entre os muçulmanos" ('Alī 'Abd al-Rāziq, *Al'Islām wa uṣūl al-ḥukm* [O islã e os fundamentos do poder], p. 29). 'Alī 'Abd al-Rāziq lembra que a palavra divina, sob forma de versículos, não tem caráter normativo no sentido jurídico do termo: o texto sagrado fala dos pobres, dos mendigos e dos escravos, mas nem por isso justifica a existência deles. Mencionar alguma coisa não é justificá-la. E quando os versículos ganham um giro normativo, não existe nenhuma prescrição definida que lhes esteja associada: "Ó vós que credes! Obedecei a Deus, obedecei ao Mensageiro e aos que são responsáveis dentre vós" (surata 4, versículo 59). Este versículo, frequentemente citado para justificar o poder dos reis sobre a terra, não diz que os "responsáveis" são os califas ou os reis.

II. CONSTITUIÇÃO HISTÓRICA DA XARIA

Essa noção de "sucessão" (tradução de *khilāfa* [خلافة], ou califado) tinha um peso para além do poder político, pois suceder ao profeta é imitá-lo em suas ações, muitas das quais foram elevadas ao nível de norma. Mālik ibn Ānas (morto em 795), um dos quatro chefes de escola jurídica e cujos tratados ainda estão em vigor no islã magrebino, tinha elevado ao nível de norma a ação do profeta e dos seus companheiros. Apoiando-se na seguinte passagem corânica, ele faz da imitação por sucessão uma norma islâmica, uma *xaria*:

> Então alvíssaras, o Paraíso a meus servos, aos que ouvem o Dito e dele seguem o que há de melhor (Surata 39, versículos 17-18, trad. pt. Helmi Nasr).

Mālik comenta assim esse versículo:

> As pessoas seguem, portanto, unicamente os medinenses. É entre eles que a Hégira teve lugar, que o Alcorão foi revelado, que o lícito e o ilícito se tornaram o que são, pois o Enviado de Deus viveu no meio deles; eles eram testemunhas da inspiração e

da revelação; ele lhes dava ordens e eles as executavam, ele lhes mostrava a via e eles a seguiam até o dia em que Deus o chamou até Si (MĀLIK citado por BRUNSCHVIG, "Polémiques médiévales autour du rite de Malik", p. 69-70).

Bem se vê como a lei divina, neste jurisconsulto, é construída segundo a distinção do lícito e do ilícito e segundo a conformidade ou não daqueles que "seguem" o profeta ou se desgarram dele.

A sacralização da lei, sua constituição como instância transcendente e a-histórica é... um processo histórico. Mohammed Arkoun, islamólogo contemporâneo que ocupou por muito tempo a cadeira de estudos islâmicos na Universidade de Paris 3, restabeleceu esse processo histórico, a respeito de Mālik ibn Ānas, mostrando como os fundadores de escolas jurídicas "viraram pontos de partida, ao passo que são encerramentos de um processo sócio-histórico de construção das instâncias da autoridade, que elaboram as normas intervindo no processo de transmissão das tradições erigidas como referenciais obrigatórios" (*Humanisme et Islam*, p. 151). Arkoun refuta a ideia mesma de "fundador" de escola jurídica, pois trata-se, como ele indica, de "diversos atores sociais" cujo rastro foi apagado para se referir a um "mestre epônimo" (*ibid.*). A operação de produção da "lei divina" remete, pois, a um esforço de interpretação chamado "*ijtihād*" (اجتهاد), cujas portas foram consideradas, para alguns, como estando fechadas desde o século X. Esse esforço consiste em "traduzir" os versículos corânicos, chamados "signos" (*āyāt* [آية]) de Deus, em "normas jurídicas". É assim que "o Corão, o Cânon supremo, instância última, intangível e inultrapassável de qualquer legitimação, é muito rapidamente substituído, em práticas normativas locais, pela autoridade do califa, do governante, do *qāḍī* [قاضي], do *ālim mujtahid*". O *qāḍī* (aportuguesado como *cádi*) é o juiz que julga segundo as escolas jurídicas, e *ālim mujtahid* [عالم مجتهد], "sábio diligente", aquele que emprega a *ijtihād*, é uma designação especial para tais juízes.

Esse trabalho de substituição foi acompanhado, às vezes, por um trabalho de conjunção necessária ali onde o Corão e a tradição profética foram elevados ao mesmo nível de mandamento. A constituição desses dois textos como um único *corpus*, por um lado, e como um *corpus* normativo produtor de "lei divina", por outro, foi o feito de outro "fundador" de escola jurídica: Al-Xāfi'ī. A escola que leva seu nome, a escola xafi'ita, distinguiu-se pela homogeneização do *corpus* jurídico, fazendo do Corão e dos *ḥadīth* [حديث] (ditos proféticos, também chamados de *Sunna*) textos de "mandamento" e "regras de direito". A adjunção da tradição do profeta (*Sunna*) ao Corão foi feita em favor de um meio-termo: a "sabedoria". Xāfi'ī indica que

> [...] o Corão é mencionado e segue-se a ele a Sabedoria, e Deus manifesta Sua bondade junto às suas criaturas ao ensinar-lhes o Livro e a Sabedoria; logo, não é mesmo permitido – mas só Deus sabe – falar da proximidade da Sabedoria senão com a Sunna do Mensageiro de Deus (AL-XĀFI'Ī (Muhammad bin Idrīs), *Al-Risāla* [A epítome], 1938, §254, p. 78).

III. A SABEDORIA SEGUNDO O DIREITO E SEGUNDO A FILOSOFIA

Depois dessa construção da *Sunna* como "sabedoria" divina, nada mais resta além de constituir o Corão *e* a Sunna como "mandamento". Enquanto mandamento, esse conjunto é um bloco indivisível. Ele terá por nome "lei divina", *xaria*:

> E esta [a Sunna, ou Sabedoria] vai acompanhada do Livro de Deus, e Deus mandou que se obedeça Seu Mensageiro, e às pessoas ele prescreveu anuência às ordens dele. É inadmissível empregar o termo "mandamento" [*farḍun* (ضرْف)] senão para o Livro de Deus e, depois, para a Sunna do Seu Mensageiro (*Ibid.*, §255, p. 78).

Essa exclusividade é ainda marcada pelo recurso ao versículo 36 da surata 33: "E não há para crente algum nem crente alguma – quando Allah e Seu Mensageiro decretam uma decisão – escolha que lhes reste de própria decisão" (Corão, citado em AL-XĀFI'Ī, *Al-Risāla*, §265 [p. 81]). Mas Xāfi'ī não diz que esse versículo é fortemente indeterminado. Com efeito, sobre o que mesmo pode estar se referindo essa decisão sobre a qual Deus e seu Mensageiro não deixam escolha?

Eis, então, que o Corão e a *Sunna* são constituídos como fontes fundamentais do direito muçulmano. De textos inspirados, tornam-se fonte da norma jurídica. A essas duas fontes fundamentais e segundo um grau de prevalência menor, são associados de maneira secundária o consenso da comunidade, *al-Ijmā'* [الإجماع], e o raciocínio analógico, *al-Qiyās* [القياس], que nada mais é além do *ijtihād*, o esforço de interpretação da lei segundo uma similitude averiguada entre um caso previsto pela lei e um caso novo que lhe será assimilado como lícito ou ilícito.

Eis aqui um exemplo de consenso da comunidade. Tome-se o versículo 59 da surata 4, já citado: ele se refere ao dever de obediência a Deus, ao seu Mensageiro e "aos responsáveis dentre vós (*ūlī 'l-āmri minkum* [أُولِي الأَمْرِ مِنْكُمْ])". O que deve ser entendido por "responsáveis"? Al-Xāfi'ī observa:

> Certas pessoas doutas dizem: "os responsáveis" [*ūlū 'l-āmri* (أُولُوا الأمر)] são os emires dos destacamentos militares [*umarā' sarāyā* (أمراء سرايا)] do Mensageiro de Deus – mas só Deus sabe. Assim é que nos foi transmitido (*Ibid.*, §260 [p. 79]).

Pouco a pouco, os "responsáveis" de que fala o Corão vão virando os responsáveis políticos do momento.

Ao lado desse trabalho dos jurisconsultos, encontra-se nos filósofos um investimento filosófico da noção de *xaria*. Al-Fārābī e Averróis, especialmente, jogam nova luz sobre essa noção ao fazerem ressoar o sentido jurídico com o sentido filosófico. Al-Fārābī primeiro, no *Livro da religião*, busca explicar o trabalho do "primeiro governante". Ele não diz "legislador" (*sharī'* [الشريع]), mas "chefe" (*ra'īs* [رئيس]), aquele que comanda organizando os princípios. Sua análise se aparenta a uma experiência de pensamento, pois não cita exemplo histórico algum. Mas a análise conceitual e a experiência de pensamento não param de falar do trabalho de "legislação", *xaria*, e de "regulação", *taqdīr* (تقدير). Al-Fārābī utiliza esses dois termos como equivalentes nocionais e tal estratégia de sinonímia é ela própria instrutiva: não há imunidade teológica da *xaria*. O trabalho de legislação é um trabalho de regulação dos assuntos da cidade. A partir daí, longe de privilegiar o trabalho do primeiro legislador, Al-Fārābī o inscreve na história. Esse primeiro governante é apenas o primeiro de uma longa série e seu trabalho está tachado de incompletude estrutural; a lacuna na lei não é somente material, técnica, ela é lógica, pois a legislação consiste em se ocupar dos assuntos de tal cidade em tal momento, e não de todas as cidades de uma vez por todas:

> Pode aplicar-se ao primeiro governante, ou porventura ocorrer-lhe, que ele não regule todas as ações e nem as consolide, mesmo regulando a maioria delas; e pode aplicar-se que ele não consolide todas as condições do que ele regulamentou (AL-FĀRĀBĪ (Abū Naṣr), *Kitāb al-Milla wa nuṣūṣ uḵra* [Livro da religião e outros textos] §7, 1991, p. 48).

Há, portanto, vários e vários legisladores. Certamente, deve prevalecer a ideia de uma semelhança na "sucessão" (*khalafa*) daqueles que vêm após "o primeiro". Como entender essa semelhança?

> Assim, se após sua morte lhe sucede alguém semelhante a ele em todos os casos, este que lhe sucede é quem regula aquilo que o primeiro não regulou. E não é só isso, mas a ele cabe também alterar muitas das coisas que o primeiro legislou [*šarr'* (عَرَّشَ)], e regulá-las segundo outra regulação, caso saiba que esta é a mais conveniente em sua época, não porque o primeiro teria feito incorretamente, mas porque o primeiro regulou-as conforme o que era mais conveniente em sua época; e ele [o sucessor] regula conforme o que é mais conveniente após a época do primeiro, e caso o primeiro tivesse observado isso, também teria alterado (*Ibid.*, §8 [p. 49]).

A alteração da lei, sua adaptação ao contexto, sua conformidade ao tempo e ao lugar de sua promulgação, eis então as características do trabalho dos governantes que se seguem. Ainda não se trata de jurisprudência. O nível da legislação é o da criação da lei. A jurisprudência é não apenas uma arte posterior à da legislação, mas uma arte inferior e coagida. Aqui a aposta, mesmo, é a de não autonomizar os tribunais da *xaria* ao poder político dos "governantes". Não somente os tribunais da *xaria* não têm legitimidade em si, mas referem-se a uma "arte coagida". Al-Fārābī se lembra, aqui, da passagem da *República* de Platão que indica que o signo da imperfeição das cidades humanas é a existência da medicina e da jurisprudência. Resta que é preciso indicar as condições segundo as quais é feito o trabalho do *cádi*, do juiz. Seu *ijtihād*, seu esforço interpretativo da lei, supõe uma boa consciência da língua do primeiro governante e um respeito estrito da lei promulgada pelo último governante, um conhecimento "dos hábitos do povo de sua época no emprego de sua língua" (*ibid.*, §10, p. 61), o conhecimento dos costumes, daquilo que é da ordem da tradição escrita e oral, o conhecimento do que é metafórico, do que é particular de visada universal, e o inverso também. Interpretar a lei supõe, portanto, competências linguísticas e antropológicas.

Esse trabalho filosófico sobre a *xaria* mostra que ela não tem nenhuma imunidade intrínseca. A religião intervém, decerto, como um esquema conceitual no qual é pensada a lei, mas esse esquema não está dado de uma vez por todas, pois ocorre de uma religião ser transportada de uma "nação que possui tal religião até uma nação que não possui religião", em cujo caso pode haver "algum acréscimo a ela, alguma supressão ou qualquer outra modificação" (AL-FĀRĀBĪ [Abū Naṣr], *Kitāb al-Ḥurūf* [Livro das letras], §148 [1991, p. 154]). É nessa condição que pode ser feita a conexão entre a lei divina e a sabedoria. Reencontra-se a aposta da sabedoria como meio-termo para pensar a lei divina segundo sua relação com os homens. Averróis (ou Ibn Rushd [ابن رشد]) adota como subtítulo do seu *Discurso decisivo*: "onde se estabelece a conexão entre a lei divina (*xaria*) e a sabedoria (*ḥikma*)". Não se trata do vínculo entre "revelação" e "filosofia", como deixam acreditar não poucas traduções ocidentais desse texto, ainda tributárias da dupla verdade que a filosofia medieval latina quis atribuir a Averróis: não há, de um lado, a verdade da revelação e, do outro, o conhecimento das coisas em sua verdade, segundo o filósofo cordovês. A estratégia de Averróis é realmente mencionar as próprias palavras dos jurisconsultos: "lei divina" e "sabedoria", e não "revelação" e "filosofia", para propor um outro dispositivo de sua ligação. Não se trata mais de dizer, como fazia Al-Xāfi'ī, que "a sabedoria" é a tradição profética. A sabedoria é sim a filosofia como disciplina cujas características são aquelas mesmas de que o texto sagrado fala: usar de sua clarividência, interrogar os mistérios do mundo a partir da ferramenta mais adequada, mais segura, o silogismo, distinguir, como indica a surata 16, entre "sabedoria", "exortação retórica" e "disputa" dialética:

> Convoca ao caminho [*sabīl* (سبيل)] de teu Senhor, com a sabedoria e a bela exortação, e discute com eles, da melhor maneira (Surata 16, versículo 125, trad. pt. Helmi Nasr. Citado por IBN RUSHD, *Faṣl al-Maqāl* [Discurso decisivo] §19, [1997, p. 96]).

A lei divina, para Averróis, é uma lei que justifica a prática filosófica (no texto, o substantivo usado para "lei divina", *šar'* [شرع], é outro sinônimo de *šarī'a*):

> Se a lei divina recomenda a reflexão sobre os seres existentes e até estimula para tal, então é evidente que a atividade designada sob esse nome [de filosofia] é tanto obrigatória pela lei divina, quanto por ela recomendada (*Ibid*., §2, [p. 86]).

Após ter indicado no título da obra as palavras "sabedoria" e "lei divina", em conforme a todos os tratados dos jurisconsultos, Averróis retoma no corpo de sua argumentação as palavras "revelação" e "filosofia" para assegurar uma imantação entre as palavras "sabedoria" e "filosofia", assim como os jurisconsultos tinham assegurado a imantação entre as palavras "sabedoria" e "tradição profética".

Essa dupla perspectiva filosófica, de Al-Fārābī e de Averróis, mostra como o termo *xaria* não se refere exclusivamente à tradução dos versículos corânicos e dos ditos proféticos em normas jurídicas. Ele tem um valor epistêmico que permite pensar a continuidade do direito, pois Al-Fārābī, mencionando o "primeiro governante", confere à primeira legislação um caráter de "norma fundamental". Certamente, não se trata da norma fundamental no sentido de Hans Kelsen, que é tão somente uma norma suposta pelo pensamento e não posta pelo direito positivo. Porém existe, sim, uma função da norma fundamental que se encontra em Al-Fārābī: o recurso a uma primeira fonte para pensar a continuidade do direito e para evitar esse não sentido epistêmico que é fazer normas derivarem de um fato qualquer, ou de uma prática qualquer, o que Ibn Ḥazm [ابن حزم], o filósofo andaluz, tinha visto muito bem ao criticar a valorização que Mālik ibn Ānas faz da prática de Medina.

Há um outro ganho da análise filosófica, desta vez de Averróis: que a "sabedoria", convocada pelos jurisconsultos para incorporar ao *corpus* jurídico os ditos proféticos, permite igualmente justificar a prática da filosofia segundo a lei divina.

IV. A REFERÊNCIA À XARIA NO DIREITO POSITIVO MODERNO

Para quem reflete, hoje em dia, sobre o peso das palavras e sua atmosfera, o termo *xaria* traz consigo um conjunto de determinações fantasmagóricas: regimes de terror onde são cortadas as mãos, mulheres repudiadas, reivindicações extremistas de grupos terroristas, direito arcaico das primeiras eras do islã, conjunto de sanções incompatíveis com os direitos humanos, etc. Então é importante refazer o trabalho efetuado ao longo da história por Ibn Khaldūn, 'Abd al-Rāziq, Arkoun. Parece, à primeira vista, pouco sério dizer que a *xaria* se aplica aqui ou ali, como se a palavra fosse clara o bastante e remetesse a um conjunto de normas conhecidas por todos. A *xaria* não é "[...] um objeto rígido e atemporal, ao abrigo dos acasos e da contingência. [...] A questão de saber, se o que as pessoas consideram como direito islâmico corresponde ou não ao modelo idealizado dessa normatividade, simplesmente não é pertinente, pois totalmente desencarnada" (DUPRET; BUSKENS "Introduction", p. 16). Fora das relações de poder, como é possível verdadeiramente explicitar o que é a *xaria*? A lição de 'Alī 'Abd al-Rāziq deve ser mantida: frente às práticas exegéticas do texto sagrado e aos trabalhos dos jurisconsultos, não se pode fazer a economia dos "fundamentos do poder". Peguemos um exemplo recente: a constituição do Instituto Francês de Finanças Islâmicas, criado em 2009. Esse instituto quer desenvolver as finanças islâmicas a fim de atrair capitais na França e se calcar naquilo que os países anglo-saxões fazem há muito tempo. Mas como fica, então, o princípio de laicidade? O que seu presidente Hervé de Charette diz disso? "As adaptações que são necessárias não equivalem de jeito algum a importar a *xaria* em nossa legislação, em contravenção com o princípio de laicidade ao qual todos estamos presos". Para o Sr. de Charette, trata-se simplesmente de evitar a discriminação da qual sofrem essas finanças:

> Se a origem é religiosa, as finanças islâmicas visam precisamente a contornar essa interdição para responder às necessidades de uma economia moderna, que rendeu um sistema engenhoso e inovador repousando em alguns princípios simples: a

sustentação na economia real, a remuneração em função dos fluxos de tesouraria, a partilha das perdas e lucros entre o credor de capitais e seu devedor. Estamos bem distantes de um debate qualquer sobre o sexo dos anjos (FREGOSI, "Usages sociaux de la référence à la charia chez les musulmans d'Europe", p. 75-76).

O que se passa ao nível das finanças islâmicas é emblemático da maneira pela qual a *xaria* sempre foi remanejada, tornada compatível com princípios vindos de outras instâncias que não a "inspiração religiosa".

Com o desenvolvimento do direito moderno, do direito emanante da potência estatal, da generalização do modo parlamentar nos países outrora colonizados pelas potências ditas ocidentais (França e Reino Unido, especialmente), a *xaria* fez sua entrada nos códigos calcados em grande parte no código napoleônico. A modernidade, longe de fazer a *xaria* aparecer – na realidade, tudo que se refere ao estatuto pessoal – como obsoleta, arcaica, efetua um trabalho de integração dela, sem igual na história. Uma visão "positivista do direito muçulmano parece, em nossos dias, mais viva do que nunca, as experiências de codificação vão se multiplicando" (DUPRET; BUSKENS, "Introduction", p. 13). É o "colete do procedimento parlamentar" que dá sua autoridade à "norma islâmica" (*ibid.*, p. 14). Quanto mais o direito muçulmano ganha em coerência, mais está conectado ao estatal até ser instrumentalizado por ele (DIAMANTIDES, "L'ordre juridique et l'anarchie de la foi abrahamique", p. 45).

Nas constituições dos países muçulmanos de hoje, a menção da *xaria* difere de um país a outro. Ora ela aparece como "conformidade", ora como "referência", jamais como "derivação". "Quanto mais se evoca a *xaria*, menos fácil fica de apreender seus contornos e funções" (BAUDOUIN; BUSKENS, "Introduction", p. 279). "A referência encantatória à *xaria* anda, com mais frequência, junto a uma indiferença para com sua aplicação real" (ROY, *La Sainte Ignorance*, p. 201). Uma sobrecarga no uso da referência contribui para instalar a *xaria* num contexto polêmico de luta pelo poder político: "Ao inserir uma disposição constitucional que consagra o valor normativo da *xaria*, os constituintes frequentemente esperaram contrabalancear o aumento da oposição islamista pela promoção de um islã oficial" (BERNARD-MAUGIRON, "La place de la charia dans la hiérarchie des normes", p. 62).

Mas assim que a constituição reconhece inspirar-se na *xaria*, cujos contornos ficam tênues, os grupos extremistas se encarregam de dar-lhe um conteúdo preciso:

> Reislamização da sociedade, discriminação de direito ou de fato a respeito das mulheres e dos não muçulmanos; denegação de certas religiões, etc. Existe, portanto, um risco de sobrecarga no religioso, cada campo tentando se apropriar dele para legitimar sua ação política (BERNARD-MAUGIRON, "La place de la charia dans la hiérarchie des normes", p. 63).

Efetivamente, de *xaria* nas constituições, trata-se menos de "disposições substanciais" do que de um "referencial ético" (DUPRET; BUSKENS, "Les expériences arabes",

p. 94) ou "supremo" (BERNARD-MAUGIRON, "Droit national et référence à la charia en Égypte", p. 96):

> Se o direito muçulmano, em sua forma clássica, desapareceu amplamente, o direito referido ao islã, ou seja, um direito positivo que se inscreve no jogo das fontes e da referência, sob a égide da *xaria*, emergiu e se impôs amplamente. Todas as constituições dos países árabes cedem um lugar ao direito muçulmano, sob uma denominação ou outra, o que impõe um trabalho de conformidade e de conformação, não tanto às disposições substanciais do que a um referencial ético.

A necessidade de sacralizar a lei assim obtida serve aos regimes mais autoritários. É necessário dizer que a lei não muda para fundar a permanência do poder político. É assim que a *xaria* vira uma lei imunizada.

BIBLIOGRAFIA

'ABD AL-RĀZIQ, 'Alī. *Al'Islām wa uṣūl al-ḥukm* [O islã e os fundamentos do poder]. Beirute: Dār al-Kitāb al-Lubnānī; Cairo: Dār al-Kitāb al-Maṣrī, 2012.
AL-FĀRĀBĪ, Abū Naṣr. *Kitāb al-Ḥurūf* [Livro das letras]. Edição de Mushin Mahdi. 2. ed. Beirute: Dar El Mashreq, 1991a.
AL-FĀRĀBĪ, Abū Naṣr. *Kitāb al-Milla wa nuṣūṣ ukra* [Livro da religião e outros textos]. Edição de Mushin Mahdi. 2. ed. Beirute: Dar El Mashreq, 1991b.
AL-XĀFI'Ī, Muhammad bin Idrīs. *Al-Risāla* [A epítome]. Comentários e edição de Ahmad Muhammad Shākr. Cairo: [*s.l.*], 1940.
ARKOUN, Mohammed. *Humanisme et Islam*. Paris: Vrin, 2009.
BERNARD-MAUGIRON, Nathalie. Droit national et référence à la *charia* en Égypte. *In*: BAUDOUIN, Dupret; BUSKENS, Léon (Dir.). *La Charia aujourd'hui*. Paris: La Découverte, 2012a.
BERNARD-MAUGIRON, Nathalie. La place de la *xaria* dans la hiérarchie des normes. *In*: DUPRET, Baudouin; BUSKENS, Léon (Dir.). *La Charia aujourd'hui*. Paris: La Découverte, 2012b.
BRUNSCHVIG, Robert. Polémiques médiévales autour du rite de Malik. *In*: *Études d'islamologie*. Paris: Maisonneuve et Larose, 1976.
DIAMANTIDES, Marino. L'ordre juridique et l'anarchie de la foi abrahamique. *In*: DUPRET, Baudouin; BUSKENS, Léon (Dir.). *La Charia aujourd'hui*. Paris: La Découverte, 2012.
DUPRET, Baudouin; BUSKENS, Léon (Dir.). *La Charia aujourd'hui*. Paris: La Découverte, 2012.
DUPRET, Baudouin; BUSKENS, Léon. Les expériences arabes. *In*: DUPRET, Baudouin; BUSKENS, Léon (Dir.). *La Charia aujourd'hui*. Paris: La Découverte, 2012.
FREGOSI, Franck. Usages sociaux de la référence à la charia chez les musulmans d'Europe. *In*: DUPRET, Baudouin; BUSKENS, Léon (Dir.). *La Charia aujourd'hui*. Paris: La Découverte, 2012.
IBN KHALDŪN, 'Abd al-Raḥman (Averróis). *Muqaddima* [Prolegômenos]. Beirute: Dār el-Fikr, 2001.
IBN RUSHD. *Faṣl al-Maqāl* [Discurso decisivo]. Edição de Muhammad 'Ābd al-Jābrī. Beirute: Markaz Dirāsāt al-Waḥda al-'Arabiya, 1997.
ROY, Olivier. *La Sainte Ignorance*. Paris: Le Seuil, 2008.

AUTORES, TRADUTORES E REVISORES

Alain Pons: Professor e filósofo francês, fundou o ensino de Filosofia Política na Universidade Paris X (Nanterre) pouco antes dos eventos de Maio de 1968.

Ali Benmakhlouf: Estudioso marroquino, especialista em Filosofia Medieval e Teoria Política, é professor de Filosofia na Universidade Paris-Est Créteil.

Alice Haddad: Graduada, mestre e doutora em Filosofia pela UFRJ, é professora associada do Departamento de Filosofia da UFF.

André Constantino Yazbek: Mestre e doutor em Filosofia pela PUC-SP e professor de Filosofia na UFF.

Andriy Vasylchenko: Pesquisador no Departamento de Lógica e Metodologia da Ciência do Instituto de Filosofia da Academia Nacional de Ciências, na Ucrânia.

Antonio Augusto Madureira de Pinho: Bacharel em Direito pela Universidade Candido Mendes (UCAM), mestre e doutor em Filosofia pela UFRJ. Tem Diploma de Assuntos Aprofundados em História da Filosofia pela Universidade Paris IV (Paris-Sorbonne). É professor da Faculdade de Direito da UFRJ.

Antonio Saturnino Braga: Mestre em Filosofia pela UFRJ e doutor em Filosofia pela UERJ. É professor do Departamento de Filosofia e do Programa de Pós-Graduação em Lógica e Metafísica (PPGLM) da UFRJ.

Barbara Cassin: Filóloga e filósofa francesa, é autora e organizadora do *Vocabulaire Européen des Philosophies* (2004) e coordenadora internacional dos *Dicionários dos intraduzíveis*.

Bertrand Binoche: Filósofo francês, professor de História da Filosofia Política Moderna e Contemporânea na Universidade Paris I (Panthéon-Sorbonne).

Bruno Albarelli: Mestre e doutor em Filosofia pela UFRJ e professor adjunto da Universidade de Vassouras (FUSVE).

Carla Rodrigues: Professora de Filosofia da UFRJ, pesquisadora nos programas de Pós-Graduação em Filosofia da UFRJ e da UFF e bolsista de produtividade do CNPq e da FAPERJ.

Carmel Ramos: Doutora em Filosofia pela UFRJ e pesquisadora de pós-doutorado na UERJ com financiamento da FAPERJ e do CNPq. Pesquisa e traduz os feminismos seiscentistas.

Catherine Audard: Filósofa francesa especializada em Filosofia Moral e Política, leciona na London School of Economics.

Charles Baladier: Sociólogo francês especializado em Sociologia do Trabalho, foi professor e pesquisador no Centre Recherche Scientifique D(CNRS) na França.

Charles Malamoud: Doutor pela Universidade Paris III (Sorbonne), é historiador das religiões, orientalista e indianista francês.

Christian Helmreich: Acadêmico alemão especializado em Literatura Alemã Moderna e Filosofia Teórica, é professor na Universidade Martin-Luther-Universität Halle-Wittenberg, na Alemanha.

Claude Romano: Professor de Filosofia na Universidade Paris III (Sorbonne) e na Australian Catholic University, especializado em Hermenêutica e Fenomenologia.

Daniel Capecchi Nunes: Doutor e mestre em Direito Público pela UERJ e professor adjunto de Direito Constitucional e Administrativo da Faculdade Nacional de Direito da UFRJ.

Daniel Nascimento: Professor de Ética e Filosofia Política da UFRJ, mestre e doutor pela PUC-Rio. Também fez estágios de pós-doutorado na UFPEL, UFSM e na Universidade de Tübingen.

Étienne Balibar: Filósofo francês, lecionou Filosofia Política e Moral na Universidade Paris X (Nanterre) e atualmente leciona Literatura Comparada na Universidade da Califórnia, nos Estados Unidos.

Fabienne Brugère: Filósofa francesa especializada em Estética e Filosofia da Arte, História da Filosofia Moderna, Filosofia Moral e Política, Estudos de Filosofia Anglo-Americana e Teoria Feminista.

Felipe Amâncio: Bacharel em História da Arte pela UFRJ, mestre e doutorando em Filosofia pela PUC-Rio. É professor da especialização em Filosofia Contemporânea da mesma instituição.

Felipe Castelo Branco: Doutor em Filosofia pela PUC-Rio e em Psicanálise pela UERJ e pós-doutor pela Universidade Paris X (Nanterre). É professor de Filosofia Política no Departamento de Filosofia da UFF, no Programa de Pós-Graduação em Filosofia da UFF e no Programa de Pós-Graduação em Psicanálise da UERJ.

Fernando Santoro: Doutor em Filosofia pela UFRJ com pós-doutorado pela Université Paris-Sorbonne (Paris IV).

Flavia Trocoli: Doutora em Teoria e História Literária pela Unicamp. É professora de Teoria Literária da Faculdade de Letras da UFRJ e bolsista do CNPq.

Francis Wolff: Filósofo francês, professor emérito da École Normale Supérieure, estudioso de Ontologia, Ética e Filosofia Política. Lecionou Filosofia na USP.

François Prost: Professor e pesquisador da Universidade Paris IV (Sorbonne), especializado em história antiga, com foco na Grécia. Doutor em História, ele tem ampla experiência em arqueologia clássica.

Frédéric Langer: Colaborador do Asian Century Institute, é analista de política chinesa.

Geneviève Fraisse: Filósofa e historiadora francesa, é pesquisadora emérita no Centre National de la Recherche Scientifique (CNRS) e especialista na área de Estudos de Gênero e Feminismo.

Germano Nogueira Prado: Bacharel, licenciado, mestre e doutor pela UFRJ, com estágio de doutorado na Università degli Studi di Bari Aldo Moro, na Itália. Professor e pesquisador do Colégio Pedro II, atuando na educação básica e na licenciatura em Filosofia.

Guilherme Ivo: Graduado e mestre em Filosofia pela Unicamp. Traduziu, entre outros autores, Henry Miller, Henry James, François Zourabichvili, Georges Didi-Huberman e Gilles Deleuze, do qual verteu ao português os livros Dois regimes de loucos (2016) e Espinosa e o problema da expressão (2017).

Isabela Pinho: Doutora em Filosofia pela UFRJ, com intercâmbio na Universidade de Munique, na Alemanha. Realizou pesquisa de pós-doutorado em Filosofia pela UFRJ.

Jacques Colette: Filósofo, professor emérito da Universidade Paris I (Panthéon-Sorbonne).

Jeferson da Costa Valadares: Bacharel em Direito pela Universidade Candido Mendes (UCAM) e licenciado em Filosofia pela mesma instituição. Mestre em Filosofia pela UFF e Doutor em Filosofia e Epistemologia pela École Normale Supérieure e pela UFRJ.

John McCumber: Professor de Filosofia na UCLA, com especialização em Filosofia Continental, Hermenêutica e a tradição filosófica alemã. Possui doutorado em Filosofia.

Judith Butler: Doutora em Filosofia pela Universidade de Yale e professora de Retórica e Literatura Comparada na Universidade da Califórnia, nos Estados Unidos.

Júlia Novaes: Mestre em Filosofia pela PUC-Rio e doutoranda em Filosofia pela mesma instituição, onde pesquisa o tema do prazer discursivo em Platão.

Juliana de Moraes Monteiro: Doutora em Filosofia pela PUC-Rio. É professora substituta de Estética na UFBA e realiza pesquisa de pós-doutorado na UFPI como bolsista CAPES.

Luciana Gabriela Soares Santoprete: Doutora em Filosofia pela École Pratique des Hautes Étude (EPHE), pesquisadora do Centre National de la Recherche Scientifique (CNRS), no Laboratório de Estudos sobre os Monoteísmos.

Luisa Buarque: Doutora em Filosofia pela UFRJ e professora associada de Filosofia Antiga no Departamento de Filosofia da PUC-Rio.

Marc Crépon: Filósofo francês, especializado em Filosofia Política e Moral Contemporânea. É professor na École Normale Supérieure.

Marc de Launay: Filósofo francês e pesquisador do Centre National de la Recherche Scientifique (CNRS). É tradutor de filosofia e literatura alemãs.

Marcia Sá Cavalcante Schuback: Doutora em Filosofia pela UFRJ e professora titular de Filosofia na Universidade Södertörn, na Suécia.

Mariano Sverdloff: Docente na cátedra de Literatura do Século XIX da Faculdade de Filosofia e Letras da Universidade de Buenos Aires e investigador adjunto do Consejo Nacional de Investigaciones Científicas y Técnicas (CONICET). Também dirige a Colección Colihue Clásica.

Michel Espagne: Germanista e tradutor francês, é diretor de pesquisa no Centre National de la Recherche Scientifique (CNRS) e seu trabalho se concentra na história intelectual da Alemanha.

Miriam C. P. Peixoto: Doutora em Filosofia pela Universidade Marc Bloch, na França, professora do Departamento de Filosofia e membro permanente do Programa de Pós-graduação em Filosofia da UFMG.

Mônica Freitas: Doutora em Filosofia pela UFRJ e atua na área da Metaética.

Monique David-Ménard: Filósofa e psicanalista francesa, suas pesquisas são nas áreas de sexualidade, desejo, feminismo, alteridade sexual e gênero.

Monique Guedes: Doutoranda em Filosofia pela UFRJ, atuou como professora substituta do Departamento de Filosofia da UFRJ, na Faculdade de Formação de Professores da UERJ e no Departamento de Filosofia da UFF. Foi professora da Universidade Estácio de Sá (UNESA) de 2002 a 2008.

Natalie Depraz: Filósofa francesa, especialista em Filosofia Alemã e Fenomenologia, e professora da Universidade de Rouen, na Normandia.

Pascal David: Filósofo e tradutor francês, é professor na Universidade da Bretanha Ocidental, na França, e especialista em Filosofia Alemã.

Paula Pimenta Velloso: Mestra em Direito Constitucional pela UFF e em Ciência Política pela UERJ, doutora em Ciências Sociais pela PUC-Rio e professora adjunta do Departamento de Direito do Centro de Ciências Jurídicas da UFSC.

Penelope Deutscher: Professora de Filosofia na Universidade Northwestern, nos Estados Unidos, cujo trabalho se concentra na Filosofia Francesa dos séculos XX e XXI e nos Estudos de Gênero.

Philippe Büttgen: Professor de Filosofia das Religiões na Univesidade Paris I (Panthéon-Sorbonne).

Philippe Raynaud: Cientista político francês e professor universitário de Filosofia Política.

Pierre Osmo: Filósofo, é professor honorário da Universidade Paris X (Nanterre), onde lecionou por mais de trinta anos.

Rafael Haddock-Lobo: Mestre e doutor em Filosofia pela PUC-Rio e professor do Departamento de Filosofia da UFRJ, do Programa de Pós-Graduação em Filosofia da UFRJ e da UERJ, e do Programa de Pós-Graduação em Biodiversidade e Biotecnologia (UERJ, UFF, UFRJ, FIOCRUZ).

Rafael Zacca: Professor no Departamento de Filosofia da PUC-Rio e coordenador de ateliês de escrita na Escola da Palavra.

Rémi Brague: Historiador da filosofia francês especializado no pensamento islâmico, judaico e cristão da Idade Média.

Sandra Laugier: Filósofa francesa especializada em Filosofia Moral, Política e da Linguagem, Estudos de Gênero e Cultura Popular. Professora titular de Filosofia na Universidade Paris I (Panthéon-Sorbonne).

Stella Sandford é professora de Filosofia Moderna Europeia e Filosofia de Gênero na Kingston University. Especialista em filosofia contemporânea, feminismo e teoria crítica, possui doutorado em Filosofia.

Tatyana Golitchenko: Professora especializada em Pesquisa Política na Universidade Kiev-Mohyla, na Ucrânia.

Thomaz Kawauche: Doutor em Filosofia pela USP e autor de trabalhos publicados na área de Ética e Filosofia Política.

Ulysses Ferraz: Bacharel, mestre e doutorando em Filosofia; doutorando em Ciência Política e bolsista do programa Doutorado Nota 10 da FAPERJ.

Ulysses Pinheiro: Doutor em Filosofia, professor titular do Departamento de Filosofia da e do Programa de Pós-Graduação Lógica e Metafísica da UFRJ. Também é professor colaborador do Programa de Pós-Graduação em Filosofia da UERJ.

Verônica Filíppovna: Pós-doutoranda em Filosofia na Faculdade de Filosofia e Ciências Sociais da UFRJ, doutora em Ciência da Literatura pela mesma instituição, tradutora e ensaísta.

Victor Galdino: Bacharel, mestre e doutor em Filosofia pela UFRJ, além de ter formação em Psicanálise no Corpo Freudiano. É professor horista no Departamento de Filosofia da PUC-Rio e pós-doutorando pela UFRJ.

Victor Maia: Bacharel, licenciado, mestre e doutor em Filosofia pela UERJ. Foi professor substituto na UERJ, no Colégio de Aplicação da UERJ e no Colégio Pedro II.

Vladimir Vieira: Doutor em Filosofia pela UFRJ e professor associado do Departamento de Filosofia da UFF.

Zulfia Karimova: Pesquisadora russa com doutorado em Moscou e Manchester. Leciona Sociologia e Criminologia na Universidade Teesside, no Reino Unido.

Este livro foi composto com tipografia Minion Pro e impresso em papel Off-White 70 g/m² na Formato Artes Gráficas.